Sociology

普 通 高 等 学 校 社 会 学 创 新 规 划 教 材

社会工作

——原理·方法·实务

全书分为理论、方法、实务三个部分，全面系统地阐述了社会工作的基础知识与基本方法，
并纵贯社会工作的各个实务领域，配有丰富的案例讲解，
实现了社会工作学院派的教学内容与全国社会工作师职业水平考试的结合。

主编　李晓凤

WUHAN UNIVERSITY PRESS
武汉大学出版社

图书在版编目(CIP)数据

社会工作:原理·方法·实务/李晓凤主编.—武汉:武汉大学出版社,2008.9(2022.7 重印)
普通高等学校社会学创新规划教材
ISBN 978-7-307-06539-0

Ⅰ.社…　Ⅱ.李…　Ⅲ.社会工作—高等学校—教材　Ⅳ.C916

中国版本图书馆 CIP 数据核字(2008)第 143855 号

责任编辑:卢　伟　詹　蜜　　责任校对:黄添生　　版式设计:马　佳

出版发行:**武汉大学出版社**　(430072　武昌　珞珈山)
(电子邮箱:cbs22@whu.edu.cn 网址:www.wdp.com.cn)
印刷:武汉中科兴业印务有限公司
开本:720×1000　1/16　印张:32.25　字数:613 千字　插页:1
版次:2008 年 9 月第 1 版　2022 年 7 月第 3 次印刷
ISBN 978-7-307-06539-0/C·209　定价:65.00 元

目　　录

第二编　社会工作方法

第三编 社会工作实务

第一编

社会工作原理

第一章　社会工作是什么

百年之前，专业社会工作在西方社会产生并逐渐成型。一个世纪过去了，在21世纪来临之际，中国的专业社会工作正面临着一个新的发展机会。然而，对熟悉在“大政府”格局下生活的中国人来说，以市场经济为基础的专业社会工作的内涵、特征是什么？它与经济、政治、文化传统的关系怎样？它在解决社会问题中的作用又如何？这些都是本章要介绍与力图回答的问题，并以此作为阅读本书的入门。

第一节　社会工作是什么

社会工作在西方已有近百年的发展历史，它由英文“social work”直译而来。目前，社会工作作为一个专业在西方社会中已经是不可缺少的一种社会调节机制。并且，在其他许多国家里，社会工作的发展同样已经成为一种必然趋势，社会工作这个名词在世界范围内已广为接受。但是，由于社会工作作为一个专业还不够完全成熟，以及各国政治、经济、社会、文化背景的不同，人们对社会工作的界定并没有形成一致的看法。然而，对社会工作的界定则直接限定了整个社会工作概念体系的结构与内容，并对社会工作实践在理论方向与工作模式上也将产生引导性作用。因此，“社会工作是什么”便成了本章要讨论的核心问题。

一、社会工作是专业吗

要认识社会工作，首先必须确认的一个问题是社会工作是不是一个专业，这也是长期以来人们在界定社会工作时产生分歧的焦点。那么，什么是专业呢？专业是社会分工的结果。社会分工一方面是社会进步的表现，另一方面也反映了社会发展的需要。比如，在社会分工越来越精细的情况下，会形成不同的职业范围。而在一定的职业范围内，社会必然给予某种职业物质与精神上的回报，以反映社会对这种职业的需求；同时，社会也可以通过控制所给予的回报来控制职业发展。正是从这个角度看，社会给予某专业物质与精神上的回报恰恰反映了社会对这种专业的需求，而也正是这种社会需求，才是专业产生的真正根源。因此，所谓的专业，是指由一群人共同掌握的一套系统的价值、技巧、技术、知识和信念，并用以满足特定的社会需求。

随着经济的发展和社会形态的演变，这种社会对利益的划分会不断地发生变化，各个专业也会随之产生发展或衰落消亡。对于社会工作是不是一个专业，学者有着不同的看法。

（1）韦伯：按照韦伯的解释，专业是依据专业工作者对问题的内在控制能力与判断能力去解决问题。从这个角度看，社会对专业社会工作的需求已经产生。这就要求从业者必须接受长时间的专门训练，以掌握从事专业的理论方法与技能。尽管如此，对于社会工作的专业属性，仍有许多不同的看法。

（2）弗莱克斯纳（Abranam Fiexner）：1915 年，在美国慈善与矫治大会上，弗莱克斯纳发表了《社会工作是专业吗》一文，并认为社会工作还不能称之为专业，因为它没有以系统的科学知识为基础①。自从弗氏发表了其看法后，社会工作者就不断地从理论与实务上证明社会工作专业化的水平。

（3）里奇曼（Mary Richmond）：1917 年，在里奇曼出版的《社会诊断》一书中，她第一次将个案工作作为一个独立的社会工作方法与技巧的知识体系进行专门的研究。比如，她通过系统地分析个案工作的实践过程，提出了一系列个案工作的原理与原则，由此系统的社会工作专业知识体系开始建立。之后，许多社会工作者将里奇曼的这本书看做是对弗莱克斯纳的回应（Barker，1987）。

（4）林德曼（Lindeman）：1947 年，林德曼出版了《社会工作在迷茫中成长》一书，他提出了社会工作作为一个专业的一系列条件，并认为社会工作正在走向成熟②。

（5）格林伍德（Erest Greenwood）：1957 年，格林伍德发表了《专业的属性》一文，提出了区分专业与非专业的 5 个基本条件：一套系统的理论、专业权威、广泛的社会认可、伦理守则、专业文化③。依据这 5 个标准，格林伍德认为，社会工作还没有成为一个成熟的专业，而是一个处于发展过程中的专业，但社会工作在社会发展过程中所发挥的作用是必不可少的。

（6）保罗·威尔丁（P. Wilding）：1982 年，保罗·威尔丁在出版的《专

---

① 参见 A. Flexner, *Is Social Work a Profession*? In Proceedings of the National Conference of Charities and Correction ［M］. 1915：576-590.

② 参见 *Encyclopedia of Social Work*, 19th ［M］. NASW Press. 1995：2266.

③ 参见 E. Greenwood. Attributes of a Profession ［M］. // *Social work*. Vol. No. , July, 1957：45-55.

业权力与社会福利》一书中，将社会工作者与医生、律师、教师等助人的专业相提并论。他认为工业社会的特征之一就是专门职业日趋增多，并且此类专门职业对于公共事务的决策、社会需求的评估、社会问题的认定以及社会资源的分配等均具有重要的影响与分析能力。因而国家需要专业人才提供其专业知识的社会功能，而专业人才也需要国家对其认可与提供保障，以独占其专业地位。社会工作专业也是遵循这个规律产生发展而来的①。

二、关于社会工作专业的不同界定

社会工作是一个处于发展过程中的专业，其在各个国家的发展状况有很大的差别，难免会使人们对社会工作产生不同的认识。目前国际社会工作界对社会工作的界定有着很大的差异，迄今也尚未形成一个广为接受的社会工作定义。不过，这种概念上的歧义现象并非人们的认识问题，而是因为人们的认识对象本来就是有差别的。比如，作为人文科学，人们对社会工作专业的认识必定要以其所处的人文环境为参照系统，这就导致了社会工作在不同的人文环境、不同社会发展水平的国家中，其所表现出来的专业发展结果具有差异性。这种差异的具体表现就是在不同的社会中，个体或群体所产生的社会需求是不同的，要求社会工作所能提供的服务也是不同的，相应地，社会工作也应允许有不同的发展模式与不同的发展结果。当然，我们虽强调差异性，却也不能忽略社会工作的工作对象又具有共同的社会本质，其社会需求也必然会表现出一致性；加之现代社会发展的世界性与社会问题的世界趋势，也决定了社会工作专业的一致性。正是这种一致性，最后形成了高度专业化、具有抽象理论内核的社会工作专业的基础。以下我们基于社会工作的差异性与一致性，来简要介绍社会工作专业的不同界定。

（一）关于社会工作的三类不同定义

关于社会工作是什么，联合国在1947年开始举行的各国社会工作教育概况调查时，33个国家所提供的定义便有33种。这33种定义实际上反映了33个国家的社会发展状况与社会工作的发展状况。不过，将这些定义进行粗略地归类，可以分为三类，并且这三类定义实际上反映了社会工作发展的三个不同的历史阶段。

第一类把社会工作视为一种个人的慈善事业，它代表的是中上等社会人士出于人道主义或宗教信仰的驱使，自动对社会上贫苦与不幸者所举办的慈善实施②。并且，各国社会工作在发展初期都是如此，其代表了社会工作发展的最

① 参见王思斌．社会工作概论［M］．北京：高等教育出版社．2006：374．

② 参见李增录．社会工作概论［M］．台北：巨流图书公司，2002：12．

初阶段，反映的也是前专业状态下的社会工作。因为这种慈善事业的社会工作，仅仅是一种简单的物质救助行为，并没有共同的理念或统一的行为规范，在工作方法上也是个人化的、经验性的。此外，这种慈善救助只能暂时缓解被救助者所面临的困难。

第二类把社会工作视为由政府或私人社团所举办的，旨在以解决各种因经济困难所导致的问题为目的的有组织的活动，包括对社会上因失业、贫困、疾病、老年、身心残障、精神疾病、孤独无依等原因而造成的弱势群体进行经济方面的扶助与救济的事业，以及由政府与民间举办的各种有组织的活动，如科学调查活动、对贫穷的预防与待助者的重建设施等①。此种定义反映的是初步专业化状态下的社会工作，其表现的是社会救助事业已成为一种有组织、有系统的并包含了科学成分的社会救助事业，救助目标也转为注重问题的预防与对受助者生活环境的改造。

第三类把社会工作视为由政府或私人社团所举办的专业服务，此种服务不分性别、年龄与贫富，以协助任何个人发挥最高潜能并使其获得最美满与最有意义的生活为目的②。此种定义反映的是专业化水平较高的社会工作。首先，它以全体社会成员为服务对象，服务目标不限于受助者社会关系的调整，而更注重以专业技巧来解决受助者在更深层次上的问题；其次，社会工作专业作为现代社会中一种不可缺少的社会调节机制，还着眼于整个社会所面临的问题的解决，着眼于以社会整体的制度与整个社会关系的调整或革新来解决社会问题。目前西方社会及我国港台地区等所认同的社会工作专业，一般是在此类定义的范围之内。

（二）美国国家社会工作人员协会（NASW）关于社会工作的界定

美国的社会工作专业起步早、发展水平较高，并且，美国的社会工作专业学者对社会工作定义的探求、对整个社会工作专业的发展影响是很大的，因此，我们首先介绍与分析美国学者对社会工作的界定。20 世纪 70—80 年代之间，美国国家社会工作人员协会曾经出版了 3 期《社会工作》特刊，并对社会工作的定义进行了激烈讨论，但是没有得出最后的结论。1970 年，美国国家社会工作人员协会理事会提出的定义，终于被官方所认同。迄今为止，此定义仍在美国延用。这个定义的内容如下：

社会工作是一种帮助个人、小组、社区增强或恢复社会功能并创造有利于实现这个目标的条件的专业活动。专业的社会工作实务包括一种或更多的社会工作价值、原则和技巧在下列方面的运用：帮助人们获得实质性的服务，为个

① 参见李增录．社会工作概论［M］．台北：巨流图书公司，2002：12.

② 参见李增录．社会工作概论［M］．台北：巨流图书公司，2002：13.

人、家庭、团体提供咨询与心理治疗，帮助社区或小组提供或改善社会和健康服务和参与有关的法律过程。社会工作实务需要有关人类发展和行为的知识，有关社会、经济和文化制度的知识以及所有有关这些因素的相互作用的知识。①

这个定义首先假定了一个前提，即社会工作作为一种专业活动已经得到了社区的认可，同时社会工作也能够提供高质量的服务。在这个前提下，该定义阐述了三个内容，包括：

第一，社会工作是一种专业活动。作为一种专业，社会工作的服务对象是个人、家庭、团体、邻里、社区，专业服务的直接结果是使工作对象和相关环境均发生改变，以达到增强或恢复工作对象的社会功能。从此定义中可以看出，美国的社会工作主要是服务于人的，并且，也不将宏观的社会系统作为工作的重点。无疑，这体现了美国个人主义等社会特征。

第二，社会工作实务的构成。从实务构成看，社会工作的主要领域是微观层面的，即通过具体的工作实践从微观层面为人们提供直接的具体服务。这与西方社会福利制度所强调的即时给付的原则是一致的，其作用在于直接满足案主的当前需求，而不侧重于从宏观层面解决社会问题，这就隐含了社会的宏观层面不存在问题或者说不需要改变社会的后设。然而，事实上，社会问题在很大程度上却是源于社会宏观层面的，如此，国际社会工作学院联盟与国际社会工作者联盟在界定社会工作时，重申从宏观层面解决社会问题，并指出：社会工作是基于人权与社会公正的基本原则而开展，融合价值观、理论与实践的多维系统，目标在于以多种方式帮助人类与环境进行多样化、复杂的交流，以促进人类发展其全部潜能，丰富人类的生活并阻止人类功能失调，促进社会变迁与人类关系的融洽，加强与解放人类对福祉的追寻②。

第三，社会工作实务所需要的知识基础。作为社会工作专业的从业者，应该掌握有关人类发展与行为的知识，有关社会、经济与文化制度的知识，以及所有有关这些因素的相互作用的知识。因此，美国国家社会工作人员协会在对社会工作者的界定中提出，社会工作者应是学士或硕士毕业生，并运用其知识与技巧为案主提供社会服务③。这就规定了社会工作者的基本条件是大学本科或以上教育与训练背景，以保证社会工作者的知识与技能水平。显然，这是对

① 参见 *Standards for Social Service Manpower* [M]. Washington P. C. National Association of Social workers, 1973: 2-5.

② 参见国际社会工作学院联盟（IASSW）和国际社会工作者联盟（IFSW）宪章，2001 年 6 月 27 日在哥本哈根联合通过。

③ 参见 *Dictionary of Social Work* [M]. NASW Press, 1987: 155.

从业者教育程度的一种专业水平与标准上的要求，并以美国社会的发展状况为前提，并且，这不是每一个国家都一定要做到的。

（三）中国大陆关于社会工作的界定

中国大陆曾于20世纪20年代引进了社会工作专业，但1949年后社会工作与社会学一同被撤销，80年代后期开始恢复与发展社会工作专业。进入21世纪后，在构建和谐社会的历史脉络中，中国社会工作的理论与实践均取得了较大的成就，相应地，有关社会工作的界定也越来越成熟。以下简略介绍中国学者在不同历史阶段关于社会工作的不同定义：

（1）费孝通的“社会管理说”。费孝通在主编的《社会学概论》一书，对社会工作做了如下界定：“社会工作就是在党和政府领导下应用各种社会力量（包括民间的和各种团体的力量）对群众的社会生活福利事业进行管理，其中特别是对丧失或缺乏适应社会生活能力的人，采取适当措施，帮助他们恢复健全的社会生活，维护社会秩序，保持一定的社会制度的巩固与发展。”①此定义反映了专业社会工作在中国还未起步的“社会管理说”，描述的是“政府负责的、非专业化的社会工作模式”的社会工作。

（2）崔乃夫的“民政说”。1991年7月5日，崔乃夫在中国社会工作者协会成立大会上，对社会工作做了如下界定：“社会工作是一种帮助人和解决社会问题的工作。它帮助社会上的贫困者、老弱者、身心残障者和其他不幸者；预防和解决部分经济困难或生活方式不良而造成的社会问题；开展社会服务，完善社会功能，提高社会福利水平和社会生活素质，实现个人和社会的和谐一致，促进社会的稳定与发展。在我国的社会工作不仅包括社会福利、社会保险和社会服务，还包括移风易俗等社会改造方面的工作。”②这个定义反映了20世纪80年代初中国社会工作专业在恢复与发展初期“民政说”的理解，其在模式上仍是政府负责的、非专业化的社会工作，同时，在对工作内容的界定上，也主要反映的是传统民政工作在实践与经验范围内的工作内容。

（3）《中国社会工作百科全书》作者的“专业说”。《中国社会工作百科全书》作者总结众多社会工作定义后，对社会工作做了如下界定：“社会工作是一种不以赢利为目的助人自助的专业性社会服务工作，也是一门独立的学科和专门的职业。社会工作帮助人们满足那些仅凭个人努力无法满足的需求而采取各种有组织的做法，它视受助者为积极能动的主体，而不是消极被动的客体，它提供必要的条件，运用专业的方法使受助人发挥潜能，自己解决自己的

① 费孝通．社会学概论［M］．天津：天津人民出版社，1984：36.

② 中国社会工作百科全书［M］．北京：中国社会出版社，1994：2.

问题，它是一门以现代科学所提供的知识为基础的应用性社会科学。”①这个定义描述的并不是中国社会工作的现实状况，而是力图从学科与专业的一般意义上对社会工作进行了界定。同时，中国是一个强调集体主义倾向的国家，个人发展的最高境界是个人与社会的合一，但此定义单纯强调社会工作的对象是个人，如此，运用这个定义所限定的内容与外延模式去发展中国的社会工作，是有问题的。

（4）王思斌的“一般性定义”。鉴于社会工作界定的复杂性，以及21世纪初中国社会工作与社会工作教育正在快速走向专业化与职业化的现实状况，王思斌在主编的《社会工作概论》一书中，曾尝试对社会工作给出一个一般性的专业界定：“社会工作是以利他主义为指导，以科学的知识为基础，运用科学的方法进行的助人服务活动。”②此定义指出了社会工作的本质是一种助人活动，即以利他主义的价值观为主导的帮助他人的活动，其特征是提供服务。

（5）从和谐社会建构的作用中来定义社会工作。根据中共十六届六中全会作出《中共中央关于构建社会主义和谐社会若干重大问题的决定》，结合国内经验，有关部门指出，社会工作是社会建设的重要组成部门，它是一种体现社会主义核心价值理念，遵循专业伦理规范，坚持“助人自助”宗旨，在社会服务、社会管理领域，综合运用专业知识、技能与方法，帮助有需要的个人、家庭、群体、组织和社区，整合社会资源，协调社会关系，预防和解决社会问题，恢复和发展社会功能，促进社会和谐的职业活动。③这个定义从基本要素、工作方法及功能的角度对社会工作进行了描述，比较具体地说明了中国社会工作的内涵，并且，它指的主要是专业社会工作。

第二节 社会工作的定义与特征

在对社会工作进行界定之前，我们首先要明确的一个前提是，社会工作专业作为应用社会科学既有普遍性又有特殊性。其普遍性表现为社会工作作为现代社会的一种社会调节手段，是任何社会都不可缺少的；同时，在不同的社会文化背景下，社会工作必定会有不同的表现。社会工作的这种普遍性与特殊性的特征，给社会工作的界定提出了一个难题，社会工作的定义既要努力使其向一个具有普遍意义的专业发展，又要为社会工作在不同的国家和社会形态下的发展留下必要的空间。

---

① 中国社会工作百科全书［M］. 北京：中国社会出版社，1994：2.

② 王思斌. 社会工作概论［M］. 北京：高等教育出版社，2006：12.

③ 参见王思斌. 社会工作综合能力［M］. 北京：中国社会出版社，2007：4-5.

一、社会工作的定义

根据社会工作的普遍性与特殊性原则，孙立亚在《社会工作导论》一书中，对社会工作做了如下界定："社会工作是以特定的文化传统与社会制度为背景，以特定社会福利制度与社会政策为依托，为有需要的人们提供的专业服务。它帮助个人、团体、社区增强和恢复社会功能，促进社会福利制度和社会政策的制定与调整，并为实现上述目标创造良好的社会条件。社会工作专业在实践中运用专业知识、价值原则和技术帮助个人、家庭获得直接的物质帮助，为改善个人、家庭、社区的社会生活质量提供专业服务，参与有关的法律活动。社会工作实践中需要有关人类发展与行为的知识，需要有关社会、经济和文化传统的知识以及所有影响上述这些因素互动的知识。"①

上述定义包含了4层含义：①社会工作是一种专业，是以一套系统理论为基础，以专业方法与技巧为手段的专业服务。②社会工作作为一种专业，是以一定的社会福利制度与社会政策为背景的，是特定社会福利制度与社会政策的重要执行者与推动者。③社会工作专业的作用是帮助个人、团体、社区恢复和增强社会功能，促进社会福利制度与社会政策的制定与调整。因此，社会工作专业的介入层面是个人、团体、社区和社会政策。④社会工作的知识基础包括：有关人类发展与行为的知识，有关社会、经济与文化传统的知识，以及所有影响上述这些因素互动关系的知识。可见，在这个定义下，社会工作的模式与方法可以是不同的，相应地，社会工作专业在不同的社会以及不同的社会发展水平下应有不同的发展模式。

结合中国的社会文化背景，整合国内外有关社会工作的定义，本书对社会工作做如下界定：社会工作是融价值、理论与实务于一体的多维系统，是社会工作组织或机构及其社会工作者，依托特定的价值伦理与专门技术，服务于个人、家庭、团体、社区、组织和机构的弱势领域的过程，以此协助于当事人改变与推动社会环境的改变，其目标在于促进两者在不同层面上的适应性平衡，满足个人和社会的需要，倡导社会公正，从而维持社会稳定及和谐发展。

从这个定义中，可以概括出社会工作的5个核心要素：

（1）服务提供者。此要素有两个不同层面。其一是提供社会福利服务的社会工作组织与机构。根据其发展过程，社会工作可以由政府福利部门推行，如民政部制定与推行了有关流浪儿童的社会救助政策；也可以由社会服务机构提供，如中国青少年宫协会与香港青年协会在武汉推展的"青少年活动空间"，就为青少年提供了学习、交流、拓展训练、托管等多类实务型协助，以

① 孙立亚．社会工作导论［M］．北京：中国财政经济出版社，1999：18-19.

解决当今青少年第三活动及教育场所不足的问题。其二是专业社会工作者，他们是社会工作的实际执行者，是社会工作的灵魂。

(2) 服务对象（案主）。包含了个人、家庭、团体（小组）、社区、组织和机构等多个层面。社会工作最初以弱势群体（如穷人、老人、残疾人等）为服务对象，之后，随着社会工作的不断发展，服务对象扩展为普通人士与弱势人士，即服务重点已由弱势群体转向了弱势领域（如焦虑、压力），但弱势群体的弱势领域始终是社会工作的核心对象。

(3) 价值。这是社会工作“德”（道德实践）的体现，是社会工作区别于其他助人职业（如医生）与专业的根本标志。社会工作发源于人道主义、乌托邦思想及民主与幸福的理念等（详见第四章），其价值基于对所有人的平等、价值与尊严的尊重，而人权与社会公正是其动力与合法性所在。如此，社会工作有着强烈的价值介入，而社会工作者也要践行各种社会工作价值观，并需要在感性层面有所感应。比如，社会工作者在介入案主的福利工作时，必然涉及对案主困境的理解与体会，并透过案主的世界观进行自我反省与批判来达到。

(4) 服务手段。这是社会工作“才”（知识与技术）的方面。由于社会工作认为人与环境失衡源于两者互动，这样，社会工作的知识与技术既可以帮助个人提高能力或推动社会环境的重新组合，又可以是上述两者的综合运用。如此，社会工作者就是凭借专业理论、方法及技术帮助案主达到助人自助的。迄今为止，社会工作的主要理论包括：心理分析学理论，认知理论，行为主义理论，社会系统理论，标签理论，沟通理论，人文主义理论，激进的人文主义理论，马克思主义理论，“增能”（empowerment）或“倡导”理论，女性主义理论，等等。而这些理论被大卫·豪（David Howe）归纳为四大理论范式（详见第五章）。而在方法上，社会工作已发展出了通用进程模式（详见第六章），以及个案、团体、社区、社会行政、社会政策、社会工作研究等六大工作方法（详见第六章至第十章）。因此，从个人社会心理发展过程到社会政策及其制定与发展都可以找到社会工作知识与技术的元素。

(5) 服务目标。从本质而言，社会工作的目标是促进服务对象与外在环境的“适应性平衡”，以恢复与增强人们的社会功能。这里的“适应性平衡”主要体现为三个层面的目标，包括：基础目标是补救或治疗功能，比如，当某人的社会功能受到损害或崩溃时，社会工作者就可以帮助此案主加以恢复，以协助解决“人与环境”互动不当引发的问题；中间目标是发展功能，即满足个人与社会的需要，使其更好地发挥社会功能，如鼓励退休老人仍保留社会活动，就可以增强其社会生活能力；最终目标是消减不公平与倡导社会公正，这也是社会工作者的社会责任与使命。

二、与社会工作相关的几个重要概念

在界定了社会工作的定义后，我们需要澄清与社会工作相关的几个重要概念，即社会福利、社会保障、社会服务与社会工作的区别与联系。从这些概念的来源看，其产生的背景各不相同。社会工作一词是19世纪末20世纪初首先在美国与德国开始使用的，之后，其涵义逐渐有所发展。而社会福利一词则首见于1941年的大西洋宪章及1945年的联合国宪章，社会保障一词的正式使用始自于美国1935年的社会保障法案。美国学者史梅丽认为，社会福利、社会服务与社会工作是指同样一件事情，只是其使用的层次不同。①

（一）社会福利

社会福利指一个国家的政策和一个社会大众的理想，这种政策与理想的目标在于增进社会上每一个人的生活需求与能力，包括衣、食、住、行、育、乐及潜能发展等方面。不过，关于社会福利的理解又有广义与狭义之分。广义的社会福利是指面对广大社会成员并改善其物质与文化生活的一切措施；狭义的社会福利基本上是指对社会弱者所提供的带有福利性的社会支持，包括物质支持与服务支持。而我国传统上对社会福利一般作狭义理解，并且狭义的社会福利服务与社会工作在涵义上基本吻合。此外，一个国家社会福利的推展，必须借助于政府与各种社会组织的共同努力，它的实现必须通过社会服务的活动才能逐步完成。

（二）社会服务

社会服务指根据一个国家的社会福利政策和一个社会民间的社会福利理想，以及所推行的各种方案、活动、项目及程序。同时，基于社会工作的视角，一些学者认为，社会服务是指以劳务为主要形式向有困难的社会成员，特别是社会弱者提供的改善其处境的活动。正是从这个角度看，社会服务就是将社会福利传至有需要的社会成员的过程，它与营利性的商业服务有着本质的区别，如此，它常常被称为社会福利服务。此外，社会服务活动也十分讲究服务的程序,并借各种服务程序来实现社会福利的目标。不仅如此,这种服务的程序也需要依据社会工作专业的知识、伦理、方法及技术,才能确保其服务功效。

（三）社会工作

社会工作是一种专业的知识体系，包括专业伦理、知识、方法及技术。这种专业知识与技术是根据现代民主社会哲理与社会组织的原则原理、人类行为的科学知识、专业诊断与治疗的原则及技术，以此协助他人及改善环境，进而

---

① 参见隋玉杰．社会工作：理论、方法、实务［M］．北京：中国社会科学出版社，1996：10.

恢复或增强人们的社会功能。可见，社会工作专业是用来强化社会福利政策与促进社会服务功效的。

（四）社会保障

社会保障又称为社会安全，是社会以一定的方式对其成员的生活所给予的某种安全保证。社会保障与社会福利是同一层次的概念，也属于一种社会理想及国家政策。社会福利在广义上包括了满足社会成员安全等基本生活需要的社会保障内容；在狭义上则专指对社会成员较高层次生活需求的满足。按此划分，社会保障与社会福利的区别在于，前者多是“雪中送炭”，后者多是“锦上添花”。并且，多数学者较认同社会保障的狭义理解，即将社会保障看做是国家与社会依法保障社会成员基本生活的社会制度，以保障社会成员不因基本生活受损而招致危险，进而达到社会的稳定。但是，当社会福利一词用来具体指代一些比较直接的特定社会服务项目与措施时，它又常常被归纳为社会保障的一个组成部分。一般来说，社会保障包括物质保障、直接的服务保障与精神保障三个方面。然而，无论对社会保障做什么理解，我们认为，社会保障都是通过政府立法而确定的，基本上属于政府行为，它与社会工作的区别是，社会保障是一套制度性规定，而社会工作则是依据这些制度性规定而实施的具体的专业服务。

可见，社会福利、社会保障、社会服务与社会工作尽管逻辑涵义有别，但其学科内容是一致的，并属于同一学科研究的范围。

三、社会工作的基本特征

通过上述社会工作定义及相关概念的介绍与分析，我们已经确认了社会工作专业的独立地位。作为一门独立的专业，社会工作应具有独特性，以区别于医生、律师、会计师、临床心理学家及职业治疗师等其他专业。根据 Morales 与 Sheafor（1988 年）所提出的社会工作专业的五大特点为基础，我们将社会工作区别于其他专业的特征，概括为以下五个方面。

（一）投身社会改良，改善与提高社会生活质量

社会工作专业的一个基本信念是，社会有能力并有责任为每一个社会成员提供机会与资源，以使每一个人都能获得美满的生活。这样，作为一个专业，社会工作将主要关怀那些在社会生活中易受挫折与已遭遇挫折的人们，并将之视为社会工作的使命。如此，虽然社会工作者所提供的服务并未限于任何一个阶级，但是，其主要的服务接受者应是社会中的弱势群体，包括社会中的弱者、贫困者及受社会排斥的成员。社会工作者无论是与伤残人士、无家可归者，还是与边缘青少年一起工作，他们都将其问题置放于社会结构中来分析，并将改善社会生活环境、提高社会生活质量作为专业的使命，从而致力于社会

整体的改良。

(二) 增进社会功能

社会工作作为一个专业，其焦点在于增进工作对象（或称为案主）的社会功能。社会功能是社会工作专业的一个很重要的概念，我们将在第三章进行详细地阐述，以下仅作一些简要的分析。Bartlett（1970 年）认为，当人们不能与其所处的环境进行良性互动时，就需要恢复或增强其潜能，以满足环境中的需要。具体地说，Bartlett 用两个术语来描述这种状况，一个是“人的应付”(People cope)，指案主应付环境需要的能力，另一个是“环境的需要”(environmental demands)，指案主在环境中所产生的社会需要，这两者所形成的互动关系则表现为社会功能。① 社会工作者非常关心人们在其环境中发挥功能的能力。正是从这个角度看，社会功能是指人对社会、对其当前所处的环境和对自己所负的责任的一种承担，是人与其所处的环境的一种互动方式，是人与环境之间的相互作用。如此，社会工作者则非常关心人们在其环境中发挥功能的能力。比如，社会工作者关注社会功能失调的服务对象，有适应新环境有困难的新移民，不能满足学校要求的学生，管教孩子有困难的父母，以及由于迁徙而感到失去“根”的人们，而所有这些人所面对的困扰都与他们的环境或环境的变迁有关。因此，协助人们在变迁的环境中提升其能力建设，不断地激发与满足其社会需求，以及促进人们与社会环境之间达成良好的互动关系，解决社会问题，则可以恢复或提高个体与群体的社会功能，而这也正是社会工作专业产生与发展的基石。

(三) 行动取向

社会工作虽然尚不具备一整套独特的、逻辑严密的知识体系与理论，但它有自己独特的工作理论；同时，社会工作借用相关社会科学知识并对之进行有效的组合，形成了对某些现象的独特解释。如此，从理论建构、实践工作的科学性等角度看，社会工作属于应用社会科学，如同医学之于自然科学。而作为应用社会科学，社会工作显然不同于那些只注重研究行动、事件和社会条件而不注重社会作用的学科。因为社会工作是一种关于行动、事件与介入的理论，关注的是人与社会的变化，其专业的核心问题是如何通过专业行动促成人与社会环境的改变②。虽然社会工作也关注社会运行及社会问题的理论根源，但并不将其作为专业的发展方向。同时，社会工作者需要运用有关人类、社会等知识，但社会工作专业的活动不是去发展这些知识，而是利用其他学科在这些方

① 参见 Harriet M. Bartlett. *The Common Base of Social Work Practice* [M]. New York: National Association of Social Workers, 1970: chap 6.

② 参见孙立亚. 社会工作导论 [M]. 北京：中国财政经济出版社，1999：21.

面所取得的成果，或者说感兴趣于发展那些能应用于社会工作实践上的知识，以此改变人与社会的不良状态，解决社会问题及改善人们的社会功能。正是从这个角度看，社会工作者的能力表现在能将知识得心应手地转化为造福案主与社会的行动。比如，那些从事家庭工作的社会工作者，会尝试获得有关家庭功能的知识以便影响家庭的功能。又如，那些从事罪犯感化工作的社会工作者，会运用有关犯罪的知识去协助预防犯罪。因此，社会工作专业在其发展过程中所要解决的本体问题是如何行动，而不是为什么行动。

（四）多样性

这里的“多样性”，指社会工作以多元化的服务来面对人类的差异性。由于社会工作专业服务所涉及的范围十分广泛，要面对不断变化的个人与社会，这就使多元化成为了社会工作专业的一个基本特征。具体地说，社会工作的多元化，主要表现在：第一，案主的多元化，比如，儿童、青年、成人、中年成人、老人、妇女、男人、贫民、残障者、劳工、家族、种族、不同收入层次的群体、移民等；第二，知识、技巧与干预模式的多元化，比如，在干预模式上包括：个案工作、团体工作、社区工作、咨询、培训、社会组织、社会规划、项目规划与发展、行政管理、政策形成、实施、分析与研究等；第三，社会工作所提供的服务的多元化。如果你是一个教师，你会在学校工作，主要会遇到青年人；如果你是一个医生，你会在医院或诊所工作，主要会遇到病人。然而，社会工作者可能会在诸如学校、医院、社会服务机构等种种环境中工作，案主可能健康也可能患病，可能守法也可能不守法。因此，社会工作者必须面对广泛的服务对象，并以多元化的服务来面对人类的差异性。比如，就社会工作所涉及的服务领域看，主要包括：家庭、儿童、青年、老人、健康、精神卫生、残障人的发展、教育、商业与工业、邻居与社区发展、司法体系、收入维持与就业等。又如，从社会工作所针对的问题服务领域看，主要包括：犯罪与青少年、药物滥用、残障人的发展、疾病、家庭暴力、街区退化、贫困、种族主义与性别主义等。因此，社会工作专业本身就是以多元化的服务来满足人们多方面的、不同的需要，这是社会工作专业的一个重要特征。

（五）多变性

由于社会工作所要处理的社会问题的广泛性、服务机构的多样性、提供的服务范围的多元性，以及服务人群的差异性，促使社会工作者在多样性的实践中必须具有多变性，以此能广泛地适应或满足不同的案主或案主群的多元化需要。这样，社会工作者需要有足够广泛的教育训练背景。正是从这个角度看，社会工作者必须是一个“多面手”的通才，他们必须具有坚实的关于人类行为与社会环境的知识作为基础，必须掌握足够宽泛的知识、方法与技能，以此发展出适应不同环境的工作能力。具体地说，社会工作者的主要能力①包括：（1）对案主个体的正式干预能力；（2）对特定案主持续的个案管理能力；（3）传授适应性的日常生活技巧的能力；（4）把案主与资源联结起来的能力；（5）资源评估与进取性的案主经纪人的能力；（6）服务计划的启动与调节能力；（7）评估保护服务需要的能力；（8）为案主安排特定服务的能力；（9）对群体正式干预的能力；（10）自我发展与信息传递能力；（11）质量保证的监控能力；（12）职工管理能力；（13）内部文件沟通能力；（14）项目实施与单元管理能力；（15）管理组织变迁与外部关系的能力；（16）项目规划、设计与评价能力，等等。可见，社会工作者要发展出上述工作能力，并具有多副面孔，需要受过良好的通才训练。如此，社会工作者才能在实践中有充分的选择空间，进而可以渗透到不同的服务领域，以此有效帮助个人、家庭、团体、机构、社区，并达到恢复或提高服务对象的社会功能的目标。

第三节　社会工作的类型与实施领域

现代意义上的社会工作，实际上是一百多年来世界社会工作经验发展积累的结果。如此，社会工作在不同的历史时期则呈现出不同的形态或类型。比如，社会工作的最初形态是慈善性、分散化、非职业性与非专业化，而现代形态则是理性化、组织化、职业化与专业化，二者之间呈现出继承与发展的关系。不仅如此，不同类型的社会工作，也产生了不同的社会工作实务领域。

一、社会工作的类型

社会工作的类型与范围，各国各家之说法甚多，不胜枚举。以下主要参考台湾学者李增录的总结②，来介绍社会工作几种较重要的分类。

（一）按工作方法分类

传统的、主要的或基本的社会工作方法，可以分为三大类：（1）社会个案工作（social casework），以个人或个别家庭为对象的工作；（2）社会团体工作（social group work），以一群人、团体或社会团体为对象的工作；（3）社区（组织）工作（community organization），以一群人共同生活的地区或社区为对象的工作。有些人主张除了上述三种工作方法之外，应加上另外三类而成为六种主要的工作方法，包括：（4）社会福利行政（social welfare administration）

---

① 参见何国良，王思斌．华人社会的社会工作本质的初探［M］．香港：八方文化企业公司，2000：51-52.

② 参见李增录．社会工作概论［M］．台北：巨流图书有限公司，2002：14-17.

或社会行政（social administration）；（5）社会工作研究（social work research）或社会研究（social research）；（6）社会运动（social movement）、社会行动（social action）或社会改革（social reform）。之后，有些人认为辅导（guidance）或咨询（consultation）、社会工作督导（supervision is social work）、家庭治疗（family therapy）、社会设计（social planning）或方案评估（program evaluation）等，都是一种社会工作的方法或技术。

（二）按社会问题性质分类

按照“社会问题性质”的视角进行划分，社会工作可以是针对贫穷的社会工作，针对失业的社会工作，针对疾病、婚姻家庭、残障、吸毒、酗酒、犯罪、劳工、种族歧视等方面的社会工作等。根据上述问题的原因不同，依托社会工作的专业伦理，采取社会工作手法而非其他手法进行干预，是这些社会工作实务的基本特性。

（三）按“人”或工作对象分类

按这种视角进行划分，社会工作主要被划分为以下几类：（1）儿童社会工作，如受虐应对、身心成长等；（2）青少年社会工作，如逃学、辍学、就业、恋爱、成才等；（3）妇女社会工作，如虐妻应对、歧视、健康等；（4）老年社会工作，如临终关怀、精神充实等；（5）贫民社会工作，如基本食物、住房等；（6）残障者社会工作，如歧视、康复等；（7）劳工社会工作，如维权、发展等。由于不同人士有各自的特性，针对不同人群的社会工作内容则相应存在差异。

（四）按工作方式分类

以工作方式分类可分为：家庭式、社区或社会以及机构式等三种。此种分类法与各国传统习惯所称的院内救济（indoor relief）与院外救济（outdoor relief）两种分类法颇相似。家庭式与社区式可归为户外救济式，而机构式则属于户内救济式。（1）家庭式社会工作有儿童寄养、儿童家庭补助及家务事服务等。（2）社区或社会式社会工作，指在社区中设置各种社区或社会服务中心，如儿童福利站、老人活动中心等。（3）机构式社会工作主要指院舍社会工作，如孤儿院、老人院、康复院、中途宿舍、精神病疗养院等。此外，在广义上，机构式社会工作还包括学校社会工作，医院社会工作，企业社会工作等。

（五）按服务方式分类

社会福利工作按服务的方式可以分为两类，即“直接服务或初级服务”（direct service of primary service）与“间接服务或次级服务”（indirect service of secondary service）。（1）“直接服务或初级服务”指社会工作者直接面对案主或与服务受益人在一些直接接触过程中，达成服务的功效，如个案工作、团体工作以及各种治疗、辅导、咨询等，此类社会工作又称为微观社会工作（micro social work）。（2）“间接服务或次级服务”指社会工作者不直接面对案主，即不直接接触服务受益人，而以间接的方式提供服务或达成服务的功能，如社会立法、社会福利行政、社会工作研究、社会工作督导、社区组织与社区发展、方案设计与方案评估等，此类社会工作又称为宏观社会工作（macro social work）。不过，有人认为，社区组织与社区发展工作应属于直接服务的范畴；有人认为它介于直接服务与间接服务之间，这个问题见仁见智，尚未定论。

（六）按主办机构与经费来源分类

社会工作有的是由政府或公家机关主办；有的是由民间团体或私人社团举办。前者为“公立”机构，经费由国库或地方政府开支；后者为“私立”机构，经费由私人社团筹募或由财团捐助。公办、私办社会福利工作各有利弊，由政府办理社会福利工作的优点是有通盘的计划，且可能在较短的期间内普遍推行；其缺点是法令、编制与预算的限制过严，手续较多，易受政治的影响。私人举办的社会福利工作的特点是手续便捷，工作自由，工作人员服务精神、创造精神与事业心均较强，容易获得社会的赞助；缺点是缺少权力，限于经费不能通盘计划与全面推行。一般来说，属于创造性、局部性的工作由私人团体创办或试办，凡是必须普遍推行的工作则由政府负责办理。

（七）按专业水准分类

社会工作是民主国家的产物，可是由于每个国家社会背景不同，社会工作的发展也有很大的差异。比如，台湾学者廖荣利，按社会工作水准分类，曾将社会工作分为了三大类①，包括：（1）传统式的慈善教助工作。即指个人或宗教团体基于爱心的慈善事业或管理性的社会服务工作；（2）政治性党团的社会工作。指政治组织或社会团体，为达成某种政治目标或团体的宣传手段所从事的片段或表面性的社会服务工作。（3）专业性的社会工作。指通过专业组织，由专业人员以专业方法与助人过程所提供的切合人民实际需要，并达成社会发展的专业服务工作。

此外，中国学者王思斌基于中国社会对社会工作的三种理解，将中国大陆的社会工作分为以下三种类型②：（1）在社会上占主流地位的“普通社会工作”。这是在中国高度集中的社会主义计划经济体制下产生的，指在本职工作之外所从事的不计报酬的服务性与管理性工作，如教师兼任的班主任、职工兼任的工会委员等。此种工作人员凭忠诚、热心与奉献精神开展工作，基本不需

① 参见廖荣利．社会工作学［M］．台北：三民书局民国，1973：7.

② 参见王思斌．社会工作概论［M］．北京：高等教育出版社，2006：15.

要助人专业培训，它基本上不属于现代意义上的社会工作。（2）社会福利部门从事的“实际社会工作”。此种社会工作指在我国政府部门与群众组织中，一些以专门进行福利服务活动为己任的职业或岗位，并且，这类职业或岗位承担着为群众排忧解难的职能。如民政部门的社会救济、社会福利，工会与妇联对职工、妇女的合法权益的保护，劳动部门对离退休职工的生活与医疗保障，共青团系统对失学儿童及问题少年的爱护等。此类社会工作属于行政性与半专业性的，但它又是我国当前社会工作的主体。（3）新出现的专业定义上的“专业社会工作”。它指受过社会工作专业培训的人员，遵照社会工作价值观，采用社会工作专业方法进行的服务。比如，近几年来，随着社会工作专业教育与培训的发展，一些教育、咨询服务与发展机构开始尝试进行该类服务。其工作人员系非政府官员，服务组织多是社会团体或民间机构，如上海市阳光社区青少年事务中心、深圳市鹏星社会工作服务社等。不过，此类社会工作在我国尚处于发展初期。应该说明的是，上述三种社会工作有明显的差异，也有一些相通之处。并且，它们在中国不同的经济、社会背景下，在各自的经济—政治—社会系统架构中发挥着各自的作用。

二、社会工作的实施领域

社会工作的实施领域也称为社会工作范围，是指社会工作在社会生活中实施并起作用的范围。由于社会工作的实施领域是由社会问题的出现与社会工作者对它的认识及有意识的干预确定的，如此，社会工作的实施领域可以分为理想的与实际的两种。理想的社会工作实施领域是按照人类理想应该干预并对之进行改变的社会问题的发生领域。其中包括社会工作者已涉入其中的和由于社会者在认识、能力等方面的不足而暂时未能进行干预的领域。与之相对应，我们可以把社会工作者已经涉入其中者称为实际的社会工作实施领域。不过，随着社会工作服务领域的扩展，社会工作者的工作实施环境愈来愈多元化，这些工作实施环境包括：政府机构、学校、医疗机构、家庭和儿童福利机构、心理卫生机构、企业和工业组织、保护管束机构及个人工作室等。这样，有关社会工作实施领域的划分也变得非常复杂及多样化，以下仅介绍常见的社会工作实施领域。

（一）按社会工作服务的案主划分

由于社会工作者面对的案主来自于不同的年龄、种族、民族、社会经济阶层、宗教信仰、性别倾向与能力，美国社会工作界将社会工作服务案主的实施领域分为：（1）游民；（2）有儿童疏忽、儿童虐待、性侵害，或配偶虐待的家庭；（3）严重婚姻冲突的夫妻；（4）有逃家行为、偏差行为，或暴力倾向儿童或青少年的单亲家庭；（5）AIDS的患者①与他们的家人；（6）因为服刑而遭遇生活困难的个人与家庭；（7）未婚怀孕的青少年；（8）有个人或家庭困难的同性恋者；（9）因为身体、心理疾病或肢体残障，由此遭遇生活困难的个人或家庭；（10）有药瘾、毒瘾、酗酒的个人或家庭；（11）生活在寄养家庭，以及遭遇父母死亡或遗弃的寄养儿童；（12）缺乏基本生活资源的移民与少数民族；（13）有严重生理或发展障碍的个人与家庭；（14）无法照顾自己的老人；（15）缺乏基本生活资源的游民；（16）有学校生活困难的儿童及其家人；（17）因为重大灾难事件或生命发展历程而遭遇压力的人，如经历退休、心爱的人死亡、空巢期，或是有同性恋倾向的人等。②

（二）按社会福利服务方案划分

根据美国社会工作百科全书对"社会福利"一词的解释（NASW，1995年），社会福利服务方案同时基本上也是社会工作者就业与提供专业服务的领域，如此，实际的社会工作实施领域划分为：（1）寄养服务（foster care）；（2）领养（adoption）；（3）日间照顾（day care）；（4）启蒙计划（Head start）；（5）观护及保护管束（probation and parole）；（6）公共救助方案（public assistance programs）；（7）公共卫生护理（public health nursing）；（8）性治疗（sex therapy）；（9）自杀案件辅导（suicide counseling）；（10）休闲服务（recreational services）；（11）少数族群及老兵服务（services to minority and veterans）；（12）学校社会工作（school social services）；（13）低收入者医疗及法律服务（medical and legal services to the poor）；（14）家庭计划（family planning services）；（15）送餐到家（meals on wheels）；（16）居家护理（nursing home services）；（17）受虐夫妻庇护（shelters for batters spouses）；（18）后天免疫症缺乏症候群患者服务（services to person with AIDS）；（19）儿童保护服务（protective service for children）；（20）自我肯定训练（assertiveness training）；（21）会心团体及敏感度训练（encounter groups and sensitivity training）；（22）国民住宅方案（public housing projects）；（23）家庭辅导（family counseling）；（24）酒瘾者匿名团体（alcoholics anonymous）；（25）逃家者服务（runaway services）；（26）身心障碍者服务（services to people with developmental disabilities）；（27）庇护工厂（sheltered workshops）。③

① AIDS的患者，指后天免疫缺乏症候群患者。

② 参见Hepworth. 社会工作直接服务理论与技巧（上册）［M］. 许临高，等译. 台北：洪叶文化公司，1999：5-6.

③ 参见林胜义. 社会工作概论［M］. 台北：五南图书公司，2002：8-9.

（三）按社会工作与社会福利、社会服务、社会保障的关系划分

从以上关于社会工作与社会福利、社会服务、社会保障的关系看，社会工作显然属于社会福利、社会服务、社会保障的范畴。从这个角度看，一般而言，多数国家（包括中国大陆）较认同社会工作的17个实施领域，它们是：(1）公共救助，即针对经济困难的个人或团体提供的服务；（2）社会保险，即为劳动就业成员及其家属提供的生活保障；（3）家庭服务，指帮助家庭解决人际关系、婚姻、健康、经济、家庭计划等问题的社会服务；（4）儿童服务，包括日托、儿童养育机构的设置、督导儿童之家与领养家庭，儿童偏差行为与适应不良的预防与保护等，以及学校社会服务与童工保护等；（5）保健服务，包括妇幼卫生、儿童健康中心、家庭卫生服务、公共医疗服务、贫民医疗服务、残疾康复、预防流行疾病及医疗部门的社会服务等；（6）心理卫生服务，包括医疗机构精神科与心理卫生中心的服务设施、职能康复与心理辅导等；（7）矫治服务，指青少年犯罪的预防与帮教工作，为拘留所、教养院、监狱、“中途家庭”等提供的个案与团体服务，以及社区矫正与社区预防犯罪的服务等；（8）青年闲暇服务，包括社区与青年中心、邻里聚会场所与休闲娱乐设施的青年活动方案，以及其他一些青年组织的活动；（9）退伍军人服务，指为残疾或精神疾病的退伍军人提供个案与团体工作服务，以及为退伍军人提供的就业安置、康复、教育、住宅、军人之家等社会服务；（10）就业服务，包括就业训练、职业辅导、工作安全与职业保障，以及再就业、人力发展等服务；（11）住宅服务，包括住宅方案、新住宅区，尤其是劳工、低收入户与老人等住宅设计及都市更新等；（12）社区福利服务，包括社区的计划、组织、募捐、社区基金、社区理事会及通过社区服务中心达成的健康与福利服务工作；（13）老人服务，包括老人的住宅方案、家庭服务、医疗保健、救助、娱乐及社会适应服务等；（14）工业服务，包括劳工的立法、福利、生活适应、医疗保健、心理卫生、休闲娱乐、教育，以及工会组织与劳资协调等；(15）乡村社会工作，指在农村地区开展的各种社会工作服务；（16）少数民族服务，指针对少数民族的特点与问题而开展的各项社会工作服务；（17）军人社会工作，指针对军人与家属的军队生活适应、军人家庭问题，以及军人子弟的教养、健康、心理卫生等，在军队内部及其家属区所开展的各种工作。①

此外，需要指出的是，由于社会工作的方法分类与实务取向中的“问题”取向分类及“人”（或“机构”）取向分类紧密相关，如此，参照卡罗尔

① 参见隋玉杰．社会工作：理论、方法、实务［M］．北京：中国社会科学出版社，1996：11-13.

(Carroll)① 的社会工作实务架构，可以整理出如下社会工作的三维理论与实务分类架构图（见图 1-1）。

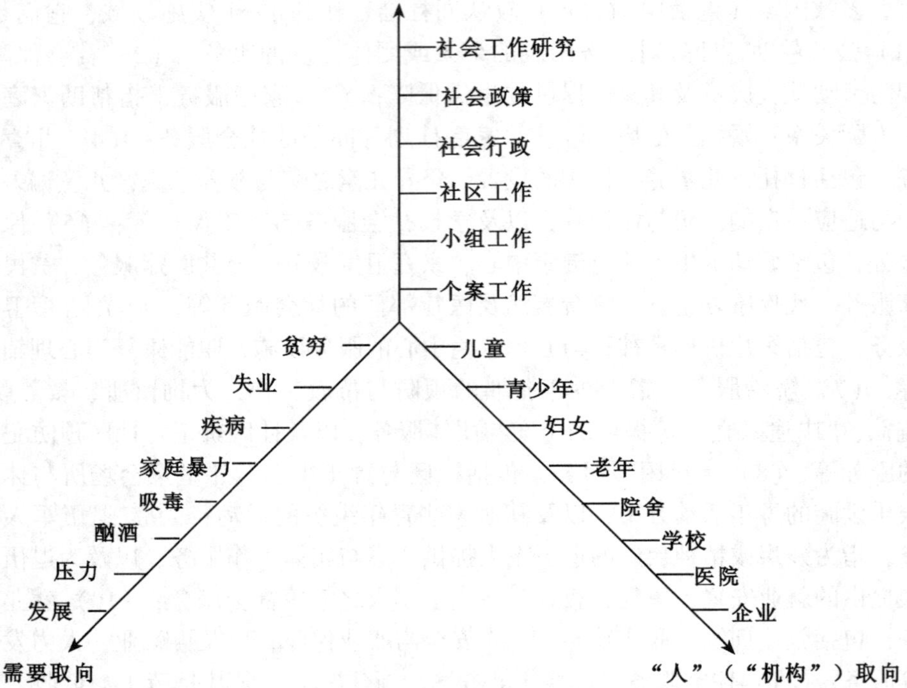

图 1-1　三维社会工作理论与实务分类架构图

第四节　社会问题与社会工作

社会问题一直与人类的生存与演化相伴随，但是，社会工作是晚近时代才出现的一种专业与职业。如此，社会问题并不必然与社会工作相关联。不过，社会发展到一定阶段时，社会问题的解决会依靠社会工作的手段。正是从这个角度看，社会工作一开始就以解决社会问题为己任，并与社会问题有着十分密切的联系。

① 参见李增录．社会工作概论［M］．台北：巨流图书有限公司，2002：59.

一、社会工作是以解决社会问题为己任

社会工作起源于对社会病态的回应。这些社会病态出现在19世纪中叶西方工业革命的进程中。那时，社会工作实践主要靠运用“友善访问员”与“试误法”来解决社会问题。之后，随着社会问题的不断产生与发展，社会工作的实践领域在不断地扩大，社会工作在全世界也得到了较快的发展。以下简要介绍社会工作是如何随着社会问题而产生的，又是如何致力于以解决社会问题为己任的。

（一）解决社会问题的思路

19世纪中叶，西方社会的工业化与都市化引发了诸多社会问题，如贫穷、饥饿、失业、堕落等充斥着社会。而这些不期而遇的社会问题积聚到一定程度时，必然会威胁着社会的安全与发展，进而引起了许多思想家、政治家及社会人士的关注，并致力去解决。比如，对于由资本主义的经济繁荣带来的众多复杂的社会问题，社会思想家们给予了严厉的批判。他们普遍认为这种病态不符合人性，是非人道的，并希望能改变这种状况。不过，在试图消灭资本主义带来的弊端的对策方面，社会思想家大致提出了“改良”与“革命”的两种思路：

（1）改良主义的“改良”思路。改良主义者认为，要解决资本主义社会的社会问题可以采用补救与协调的方法，可以通过修改社会政策来调整各阶级、阶层之间的利益关系，减少社会问题。其具体措施包括实施社会救济、提倡人道主义与博爱互助等道德关怀。简言之，资产阶级改良主义要在制度范围内去解决自身的问题。①

（2）马克思主义的“革命”思路。马克思主义从生产关系一定要适合生产力的发展的社会运行规律出发，论证资本主义的生产关系已不能容纳生产力的发展，甚至已经成为生产力发展的障碍，因此资本主义制度的出路必定是它的灭亡与社会主义的产生。如此，马克思主义不同意用宗教、道德和改良的方法去拯救资本主义社会，而是对之进行革命的改造。这不但是对资本主义制度的理论批判，而且是要进行无产阶级革命，打碎旧的人剥削人的制度，建立一种公平的、没有阶级压迫的、每一个人都能自由发展的社会。②

（二）社会工作的产生与发展

不论基于善良的人性还是同类意识的发现抑或宗教教义的宣示，对于处于困境者与弱者的帮助在西方早已存在。在其中，宗教对于西方社会工作的促进

① 参见王思斌．社会工作概论［M］．北京：高等教育出版社，2006：4.
② 参见王思斌．社会工作概论［M］．北京：高等教育出版社，2006：4.

作用是明显的。然而论及对现代社会工作的贡献，人们普遍指出的是 17 世纪以来的社会救助制度。比如，英国的工业革命起步最早，但是，与大机器相伴随的是英国农村的破产，并造就了诸多人群的失业、贫穷与堕落。而这些社会问题正威胁着英国社会，同时，人们对贫穷而产生的社会问题也感受很深。如此，1601 年英国政府基于救助贫民及社会责任的精神，颁布了"济贫法"。"济贫法"规定：以社区为单位，对无亲属照顾的贫民实行有条件的救济，从而初步建立了社会救济制度，并形成了一套救济工作方法，这对以后世界各国的社会救济法规的建立产生了重要影响。

19 世纪末至 20 世纪初，欧美社会相继出现了许多民间社会服务组织，如 1869 年建立的慈善组织会社与 1884 年兴起的社区睦邻组织运动，可称得上是社会工作的先驱，二者都为当时的贫困者（如新移民与劳工）提供服务。如此，在欧美社会就掀起了全社会共同面对与回应贫民问题的运动，从而弥补了政府推动济贫活动之不足。

慈善组织会社其实是受到 19 世纪英国济贫法及当时资本主义兴起的影响，济贫法背后的理论是，要让"不劳而获"而领取救济的贫民必须付出耻辱的代价，而资本主义的兴起则形成了极度的贫富悬殊，加剧了阶级之间的冲突。在这样的背景下，当时的社会慈善家开展的慈善组织会社的主要目的是，减低资本主义的负面影响，维持社会的稳定，尝试用"友善访问员"的较科学方法去评估救济是否需要，以防止贫穷的恶化，减少救济工作对社会所造成的负担。同时，慈善组织会下的社会工作认为，人的社会问题源于个人，故此社会工作应着重个人的改变与辅导。由此，微观的、守成的社会工作便应运而生。

另一方面，社区睦邻运动则与当时的社会行动及社会改革运动息息相关。虽然睦邻运动与慈善组织会社同样是针对当时的贫困问题，但前者与后者的最大分别在于：二者对贫穷的分析及其引申的解决方案的差异。比如，参加睦邻运动的成员多为当时的大学教师与学生，他们经常居住在社区中的睦邻中心，以增加其对贫民的直接了解。如此，他们较倾向于关注社区问题，包括卫生、房屋、医疗、教育、劳工问题等，并认为政府应积极介入此类社会问题，进而在服务及政策层面做出适当的配合。之后，睦邻运动与社会行动及社会改革运动的关系愈来愈密切，并与慈善组织会社的路线愈来愈背道而驰。因为社区睦邻运动下的社会工作认为，人的社会问题是与其身处的社会环境息息相关的，故此社会工作应着重环境的改造及建立共同的利益。由此，宏观的、激进的社会工作便应运而生。

慈善组织会社与社区睦邻运动对于社会工作本质的不同理念自始延续至今，形成了社会工作的两种极端观念，并推动了社会工作从微观与宏观去解决社会问题，以及形成了"治疗—预防"、"救助—发展"的社会工作基本思路，继而促进了社会工作的领域、专业方法及目标模式的变化与快速发展，同时，这也导致了社会工作界内一直存在着二分化的局面。比如，20世纪20~30年代在美国兴起了以弗洛伊德为代表的心理分析学派的主流，并使社会工作倾向于微观的个人辅导，渐渐忽略了对宏观社会分析及社区介入的承担。然而，30年代的全球性经济“大萧条”所导致的严重失业问题，又使许多人认识到，贫穷主要不是源于个人无知与惰性而是外在的环境因素形成的，并认为消除贫穷的方法必须由环境介入开始。而此种观念影响了当时的社会改革运动，促成了当时多项宏观建设及就业计划的推展，并加强了政府对社会福利责任的承担。不仅如此，30年代的宏观社会工作建设计划也极大地影响了以后接踵而来的社会运动，如60年代的民权运动、女权运动、反越战运动等。但是，在80年代后，欧美国家的主流社会工作均走向了治疗性社会工作（therapeutic social work）及临床社会工作（clinical social work），这样，社区工作及社会改革活动则渐渐息微。对此，斯柏与哥尼（Specht & Courtney）在1994年出版的《反叛的天使》（Unfaithful Angel）一书中，强烈地批判了美国社会工作界背叛了原来的社会使命，即对社会公义与社会改革的冷漠，并唤醒今日的社会工作重新定位，重燃对社会改革的关注及委身。①

二、社会工作专业如何关注社会问题

时序进入21世纪，社会变迁的速度加快，人在环境中所遭遇的冲击更大，必须面对的问题更多，而有赖别人协助的需求也可能更加殷切。事实上，我们生活在现代社会，每一个人或多或少都会遭遇到一些问题。比如，儿童，可能因为父母离婚而成为失依儿童；少年，可能因为交友不慎而误入法网；青年，可能因为酗酒而一再失业；妇女，可能因为丧偶而无法兼顾工作与家庭；老人，可能因为心智功能衰退而变成痴呆。面对这些问题，比较简单、轻微的，也许我们可以自行处理，或者通过家庭、邻里、亲友的协助而获得解决。但是，比较严重、复杂的问题，则可能需要寻求专业人员的协助。其中，社会工作就是一种帮助现代人解决社会问题的专业工作。但是，社会工作专业如何关注社会问题呢？以下做一些简要分析。

（一）社会工作回应社会问题的工作取向

首先我们必须明确的是，社会工作专业只是社会调节机制的一个组成部分，其社会调节作用是有限的。如此，我们不能夸大社会工作专业的作用，也有必要确认社会工作专业的职责范围。

① 参见 Specht H. & Courtney M. E., Unfaithful Angels. *How Social Work has Abandoned Its Mission* [M]. New York: the Free Press, 1994.

社会工作专业并不是关注所有的社会问题，社会工作专业也不可能去解决所有的社会问题。然而，社会工作作为一门以人为本的专业，其专业取向总是有利于人的生存与发展；同时，对于社会问题的发生，社会工作总是将人放在首位，并从人的角度考虑社会问题。比如，普通人与司法机关可能认为，对于犯罪问题的解决方法就是修建更多的监狱，以及对罪犯处罚越严厉越好。但是，社会工作对于犯罪问题的介入角度则不同。因为社会工作者基于以人为本的理念，既要帮助犯罪问题的受害一方（包括社会与个人），又要帮助罪犯本人。正是在此种理念下，社会工作在面对或回应社会问题之时，其工作取向就有三个方面：

第一，从宏观方面预防社会问题的发生，促进宏观政策的制定与调整，以此从社会政策入手，有利于从根本上有效地解决社会问题；

第二，帮助遭受社会问题影响的个人或群体，增强抵御社会问题侵害的能力，即着眼于服务对象应对问题的能力建设之提升；

第三，帮助遭受社会问题影响的个人或群体，重新恢复其社会功能，降低社会问题的危害性。

此外，由于案主可能同时面临多种问题，如物质层面的无业与经济短缺，精神层面的负面情绪与精神压力等，这样，整合取向（integrated approach）也是当代备受关注的“问题”取向的社会工作模式。其理念是，“社会工作注重在个人与其各个系统间的互动关系以及与解决个人问题相关联的需求、资源、服务和机会；社会工作者将人置于环境（系统）中作整体的考虑，并于其中帮助他们寻找符合其个人需求的方法”①。因此，整合社会工作就是针对问题的所有因素，结合各种知识基础，利用多种技术在多个层面来进行干预的。正是从这个角度看，把握案主“人在环境中”的特性，能更好地有利于多个问题的解决或舒缓。

（二）社会工作解决社会问题的领域

解决社会问题是社会工作最基本的功能，为解决某一种社会问题就有某一种社会工作的领域，如此，我们可以说有什么社会问题，就有什么社会工作。一般来说，被社会工作界认为是职责所在的社会问题有：贫穷问题；失业问题；疾病问题；婚姻与家庭问题；儿童问题；老年问题；身心残障问题；吸毒问题；酗酒问题；犯罪问题；劳工问题；种族歧视问题等。此外，有学者还按照案主所遇到的问题，将社会工作解决社会问题的领域，分为以下三个

① 万育维．社会工作概论：理论与实务［M］．台湾：双叶书廊有限公司，2003：10.

方面①：

（1）日常生活方面的问题：包括因身体不适或身患疾病而难以自理，因心理发育不健全或受挫折而造成的自我封闭与心理失调，因婚姻变故或家庭成员冲突而造成的家庭关系不和睦，儿童无人抚养、老人无人赡养，或在抚养与赡养方面出现问题，因住房紧张影响正常生活等。日常生活给人们特别深刻的影响，因此，为有困难者解决日常生活方面的问题是社会工作的重要任务。

（2）就业方面的问题：包括失业问题，就业中的性别歧视，工伤、劳资关系不协调，职工合法利益未能有效保护，退休金不足或退休后的福利、医疗缺乏保障，工作压力过重造成的精神健康问题等。简言之，就业是一个人的安身立命之所，就业方面的问题也是社会工作特别关注的问题。

（3）个人行为方面的问题：包括自我封闭、孤独与偏执、吸毒、酗酒、赌博与犯罪等。由于个人行为偏差与失范不仅造成了对他人与社会的伤害，也不利于个人发展。因此，改变某些偏差行为也是社会工作的任务。

此外，需要指出的是，当代社会工作除了关注社会问题，还特别关注社会和谐与社会发展。当然，对社会问题的解决有助于促进社会和谐。然而，关注社会和谐是当代社会工作的一个新特点。这里所谓“关注社会和谐”，并不是说社会工作弱化了对社会问题、社会不平等的关注，而是说社会工作在关注社会问题的同时，也关注各类社会群体的正常需要的满足，关注人们共享社会进步的成果。它希望通过自己的工作去促进各群体的发展与社会认同，促进各群体的社会团结。

（三）社会工作专业与其他助人专业的关系

在众多助人专业中，社会工作专业是一门独特的专业，它既不同于其他助人专业，又与之有着密切的关系。就联系看，社会工作专业需要同其他专业一起来面对与解决案主诸多的社会问题。尤其是当社会工作者遇到的情境十分紧迫与复杂，并要求不同专业的知识及不同专业的合作、努力时，对社会工作者来说，可取的做法就是，让其他相关专业与人员参与到决策过程中，以下举例予以说明：一直靠低保金生活的王婆婆，现住在某社区的出租屋中，她健康不佳，没有亲属，但其邻居非常乐于助人。但是，王婆婆现在放弃了继续领取低保金。因为她失去了唯一的儿子后，发现活着再没有乐趣了。于是，王婆婆拒绝吃东西，以此终止生命。在这个案例中，王婆婆自杀行为非常紧急，因为它涉及一个人的生与死。显然，在这个个案的介入中，包括了不同专业的合作，如医疗专业、司法专业、警察与救护车服务等。总之，从社会工作的社会福利服务的实施领域看，除了社会工作专业人员外，还有其他专业或行业的团体在

① 参见王思斌．社会工作概论［M］．北京：高等教育出版社，2006：10-11.

社会福利领域中从事不同的工作。比如，与社会工作的社会福利有关的专业人员包括，为低收入者提供法律服务的律师，社会计划机构的都市设计师，公共卫生机构的医师，身心障碍者安置教养机构的教师、心理医生与护理师，精神疗养院的休闲治疗师，服务于心理卫生中心的精神科医师，等等。而这些与社会福利相关的专业人员，会经常有机会与社会工作者一起工作，他们通常组成一个专业团队，以此共同为案主提供最佳的服务。不过，社会工作与其他助人专业又有所不同，概括地说，二者的差异主要体现在以下两个方面：

首先，社会工作专业关注的主要是个体与群体社会功能的发挥，而其他专业所关注的往往是问题本身。比如，在王婆婆自杀的危机介入中，医生解决的是王婆婆的自杀与疾病，是治病救人。因此，医生仅仅关心王婆婆自杀与疾病的生理因素，而对于其自杀与疾病背后的社会或心理因素则不去关注，或者说那不是医生的职责。自杀与疾病背后的社会或心理因素，以及由疾病给王婆婆带来的社会或心理的影响，则需要社会工作者予以关注。简言之，社会工作专业在介入王婆婆自杀的危机中，会对医疗专业的治病、司法专业的法医鉴定、警察系统的维护人身安全等问题都有所介入。因此，社会工作专业在众多助人专业中有一个特殊的、其他专业所不具备的作用，这就是社会工作专业具有“整合取向”，能将不同的社会资源（包括各种助人专业在内）组织起来，使之更便于为人们使用，以发挥更大的社会支持网络的作用，促使人们的能力建设提升，由此恢复或增强人们的社会功能。

其次，由于社会工作所关注的对象主要是社会中处于弱势的人们，而这些人在社会中处于弱势的一个直接表现是经济上的贫困，如靠领取低保金生活的王婆婆。如此，社会工作不以赢利为目的为弱势群体提供帮助，以使所提供的帮助符合弱势群体的需要。因此，与其他许多助人专业多以赢利为前提，社会工作专业的另一个不同之处在于，它是一个不以赢利为目的的专业。

思　考　题

1. 什么是社会工作？
2. 简述社会工作、社会福利、社会服务、社会保障的区别与联系。
3. 社会工作专业的基本特征是什么？
4. 简述社会工作的主要实施领域。
5. 社会工作专业与其他助人专业的关系是什么？

主要参考文献

［1］何国良，王思斌．华人社会的社会作本质的初探［M］．香港：八方文化企业公司，2000.

［2］李增录．社会工作概论［M］．台北：巨流图书公司，2002.

［3］林胜义．社会工作概论［M］．台北：五南图书公司，2002.

［4］隋玉杰．社会工作：理论、方法、实务［M］．北京：中国社会科学出版社，1996.

［5］孙立亚．社会工作导论［M］．北京：中国财政经济出版社，1999.

［6］万育维．社会工作概论：理论与实务［M］．台湾：双叶书廊有限公司，2003.

［7］王思斌．社会工作概论［M］．北京：高等教育出版社，2006.

［8］王思斌．社会工作综合能力［M］．北京：中国社会出版社，2007.

［9］Hepworth. 社会工作直接服务理论与技巧（上册）［M］．许临高，等译．台北：洪叶文化公司，1999.

第二章　社会工作的发展历史

社会工作作为一种专业与专门的职业，仅有一百多年的历史，但它的发展十分迅速。本章将分别从国内外社会工作的发展阶段，来简要介绍社会工作发展的历史轨迹，以此追寻社会工作的重要措施与知识积累的来龙去脉；同时，从回顾国外社会工作者推动社会工作专业化的历程中，启示我们增进中国社会工作发展的动力。

第一节　社会工作在国外的发展阶段

社会工作成为一种专业或一门学科是近百年的事。世界各国最早的社会工作都起源于贫民救济或个人的慈善事业，但这只是局部性与暂时性的救助工作。直到1601年英国济贫法案的通过与实施，这种救助工作才逐渐具体化与制度化，但它仍未成为系统科学的专业。到20世纪初，美国社会工作专业的鼻祖玛丽·里奇曼（Mary Richmond）出版了《社会诊断》一书，并首次把助人的工作加以研究与讲授，乃标志着社会工作专业的开端。到了20世纪30年代，因受弗洛伊德精神分析理论的影响，社会工作开始运用“心理暨社会诊断（psychosocial diagnosis）”及“心理暨社会治疗”（psychosocial therapy），自此以后，社会工作专业化才开始了快速的发展。

不过，追寻各国社会工作的历史演进，虽然各有其不同的起源与发展过程，但其中有一个共同的现象，即社会工作都渊源于贫民救济或慈善事业，多半由教会或私人举办，随即由政府逐渐负责办理。同时，在这个历程中，最初是无组织的个人施舍或慈善事业，以后逐渐发展为有组织的社会救济或社会服务工作，最后形成了全国性的社会安全制度。然而，在查阅各国社会工作发展的历史文献后，我们发现，可叙述的历史事件太多，因此，本节仅选择对现代社会工作发展最有贡献的事件简述之，以期能呈现国外社会工作发展的概貌。

一、社会工作雏形的建立

社会工作起源于西方国家，是在西方社会福利的发展过程中产生与发展起来的，并且，它的发展与社会福利的发展有着一致性。如此，社会福利的演变构成了社会工作专业发展的背景，也是社会工作专业发展的基础。以下我们从西方社会福利制度的发展历程，来回顾社会工作在西方的起源与雏形的建立。

（一）济贫法

英国工业革命最早，但与大机器相伴随的是失业、贫困与堕落，而人们对因贫困而产生的社会问题感受最深，因此，英国的济贫事业发展较早。在欧洲大陆，最早的救济事业多由教会办理，到了16世纪，随着贫民的不断增加，教会财力不敷应付，乃逐渐由政府接办。1601年，英国伊莉莎白女王颁布“济贫法案”（即伊莉莎白四十三号法），正式承认政府有济贫的责任，并建立了初步的救济行政制度与救济工作方法，为各国社会救济法的滥觞，至今各国社会救济立法尚不能脱离其影响。

伊莉莎白济贫法的重点或特点可以分为以下几点：①规定教区每周应向地主征收济贫税，开启了政府抽税办理社会救济的先例。②规定贫民救济应由地方分区举办，每个教区设立监察员若干名，中央政府设立监督人员，这是国家设立机构及建立制度办理救济行政的创举。③规定凡有工作能力的贫民，必须参加工作，以工作换取救济。④禁止无家可归及无业游民行乞游荡，设救贫所收容救济，强迫其在救贫所工作。救济工作分为院内救济与院外救济两种，从而开启了机构式与家庭式社会工作的先河。⑤规定人民有救济贫穷家人或亲属的义务，而公共救济机构仅在贫民不能从家人或亲属处获得赡养时，才予以救助，并且救助对象仅限于在该区出生者或在该区住满三年者。这种把居留权利作为接受公共救助的条件即所谓的亲属责任或家属责任，到今天仍是公共救济中的争论议题。⑥该济贫法把贫民分为三大类：一是体力健全的贫民，须强迫进入感化所或习艺所工作；二是丧失工作能力的贫民，包括患病者、老年人、残障者、精神病患者及需要抚育幼小子女的母亲，令其进入“救济院”或施以院外救济；三是无依无靠的儿童，如孤儿、弃婴、被父母遗弃或因父母贫困无力抚养的儿童等，应设法领养或寄养。①

伊莉莎白济贫法的颁布具有十分重要的意义，它不仅开启了各国政府办理公共救助的先河，使最初的救助工作具体化、制度化、法律化，从而成为了西方社会救济立法与贫民救济事业史上的一块里程碑，并且，它对各国社会福利事业的制度化发展带来了深远影响。但是，该济贫法也产生了极大的“后遗症”，比如，造成了为数众多的贫民不予以救济就不能生活的现象，养成了一些贫民的依赖心理，并对贫民的自尊心与人格重视不够，干涉了贫民谋生的自由。如此，英国议会于1834年修正了济贫法，通常称为“新济贫法”，其要

① 参见李增录．社会工作概论［M］．台北：巨流图书公司，2002：20-21.

点如下：①救济设施须全国一致，如各区应分别联合成立协会，每一协会须设立一个济贫所，由伦敦的委员下乡监察，负责拟定规则与审核财务。②济贫所内给予被收容者的待遇低于一般工人。③以院内救济为主，废除院外救济。后来，这一法案又经过多次修订，直至 1948 年，根据贝佛里奇报告书的建议制定“国民扶助法”之后才宣告废止，其间一直施行了 340 多年，对社会工作的形成与发展影响甚大。①

（二）汉堡制与爱尔伯福制

汉堡是德国一个富庶的都市，工业革命后，人口众多，居民往来无定，贫富分化极为严重。市内乞丐与贫民人数很多，以至于游行、沿街乞讨，成为了汉堡市一个最严重的问题。为了解决此类问题，汉堡市于 1788 年开始实行“汉堡制”救济制度。该制度规定：在汉堡市设一中央办事处，综合管理全市救济业务，全市分若干区，每区设立监察员 1 人及赈济员若干人，救济方法为助人自助。汉堡制的主要内容包括：为失业者介绍工作；把贫苦儿童送往职业学校学艺；把患病者送往医院治疗；对沿街乞食者不准许施舍，以取缔无业游民且不让贫民养成依赖习惯。汉堡制度实施了 13 年，取得了一定成效，但因贫民的骤增及济贫人员的不足，汉堡制度趋于衰微。②

1852 年，德国的另一个小市镇爱尔伯福，仿照和改良了汉堡制，提出了“爱尔伯福制”。该制度把全市分 564 段，每段约有居民 300 人，其中贫民不得超过 4 人。每段设赈济员 1 人，综合管理全段的救济工作。在救济工作中，求助者必须与赈济员接洽，而赈济员要先到求助者家中作家境调查，经查明确有需要者始予补助。不过，发给的赈济款必须是法定的最低标准，以防止求助者养成贫民的依赖心理。与此同时，补助后，赈济员仍需每两个星期前往调查一次。此外，赈济员还需要负责办理段内有关贫穷的预防工作。一般来说，赈济员为荣誉职务，由政府委派地方热心人士担任。而全市每 14 段则联合组成一个赈济委员会，每两个星期开一次会，并由区监察员担任会议主席，主要讨论有关全区赈济工作与制成报告或提案，以提交中央委员会。中央委员会为全市最高救济机关，它从总体上支配管理全市济贫所、医院及院外救济事项，也为两个星期开会一次。③

尽管德国的汉堡制和爱尔伯福制的做法有所不同，但是，它们都遵循助人自助、不让贫民养成依赖心理等原则，并都有相应的济贫事业的组织管理架构与程序。而这些精神和做法，先后被许多国家所采纳，并为公共扶助与社会工

① 参见叶楚生．社会工作概论［M］．台北：同泰印刷局，1986：37-40.

② 参见张乐天．社会工作概论［M］．上海：华东理工大学出版社，1997：19-20.

③ 参见张乐天．社会工作概论［M］．上海：华东理工大学出版社，1997：20.

作开创了一个新的里程碑。①

（三）慈善组织会社（charity organization society）

慈善组织会社于1869年出现在英国，1877年扩展到美国，随即成为了一个风行英美的慈善组织会社的“救贫运动”。由于英国早期的救贫工作并不完善，加上工业化的冲击，失业人口日渐增多，人们对贫民问题更为关注。如此，各种救助贫民的慈善机构纷纷建立，它们各自征募捐款，救济贫民。但是，这些慈善机构往往各自为政，彼此之间缺乏联系与协调，这样，其所提供的服务有时产生了重复、冲突、资源浪费等弊端。1869年，英国牧师索里（Solly）有感于这种状况，乃倡议设立伦敦慈善组织会社，呼吁所有救济机构全面合作，救济记录集中保管，并运用“友善访问员”（friendly visitor），对申请救助者进行个案调查，然后依其个别情况分别处理。②

不过，慈善组织会社既没有基金也没有经费，但是，它有一个明确的目标，即把英国尤其是伦敦的慈善事业组织起来，使之密切配合，以发挥最合理的作用，其具体做法有：（1）成立一个中央管理与联系机构，并将伦敦划分为若干区，每区成立一个分支机构，并设有志愿委员会，以主持救济分配工作。（2）各区办理区内所有申请援助案件的总登记，同时设立咨询部，供济贫法的监护人、各慈善组织及个别慈善家收集有关申请救助者的资料，以使许多同时向多个机构求助的职业乞丐暴露真相。（3）各区派驻的工作人员应对所有的申请案件进行个别化的详细调查。（4）提高救济款物的配额，使其能满足申请人的生活需要。1877年，美国也仿效英国的做法，在水牛城（Buffalo）等25个城市，分别成立了慈善组织会社。而现今美国各地的家庭服务社（family service societies），即为当年慈善组织会社的化身。不仅如此，慈善组织会社对社会工作的产生也具有很大的影响。比如，慈善组织会社派“友善访问员”访问申请救济者，了解其社会背景和确定应采取的措施，并依靠调查及按个别情况对每一件案件分别予以处理。而这种强调个别化的做法，促使了个案工作的产生；又如，慈善组织会社促进了各救济机构、慈善组织为解决社区问题，采取了协调合作的步骤，这无疑为社区组织工作的发展奠定了基础，也促使社会工作步入了现代化与专业化的途径。③

（四）睦邻运动

继慈善组织会社后，英美又兴起了睦邻组织运动（settlement movement）。

① 参见徐震，林万亿．当代社会工作［M］．台北：五南图书公司，1990：44-46.

② 参见李增录．社会工作概论［M］．台北：巨流图书公司，2002：23-24.

③ 参见白秀雄．社会工作［M］．台北：三民书局，1982：16-20；叶楚生．社会工作概论［M］．台北：同泰印刷局，1986：40-43.

这其实是欧美救贫运动的另一种方式，又称为社会公社运动或社区改良运动。该运动起源于英国维多利亚女皇时代，其原因有两个：一是因为当时英国的社会科学研究者和社会工作者力图对社会问题进行实地研究和实际解决；二是发起人有感于产业革命虽然促进了工业化和城市化，但也造成了贫富分化。这样，他们认为，让受过高等教育的人士和贫民共同生活，不但可以给予贫民获得教育和享受文化生活的机会，实现政治平等与民主，同时，也可以促使对贫困问题的深入了解和合理解决。在上述背景之下，1884 年英国伦敦东区牧师巴涅特（Barnett），为唤起受过高等教育的人士，能深入了解贫民的问题，并研究改善之道，以实现民主与平等的思想，乃发动牛津、剑桥两个大学的贵族子弟下乡为贫民服务。其中，牛津大学经济学讲师汤恩比（Toynbee）在服务过程中积劳成疾，英年早逝，令人怀念，巴涅特便约集友人成立了社区睦邻服务中心，并取名为“汤恩比馆”（Toynbee Hall），这也是欧美第一个社区睦邻组织。概括地说，这种睦邻服务中心有如下特点：①中心设于贫民区，备有宿舍，以使所有的工作人员能与贫民共同生活，相亲相爱。②中心没有既定的工作计划，完全视居民的实际需要开展工作。③尽量发动当地人力，培养其自动自发和互助合作的精神，以此为地方服务。④除了促使社区睦邻中心成为当地的服务中心外，还尽量尝试将本国及外国的文化介绍给当地居民，使之成为当地的文化中心。①

稍后，美国也参照汤恩比馆的做法，于 1889 年在芝加哥设立胡尔馆（Hall House）作为社会服务中心。而这种睦邻运动的服务中心强调以 3R’s 解决贫穷问题，包括：研究（research），以研究支持行动；进驻（residence），和穷人住在一起，体验其生活，了解真正问题之所在；改革（reform），通过倡导，提高社区居民的自我觉醒，以集结力量，共同改善现有的社会环境。可见，睦邻组织运动对于社会工作的产生与发展起到了重要的推动作用。因为，它对现代社会工作的产生具有如下启示：其一，它说明了社会工作的目的是寻求个人与社会生活的改善，工作方式应从个人与社会双方同时入手；其二，社会工作应随时依据实际需要来安排工作，并发动、组织或配合社会力量来解决；其三，社会工作应以整个社区为工作对象，并以促进全面的社会福利为目的；其四，促使社会工作在个案工作方法之外，发展出了团体工作与社区工作两种方法。总之，睦邻组织运动为社会工作介绍了新的服务工作方法，也将社

① 参见李增录．社会工作概论［M］．台北：巨流图书公司，2002：25.

会工作的专业化带进了一个新纪元。①

二、全国性社会保障制度的创立

随着资本主义工业化所产生的社会问题日趋严重，那些局部的、地方的、临时的、补救的救济措施已不能有效地应付资本主义的社会问题。为了稳定资本主义的社会秩序，西方国家政府在所举办的系统的社会福利事业基础上，创立了全国性的社会保障制度，从而为现代社会工作奠定了组织与制度的基础。

（一）社会安全制度

这是欧美国家从积极方面保障人民经济生活的一种制度。首先，德国继英国之后逐渐步入工业化，其劳工问题增多，罢工事件层出不穷。当时各国都企图以武力制裁革命运动，但这又加深了国民对政府的不满。这样，富有政治眼光的德国首相俾斯麦（BisMarck），乃改变方针，采取温和手段，以保护劳工代替镇压劳工，1883 年他颁布了劳工疾病保险，这是现代国家实施社会安全制度的滥觞。之后，俾斯麦政府于 1884 年与 1889 年相继颁布了职业伤害保险、残疾与老年保险等，并逐步建立了一系列的社会保障制度。此类社会保障制度采取了危险分担的保险原则，集合工人、雇主及政府的财力，以保障劳动者在遇到疾病、伤害、老残、死亡时，能支领保险给付，应付事故的需要。于是，工人情绪逐渐稳定，生活渐趋改善，社会也转向了安全。②

在美国，自 1929 年 10 月纽约股票交换破产引发经济大恐慌之后，失业人数有增无减，政府救济费用日渐沉重。当时，胡佛总统仍以宪法为依据，认为紧急救济属于州政府的职责，应以社会志愿捐款支付，不能靠国库拨款救济。直到 1933 年罗斯福就任美国总统后，他强化美国民众需要一个“全国性”的计划观念，乃提出联邦政府应采取紧急措施救济失业者，即推行他所谓的“新政”（New Deal），至此，政府才开始负责办理全国性的社会救济与社会福利事业。无疑，这为美国社会安全制度的发展铺出了一条新路。继 1933 年颁布《联邦紧急救济法案》之后，1935 年罗斯福总统又制定了美国历史上著名的《社会保障法案》，从而在美国社会正式建立起了永久性的社会保障立法与制度。简要地说，《社会保障法案》的内容主要包括三个方案：一是社会保险方案，包括老年保险制度与失业补偿制度；二是公共分类救助方案，即以老年人、贫苦穷人及失去依靠的儿童为救助对象，后来又增加一项对永久或完全丧

---

① 参见白秀雄．社会工作［M］．台北：三民书局，1982：18-20；叶楚生．社会工作概论［M］．台北：同泰印刷局，1986：44-51；徐震，林万亿．当代社会工作［M］．台北：五南图书公司，1990：49-51.

② 参见李增录．社会工作概论［M］．台北：巨流图书公司，2002：26.

失劳动能力的残障人的救助；三是卫生及福利服务方案，包括妇幼卫生服务、残障儿童服务、儿童福利服务、公共卫生服务、职业重建或职业培训等。此外，对于社会保障最主要的业务管理与监督权，则另设社会安全理事会来负责执行。①可见，罗斯福“新政”的推行，在逐步形成全国性救助计划的观念之时，已建立起了联邦救助的各项措施及设立了专司救济的国家行政机关，其实这已奠定了美国社会安全制度的基础。

总之，西方国家的社会安全制度的建立，一方面从社会救助扩展至社会保险，使社会福利的范围更加周延，人民生活也更有保障；另一方面也促使了社会工作的发展。比如，在社会工作重视个案、团体、社区的方法之后，逐渐重视了社会行政的影响力量。

(二) 福利国家

1937 年，第二次世界大战开始，社会、经济的变迁激烈震荡。1941 年，英国坎得伯利大主教（Archbishop of Conterbury）在《公民与教徒》（Citizen and Church）一书中，提出了“福利国家”（welfare states）的观念，认为国家促进人民的福利，乃其道德与精神之所在。所以，政府应该通过有计划、有组织的行政力量与社会安全政策，来解决人民的贫困问题，并保障每一国民都能分享社会的福利，在自由的气氛下安居乐业。在这样的背景下，1942 年贝弗里奇报告书（The Beveridge Report）在英国发表，这是一个划时代的社会改革文献，并对英国乃至西方社会福利国家的建立有着极大的贡献。

概括地说，贝弗里奇报告强调四项主要原则，包括：①每个国民均需要列入社会保险对象；②所有可能丧失谋生能力的情况，如疾病、失业、意外伤害、老年、守寡、产妇等，都应包括在一个单独的保险中；③采取均等费率，即不管纳费者的收入是多少，一律缴纳同等费率；④采取均等给付，促使每个人都有相等的权利。此外，贝弗里奇报告也建议，由国家统筹办理一项涉及有关人民生活与社会福利设施的社会安全计划，以使每一个国民自出生至死亡，在平时及遭遇意外之时，皆能获得生活的保障。可见，贝弗里奇报告提出了一个满足国民基本需要的社会保险方案，即正式提出了普及性的“福利国家”全面社会保障计划之设想，从而成为了现代“福利国家”模式的基础。

1945 年，英国由工党执政，重申国家的功能在于增进人民的社会幸福与经济利益，政府有责任为民服务，以改善其生活。如此，英国政府于 1948 年相继颁布了国民保险法、工业灾害保险法、国民健康服务法、儿童家庭补助法、国民辅助法等五种法规，以使国民“从摇篮到坟墓”都有保障，从此英国成为了举世公认的福利国家。不仅如此，这种福利国家也成为了现代“福

① 参见李增录．社会工作概论［M］．台北：巨流图书公司，2002：27-28.

利国家”的模式基础，或者说成为了西方社会福利责任的基本模式，进而也成为了世界各国推展社会福利工作的最高理想形态。①比如，到了20世纪60年代中期，美国总统林顿·约翰逊运用“新政”的意识形态，采取了一系列扩大福利救济的“福利国家”措施。同时，在这一时期，世界上的许多国家开始引进和创建社会保障制度，到1979年为止，已有134个国家不同程度地建立起了社会保障制度，许多西方国家还以建立“福利国家”为其最终目标。

世界各国社会保障和社会福利制度的建立，一方面为无数处于困境中的人们带来了福音；另一方面，新制度的有效运作则需要相应的组织、机制和方法，这就促使了社会工作脱颖而出，以此能在社会生活中发挥越来越重要的作用。这样，在“福利国家”建构时期，社会工作界也倡寻“福利社会”与“福利社区化”概念的相关措施，以落实福利国家的理想。其中，“福利社会”是指政府透过制度的功能，以促进每一国民高度的发展，以达到社会上人力投资的连结，进而实现更平等、更安全、更进步及繁荣的社会福利措施。②正是从这个角度看，随着社会保障和社会福利制度的建立，社会工作已成为维持社会正常运转、造福于民的不可或缺的职业。与此同时，为了适应社会工作日趋现实的需要，各国大学则开始设置社会工作科系，积极从事学理研究，培育人才，以促使社会工作逐渐成为一种科学的专业服务。

三、社会工作专业的建立与发展

从以上西方国家社会福利制度的发展历程看，它实际上经历了自发的、民间的与不确定的互助，到制度化的社会救助及福利国家的演变过程。而西方国家的社会福利制度与社会福利服务的发展，必然导致社会工作的出现，并在逐渐扩大社会工作的范围，由此促使社会工作成为了一种由政府或私人社团所举办的广泛性的社会服务，相应地，社会工作者也成为了稳定社会、造福人民与促进人类全面进步的制度化的职业工作者。正是从这个角度看，社会福利制度是社会工作的理想与灵魂，是社会工作之所以具有社会吸引力与专业地位的合法性源泉；而社会工作队伍则是社会福利制度的理念、项目与服务的发送体系，是社会福利制度的有机组成部分。如此，只有通过社会工作这个代理实体，社会福利制度的理念、价值、项目与多种服务才能得以落实。因此，社会福利制度与社会服务事业的演变过程实质上就是社会工作的产生与发展过程，而这也是社会工作发展史的一个重要主题。不过，在社会工作的历史发展进程中，另一个中心主题则是社会工作知识的发展。这是因为，通过声称自己是一

① 参见张乐天．社会工作概论［M］．上海：华东理工大学出版社，1997：23-24.

② 参见林胜利．社会工作概论［M］．台北：五南图书公司，2002：27-28.

个专业，社会工作才能把助人的实践活动建立在坚实的知识与理论基础之上，以使自己成为有别于一般人的助人事业。由此我们又可以说，社会工作专业的发展过程也是社会工作知识的发展。以下我们主要参考 Johnson 的《社会工作实践：一个通用的方法》一书的观点①来简要回顾社会工作知识发展的另一条主线，以此说明社会工作专业是如何建立与发展的。

(一) 1920 年以前，科学的慈善事业的发展时期

从西方社会福利制度的演变过程看，社会工作源起于对社会病态的回应，而这些病态出现在 19 世纪中叶西方工业化与都市化的进程中。那时，社会工作实践主要依靠“友善访问员”与“试误法”的运用来解决社会问题，所以社会工作特征从根本上看是实用性的。

最初尝试将社会工作实践的知识系统化的人是玛丽· 里奇曼（Mary Richmond)，她在 1917 年发表的《社会诊断》一书中指出，社会工作应该把重点放在对案主问题与情境的某种理解上，这一提法首次得到承认，这也是“评估”概念成为社会工作实践不可缺少的一部分的起源。同时，《社会诊断》一书的问世，也具有两个重要含义：第一，社会工作实践在 20 世纪受到了医学专业的重大影响，这在里奇曼借用的“诊断”等一类词语中可以反映出来。第二，《社会诊断》反映出了社会科学尤其是社会学开始对社会工作实践产生重大影响的时期。因为里奇曼的诊断见解，着重强调了广泛地研究构成案主问题的社会情境。正是从这个角度看，同社会学相比，这一时期心理学对社会工作实践的影响较为次要。

进一步来看，基于医学与社会学对社会工作实践的影响，从学科知识与方法技巧看，《社会诊断》一书主要是从社会学观点，强调了社会因素在了解个人行为时的重要性，并把医学知识应用于社会工作专业，从而促使了社会工作趋向于多学科知识的发展。同时，该书试图把社会工作的方法技术作为一套独立的知识系统加以传授，首次把这种助人的工作加以专门研究与讲授，由此，《社会诊断》一书成为了社会工作专业的一个正式起点与重要的里程碑。这样，从 20 世纪初开始，一个要求有系统的服务体系、服务人员需要有一定的方法与技巧，以及追求服务效果的现代社会工作就逐步形成了。可见，1920 年以前的这一时期，标志着社会工作实践正在发展出系统的助人方法。如此，社会工作者不再运用“试误法”工作，他们开始认识到，解决人类问题应该基于对问题原因的理解上，特别是对外部的社会因素的理解。

① 参见秦炳杰，陈沃聪，钟剑华．社会工作实践基础理论［M］．香港：香港理工大学出版社，2002：14-17.

(二) 1921—1930 年，“评估”与“介入”概念的发展时期

20 世纪 20~30 年代，社会工作专业受到弗洛伊德精神分析理论的影响，又被称为“弗洛伊德时代”，或被大卫·豪（David Howe）称为“精神病学的洪水期”。在这个时期，社会工作在诊断上大胆借用了弗洛伊德的“心理分析”概念，以此作为有用的工具，相应地，“心理分析”也成为了早期社会工作的评估术语，并产生了“心理社会治疗”学派。之后，随着社会工作深受心理分析理念的影响，社会工作者在审视或评估人类问题的原因时，已经转移了焦点。即社会工作者不再像前一时期那样把重点放在社会情境所扮演的角色上，而是研究个人，并转向了内在的人格结构探究，以此寻找形成人类问题的原因。不仅如此，与把评估的焦点放在问题的社会原因上相比较，此时的评估范围虽然有些狭窄，比如仅有一种理论指导实践，社会工作的理论空间显得既单调又静寂，但它可以组织得更好，也能与弗洛伊德的理论框架相吻合。

此外，“介入”的概念也在这一时期开始发展，其主要的两大贡献有：第一，20 世纪 20 年代召开的米尔福德（Milford）会议中，印制了一份报告，题目为《社会个案工作——其一般性和特殊性》，强调了个案工作在本质上是科学，在运用上是专业，并描述了不同领域的个案工作实施的共同原则及基本模式，相应地，早期社会工作实践的共性也被识别与确定。至此，就介入而言，它被看做是一种治疗，目的是帮助适应不良的案主通过运用资源，以重新适应社会现实。第二，1930 年，罗宾逊（Virginia Robinson）以成长心理学为基础，在出版的《个案工作里一个变化的心理学》一书中认为，治疗发生在社会工作者与案主间有意义的互动之中。如此，使得纯粹内在心理取向的古典精神分析思想与介入过程有了改变，也给了诊断派更有用的互动观点或运用关系的助人过程与机构功能的连接。尽管“介入”概念仍处于早期发展时期，但在此时已开始渐渐成熟。比如，在助人的介入过程中，社会工作者强调机构功能的重要性，重视专业关系的建立，并以案主为改变中心，善于随时间的流逝来制定计划，以协助案主的成长。

(三) 1931—1945 年，“人在情境中”与“助人”概念的发展时期

这一时期能看到 1929 年美国经济大萧条的余波。大萧条的结果是，社会工作者在诊断与治疗中开始重新考虑案主控制能力以外的因素。比如，当时主要的社会工作理论家汉·密尔顿（Gordon Hamilton）等，重新界定了“诊断”的概念，并将案主对环境的主观解释也包括在其中。这一对诊断的新看法，导致了对托尔（Towle）所提出的“人在情境中”概念的发展。而“人在情境中”的这一概念，事实上是心理社会派看待人类问题的方法，它包括了人、环境及二者的相互影响等三个要素。而运用“心理社会”的方法，实际意味着在了解案主的问题时，案主个人的因素与环境的因素都要加以考虑，并由此

可以提出社会工作不同于心理治疗的问题，以及介入目标、方法与技巧。

与此同时，在1931—1945年这段时期，出现的另一个概念是“助人过程”及“研究、诊断与治疗”的结合。这一时期共识性的理解是，这三个活动不是一个接一个完成的，而是环环相套的。比如，诊断被视为是一个工作假设，之后，随着助人过程中收集资料的增多，它会不断地被评估与被精炼。而更好的诊断，则会促使治疗的焦点可能需要调整。如此，“研究、诊断与治疗”是一个螺旋式的过程。无疑，这一理解概括出了此时诊断派与功能派两者在社会个案工作上的特点。另外，在这一阶段，社会工作专业发展的另一个革命性的变化是，团体工作与社区工作方法的确认在不断地增加。尽管这些新方法的知识基础仍处于早期发展阶段，但它们被越来越多地用于不同的社会工作环境中的各种案主群之上。

（四）1945—1960年，社会工作关系概念的发展时期

由于比斯台克（Felix Biestek）在1957年出版了《个案工作关系》一书，“社会工作关系”的概念在这一时期得到了较好的发展。概括地说，此时的社会关系被看做是社会工作者与案主之间在态度与情绪上动态的相互作用，其目的是帮助案主更好地适应环境。与此同时，另一个出色的社会工作理论家波尔曼（Helen Perlman）在《关系：助人的核心》一书中指出，社会工作关系既是一种专业关系，也是一种助人关系。这里的“专业关系”，是指此种关系应建立在案主同意的基础上，有案主赞同的目标、具体的时间框架，工作者为案主的利益而工作，以及工作者有专门的知识权威、专业伦理守则与特殊技能等。而在波尔曼看来，这种“专业的助人关系”的特点应包括，有目的的、接纳的、支持的、培养性的，并且，此种社会工作关系也被看做是培育案主信任社会工作者的核心特质。

之后，美国社会工作者协会于1958年出版了《社会工作实践的工作界定》一书。依照这本书，社会工作实践的特点被定义为，“目的、价值、知识、认可、方法”五项要素的结合。进一步，这个定义指出，在实践中不同的方法确有改善案主社会功能的共同目的，有一套共同的价值观与知识基础。同样，这些方法也基于公众所给予的共同认可之上。可见，在1945—1960年结束时期，尽管不同的社会工作方法仍旧流行，但其最终认同了社会工作实践中共同的元素，如此，社会工作专业的知识基础已十分牢固，而社会工作专业在此时也取得了较好的认同。

（五）1961—1975年，通用的（整合的）实践与多样化实践模式的发展时期

由于有了较为坚实的知识基础，社会工作专业开始提炼其实践概念，这主要表现在：

第一，社会工作从开始使用医学的术语，如“诊断、治疗”，转向了使用更通用的名词，如“评估、介入”。当然，这些实践的概念不仅是在名词学上发生了形式上的变化，更重要的是，它们在实质上发生的改变。如“评估、介入”与“诊断、治疗”是相反的，因为前者将重点更多地放在了案主的参与及了解其问题之上。

第二，社会工作采用了通用的或整合的观点。即认识到各种传统的助人方法都有其局限性，如此，通用的观点强调，可以把不同的方法结合在一起来协助案主解决问题，这就形成了社会工作通用的（整合的）实践模式。比如，一般来说，这种通用进程模式应包括订定期、评估期、计划与订定契约期、介入期、检讨与终结期。

第三，与通用方法的发展联系在一起的是，出现了许多迎合案主特殊需要的新派别。这些新流派包括：家庭治疗，焦点在于介入家庭系统；危机介入，目标旨在促使案主脱离危机情境；任务中心的社会工作，目的在于协助案主实现重要的任务，以减低其问题的伤害性；认知行为派，重点强调认知与行为的相互关系，等等。尽管上述流派各有不同的焦点，但它们均提出了案主与工作者之间关系的核心概念，强调评估与介入的策略。因此，我们可以说，在此阶段，社会工作理论的基本框架已经演化出来了。

（六）1976年至现在，社会工作实践核心概念的巩固及社会工作的发展趋势

经过一个多世纪的演进，社会工作实践的核心概念已经很好地发展出来了。按照Johnson在《社会工作实践：一个通用的方法》一书的观点①，社会工作实践的核心概念是：①“人在情境中”，指社会工作者关注的是个人与环境的相互作用，这是社会工作实践的焦点；②“关系”，指工作者与案主之间在情绪与态度上动态的相互作用，以及由此发展出来的相互信任与理解；③“过程”，指循环往复的专业活动，如与案主订定关系，收集用于评估的资料，以及与相关机构签订契约与进行评估等；④“评估”，指不断地了解处于特定处境中的案主的过程，以此可以与案主一起制定介入计划；⑤“介入”，指社会工作者的行动，其目的是按照案主与工作者之间达成的一致意见，产生出需要的改变。而当今社会工作的发展趋势：是把个案工作、团体工作、社区工作与社会行政结合起来形成整体，并强调整个国家的社会规划、社会政策、社会立法及社会保障制度的作用，从而由消极、补救、局部性的服务发展为积极、预防、全面性的措施。同时，社会工作的理论研究与专业教育受到了空前的重

① 参见秦炳杰，陈沃聪，钟剑华．社会工作实践基础理论［M］．香港：香港理工大学出版社，2002：18-19.

视，并提出了社会工作方法的整合运用方向。

此外，需要特别指出的是，进入20世纪末，美国学者梅达斯与伊利欧（Mayadas & Elliott）基于对专业帝国主义的批判与反思，于1997年重新将社会工作的发展历史分为4个阶段，并提出了21世纪国际社会工作发展的新方向①，以下做些简要介绍与述评。

第一阶段：19世纪80年代至20世纪40年代的“早期先驱”阶段。早在19世纪中叶，社会工作早期的先驱者们从事的是慈善组织会社与睦邻运动。而这两种模式首先起源于英国，并通过国际教育的交流，以及其他机构的互动，传入到了美国境内的许多都市。正如梅达斯与伊利欧指出，在第一阶段，社会工作由欧洲传到美国，专业的价值观是父权主义、种族中心主义及保护主义，而社会工作的服务方式是慈善服务、博爱助人以及对贫穷者的社会控制。

第二阶段：20世纪40年代至70年代的“专业主义”阶段。在这个阶段，社会工作开始发展出理论与服务输送体系。其中，对社会工作的最大贡献是美国发展出了三种介入模式，即个案工作、团体工作与社区工作。同时，美国又将这种理念输入欧洲、英国及使用英文的世界各国，其传输的主要媒介是社会工作教育。此时，全球各地也相继在大学成立社会工作学系，而其课程很多是美国社会工作专业教育模式。正如梅达斯与伊利欧指出，第二阶段是专业帝国主义发展时期，即这是专业主导的时代。然而，这个阶段的专业价值观，除了传承上一阶段的父权主义与种族中心主义外，还加上了殖民主义。如此，社会福利模式通常是连带文化与经济的调适一起被输入，而本土文化则被搁在一边。此外，社会工作的课程内容也都是针对西方的需要，至于实务的介入则以个别化为焦点，其缺点是不包括家庭计划或人口研究之类的主题。

第三阶段：20世纪70年代至90年代的“再概念化与本土化”阶段。在这个阶段，由于发展中国家的经济匮乏，社会工作介入模式的输入有时不能适合其需要，因而一些社会工作者对西方模式及其领导的改革运动有所质疑，如此，引起了社会工作的再概念化及本土化。比如，在南美洲，社会工作概念深受依赖理论、自由派神学、社会发展、佛雷勒（Paulo Freire）的理念及激进政治理念的影响，认为社会工作必须回应贫穷者及低就业者的需求。而在中东、印度与非洲，则强调社会工作的本土化，认为社会工作是不同政治与文化背景下的产物。正如梅达斯与伊利欧指出，第三阶段的价值观是区域化、两极化、分离化、地方化，至于国际化的社会工作则正在逐渐消减。此外，在西方

---

① 参见Mayadas N. S. & Elliott D.. *Lessons from International Social Work: Policies and Practices*. In Reisch M. & Gambrill E. (eds), Social Work in the 21st Century. Thousand Oaks, 1997: 175-185.

社会工作的大本营中，也出现了对西方社会工作的“专业主义”、“管理主义”及“保守主义”的反思与批判的潮流，以及对于西方社会工作的“去专业化”与“反国际化”的大辩论。

第四阶段：21世纪之后的“国际社会发展”阶段。在过去的二三十年间，发展中国家因认识到西方社会工作所盛行的补救与治疗模式有许多缺点，转而注意社会发展的前瞻性。这种范式的转移，可能为新型的国际合作建立了良好的基础。因为新的合作方式将不再是单向的概念输出，而是建立在交换与互利的基础上，正如梅达斯与伊利欧指出，第四阶段的专业价值观是全球化、文化交流、多元文化、民主化、不同社会文化和伦理的国际交流。另外，需要指出的是，此阶段的社会发展也是一种有计划的社会变迁，其焦点应放在增进社会经济发展中的社会福利。换言之，这种发展是经过深思熟虑、并整合社会经济发展及侧重社会行动的取向。在此种状况下，社会工作强调以多元因素来分析社会问题，以多元方式提供服务，同时也从个别化焦点的范式转向以多元化为核心。其中，民主与多元是关键性价值，因而社会工作服务必须发展出一种整合经济、社会及文化体系的模式。

简言之，进入21世纪之后，国际间的社会工作必须正视与迎接以下五大挑战，才可能获得较快发展，并且，这五点也预示着未来国外社会工作发展的新方向，它们是：①社会工作是针对经济、社会二分法的一种挑战；②社会正义及多元化是社会工作实务的核心；③社会工作对于申请服务，必须采取开放的态度，并以“合理的批判性思考”加以评估；④社会工作要超越地方性与全国性统治者的挑战；⑤建立社会工作成为一种维护人权的专业。①

第二节　中国社会工作的发展历史

中国社会工作的历史，与许多国家一样，源自早期的社会慈善救济事业。如果从我国古代的保息六政、荒政及社仓乡约算起，中国的慈善事业已有两千多年的悠久历史。在近代，中国乡村社会中的祠堂等家族组织，以及各地都市的会馆、同乡会或宗教组织等，往往也担负着慈善救济的责位。毫无疑问，这些救济措施已为现代社会工作的产生提供了丰富的实践经验。不过，由于经济的、科学的、政治的原因，我国早期的救济事业多以临时抢救的救荒事业为主，经常性的贫民救济及其他社会福利事业甚少，也未能形成一种普遍的制

---

① 参见 Mayadas N. S. & Elliott D.. *Lessons from International Social Work: Policies and Practices*. In Reisch M. & Gambrill E. (eds), Social Work in the 21st Century. Thousand Oaks, 1997: 185-185.

度。1949年后，在计划经济时代的新中国时期，我国的社会工作概念大多采用了西方国家的概念，并形成了行政型非专业的社会工作体制框架。如此，中国社会一直缺乏产生专业社会工作的土壤。以下我们主要参考王思斌教授对中国社会历史的论述①，来简要回顾中国社会工作的发展历史。

一、中国历史上缺乏专业社会工作

从传统中国社会结构的特征看，两千多年来，中国一直是个农业国，其经济基础是自给自足的小农经济，其社会结构特征是以生活与生产相重合的家庭为单位、以“己”为出发点的“差序格局”交往为人际关系，以及以家族、亲友、邻里为生活共同体，从而形成了家族集团式结构。这样，在这种“生产家庭化而非社会化”及“家族集团结构”的农业社会中，个人对社会的依赖是间接的，而个人直接赖以生存与交往的群体则是家庭（或家族）而不是社会。此外，在文化价值方面，中国传统上又崇尚儒家思想，同时在现实中又深受道家、佛教思想影响，以此形成了以儒家思想为主，儒、释、道相杂合的生活文化。

因此，在上述条件下，传统中国人社会化的主要方式是在家庭与家族中进行的。比如，在以五伦为本位的家与国“同构”的社会结构下，中国人社会化的传统始于家庭，以达到“修身、齐家、治国、平天下”的理想人格，从而可以通达天下的美德。如此，这使得中国人在社会化或遭遇社会问题时，往往缺乏丰富的社会组织的陶冶与训练，只能囿于较为封闭的以“己”为中心、以人情为纽带的亲友圈子之中，并且，对他人也无多求助，由此就不可能产生专业意义上的社会工作。

二、20世纪上半叶社会工作在中国的发展

19世纪末到20世纪上半叶，中国社会发生了巨大变化。国内政治局势动荡，社会危机长期持续，严重威胁着人民生活，国家和民族的命运也不时处于危急状态。同时，由于西方帝国主义列强的经济、军事和文化侵入以及中国人自觉向西方寻求民族自救的道路，西方文化也以各种方式进入我国。20世纪初，一些传教士在中国的大学开始讲授社会学、社会服务等课程，一些大学开始从事社会服务教学及开展服务实践活动。比如，1922年，北京燕京大学社会学系创建时分为理论社会学与应用社会学两个学科，注意培训社会服务专业人才。1925年改称“社会学与社会服务系”，仍侧重于实际应用，以此为社会服务机构、社会团体培养社会福利工作者。又如，其他教会私立大专院校包括

---

① 参见王思斌．社会工作概论［M］．北京：高等教育出版社，2006：6-8.

南京金陵大学、金陵女子文理学院、苏州教育行政学院等，或成立社会福利行政系、社会事业行政系，或开设社会工作方面的课程，同时，还有一些院校附设有社会调查与社会工作基地。总之，中国大学开设社会服务与社会调查等课程，以及从事社会服务实践等活动，均为中国社会工作教育的科学化、职业化与现代化奠定了基础；并且，这些社会工作的早期教育及实践也标志着我国慈善事业与救济事业向科学的社会工作过渡。

另外，一些在西方受过正规教育同时深受西方影响的知识分子为了救国救民，也在从事农村发展活动。比如，晏阳初、陶行知、梁漱溟、李景汉等一批教育学家，以社会教育工作为中心，改造乡村社区，开展平民教育，推动乡村建设实验等，由此掀起了著名的乡村建设运动。其中，晏阳初等在河北定县推行了华北平民教育运动，试图以实施经济、文化、政治、卫生等综合教育方案，以将农村中的“贫、愚、私、弱”四种病症转变为“富、智、公、强”；而陶行知等创办了南京晓庄试验乡村师范学校，他们主张以学校为中心，改造乡村社区；至于梁漱溟等则创立了山东邹平实验区等，并试图以复兴中华文化、恢复民族信心、重视农民教育及乡村自救运动等，来引发乡村社会的变迁。可见，上述乡村建设实验应是中国知识界施行的、具有一定专业性质的社会工作实践活动。虽然因战争等原因，这些实践活动并没有取得预期的结果，但它们对联合国推进发展中国家的社区工作计划产生了积极的影响，从而在世界社会工作发展史具有重要的意义，并被视为中国近代社会工作发展的先声。

之后，在抗日战争时期，由于中国共产党与各进步势力的压力，旧中国的社会事业在社会行政方面也有一些初步发展。比如，1938 年成立了赈济委员会，接着在国民党中央委员会内设立社会组织部。该部于 1940 年改名为社会部并改隶行政院，从而成为了民国以来政府设置最高社会行政管理机构的开始。概括地说，社会部的职责范围包括：社会救济、社会福利、社团组织、社会运动、社会服务、劳工及合作行政等。两年后，行政院当局于 1942 年又颁布了省社会处组织大纲，并规定各省政府设立社会处、县市设立社会科，至此，社会行政体系基本上已完整建立了。同时，1945 年政府还颁布了四大社会政策纲要，乃表明社会政策及立法工作在旧中国已经展开。

三、1949 年以后中国的社会工作

1949 年中华人民共和国成立后，中国建立了社会主义制度，中国政府也开始在全国范围内大规模兴办自己的社会事业，并因地制宜地全面展开社会救济福利保障工作及各种社会改造工作。比如，建国初期的社会救济与社会改造工作，使得无数灾民与孤老残幼得到了救济与安置，使一大批游民、乞丐、小偷与妓女受到了收容改造，解决了大量旧社会遗留下来的社会问题，建立与维

护了新的社会秩序，取得了举世公认的成就。

之后，进入社会主义建设时期，为了加速发展工业化与加强对社会的组织动员能力，国家实行了计划经济与“单位体制”。与落后的小农经济条件下依靠家庭、家族解决问题的思路相反，政府力图依靠正式组织的力量解决人们遇到的生活方面的问题。相应地，政府不仅成为全部社会资源的占有者，也成了解决各种社会问题的责任人。因此，在“全能政府”强大的行政力量的推动下，中国的社会福利工作开始了长足的发展，其主要表现为：第一，在社会政策与立法方面制定了许多具体措施，逐步建立起了我国的劳动保护、劳动保险、职工退休、公费医疗、救灾救济及其他社会福利与社会保障制度。第二，社会福利的范围十分广泛，体现了个人（家庭）、社会与国家对其成员在物质帮助上分别承担的责任，而在内容与项目上，中国的社会福利可以分为五大类，包括公共福利、劳动保护、医疗保健、生活补贴、特殊保障等。第三，在国务院的统一指挥下，各社会行政部门（如民政、劳动人事、卫生等部门）分工合作，并与工会、妇联、共青团等组织相互配合，保证了对社会事业的领导与社会行政工作的作用发挥。此外，因民政部门是中国社会福利的主要行政管理机构，以及大部分社会福利工作包括在民政部门的业务范围之内，这样，“民政工作”往往被认为是等于“社会工作”的。第四，各部门与团体的有关工作人员，各福利机构的服务人员及广大的城镇、乡村基层干部与群众，开展了大量实际的社会工作。

总之，从中国计划经济时代的社会福利工作看，我们可以说，此阶段的中国社会工作是运用社会主义原理，依靠全能政府或国家的概念，来解决与预防因人们缺乏、丧失适应社会生活能力、社会功能失调而产生的物质与精神方面的社会问题，以管理社会生活，进行社会服务，调整社会关系，完善社会制度的专门工作。而在此种社会工作体制与概念下，政府在城市往往通过其代表者——各种社会组织与单位，并通过国家干部、行政程序与手段向人们提供生存资源和力所能及的帮助，从而形成了靠行政框架解决社会问题的模式。加之，在这个时期，我国在社会工作理论研究与教育方面也走了一条曲折的道路，如 1952 年的“院系调整”取消了社会学系与社会福利行政系，从此社会学与社会工作的课程在大学中消失了。这样，在计划经济时期，我国就排除了专业社会工作存在的必要性。不过，因我国的行政干部实际上已承担了社会服务、社会工作的职能，因此，这种实际的社会工作又被称为“行政性、非专业化”的社会工作。

四、改革以来中国社会工作的发展

由于长期以来中国实行高度集中的计划经济体制，并实际上以政治运动作为国家生活的中心，所以积累了大量的矛盾与社会问题。而“文化大革命”则把国家推到了崩溃的边缘。这样，1978 年 12 月，中国共产党决定实行对内改革、对外开放的政策，以通过改革开放解决诸多历史上积累下来的及新产生的社会问题。开放政策使我们发现了与世界历史进程的差距。1979 年国家决定恢复社会学学科建设，随之，社会工作课程作为应用社会学在一些大学开始恢复。比如，中共中央党校、北京大学、中国社会学函授大学与其他一些普通高等院校，以及政府有关部门的直属高校等，相继开设了社会工作讲座课程。同时，随着“政企分离”改革政策的推动，政府与群众团体的职能由管理型向服务型的转变，以及民政部等部门对干部的知识化、专业化要求的提出，社会工作作为一个专业的要求自然被提上议事日程。

1987 年，国家民政部为了推动社会工作的发展，特邀一批知名的社会学与社会工作的专家学者，以及国家教委等有关部门的负责人，在北京马甸举行了社会工作教育论证会，确认了社会工作的学科地位。1988 年，国家教委首先批准北京大学设立社会工作与管理专业，并开始招收社会工作与管理专业的本科生，这样，专业社会工作教育开始在中国起步。与此同时，民政部门对干部进行在职培训，讲授了社会工作内容。1991 年 7 月 5 日，中国社会工作者协会在北京人民大会堂宣告成立，并于 1992 年正式加入国际社会工作者协会，这可以视为中国社会工作专业的开端。之后，为了进一步实现中央提出的干部专业化的要求，民政、劳动、卫生、人事、公安、工会、共青团、妇联等有关部门及专业团体的工作，均积极地朝专业化的方向迈进。而这些多方面的专业化，正在促进中国社会工作与社会工作教育的大发展。比如，据中国社会工作教育协会统计，截至 2003 年 12 月底，中国设有社会工作专业的院校已经超过了 100 多所。仅仅十几年间，中国开设社会工作专业的高校数量就扩大了 30 多倍，由此形成了“政府积极探索、社会工作教育率先发展、行政性社会工作与专业社会工作同时并存、专业社会工作不断发展”的中国社会工作的新特点。

五、中国社会工作在未来的发展

按照社会学的观点，社会的迅速变迁必将形成社会结构的失调，并引发诸多社会问题。社会必须创造一种新的机制来应付这些问题，以保障社会稳定、有序与正常的运作。早在 20 世纪 90 年代初，伴随改革过程的全面展开，随之出现了一些制度性的社会问题。比如，在原有制度下，由单位包揽解决的就业、住房、医疗、老年服务、幼儿入托、婚姻冲突等生老病死的大部分问题的解决上，已经出现了一段空白地段，并由此使问题变得更为严重。同时，工业化与现代化过程中普遍存在的老龄问题、失业问题、人口流动加快、空巢家庭增多、青少年教育等社会问题也来势迅猛。从更深刻的社会学意义上来分析，中国社会的改革由于是不同社会阶层的利益调整过程，这种过程就不可避免地引发中国社会出现了以下新问题：其一，弱势群体的基本生存问题突出，并出现了一批新的弱势群体；其二，许多原有的社会问题和新生问题没有有效的解决渠道与办法；其三，人们遇到越来越多的与外部环境协调的问题；其四，人们的权利意识增强，并更为注重解决问题的方式。不仅如此，以上这些问题必须由现有的社会结构、社会制度去应付与解决。因此，当我国政府与社会意识到这些问题与承认或正视这些问题，并试图解决时，社会工作无疑成为了一种可选的工具或手段，而我国社会工作发展的深层基础就在于此。①以下我们通过简要分析我国社会工作发展的推力与阻力，来预测中国社会工作在未来发展的趋势。

（一）社会工作发展的推力分析

我们认为，在当今和谐社会的建构中，中国社会工作正在进入“快速发展期”的转折点上，其具体的推力分析如下②。

助力之一：人们依靠亲属群体解困的手段日益削弱。随着中国社会的转型，次级社会群体地位的上升，人们靠亲属群体来解困的“亲情支持系统”在逐渐削弱。这无疑为专业社会工作（仅从作为解困手段上分析）提供了助力。

助力之二：来自政府部门的支持力量在逐渐增加。中国历史积累下来的与社会转型带来的社会问题日益复杂化、尖锐化、深刻化，以及面临后工业社会的话语对话而形成的困境，致使中国政府在社会福利发展中的能力建构不足，因而迫切需要依靠社会力量与专业人员为之分忧解难。这样，政府部门对社会工作日益重视。比如，2006 年 10 月中央十六届六中全会作出《中共中央关于构建社会主义和谐社会若干重大问题的决定》，决定要造就一支结构合理、素质优良的宏大的社会工作人才队伍，而这正是构建社会主义和谐社会的迫切需要。如此，政府对社会工作的重视程度正在与日俱增，它们不仅在各种工作场合发表了对社会工作有利的讲话，也尝试将社会工作手法运用于日常工作中，并致力于推动社会工作的专业化与职业化。

助力之三：体制改革带来社会服务的职能回归社会与社区。在 30 多年计划经济时期，政府与企事业单位统包统揽了许多不该管或管不好的社会管理与

① 参见李晓凤．社会工作在中国未来发展的前瞻［J］．科技进步与对策．2000（7）：22.

② 参见李晓凤．社会工作在中国未来发展的前瞻［J］．科技进步与对策．2000（7）：22.

社会服务事务，致使政府背上了沉重的包袱。而经济体制改革逐渐抛弃了政府包办一切的思路，由“单位人”向“社区人”过渡，这样社会服务的职能被移交社会与回归社区。

助力之四：与市场经济发展相对应的某些社会层面的发育与发展。在社会服务职能回归于社会与社区的背景下，一大批介于政府、企业之外的社会中介服务机构正在逐渐地发育成长。比如中国妇女基金会、宋庆龄基金会、希望工程办公室、青年志愿者协会、上海市阳光社区青少年事务中心等，已经承接了政府与企业事业单位剥离出来的社会职能，并在一些重要的领域促进了社会发展。

助力之五：专业社会工作教育在中国的大发展。由于教育部在专业目录修订后正式承认了社会工作专业，并将它作为一个支持发展的应用性专业，解决了“户口”这一决定命运的大问题，加之中国社会工作教育者的组织，如中国社会工作教育协会也开始发挥其功能。因此，社会工作专业教育在中国经过了几十年的恢复、提倡以后，已经迈上了规范的道路。另外，上海已制定了地方性的社会工作师考试制度，而人事部与民政部于2008年6月首次举行了全国助理社会工作师与社会工作师职业水平考试，以大力推进社会工作的专业化、职业化。这些合力正在促进社会工作专业教育的大发展。

（二）社会工作发展的阻力分析

从以上中国专业社会工作发展的逻辑条件分析中，可以看出：中国专业社会工作是在同原体制、同行政性非专业社会工作的共生及互动过程中显现出来的，因此它在发展中也遭遇了以下阻力①。

阻力之一：推进我国专业社会工作发展的经济政治因素的不利影响。从经济因素看，一些企业仍然在“办社会”，并实行“母爱主义”关怀，致使我国社会福利资源仍滞留在企业中。而社会福利机构缺乏足够的资源，必然给社会工作相对独立地开展带来困难。同时，从政治因素分析看，尽管专业社会工作体系在福利资源发送的可靠性与有效性上都要优于行政体系，然而，因中国专业社会工作的庞大体系还未建立，加之，行政体系在最终效果方面有时可能会优于专业社会工作者队伍。如此，在大多数情况下，政府仍会选择行政性非专业社会工作的福利发送模式，由此阻碍了专业社会工作的发展。

阻力之二：社会工作职业化、专业化同旧的体制、观念及工作方法之间的矛盾。其具体表现为：一是某些政府部门对一些社会工作事务的包办代替，客观抑制了各类社会服务组织的发育与成长；二是某些准政府的群众性政治团体

① 参见李晓凤．社会工作在中国未来发展的前瞻［J］．科技进步与对策．2000（7）：23-24.

以非专业化手段涉足社会工作事务，并与专业社会工作争夺社会服务资源，故而客观上会抑制其他社会服务组织的发育与成长；二是绝大多数社会服务机构或中介组织，虽然已初步具备了社会工作机构的雏形，但它们在职业化与专业化的道路上还存在着较大差距。

阻力之三：专业社会工作水平低，已不能适应社会工作转型带来的挑战。其主要表现为，具有社会工作专业素养的师资匮乏；社会工作专业教育中实务训练不足；我国本土社会工作的理论基础与实践经验十分薄弱等。

从以上我国专业社会工作发展的历史、助力与阻力的分析中可以看出：中国专业社会工作正面临着发展的契机、转折的困境及挑战。进一步，我们认为，中国专业社会工作的发展，也面临着三个方面的张力，即：如何看待西方国家已有百年的社会工作经验；如何看待中国 1949 年之后计划经济时期解决社会问题的传统；如何判断中国社会转型的方向、进程及其对社会工作的需要，从而进行社会工作本土化的创新。由此可见，在未来相当长的一段时期内，中国社会工作将出现不同社会服务模式的并存与交融，以及不同专业水平的服务并存。如社区互助服务、政府的行政性和半专业化服务将继续存在。同时，随着市场经济的发育与成熟，我国社会工作的专业服务将有一个明显的发展，而民间社会服务机构也将发挥其重要的影响力，并将拉动整个社会服务朝向专业化的方向成长。

思 考 题

1. 简述社会工作在西方社会的发展历史。
2. 简述中国社会工作的发展阶段。
3. 你认为 21 世纪国际社会工作发展的新方向是什么？
4. 你如何理解“政府负责的非专业化的社会工作”的作用？
5. 试分析中国社会工作在未来的发展趋势。

主要参考文献

[1] 白秀雄．社会工作［M］．台北：三民书局，1982.

[2] 李晓凤．社会工作在中国未来发展的前瞻［J］．科技进步与对策，2000（7）．

[3] 李增录．社会工作概论［M］．台北：巨流图书公司，2002.

[4] 林胜义．社会工作概论［M］．台北：五南图书公司，2002.

[5] 秦炳杰，陈沃聪，钟剑华．社会工作实践基础理论［M］．香港：香

港理工大学出版社，2002.

［6］王思斌．社会工作概论［M］．北京：高等教育出版社，2006.

［7］徐震、林万亿．当代社会工作［M］．台北：五南图书公司，1990.

［8］叶楚生．社会工作概论［M］．台北：同泰印刷局，1986.

［9］张乐天．社会工作概论［M］．上海：华东理工大学出版社，1997.

［10］Mayadas N. S. and Elliott D.. *Lessons from International Social Work: Policies and Practices*. ［M］. In Reisch M. & Gambrill E. (eds), Social Work in the 21st Century. Thousand Oaks, 1997.

第三章　社会工作的目标与功能

社会工作是一种以利他主义为指导的助人服务活动。然而，其他的助人专业，如教学、临床心理学、医学等也像社会工作一样，在致力于人类生活的改善。那么，社会工作与其他助人专业又有什么不同呢？我们认为，从本质上看，社会工作与其他专业的区分，主要在于其目的或目标上的差异。因此，作为一个社会工作专业的学生，最重要的是，应知道社会工作的目标及相对应的功能。因为这些目标与功能会引领社工学生获得相关的知识，并对他们将来完成社会工作的使命及获得专业身份十分重要。

第一节　社会工作的目标

从社会工作的发展历史中，我们已经认识到，随着社会工作专业的演进，社会工作已经变得非常多样化。比如，一些社会工作者将自己认同为个案工作者，而另一些社会工作者又把自己认同为团体工作者或者社区工作者。然而，对此我们也许会进一步提问：这些实践者属于同一个专业吗？如果他们都同属于一个专业，那么，他们在实践上的共同基础又是什么呢？根据巴特莱特（Bartlett）1970年在《社会工作实践的一般基础》一书中的观点，我们认为，社会工作领域中不同的工作者，其实自始至终都在致力于巩固社会工作的专业目标，而这个专业目标正是社会工作实践的共同目标。以下就具体介绍社会工作的目标与不同层次的具体目标。

一、社会工作目标的焦点

在社会工作的课堂上，我们曾经询问过学生，社会工作的目标是什么？有趣的是，学生描述的专业目标非常广泛。有“助人自助”、“促进社会正义”等较抽象的目标，或者是一些非常具体的目标，如“为人们组织娱乐性与教育性活动”、“组织弱势群体为自己的利益而展开社会行动”，等等。我们认为，学生所描述的这些目标及实现目标的活动，在某种程度上可以说，都是正确的。然而，是否有一个综合的概念能够帮助我们对这些所有分离的目标及活动有一个整合的理解呢？根据国外社会工作的最新研究成果表明，在社会工作的实践中，已经发展出了整合理解社会工作本质的“社会功能”（social functioning）概念，以下做些简要说明。

一般来说，专业可以划分为两种模式。一种是个人模式（private model），是由案主直接与专业工作者建立契约，如法律专业、医疗专业就是典型的个人模式；另一种是公众模式（public model），是在正式组织的驱动下运行的，并服务于公众的一般利益，如教师、城市规划者等就是典型的公众模式的专业。然而，社会工作专业则是一个二元性的专业，它一方面要将“个人案主”作为专业关注的焦点，又要将“社会”作为专业关注的焦点，也就是说社会工作专业既要帮助个人改变不利状态，又要致力于社会环境的改善。如此，在社会工作专业实践中，它既要运用个人模式，又要运用公众模式，由此使得社会工作专业所涉及的领域非常广泛、工作对象也十分复杂。那么，如何确定一个核心概念，使之能成为社会工作的不同领域及工作对象的专业活动的出发点呢？巴特莱特（Bartlett）在《社会工作实践的一般基础》一书中，提出了“社会功能”这一概念，以此作为社会工作专业实践的核心概念，并用来清楚表明或聚焦社会工作的专业目标。如此，社会功能也就成了社会工作专业区分其他助人专业的焦点或本质。①比如，同是专业的助人活动，教师关注的是学生的认知与道德功能，医生关心人类机体的生理功能，临床心理学家只对提高人的心理功能感兴趣，而社会工作者则要帮助案主恢复与增强社会功能。

进一步，我们会询问，“社会功能”又是什么呢？简单地说，“社会功能”涉及个人或集体（如家庭、协会、社区等）如何行动来实现他们的人生任务，并应付环境或生活情境的需要。因此，这里所谓的“社会功能”，是指个人或集体为完成人生任务而与社会环境发生的适应、改变、创造的互动关系中发挥的作用与效应。显然，这意味着社会工作者主要关心的是人们的功能与社会环境的关系，以及如何发挥或提升人们不同水平的社会功能。②不过，人们的社会功能的水平则要靠其应付人生需要与满足环境需求的能力来决定。比如，当某人能对不同的人生环境应付自如，如能够出色地扮演学生、家庭成员或同辈的朋友时，他就具有良好的社会功能，同时，能够自如应付这些人生需要，也意味着他有一个满意的或相对来说能脱离困扰的人生。与此相反，在不同的人生情境中，社会功能不佳都会导致人们的人生困扰，比如，许多前来寻求帮助

① 参见 Harriet M. Bartlett. *The Common Base of Social Work Practice* [M]. New York: National Association of Social Workers, 1970: Chap. 2.

② 参见秦炳杰，陈沃聪，钟剑华．社会工作实践基础理论［M］．香港：香港理工大学出版社，2002：21.

的人，都可以被描述为社会功能失调。因此，要彻底理解社会功能的概念与意义，就必须进一步探索社会功能概念的组成部分，包括人生任务、需要、环境三个方面。

（一）人生任务

在社会工作专业中，人生任务是用来描述不同的生活环境给人们提出的要求。如伴随新的生活环境就会有新的要求提出，也就是新的生活任务，这是每一个人都不可回避的。而面对新的生活任务，每个人都会产生不同的反应。由此，巴特莱特进一步说明了生活任务这个概念不同于埃里克森（Erikson）在人类成熟理论中提出的生活任务概念，因为他更加关注此概念的心理社会行为方面。根据巴特莱特的解释，所谓的“人生任务”，是指人们在经历人生转变与环境变化时所遇到的危机和有需求的情境，以及由此所需要完成的任务或角色职责。①那么，这里的“人生转变”与“环境变化”又指的是什么呢？

首先，当人们担当起社会期望的新角色时，人生转变是最显而易见的。进一步，从发展的观点看，人在成长过程中会有许多人生转变。比如，婴儿必须学会控制自己的排泄行为；儿童早期要学会行走与说话；上小学、中学、大学后，必须完成学习任务，适应学校生活的要求；结婚与生育后要做好妻（夫）职和母（父）职；当人年老时，必须继续调整自己去适应健康不佳、离职退休、配偶死亡，甚至自己死亡等人生变化。沿着这一发展道路，会有诸多人生转变与不同的人生任务，而其中任何一方面的失败，都会对个人或其周围的人造成困扰。

其次，谈起“环境变化”这个概念，它涉及社会与地理环境两个方面的变化。比如，搬到一个新市镇，远离以前的社会圈子与工作地点，或者由于经济萧条而被解雇，或者换一个新的工作等，都是环境变化的例子。而这些环境的变迁，均可能引起人们产生新的需求及形成新的困扰，并扰乱他们的社会功能。

可见，有这些人生转变与环境变化，就会对人们应付这些变化的能力提出新的要求。比如，面对案主，你可能是一位社会工作者，你可能在机构又是一位督导或部门主任，在家里，你是母亲、妻子、女儿、姐姐等，每一个角色都有特定的职责或任务。并且，伴随生活环境的改变，也会有新的生活任务与新的困扰。不过，由于有些变化可能对人不会有很大的要求，或者有关的人可能有能力控制情境，如此，并不是所有的人生转变或环境变化都会产生困扰的。相反，只有当人们无力应付变化或无法减少环境的需求时，才会产生痛苦或困

---

① 参见秦炳杰，陈沃聪，钟剑华．社会工作实践基础理论［M］．香港：香港理工大学出版社，2002：22.

扰，并进而影响其社会功能。此外，需要特别指出的是，人生中的关键性变化，虽然带来了困扰，但也提供了成长的潜在机会或发展的契机。

（二）需要

对个人来说，要走向一个令人满意的人生，没有合理实现自身的需要是不可能的。正是从这个角度看，个人需要的满足对拥有令人满意的社会功能来说，是至关重要的。而社会工作基本上就是对人们需要的回应。比如，在社会工作发展的早期，主要是满足人们的生理需要，因为那时贫穷是人们最大的社会问题。而现在，社会工作则致力于满足人们的多元化的需要，不仅是生理的，还有心理的、社会的及精神的。为了进一步说明人们需要的层次，我们援引马斯洛（Maslow）的需要层次理论来看看人的一些基本需要，但是，我们不会深入检验这一理论。简要地说，马斯洛假设的 7 个人类的基本需要是：①生理的需要。这些需要直接与人的生存有关，包括食物、水、氧气与休息等。②安全的需要。当这些需要得到满足时，人们会感到安全并脱离了危险，这些需要包括生理安全、稳定、有秩序与有依靠等。③归属与爱的需要。这是被人接纳与热爱的需要。而当归属与爱的需要不能得到满足时，人们就会很沮丧，感到受排斥、被拒绝、没有朋友及无所依归等。④自尊的需要。包括自尊与他人给予的尊重。前者包括对能力的肯定、自主与自我成就的需要；后者包括他人给予承认、赏识与声望的需要。⑤认知需要。主要是对知识的渴求，希望探索新知，揭开现实存在状态的奥秘及预测未来。⑥审美需要。即人类追求秩序和美感的需要，它展现了人性中富有创造性的一面。⑦自我实现的需要。此种需要常被界定为人成就个性所在、成就能力所及的一切需要。比如，人有动机通过认识其全部潜能，以及通过自发与有创造性的劳动，来丰富自己的生活。①

而按照马斯洛的上述提法，人的需要则是处在不断地“从低到高”的提升过程之中。因此，一旦人们的需要不能满足时，就可能遭遇不同程度的困扰。一般来说，人们面对困扰的回应有三种表现：其一，一些人会积极调整自己；其二，一些人会消极地躲在悲哀、受挫折的体验里；其三，一些人可能会采取无效的，甚至是社会所不能接受的方式来满足其需要。比如一些人会通过打架来征服他人，或当着同辈人的面偷窃，以此来寻求安全感或增加自尊。然而，从后两种表现来看，已经反映出人的社会功能发生了问题，社会工作则需要帮助他们恢复、增强社会功能。

① 参见秦炳杰，陈沃聪，钟剑华．社会工作实践基础理论［M］．香港：香港理工大学出版社，2002：23-24.

（三）环境

这里的“环境”，指人们身处其中的人生情境，它反映了社会功能的社会性，即人们如何在社会环境中发挥其功能的。因为无论是个人需要还是生活任务，都产生于环境，而生活任务的完成与个体需要的实现，也必须在特定的环境中运作。如此，以这种观点来看，个人在社会中功能发挥得如何，很大程度上取决于他与环境的关系。也正是从这个角度看，社会工作者要察看环境对个人的要求、环境与个人的相互作用，并注重个人在环境中资源的支持。而这里的资源概念对社会工作意义重大，在此我们可以把“资源”理解为：任何用于实现目标、解决问题、减缓困扰、完成人生任务及满足需要的有价值的东西，资源可以是知识、爱、希望、食品、房屋、服务等。如果一个人能够动员足够的个人及外在资源去应付其人生任务，那么他或她就有满意的生活。如果不能，就会发生某种程度的社会功能失调。这就是为什么社会工作者在与案主互动的同时，需要做间接的环境改善工作，及帮助案主建立更具支持性的社会环境的意义所在。进一步，根据艾伦·宾克斯（Allen Pincus）与安妮·米纳汉（Anne Minashan）的观点，社会工作中的“环境资源”可以分为：非正式资源系统、正式资源系统、社会资源系统。①以下我们举例说明社会工作者如何动员这三类资源系统，来应付人们所遇到的问题，由此达到恢复或增强人们的社会功能。

比如，武汉某大学二年级的学生小孙，最近遇到了几个接踵而来的难题，继而陷入了困扰之中。首先，他13岁的弟弟最近行为上有一些非常大的变化，表现为弟弟的学业成绩退步，经常在外逗留到深夜，小孙担心弟弟可能已经与一些黑社会的人混在一起了。此外，小孙的父亲失业了，这意味着家里可能不能支付他的学习费用。小孙试图辅导弟弟，但没有奏效，而且小孙还想继续他的学业。假如你是一个学校社会工作者，你会寻求怎样的帮助，以便继续发挥小孙的社会功能？

根据艾伦·宾克斯与安妮·米纳汉关于社会资源系统的观点，我们认为，学校社会工作者可以为小孙寻找三类社会支持资源，来增强或提升小孙的能力，以应付其所遇到的问题，从而恢复或增强小孙作为大学生、家庭成员的社会角色与社会功能。第一，寻求非正式的资源系统，这是社会工作者非常熟悉的非正式社会支持资源。比如可以向小孙的祖父母、亲戚及朋友等寻找社会支持。第二，动员正式的资源系统，这是寻求案主作为组织的成员而获得的社会支持。比如小孙可以在武汉某大学学生工作部获得辅导或经济上的紧急资助

① 参见秦炳杰，陈沃聪，钟剑华．社会工作实践基础理论［M］．香港：香港理工大学出版社，2002：25.

等。第三，寻求政府提供的公共资源，这类资源属于社会资源系统，包括政府与非政府开办或资助的院舍与机构。比如，小孙的父亲下岗而失去生活保障，则可以从政府那里获得最低生活保障金、公共援助，以及从政府与非政府开办的家庭服务中获得支持等。不过，由于种种原因，环境资源也许不能支持遭遇危机或困扰的人们，此时，社会工作者会十分关心除掉堵塞资源的障碍，动员现存的资源，并为公众倡导或创造新的政策及资源。

二、社会工作目标的总体看法

从总体上说，社会工作是一种专业活动，用以帮助个人、群体或社区增强其发挥社会功能的能力，并创造适宜于实现目标的社会条件。而为了领悟社会功能概念，则必须具备人的需要、人生任务与环境处境的知识。不仅如此，社会功能的这三个组成部分也是相互联系、相互制约的。比如，人的需求大部分要在特定的环境中得到满足，而出色的表现及人生任务的完成也满足了某些个人的需要。同时，就环境而言，它既能为个人的人生任务制造需要，又能支持个人应付环境的需要。如此，个人社会功能的满足水平，主要取决于以下几点：衡量需要的实现；个人完成人生任务的能力；有足够资源去发挥正常的社会功能；环境需求与个人应付能力之间能够契合。可见，个人的社会功能反映了人生任务的需求与个人应付能力之间的微妙平衡，比如，个人的应付能力就可以通过环境的支持而得到增强，以下通过图示来说明“需求”与“个人应付能力”之间的平衡。①

如图 3-1 所示，线 L_1 代表人们正好发挥了社会功能，因为人的应付能力与人生需求或人生任务之间有一个平衡。而在图 3-2 中，线 L_2 代表人们正经历社会功能失调的情况，沿线 L_2，取任何一点，都能看到失衡的情况，比如 P_3 点，人生的需求大于个人的应付能力。如果一个人有严重或持续不断地失衡，其生活中就会有不安和困扰。线 L_3 代表人们的社会功能部分的停滞或闲置，社会功能发挥不充分，沿线 L_3 任何一点都可以看到，比如 P_4 点，显然，人的应付能力大于人的需要或人生任务，内在能量的积压，也会造成人的焦虑、骚动和不安。

不过，此图也给了我们一个指引，即如何通过增强案主的应付能力与提高案主对人生的要求，来协助案主减少或消除情绪困扰与心理压力，以增强其社会功能。首先，对于社会功能失调的人来说，如 P_3 点上的案主，工作者可以通过帮助案主减少需求或增强个人应付能力，将其从 P_3 点移至 P_1 点或 P_2 点。

---

① 参见秦炳杰，陈沃聪，钟剑华．社会工作实践基础理论［M］．香港：香港理工大学出版社，2002：26-27.

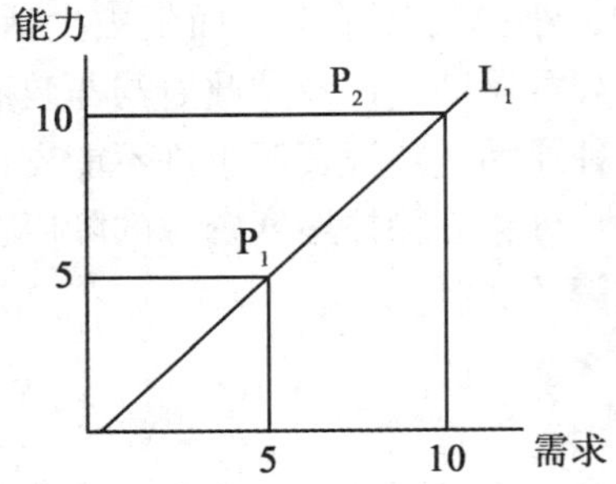

图 3-1 平衡状态

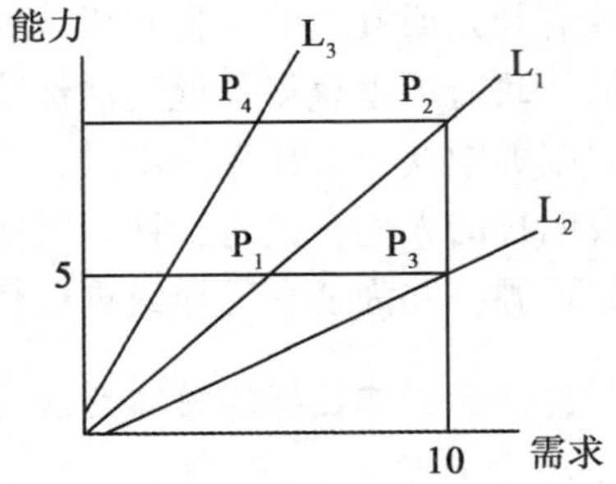

图 3-2 失衡状态

其次，对于社会功能发挥良好的人，社会工作者可以通过同时激发案主对个人的更高要求与帮助案主挖掘生命潜能而增强其社会功能，如将案主从 P_1 点升至 P_2 点。另外，对于那些有剩余或闲置能力的人，社会工作者可以通过激发生命热情、增强人生动力、提升成就动机甚至制定具体的生涯规划等方法，来帮助案主达到更高的人生目标而努力。总之，无论案主处在哪一点上，社会工作者都可以通过需要的调节与环境资源的支持，来增强人们应付问题的能力，以此提升人们在家庭、学校、组织、社区能更好地发挥社会功能。

三、社会工作目标的分层

社会工作的专业目标表达的是作为一个整体的专业对其实践活动结果的一种期望，即希望实践对象所应发生的变化。早期社会工作的目标主要集中于两个方面，即推动社会改革与为那些有困难的家庭和个人提供帮助，而在内容上则主要侧重于物质生活的改善。

然而，随着社会的发展及专业本身的发展，使得社会工作专业关注的社会现象在范围上不断扩大，并促使社会工作的专业活动遍及了社会的每一个领域。比如，在中央政府，当酝酿一项社会福利政策时，必须有社会工作者的参与；在城市社区，社区发展计划的确立，要有社会工作者的参与；在监狱，当一个服刑人员即将刑满释放时，既需要社会工作者帮助他去适应新的社会生活，又要说服社区接纳他；在医院，一个病人因疾病所带来的社会不适应也需要社会工作者给予帮助；在学校，一个学生学习成绩不佳，则需要社会工作者来协助；在街角，一个少年即将被不良团伙拉去入伙时，就更需要社会工作者伸出援手。然而，所有这些活动之所以能够被组织在一起，进而可以被称为社会工作专业，是由社会工作专业的总体目标即“社会功能”来整合的。如此，一个社会工作者，无论其工作地点是中央政府办公室，还是在街角，他必须服从社会工作专业的总体目标，即恢复或增强人们的社会功能。不过，社会功能事实上是社会工作者的一个特殊用语，外行人可能难以理解。当然，细心的读者应该注意到，我们在前面讨论的“社会功能”只是社会工作专业的第一层次目标，它是高度抽象的广义目标。这一综合性目标仅仅为社会工作专业提供了方向与有别于他人的身份。但是，增强社会功能这一目标对实际工作者来说可能太空泛。这样，在现实中，我们需要将它分化为更细致的部分，以此运用于计划与行动之中。具体地说，我们有一个中级目标来指称某一特别的服务领域，同时，还有分化的具体目标来专门用于不同的案主系统。因此，社会工作的目标可以区分为三个层次，即总体目标（又称为专业目标或终极目标）、中级目标（又称为中期目标）、分化目标（又称为具体目标）。以下就对这三个不同层次的社会工作实践目标做些简要介绍。

（一）总体目标

社会工作的总体目标又称为专业目标或终极目标。简单地说，总体目标的含义是指恢复或增强人们的社会功能。具体地说，其主要含义包括：一是通过任务的达成、压力的预防或减低，以及相关资源的使用，以增进、恢复、维护，并促进个人、家庭、团体、组织和社区的社会功能；二是社会工作者透过组织与行政的动员过程，以及有关的社会与政治活动，协助处在危机中的团体取得必要的政策、服务、资源与方案，并由此促进社会与经济的正义。①显然，这是一个综合性的目标。与此同时，从前面的分析中可以看到，决定案主系统的社会功能水平，主要有两个方面的因素，即案主系统在应付能力与需求（人生任务）之间的一种互相制约、“水涨船高”的关系。如此，社会工作专业目标的独特性在于，它主要关心人们在其环境中的功能，特别是与环境的相互作用，并倡导环境的改变（尤其是挑战社会的非正义）及人的能力建设提升等，以此促进人们的自我实现及提高人类的福祉。比如，以社会个案工作为例，我们认为，个案工作的终极或总体目标是，建立在环境改善的间接工作的基础上，培养案主在不断挖掘生命潜能与激发成就动机的循环努力中，成就能力（或潜能）所及的一切事，通过自发的、有创造性的劳动来丰富自己的人生，趋向人性的自我实现。这里的自我实现的状态包括成熟健康的人格与生命潜能得到最大限度的发挥。②

（二）中级目标

中级目标又称中期目标、中层目标、服务目标，这一层次的目标主要包括两个方面，一方面是帮助人们提高实现福祉的能力，另一方面是改善社会环

① 参见 Hepworth. 社会工作直接服务理论与技巧（上册）［M］. 许临高，等译．台北：洪叶文化公司，1999：8-11.

② 参见许莉娅．个案工作［M］. 北京：高等教育出版社，2004：14.

境，为实现人类福祉创造良好的条件。这两个方面也可以说是从社会工作的专业目标（即“恢复或增强人们的社会功能”）之中派生出来的。在这个层面上，许多学者提出了社会工作专业的中层目标。比如，艾伦·宾克斯与安妮·米纳汉从较抽象的层面，提出了社会工作的中层目标有：促进问题的解决与增进人们处理问题的能力；帮助人们建立起与资源、服务、机会的连接；促进这些系统更为有效、更人性化地运行；促进社会政策的制定与改善。①进一步，秦炳杰等基于较具体的社会工作实践层面认为，社会工作的中层目标通常表达的是社会工作者从事某一具体服务领域的使命，又称为服务方案或服务目标。这类服务目标的例子有推动精神病人的社区照顾，推动老年人用更实在的方式表达增强社会功能的要求。同时，这意味着精神病人与老年人的功能得到增强，是通过推动社区接纳与支持这些人群等，促使其生活不受太多的干扰。②可见，这一层次的目标已经暗示出实现目标的途径。比如，以个案工作为例，某位案主失去了配偶，整天躲在悲伤情感的体验里不能自拔，没有了正常的生活，人生失去了目标，失去了平衡。面对这样的社会功能失调的案主，个案工作者的中层目标是恢复案主的自助能力，选择适当的生活，具体包括：首先，应帮助案主疏导悲伤情绪，协助其学习调节情绪的方法；其次，要帮助案主恢复正常的生活，协助其调整自己，以适应配偶不在的生活状态，建立新的生活方式；最后，根据案主的意愿，或安排好单身生活，或帮助其建立新的婚姻关系。

（三）分化目标

在社会工作实践中，为了使社会工作的服务工作更具有可操作性，还需要进一步将社会工作的中层目标进行分解，这就形成了社会工作在第三个层面的目标，即分化的目标。之所以划分出了第三个层次的目标，这是由社会工作的学科性质及其工作对象的独特性决定的，以下稍做一些解释。首先，作为应用社会科学性质的社会工作，其最重的工作是，将专业的服务目标落实在实践中。这就是说，社会工作专业的服务目标必须是每一个具体的专业活动最后要达到的，并且也是能够达到的实践结果。比如，社会工作专业的服务目标可以是帮助一个新入学的小学生学会适应学校的学习生活，也可以是帮助一个社区改进环境卫生状况等。然而，在实践中，上述社会工作的服务目标都必须转化为非常明确的、具体的、可操作的、预期可以达到的活动目标，并落实在社会

---

① 参见 Allen Pincus & Anne Minahan. *Social Work Practice*: *Model and Method* [M]. F. E. Peacock Publishers, Inc. Itasca, Illinos, 1973: 9.

② 参见秦炳杰，陈沃聪，钟剑华. 社会工作实践基础理论 [M]. 香港：香港理工大学出版社，2002: 29.

工作者的每一项具体的助人活动中。①比如，在个案工作中，工作者通常帮助案主解决问题的分化目标有三类，即帮助案主疏解情绪困扰、申请经济援助、做具体的事情（如介绍一份工作、申请一所学校或疏通某种关系等）。其次，从社会工作的服务对象看，通常是独特的个人或人群，相应地，这些案主系统都可能有与其社会功能相关的独特的问题。如此，社会工作者应为不同的人或人群设置不同的目标。比如，对于某一个特殊案主的分化目标，可能是让女儿每晚 10 点必须回家。无疑，这就是一个“增强家庭控制女孩偏差行为的能力”的具体目标。正是从这个角度看，我们可以将社会工作的分化目标界定为，工作者与案主一起工作的具体目标。

可见，以上不同层次的社会工作实践目标，都具有不同的功能，但是，低层次的目标与高层次的目标是相互联系、相互依赖的。如果我们要成为一个有洞察力的社会工作者，就必须非常清楚自己工作的专业目标、服务目标及分化目标。以下运用预防青少年犯罪为主题，用图 3-3 来说明社会工作在三个层次目标之间的关系。此外，需要指出的是，就社会工作的不同层次目标的专业作用看，虽然会有所不同，但三者必须是一致的。即处在不同层次上的实践目标只能是社会工作专业基本目的（即恢复或增强人们的社会功能）的不同表现形式，而不能成为对基本目的的一种新解释。

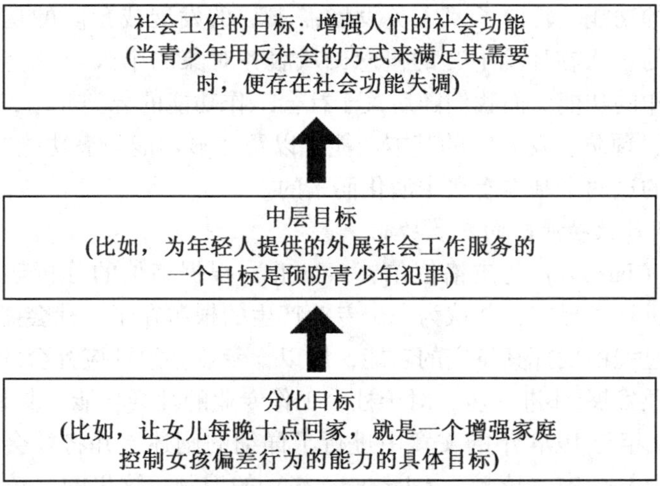

图 3-3　不同层次的目标间的关系

① 参见孙立亚．社会工作导论［M］．北京：中国财政经济出版社，1999：129.

第二节　社会工作的功能

功能反映的是一个系统中不同部分之间的相互依存性的概念。从功能主义观点看，功能指的是某种结构所发挥的作用，它既表现为过程，也表现为结果，即有多重涵义。不过，从社会系统理论看，部分对于整体所发挥的作用是通过复杂的过程实现的。这种过程的复杂性来自于系统各部分之间相互联系与作用方式的复杂性。而由于这些复杂的因素，部分对于整体的功能也变得复杂起来。如此，在社会系统中，部分的行动对于其他部分乃至整体的功能也具有如下一些基本类型。比如，终极功能与中间功能，正功能与反功能，显功能与潜功能，直接功能与间接功能，等等。而社会工作作为一种制度化的助人活动，对于受助者（即案主）及整个社会都有积极的贡献，从而具有正功能、直接功能与间接功能（简称功能）。以下我们分别加以讨论。

一、社会工作功能的基本看法

关于社会工作的功能或基本功能，社会工作者有不同的观点。但是，从总体上看，社会工作者关于社会工作的社会功能或基本功能的论述，主要有以下两个最基本的看法，一是将社会工作的基本功能描述为，从“问题后果”的补救或治疗的功能，转向了“人类发展需求”的发展或预防的功能；二是基于社会工作的“人在环境中”的概念，从服务对象的个人与社会两个维度来论述社会工作的功能。而我们随后关于社会工作功能的分类介绍，比如社会工作的“补救、预防、发展”的基本功能，以及“显功能与潜功能”，也是从社会工作功能的这两个基本看法中演化而来的。

（一）从补救功能转向发展功能

詹姆斯（Jamous）与皮洛依尔（Peloille）根据韦伯的分析架构曾对专业的社会功能进行了界定，并认为一个专业产生的根源在于，社会需要这个专业在社会运行过程中发挥其特定的功能，所以，专业必须顺应社会的客观需要才有条件产生及发展。①进一步，对于社会工作专业的社会功能，艾瑟顿（Atherton）在 1969 年与 1974 年的文章中进行了详细的阐述，并将社会工作的社会功能界定为对社会中“依赖”（dependency）的控制。这里的“依赖”指一个主体不能利用他生活环境中的资源、技巧、能力与知识承担其所应承担的社会

① 参见 Jamous H. &Peloille B.. *Professions or Self-Perpetuating Systems*? ［M］. Changes in the French University Hospital System. In J. A. Jackson. Professions and Professionalization. Cambridge University Press，1968：68.

角色。这样，具有依赖性的主体需要某种外在资源，促使他能扮演合理的社会角色。而在前工业社会里，依赖还不能成为社会问题，因为它为传统的社会网络（如家庭、社区、教堂、教区）所控制。然而，进入工业社会后，传统的社会支持网络逐渐被打破，依赖也就成为了社会问题。具体地说，依赖作为一种社会问题，其表现为个人、群体、社区乃至整个社会不能充分利用环境资源网络、知识、技巧来实现其社会角色，并需要发展通过社会途径的一种技术或专业去解决它，以此借助外界力量来实现其社会角色。①换句话说，在 19 世纪后期，西方社会已出现了依赖问题，但控制依赖问题又十分困难，这就需要一个专业来处理这些问题。正是从这个角度看，社会工作专业是适应社会的这种需求而产生的，相应地，社会工作专业的功能则表现为对依赖的控制。

然而，无论是詹姆斯与皮洛依尔对专业功能的界定，还是艾瑟顿对社会工作专业功能的解释，其最终目标都提出了问题，而不是人与社会的最终发展。如此，我们也可以看到西方社会福利中“即时给付”思想的影子。尽管解决了社会问题最终有利于人与社会的发展，但是，人类作为一个具有理性的社会群体，在面对自身发展的需求时，理应有更多的主动性，不能总是面对社会问题的后果，而是更多地面对人类发展的需求。因此，许多社会工作者认为，对于社会工作专业的基本功能的探讨，更应立足于人类的发展。无论是解决问题，还是创造良好的环境条件，出发点都应该是人的发展。正是从这个角度来考察，社会工作的基本功能应从“问题后果”的补救或治疗的功能转向“人类发展需求”的发展或预防的功能。相应地，社会工作的基本功能就常常被划分为被补救功能、预防功能、发展功能。与此同时，社会工作者也应从过去关心贫穷与弱势者的需要，转移到关心社会与经济正义的议题，并期待着社会工作者能在实务工作中采取“临床的社会行动者”的角色。②

（二）从个人与社会来探讨社会工作的功能

在分析社会工作的功能时，许多学者基于“人在环境中”的概念认为，社会工作应从服务对象的个人与社会两个维度来论述社会工作的作用与意义。比如，台湾学者叶楚生认为，社会工作的目的与功能有四项，即：保障个人生活，促进社会安全；维护个人人权，促进社会进步；提高个人活力，增进社会

① 参见 Charles Atherton. *The Social Assignment of social work.* [M]. Social Service Review 43，1969：421-429. Charles Cowger & Charles Atherton. *Social Control：A Rational for Social Welfare*, Social Work 19，1974：456-462.

② 参见 Hepworth 等. 社会工作直接服务理论与技巧（上册）[M]. 许临高，等译. 台北：洪叶文化公司，1999：12.

财富；发挥人道互助精神，促进世界大同。①之后，香港学者周永新指出，现代社会的两大特色是，家庭制度遭受冲击及社会上常出现各种矛盾与不均的现象。如此，他在分析社会工作在香港社会的作用之时，进一步论述了现代社会工作所具有的三大社会意义：其一，填补家庭制度的不足。由于家庭制度的照顾功能在现代社会已日渐式微，社会工作服务无论从消极或积极的角度，均可以给家庭制度适当的支持，以使这个制度不至于瓦解。第二，调节社会矛盾与不均。面对现代社会的各种社会矛盾及利益冲突，社会工作者常常扮演了调和及疏导者的角色，以此化解社会矛盾，促进社会稳定。其三，促进个人才能发展。由于前两个作用，社会工作常常被形容为社会控制的工具，但社会工作者不会因为可以协助他人解决问题而感到满足；实际上，他们更重要的任务是，协助每个人（尤其是那些受到歧视与不幸者）对自己有更大的信心，以把握机会发展自己的才干，并使自己对人生有更大的期望与满足。②由此可见，社会工作的意义，既可以有利于受助者个人，又有利于社会，并把帮助有困难的社会成员当作社会工作的基本着眼点。正是从这个角度看，社会工作的任务是助人，而帮助人摆脱困境及"恢复或增强人的社会功能"则是社会工作的功能。

二、社会工作的基本功能

基于社会工作从"问题后果"的补救或治疗的功能转向了"人类发展需求"的发展或预防的功能，我们了解了因人们需求的多种多样，如生存、参与社会、发展等，因此，社会工作的功能不仅在于消极地解决社会问题或只是做修补的工作，如救难、解困等，而且，更要积极地预防社会问题的产生、促进人的发展及发挥社会生活的功能等。根据史基摩（Skidmore）与萨克雷（Thackeray）等学者对于社会工作功能的归纳③，我们将社会工作的基本功能分为恢复、预防、发展三大类别，现简要介绍如下。

（一）恢复的功能

恢复的功能又称补救或治疗的功能，是指人们的社会功能崩溃或受到伤害时，社会工作者协助人们加以恢复，这是社会工作最基本、最重要的功能。由于任何社会成员在其成长的过程中都会遭遇困难与问题，而社会工作则是为解决此类困难或问题而产生、存在的，如此，社会工作的恢复功能的例子有许

① 参见叶楚生．社会工作概论［M］．台北：同泰印刷局，1986：24-27.

② 参见周永新．社会工作学新论［M］．香港：商务印书馆，1998：64-67.

③ 参见 Skidmore，Rex A. & Thackeray，Milton G. *Introduction to Social Work*（Sixth Edition）［M］. Englewood Cliff，New Jersey：Prentice-Hall，Inc. 1994：3.

多。比如，协助听觉障碍者装置助听器，以促使其恢复能力；安排被遗弃的孤儿入住寄养家庭，使之适应新的家庭生活；挽救矛盾重重的夫妻，使子女不至于因父母不和而变为问题青少年，等等。一般来说，恢复的功能包括治疗与复建两个层面。这里的“治疗”，指社会工作借着治疗或处置，可以使人们失去的适应能力及幸福恢复起来，即消极地解决社会问题；而“复建”指复员与再组，是对失去的生活功能与制度加以维持，以促使人们进入常态的生活中。以下举例说明治疗与复建的区别及联系。比如，社会工作者与案主建立了互动关系，全面了解了案主的情况，掌握了与问题相关的细节，设法找到了问题的症结所在，然后设计介入的治疗方案，为案主提供直接服务，以缓解并最终解决问题，而此工作过程就称为“治疗”。假如治疗促使案主振作了起来，增加了其克服困难的勇气与决心，并激发了其积极性与主动性。此时，社会工作者就有责任协助案主以健康的心态投入新生活，并复原或再组与社会环境的关系，以此获得原有的社会调适模式或创建新的替代模式，这个过程则称为“复建”。到此，案主的社会问题解决了，其社会生活也恢复了常态。

（二）预防的功能

当问题或困难发生之后，社会工作者首先要帮助案主克服困难、解决问题，这是十分必要的，但其消极后果已经产生。如此，为了减少损失和痛苦，社会工作应当防患于未然，采取积极、主动的态度来对待社会问题，以此及早预测、发现、控制、消除那些可能妨碍社会功能有效发挥的因素与条件。正是从这个角度看，所谓的“预防的功能”，指早期发现并控制潜在的、阻碍社会功能有效发挥的条件与情境，它主要包括三个方面的内容，即：建立预警系统；增强对可能出现的社会问题的认识能力及个人或群体应对问题的能力；强化环境的支持体系。此外，预防功能也常常在两个不同的领域中付诸实践：一是预防个人之间、个人与团体之间以及团体与团体之间相互作用中可能出现的社会问题。比如，婚姻辅导就可以促使男女双方意识到未来的困难，并为其提供克服困难的选择，这显然有助于防止未来的夫妻冲突。二是预防社区组织中经常发生的社会病态，其典型的实例是防止青少年犯罪。比如，1979 年香港开始的学校社会工作、外展社会工作、家庭生活教育服务，就是为了预防日益严重的青少年犯罪问题。而前两个方案集中在早期识别“边缘青少年”，以提供预防性的服务，后者旨在预防家庭问题的恶化，无疑，这些方案都具有预防青少年犯罪的功能。

（三）发展的功能

由于社会工作以社会公平为基础，以社会进步为目标，这样，社会工作不仅致力于解决或预防人们在成长与发展中所遇到的各种困难，也致力于充分发掘社会资源，发挥个人与制度的潜能，以促进人的发展及社会的稳定、进步。

如此，这里所谓的“发展的功能”，指发掘社会资源及启发个人潜能，以积极地发展社会生活，促使人们的生活能力得到增强及社会的不断进步。比如，老年人免费乘公共汽车的政策，旨在鼓励人们在年老时仍保留社会活动，以此增强或发展老人的社会生活能力。又如，通过义务工作及开发义工的潜能，既可以增强或提高义工自身的生活素质，又可以提升服务接受者的生活素质。可见，在对“发展功能”的理解中，其焦点在于“提供资源”，即强调通过社会工作的教育作用，促使人们认识到所处环境中的种种社会资源，并对现有资源作更有效的运用，由此强化社会福利体系，以提升社会大众的健康与生活品质。正是从这个角度看，发展的功能又常常被称为“提供资源的功能”，而社会工作提供资源来促使人们发展的例子很多。比如，介绍人们如何申请危难救助，介绍未婚怀孕少女到“未婚妈妈之家”，或者协调社会团体及机构举办讲座会与研读班，等等。

三、社会工作的显功能与潜功能

参考社会工作“人在环境中”的概念及社会工作的显功能与潜功能的分类，社会工作的显功能首先可以从服务对象的个人与社会两个维度来论述。

（一）对服务对象的显功能

社会工作对服务对象的显功能体现在物质性帮助、能力建设的提升、动力激发三个层面，显现了社会工作对服务对象具有多层次、全方位的功能，以下予以简要地说明。其一，社会工作可以提供物质帮助、经济援助及心理支持等，以协助服务对象更好地解决日常生活中的具体问题，完成社会工作的事工目标。比如，减缓与消除案主遭遇的贫困、经济破产、意外伤害、精神崩溃等问题，则可以帮助他们积极应对危机或突发事件，以阻止其社会功能失调。其二，通过工作者与服务对象的积极互动，可以协助服务对象体会应对问题与满足需要的技术，领悟社会资源的开发要领，充分挖掘其多种潜能，以此完成社会工作的过程目标。比如，促进案主的能力尤其是应付问题的能力建设提升，或者增强个人与社会的协调能力等，则可以促使案主发生建设性的改变，并为其未来积极应对人生事件打下基础。其三，通过服务对象参与服务的过程，可以培养他们的责任感和参与意识，激发其改变自我与推进环境改变的动机与信心，以此更好地维护个人的合法权益及对社会福利的不断追求，从而达到个人良好的福利状态。①

① 参见顾东辉．社区青少年社会工作研究［M］．上海：华东理工大学出版社，2006：7.

（二）对社会的显功能

社会工作对社会的显功能主要表现为分配资源、推进公正、促进文明三个方面，体现了社会工作对于安定社会经济、维持社会秩序、促进社会和谐与进步、实现社会大同等诸多意义及作用，尤其是在营造“民主法治、公平正义、诚信友爱、充满活力、安定有序、人与自然和谐相处”的社会中的积极作用，以下简述之。其一，在分配资源上，社会工作可以对社会的有形或无形资源进行重新开发与配置。一般来说，社会财富大致要经历三次分配，即注重效率的“市场分配”，体现公平的“税收分配”，展示爱心的“慈善分配”。而社会工作可以统筹与分配社会资源，并基于社会正义与经济正义来照顾贫穷者与弱势群体的需要，以使社会的资源与机会被公平地提供给所有的人，从而建立起大同社会的理想。其二，在推进公正上，社会工作致力于解决广泛存在的各种社会病态与不公平不公义的事件，以此缓解社会矛盾；同时，通过社会工作者采取“临床的社会行动者”角色，及强调扮演支持“被社会系统剥削或伤害者的立场”的角色，①来推动个人、组织（或机构）、社会、文化的变迁以及进行社会政策的倡导或修订、社会（福利）制度的建设等，由此实现社会公正，促进社会稳定与和谐的发展。其三，在促进文明上，社会工作者可以团结各界力量，发扬人道主义精神，救助困难人群；同时通过着力营造人与人、邻舍之间及社区团体成员之间的“平等、共享、友爱、互助、关怀”的关系，以此对抗社会解体、个体异化与社会越轨等现象，从而体现了强烈的人文关怀及互助合作精神，也彰显了社会的和谐、文明与进步。

（三）对服务提供者的潜功能

社会工作对服务提供者的潜功能表现在，可以强化社会工作者与服务机构的专业水平及服务质量。首先，通过提供社会服务，社会工作者可以体会专业伦理，提升运用理论的原则，演练方法技巧，提高专业服务态度，等等。由此，在理解与演练实践的智慧中，社会工作者能够按照社会工作的规范要求，整合社会工作的价值观、理论、方法与技能，以此优化或提升社会工作者的知识、能力、素养等综合素质，从而成为知、觉、行合一的专业人才。其次，对于服务机构而言，通过优化对内对外服务条例，加强对服务工作领域与过程环节的管理，可以提升机构整体的服务质量、社会声誉与专业形象。比如，近年来上海为积极贯彻落实“平安建设”的各项要求，以“为了明天——预防青少年违法犯罪工程”为统揽，坚持理念创新、体制创新、机制创新和实践创新，针对社区青少年等重点群体，采用政府购买社团服务的方式，组建专职社

① 参见 Hepworth 等．社会工作直接服务理论与技巧（上册）［M］．许临高，等译．台北：洪叶文化公司，1999：12.

会工作者队伍，运用专业方法，加强对社区青少年的全员覆盖、动态管理与专业服务，以此帮助社区青少年融入正常的社会生活。①由此，这不仅提高了上海市社区青少年服务机构的专业化水平及整体的服务质量，也提升了青少年服务机构的能力以及其知名度与美誉度。

第三节　社会工作者的角色

社会工作者是服务及帮助的提供者。无论我们对社会工作专业作何种理解，也无论社会工作专业在什么条件下发展，都离不开社会工作者。因为作为社会工作专业活动的主体，社会工作者是社会工作过程中的重要构成部分，他们对社会工作专业实践的结果有着决定性的影响，进而也影响着社会工作的目标及功能的实现程度。与此同时，社会工作者群体又是一个与社会各阶层有着广泛联系的社会群体，他们不仅要为有需要的人士提供广泛的社会服务，也会对人们的社会生活有着广泛的影响力。既然社会工作者在专业目标的达成及人们的社会生活中起着如此巨大的作用，我们有必要进一步认识社会工作者的角色。从现代社会工作的角度看，社会工作者不但有利他主义的价值，也应该受过一定的科学训练，掌握着科学而有效的工作方法。无疑，这与我们通常见到的在本职工作之外兼任某种服务性工作的“社会工作”有所不同。概括地说，社会工作者扮演的基本角色有服务提供者、支持者、倡导者；而社会工作者扮演的间接服务角色有管理者、资源争取者、政策影响人、研究者等。因篇幅限制，以下我们将参考秦炳杰等人的观点②，通过对社会工作者担任的主要角色的介绍，来进一步呈现社会工作的专业意向、目的、目标、功能；同时，也期望可以协助社会工作者履行不同的角色职责、任务或活功，使之能够提供具体的专业服务，能卓有成效地从事社会工作。

一、社会经纪人

这里的“经纪”，指两方或多方之间的中间人。而“社会经纪”是指在某些特定情况下，社会工作者作为中间人将案主与适当的资源系统联系起来，以满足案主的需要或处理案主的问题。从“社会经纪”的角色描述看，有以下假设：其一，案主的需要未得到满足，或者案主的问题未受到关注，可能是源

① 参见顾东辉．社区青少年社会工作研究［M］．上海：华东理工大学出版社，2006：1-2.

② 参见秦炳杰，陈沃聪，钟剑华．社会工作实践基础理论［M］．香港：香港理工大学出版社，2002：156-170.

于缺乏资源或案主对自己的社会福利权利一无所知。同时，案主可能欠缺接触这些资源的途径，不知道如何得到资源。其二，社会工作者因有专业知识，可以评估案主的情况，辨识案主的需要，并识别出减缓案主的问题或满足案主需要的适当资源。如此，为了增强案主的社会功能，社会工作者需要担任“社会经纪”的重要角色，以协助案主了解可以得到什么资源，或社会工作者直接提供资源与服务，或把案主转介给其他专业人员与服务组织。此外，有些案主可能需要多种资源，工作者还必须为他们牵线搭桥。如学校社会工作者打算为即将毕业的大学生安排就业讲座及开展相关活动。但是，他没有就业市场的最新资料，对此，他可以邀请有这方面知识的人，如企业的人事部负责人或“猎头公司”的专家等来主持就业讲座。这个例子就描述了做经纪人的过程，因为社会工作者认识到毕业生在择业时可能会有某些特定的需要与问题，便为他们联系有关的专家或资源，以此满足毕业生的特定需要。

当然，社会工作者要顺利地担任“社会经纪”角色，还需要一些先决条件。比如，工作者要有广博的知识，了解社区资源与特定机构的运作程序，以有效地将案主与其所需要的服务或资源联结起来；同时，工作者必须评估资源的长处、局限与最新发展，并对自我有足够的了解，这样才不会做出超出自己专业能力的责任及承诺。此外，社会工作者在担任“社会经纪”角色时，也需要完成如下核心任务，包括：评估案主的情况，以决定案主实际需要什么资源；准确评估可得到的、能满足案主需要的各种资源；提供不同的信息，让案主自己做出选择；协助案主联系或转介到合适的服务系统。

二、使能者

这里的“使能”，指帮助案主发现他们的内在能力与资源，以增强其社会功能。从“使能者”的角色描述看，其假设与应对的工作有：其一，案主已置身于困境中，不能利用自己的力量或内在资源（如能力与技巧）去应对遭遇的处境。相应地，社会工作者就需要担任“使能者”的角色，以帮助案主运用内在资源来改善社会功能。比如，工作者可以帮助案主反省与问题情境有关的态度、感觉与应对方法，以协助案主获得个人的成长。其二，诸多案主遭遇的问题都源于缺少改变的动机与意愿，或是人际关系方面有困难。相应地，社会工作者应鼓励案主运用自身的力量去改变现状。其三，某些案主所持的态度阻碍了其建设性地处理问题。在这种情况下，仅靠外部资源解决问题，效果不佳。即使个人的外部环境有所改变，但案主对外部“现实”的解释与取向如果有问题，那么，仍会阻碍案主为改变现实而付出努力。如此，社会工作要予以介入，以使案主能改变自己。以下我们举例说明“使能者”的角色扮演过程。

在工读学校，学校社会工作者常常用不同的方法来帮助案主发展自信。比如，在辅导的过程中，工作者会鼓励案主重新评估其进入工读学校之前的行为与外在的真实世界。在这个过程中，案主重新评估了自己的态度，发展出了看问题的新角度，有了改变的愿望，由此增强了其内在的资源。之后，伴随案主愿意改变，其行为也发生了重要的变化。可见，在这个例子中，工作者就担任了“使能者”的角色。因为工作者既没有向案主提供有影响的资源，也没有协助案主联络其他的资源系统，他仅仅是帮助案主探索了自己的内在资源与力量。不过，需要指出的是，要胜任“使能者”的角色，需要一些先决条件。比如，工作者必须具有丰富的关于人的心理、动机与行为的知识，具备评估案主需要的能力，并能对介入做出准确的判断。同时，为了让案主产生持续改变的动机，工作者还须有娴熟的技术来处理与案主的关系。此外，担任“使能者”的角色时，可能有如下核心任务，包括：需要对案主的优缺点与个人改变的动机做出心理评估；应持续不断地支持、鼓励与照顾案主；尝试用新方法来探索案主改变的潜在突破口。

三、调停者

这里的“调停”，指解决案主、社会系统和其他个人或组织间存在的争议，以促使各方找到共同点，解决冲突。从“调停者”的角色描述看，社会功能是指案主与社会系统间的一种平衡状态。然而，在人们相互适应或人与环境的相互适应中，这一平衡状态因为缺乏资源或存在争执与冲突而失去了平衡。为了恢复平衡，社会工作者有时不得不参与其中，担任调停者或仲裁人，以解决冲突或争执。比如，学校社会工作者就常常要扮演“调停者”的角色，以帮助因不同原因而被开除的学生。具体地说，学核社会工作者评估之后认为，最适当的介入是帮助学生重返校园，那么，工作者就要充当校方与学生之间的调停人。一方面，工作者要让校方相信，让学生返回学校有好处，虽然这样做会使学校的权威性与决定权受到挑战；另一方面，工作者又必须使学生相信，重返校园对学生至关重要，学生应该接受学校给他的附加条件。之后，社会工作者在参与此类的相互适应及替对方考虑的活动中，终于使校方与学生达成了一致的意见。这就是社会工作者担任“调停者”的过程。

就成功扮演“调停者”的先决条件看，主要有以下几点：工作者必须具有解决冲突、谈判、说服等方面的技巧，以使双方不同的价值观趋于一致；同时，工作者要有察觉双方共同点的敏感性，及具有有效沟通的技巧等，以便更好处理各种谈判。此外，担任“调停者”的角色时，可能有如下核心任务：识别共同利益与责任；将冲突限定在一定的范围内；增强冲突双方的有效沟通；建设性地解决冲突与平息争议；共同订定具体的契约，等等。

四、教育者

社会工作者一直在从事直接的教育活动，如协助案主提升回应问题的能力，传授案主避免陷入生活困境的技巧等。除了传授知识与技巧外，社会工作者也参与了各种社会化的教育活动。从“教育者”的角色描述看，其假设是：案主在日常生活中遭遇了危机或问题，往往是由于他们缺乏信息、知识、理念及技巧所致。如此，社会工作者需要扮演“教育者”的角色，向案主传授调适技巧与行为改变技巧，提供信息、知识与理念，及推展不同层次的社会化教育活动，以满足案主的需要，解决其日常生活的问题与危机。比如，父母需要学习做家长的知识与技巧，以减缓抚育孩子的压力。又如，青少年社会工作者在推动公民教育计划中，常常扮演了“教育者”的角色。因为公民教育计划在本质上是教育性的，也隐含了对参加者的政治社会化教育。

就出色扮演“教育者”的先决条件看，主要有以下几点：工作者应了解自己，有清楚的个人目标，在社会生活方面有良好的社会适应能力；同时，工作者需要熟练地掌握正规的、非正规的传授或教育的方法。比如，在组织学习活动中，工作者需要掌握与运用“做示范”与“角色扮演”等方法。此外，担任“教育者”的角色时，可能有如下核心任务，包括：直接传授社会生活与日常生活技巧，以协助案主学会如何有效地完成生活中的特定任务；向案主讲授新的、更让人接纳的行为，有助于案主行为的改变；担任特定的教育者角色，以初步预防案主问题的恶化或再次出现；运用介入方法，让案主欣赏、采纳或增强某些价值观。

五、社会控制者

这里的“社会控制”，是指社会工作者致力于防止偏差行为来维护社会控制与社会秩序的平衡，或者在社会的授权下，工作者采取特定的行动，以维持社区内的社会秩序。从“社会控制者”的角色描述看，其假设是：社会工作者有一定的权力与权威，它们可能来自：其一，制度方面，即社会工作者得到了社会机构的认可及委托，可以代表案主系统、社区与社会去采取行动。其二，心理方面，这是来自工作者与工作对象之间一直存在的不平等关系所致。比如，在社会工作实践中，案主因为有问题或者应付问题有某些困难，他们在寻求帮助时会自然地降低自主性。这样，社会工作者就具有一定的权威性，也可以担任控制者的角色。不过，就“社会控制者”的角色看，无所谓绝对的好与坏，最重要的是，工作者应认识到这种权威性的差异，是由于工作者与案主之间典型的不平等关系造成的。因此，工作者应该小心使用权力与控制，并意识到，运用权威去实现社会控制只是手段而不是目的。社会工作者担任

“社会控制者”角色的例子很多，比如，在学校，从事“问题少年”工作的学校社会工作者，必须与校方合作，以确信学生遵守了学校的规章制度；又如，在老人院的日常工作中，社会工作者要坚守岗位，以确保院舍中的每个人都遵守集体生活的一般要求。

就顺利扮演“社会控制者”的先决条件看，主要有以下几点：工作者在履行“社会控制者”的角色时，必须有社会认可的权威，这种认可可能是明确的，也可能是含蓄的；同时，担任“社会控制者”的角色时，工作者要对此角色保持清醒的自我意识，并时刻提醒自己不要侵犯案主的权利等。此外，担任“社会控制者”的角色时，可能有如下核心任务：工作者常常要担负一些法律授权的工作，比如做感化官等；而在院舍环境中工作的社会工作者，比如矫治社会工作者，不可避免要参加对案主的督导或管束。

六、倡导者

这里的“倡导者”，是指工作者协助识别社区问题与需要，并了解在哪些方面可以增强或改善生活质量，以努力开发新资源或改变现有的社会安排，由此增强人们的社会功能。从“倡导者”的角色描述看，其假设是：案主问题的根源在于社会结构的问题，需要社会做出改变。这样，社会工作者就需要充当“倡导者”的角色，以此为案主做宣传，并代表他们争取利益。比如，社会中的残障人受到了社会歧视与不公平的对待，又缺乏参与协商的权力。对此，社会工作者需要呼吁全社会意识到此类问题，而不仅仅是通过个案工作来增加残障人的社会功能。因为仅用个案工作方法来帮助人口众多的残障人，无疑是“杯水车薪”，无法一一顾及。又如，随着家庭结构趋于小型化与核心家庭增多，虐待老人现已成为一个社会问题，而不只是个人问题。因此，社会工作者可能发现，当务之急是倡导社会服务供给量的增加，以弥补社会变迁对老年人的影响。

就成功扮演“倡导者”的先决条件看，主要有以下几点：工作者应有组织、动员及进行社会倡导的技巧，同时，他们必须具有分析社会问题与公共政策的能力，以及对社会有个人的独立见解。此外，担任“倡导者”的角色时，可能有如下核心任务：其一，工作者应敏说地察觉社会的变化，并能分析社会政策对案主造成的冲击与影响；其二，因倡导者的角色要求工作者引发对某一特定问题的广泛关注与讨论，如此，工作者在激发社区关心有关问题方面，应要有熟练的技巧与丰富的经验；其三，工作者要代表案主去争论、辩论、谈判、协商、操控环境等，以此为案主争取资源。

通过以上六大角色的介绍与分析，我们已基本了解了社会工作者的重要角色，以及他们在恢复或增进社会功能、广泛影响社会生活及促进个人与社会发展中的重要作用。不过，除了这些角色外，社会工作者有时也担任了行政管理者、社会计划者与研究者的角色。同时，对于这些角色，我们还应掌握如下含义：第一，一项介入计划可能包括各种角色，在一个特定的处境中，社会工作者可能要同时担任不同的角色。第二，担任多种角色，增加了社会工作者在实践中应用价值观、知识、技巧的灵活性，而这种多样性也是社会工作的一个重要特征。第三，介入者的角色应该瞄准案主的需要，而不是把案主套入社会工作者划定的角色模式中。如此，工作者做决定及选择介入策略时，应该基于可靠的评估及符合社会工作的基本价值观与原则。第四，社会工作者的多种角色提醒我们，由于不同的情境有不同的要求，工作者应灵活地、有准备地去完成不同的任务。

思　考　题

1. 社会工作目标的焦点是什么？
2. 简述社会工作的目标结构。
3. 简述社会工作的基本功能。
4. 试述社会工作的重要角色。
5. 如何理解社会工作对个人与社会的作用？

主要参考文献

［1］顾东辉．社区青少年社会工作研究［M］．上海：华东理工大学出版社，2006.

［2］秦炳杰、陈沃聪、钟剑华．社会工作实践基础理论［M］．香港：香港理工大学出版社，2002.

［3］孙立亚．社会工作导论［M］．北京：中国财政经济出版社，1999.

［4］许莉娅．个案工作［M］．北京：高等教育出版社，2004.

［5］叶楚生．社会工作概论［M］．台北：同泰印刷局，1986.

［6］周永新．社会工作学新论［M］．香港：商务印书馆，1998.

［7］Allen Pincus & Anne Minahan. *Social Work Practice*：*Model and Method*［M］. F. E. Peacock Publishers，Inc. Itasca，Illinos，1973.

［8］Harriet M. Bartlett. *The Common Base of Social Work Practice*［M］. New York：National Association of Social Workers，1970.

［9］Hepworth 等．社会工作直接服务理论与技巧（上册）［M］．许临高，等译．台北：洪叶文化公司，1999.

第四章　社会工作的价值体系

社会工作的目标与功能为我们提供了一个共同的目的与方向，但并没有回答一些基本的问题。比如，作为社会工作者，我们为什么要关心人们社会功能的改善，为什么我们不坚持“适者生存”的原则，等等。要找到这些问题的答案，你需要检视自己的信念、价值观及背后的哲学。有人争论社会工作不是应用科学，也不是简单的行善工作，而是一种实践的哲学或道德实践。这就是说哲学把社会工作的思想与实践结合在一起，使得社会工作作为一种专业的特别之处在于其价值定位，由此形成了社会工作专业化的精神基础。正是从这个角度看，此种价值定位是贯穿社会工作实践始终的东西，并成为了社会工作者实务介入的行动指引。目前，西方发达国家社会工作价值体系（包括哲学、价值及伦理）的建构，已经历了数十年的时间，现在依然处于发展与完善中。不过，中国在这方面的工作起步时间较短。因此，如何借鉴西方社会工作价值体系，并在此基础上将我国传统文化与当代社会发展的需求相结合，形成符合我国社会实际的社会工作价值体系，对于中国社会工作的发展具有十分重要的意义。

第一节　社会工作的哲学基础

这里的“哲学”指社会工作的哲学根源，或者说是形成社会工作的重要思想体系，其主要包括犹太教—基督教信仰、人道主义、实证主义、乌托邦取向等。以下我们将具体介绍这些思想体系是怎样在利他主义价值观、社会哲学、道德哲学、知识哲学等层面影响西方社会工作的（见图 4-1），并由此形成了西方社会工作的共同价值信念，促使了社会工作从最初的宗教慈善施舍与怜悯式的助人发展成为一种以人为本的专业化的制度性助人。

一、犹太教—基督教信仰

在西方社会工作的历史发展中，犹太教—基督教信仰对社会工作的影响巨大。比如，西方社会许多有名的社会福利机构，如明爱、救世军、基督教服务

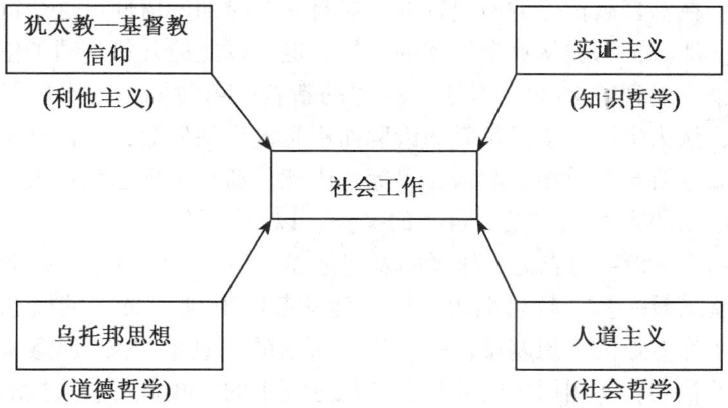

图 4-1　社会工作的哲学基础

处、基督教女青年会、基督教男青年会等，曾广泛地服务于社区中的弱势群体，并在推动早期社会福利服务中发挥了重要的作用。而犹太教—基督教信仰不仅影响了这些协会的组织与管理，也对社会工作专业有明显的影响，因为西方许多曾经受训的社会工作者都有天主教或基督教的信仰背景。

在基督教的教义中，贯穿基督教始终的伦理道德思想主要体现在“爱”、“施”、“救赎”等方面。比如，在《圣经》里，“爱”是信仰的核心内容和道德的最高境界。这里的“爱”被描述为“明爱”（Caritas）或“意志的爱”（Agapae），是最高形式的爱。而“明爱”的意思是“献身于他人的福利”，或是“聆听、回应、转化之爱”；至于“意志的爱”则强调这种爱是无条件的，并倡导爱要扩展到邻居，甚至是陌生人①。不仅如此，根据《圣经》的演化解释，人也应依照其需求来接受服务，而不是依照其应得到什么来接受服务。比如，《圣经》记载说，基督宣称“即使作为人子来到世界也不是受人服务而是服务于人……”② 同时，在《圣经》中源于“原罪论”的“救赎”之说，“施”也比“爱”更有意义，这样，耶稣和他的门徒们不求回报地奉献，致力于他人的福祉，这不仅是一种善举和美德，更是一种自我拯救的手段。总之，基督的肉身在服务人民（即“施”）之时也示范了谦恭和仁爱。因此，基督在与穷人、弱者、流浪汉等生活在一起并服侍他们，及向他们布道之中，也得

① 转引自秦炳杰，陈沃聪，钟剑华．社会工作实践基础理论［M］．香港：香港理工大学出版社，2002：35.

② 转引自秦炳杰，陈沃聪，钟剑华．社会工作实践基础理论［M］．香港：香港理工大学出版社，2002：35.

到了这些弱势群体的强烈认同。

不过，在基督教信仰的历史发展中，有一个时期的信仰与这个世界明显地不可调和。那时，信徒从这个世俗的世界隐退，以此能升华其精神生活，脱离尘世的污染。而到了16世纪马丁·路德的新教改革时期，则出现了不同的观点。比如，认为生活应该是宗教的天职而不是世俗的使命，信仰应该用行动表示出来，服务要与宣教结合起来，等等。因此，新教伦理思想从人对神的义务与由此引申出的人对人、人对自然的义务，以及“平等观”与“天职观”等概念的提出①，无疑为志愿工作者的发展增加了动力。同时，在社会工作的专业化中，犹太教—基督教思潮也有助于建立起“利他主义”的概念，而此概念是社会工作专业的思想基础。在这里，所谓的“利他主义”，意味着无私地关心他人的福利，不图回报。此外，新教伦理中的自我负责、人性罪恶、劳有所得、法律秩序、助人自助等价值观念，也与当今社会工作专业的许多重要价值具有一致性。可见，尽管社会工作已成为一个世俗的专业，但犹太教—基督教的影响仍可识别出来；加之，有众多的基督徒在从事社会工作及有相当数量的基督教背景的社会福利组织的存在等，因此，西方社会工作专业已经并将继续受到犹太教—基督教信仰的重要影响。

二、人道主义

针对中世纪神学以神为中心、贬低人的价值、否定现世生活的意义及提倡禁欲主义等观点，14世纪在意大利兴起了以复兴古希腊和罗马文化、反对中世纪的宗教文化为目标的“人文主义”运动。不久，这种运动从意大利传播到其他国家，并发展成为了一种人道主义运动。概括地说，人道主义运动的实质是反对神学，提倡人学；反对神权，提倡人权；反对神性，提倡人性；反对愚昧，提倡理性；反对迷信，提倡科学；反对神道，提倡人道。可见，人道主义的发展其实是一场世俗运动，它试图为人的行动提供一个没有形而上学（高度抽象）或神学意味的哲学基础。就其组成部分看，它包括了哲学上的人本主义，经济上的自由主义，政治上的民主主义，伦理上的人道主义。具体地说，人道主义的主要观点和主要关注点有以下几个方面：

第一，人道主义是承认人的价值或尊严，并把它们作为衡量一切事物的尺度的哲学。

第二，人道主义对人的本性持乐观的态度，认为人类是有尊严的、有理性的及拥有追求真理的内在源泉。

---

① 参见马克思·韦伯．新教伦理与资本主义精神［M］．于晓，等译．［M］．北京：三联书店，1987：50.

第三，人道主义将天赋的、社会的“个人自由”赋予了极高的价值。人道主义者相信，向人们提供了机会与自由，他们的潜能就会释放出来。

第四，就行动而言，人道主义者宣称，通过宣传社会改革，来减轻困苦、提供人民发展的机会及促进个人的人权。

由此可见，在当时的历史条件下，人道主义的进步意义在于：一是引发了宗教改革，动摇了中世纪封建统治的基础；二是丰富了资本主义思想基础，促进了科学与社会的进步；三是提出的以人为本位的价值观念，比如对人的潜能有巨大的信心，秉持人的价值至高无上，以及在实践中寻求改善人民的生活，提高人民的权力与确保他们的尊严等，均为资本主义文化发展和思想进步提供了养料。

社会工作作为一个世俗的专业，在很大程度上依赖于人道主义信仰和它的哲学基础。比如，人道主义对社会工作的影响在美国社会工作者协会的专业守则序言中，得到了充分的反映：“这一守则基于社会工作专业基本的价值观，包括价值、尊严和独特性，它既是所有人应当拥有的，同时也是他们的权利和机会”①。

三、实证主义

实证主义产生于19世纪末20世纪初，是在欧洲启蒙运动、英国经验主义哲学、自然科学日益发达，以及法国资产阶级大革命不断高涨的社会改良运动等背景下产生的。实证主义认为，神学与形而上学都不是完美的知识，只有基于感官经验而获取的可检验与可观察的知识，才是唯一客观可信的知识。同时，实证论假设知识的统一性和科学的统一性，认为不存在本质上互相区别的认识方法，并强调将非描述性陈述从知识和科学领域清除，以此保证严格的客观性和科学性。无疑，此种实证主义哲学为现代科学的繁荣和科学知识的发展奠定了坚实的基础，因此，它对物理学、化学与生物学等硬科学的发展产生了深厚的影响。不仅如此，实证主义获取知识的方法在之后也应用到了人类及社会研究中，这标志着社会科学的发展，由此促进了社会学、心理学、经济学、社会工作等学科的发展。概括地说，这种实证主义哲学的主要论点有：

第一，科学是唯一有效的知识。

第二，哲学并非具有不同于科学的方法，哲学的任务是识别所有科学的一般性原则。

第三，实证主义否认有不可理解的、超越事实和科学的定律或实体存在。

① 转引自 Frederic G. Reamer. 社会工作价值与伦理［M］. 包承恩，等译. 台北：洪叶文化公司，2000：（附录一）1.

第四，实证主义宣称不仅伦理学和政治学，甚至认为宗教也能成为科学的学科。

至于对社会工作的专业化而言，实证主义的意义在于，社会工作不仅是在宣扬人道主义，它还必须将这种价值理念付诸实践，必须使处于困境的个人、家庭与弱势群体在社会发展中获益，改善其社会功能。这就意味着，同情与施舍并不是社会工作。而要达到这个目标，没有自身的理论与相关学科的支持是不可能的。正是从这个角度看，实证主义促使了社会工作在发展中不断地寻求经验性的科学知识，并以科学化的技术和方法来提供有效的助人服务，由此为社会工作专业化提供了科学的基础。不过，对于把硬科学的模式移植到与物质世界毫无相似之处的人类研究上是否妥当，仍有许多争议。比如，诸多学者认为，由于人类可以自我指导，并提供自己的解释及创造意义，这样，把所谓的科学方法与一般通则运用于研究人类是否妥当，令人怀疑。在此，我们不打算深入讨论这一争议。关于这一点，我们只需要认识到，总体来说，实证主义留在社会工作知识上的烙印是不容否认的，并且它对社会工作与人类研究也有着重要的影响。无论如何，社会工作作为一个专业，需要支撑其实践的知识及识别获取知识的可靠途径，而这些则是社会工作在哲学上的主要关注点。

四、乌托邦思想

“乌托邦”（Utopia）一词由希腊字“没有”和“地方”组成，即“没有的地方”，它源于英国空想社会主义者托马斯·摩尔所作的《乌托邦》一书，意指理想的完美境界或空想的社会改良计划。在摩尔之前，基督教的“天国”，佛教的“极乐世界”，伊斯兰教的“和平世界”，犹太教的“救赎日”，儒家的“大同世界”，道教的“神仙境界”以及柏拉图建构的“理想国”等，都是各民族传统文化中对“至善”的期望与描述，并具有早期乌托邦的思想和性质。而这些乌托邦思想的主要特征即空想，但它们表达了最美好的人类理想，并相信人和社会最终都会达到完美的境界，只是这些理想在当时的条件下几乎难以实现。不过，正是这些美好的人类愿望或“至善”的期望，才为人类向更理想的社会奋斗提供了无限的动力，也鼓舞着人们去追求更美好、善良的事物，激励人们去从事那些助人的服务活动。从这一意义来说，乌托邦理想是人们行为的思想动机。

至于论及社会工作的乌托邦理想，我们认为，社会工作从产生到现在，虽然其目标与手段因各民族的文化与社会制度而有所差异，但其实践活动中所蕴涵的追求至善的乌托邦理想却是基本一致的。这些乌托邦理想包括社会正义、社会平等、自由、友爱共同体、幸福、民主等。正是从这个角度看，乌托邦思想是有关社会通过“倡导”政治、经济与社会理想来达到完善的信念。因此，社会工作不是简单的理想主义者，而是务实的乌托邦思想家。这里的“乌托邦性”，无疑为社会工作者致力于社会改良提供了动力；而“实务性”又会鼓舞社会工作者即使在困难或不利的处境中，也能为这些理想而工作。可见，如果缺乏对至善的乌托邦理想的追求，社会工作就会流于简单的程序，进而失去了其发展动力和宝贵的人文情怀。因此，许多学者认为，人道主义、实证主义和乌托邦思想是社会工作的三大精神支柱。

第二节　社会工作的价值体系

通过第一节的学习，我们应该认识到道德与社会哲学对于社会工作的重要性，也可以说出不同的思想体系和它们的主要内容。然而，在实践中，我们很少只依靠一个哲学体系（如人道主义）去指导工作。通常，社会工作者面对一个特定的情况时，会基于一个或几个特别的价值观去工作，而这类社会工作价值观则是从第一节介绍过的哲学体系中汲取出来的。正是从这个角度看，价值观更具体，并从中发展出了专业守则。因此，在这一节我们将看到如何把抽象的哲学思想逐渐转化为价值观，然后转化为能应用的更具体的原则。

一、社会工作价值体系的构成

在深入探讨西方社会工作价值观之前，我们首先应认识在社会工作实践中发挥作用的五个价值观体系，包括社会的价值观、案主的价值观、机构的价值观、社会工作者的价值观、社会工作专业的价值观。这五个价值观体系之间有着复杂的相互作用与矛盾或争论，而社会工作者在日常工作必须面对这些不同的价值观来开展工作。

（一）社会的价值观

社会的价值观指一个社会由于共同的地理、历史、政治、社会及经济环境等而形成的独特的价值观取向。比如，据香港社会学家分析，香港社会价值观的形成，受到了长期的殖民统治、华人移民的自我选择个性（如创业者个性）、现代化及从中国大陆的主流文化中分离出来的影响。因此，香港社会思潮融合了中国传统文化、西方现代化与地方发展的影响。另据研究发现，香港人一般会赞同资本主义的价值观与社会和谐论①，这一社会背景不可避免地会影响到案主、社会工作者、机构和专业所持的价值观。与此同时，基于社会工作专业的总体目标与哲学基础，社会工作者会在社会中推进特定的价值观，如

① 参见 Lau Siu-Kai & Kuan Hsin chi. *The Ethos of the Hong Kong Chinese* [M]. Hong Kong：The Chinese University Press，1988：第二章.

以相互帮助与民主的价值观为己任等。不过，社会工作的价值观与社会的主流意识形态常常会发生矛盾。举例来说，西方社会工作的发展长期受到了西方社会资本主义意识形态的钳制与束缚，正如社会学曾经被当作社会主义而受到限制一样，以实施社会福利为目标的社会工作更容易被扣上“社会主义”的帽子而受到排斥。比如，产生于宗教背景的“慈善组织会社”一开始曾被当作“社会主义”而严加防范。之后，西方社会虽然容忍了“慈善组织会社”运动的发展，但它又把一切与社会主义和马克思主义有关的社会工作都标称为“激进的社会工作”。可见，上述现象不仅尖锐地反映了社会工作的价值观与作为意识形态的社会价值观的矛盾与对立，也说明了社会的主流价值观的作用或影响。

（二）案主的价值观

在助人的过程中，社会工作者必须面对不同的案主，而这些案主都有自己独特的个人价值观体系。同时，案主所秉持的价值观会影响其态度、感受、想法和行为。不仅如此，在一些个案中，案主的问题会涉及案主的价值观体系同其父母、学校、社会的价值观体系间的冲突。比如，在家庭社会工作中，社会工作者面对案主（如青少年）之时，案主的价值观常常表现为自主、自立或独立，但案主的父母则可能想控制、支配或操纵案主。又如，在学校社会工作中，校方可能着重学生一致性或统一性规范的培养，而学生个人则可能看重个人性或独特性的发展。与之相类似，罪犯所秉持的价值观常常是侵犯常规的社会价值观，实施的是反社会的行为。然而，面对案主的不同价值观，社会工作的新手常常无所适从。我们认为，就价值观而言，成熟的社会工作者应理解到，人类的多样性源于不同的性别、种族、阶级、年龄、次文化的影响，以及个人后天经验的不同。这样，每位案主的主观感受和价值观也是独特的。对此，社会工作者可以运用接纳（不等于“赞同”）的原则，来帮助案主认清他们的价值观，但工作者必须尊重每一个体的差异，不应批判案主的价值观，由此可以提供适当的个别化服务。

（三）机构的价值观

价值是机构最重要的“金科玉律”，它指导着机构的策划与管理活动，并常常反映在机构的政策声明、行政管理程序及方案内容之中。而当社工专业的毕业生寻找职业时，机构的价值观也是最重要的考虑因素。因为非政府机构与政府机构可能秉持极为不同的价值观。比如，非政府机构可能秉持自由、参与、创新，而政府机构可能秉持官僚控制、按部就班、稳定、保守。不仅如此，机构的价值观可能会与社会（或社区）、社会工作专业、社会工作者、案主的价值观发生冲突。比如，在香港，某些社会服务机构的理事会通常有别于社区领袖或专业人员，加之香港机构的经费来源在很大程度上依赖于公众的纳税与捐款。因此，这些领导人与社区可能反过来影响着机构的价值观，或者致使彼此之间可能发生冲突。又如，机构通常是政府社会福利项目的制定者与发放者，它需要雇用专业社会工作者作为社会福利项目的执行者与代理人，这样，机构的价值应该反映社会的价值。但在社会价值处于良性运作的情况下，有时候机构并不能忠实执行社会的价值。如20世纪60年代美国发动的向贫穷开战运动，大批福利资金都流向了不该流向的地区与机构，结果引起了60年代末的城市骚乱。这是机构违反社会工作价值的典型例子。当这种情况发生的时候，社会工作者要么坚持原则，其结果是卷起铺盖走人；要么违心地跟着干，牺牲了社会工作的神圣价值①。

（四）社会工作者的个人价值观

在社会工作者是否有价值介入的讨论中，我们认为，在一个较亲密的社会工作专业关系中，在工作者与案主两个生命的交流过程中，价值中立或无价值的说法，只能反映出论者对社会工作认识的肤浅与偏差。在今天，我们所要面对的挑战是，如何可以一方面尊重个人的自由与自主权，一方面又要诚实自然地面对与处理工作者个人的价值观。因为作为一个人，社会工作者的价值观体系必然会渗透到其工作中，甚至一些工作者还会将自己的价值观加诸于案主的身上，从而对案主造成了较大的伤害，并影响了其工作的成效。这样，在社会工作专业训练中的一个重要组成部分是，促使学生能意识到自己的价值观体系，并将个人的价值观放在一边。因此，选择接受社会工作训练的学生也应尽早检验其价值观体系是否与社会工作专业的价值观体系相融合。如果有很大的差异，学生调整自己适应社会工作专业就有困难。更为严重的是，当这些学生成为实际的工作者时，可能会践踏实践的原则。

比如，一个来自破碎家庭的个案工作者，在处理青少年与父母的冲突矛盾时，如果他没有处理好自己的经历带给自己的伤害，甚至不清楚自己多年来在父母婚姻裂缝中喘息求存的痛苦所导致的伤害究竟有多大，如果他未察觉自己因所受的伤害而对父母是多么的失望与不信任，他将无法客观而公正地看待事物，其结果常常会只从子女的角度看事物，也容易从负面去分析父母的心态行为。同时，更有不少的工作者在许多基本课题上如婚姻、男女关系、道德伦理观等，对自己的价值取向仍然模糊不清，因而往往无意间误导了案主，导致了不良的后果，这对案主来说是很不公平的。因此，为了维护社会工作专业的价值观及工作者对案主与社会的专业责任，社会工作者在工作中应适当地控制不恰当的个人价值观的介入，他们需要对个人进行不断地反省与改进，以促使专业自我的成长。

---

① 参见王思斌．社会工作概论［M］．北京：高等教育出版社，2006：49.

(五) 社会工作专业的价值观

社会工作作为一个有别于其他专业的学科，主要在于社会工作的价值观体系。而有关社会工作的核心价值观我们将会在下文做更全面的介绍。在这里，我们只须认识到，社会工作的价值观是社会工作专业的灵魂。如此，当某人进入社会工作专业时，其首要的义务是承诺遵循专业的价值观。正是从这个角度看，决定社会工作者的某一行动是否恰当，一定要看其是否与专业的价值观相一致。同时，社会工作者运用的知识与技巧也应与专业所秉持的价值观相一致。因此，当专业价值观与上面提到的不同的价值观体系发生冲突时，那么社会工作者应该优先考虑的是遵循专业的价值观。

二、社会工作的价值观

社会工作是一项道德性很强的事业，其道德的力量来自于对社会上弱势群体的深切关怀，以及对更广泛的社会福利事业的承诺。正是从这个意义上看，社会工作是有着深厚的价值基础的、有使命感的专业。综观整个社会工作的发展历史，其基本使命是追求社会正义、社会公平的持久承诺，但这并不意味着社会工作的价值取向就只有一种。

(一) 社会工作的六种价值取向

随着社会工作发展环境的改变，社会工作的价值观也在不断地改变。迄今为止，社会工作已有 6 种不同的价值取向发展出来，其存在的时间长短也各不相同，它们是：①父权主义取向。这种观点主要存在于 19 世纪末至 20 世纪初的友善访问与慈善组织会社开始兴起之时。此阶段，人们普遍认为，饥饿、贫穷、失业等社会问题的根源在于个人的道德缺陷，这样，要真正解决问题，就必须运用案主的内在能力（而不是依赖政府或民间的财政帮助），以此提升案主的正直品格。②社会正义取向。据此观点，饥饿、失业、犯罪及某些精神疾病等社会问题，是社会结构性的问题。因此，只有经过基本的社会改革，比如提供补偿政策、机会平等、财富再分配、人道的社会福利给付服务等，才能解决社会问题。③宗教取向。此取向包含了父权主义与社会正义取向的特质，并主张专业的中心任务是将自己的宗教信仰转变成有意义的社会服务。④临床取向。自 20 世纪 70 年代末期开始，由于社会工作一直关注案主价值观与工作者价值观的关系，故临床取向强调价值冲突与伦理两难的议题。比如为案主保密、告知后同意、父权主义、界限的议题、利益的冲突、揭发机构内的不正当行为、守法与遵守机构的规章等。⑤专业自我保护取向。与临床取向相比，此取向着重关注对实务工作者的保护，其基本的关注议题是对于各种类型的过失或不当治疗的辩护。⑥无道德取向。即强调价值中立，将实务工作视为纯技术性的介入，比如，心理治疗技术、方案评估及成本效益分析等，就是此类取向。①

可见，西方社会工作价值体系的发展经历了从个人责任向社会责任的过渡，从宗教的慈善活动向专业的机构组织工作发展，从单纯出于同情心的助人到在科学基础上的专业助人方法的建立这样一个过程，这种价值观念的发展将会随着社会的变迁与发展而不断进步。

（二）社会工作的使命和核心价值

目前社会工作使命与价值最明确可见的记录，是 1996 年发表的《美国社会工作者协会伦理守则》。此守则中所包含的使命宣言清楚地强调社会工作对个人福祉和更广泛的社会福利议题的双重承诺，并使社会工作对社会正义议题持久的承诺更为显著。兹摘录如下：

社会工作专业的首要使命在促进人类福祉，协助全人类满足其基本人性需求，尤其关注弱势族群、受压迫者及贫穷者的需求，增强其力量。社会工作的历史传统和形象定位皆着重于促进社会中的个人福祉和社会福祉。社会工作的基础即是注重在那些制造、影响和引发生活问题的环境力量。社会工作者协同或代理案主来促进社会正义和社会变迁。②

具体地说，根据 1996 年发表的《美国社会工作者协会伦理守则》，社会工作专业的使命是基于如下一组核心价值和由此衍生的伦理原则的，包括：

价值一：服务。伦理原则：社会工作者基本的目标在于协助有需要的人们，并且对于社会问题予以关注及采取行动。社会工作者应超越个人利益来为他人提供服务。

价值二：社会正义。伦理原则：社会工作者要挑战社会的不公平。

价值三：个人尊严与价值。伦理原则：社会工作者尊重个人与生俱来的尊严与价值。

价值四：人际关系的重要性。伦理原则：社会工作者应认识到人际关系的核心重要性。

价值五：廉正。伦理原则：社会工作者的行为应是值得信赖的。

价值六：能力。伦理原则：社会工作者应在自己的专业能力范围内执行，

① 参见 Frederic G. Reamer. 社会工作价值与伦理［M］. 包承恩，等译 . 台北：洪叶文化公司，2000：29.

② 参见 Frederic G. Reamer. 社会工作价值与伦理［M］. 包承恩，等译 . 台北：洪叶文化公司，2000：附录一 .

并提升自己的专业知识和技能。①

（三）社会工作的价值体系

在社会工作的发展过程中，不同的学者对社会工作价值观体系的界定，有着不同的取向，以下简单介绍其代表性观点。

（1）高登（Gordon）的社会工作价值体系。

在社会工作界，广为人知的关于社会工作价值的界定，是高登在1965年所写的《知识与价值：厘清两者在社会工作实务中的差别与关系》一文。在这篇文章中，高登指出，有六种价值观构建了社工实务的基础，即：社会中最基本的关注对象是个人；社会中的每个人是相互依赖的；社会中的每个人对他人负有社会责任；社会中的每个人都有相同的需要，但是每个人也有其独特之处；民主社会的重要特征是每一个社会成员的潜质都能发挥，同时经由积极的社会参与来尽社会的责任；社会有责任协助每一个成员去克服或预防各种阻碍，使其能自我实现。②

（2）泰彻（Teicher）的社会工作价值体系。

泰彻的价值体系与美国社会工作实务的操作定义的价值体系比较接近，被认为是更一般化、更接近知识范畴的体系。泰彻认为，社会工作价值体系应该包括以下基本内容：每一个人都有作为个人的尊严和价值；每一个人都应该受到尊敬和得到周到的对待；每一个人都应该参与影响他人的决策；每一个人都应该自由发展他自己的能力和天赋；每一个人都应该公平地分享对物品和服务的控制；对于为了理性行为所必需的信息，每一个人都应该具有完全的自由获得的权利。③

（3）比斯台克（Biestek）的社会工作价值体系。

1981年，比斯台克在出版的《个案社会工作》一书中提出了社会工作的价值体系。我们认为，比斯台克的价值体系兼有“泰彻与美国社会工作实务的操作定义的价值体系”的特征，并被认为是更能代表西方社会工作的价值体系，也对社会工作专业产生了深远的影响。比斯台克认为，社会工作的价值体系包括：①人的尊严和价值是至高无上的。②人在生理、智力、情感、社会、审美和精神方面具有天赋的潜能和权力。③人具有实现其潜能的天生的驱动力和义务。④人具有选择的能力，并且由于其有自我实现的义务，他具有自

① 参见 Frederic G. Reamer. 社会工作价值与伦理［M］. 包承恩，等译. 台北：洪叶文化公司，2000：附录一.

② 参见 Frederic G. Reamer. 社会工作价值与伦理［M］. 包承恩，等译. 台北：洪叶文化公司，2000：34.

③ 参见王思斌. 社会工作概论［M］. 北京：高等教育出版社，2006：47.

我决定的权力。⑤每个人都是一个个体，并且他有这样被考虑的权利和需要。⑥为了其潜能的实现，人有要求合适的手段的权利。⑦每个人需要在其社会提供的权力和社会保证的机会方面和谐发展，以满足他在身体上、心理上、经济上、美学上和精神上的基本需要。⑧人的社会活动在其自我发展的斗争中是重要的。⑨社会有义务促进个人的自我实现。⑩社会通过其个体成员的贡献而有权力变富。①

之后，Reamer 在总结了不同的社会工作价值观论述后认为，社会工作价值至少应该包括：个人价值与尊严、对人的尊重、重视个人改变的潜能、案主自我决定权、提供个人发挥潜能的机会、寻求满足人类共同的需求、寻求提供个人足够的资源与服务以满足其基本的需求、赋予案主权利、平等的机会、没有歧视、尊重多元性、对社会改革与社会正义的承诺、保密与隐私权、愿意将专业知识与技巧提供给他人等②。

三、社会工作价值观的核心原则

社会工作专业作为一门应用社会科学，其目标不仅在于从抽象的价值观层面进行研究，更在于从实践层面来指导或规范社会工作者的行为，并直接作用于服务对象。因此，社会工作者就必须将社会工作专业的抽象价值观具体化，使之成为社会工作者在实践中可以遵守的工作原则。事实上，价值观问题会常常出现在社会工作实践中。比如，青少年中心的社会工作者有时必须决定怎样处理不遵守中心规章的青少年群体，而社会工作者是否该斥责他们，甚至把他们驱逐出去呢？这就是接纳案主的价值观问题。又如，一位感化主任必须决定要给受感化者多少自主权，这又涉及自决的问题。还有，一位学校社会工作者可能从学生那里获得了保密的信息，并要决定是否把它透露给校方，这关系到保密的问题。概括地说，在操作层面上，社会工作价值观包括了接纳、尊重、个别化、自决权与知情同意、保密、不批判等原则。因篇幅限制，以下我们仅介绍与讨论接纳、自决、保密三大核心原则。

（一）接纳原则

接纳指工作者真实的理解与看待案主，包括他的长处与弱点，适宜的与不适宜的品质，正面的与负面的感受，建设性的与非建设性的态度与行为，完全保持案主与生俱来的尊严与个人价值。就接纳的精神看，是尊重与接纳案主整体的个人，而不管案主是什么人或做了什么事。同时，接纳也意味着工作者要

① 参见王思斌．社会工作概论［M］．北京：高等教育出版社，2006：47.

② 参见 Frederic G. Reamer. 社会工作价值与伦理［M］．包承恩，等译．台北：洪叶文化公司，2000：35.

忍受不同、模糊不清与不确定性，但它不等于赞同。比如，在外展社会工作中，一个年轻人向社会工作者透露，他曾是黑社会的一员，并一度抢劫犯罪，他还同一些女孩有混乱的性关系。而作为社会工作者，你对于案主的这一自我表白会怎么回应呢？如果社会工作者回答，“你真有胆量，你对女孩子一定很有吸引力”，这就是“赞同”；而社会工作者回答，“谢谢你信赖我，告诉了我关于你这样个人化的经历，你想过这些经历对你有什么影响呢（协助案主评估其行为）”，这就是“接纳”。

接纳对社会工作者与案主具有双重的功能。首先，接纳能帮助社会工作者理解案主真正的他，能使其工作更有效。其次，接纳能帮助案主从不想要的防卫中解脱出来，如此，他会感到安全并能表白自己，以看到真实自己的存在，因而能用更为现实的方式面对自己及处理自己的问题。不过，由于社会工作者不能接纳自我或以自我为中心以及个人的偏见等，会形成工作者接纳的障碍，因此，社会工作者应努力克服这些障碍，以促使自己在专业自我上不断成长。

（二）自决原则

自决在实践上被定义为，案主自由地做选择、做决定的权力与需要。这一原则后面的信念是，案主有能力成长与改变，并能负责地使用自由。同时，让案主自由抉择时，他们会更加投入，更有动机去做改变。当然，社会工作者必须评估案主自决的能力，以此帮助他们采取建设性的行动。比如，社会工作者正在同一位逆来顺受、遭殴打的妻子工作了数月，知道她的丈夫是一个有暴力倾向的人，还是一个赌徒，不愿接受辅导。而这位妇女与三个孩子因丈夫不加控制的暴力行为，经受了生理上和情绪上的折磨。在最近一次危机中，这位妇女与一个孩子在受丈夫毒打后，社会工作者成功地说服了这位妇女与三个孩子搬到了和谐之家。但是，在和谐之家只住了三天，这位妇女便告诉社会工作者，她睡不好，孩子们正催促她回家，而她也想回家。对此，社会工作者该怎么回应呢？我们认为，在这个案例中，案主自决的原则仍需要坚持，这样，社会工作者不能强迫案主留在和谐之家，他无权这么做。不过，让案主最后做出决定后，社会工作者可以考虑，还能做什么来帮助案主。可见，除非是法律限制，或者案主的行为可能侵犯了另一个人的权利，或者案主生理上心理上缺乏决定的能力等，一般来说，社会工作者应给予案主最大的自由选择权。

（三）保密原则

这一价值观原则是和隐私权紧密联系在一起的，它指保守与案主有关的、在助人过程中透露给社会工作者的秘密资料或个人隐私，以此保护案主的声望与地位不受损害。除非迫于强制理由（如法庭命令）、行政或专业的原因以及为案主赋权而进行的专业披露等，否则社会工作者必须对专业服务过程中所获得的所有资料加以保密，以下举例予以说明：你是一位外展社会工作者，正在同街上的边缘青少年与罪犯一道工作。你的一个案主来见你，告诉你今晚附近的公共娱乐场所会有一帮派械斗。案主强调，因为你是他的朋友，他事先警告你，今晚不要去那儿。他告诉你不要用任何方式干预，否则你会有麻烦。显然，在这个案例中，社会工作者向警察披露帮派械斗的消息，违反了保密原则；但他不透露消息，械斗发生了，必然有人受伤，又违背了保护人类生命的原则。我们认为，在这种情况下，依据伦理准则筛查方法（见下文介绍），社会工作者应该向警察告密。因为当预防案主或可确认的第三者遭遇严重的、可预期的、即将发生的伤害时，社工可以揭露必要的资料。不过，社会工作者应在公开保密资料前的合适时间，尽可能地告诉案主资料保密的限制及可能产生的结果。此外，保密原则还要求社会工作者必须和案主及其他利益相关者，来讨论保密的本质和案主隐私权的限制等。

四、社会工作的伦理守则

在社会工作专业的发展历程中，一直存在着对价值观和伦理的思考。在社会工作专业刚开始发展的时期，工作者更多的是关注于案主的行为思想的道德层面，而非工作者自身的道德或伦理。到了20世纪初期，随着睦邻组织运动的蓬勃兴起，专业的视角又转向了社会改革的议题。之后随着社会工作专业化的发展，学科的重点则集中到了专业自身的发展上，而对道德观和伦理的关注则日渐式微。到了四五十年代，道德层面的问题重新引起了人们的关注，尤其是针对专业工作者的道德伦理问题的反思。也就在这个时候，全美社会工作者协会（the National Association of Social Workers，NASW）决定开始采取一套专业伦理守则。60年代，社会工作者关注的焦点转向了社会正义、权利与改革，并在这一时代发展出了NASW的第一套伦理守则。70年代以后，随着应用性的专业伦理的兴起，人们开始越来越关注对专业人员的伦理课程训练，并逐渐发展出了一套更权威、更具专业价值的伦理守则，由此为社会工作者在面临伦理抉择的时候提供了最明确的指引。

（一）社会工作伦理守则的意义与基本内容

社会工作作为一种道德实践，是在实践层面上解决社会问题，并直接作用于案主与社会的。因此，就有必要将社会工作专业抽象价值观具体化，使之成为社会工作者在实践中可以遵守的行为准则；同时，社会工作作为一个专业，也必须制定专业的行为准则，以规范社会工作者的专业行为，使之能与专业的基本目标保持一致，由此可以保证有效地发挥专业社会工作者的工作能力，提高工作效率及推动专业目的实现。因此，在条件成熟的前提下，社会工作者专业协会都要制定自己的专业行为守则。不过，从广义的角度看，制定一个协会的专业伦理守则，必须以特定的文化传统和现实社会的制度、习俗为基础。而这实际上恰恰是一个专业存在的基础条件。正是从这个角度看，专业伦理守则的直接基础是专业发展的成熟水平。

从内容上看，社会工作专业伦理守则包括社会工作专业行为所涉及的每一个方面。一般来说，社会工作伦理守则的基本内容有六个方面：社会工作者伦理行为的一般规范；与案主有关的社会工作规范；与机构和团体有关的社会工作规范；与同事有关的社会工作规范；与专业有关的规范，对广大社会的伦理规范。以下简略介绍美国社会工作者协会规定的专业伦理的基本内容。

（1）社会工作者对案主的伦理。这部分的内容包括对案主的承诺，案主利益优先原则，促进案主的自我决定权，知后同意的专业关系，充足的专业能力，文化能力和对社会多元的认知，避免利益冲突，尊重案主隐私权并为其保密，专业服务记录的公开及协助，避免与案主发生性关系，把握与案主的肢体接触，不准对案主实施性骚扰，保证公平、合理、周到的收费标准，适当介入缺乏决定能力的案主的决策过程等内容。

（2）社会工作者对同事的伦理。第一，是对同事的尊重，并且应正确而公正的陈述同事的工作和职责。第二，对于与同事在专业工作中和转介过程中分享的资料进行保密。第三，在工作中与同事寻求合作，并以案主利益最大化为前提。第四，不应利用同事与案主间的争议来达到个人目的。第五，避免与同事的性关系，更不允许对同事进行性骚扰。第六，对能力不足的同事提供帮助。第七，对同事不合伦理的行为进行介入。

（3）社会工作者对工作机构的伦理。社会工作者必须遵守自己对机构的承诺，在自己能力范围内为机构提供咨询和辅导，有接受教育和训练的义务，注重自己在机构中的绩效和评估，按照机构的规定保留专业服务的记录与资料，恰当和适时的转介服务，以及在机构中的行政义务，如倡导公平的资源分配方式等，慎重对待劳资争议问题等均是该项伦理的重要内容。

（4）社会工作者作为专业人员的伦理。社会工作者应该对自己的能力有清楚的认识，并努力保持自己在专业领域内的精通地位；社会工作者应该避免各种形式的对案主的歧视行为；社会工作者避免不诚实和欺骗的行为；社会工作者不应该让他们的个人问题影响自己的专业工作；社会工作者应该明确自己在专业工作中的行为代表的自己的专业地位；社会工作者不应该不当引导可能的案主成为其服务对象。

（5）社会工作者对社会工作专业的伦理。社会工作者应致力于维持和提高社会工作专业的实务工作、价值、伦理、知识及使命；社会工作者在评估与研究中的义务，如促进有意义的研究与评估、审慎考虑研究与评估的后果、以专业作为研究及评估的唯一目的等；社会工作者应该促进社会工作专业在社区能够为大众接受并普遍地开展。

（6）社会工作者对社会的伦理。社会工作者应该促进全社会的整体福祉的发展，并增进人们及其社区与环境的发展；在实务工作中社会工作者应促进社会大众了解并参与公共事务；社会工作者应尽最大可能的为公共紧急事件提供适当的专业服务；社会工作者应参与社会和政治行动，为社会公平和正义做出努力。

（二）社会工作伦理两难的困境

社会工作者在实务过程中有时会面临到自己的价值观与案主、雇主、专业本身的价值观存在着紧张的关系，这类冲突是不可避免的，伦理问题由此孕育而生。一般来说，社会工作者在实务工作中涉及的伦理两难，可以分为两大类。第一类是针对个别案主、家庭或小团体的直接实践中遭遇的伦理两难，我们称为直接实务工作中的伦理两难。其中最突出的议题涉及保密与隐私权、自我决定权与专业父权主义、对不同对象的忠诚、专业界限与利益冲突以及专业价值与个人价值的关系等①。第二类是参与社区组织、社会政策与计划、行政以及研究与评估等活动中遭遇的伦理两难，这类是间接实务工作中的伦理两难。包括有限资源的分配、政府与民间对社会福利的责任、对于法规的遵守、劳资争议、研究与评估、社会工作中欺骗的运用、揭发机构或专业团体内部不当行为等②。而在处理上述两类伦理困境时，社会工作者除了要依赖理论基础并澄清相关价值观外，还可以依靠一些伦理抉择的原则、标准与模式，以及一些具体过程与可用工具。比如，在进行伦理抉择时，社会工作者可以以“伦理准则筛查方法”（见图4-2）和“伦理原则筛查方法”（见图4-3）作为指南③。不过，在“伦理准则筛查方法”和“伦理原则筛查方法”两者之间，应先用前者。只有当这一筛查方法不能提供满意的指导时，才应该使用后者。

---

① 参见Frederic G. Reamer. 社会工作价值与伦理［M］. 包承恩，等译. 台北：洪叶文化公司，2000：135.

② 参见Frederic G. Reamer. 社会工作价值与伦理［M］. 包承恩，等译. 台北：洪叶文化公司，2000：189.

③ 参见拉尔夫·多戈夫. 社会工作伦理：实务工作指南［M］. 隋玉杰，译. 北京：中国人民大学出版社，2005：57-59.

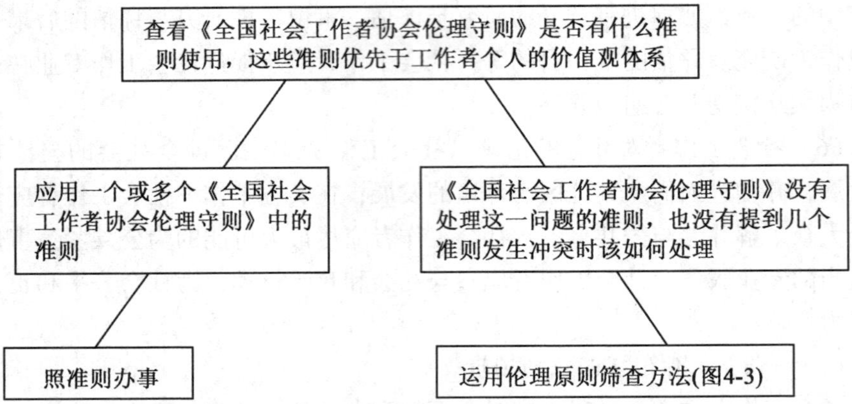

图 4-2　伦理准则筛查方法

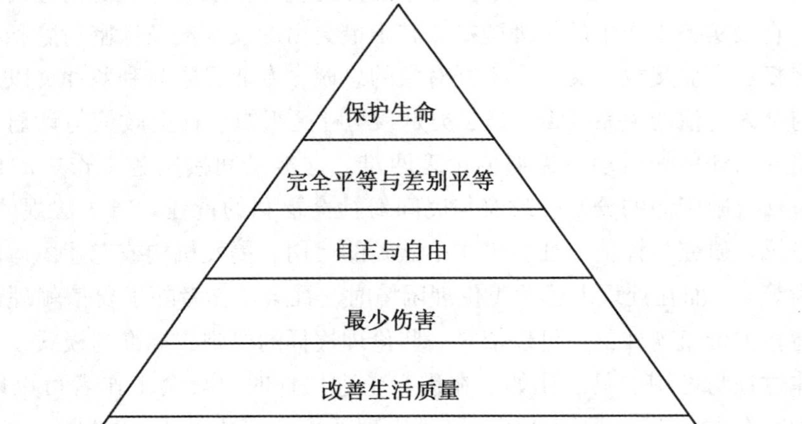

图 4-3　伦理原则筛查方法

第三节　中国社会工作价值体系的建构

专业社会工作产生于西方市场经济，伴随着西方工业化与城市化，为解决由此而产生的社会问题，在西方价值观的基础上产生。我国也实行了市场经济，在工业化与城镇化过程中，也出现了与西方相似的社会问题，解决问题的方法也由和计划经济相适应的方法转为寻求和市场经济相适应的方法，因此，西方的专业社会工作就是一种较好的方法。但是，西方专业社会工作是建立在西方价值观基础之上的，而东西方价值观是不完全相同的，所以，社会工作的本土化首先应是社会工作价值观的本土化，以及如何建构中国社会工作的价值体系。而我们认为，中国社会工作价值体系的建立，应以市场经济的哲学基础与道德观念为背景，以中华传统文化为根本，开放吸收西方优秀文化，以综合融会出适合本国国情的社会工作价值体系。

一、中国社会工作价值体系的基础

我们认为，中国社会的福利思想、当前我国社会的主流文化价值观念以及我们对西方社会工作价值体系的借鉴等，构成了我国社会工作价值体系的基础，以下做一些简要的讨论。

（一）中国社会的福利思想

1. 中国传统文化中的福利思想

中国传统文化中关于社会救助、福利思想的论述十分丰富。比如，《周礼·地官·大司徒》中提出："以荒政十二聚万民：一曰散利，二曰薄征，三曰缓刑，四曰弛力，五曰舍禁，六曰去几，七曰眚礼，八曰杀哀，九曰蕃乐，十曰多昏，十有一曰索鬼神，十有二曰除盗贼。""以保息六养万民：一曰慈幼，二曰养老，三曰振穷，四曰恤贫，五曰宽疾，六曰安富。"①这十二"荒政"和"保息六政"概括了周朝关于社会救助思想的主要内容。特别需要指出的是，《周礼》在关于如何实施社会救助政策的问题上，也设计出了一套完备的规章制度和实施程序。如《周礼》在规定由政府出资进行社会救助的同时，也号召邻里之间互帮互助。不仅如此，"保息六政"作为一项普遍实行的救助制度，有着较广范围的救助对象和丰富的救助内容，包括幼儿救助、老人救助、残疾人救助、疾病救助等方面，并从爱幼、养老、济贫、救灾、医疗与安富六个方面对社会福利作了比较完整的描述。

然而，需要指出的是，从政治角度看，周朝的社会福利思想所体现的是民本主义，强调国家的存在是为了人民的生活幸福。这与后来的儒家代表人物孔子与孟子的思想有所不同。因为孔、孟宣扬与体现"仁爱"的福利，其目的不是寻求社会的平等和正义，而是抚民、安民的政治考虑。正是从这个角度看，儒家从本质上是反对民主与社会变革的，并强调基于"忠孝"的社会秩

① 杨天宇．周礼译注［M］．上海：上海古籍出版社，2004：153.

序，因此，“仁爱”也有亲疏远近之分。可见，以社会福利为核心的“仁政”思想，仅仅是为了统治者能够稳坐江山。不过，由于儒家总体上是道德哲学，所以孟子的“老吾老以及人之老，幼吾幼以及人之幼”及“天下之不助苗长者寡矣”等类似道家的自然主义思想，到范仲淹的“先天下之忧而忧，后天下之乐而乐”的观念，均在我国传统道德领域产生了积极的影响。

此外，道家与佛教对我国社会福利思想的发展也做出了很大的贡献。比如，道家强调社会平等和自由，认为统治者只需顺应民意就能使天下太平，达到“道法自然、无为而治”。因此，在道家的社会历史观那里，我们可以看到与西方文艺复兴时期倡导的人本主义相似的思想内容，比如尊重生命、主张个性自由等。甚至有人说，正是中国的儒道两家自然主义思想影响了法国的魁奈与英国的亚当·斯密，从而成为了现代西方经济学的思想渊源。①同时，佛教对我国社会福利思想也产生了较大的影响。比如，佛教宣扬人人皆能成佛与成佛的必经之路是做善事，强调行善济贫（如“福田”和“布施”），以及要求教徒以众生平等之心亲近民众，以善言教化和笃行善举而利众生。显然，这种自利利他、自觉觉人的慈善与博爱的道德观，具有强烈的利他主义特点。不过，在儒家思想占统治地位的封建社会中，佛家的“博爱”只能促进民间福利活动的开展，如赈济、养老、育婴、医疗等救济事业的发展，但对统治者的政策影响不大。

可见，“爱人”与“助人”不仅是西方文化的精髓，也是中国文化的精髓。因此，它们是跨文化的核心价值观念，体现了社会工作价值的普遍性。由此，我们有理由相信，在现代中国，爱人助人的内容一定比古代中国更加宽广，今日中国人比古代中国人一定会享受更多的社会福利。

2. 中国当代社会福利制度

在计划经济时代，为了加强社会管理，中国逐渐形成了城乡分割的二元体制。在城市，我国普遍实行了“单位制”，并力图通过正式组织的力量来解决人们遇到的生活方面的问题；在农村，除了对“五保户”的救助与救灾，政府没有其他的社会福利制度安排，农民基本上靠家庭与村集体来解决困难。因此，中国的社会福利制度是以就业为基础的“职业福利”和以需求为基础的“社会福利”，以单位和集体为依托来满足城乡人民改善生活水平的需要。不过，自20世纪80年代后，随着我国改革开放的不断发展，社会意识形态也在发生变化，党和政府在社会福利制度的设计与安排方面发展了新的理念，开始推行“小政府大社会”与“社会福利社会化”的改革，城市居民的社会福利已经逐渐由原来国家与单位包揽过渡到国家、社会、市场、家庭共担，并且越

---

① 参见盛洪．经济学精神［M］．广州：广东经济出版社，1999：59-60.

来越强调福利享受者的社会责任。近几年来，在党和政府“以人为本，科学发展，构建和谐社会”的战略方针指引下，社会福利制度越来越注重权利与义务并重、平等与差异同存、公平与效率兼顾。在进一步保障弱势群体生存与发展权益的同时，强调个人享受福利的权利与其应尽的社会责任挂钩，将社会资源优先给予最需要的人，以此满足人们最紧迫的需要。①

（二）社会主义人道主义

社会工作源于一种以人为本的社会文化，其价值观建立在自由、平等、博爱等尊重人的权利的人道主义基础之上。而社会主义的人道主义是在马克思主义科学世界观指导下，调节社会主义社会中人与人之间关系的具体的道德规范和伦理范畴。社会主义的人道主义是在无产阶级革命和民族民主革命的过程中形成和发展起来的，是在社会主义对经济、政治、思想文化的改造和建设过程中逐步完善的，因此它是革命人道主义的发展。同时社会主义的人道主义也是在批判继承资产阶级人道主义的基础上形成的，它合理地吸收了资产阶级人道主义中尊重人的价值，维护人的尊严，要求个性解放，主张自由、平等和博爱等内容。但社会主义人道主义是在辩证唯物主义和历史唯物主义的指导下形成并完善的，它同资产阶级人道主义的唯心史观的理论基础是根本对立的。社会主义人道主义的伦理原则不是从抽象的人、人性、人的价值出发，而是从现实的社会关系出发，对不同人提出不同的道德要求；它的最终目的是为了实现社会主义、共产主义和人民大众的彻底解放。因此，社会主义人道主义的核心是集体主义，集中体现了个人和集体、个人利益和集体利益的一致性。

可见，社会主义人道主义思想影响了我国社会的主流文化价值观念，同时也为我国社会工作价值体系的建立提供了丰富的理论材料。

（三）对西方社会工作价值体系的借鉴

作为一个专业，其价值体系的独立性是一个本质特征。社会工作也不例外。虽然在社会工作的价值体系中有着因各个社会占统治地位的价值观的差异而有不同的部分，但是也有着超越主流价值观的、不受国界限制和意识形态影响的共享部分，即核心价值部分，比如重视个人的尊严，重视个人自决，重视平等关系等。社会工作是一个外来的学科，这样，我国社会工作价值体系的构建必然要借鉴西方社会工作的价值观体系。这共享部分就是我们需要吸收和借鉴的主要内容。而我们要吸收和借鉴西方资本主义社会的社会工作价值观体系，就必须先承认共享部分的核心价值的正确性和普遍适用性。比如，资本主义国家在其工业化、现代化、都市化进程中创造了社会工作这门学科，并完善了其国家的社会福利制度。我们不得不看到资本主义的发展对人类文明的发展

① 参见王思斌．社会工作综合能力［M］．北京：中国社会出版社，2007：54.

做出的历史性的、革命性的影响，而社会工作和社会福利制度就是其中的重要影响之一，并成为了人类优秀文化的组成部分。因此，我们必须吸收和借鉴这些优秀的部分，以此用来构建我们本土的社会工作价值观体系，并使它发展得更好。

二、中国社会工作价值体系的建构

在对中国传统社会工作实践理念的继承和对西方社会工作价值体系的吸收借鉴的基础上，中国社会工作价值体系才得以建构。参考夏学銮对社会工作价值体系的论述，我们认为，中国社会工作价值体系应该包括以下四个层次的内容。

（一）社会工作的核心价值

社会工作的本质特征是利他主义的社会互动。因此从这个意义来讲，利他主义即是社会工作核心价值的内容，也是社会工作作为一个专业的精髓所在。“利他主义是无私地关心他人福利的伦理原则，行动者以奉献为特征而不求索取。”① 可见，一个合格的社会工作者并不是出于利己的考虑而去助人，而是受自己坚守的专业信念的驱动。因此，社会工作者参与助人工作的首要出发点必须是利他指向的和具有社会福利性质的。另外，我们认为，服务、社会正义、尊严、人际关系、信任以及能力，也是核心价值的重要内容。

（二）社会工作的社会价值

在社会工作价值体系中，社会价值是高高在上的，它对其他价值而言处于指导和决定的地位，是社会工作价值体系的基础层次②。而主流文化的界定是包含有时间维度的，即与社会时代相联系，所以它不是一成不变的，它是随着时代和社会的发展和进步而不断变化的。因此，社会大众所崇尚的基本价值也是不断发展变化的，是与社会中的主流文化价值观平行发展的。比如，在当今的市场经济时代，与市场经济相容的一般社会价值观有自由、平等、公正、自愿、诚实、守信、敬业、竞争、谦爱、互助等。不过，即使是在同一时代，不同阶层或不同群体对于主流文化和社会价值的观念也是不一的。因此我们不应该把中国社会的主流社会价值当成是一个封闭的、一成不变的体系。而夏学銮教授认为，平等、信誉、独立、礼貌、孝顺、抱负、勤奋和竞争这八个方面的价值在一定程度上反映了当前中国社会的主流文化价值观，因此可以成为中国

① 王思斌．社会工作：利他主义的社会互动［J］．中国社会工作，1998（4）：20-32.

② 参见夏学銮．社会工作的价值体系［N］．中国社会报．2007-1-29（003）．

社会工作价值体系基础的组成部分①。

（三）社会工作的专业价值

根据社会工作专业价值的国际的普遍原则，并结合我国社会文化基础和社会工作发展阶段的基本情况，我们认为，在中国社会工作价值体系建设方面，应注意以下方面的内容：强调社会和谐；保持家庭和谐与稳定依然是中国社会的主流家庭观念；注重服务的“人情味”；重视道德建设；体现社会发展的要求。同时，我们认为，中国社会工作的专业价值应包括工作敬业、接纳差异、尊重案主、案主自决、个别化、平等相助等内容。

（四）社会工作专业伦理

随着中国社会工作的快速发展，迫切需要制定一套适应中国社会工作职业化进程的社会工作伦理标准。我们认为，敬业、精进、真诚、合作、保密、正义、公德等，应成为中国社会工作的职业操守。不过，我们也认为，制定我国新的社会工作伦理标准，内容上应遵循以下原则：（1）现实原则与发展原则相承。当前我国刚刚开始推进社会工作职业化，因此，我国新的社会工作伦理标准的内容不宜面面俱到，应从实际出发，但又要给未来修订工作留下充足的发展空间。（2）文化原则与政治原则互补。即新的社会工作伦理标准，一方面要体现以人为本、科学发展、构建和谐社会的理念，同时又要注重我国传统文化的价值。（3）本土原则与国际原则并重。比如，人道主义是社会工作专业伦理的价值基础，但社会工作的发展不能背离具体的社会政治与文化背景。因此，新的社会工作伦理标准体系应该立足我国实际，积极参考国际经验。

思 考 题

1. 简述社会工作的哲学基础。
2. 简述西方社会工作的价值体系。
3. 试述社会工作价值体系内部可能存在哪些矛盾？应该怎样看待这些矛盾？
4. 简述社会工作价值观的核心原则。
5. 你认为符合中国社会要求的社会工作价值体系有哪些？

主要参考文献

[1] 拉尔夫·多戈夫等．社会工作伦理实务工作指南［M］．隋玉杰，译．

① 参见夏学銮．社会工作的价值体系［N］．中国社会报．2007-1-29（003）．

北京：中国人民大学出版社，2005.

[2] 马克思·韦伯. 新教伦理与资本主义精神 [M]. 于晓，等译. 北京：三联书店出版社，1987.

[3] 秦炳杰，陈沃聪，钟剑华. 社会工作实践基础理论 [M]. 香港：香港理工大学出版社，2002.

[4] 王思斌. 社会工作概论 [M]. 北京：高等教育出版社，2006.

[5] 王思斌. 社会工作：利他主义的社会互动 [J]. 中国社会工作. 1998 (2).

[6] 王思斌. 社会工作综合能力 [M]. 北京：中国社会出版社，2007.

[7] 夏学銮. 社会工作的价值体系 [N]. 中国社会报. 2007-1-29.

[8] Biestek, Felix. *The Casework Relationship*. Chicago: Loyola University Press, 1957

[9] Frederic G. Reamer. 社会工作价值与伦理 [M]. 包承恩，等译. 台北：洪叶文化公司，2000.

[10] Lau Siu-Kai & Kuan Hsin chi. *The Ethos of the Hong Kong Chinese* [M]. Hong Kong: The Chinese University Press, 1988.

[11] Loewenberg F. & Dolgoff R. . *Ethical Decisions for Social Work Practice* [M]. Itasca: F. E. Peacock Publishers, 1988.

第五章　社会工作的理论

自社会工作初期的实践模式的建立，经过一百多年的专业发展，社会工作逐渐积累了深厚的理论基础，并在指导社会工作实践中不断地提升社会服务的效能。

第一节　社会工作理论的发展

一、什么是社会工作理论

长期以来，社会工作在专业化的过程中，一直存在着理论和实践之争。不过，随着社会工作实践的不断发展，社会工作理论逐渐显现了日益重要的地位。

（一）社会工作有理论吗？

早在1915年，医学教育家弗莱克斯纳（Flexner）就提出"社会工作是一门专业吗"的质疑。弗莱克斯纳认为，社会工作的确是一项有用的社会活动，但是依据当时的医学和法律等专业标准与相关教育制度的指标，社会工作只能称之为一种有技巧的职业而不能视为专业。自此，社会工作是否具有自己独特的理论就成为了社会工作专业存在的合法性的标志。因此，1929年社会工作者开始着手建立社会工作的科学理论体系和独特的实务方法。首先精神分析理论、自我心理学等理论从其他学科被介绍和应用于社会工作中，之后人类学、政治学、系统科学、生态学也被充实到社会工作的知识体系中，到了20世纪80年代，西方马克思主义、女权主义、后现代主义理论、社会建构理论等，也相继成为社会工作重要的理论分析工具。

不过，长期以来，在社会工作专业化的过程中，理论和实践之间一直存在着某种张力，从而出现了两种发展趋向：一种是专业化和理论化；一种是非专业化和直接化。前者强调通过专业化和理论化的途径争取社会工作的科学地位和保持其权威性；后者坚持直接服务受助者的方式保持社会工作的道德操守。那么，社会工作是否需要有系统的理论知识予以指导呢？非专业化倾向的社会工作者认为，社会工作者的经验与悟性重于理论，社会工作主要是一种具体的实务活动，其处理的对象与问题也具有特殊性，从而忽视了那种通则式的理论基础。

事实上，随着社会问题的复杂化和人们需求的多元化，对社会工作专业化和服务质量的要求日益增加，从而对社会工作理论的需求也在不断增加。因为社会工作者逐渐发现，仅仅依赖社会工作者个人的经验与悟性是不足以应对复杂的任务的，这就需要社会工作的实践过程和工作技巧应建立在一定的系统理论知识基础之上，此基础包括如何分析人与环境之间的整体关系，如何理解服务对象及社会工作者的角色以及如何选择实践的方法等。因此，社会工作者只有在受过专业化、系统化的培训之后，有一定的理论基础，才能在实务工作中提供高服务质量。同时，个人经验和理论知识是可以相互补充、相互加强的。比如，在具体而丰富的经验的基础上对于理论的理解和应用会更加深入和准确，而在理论知识的指导下，社会工作者对服务对象的问题及情境也能更加全面、透彻地分析和把握。

可见，是否具有系统的理论和完备的知识基础，已经成为判定社会工作专业发展与成熟的重要标志。这样，随着社会工作的发展，社会工作的专业特征逐渐完善和成熟起来。因为社会工作作为一门专业，具有特定的价值体系、特殊的理论和专业的实务技能。其中，理论的建构是社会工作专业不可缺少的特质之一。而社会工作的理论不仅为社会工作者分析问题提供了依据，也为方法的选择提供了指南。

（二）社会工作理论的定义

1. 理论的定义

要澄清社会工作的定义，首先要理解何谓理论。Turner（1979年）认为理论是一种对可以被验证或者是已被验证的事实的一种描述①。理论的要素包括概念、事实与假设，是描述一系列概念之间的内在联系，它往往由在逻辑上相互联系的概念及概念之间关系的判断组成了知识体系，它从一般性水平或较高的层次上来描述和解释现象的存在和变化，是对经验知识的抽象和概括。换言之，理论源于经验，但是在抽象层次上高于经验，具有一定的概括性。

2. 社会工作理论的定义

即使在说明了理论的含义之后，对社会工作理论也很难做一个明确的定义，这是因为社会工作强调实施，而这正是社会工作理论的特殊之处。即社会工作的任何一套专业工作理论的建构都会受到其实务本质和风格的影响，在专业工作中所使用的理论，都是真实孕育于实务工作上的验证。所以社会工作理

① 参见廖荣利．社会工作理论与模式［M］．台北：五南图书出版公司，2002：3.

论是对社会工作中知识架构的概括，涉及社会工作过程中所运用的各种理论知识。因此，它并不是一般科学的纯理论，而是指社会工作实施之理论化，或者是其他理论运用于实施上①。总之，社会工作理论是对社会工作实践和经验进行的概括和抽象。

3. 社会工作理论的功能

理论具有描述、解释、预测事物的存在变化及提供分析方法等多种功能。同样，社会工作理论也具备这些功能，并且提供社会工作者执行实务工作的参考架构等。社会工作理论能够为社会工作者提供工作的对象、对问题及情境的解释以及可能的干预策略方法，是社会工作者在实务过程中赖以导航的地图或索引。Walsh（2006 年）认为对于社会工作而言，理论的意义在于预测和解释服务对象的行为，提供关于服务对象和问题领域的一般化判断，为干预活动提供结构和秩序，辨识实践情景中的知识缝隙②。结合上述学者的观点，我们认为，社会工作理论主要有分析和解释问题的性质、预测并制定目标和任务、选择干预方法和模式、评估服务结果及发展等功能，以下简述之。

第一，分析和解释。社会工作理论可以帮助专业人员了解人在情景中的复杂情况，并分析经验的异同之处，为实务工作提供一种可以比较和参照的模型，从而帮助社会工作者认清服务对象的问题和需要，分析个人与情境的互动，对行为与社会问题的性质与成因做出解释，为社会工作实践奠定基础。

第二，预测并制定目标和任务。大多数社会工作理论都会以对人类行为、社会过程以及行为和社会问题的看法为基础，对服务对象可能发生的变化、各种环境因素的作用以及工作的效果进行预测，从而制定社会工作过程的工作目标和实施方案，帮助服务对象走出困境。

第三，理论决定干预方法和模式的选择。根据某种社会工作理论而制定的目标，要求在选择实施方法和技巧上具有一致性。社会工作理论具有“好用”的特征，即它会提供一套解决社会工作者与服务对象所面临的各类问题，达到工作目标的实务工作方法、技巧及模式。与此同时，社会工作理论也为实务工作提供了评估的标准、方法和工具。

第四，促进理论的发展。通过在实践中，对原有理论的扬弃及创新，可以推动社会工作理论向前发展。在理论发展的历程中，社会工作理论不断彰显出实务性的特征，随着时代的变迁和新社会问题的出现，社会工作理论在实践中不断得到检验和发展，从而推进了现代社会工作理论的发展步伐。

简言之，在社会工作理论领域，有许多取向、观点不同甚至截然相反的理

① 参见廖荣利．社会工作理论与模式［M］．台北：五南图书出版公司，2002：7.

② 参见何雪松．社会工作理论［M］．上海：上海人民出版社，2007：12.

论，比如认知理论和系统理论等。它们对类似的对象与问题可能做出完全不同的界定和解释，也会设立不同的工作目标，采用不同的工作模式，从而产生不同的工作效果。因此，在不同的情境中，如何选择不同的理论以达到最优的效果，对实务社会工作者来说是很大的挑战，进而对理论的研究和学习也就具有十分重要的意义。

二、西方社会工作理论的发展过程

1917 年，里奇曼（Richmond）的《社会诊断》一书的发表具有划时代的意义，这是社会工作理论和方法的第一本教科书，也是社会工作理论建构的起点。其后，社会工作一方面不断借用社会科学理论来充实自己，另一方面也在不断整合的过程中提出若干实践理论。不过，从现代社会的兴起到后现代的发端，西方社会工作理论的演进一直是镶嵌在历史变迁的脉络中的。因此，西方社会工作理论经历了一个从没有理论指导到自觉采用理论指导，从指导理论的单一化到多元化，从主要借用心理学的理论到尝试借用心理学、社会学、认识论等多学科的理论，再到逐渐发展自己的关键概念和理论的发展演变过程①。我们根据大卫·豪（David Howe）的《社会工作理论导论》的观点，将社会工作理论大体划为以下 7 个发展阶段。

（1）第一个阶段称为“调查”（investigation）阶段。20 世纪 20 年代以前是西方社会工作的开创时期和最初阶段，以里奇曼的《社会诊断》为代表。该书认为社会诊断是一个科学过程，社会工作是在科学的指导下提供服务的，而社会工作具备了一套独立且系统的知识体系。不过，在这一时期，社会工作是一种“助人的艺术”；社会工作者多是“行动者”，而不是“思考者”，较多关注实际工作，即将常识应用于有需要的特殊情境当中，将事实材料收集起来，而很少对这些工作的本质、过程与方法等进行理论的思考。

（2）第二个阶段称为“精神分析”阶段。20 世纪 20 年代至 30 年代，西方社会工作经历了所谓的“精神病学的洪水期”。这一时期，社会工作者意识到社会工作不应只是一门“艺术”，还应是一门科学，从而开始寻找一定的理论指导。因此，精神分析学说成为西方社会工作者运用的唯一理论，而社会工作几乎等同于精神分析工作。究其原因在于，第一次世界大战后，美国社会对心理医生和情绪协助者的需求增加，而且精神分析治疗基本上是一种“谈话式治疗”，不涉及生理学等学科的专业知识，容易被非医学背景的社会工作者所接受。不过，需要指出的是，虽然这一时期心理社会诊断学派开始形成雏形，但是，由于仅有一种理论指导实践，社会工作的理论空间显得既单调又

① 参见王思斌．社会工作概论［M］．北京：高等教育出版社，2006：60.

静寂。

（3）第三个阶段称为“精神分析学派”与“功能主义者学派”并立的阶段。到了20世纪30~50年代，塔托夫与罗宾逊等创立了与精神分析学派不同的社会工作观——“功能主义学派”。而“精神分析学派”与“功能主义者学派”不断地发生冲突，并且都坚持自己的观点向服务对象提供服务。简要地说，这两大学派的分歧主要集中在三个方面：其一，从对社会问题或行为解释的向度来讲，“精神分析学派”认为个体行为是过去事件尤其是早期儿童时代经历的结果，了解服务对象早年的心理经历是使其改变当前行为模式的关键；而“功能主义学派”认为个体的行为主要是他当前(“此时和此处”）所处情境的后果，过去的经验对诊断没有必要。同时，在此基础上，功能主义社会工作实务在于观察现在，而当前所处情境既包括环境也包括社会工作机构的功能(故此名为“功能主义学派”)，并认为在一种结构性和社会性的关系中，个体能够改变他自己；其二，从社会工作的任务来讲，“精神分析学派”社会工作的任务就是要探寻和治疗服务对象的心理疾患。而“功能主义学派”社会工作的任务不是对服务对象加以治疗，而是要与服务对象一同建立一种有助于服务对象潜能得以发展的、积极而开放的相互关系，以促使服务对象的能力与行为发生变化。简言之，“功能主义学派”认为社会工作者应该改变弗洛伊德式被动的治疗关系，而与服务对象建立积极、主动的关系，并且这种助人关系本身的体验就能对服务对象产生积极的结果。其三，从工作中心来讲，“精神分析学派”社会工作过程的中心是社会工作者，与此相反，功能主义者则认为社会工作过程的中心是服务对象，而社会工作者仅仅充当协助者。

（4）第四个阶段称为“获得”阶段。20世纪60年代，西方社会工作理论获得了长足的发展，其知识空间被迅速而非系统地充实起来，这是一个充满生机的时期。在这一时期，社会工作的理论在数量上迅速地增长，并借用不同的知识架构，比如心理动力理论、认知理论、行为理论等，来为社会工作实务提供基础。因此，社会工作重新找回了“社会”取向，并在问题的分析和处置焦点中加入了社会环境层面。在这样的背景下，“心理暨社会学派”开创了社会工作独有的一个学派；行为学派对心理治疗学界也产生了深远的影响。不久，案主中心治疗也在发展中成为了“人本主义心理治疗学派”，而此派对人的潜能和能力持正向看法，加之其本身的非医疗特性等，均促使了社会工作者可以摆脱精神分析的权威与管辖而自立门户，因此此派受到了广泛地欢迎。自此以后，危机介入模式和任务中心模式也发展起来，它们着重于个人层面的介入，都强调自我理性。其中，危机介入模式的发展期是在美国社会动荡的20世纪60年代。“二战”及其后的大萧条造成了很多社会问题的滋生，酗酒、药瘾、家庭问题等议题引起了人们的普通关注，案主数量激增，而以危机介入为主的短期治疗理论则应运而生，同时，任务中心模式在短期治疗的基础上取得了后续的发展。简言之，这一时期理论的极大丰富被视为西方社会工作蓬勃发展的标志。

(5) 第五个阶段称为“盘点”阶段。20 世纪 60 年代末，由于数量上的迅速增加，西方社会工作开始对已有的理论、模式和流派进行整理、分类和排列。虽然这一阶段仍然处在吸收一些理论进入社会工作的知识架构中，但是，此时的社会工作理论，其主要的发展还是对现有理论的清点、整理和评估，这样，就产生了许多不同的理论清单。尽管盘点理论可以确切地把握西方社会工作现有的理论，而仅仅阅读清单是不足以了解每一个理论及其实务模式如何运用的。

(6) 第六个阶段称为“理论统一”阶段。20 世纪 70 年代，西方社会工作把各种社会工作方法整合在一起，借用“系统理论”与“社会功能”概念，形成了一元化的理论框架，在实务中也形成了通用进程模式。尽管以前的社会工作理论空间得到了发展充实，但这也使社会工作者在理论选择方面感到无所适从。因此，社会工作者普遍倾向于将这些理论置于“同一个屋顶之下”，并且，致力于发展具有包容性的理论视角和“一元化”的理论框架。其中，系统理论的兴起受到了极大的关注，它试图用“社会功能”这个概念来把各种理论与方法统合起来。不过，此理论很快就受到了激进理论和人文主义理论的批判和攻击。与此同时，人们也开始质疑“统一”的社会工作理论的可能性，认为社会工作理论是不可能统一的。此外，此时的理论也呈现了多元化的发展趋势，即各种理论在相互竞争中并存下来，从而引导我们进入了社会工作理论发展的第七个阶段。

(7) 第七个阶段称为“理论归类”阶段。20 世纪 70 年代后，多元理论并存成为既定的事实，社会工作者不再去追求构造“统一”的理论框架，而是对各种复杂的理论进行整理、归类，以使理论空间有序化，由此产生了许多不同的理论分类模式。目前，这些理论分类模型仍然是西方社会工作者把握社会工作理论的基本工具，其中，最有名的是大卫·豪的理论分类模式。

在这一时期，社会工作理论继续朝着多元化方向发展，各种不同的理论相继涌现，比如，女性主义、后现代主义、社会建构主义等理论流派都对西方社会工作理论的发展产生了重要的作用；而叙事治疗、结构社会工作、存在主义社会工作也得到了长足的发展。同时，在不断的实践和整合的过程中，优势视角、赋权等社会工作特有的理论也相继产生。其中，生态观点和赋权理论得到了很大的发展和运用。生态观点来源于系统理论和生物学的结合，强调个人的生活经验及个人成长过程中的压力、适应、应对和发展；强调个人运用内在资源和外在资源以达到良好的互动，以及外在环境怎样提供适合生存的资源。同时，生态观点认为，当个人与环境间产生适应问题时，需要动用社会网络的干预模式，即强调网络内部人员的互助和系统之间资源的交流。而赋权理论则是随着女性主义的发展逐渐被社会工作所吸纳的。赋权旨在提升弱势群体的内在资源，包括自尊、自我概念、自我效能，即对自我价值和自我决定以及行为的肯定；同时强调协助个人运用社会资源的能力提升和建设，增加个人对于环境的掌控感，从而实现环境的改变。简言之，“赋权”、“倡导”的观点与“优势视角”相伴而生，它们反对过去理论的“问题视角”，转而注重案主本身及其所处环境的优势。而这些重要概念也符合当前盛行的后现代主义理论和建构主义理论的潮流。可见，社会工作理论的发展，需要更广阔的视野，更深刻的反思、批判以及更多社会工作者的共同努力。

第二节　西方社会工作理论流派及归类

一、西方社会工作理论的逻辑结构

随着西方社会工作理论的不断丰富，许多社会工作学者对其进行了逻辑梳理。早在20世纪50年代，美国社会工作者蒂姆斯就将社会工作理论划分为“借用理论”（borrowed theory）和“实施理论”（practice theory）。“借用理论”是指其理论素材来自于其他科学，如社会学、心理学等，社会工作者是理论的借用人；“实施理论”是来自与社会工作者经验的积累，是用来直接达成社会工作目标的。此后，大卫·豪、皮拉利斯（Pilalis）、萨比（Sibeon）、瑞斯（Rees）与弗克（Fook）等学者都对社会工作理论进行了梳理，以下择其重点进行简要介绍。

（一）大卫·豪的两分法模型

大卫·豪（1987年）将社会工作理论分为两个部分，即“为社会工作的理论”（theory for Social Work）和“社会工作的理论”（theory of Social Work）。“为社会工作的理论”是指解释人和社会本质，人的行为产生和变化的原因以及社会运行规则和机制的理论；而“社会工作的理论”是直接作用于社会工作实践的，着重于对社会工作的实践本身的性质、目的、过程、方法和技巧进行说明的理论①。可见，“为社会工作的理论”与“社会工作的理论”有着明显的区别，它们在内容、功能、地位以及与社会工作在联系上的紧密程度都互不相同。一般来说，“为社会工作的理论”为社会工作实践提供了抽象的背景

① 参见David Howe.（1987）. *An Introduction to Social Work Theory* [M]. Great Britain at the University Press：165.

假设，可以包括其他学科或专业领域的理论；而“社会工作的理论”为社会工作实践提供的是一套具体的实践指南，是社会工作专业独有的理论。不过，需要指出的是，这两个部分理论是相互贯通的，即“为社会工作理论”包含着特定的“社会工作的理论”，“社会工作的理论”也蕴含着“为社会工作的理论”要素，二者之间的联系主要表现在：其一，“为社会工作理论”是“社会工作的理论”的理论基础或逻辑前提和分析解释的依据，并且，“为社会工作理论”只有与一定的“社会工作的理论”相联结，才能成为真正的社会工作理论；其二，两者之间在逻辑上是相互蕴含的，选择一种“为社会工作的理论”的同时，也就是对一种准备实际采用的社会工作所做的选择。反之，“社会工作的理论”中必然包含关于人与社会的本质、关于人的行为与社会运行机制的理解。而将每种社会工作理论从内容上区分为“为社会工作的理论”与“社会工作的理论”两个部分，则是社会工作理论结构的主要模型之一①。

（二）皮拉利斯的三分法模型

皮拉利斯在大卫·豪的二分模型上进行了进一步的划分。根据理论的抽象程度，皮拉利斯将社会工作的理论分为宏观理论、中观理论和实践理论三个既相互区别又相互联系的组成部分（见表5-1）。而中观理论进一步区分为解释性理论和介入模式理论。与大卫·豪的理论分类相比，宏观理论和解释性理论相当于“为社会工作的理论”的部分，介入模式理论和实践理论属于“社会工作的理论”的范围。所以，这个模型实际上是大卫·豪两分法模型的细化，其四个组成部分之间的关系与大卫·豪两分法模型中内部的关系是基本一致的，它们是既有区别又相互联系的逻辑整体。

（三）萨比的三分模型

近几十年，许多社会工作学者对社会工作理论内部逻辑结构进行了新的描述和整理。萨比（1990年）认为，社会工作理论包括关于什么是社会工作的理论、关于如何开展社会工作的理论及关于服务对象世界的理论三个层面，并且每个层面的理论在形式上分为正式理论和非正式理论。其中，关于什么是社会工作的理论是指不同的社会工作者所持有的社会工作观；关于如何开展社会工作的理论是开展社会工作实践的不同方法；而关于服务对象世界的理论主要是指对社会工作者所要处理现象的本质进行解释，以此帮助社会工作者开展工作的理论。此外，正式理论是指涉及社会工作的书面理论，非正式理论是指在经验生活中的各种未成文的理论、观点（见表5-2）。

① 参见王思斌．社会工作概论［M］．北京：高等教育出版社，2006：63.

表 5-1 **皮拉利斯的社会工作理论的三分法模型①**

理论抽象程度	结构部分		内容	实例
高	宏观理论		对人与社会的本质、人的行为与社会运行机制进行综合性说明	弗洛伊德主义、马克思主义、结构功能主义等
↓	中观理论	解释性理论	对人的行为与社会过程的某一方面进行专门解释	标签理论、儿童发展理论等
↓	中观理论	介入模式理论	对社会工作实践本身的性质、目的、过程等进行一般说明	危机介入理论、任务中心理论等
低	实践理论		社会工作的具体技巧、操作方法	自由联想法、批判式提问法等

表 5-2 **Sibeon 的理论划分模型②**

理论类型	“正式”理论	“非正式”理论
关于什么是社会工作的理论	界定福利本质与目标的书面论述（如马克思主义、女性主义）	由实践者总结的用于界定社会工作“功能”的道德、政治、文化价值准则
关于如何开展社会工作的理论	书面的实践理论（如个案工作、家庭治疗）	从经验中总结出的未成文的实践理论
关于服务对象世界的理论	正式的书面的社会科学理论与经验数据（如关于个性、婚姻、家庭、种族、阶级与性别等理论）	实践者使用的经验与一般的文化含义（如家庭的制度性作用、正常行为、良好的养育等）

① 王思斌．社会工作概论［M］．北京：高等教育出版社，2006：64.

② Sibeon，Roger. Comments on the Structure and Form of Social Work Knowledge［J］. Social Work and Social Sciences Review. 1（1）：29-44，1990：43.

(四) 瑞斯与弗克的三分模型

瑞斯（1991 年）与弗克（1993 年）将社会工作理论分为三个不同层次。第一层次是唯物主义者的社会理论（Materialist Social Theory），即大理论与知识基础。这一层次的理论关注的是社会政治、经济结构以及社会工作与福利所指的目标，处于基础地位，并会影响其他层次的理论。第二层次是策略理论（Strategic Theory），即实践理论。是指干预策略，并用以说明社会工作者如何或应该如何行动的理论。第三层次的理论是实践观念（Practice Ideologies），即具体实践理论。它注重如何将经验、知识应用于具体的实践之中。在逻辑上，这三个层次理论是相互关联的①。

然而，需要指出的是，上述理论模型仅仅是一种“理想型”，是不断发展变化的。同时，这些逻辑模型只是为社会工作实务者和研究者提供了把握现有西方社会工作理论内部逻辑的工具，而不是每个模型都可以囊括所有的社会工作理论。因此，伴随社会工作理论的快速发展，将会给我们建构社会工作理论的逻辑架构提出新的挑战。

二、西方社会工作理论的归类

西方社会工作理论发展到今天，迎来了一个多元化的时代。相应地，许多西方社会工作学者致力于对理论进行整理归类。而在这个过程中，范式概念得到了广泛的应用，并成为了社会工作学者整理理论时的主要工具。追溯历史源头，范式是科学哲学家库恩提出来的，指对某个现象本质的一种总体看法。具体来讲，范式是某个科学领域中，一群科学家共享的一组世界观、价值观方面的背景假设及相应的方法和技术类型。这样，范式可以把分散的科学家的研究工作联结成一个相对统一的整体，从而为那些科学家们提供了一个共同的指南。而西方社会工作理论的研究者认为，社会工作理论可以参照一定的标准进行分析、比较，进而归纳、概括为几个有限的范式，形成对社会工作理论内部及其之间的关系更透彻的认识。其中，伦纳德、大卫·豪以及佩恩等人的工作具有较大的影响。

(一) 伦纳德的四范式分类模型

在 1975 年的一篇文章中，伦纳德提出了社会工作理论归类的四分法模型。他首先依据社会工作在基本观点上对问题的界定、分析及解决方法的不同，把社会工作理论分为自然科学与人文科学两大范式。然后，在此基础上，依据这两大范式内部的差别，再将它们各自再区分为两个部分（见表 5-3）。

---

① 参见 Fook. Radical Casework. a Theory of Practice [J]. Allen & Uniwin, 1993: 39-40; Rees. Achieving Poewer. Allen&Unwin, 1991: 74.

表 5-3　　伦纳德的四范式分类模型①

自然科学范式	
观点 A： 社会科学应追求自然科学的地位； 客观性和测量的重要性； 社会知识由感觉资料决定。	观点 B： 在客观性和方法上，自然科学与社会科学具有一般的相似性； 强调自然科学的不准确性； 在两种科学中或然性的重要性。
人文科学范式	
观点 C： 主观理解对社会科学至关重要； 问题是价值相关的，回答却能够与价值无关。	观点 D： 社会科学被社会所决定； 意识形态的影响处于中心地位； 研究理论的社会经济背景很重要。

在当时，伦纳德的创见，受到了广泛的关注，许多理论者在这一架构内部对其细节进行了细致地讨论。1979 年，伯内尔与摩根受到这一模型的启发取得了突破性的成果。

（二）大卫·豪的四分类型

1979 年，伯内尔与摩根在《社会学范式与组织分析》中，根据理论所蕴含的对“社会科学的本质”与“社会的本质”的不同取向，提出了社会学理论四种基本的范式：功能主义范式、解释学范式、激进人文主义范式、激进结构主义范式。摩根认为“社会科学的本质”可以表示为由主观到客观的连续谱，“社会的本质”可以表示为由秩序到变革的连续谱，将两个维度合并交叉后就产生了这四个社会学理论的范式，而每种理论在这个谱线上都具有自己的位置。

而伯内尔与摩根提出的社会学理论范式同样适合用于归纳社会工作的理论。因此，大卫·豪在《社会工作理论导论》中，以及惠丁顿与霍兰德在论文《一个社会工作的理论框架》中，都不约而同地借用了这一范式，并经过

① David Howe. *An Introduction to Social Work Theory* [M]. Great Britain at the University Press, 1987: 23.

适当的转换，提出了四范式的社会工作理论分类（见图 5-1）①。

具体地说，大卫·豪结合了其关于社会工作理论逻辑结构的两分法模型，提出了社会工作理论的四种基本范式，即传统社会工作（调停者）；互动主义社会工作（意义探求者）；激进社会工作（意识醒觉提升者）；马克思主义社会工作（革命者）②。根据大卫·豪的观点，这四种理论范式在对社会和人的本质、关于社会实践过程的看法上都存在着明显的差异。一般来说，这四大范式在以下几个方面都有着明显的区别，包括主要理论，对人与社会的看法，社会工作过程理论（比如问题定义、问题评估、目标、方法）。具体分类介绍如下：①传统社会工作认为，社会是由个体组成的客观有机体，应着眼于个人层面的问题的改善和行为的改变，来提供支持及维护性服务。这个理论范式包括弗洛伊德主义、行为主义、结构功能主义或系统论等。②互动主义社会工作认为，世界是通过符号互动建构的意义集合体，工作的重点在于促进自我经验意义的理解和挖掘个人的潜能。这个理论范式包括标签理论、沟通理论等。③激进变革理论认为，社会是一个充满不平等的意义世界，相应地，社会工作应提升人们的觉悟，促进自我意识的觉醒，实现对个人经历的控制。这个理论范式包括的人文主义和女性主义。④马克思主义社会工作是最激进的一种理论范式，它立志于批判现有经济体系，实行财富和权力的再分配，以此为弱者争取资源和权力。这个理论范式主要包括马克思主义理论、“增权”或“倡导”理论等。

不过，需要指出的是，许多学者不同意大卫·豪多范式的看法。比如，M. 佩恩在《现代西方社会工作理论》一书中，批评了大卫·豪四分范式的牵强附会，并认为各种理论在内容与观点上都有共同的地方及相互重叠，而非绝对排斥的。然而，大卫·豪等学者则把各种理论都看成截然有别地置放于坐标轴的各点之上，很可能忽视了那些与这两个连续体无关的理论之间的差异和冲突。

（三）佩恩（Malcolm Payne）的三分模型

佩恩认为，在不同的历史脉络、社会政治经济环境与福利哲学下，社会工作作为一种专业，有着不同的形态与倾向。佩恩从社会建构的视角分析了现代西方社会工作理论的建构过程，讨论了社会工作理论实施的“政治性”。正如他说，“理论”是政治的一部分，特定的“理论”在社会工作界是有特定的利益群体的，他们力图使我们接受他们的“理论”，从而影响我们对社会工作的

① 图中，括号外是惠丁顿、霍德兰，括号内是大卫·豪的用语。

② 参见 David Howe. *An Introduction to Social Work Theory* [M]. Great Britain at the University Press，1987：50.

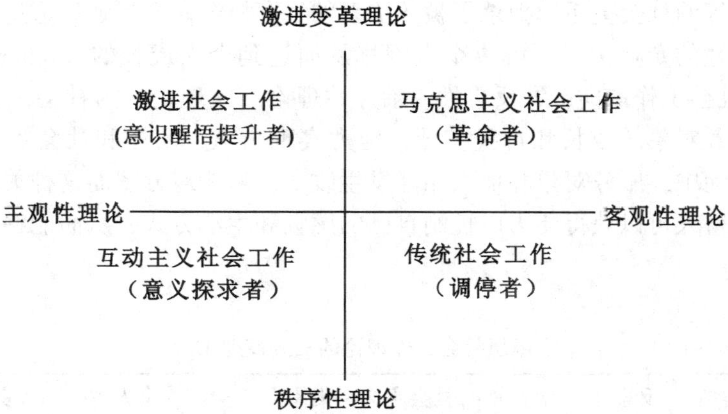

图 5-1　大卫·豪的社会工作理论范式

本质和实践的认识①。因此，选择和应用社会工作理论是带有政治色彩的，其背后涉及意识形态、哲学理念、实践情境、机构情景和财政政策的不同，从而使得社会工作理论指导实务工作时，也促使这种权力关系渗透在其工作过程中，并成为社会工作专业的一部分。因此，当社会工作者凭借理论来确立专业权威的同时，也可能有意或无意地屈从于那些特定的利益群体，并淡忘了社会工作的使命。

进一步，佩恩在《现代社会工作理论》中，尝试从不同的年代、地域与国家所呈现的各种社会工作定义，展开了研究调查与分析，并总结了三种社会工作的理论取向与形态（见表 5-4），包括：①以辅导个人为主、改革为辅的社会工作（Individualism-reformism），即个人主义—改良主义理论。此观点视社会工作为向社会中个人所提供的福利服务的组成部分。社会工作可以满足个人的需要，提高整体福利服务水平，从而使社会工作和福利服务得以更有效地运行②。②以强调社会变革、集体动员去解决个人或社会问题的社会主义或集体主义取向（Socialist-collectivist）的社会工作，即社会主义—集体主义理论。此理论认为社会工作应努力去寻求社会合作和社会互助，从而让受到压迫的人们可以获得控制自己生活的能力，同时创造出所有人都拥有并能参与其中的体制，以消除社会精英用以获取并保护资源的不平等关系。从这个角度着眼，其

① 参见 Malcolm Payne. 现代社会工作理论［M］. 何雪松，等译 . 上海：华东理工出版社，2005：43.

② 参见 Malcolm Payne. 现代社会工作理论［M］. 何雪松，等译 . 上海：华东理工出版社，2005：309.

他两种理论除非进行重大的社会变革，如果仅仅是接受现有的社会秩序，则维护了不平等的社会关系，扼杀了被压迫者的生存机会。③以强调透过具有反省性及治疗性的专业关系，解决个人困扰从而达到个人成长的（reflexive-therapeutic）社会工作取向，即反思性—治疗性理论。此理论认为社会工作旨在通过增进服务对象的成长和自我实现，努力实现个人、团体和社会福利的最大化。在互动中，服务对象和他人相互发生改变，影响对方。而这种关照他人的反思，使得人可以获得能力以控制自己的感觉和生活方式，从而能够克服和摆脱不幸。

表 5-4　　佩恩社会工作理论的三分模型①

理论的类型	反思性—治疗性	社会主义—集体主义	个人主义—改良主义
视角 →综合性 →包容性	心理动力 人本主义的	激进	社会发展 系统
理论	角色/沟通	反压迫	认知行为
模式	危机	赋权	任务中心

可见，佩恩在后现代主义理论的批判视角下，用社会建构主义来理解社会工作的理论，则促使了其理论模型具有更强的包容性和开放性，即：不仅包括了当前社会工作介入其中的主要生态模式、结构（激变）社会工作模式、心理及家庭治疗模式等，而且也包含了社会建构主义影响下发展的社会工作最新的理论成果，从而包括了叙事治疗、寻解导向治疗以及优势视角等一系列强调知识的社会建构性，并认为服务对象的变化来自重述新的故事或探索优势的理论。

总之，随着西方社会工作理论的不断扩充和发展，西方学者对社会工作理论的整理工作也越来越细致，而且越来越重视新的思潮和理论的影响。这不仅促使了社会工作理论更具有包容性和多元性，也促使了社会工作理论自身的批判性和反思性的不断增强，知识结构更加合理化，从而推进了现代社会工作的发展，也为我们把握西方社会工作理论的现状提供了工具。

① Malcolm Payne. 现代社会工作理论［M］. 何雪松，等译 . 上海：华东理工出版社，2005：308.

三、西方社会工作的理论流派

根据上述对西方社会工作理论的整理归类介绍和分析，西方社会工作理论在不同时期借用和形成了不同层次的理论，参照大卫·豪以及佩恩等人的理论分类模型，本书主要介绍对社会工作产生了较大影响的以下各种理论。

（一）心理分析学理论

心理分析学理论是建立在弗洛伊德及其追随者的理论基础之上的一种社会工作理论。20 世纪 60 年代之前，这种理论主导了社会工作治疗的方向，如今它已不再是主流的治疗方法。心理分析学理论主要包括人格发展理论和心理治疗理论。心理分析学理论把心灵分为意识、前意识和潜意识，认为人的行为来自心理世界，即本能的驱动；而个人的任何经验、感受、思想、幻想与做梦都是来源于无意识之中，并且，儿童时期存留于潜意识中的某些痛苦的体验，使得人格结构的本我、自我和超我三个部分之间关系失衡，从而导致了病态行为的产生。同时，心理分析学理论的社会工作强调个别化、订定协议、在安全与支持的环境中工作等实务原则，而其主要工作则是运用自白联想的方法，即通过自由联想、治疗性倾听及诠释过程几个阶段，关注服务对象个人层面中儿童时期的经验，以此治疗服务对象的变态人格，恢复其本我、自我与超我三者的平衡，从而解决服务对象的问题。

（二）认知行为理论

20 世纪三四十年代，以巴甫洛夫（Pavlov）的经典条件反射原理及操作条件原理为基点，行为主义理论逐渐崛起。行为主义社会工作理论将关注的焦点放在个体外显的特定行为，认为它是对当前环境所作的反应。不过，认知行为理论的另一个来源是认知理论，其代表是艾利斯（Ellis）的理性—情绪疗法以及“ABC 理论”。艾利斯认为，人不是被事情本身而是被他对世界的看法所困扰，情绪问题来自于对人对事件的信念、评价、解释及哲学观点。此种理论认为，人类行为来自社会方面的动力，是由个人整体生活形态所塑造的，因此，便重视理性及认知的作用，认为认知在情绪和行为中起到中介和协调的作用。此外，认知行为理论也借用班杜拉（Bandura）的社会学习理论中的前置事件、目标行为和结果三个要素来认识和改变人的行为，认为情绪和行动受制于认知，而不适宜的行为产生于错误的知觉、解释以及缺乏理性思维的能力。

根据上述三个理论来源，认知行为理论社会工作的主要任务是，通过评估服务对象的思想、情绪和行为，试图剔除其非理性信念，修正这些错误心理，帮助服务对象获得对世界的正确认识，并且改变服务对象的思维过程，使之更为“理性”，以便服务对象的行为能对环境有正确的反应，从而加强其解决问题及决策的能力以及自我控制和管理的能力。同时，认知行为社会工作也强调社会工作者的教育者和伙伴的关系，重视专业关系的建立、相信服务对象改变认知错误的能力及案主自决，并要积极鼓励服务对象的合作。

（三）社会支持理论

社会支持源自鲍尔拜的依附理论，20 世纪 60 年代社会支持网络开始用于精神病学的临床治疗。20 世纪七八十年代，美国社会支持计划（Community Support Program）推进了社会支持网络的应用。林南认为社会支持是指意识到的和实际的由社区、社会网络和亲密伙伴提供的工具性或表达性的资源，即分为两个方面：一种感知性的支持，是指接受支持的个体所认为的其对支持、信息和反馈的需求被满足的程度，另外一种是给予性支持，它衡量的是实际所提供的社会资源，它独立于个体对所得到的资源的认知①。同时，社会支持主要受到发展因素、个人因素以及环境因素的影响，它们构成了每个人独特的社会支持网络，决定了个人从网络中获取资源的途径和数量，相应地，社会支持网络注重考虑个人与其生活环境中其他系统的关系状态。一般来说，社会支持网络主要分为正式的和非正式的社会支持网络。而社会工作需要对服务对象的社会支持网络在个人和社区不同的层面进行评估，从而拟定工作计划。正是从这个角度看，社会工作的任务是一方面帮助服务对象运用网络中的资源解决基本问题，另一方面是帮助服务对象弥补和拓展其社会支持网络，使他们提升掌握建立和运用社会支持网络的能力。

（四）社会系统理论及生态系统理论

社会系统理论在冯·贝塔朗菲（Von Bertelanffy）的一般系统论以及社会结构功能主义的基础上发展起来的。这一理论认为，人与生活环境在功能上是相互依赖的，并且，共同构成了一个社会系统，而结构保持均衡和最佳的稳定状态是系统运行与维持的基本条件，也是个体生存与发展的必要条件。因此，系统理论与社会工作中“人在环境中”的理念是一致的，即认为服务对象的问题来自于系统，而不是单纯的个人。而平克斯（Pincus）和米纳罕（Manahan）把社会工作系统分为四个子系统，包括：其一，改变媒介系统，即社会工作者及其机构；其二，服务对象系统，指社会工作可能涉及的个人、家庭、团体或社区等服务对象；其三，目标系统，即社会工作者为了达到目的而试图去改变的人，是那些为达到工作目标所必须影响的人；其四，行动系统，是指三个系统之间的互动过程，即社会工作与服务对象及涉及的其他关系的人一同工作的系统。

---

① 参见 Pierce G. R., Sarason B. R. & Sarason I. G.. *General and Specific Support Expectations and Stress as Predictors of Perceived Supportiveness: An Experimental Study* [J]. Journal of Personality and Social Psychology. Vol. No. 63, 1992: 297-307.

到了20世纪70年代，社会系统理论与生命周期等人类行为理论相结合，形成了新的生态系统理论，其代表是杰曼（Germain）和吉特曼（Gitterman）的生活模式理论。这一理论为社会工作提供了更为广泛而整合的分析和实践框架，认为服务对象及其环境的系统分为四个层面：一是微观系统，指与服务对象自身及与其面对面的群体；二是中观系统；三是外围系统；四是包括文化与社会体系的宏观系统，比如意识形态、信仰、风俗、法律等都属于这个系统。与此同时，生态系统理论聚焦于系统之内和系统之间的互惠性关系，认为个人不适是环境的问题的原因，而个体与环境之间的互动是双向的、动态的、相互适应的过程，服务对象所经历的困境是“生活中的问题”（problem in living）。因此，社会工作对服务对象的理解要置于其生长和身处的情境之中，透过伙伴性的工作关系和正面的经验提高服务对象的胜任感，并且要评估服务对象与其环境不同层面的调适度，以及进行直接服务和宏观干预。

（五）沟通理论

沟通理论是在综合了社会心理学、人类学和社会语言学中的部分关于沟通理论的基础上形成的一种社会工作理论。很多学者认为，这一理论的优势在于能够将社会工作众多理论联系起来，因为此理论主要涉及信息和对信息的反馈等内容。因此，沟通理论认为人际沟通在人际关系中是十分重要的，它是维系个人、家庭和群体等系统的主要方式，如果不能很好地接收、评估、处理以及反馈信息，则会导致关系的障碍。相应地，社会工作的基本任务则是帮助人们消除沟通过程中的障碍，使他们的沟通得以顺利完成。具体而言，包括四个层面的操作：一是以鼓励的方式获取信息、分析问题、重组案主的评论，以显示对此的理解；二是给出反馈，显示社会工作者如何评估案主所说的话；三是提供信息，包括解释社会工作者行为的材料；四是改变来自案主的信息，包括影响相互冲突的信息或不精确的信息。上述四个层面在程序上是循序渐进的。不过，在社会工作中，沟通理论经常被批评为不是一种整合的理论模式，然而在实践中，尤其是在与案主初次会面并建立关系时，它又是十分有效的。

（六）人本主义和存在主义理论

人本主义理论是以马斯洛的人本主义心理学、胡塞尔与舒茨的现象学以及米德与布鲁默的符号互动主义等为基础而形成的。迄今为止，卡尔·罗杰斯是对社会工作影响最大的学者。罗杰斯认为，社会工作者的取向应该是真诚、尊重、接纳和同理的。同时，人本主义理论肯定人的价值，强调社会工作在价值上的实践要给予服务对象中心的地位。而人本主义小组工作中运用最为广泛，它认为小组过程是一个民主过程，并要求社会工作者对服务对象的需要具有同理心，相信服务对象的独特性，视每一个人为个体，并尊重他们之间的差异性以及对自己经历的理解和解释的观点。此外，人本主义理论认为，在与外部世界的互动中，人们形成自我对外部世界的理解或解释，即“意义世界”，同时也形成了他们的自我，这样，每个人都生活在“意义世界”当中。然而，当人们在这个“理解”或“解释”过程中，发生了困难，则会导致行为的不当。可见，存在主义是人本主义的延续和发展，因为它强调个人的自由和责任，以及个人内在的价值和生命的意义。正是从这个角度看，存在主义社会工作主张，通过意识的觉醒、理解个人经验的价值，重新解释痛苦的意义，来促使服务对象重构自己的“意义世界”，进而协助他们对解决方式进行选择。

（七）马克思主义理论

马克思主义理论是社会工作理论中激进取向的一种理论，它以马克思主义为指导，开展了对资本主义制度以及现代工业社会的批判。马克思主义理论包括四个经典原理，即社会存在决定社会意识、经济基础决定上层建筑、社会基本矛盾不可调和、阶级斗争决定社会结构及形态的变迁。同时，马克思主义社会工作提出了自己的理论主张，包括：其一，个人问题应从社会结构方面寻找原因，包括社会存在、经济基础、阶级压迫等方面，而不是寻求个人特质与能力不足的问题；其二，弱势群体遭遇的不平等和不公平，是由于其处于工人阶级地位决定的；其三，只有改变整个社会结构，建立平等的社会结构才能解决问题。因此，马克思主义社会工作的焦点在于，通过阶级斗争或其他集体行动来改变现有的社会现实。同时，马克思主义的社会工作的最终目标是个人解放和社会变迁，并改变导致问题的社会。具体地说，马克思主义社会工作注重以下几个方面的工作：一是社会工作要理解被压迫者在其生活的社会和经济结构中的地位，以激发服务对象的自决；二是运用冲突视角分析问题，并反思现存的社会制度，视社会处于不同利益群体的冲突之中；三是帮助服务对象意识觉醒，理解压迫性社会结构导致了个人的问题，从而了解参与式民主及社会正义等理念；四是运用集体行动的手段，参与为服务对象赋权的社会运动，以争取社会资源的平等分配。

（八）女性主义理论

20 世纪 80 年代，女性主义与社会工作经过了长期的理论建构，发展出了女性主义社会工作理论。女性主义（feminism）既是一种争取两性平等的社会运动，也是一种消除性别歧视和对女性压迫的思想和文化的社会思潮。在普遍接受女性是受到压迫这一观念基础上，由于在对男权制度的成因及争取男女平等的方法和道路的看法上存在分歧，发展出了自由主义女性主义、社会主义女性主义和激进女性主义三个主要派别，以及后现代女性主义、文化女性主义及黑人女性主义等。具体地说，女性主义理论的基本观点包括：其一，男女两性是不平等的，并且这种情况是应当加以改变的；其二，男权制度设置了两性的性别角色，即把女性限制在私人领域中，使女性更依赖男性而处于被支配的从属位置；其三，两性关系是政治性的，并与女性有关的社会问题的成因与男权制度有关，是男权制度对女性的压迫造成的；其四，改变现有的不平等的社会制度，追求两性平等是女性主义社会工作者的使命。根据上述理论基础，女性主义社会工作以女性的世界经验当作分析的起点，焦点则放在连接女性在社会上的位置与个人困境，倾听女性所发出的多元声音，尊重女性的多样性和独特性，重新定义女性的问题和社会角色，促进两性平等，以提升妇女对个人需要及潜质的认知，增强她们的发展空间，协助她们重新界定其面对的问题，从而促进社会结构、政策、权力及资源的转变，加强对妇女的支持，以改善女性的福利。

（九）“增权”（empowerment）或“倡导”理论

1976年，所罗门出版了《黑人增权：受压迫社区中的社会工作》一书，标志着增权理论在社会工作专业中的诞生。所罗门认为，赋权是一个社会工作的专业活动，目的是要协助一些受社会歧视的社群，对抗遭受的不公平待遇，并减低其自身的无能和无奈感，增加其权力与能力。同时，增权理论认为，个人的问题是由于环境的排挤和压迫造成的，社会中存在直接和间接的障碍，服务对象是具有能力改变现状的。因此，增权理论在专业关系上强调社会工作者与服务对象之间的伙伴关系，关注服务对象的长处，承认服务对象是积极的主体。而在实践方法上，社会工作者则试图通过一种以服务对象为中心的互动，来鼓励服务对象达到他们为自己界定的目标，相信他们自己的价值，以增强服务对象解决重要问题的能力及信心，并学习各项对自身生活的控制、参与，以及影响机构及制度的技巧、知识与权能，以此改善自己或相关他人的生活品质。

此外，赋权模式的社会工作必须从弱势社群的处境出发，从社会制度的欺压、专业关系的支配、个人与社群的无权状态（powerlessness），以及社会工作手法进行全面的反省。因此，赋权的社会工作实践则意味着，社会工作者对服务对象的表达、说明、对自身感受的反思以及对生活的理解，应给予充分的鼓励，以帮助其建立人际关系，减少孤独感，赋予作为个人或作为社群、组织、社区、机构成员以权力及权利，或协助服务对象为了他们的利益向现存的社会结构争取权利，促使他们有机会作出影响其生活和福利的决定，而不是代替他们作出有违于他们实际利益和愿望的决定。

（十）优势视角

20世纪80年代，在社会建构主义的影响下，社会工作通过对问题视角和病态模式的反思和批判，并立足于积极心理学、抗逆力研究、叙事治疗、寻解导向治疗的发展成果之上，构建了优势视角社会工作。优势视角在社会工作中作为一种崭新的实践模式被提出来，其在范式上是对长久以来的问题视角的颠覆。目前，优势视角已经受到了极大的重视，逐渐成为社会工作发展的新方向。而优势视角涉及三个关键概念，即优势、赋权、抗逆力，并认为几乎所有的事情在某种特定的条件下都可以视为一种优势，即使在逆境中也能找到优势，同时，经历、品德、天赋、资源等，在一定条件下都可能成为优势。相应地，赋权就是要推翻过去问题视角下的标签、思维模式及价值等所有东西，连接服务对象及环境，以发现新的改变力量的方法和过程。在这里，抗逆力指个人面对生活逆境、创伤、悲剧、威胁或其他生活压力和挫折时产生的自我纠正取向的“反弹能力”。以此为架构，优势视角认为，面对问题的服务对象也具有服务对象及环境两个方面优势，而社会工作的任务就是辨识这些优势，促使服务对象相信自己有能力解决问题并获得支持，从而产生改变的动机，并促成服务对象及环境的改变，以此增强服务对象的能力。

进一步，Saleebey（2004 年）总结了优势视角的实践原则①，包括：其一，个人、团体、家庭和社区都有优势；其二，创伤、虐待、疾病和抗争具有伤害性，但是它们也可能是挑战和机遇；其三，与服务对象合作才能更好地为其提供服务；其四，所有的环境都充满资源；其五，激发抗逆力和优势的话语和叙事，并迈向正常化及资本化的人的优势。可见，对优势视角社会工作来说，评估尤其重要。因为对优势的评估，可以发现和确认优势，并以此为基础进行干预，这是整个工作过程的开始（如图 5-2 所示）。然而，从概念界定来看，优势视角还不是一种理论，尽管此种发展方向已经日趋明确，但它只是做事、与人相处的一种思维方法②。因此，这一视角需要进一步填充实质性内容。此外，还有学者认为优势视角很有可能忽视了服务对象在求助时面临的真正困难，从而使服务对象有所损失。

需要指出的是，除了上述提到了理论流派以外，社会工作还应用和发展了很多其他的理论。比如，在实践理论中，任务中心模式和危机介入模式理论是应用比较广泛的两种理论。而在社会工作发展的最新理论成果中，叙事治疗、寻解导向治疗以及优势视角均显示了社会工作理论发展的新趋势，并受到了广泛的关注。其中，叙事治疗和寻解导向治疗均是在受到西方后现代主义思潮的影响下，依循社会建构主义范式而出现和发展起来的③。可见，当前是社会工

① 参见 Dennis Saleebey. 优势视角——社会工作实践的新模式［M］. 李亚文，等译 . 上海：华东理工大学出版社，2004：19-24.

② 参见 Dennis Saleebey. 优势视角——社会工作实践的新模式［M］. 李亚文，等译 . 上海：华东理工大学出版社，2004：27.

③ 参见何会成 朱志强 . 寻解导向治疗：于社会工作的应用［M］. 台北：八方文化企业公司，1999：8.

作理论多元化的时代，而理论流派纷杂繁复，无法一一数尽。由于本章篇幅所限，概不赘述。

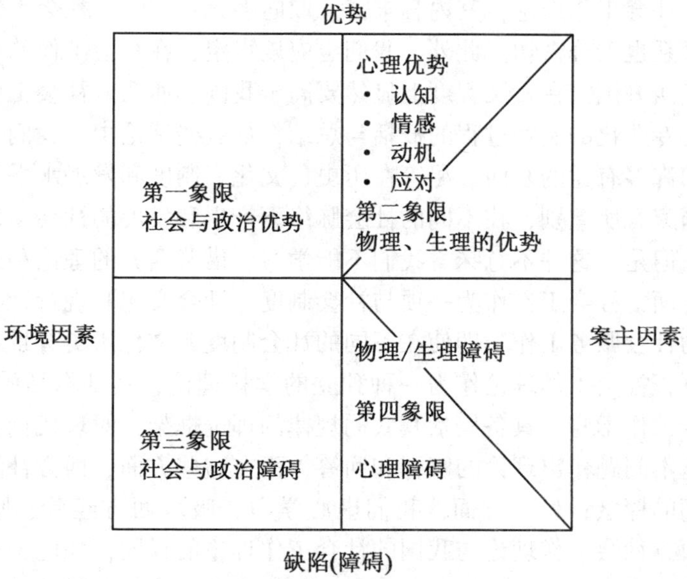

图 5-2　优势视角评估机构图①

第三节　中国社会工作理论的总结与发展

随着改革开放的深入和社会结构的转型，我国的社会二作专业教育已经经过了十几年的努力，取得了一定的成果。但是，由于中国社会工作专业化过程刚刚起步，发轫于西方工业化国家的社会工作理论如何转化为符合中国当今社会的体制结构和文化背景的社会工作理论，即社会工作理论本土化的建构，是摆在中国社会工作者面前的一项重要而紧迫的任务。而社会工作在中国发展的一个必要的前提是，在熟知当代西方社会工作理论的前沿进展的基础上，立足于中国经验提出新的理论。这是一个引进、本土化及创新的过程，为此，中国社会工作者在社会工作理论建构中面临着双重任务：一是了解与研究西方国家已有的各种社会工作理论；二是认真研究与总结中国社会工作者自己的历史与

① Dennis Saleebey. 优势视角——社会工作实践的新模式［M］. 李亚文，等译 . 上海：华东理工大学出版社，2004：111.

经验，以概括与发展自己本土化的社会工作理论。

一、虚心学习与研究西方国家各种社会工作理论

从前面的分析我们可以了解到，社会工作需要明确、系统的指导理论，并且现代西方社会工作理论，其内容丰富、取向多元；同时，社会工作与其他相关学科的联系也十分密切。此外，我们也应该肯定，在社会工作的专业化水平方面，当代西方国家在发展程度上显然要高于我国。而西方社会工作理论是对这种已高度专业化的实践过程的概括与总结，从这些理论中，我们一定能够学习与了解到许多有益的东西。尽管在历史、文化、制度和发展水平等方面，中国与西方国家有所差别，在不同的社会脉络下产生和发展的社会工作也有着很大的不同，但是，这并不意味着我们不能学习、借鉴西方的理论和经验。这是因为，一方面，社会工作作为一项与社会制度、社会文化和现行社会运行机制紧密相连的社会服务工作，即使在不同的社会制度、文化历史背景和现行社会运行机制下，社会工作理论作为一种独立的学科理论，其基本品质是相同的。这样，社会工作本身应具备概括其共同规律的理论框架，对现代社会工作所涉及一系列基本问题作出理论的解释和回答，而在这些方面，西方社会工作已经进行了长期的探索；另一方面，我们虚心学习，吸取西方经验、瞄准国际前沿、分析西方社会工作理论与我国的社会工作理论的异同，如此，有利于中国社会工作理论的本土化过程中少走弯路，促使我们在构筑中国的社会工作制度时具有一定的前瞻性，从而充分发挥“后发优势”，立足本土并凸显自己的特色，以建立中国特色的社会工作理论模式，起到“他山之石，可以攻玉”的效果。

二、概括与发展中国社会工作理论

尽管西方已有的社会工作理论主要是概括了西方国家社会工作的经验，然而，社会工作又具有一定的普遍性、共同性，以及具有较强的特殊性、本土性的实践活动。因此，这意味着我们既要学习、了解和研究西方已有的社会工作理论，又不能简单地照搬西方的理论。而是要在它们的启迪下，认真研究、分析与总结我们自己的实践经验及其教训，以此为基础，概括和发展出一套既包涵各国社会工作的一般特性又能反映我国社会工作本土特色的理论，以此作为我国社会工作实践的指导理论，同时也为世界社会工作理论的发展做出贡献①。

中国接受专业社会工作的理念和实践至少可以追溯到 20 世纪 20 年代，当

① 参见王思斌．社会工作概论［M］．北京：高等教育出版社，2006：72.

时中国的大学里，从西方留学回来的知识分子建立起了社会服务和社会行政专业。1949 年以后，专业社会工作和社会工作教育中断了一段时间后，在高校中得以重建和恢复，此后，顺应社会需要而蓬勃发展起来。然而，前后两个时期，尽管在本土化研究方面也做了不少努力，但中国社会工作理论仍然是以从国外引进和借用为主。简言之，中国社会工作理论的发展是相对滞后的，而缺乏适当的本土理论模式则对社会工作在中国发展产生了一定的阻碍作用，其主要表现在以下几个方面。

（1）这导致政府对建立和发展专业化社会工作体制有所质疑，从而削弱了推动的力度。对于社会工作是否能够高效地解决中国的社会问题、维护社会稳定这一问题，借鉴的社会工作理论是无法做出科学系统、令人信服的阐述与回答的，这必然会影响整个社会包括政府的决策层对专业社会工作的社会功能的认识。

（2）这影响了已有的工、青、妇等非专业行政型社会工作系统接受专业社会工作的理念和提高其专业化程度。很多学者认为，长期以来，工会、青年团、妇联等组织所从事的群众工作就是中国特色的社会工作，他们需要接受社会工作的理念，学习运用专业社会工作的技能以及提高其专业化程度。然而，西方社会工作理论缺乏对我国社会脉络的理解，并无法保证工作的成效。因此，这使得现有的非专业行政型社会工作系统，对于是否接受专业化方向的发展有所质疑。

（3）借用的西方社会工作不能贴近中国社会弱势领域各个群体及案主的情境，尤其是西方社会工作的价值观及理论与中国社会的文化语境截然不同，使得公众对专业社会工作认同度较低。这样，缺乏本土的具有中国特色的社会工作理论，最终会影响社会工作在中国专业化的进程。

相比之下，尽管 1949 年与改革开放后的这两个时期中，社会工作的体制与模式在中国有所变化，然而，在实践领域，实际的社会工作却一直延续着，只不过实施社会工作的人员发生了变化。比如，1949 年以前是萌芽的专业社会工作者，而 1949 年之后是非专业行政型社会工作者。而在这 80 年代到 90 年代的时间里，我国对社会工作实践的探索从未停止过。比如，在社会工作的各个领域（包括儿童、青少年、妇女、残疾人、医疗、矫治以及社会救济与社会保障等方面），以及各种社会工作方法（个案工作、家庭工作、团体工作、城乡社区工作、社会行政等）方面，都积累了非常丰富的本土经验。但是，遗憾的是，长期以来，我国的社会工作者未能对这些经验做出系统的理论总结、分析和提炼，以建构出能够反映我国国情、包含我国社会工作实务经验的、可以用来有效地指导我国社会工作实践的社会工作理论。

综上所述，对中国社会工作理论的总结和发展，就需要在了解和熟悉西方社会工作理论的基础上，吸取相关领域的研究成果，探索在中国情境及文化中有别于西方社会的优势，提炼出中国社会工作者在不同历史阶段积累的宝贵经验，以总结在中国行之有效的若干助人实践背后的理论基础，整合出立足于中国现实的、反映中国特色与包含中国经验在内的、具有广泛解释力的社会工作理论模式，而这正是当代中国社会工作者义不容辞的责任和义务。

思 考 题

1. 社会工作理论含义及功能是什么？
2. 简述西方社会工作理论的发展过程。
3. 西方社会工作理论的逻辑结构有哪几种？
4. 简述西方社会工作理论的主要几种归类。
5. 西方社会工作理论主要有哪些流派？
6. 我国在发展社会工作理论时应该注意什么？

主要参考文献

[1] 何会成，朱志强．寻解导向治疗：于社会工作的应用［M］．台北：八方文化企业公司，1999.

[2] 何雪松．社会工作理论［M］．上海：上海人民出版社，2007.

[3] 李银河．女性主义［M］．山东：山东人民出版社，2005.

[4] 李增禄．社会工作概论［M］．台北：巨流图书出版公司，2002.

[5] 廖荣利．社会工作理论与模式［M］．台北：五南图书出版公司，2002.

[6] 乔治·瑞泽尔．后现代社会理论［M］．谢立中，等译．北京：华夏出版社，2003.

[7] 宋丽玉，增华源等．社会工作理论——处于模式与案例分析［M］．台北：台北洪叶文化事业有限公司，2002.

[8] 徐震，林万亿．当代社会工作［M］．台北：五南图书出版公司，1999.

[9] 王思斌．社会工作概论［M］．北京：高等教育出版社，2006.

[10] 赵雨龙等．充权：新社会工作视界［M］．台北：五南图书出版公司，1999.

[11] 周永新．社会工作学新论［M］．香港：商务印书馆，1998.

[12] Ann Weick，Charles Rapp，Patrick Sullivan and Walter Kisthardt. *A*

Strengths Perspective for Social Work Practice [J]. Social Work, 1989.

[13] Ashley. *Social Force and Aging* [M]. California: Wadsworth Publishing Company, 1985.

[14] David Howe. *An Introduction to Social Work Theory*. Great Britain at the University Press, 1987.

[15] Deminelli. *Feminist Social Work Theory and Practice* [M]. Palgrave, 2002

[16] Dominelli. 女性主义社会工作：理论与实务 [M]. 林青璇，等译 . 台北：五南图书出版公司，2004.

[17] Dennis Saleebey. 优势视角——社会工作实践的新模式 [M]. 李亚文，等译 . 上海：华东理工大学出版社，2004.

[18] Fook. *Radical Casework: a Theory of Practice* [M]. Allen & Uniwin, 1993: 39-40.

[19] Heller K., Swindle R. Jr. & Dusenbury L.. *Component Social Support Process: Comments and Integration* [J], Journal of Consulting and Clinical Psychology, 1986, 54: 466-470.

[20] Hely. *Social Work Theories in Contsxt: Creating Frameworks for Practive* [M]. Palgrave MacMillan, 2005.

[21] Lin N.. *Social resources and instrumental action* [M]. In P. Marsden & N. Lin (Eds.), Social Structure and network analysis. Beverly Hills, CA: Sage., 1982.

[22] Lin N.. *Conceptualizing social support* [M]. // In N. Lin, A. Dean, & W. Ensel (Eds.). *Social support, life events, and depression.* New York: Academic Press, 1986.

[23] Malcolm Payne. 现代社会工作理论 [M]. 何雪松，等译 . 上海：华东理工大学出版社，2005.

[24] Pierce G. R., Sarason B. R. & Sarason I. G.. *General and Specific Support Expectations and Stress as Predictors of Perceived Supportiveness: An Experimental Study*, *Journal of Personality and Social Psychology* [M]. Vol., No. 63, 1992: 297-307.

[25] Rapp, C. A. *The strengths model: Case management with people suffering from severe and persistent mental illness* [M]. New York: Oxford University Press: 1998.

[26] Turner. *Social Work Treatment : Introlocking Theoretial Approached* [M]. The Free Press, 1979.

[27] Walsh. *Theories for Direct Social Work Practice* [M]. Brooks/Cole, 2006.

第二编

社会工作方法

第六章　个 案 工 作

个案工作是社会工作实务的三大方法之一，也是最早发展的社会工作方法和其他社会工作方法的基础。本章将从融会取向的角度，介绍与讨论个案工作的基本内容，包括个案工作的定义、性质与基本价值，个案工作的基本方法和它在中国社会、文化环境中的实践。

第一节　个案工作的基础知识

在社会工作创始之初，其所关注的主要是个人和家庭的问题。所以，社会工作对个人的服务（social work with individual），是起源最早、使用最为普遍的一种社会工作方法，我们必须对其有所认识，并善加运用。

一、个案工作的定义、性质和目的

个案工作在其百年的发展历程中，许多专家学者对个案工作的理解和界定，因其工作方法和实施模式的差异而各有其侧重点。以下是国内外社会工作专家对个案工作的定义。

社会工作创始人之一，美国社会工作学家玛丽·里奇曼（Mary Richmond）认为："个案工作包含一连串的工作过程。它以个人为着手点，透过对个人及其所处社会环境作有效的调适，以促进其人格的成长。"① 这是个案工作最初的定义。

美国社会工作学者鲍尔斯（Swithum Bowers）认为："个案工作是一门艺术，它运用有关人际关系的科学知识与技巧，以激发个人的潜能和社区资源，使案主与环境有更好的适应。"② 这是个案工作最具有代表性的定义。

---

① Mary Richmond. *What is social Work*? [M]. New York：Russell Sage Foundation，1992：98-99.

② Swithum Bowers. *The Natural and Definition of Social Casework* [J]. Journal of Social Casework. October 1949：311-317.

美国社会工作学者斯梅丽（R. E. Smalley）认为：“个案工作是以个别的方式，透过专业关系的过程，促使案主运用社会服务，以促进其本身福利或社会福祉的一种方法。”① 这是功能派个案工作的定义。

哥伦比亚大学社会工作学家霍丽斯(Florence Hollis)认为:“个案工作是一种社会暨心理的调适方法,它认为个人内在心理因素和外在的社会环境因素引起功能上的失常,因此,个案工作的目标在于促使个人内在需要更充分满足和社会关系有更适当的功能表现。”②这是心理和社会治疗学派对个案工作的界定。

台湾社会工作者叶楚生认为：“个案工作是现代社会工作中一种由个人入手的专门工作或方法，其实施对象为个人或家庭，主要目的在于帮助发生问题或遭遇困难的个人或家庭，对于他们的问题加以详细的研究及分析，予以适当的处理，以期解决其问题或困难，促进其个人人格的健全发展与家庭生活的调适，以增进其个人的、家庭的与社会的福利。”③

综合上述的不同学派主要代表人物对个案工作的看法，归纳个案工作的概念，它至少包括下列含义：个案工作是从个人入手，以个别化为工作方式；工作对象是需要帮助的个人或家庭（又称为案主）；个案工作融科学性、技术性、艺术性于一体；注重挖掘案主的个人潜能；个人福利的增进不妨碍他人或社会利益，并同时增进社会福利。由此，我们提出了个案工作的定义：个案工作是社会工作方法的一种，它以生活适应不良的个人或家庭（又称案主）为服务对象，由专业社会工作者运用有关人和社会的专业知识和技巧，为个人或家庭提供物质或情感方面的支持与服务，以帮助他们解决一些本身能力和资源无法解决的问题，以达到个人和社会的良好福利状态。在对这个定义的理解中，我们十分重视个案工作是一个过程，这个过程是：工作者采取一对一的方式，透过与案主建立良好的工作关系，给予支持与辅导，提供社会资源，改善与协调其周围的人事与环境；以协助案主抒发内心感受，认识面对的问题，充分发挥自己的能力，善用各种社会资源和机会，从而解决问题；并在恢复或增强其适应能力的同时，更进一步提高案主的信心与生活素质。④

从以上对个案工作的定义与理解中，我们可以进一步界定个案工作的性质，即：

---

① Ruth E. Smalley. *Theory for Social Work Practice* [M]. New York: Columbia University Press, 1967: 29.

② Filorence Hollis. Casework: *A Psychosocial Therapy*[M]. 2nd ed., New York: Radon House, 1972: 9.

③ 叶楚生．社会工作概论［M］. 台北：作者印行，1967：104.

④ 参见李晓凤．社会个案工作//向德平．社会工作概论［M］. 北京：中国广播电视出版社，2004：77-78.

第一，它是由受过专业训练的社会工作者在社会服务机构内从事的专业性工作，区别于一般社会公益活动及志愿者工作。

第二，个案工作的手段是通过运用各种科学的助人知识及活动来帮助个人和家庭，其本质特征是一种深度的人际互动关系与一种信息传播活动，也是一项助人自助的工作。

第三，个案工作不但属于治疗性质，也有预防性和发展性的功能，其终极目标在于增进个人与社会的福利（Well-being）。

个案工作的目的，可从社会和个人两个层面去讨论。在社会层面，积极的目的是在社会公平与正义的前提下，保障每一个社会个体的尊严和权利。同时，满足个人的需要，使社会更趋公正与平等。至于消极的目的，则在于减轻或遏制因个人或家庭功能失调而引起的社会问题，维持社会安定和发展。在个人层面，个案工作的目的是帮助每一位案主了解和接纳自己的长处和不足，提高他们解决问题的能力，有效地适应社会环境，满足其需求与期望。由此，进一步发挥其潜能，建立信心，过一个有意义且有满足感的生活。

虽然在理论上个案工作的目的和功能是多方面的，但个案工作的发展实际上是受到一定限制的。近年来，随着城市化和现代化所带来的急剧社会变化，在紧张而疏离的城市生活中，人要面对的问题不仅特别多，也非常严重。除了因生活上基本物质条件欠缺而导致的问题外，越来越多的人在个人心理和人际关系上出现了失调现象。由此，个案工作服务的需求越来越大。但是，由于社会资源的限制，发展个案工作服务的人力十分有限。为了应付庞大的服务需求，个案服务趋向于着重补救性和社会控制方面的工作。事实上，社会不但有责任在宏观层面的社会立法和规划方面增加社会设施，建立良好的社会制度和环境，以改善人们的生活；同时，社会也有责任在较为微观的个人和家庭层面，提供更多的预防性和发展性服务，让人们除了具备有效途径去解决迫切的生活适应问题外，也有机会接受一些并非以问题和困难为重点的个案工作服务，以提升生活的品质。然而令人遗憾的是，这种预防性和发展性的个案工作服务，在种种的限制下至今仍未被重视。

二、个案工作的基本价值与工作原则

个案工作除了是基于客观的、可验证的社会科学知识和理论外，它同时是在一套价值原则和社会道德体系下运作的。这里的“价值”可以被界定为“无可证实的信念在指引着专业人士的工作”。① 这是它有别于纯学术性的社

① 参见 Compton and Galaway. *Social work Processes* [M]. 4th ed., Wadsworth Publishing Co., 1989: 177.

会科学学科的地方。

因为要助人自助，个案工作必然受到价值观的指引，以至于个案工作方法与技巧背后都有一套价值观与信念。虽然个案工作实践的方法和技巧会随着时代的更替和知识的增进而有所变化，但这些基本的价值观和信念却是经久不衰的。康普顿和盖乐威（Compton and Galaway）曾提出两个实务的前提：相信个人的个别化和天赋的尊严；相信案主的自我决定。① 从这两个前提，史氏和德氏（Skidmore and Thackeray）找出了社会“个案”工作的哲学基础是：个人是社会的主要关心对象；个人和社会是相互依赖的；个人和社会都有责任存在；每个人都有相同的某些人类需要，但各人有很多的不同及独特的个性；民主社会的一项重要属性是了解每个人的全部潜能，以及假设每个人都能参与社会以履行其社会责任。②

上述价值取向，衍生并建立了一套个案工作的工作原则，使得价值取向可以落实到个案工作实务中。以下结合贝士德（Bieslek）在《个案工作关系》一书③中提出的工作原则，将个案工作的原则作总结性的介绍。

第一，个别化。由于个案工作的基本精神是维护个人的尊严和权利，由此个案工作十分强调接受每一个人由于先天的遗传、后天的经验而在生理、心理和身处境况方面的独特性，即每个案主都是一个独特的个体而不只是一个“个案”。所以，当工作者了解案主后，在协助其解决问题时必须尊重每一个体的差异，提供合适的个别化服务。

第二，有目的地表达情绪。是指工作者重视案主有表达情绪和感受的需要，应协助案主把感受表达出来。由于表达情绪和感受是人类共有的需要，是尊重和接纳案主的表现以及治疗和成长的必经途径，也是一个社会工作者的工具。所以，在个案工作过程中，工作者不但留心聆听、不阻碍案主的表达，有时还鼓励和激发案主去表达其情绪和感受，更不会因案主所表达的负面情绪而表示厌恶或责备。

第三，适度的情绪介入。即工作者应在情绪上对案主有所反应，并适当介入案主的情感活动，目的是建立“个案关系”而非建立友谊。工作者要友善，但不是与案主做朋友。刚做个案工作者时尤需注意这点分别。

第四，妥善处理情感转移（即“移情与反移情”）。几乎在所有有效的工

① 参见 Compton and Galaway. *Social work Processes* [M]. Homewood, III: The Dorsey Press, 1975: 104.

② 参见 Skidmore and Thackeray. *Introduction to Social Work* [M].（丁碧云、沙依仁合译. 社会工作概论 [M]. 台湾：国立编译馆，1980：432）.

③ 参见 Bieslek, Felix Paul. *The Case Work Relationship* [M]. 1974.

作关系中都会出现“情感转移”，工作者需要有能力去辨认和正面、积极地处理案主的“情感转移”，要自己清楚自己的“反情感转移”，知道如何处理把自己同时“代入”及“抽离”于案主的经历、处境、思维、感知、价值观和情绪中的困境。这样，工作者才会感同身受，以便完全体会案主的反应，同时清楚自己作为工作者的角色，由此履行社会工作者的任务。

第五，接纳。当面对案主时，无论对方曾经有什么经历、背景，无论他的问题因为什么缘故而产生，无论他对自己的问题必须承担多少责任，工作者都认为对方是有尊严和价值、有能力去改变自己和改善生命，都是值得帮助的，这就是接纳。不过，初做社会工作者时常将“接纳”当做“赞同”。其实这是两个不同的概念。然而，工作者理智上明白“接纳”，不等于情感可以做到，所以要多反省自己的情感，以及通过督导把事情弄清楚。

第六，非批判的态度。由于个案工作认为人性具有限制和软弱的一面，同时环境的限制和无常也带来不少困难和压力。所以，人在日常生活中遇到问题和困难，是极自然的事，是人生的一种常态。因此，工作者的角色不是判断案主的对与错、是与非，而是以开放、体谅和接纳的心态，试图了解和支持案主，使他们能够在安全的气氛中，坦诚和客观地监视自己的思想、行为和处境，做出积极改变。但是，工作者要培养非批判的态度与能力，应从真正能“接纳”而产生，并经过认识和排除偏见影响的过程才能获得，这是一个相当痛苦的成长过程。

第七，案主自决。个案工作认为，每个人都是独特的，只有其本身有权决定他的生活方式与替自己做主。因此，案主自决成了个案工作另一重要的专业守则。这不但肯定了人替自己诠释问题及做出决定的权利，也隐含了个案工作的一个重要目的：助人自助，发展案主的潜能，让案主学会对自己负责，以及工作者不应剥夺案主成长的机会。

第八，保密。保密指工作者必须对案主的身份和个人隐私，尽量小心处理和保密，以维护案主个人的尊严和权益。这个原则的实施，会使案主感到个人的隐私受到尊重，更有安全感，能够放心地与工作者坦诚地、毫无保留地讨论自己的问题与境况，使双方都可以更加清晰地了解个案的情况，个案工作进程也可以有效推进，最后达成问题的解决。尽管保密原则是工作者获得案主信任的主要原因，但这个原则的运用是有限度的，而且不应该妨碍督导的过程。

第九，工作者的自我认识。工作者必须了解和认识自己的价值观念、观点和偏见，要能通过自我分析、自我批判与自我约束的方式，培养出一个理性的“专业自我”，同时不会失去真诚助人的热心。

虽然上述个案工作的基本价值和工作原则，都是源自现代社会相当基本的价值观，但由于社会转型速度的加快，加上伦理和价值观念受到种种冲击，在个案工作实务过程中，工作者和案主都可能会面对不少价值观念上的矛盾。因此，工作者必须在这些问题上，做出思考与探讨，以求能针对当时的情况，作出专业的判断，以带领案主一起去面对和解决问题。

三、个案工作的理论基础

个案工作者一直以独特的能力和热情来增加人与社会的福利，而这种能力和热情又直接来源于个案工作理论的支持。按大卫·豪（D. Howe）的分类，个案工作理论基础分为“为社会工作的理论”（即知识基础）与“社会工作的理论”（即实施理论）。以下将简略介绍个案工作的知识基础，同时将主要讨论个案工作的实施理论模式。

从内容上看，个案工作的知识基础主要包括：心理分析学理论、社会系统理论、沟通理论、行为主义理论、认知理论以及人本主义理论等。这些知识涉及的学科包括心理学、社会学等许多人文社会科学的基础学科。对这些相关学科知识的全面了解和掌握，对于我们学习个案工作的理论和方法是至关重要的。

至于个案工作的实施理论，是指一组助人的具体理论模式，即是把其他学科的理论融合为社会工作的操作性模式，并以此取得独立存在的价值和意义。个案工作的实施理论主要用于完成诊断、计划、干预与评价任务，以达到行为改变、人格重建、社会变迁以及个人社会功能提升的工作目标。以下将介绍个案工作的传统实施理论模式以及个案工作实施理论模式的新流派。

（一）个案工作的传统实施理论模式

1. 心理社会派个案工作理论

心理社会派理论起源于20世纪20年代，以玛丽·里奇曼的《社会诊断》一书的出版为标志。当时，个案工作因受弗洛伊德精神分析学的影响，个案工作的中心转向深度心理学，被称为“诊断派”。1937年汉密尔顿在《社会工作基本概念》一文中，首次系统地阐述了“诊断派”理论，并偏重于对人的行为作深层的心理分析。20世纪60年代哥伦比亚大学霍丽斯的《个案工作——社会心理治疗法》一书出版，强调了社会心理治疗学派的重要观点，即将案主的心理状态、心理过程同他的社会环境结合起来考虑并开展工作。心理社会学派由此成为美国当代最具影响力的个案工作学派。

心理社会学派主要是将系统理论运用于个案工作过程中，强调人与环境互动的体系，这个体系成为“环境中的人”。包括三个要素：人、环境及二者的相互影响。“人”是指个人内在的心理体系，以人格发展与自我功能为主体；“环境”是指个人生活的社会网络及物质环境。在人与环境相互影响的体系中，任何部分的改变将引起其他部分的改变，如此不断的相互影响、塑造，最后达到平衡状态。所以这一派别认为治疗的首要任务在于调整个人的人格体系，并配以环境的调整，进而增加人格的成长与适应。其协助目标在于适当满足案主的基本要求，帮助他处理面对的问题，增强有效处理问题的能力，减轻痛苦，以增加实现目标与期望的机会与能力。在环境改善方面，则尽量让案主担当改善环境的责任，只有在案主自己来做太慢或太困难时，才由个案工作者予以协助。①

2. 功能派个案工作理论

功能派个案工作在 20 世纪 30 年代起源于美国宾州大学社会工作学院，1930 年由弗洛伊德的追随者兰克倡导，后经宾州大学社会工作学院教授塔夫和罗宾逊提出“机构功能”和“助人过程”这一概念而得名。宾州大学社会工作学院因此博得“功能派学院”的名声。1976 年，斯梅丽出版了他的《社会工作实施理论》一书，具有相当浓厚的功能派色彩，因而被视为将功能派理论发扬光大的功臣人物。

功能派认为，所有社会工作的目标都在于发挥个人、团体和社区的潜力，以满足个人需求和社会利益；同时要发动社会力量来制订社会政策，建立必要的社会机构和健全的社会职能，使社会上所有的人都有自我实现的机会。而个案工作者的职责在于发展、执行社会服务方案，以满足一些单由个人努力无法达到的需求，以增进个人的成长与福利。至于社会工作机构则是使个人利益与社会利益相结合的地方，也是社会政策实施的地方。因而这一派别认为个案工作的目标主要不在于治疗，而在于达成机构的社会目标。②

3. 问题解决派个案工作理论

问题解决派理论起源于 20 世纪 50 年代早期，创始人是波尔曼女士。当时许多人对以动态心理学为主的功能派和诊断派感到不满，欲以新的理论派别代之，问题解决派由此产生。这一派别由诊断派分支而来，同时，又借用了一些功能派的实施观点、自我心理学理论、存在主义的哲学观以及社会学中有关社会自我的发展理论综合而成。

问题解决派认为，人类生活是一种一连串问题解决的过程。假如一个人无法适当的处理问题，其原因可能是缺乏动机、能力和机会，因此必须靠着机构所提供的物质的、社会的和心理的协助，才能解决问题。正是从这个角度看，工作的主要目标是帮助个人或家庭调动其最大的潜能，解决目前面临的问题。

① 参见李晓凤．社会个案工作［M］∥向德平．社会工作概论．北京：中国广播电视出版社，2004：83-84.

② 参见李晓凤．社会个案工作［M］∥向德平．社会工作概论．北京：中国广播电视出版社，2004：84-85.

其主要方法包括：引导与增强案主寻求帮助的动力；进一步挖掘案主的潜力，提高其解决问题的能力；为案主提供解决或减轻问题时所需的资源或机会，使其有机会成功地扮演角色。①

4. 行为修正派个案工作理论

行为修正学派起源于19世纪末，它的奠基者是俄国心理学家巴甫洛夫和美国心理学家桑代克。但因为当时社会仍然以心理分析理论为主流，故该理论未受到学术界注意。一直到20世纪50年代以后，它才受到心理学界的普遍重视，从而也开启了其临床领域，60年代又发展成为临床和助人领域的重要科学。到了20世纪70年代，行为修正学派成为个案工作的一个分支学派。

行为修正学派只有一个统称，内部又分许多派别，但被认为是基本派别的有三个，即反应制约派、操作制约派和社会学习派。行为修正学派认为，人的行为是可以观察到的，而且是可以找到原因的。行为持续存在的必然条件是，有引发行为的前因与维持行为存在的效果反应，二者缺一不可，因而人的行为是可以控制的。在工作过程中，个案工作者以与问题有关的当前行为，即直接以偏差行为或症状为治疗对象，并运用行为修正技巧，与案主一起解决问题。②

5. 人本治疗理论

人本治疗理论由美国心理学家卡尔·罗杰斯创立，其理论分析模式的发展大致可以划分为四个阶段：1940—1950年的非指导性治疗阶段；1950—1957年的案主治疗中心阶段；1957—1970年的治疗条件阶段；1970—1974年的以人为中心的治疗阶段。概括地说，这一流派的工作方法很看重对生命的投入和体验，以及对人的尊重，也被视为存在一人道主义派的主流。它与强调人是被潜意识控制的心理分析派和强调人是被环境控制的行为治疗派分庭抗礼，现已成为一个重要的个案工作方法。

罗杰斯的人本治疗法的焦点是案主，而不是他的问题。他要求工作者深切了解及体会案主的心态和处境，协助他处理自己的难题，而不是帮助他解决表面的问题。在工作过程中，工作者强调的是案主的内在能力，并要尽量协助案主了解和依靠自己的内在资源，使其能够发挥自我引导的本能，学习和克服阻挠他成长的障碍。这样，工作的过程也就是协助案主成长的过程。不过，这一方法对工作者的要求很高，它不看重所谓技巧的掌握，而是重视工作者的本

---

① 参见李晓凤．社会个案工作［M］//向德平．社会工作概论．北京：中国广播电视出版社，2004：85.

② 参见李晓凤．社会个案工作［M］//向德平．社会工作概论．北京：中国广播电视出版社，2004：85-86.

质、态度、人生观，即他整个人。最基本的，工作者需要为案主提供同感、真挚和无条件关怀。他需要全身心地投入与案主的交流。在必要时，他作为案主的一面镜子，要反映案主心理的感受和意念，以增加案主对自己的了解。同时，工作者不是以一个专家身份出现，他不会对案主情况做出定论、诊断或任何的批判。他深信案主本身有权力和能力去决定自己应走的路，而其角色就好比一个配角，即协助主角（案主）尽量发挥自己的潜能。①

（二）个案工作实施理论模式的新流派

传统个案工作实施理论模式在其产生、发展的过程中不断遭遇着各种反思性的挑战及批评，首先遭遇了来自内部的一些质疑。比如，人本治疗理论的创始人卡尔·罗杰斯就对传统个案工作实施理论模式的指导方法的有效性，产生了怀疑，进而提出了非指导性的人本治疗理论模式。虽然罗杰斯的人本治疗理论模式依旧以实证主义作为哲学基础，注重人与外部环境之间的交流，仍然属于传统个案工作实施理论模式的范畴，但是，罗杰斯的质疑却揭开了反思传统个案工作实施理论模式的序幕。随后，传统个案工作实施理论模式经历了一系列挑战，其中，其面临的最大挑战来自于后现代主义思潮。后现代主义对传统个案工作实施理论模式提出了尖锐的批评，质疑其实证主义的哲学基础，怀疑其以人与外部环境之间相互影响作为理论逻辑而构建的基本视角，并动摇了个案工作者的专家地位。于是，受后现代主义思潮的影响，个案工作领域逐渐出现了一些以建构主义为哲学基础的新的实施理论模式，并与传统个案工作实施理论模式相抗衡。② 因篇幅限制，以下仅介绍个案工作实施理论模式的两大新流派，即寻解导向模式与叙事治疗模式。

1. 寻解导向模式

寻解导向模式（Solution-focused Therapy）是近30年逐步发展成熟的辅导模式。它主要由以史提夫·狄世沙及其妻子燕素·金柏（Insoo Kin Berg）为首的一群家庭治疗员在美国苗洛基市的精要家庭治疗中心（Brief Family Therapy Centre，Milwaukee，MI）发展出来的一种崭新而成熟的理论模式。

此模式受后现代思潮的影响，并以建构主义作为哲学基础，认为案主的问题不是独立的客观事实，而是通过与案主的交谈，在言谈间逐渐呈现并建构出来的。而这个建构的过程以及建构出来的案主的问题是最重要的。因此，寻解导向模式不执着于问题的定性、成因、诊断以及评估，而是倡导透过工作者与

---

① 参见李晓凤．社会个案工作［M］//向德平．社会工作概论．北京：中国广播电视出版社，2004：86-87.

② 参见童敏．个案辅导模式的后现代转向及其面临的挑战［N］．上海：华东理工大学学报：社会科学版．2003（4）：16.

案主交谈的过程，共同建构出对问题的新理解，特别是问题的解决之道，这就是寻解的过程。同时，寻解导向模式相信案主是有足够能力和资源去解决自身的问题，只是案主暂时对此未能察觉。故此在交谈的过程中，工作者要提供足够空间，让案主表达对负面的行为及时间的理解和感受，并关心及引导他们期望的转变，并协助案主发掘自己的强处以及成功经验，这不仅可以在解决问题中善加利用，而且有助于增加案主应变及解决问题的能力；进而，以此为基础，以现在及将来为焦点，与案主共同谋求一个解决问题的可行的目标、方案与方向。可以说，寻解导向模式的信念和“助人自助”的理念十分吻合。①

概括地说，寻解导向模式由三条黄金定律及五组问句所构成。这三条黄金定律是：①如无破损，且由得他。即工作者不应以自己的标准和意愿，将问题强加于案主，而要视案主的观感，以是否有案主的邀请为准，决定是否介入。②知其可行，宜乎多做。即留意案主成功的经验，鼓励案主继续尝试，推动其积极有效的行为，加强其改变的决心。③知其不可行，另寻他法。即当以往的方法无效时，要做出反省及检讨，改换其他方法解决问题。而五组问句则是寻解导向模式的主要辅导技巧，它们分别是：询问面谈前的转变；询问例外情境；奇迹问句；刻度问句以及应付问句。②

2. 叙事治疗模式

从20世纪80年代开始，后现代思潮的影响几乎渗透了社会人文学科的各个领域。在心理治疗领域，后现代思想同样向传统心理治疗的理论及实践提出了挑战，从而引发了许多临床心理学工作者对现代心理治疗理论和方法技术进行批评和解构，以建构更具有时代精神精华的心理治疗理论与方法。在这样的背景里，澳大利亚的麦克·怀特和新西兰的大卫·爱普斯顿将叙事学引入心理治疗领域，并以建构主义为哲学基础，开创了一种富有后现代主义精神且真正“以人为本”的心理疗法——叙事治疗模式。

叙事治疗认为，人类生活和经历更多地是充满了“意义”和故事，而治疗的问题又源于生活，因此，应回到通过“叙事”的方式回归生活进行治疗，应以“叙事”为隐喻，把案主的生活经验当成故事，通过“故事叙说”、“问题外化”、“由薄到厚”等有意义且能实践的方式，体验案主的生活故事，并帮助案主重新检视自身的生活，重新定义生活的意义，进而回到正常的生活，开启生活的新空间，以此达到治疗的目的。而叙事治疗模式与过去心理治疗模

① 参见李晓凤．社会建构的心理咨询方法［M］//佘双好．心理咨询与心理健康教育．北京：中国人民大学出版社，2007：319-321.

② 参见游达裕、朱志强．寻解面谈在香港发展的趋势及展望［OL］．http：//www.yipsir.com.hk/SGT_ Handouts/Solution-focussed_ Therapy.pdf，［2006-12-22］．

式最大的不同就是，叙事治疗相信案主才是自己的专家，工作者只是陪伴的角色，案主应该对自己充满自信，相信自己有能力并且更清楚解决自己困难的方法。此外，需要指出的是，叙事治疗作为一种新兴的心理治疗模式，并不盲目地排斥各种经典心理疗法，而是在反思中吸纳百家所长，为己所用。比如将认知疗法和叙事心理疗法相结合，发展出认知叙事心理疗法，这样，它的发展空间逐渐拓宽，并受到了越来越多的关注，得到了越来越广泛的应用。①

可见，上述后现代取向的个案工作理论实施模式，在某些方面具有一定的创新性，但它们也面临着一些无法回避的挑战。比如现实主观构建的不可能性，主体间构建关系的困境等，因此，这些理论实施模式的发展有赖于对后现代主义的超越。②然而，无论是传统的个案工作理论实施模式，还是新流派，都为我们提供了分析问题和解决问题的不同方式与角度，工作者可以根据它们所提供的启示，按照不同的实际情况，选择使用，以使工作能收到更好的效果。不过，到目前为止，我们仍未能有一套普遍为大家认同和采用的个案工作理论。近年来，受到系统理论的影响，加上个案工作者直接与案主及其家庭的接触，越来越多的工作者发现，任何单一的实务理论都有一定的限制，未能充分解释和解决人与社会的问题。假若工作者刻板地追随某一套理论，结果只会是画地为牢，限制了自己的思想和工作，影响了工作的成效。因此，一个可以包容和综合各方面学说和理论的融会取向，渐渐为个案工作者所接受和采用。尽管不少人对这种取向仍持保留和怀疑的态度，但事实上这种取向已得到广泛的接纳和应用。比如，个案管理作为“综融性社会工作”的代表而逐渐广为流行。③

第二节 个案工作的基本方法

现代个案工作的三大基石是哲学（价值）、科学知识和理论以及工作方法。本章在介绍与讨论了个案工作的性质与基本价值及其基本理论模式以后，将继续介绍与讨论个案工作的基本工作方法，主要包括以下三个方面的内容：

---

① 参见方必基，张樱樱，童辉杰．叙事心理治疗评述［J］．神经疾病与精神卫生，2006（6）：76.

② 参见何雪松，陈蓓丽．当代西方社会工作的十大发展趋势［J］．南京：南京师范大学学报，2005（6）.

③ 参见王思斌．社会工作综合能力（中级）［M］．中国社会出版社，2007：174-175.

一、个案工作的基本程序

个案工作是透过一连串的过程，以一对一的方式，有计划地协助个人解决问题、调适关系及发展功能的。这一连串的过程包括六个基本程序，即接案、收集资料、分析诊断、订定计划、个案介入、结案评估。①

（一）接案

当个人或个别家庭遇到困扰问题时，通常只有少数人会主动申请协助，大多数人都是由于别人的引介而前来求助的。个案工作者第一次会见求助者，称为接案。接案时个案工作者一方面要了解案主的问题、需要和具体要求，另一方面要评估案主的问题是否符合机构服务的范围和权责，以决定是否接案。决定接案之后，个案工作者通常会和案主作初步会谈，约定下次进行的方式和时间。在这个阶段，除了上述事务性的工作，最重要的还是与案主建立初步关系，给予支持和鼓励，减轻对方的焦虑，提高其解决问题的决心和信心。而当工作者与案主理清了彼此的要求与期望，建立了共同的初步目标后，工作者可以与案主制定文字或口头上的合作契约，以期强化其面对问题的动机和决心。

（二）收集资料

接案后，社会工作机构通常会依据案主的情况，安排适当的社会工作者负责处理。在这个阶段，最主要的工作就是探讨问题和收集资料。不过，个案工作者的理论取向常常是影响资料收集过程的一个很重要因素。而各种理论对人格的发展和人的问题都有不同的看法，由此，不同的理论将会引导工作者从不同的角度探讨问题。比如，以精神分析学派理论作为主要参考的工作者，便会倾向对人的心理作深入探讨，试图追溯案主问题产生的心理原因。其探讨的重点是案主对童年经验、潜意识行为与自我防御机制等，对于案主当前身处的环境则很少会涉及。而一个行为主义工作者则会注意案主问题的具体外显行为，其探讨重点是环境如何影响案主的认知和行为，至于案主主观的感受和情绪反应则不会细心研究。从以上的分析中，可见以单一的理论基础处理问题，虽然较为深入，但欠缺全面，可能会固化和限制工作者视野的广阔度。然而，值得一提的是，个案工作发展到今天，虽然仍然有不同的理论派系，但似乎大家已达成一个共识，就是人是十分复杂的个体。若要真正了解案主，工作者必须参考各种不同的理论框架，选取合适的理论和概念，对案主各方面作较全面观察。比如，对近几年个案工作理论有很大影响力的心理社会治疗学派，就十分强调“生理、心理和社会”的调查和研究的重要性。

---

① 参见李晓凤．社会个案工作［M］//向德平．社会工作概论．北京：中国广播电视出版社，2004：88-93.

至于收集案主相关资料的途径则很多，经常用到的包括：

第一，与案主会谈：透过案主直接的描述，可以了解案主自己对于问题的看法和感受，同时也可以在会谈中观察到案主的态度和行为。

第二，家庭访问：与案主的家庭建立初步关系，并且实地观察和了解案主的家庭状况、家人关系和生活环境，以及向案主的家人收集资料，印证案主自己的描述是否确实。

第三，相关人员的访问：必要时，进一步找出与案主有密切关系的人，并进行访问。比如访问案主的亲戚、朋友、师长、同学、同事等，以便收集更多的资料。

第四，查阅相关记录：从相关机构或场所获得案主的书面资料。比如，从医院获得案主的就医记录，从学校获得案主在学校的成绩及操行纪律等。不过，在查阅这些记录时，必须特别注意不得伤害案主的隐私和权益。

（三）分析诊断

收集资料的目的是为了分析和诊断，资料收集到某一程度时，个案工作者就可以加以归纳、整理，据以分析问题产生的原因，并诊断未来介入的策略。有关分析与诊断的要点，怀德克（Whittaker）曾从心理暨社会取向提出四个导向①，包括：

第一，生理功能方面：从案主的性别、年龄、教育背景、就业状况、婚姻状况、健康状况等基本资料去分析与诊断。

第二，心理功能方面：以案主的智力状态、人格特质、自我概念、心理防御机制的运用情况去分析与诊断。

第三，社会功能方面：从案主的人际关系能力和社会角色功能去分析与诊断。

第四，环境方面：从案主生活环境相关的社会文化因素去分析与诊断。这些因素包括个人所属的民族、语言、宗教信仰、社会阶层及主要的参考团体等。

对于上述四个分析与诊断的导向，在个案记录上有时可以归纳为个人因素、家庭因素、学校因素及社会（或社区）因素，并作摘要式的描述。此外，需要指出的是，不同的理论架构和基础，是工作者对案主及其问题分析与诊断的依据，如果采用单一理论，分析与诊断较为容易进行，因为每一套理论都有其重点和解释现象的方法和概念，但未必能够根据实际的情况，作全面和弹性的推论。为此，我们提出了解决这一问题的融会取向架构。根据融会取向的架构，工作者可以较为客观地针对案主实际的情况和其主观的诠释，从各种理论中选取合适的重点和概念，以检验问题的本质和症结，解释问题的成因和影

① 参见黄维宪，曾华源，王慧君．个案工作［M］．台北：五南图书出版公司，1998.

响，并找出案主能力所在和受到的限制，对个案做出较为全面的诊断。

（四）订定计划

工作者对案主问题的情况、性质、原因和影响做了周详的分析，并掌握了问题的症结之后，社会工作者便可以和案主一起探讨解决问题的途经、方法、步骤、可用资源和预期达成的目标，然后共同设计一套介入计划。订定介入计划，一般可以从近期目标和远期目标两个方面去考虑工作的途径或项目①：

第一，近期目标方面：针对案主的问题提出解决的方法。比如，改变某项行为、澄清某些价值观念、克服某个问题等。

第二，远期目标方面：针对案主能力的充实提出协助的方案。比如，加强自我认识、建立自信心、改善家人关系和发挥潜在能力等。

工作项目确定之后，工作者即可与案主逐项提出最有效的方法和步骤。在这个过程中，一般来说，以下几点是必须考虑的因素：需要处理的问题的性质；案主的个性、能力和需要；案主的环境和支持网络；可用的资源；工作者所属机构的职能范围；工作者本身的条件，如理论取向、个性及能力等。而从融会取向的立场出发，各种个案工作和辅导理论所提出的任何方法和技巧，在考虑过以上六点因素后，都可以被选择性的采用，兼容并包，共冶一炉。也就是，以一个实务角度找出最适合的工作者和案主，以及最有效率达到目标的方法。这种具有相当弹性的选择，并非任由工作者主观和盲目地采用某些概念和方法而得到，而是经过细心和周详的设计，选用的方法和技巧也是经过临床实务验证的。

（五）个案介入

个案介入，是指在分析诊断和订定计划之后正式协助案主解决问题的实施过程，也是整个个案工作运作过程的最主要一个环节。事实上，个案工作的每一个阶段，或多或少和直接或间接已经有介入的作用。例如接案时的情绪支持、收集资料时的诚恳态度、分析诊断时的专业表现及制定计划时的共同设计，都有助于增进案主解决问题的信心和能力。不过，到了个案介入阶段，社会工作者是以更系统与结构化的方式，协助案主处理自己的问题。一般来说，社会工作者实际介入和处理案主的问题可以分为以下几个方面进行②，包括：

第一，支持和鼓励：传达感同身受的接纳和了解，以增加案主的希望和自信。

第二，信息和意见的提供：提出具体可行的意见，使案主更能认识自己的

① 参见林孟秋．个案工作方法［M］//周永新．社会工作新论．香港：商务印书馆，1994：91-109.

② 参见周永新．社会工作新论［M］．香港：商务印书馆，1994.

处境。

第三，情绪的疏导：容许或引导案主表达内在的情绪，并给予适当的回应。

第四，观念的澄清：澄清案主错误的见解和信念，建立合理的思维方式。

第五，行为的改变：应用行为改变的概念和技巧，协助案主改善不适应的行为。

第六，环境的改变：运用社会资源，协助案主改善物质环境与人为环境。

第七，直接的干预：如果遇到紧急的情况，或法律赋予社会工作者特定的职责时，工作者也可以不经案主或其家人的同意，采取某种直接干预的行动。例如，暂时将受虐待的幼儿带离家庭，将遭到性侵害的少女安置在庇护机构。

（六）结案评估

当案主问题已获得了圆满的解决，或者是案主自己已经有所成长并具有能力应付和解决自己的问题时，就可以结案。由于结案表示个案工作者的协助告一段落，以后案主必须自行处理问题，这样，案主可能会有某种程度的不安，工作者应该审慎处理。在这一阶段，主要的工作包括：

第一，预告结案的时间：依据个案评估，预先安排结案的大约日期，并在倒数的第三次会谈时告诉案主，让他有心理准备，能够顺利终止受助的关系。

第二，回顾介入的经验：大约利用三次会谈，协助案主回顾收案以来共同处理问题的过程，并作重点讨论，以便从经验中强化其处理问题的能力和信心。

第三，交待注意事项：与案主客观的检讨个案过程尚待努力的地方，并提出若干注意事项，让案主在独自处理问题时有所依循。

当然，结案并不代表个案工作的全部结束，也不表示从此以后社会工作者可以不再关心案主了。相反地，为了确保案主在结案之后能够调适得很好，工作者通常还要进行6个月至2年的追踪服务。

以上描述的工作过程和步骤，只是理念上的划分，以方便说明和讨论。实际的个案工作过程十分复杂，上述阶段和步骤并没有必然的先后次序，而且往往并排进行。不过，若对个案工作过程有概念上的程序分类，且能灵活运用，是可以使个案工作进程更有计划、更有方向的。

二、个案工作的专业关系

个案工作的专业关系指社会工作者和案主间所建立的相互尊重、相互信任、彼此合作的一种工作关系，并通过双方内心感受与情绪的动态交互反应，以协助案主解决问题，提高案主的个人能力。个案工作的专业关系是个案工作成功的关键。良好的专业关系如同开启了一个窗口，借助它，工作者可以看到案主的内心世界与案主的真实生活，而案主则看到了自己小世界之外更广阔的世界。在专业关系之中，工作者和案主互动，彼此分享解决问题的忧与乐，完成对彼此所应扮演的角色的期望，共同获得成长。

个案工作的理论认为：人类的成长及人格的养成，主要是在个人与他人的关系中，学习并内化了他人的观点、情感、价值观与行为模式等而形成了自己的人格。一个自我功能有缺陷的人，他再学习的过程也会和儿童的学习过程相类似，即在父母或重要他人适度的爱与期待的气氛下，能内化他人的教导，发展自己的能力。因而，充满爱、接纳、鼓励、信任等特性的关系，能提供给案主一个有意义的纽带，激发案主的学习动力，促进案主接受工作者的协助和影响，学会如何对待自己、对待他人、对待生活。案主还可以将这一协助经验内化、增进个人自我表现功能（人格）的整合与发展，获得更为深刻、全面的自我认识，从而产生自信及自助的力量感。从上面的描述中，我们可以知道个案工作的专业关系基本上是：

第一，满足案主需求的关系。工作者以促进案主的成长、发展，并培养较好的适应形态为己任，并且提供满足需求的态度与服务。

第二，激发案主新动力的关系。工作者提供温暖、支持且给予安全的关系，可以减除案主的焦虑不安等情绪，帮助他将全部精力用于积极的改变和调适上。

第三，整合与人相处的关系。工作者以沟通、关怀与支持的方式，希望让案主有归属感，经过同工作者建立良好的关系，重新肯定自己是社会的一分子，并将从这个关系中所获得的经验，运用到其他的人际交往与学习的关系上。

第四，互助的关系。通过工作者与案主间态度与感受互相传送的过程，能达到协助案主认识和调整自己的态度与情感，减少人际关系障碍的目的。

第五，真实的关系。工作者以真诚的态度面对案主，同时鼓励案主真诚地表达自己，协助案主认清现实性与非现实性的认识与期待，以避免错误的期待和印象，促使服务过程顺利而有效地进行。

第六，互补的关系。工作者与案主对彼此关系有着共识。作为案主，必须坦诚而开放地表达自己的问题与困难，工作者必须倾听和接受，并提供必须的资源帮助案主解决问题。

此外，很多个案工作者和心理辅导的学者①，对助人关系（helping rela-

① 参见 Alan Keith-Lucas. *Giving and Taking Help*. Chapel Hill：The University of North Carolina Press，1872：47-65；Helen Harris Perlman . *Relationship*：*The Heart of Helping People*. Chicago：The University of Chicago Press，1979；Patterson C. H. . *The Therapeutic Relationship*：*Foundations for an Eclectic Psychotherapy*. California：Books/ Cole Publishing Co，1985.

tionship）有相当深入的讨论和描述。根据他们的意见，一个有意义且有效果的个案工作关系，应该包括下述各点特质：①助人关系应该是双方的关系，需要工作者与案主两方面的投入和配合。②助人关系只有单一的目标，即帮助案主解决问题，提高解决问题的能力，进而充分发挥其潜能。③助人关系除了基于专业的理论和知识外，也包括人与人之间情感的交流。④助人关系不一定是永远愉快的和轻松的。⑤助人关系是包容和不批判的。⑥助人关系必须为案主提供真正的选择。①

三、个案工作的基本技术

个案工作的基本技术是开展个案工作所必须掌握的专业方法与基本工具，主要包括会谈、访问与社会资源、记录三种。②

（一）会谈

会谈是一个人与另一个人相互用言语与非语言的方式交换意见、态度与感觉的过程。在这个过程中，工作者必须具有强烈的责任心和使命感。个案工作的会谈与一般会谈不同，它有明确的目的，有不同的角色之分，无互惠的性质，一切都经过事先的安排，没有随意性。它是一种专业性谈话，通过会谈，工作者与案主沟通内外信息，分担案主的思想、感受，通过有信度且有效率的交谈，获得有助于案主与工作者共同分析问题的真实资料，最后通过沟通，让案主自决如何解决问题。

一般来说，良好的会谈还需要具备一些基本的条件，包括：其一，会谈的环境要尽量安静、舒适，不易被人打搅，使案主能有安全感，能在松弛的气氛中畅所欲言，工作者也能积极地聆听。其二，会谈时间的长短要适中，一般在40-50分钟为宜，最好不要超过1小时。因为时间太长会使双方都感到疲倦。其三，每次会谈的主题与内容必须前后连贯，使会谈能步步深入，流畅进行，并应在会谈结束时决定下次会谈的明确时间。其四，除个人资料外，会谈时不宜做记录，详情应当在会谈后再整理出来。因为当场记录会分散案主的注意力，敏感的案主会感到受怀疑或受威胁。其五，每次会谈前工作者都要有所准备，包括个人的仪表要整洁、适当，使案主易于接受。

从会谈的时间进程看，可以将其划分为三个阶段。

第一，开始阶段。这一阶段工作者与案主初次见面、交谈，在心理上会有

---

① 参见李晓凤．社会个案工作［M］//向德平．社会工作概论．北京：中国广播电视出版社，2004：93-95.

② 参见李晓凤．社会个案工作［M］//向德平．社会工作概论．北京：中国广播电视出版社，2004：95-99.

许多顾虑，因而会谈前的准备就显得特别重要。同时，工作者要多给案主鼓励和支持，促使他多想、多表达。另一方面，工作者应当让案主清楚了解到机构所能提供的服务有哪些，以及案主对解决问题的责任。这一阶段会谈的内容主要是一般性的了解，以获得一些初步的资料。

第二，发展阶段。这一阶段是会谈的主体。工作者通过会谈得到所需的资料，并通过会谈与案主一道分析，共同商定解决问题的目标，订定具体的服务方案、实施方法及工作协议。通过会谈，建立起良好的合作关系，共同解决问题。

第三，结束阶段。这是会谈的最后阶段。工作者对会谈作适当的总结，让案主感受到此次会谈的收获，并预备好以后会谈的时间、地点等。

在整个会谈的过程中，工作者都要积极地去把握和控制，引导案主表达感受，理清问题，使每一次的会谈都有实际的效果。工作者可以通过掌握一些会谈技巧来达到这一目的。在会谈中，工作者还可以运用一定的技巧来影响案主，也有一些行动技术可供工作者采用，包括：问题解决技术，即澄清问题，排列解决次序，选择解决方案；角色扮演技术，即工作者和案主分别扮演不同的角色，使案主获得一些新经验；讨论问题技术，即尽量引导案主思考、参与，争做会谈的主动者，而不是被动的依赖工作者，等等。

（二）访问与社会资源

在个案工作的实施过程中，为了了解案主的有关情况，社会工作者常常需要到案主的家庭、学校、单位或所在社区拜访有关人员，这种专业性的访视称作个案工作的访问。在个案工作发展的历史上，最早出现的访问是家庭访问，于19世纪末由托马斯·查默斯提出并倡导实施。他认为，家庭访问除了经济的补助，还可以进行道德等方面的教育，并且有助于建立案主与工作者之间友好的人际关系。但在早期实施的过程中，由于受到技术等方面的限制，家庭访问的效果并不理想，直到20世纪60年代，随着家庭治疗的发展，家庭访问才重新受到社会工作者的关注和重视。

在个案工作中，一般的访问地点是家庭，另外也有与案主有关的机构，如学校、工作单位、居住社区等。具体访问哪里，要按实际需要来决定。工作者在制订访问计划时要事先征得案主的同意。个案工作的访问一般应遵循以下几个原则：确定访问对案主的影响；认清访问的主要目的和内容；选择适当的访问形式；同案主进行访问前的沟通；访问过程中根据不同的访问形式和对象，运用相应的访问技术；对访问结果进行记录和评价。

访问可以在个案工作的全过程中实施。具体地说，在关系建立阶段，访问的主要目的是收集资料、了解案主有关的情况，并运用专业眼光对资料进行分析、判断，试图发现案主问题的主要原因，使正确的诊断和治疗成为可能；在服务提供与治疗阶段，访问可以得知案主情况改善的程度，了解治疗的效果，并和有关人员进行沟通，取得他们的配合；在最后阶段的访问则多是为工作成效提供可以鉴定的资料，并为案主将来的发展寻求周围环境的帮助。

此外，在运用社会资源时工作者要视情况而定，尽量发挥案主环境体系的作用，调动有关方面协助案主解决问题的积极性。在特别的情况下，工作者还可以将案主转介给其他更有能力解决问题的部门。

（三）记录

记录是个案工作必不可少的一个环节。它是指社会工作者在工作过程中采用不同的方法或手段，以专业知识判断为基础，选择适当内容，详细记录与案主有关的资料及工作的过程。记录的作用在于为正确诊断、有效治疗提供依据，还可以为社会研究、社会计划和教学提供实证材料，而且如果转案或者工作者变迁，记录可以帮助新的工作者了解案主，以保障案主的权益。一般来说，记录的原则有：记录案主完整的基本资料；以会谈后记录为主；有选择地记录；记录要简明扼要；记录基本要件；撰写会谈评价和服务计划；进行摘要记录；注意资料保密。

而一份完整的个案记录应当包括以下内容：一是案主本身的资料。包括基本情况、生理、心理状况如何、社会功能发挥如何以及有关环境系统如何等。二是案主问题的产生原因及其性质。三是案主的期望及其求助时的感受。四是案主对工作人员的态度及结案后的详细情况等。此外，在记录时，一般采用以下三种形式：

一是叙述记录（narrative recording）。叙述记录又称为过程记录（process recording），是常用的一种记录方式。一个理想的叙述记录应该包括下面的内容：基本资料（包括会谈时间、地点、参加人的姓名以及第几次会谈、会谈目的）；会谈过程可以用对话式或者概述总结式；对双方的任何语言或非语言行为作描述；记录工作者对会谈内容的感受、观察以及分析；会谈摘要；下次计划的开展及主要内容。

二是问题取向记录。问题取向记录的目的是为了使记录易于阅读和理解，如此，以S、O、A、P的方式来撰写。记录的主要内容应包括①：(1) 主观因素（S），即案主对自己所处状况的看法，比如认为问题在哪里，是哪些因素造成的，最迫切的需要在哪里。(2) 客观因素（O），指客观的事实和案主周围的环境。(3) 诊断（A），即分析案主问题的真正原因。(4) 计划（P），指协助案主处理问题的方式和步骤等。

三是摘要记录。摘要记录一般是按明确的大纲与标题将各种资料组织起

① 参见黄维宪．个案工作［M］．台北：五南图书出版社，1986：319-320.

来，以表达工作者对某一工作内容的基本观点或看法。摘要记录有以下四种方式：接案摘要；转案和结案摘要；联合摘要；阶段摘要。

第三节　个案工作在中国的实践

专业个案工作虽然起源于西方社会，但中国社会历来重视对人的关怀。中华人民共和国成立之后，我们在本土个案工作中发展和积累了许多有益的工作经验。在总结我们的经验时，借鉴学习其他社会中的经验（如学习专业社会工作的理论和技巧），将之运用于我国的社会、文化环境内，必然有益于对个人的关怀与服务。这也是中国社会工作者努力的方向与责任。

一、中国个案工作的经验积累

中国社会积累了不少具有浓厚中国特色的类似于个案工作的工作经验。不过，我国个案工作不是一种专业化的社会工作，我国传统文化中所蕴含的传统价值观念，对个案工作产生了深远的影响。因此，我国的个案工作实际上是具有浓厚中国特色的准个案工作。

（一）中国传统文化对我国个案工作发展的影响

我国个案工作的实践是建立在中国传统文化的基础上的。中国传统文化中所蕴涵的对人性人生的认识、对家庭伦理关系的认识和对人际关系的认识等传统价值观念，对个案工作产生了极其深远的影响。具体表现为：

第一，中国传统的人性理论造就出一种“人本位”的文化形态，其中包含积极、进取、乐观的人生态度。不过，传统人生观中过分强调个体对整体的服从，又导致了个人人格的压抑和扭曲，限制着人的全面发展与内在潜能的发挥。因此，在吸收西方个案工作的先进思想与技术时，我们需要冷静审视自己的传统，理性选择对社会发展有价值的思想，寻求中西文化融合与兼容的途径与方法。

第二，人们在家庭生活中的一切行为，无不以儒家思想的家庭和睦及稳定为最终目的，而血缘关系、亲子关系一直是传统家庭生活的重心所在，以至于许多家庭的性爱功能与夫妻之间的情爱关系不被看重，这使得较多中国人的婚姻质量存在一定的缺憾。但是，在社会转型的今天，随着家庭结构的小型化、多样化及家庭的生产和生育功能的社会化，人们都对两性情爱和家庭幸福的追求更为强烈；同时，婚姻失调的现象又大量存在。因此，依靠传统的家庭伦理来调适与解决当代我国社会的家庭矛盾及其问题，可以说从观念到手段都将面临着严峻挑战，而西方家庭治疗的个案工作经验应该能在解决我国婚姻家庭问题方面有一定的借鉴作用。

第三，中国文化中包含着处理人与人之间、人和社会之间关系的思想，比如“人生不能无群”、“和为贵”及“礼与仁”的为人处世之道等。这些丰富的人际关系的思想，在促进中国社会的人际关系和谐的同时，也压抑了人性的基本需要或牺牲了个人利益；加之，随着我国现代化中人的自我意识不断觉醒、个人自我实现的需要空前释放等，致使儒家文化中处理人际关系的一些基本行为准则对人的社会角色和行为的约束有所弱化，也使社会变迁中的人与人之间、人与社会之间的利益冲突凸显出来。因此，为了使我国社会在稳定与和谐中快速发展，在传统文化基础上寻找和发展新型的处理人际关系矛盾的理论和手段就十分迫切，而引进和学习西方个案工作理论和方法应该说是我们的一种努力和尝试。①

（二）我国个案工作的传统方法和特点

基于传统的价值观，中国人习惯压抑自身需要，即使认识到自己的需要，也不轻易向他人求助；当困难和问题出现时，又将满足需要的途径指向家庭。因此，中国社会的传统助人手段首先是借助于个人的家庭支持网络来帮助有需要的个人。一旦个人问题是由于家庭本身问题造成的，则这种帮助圈又会从核心家庭指向扩大家庭甚至亲朋好友，直至政府和社会。在社会层面上，这种助人方法呈现出了以下特点②：

首先，强调家庭系统内成员之间的相互帮助。在某种意义上说，这种以家庭为主的传统助人方法，客观上强化了中国人的家庭观念，增强了中国人对家庭的依赖。

其次，体现了专业个案工作的某种性质。中国人在遇到困难向亲朋好友求助中，自然存在着个案工作的一对一的助人关系。因此，其工作方法中不可避免地体现了个案工作的某些性质。比如，在思想政治工作中的直接疏导法、家族支持的间接网络法、环境改变法及资源的运用过程等，均具体体现了专业个案工作的一些性质与本质特征。

再次，政府以行政性手段和组织推行个案工作。自20世纪50年代以来，中国计划经济体制孕育了一个无所不包的政府行政管理体制，个案工作在工青妇及民政等不同系统内展开，个人或家庭问题的解决与协助很多时候是通过组织或行政机构的行政手段加以解决，社会工作者扮演的是行政管理者的角色。

最后，个案工作的目标大多着重于问题的解决。由于儒家思想几千年来一

① 参见李晓凤．社会个案工作［M］//向德平．社会工作概论．北京：中国广播电视出版社，2004：100-101.

② 参见李晓凤．社会个案工作［M］//向德平．社会工作概论．北京：中国广播电视出版社，2004：101-102.

直强调统治者对社会的高度控制，这样，我国的个案工作目标大多以个人对社会应尽的责任和义务以及顾全大局的价值观，进行个人疏导，以此将问题解决于萌芽之中。在社会福利目标定位上，多以社会弱者为扶助对象，采取救急性、救济性的救助方法，目的在于解决问题，维护社会稳定。

二、个案工作的实践问题

由于个案工作是解决个人或家庭所遇到的问题的重要方法，因而它被广泛的运用到我国社会工作的各个实施领域之中，并在其中发挥着积极作用。比如，民政部门的救灾救济、养老助孤、救弱拯危等工作；卫生部门的戒毒与精神病防治工作；司法部门的犯罪矫正工作；劳动部门的就业辅导工作；工会对职工的社会福利服务；妇联的妇女与儿童权益维护工作；共青团的青少年失足挽救工作等。特别值得一提的是我国的人民调解工作。人民调解工作是当个人与他人出现冲突时，由志愿的人民调解员给予帮助、解决纠纷。可以说，这是中国个案工作的独特贡献。事实上，我国许多社会工作部门都在做有关个人或家庭的工作，也积累了许多宝贵经验，但是没有形成在一定的科学知识基础之上的系统工作方法，这方面的研究也比较欠缺。此外，随着我国社会的发展和社会福利的社会化、制度化，我国传统的个案工作正面临着新的挑战。具体表现为：

第一，传统机构和组织在执行个案工作时的职能有所弱化。比如，因单位职工的流动性越来越大，以及职工的福利社会化的改革等，职工对工会的依赖与期待在逐渐减少，由此使工会在对职工提供帮助方面显得心有余而力不足。此外，由人民调解委员会处理的民间纠纷在统计数量上也有所减少。①

第二，社会问题日趋复杂。随着改革的深入，我国社会问题的发生率日益增加，与以往相比，社会问题的性质日趋复杂。比如，离婚人口无论是总量规模还是增长速度都相当惊人，家庭暴力事件数量增加，国企职工大量下岗，吸毒、卖淫、青少年犯罪发案率逐年增加，这就要求个案工作在传统工作领域之外，适应社会需要，发展新的服务。如为个人职业发展提供职业辅导，为家庭提供辅导及亲子教育等。

第三，社会工作者队伍的非专业化。我国大量的社会工作实施主体是，政府的行政组织机构，工、农、青、妇各群众团体的工作人员，城镇街道的居民干部，以及广大的民政工作人员等。由此，使得我国的社会工作者队伍的素质一直处于经验层次，缺乏社会工作的专业教育和助人技术的培训，也使其工作

① 参见莫邦豪，张时飞．人民调解工作的性质、实践和发展［J］∥香港社会工作学报．香港：社会工作者协会出版社，1998（2）：189

效果受到了限制。

鉴于上述几个方面存在的问题，政府的一些机构，如民政部、团中央、全国妇联，以及教育界的一些学者以其对社会工作的高度敏感，意识到在中国存在着以专业伦理和技术为支持的社会工作施展的空间，有必要借鉴西方社会工作的理论和方法，发展我国的社会工作专业教育，培养拥有专业能力的社会工作者，承接原来由政府、企事业单位承担的调解和服务的职能，进行社会管理，解决社会问题，维护社会稳定。此外，自进入20世纪90年代以来，我国还出现了运用一定的个案工作专业知识和技巧开展社会工作的机构和组织，并取得了积极的效果，引起了社会的关注。比如民政部门在社区服务中开展的各类咨询服务、婚姻调适服务及城市居民最低生活保障制度的救助，学校系统特别是大学内纷纷设立的心理卫生机构，以及一些社会工作组织设立的“热线电话”等，都是个案工作方法的运用，它们显示了专业个案工作在我国实践的广阔发展前景。

总之，个案工作在我国的实践，是在我国社会、文化环境内开展的。随着我国社会的发展，个案工作应该在总结已有经验的基础上，学习借鉴专业个案工作的理论与方法。同时，还要注意研究中国人的文化心理特点，以促使我国的个案工作在国际化与本土化中获得迅速发展。

思　考　题

1. 什么是个案工作？试分析其性质。
2. 个案工作应遵循的工作原则是什么？
3. 简述个案工作的基本实施理论模式。
4. 试述个案工作的基本程序。
5. 试述个案工作的专业关系，并分析其特质。
6. 试述个案工作的基本技术。

主要参考文献

［1］周永新．社会工作概论［M］．香港：商务印书馆，1994.

［2］叶楚生．社会工作概论［M］．台北：作者印行，1967.

［3］王思斌．社会工作综合能力（中级）［M］．北京：中国社会出版社，2007.

［4］黄维宪，曾华源，王慧君．社会个案工作［M］．台北：五南图书出版公司，1998.

[5] 向德平．社会工作概论［M］．北京：中国广播电视出版社，2004.

[6] 莫邦豪，张时飞．人民调解工作的性质、实践和发展［J］．香港社会工作学报，1998（2）．

[7] Skidmore 等．社会工作概论［M］．台北：国立编译馆，1980.

[8] 佘双好．心理咨询与心理健康教育［M］．北京：中国人民大学出版社，2007.

[9] Mary Richmond. *What is social Work*［M］? New York：Russell Sage Foundation，1992.

[10] Compton and Galaway. *Social work Processes*［M］. 4th ed. Wadsworth Publishing Co.，1989.

[11] Compton and Galaway. *Social work Processes*［M］. Homewood. III：The Dorsey Press，1975.

[12] Helen Harris Perlman. Relationship. *The Heart of Helping People*［M］. Chicago：The University of Chicago Press，1979.

第七章 团体工作

物以类聚，人以群分，人是群居动物，在其成长发展的过程中，总是属于某个团体，人成长时的团体经验对其适应社会及能力发挥有着重要影响。而人在遇到困扰时，也常常需要社会工作者予以帮助。因此，作为一个社会工作者，需要掌握团体工作的基础知识，并运用不同的方法和技术，去帮助团体成员在团体活动中获得正确的经验和良好的行为，以协助他们增强社会功能，推进个人、团体与社会的进步和发展。

第一节 团体工作的知识基础

团体工作起源于欧洲，后传播至美国，以后在世界各地逐渐传播开来。1844年，乔治·威廉爵士（Sir George Williams）在英国伦敦建立了世界上第一个基督教青年会，同时，美国的基督教青年会（YMCA）于1851年在波士顿成立，而此类组织旨在通过团体活动促进青少年身心健康的发展。之后，1884年，世界上第一个号召知识青年自愿为地方进行服务的机构即汤恩比馆（Toynbee Hall）在伦敦成立，随即，美国也建立了胡尔馆（Hull House）。到了1923年，社会团体工作开始成为社会工作课程之一，1946年在全美社会工作会议上，科伊尔发表了《迈向专业化》的演讲，强调团体工作是一种社会工作方法，这一意见被参会者接受，因此，团体工作开始正式成为社会工作方法之一。此外，受戴维（John Dewey）进步教育理论的影响，团体工作推崇在休闲娱乐中达到进步教育的目标；同时，玛丽（Follet Mary）的“新国家”理论则强调运用民主过程解决问题①。而这些观点影响了社会团体工作过程中运用社会参与、社会行动及民主过程等概念，由此帮助贫民运用知识技能来改善自身的状况，以及运用团体力量来解决问题。

第二次世界大战后，由于受弗洛伊德心理分析和自我心理学的影响，团体工作被视为达成个人治疗目的的一种手段，团体工作也进入医疗领域。而20

① 参见王思斌．社会工作概论［M］．北京：高等教育出版社，1999：97.

世纪60年代以来，因受到许多理论（如“场域”理论、系统理论及行为分析理论等）的影响，团体工作进入了多元化发展时期，同时，社会目标、治疗、互动三大理论模式开始产生。以下就简要介绍与讨论社会团体工作的基础知识。

一、团体工作的定义、类型及功能

（一）团体工作的定义

有关团体工作的定义，学者之间有不同的看法，以下列举几种比较重要的定义。

1949年美国团体工作者协会从团体工作的功能和目标出发，将社会团体工作解释为：工作者在各种团体中，通过团体互动与方案活动达到个人的成长与社会目标的完成。团体工作者的目的在于根据个人的能量与需求去促进个人成长，使个人与他人，团体与社会达到调适，促使个人有社会改良动机，同时让每个人认识到自己的权利、能力与独特性。团体工作者参与团体的目的是为了使团体中的决策不是来自团体内或团体外优势的影响，而是来自知识、理念与经验的分享和整合。经由团体工作者的操作，协助团体同其他团体和社区建立联系，以培养负责任的公民，加强社区内不同文化、宗教、经济或特殊团体间的互谅，促进社会走向民主①。

科伊尔（Grace Coyle）从团体工作对人的发展的角度，将团体工作解释为：社会团体工作是运用团体工作经验的社会关系，促进个人成长和发展，养成具有社会意识的公民，以实现民主社会的理想。

1959年美国社会工作教育委员会从团体工作对人的治疗来定义团体工作，即：社会团体工作是社会工作的方法之一，它通过有目的的团体经验，协助个人增进其社会功能，以及更有效地处理个人、团体或社区的问题。团体工作的对象包括由健康的个人所组成的团体，以及有疾病的个人组成的团体。当团体工作人员运用其专业训练和技巧，去帮助一群在功能上有困扰的个人组成的团体时，他便是在进行团体治疗工作……②

特克尔（H. B. Trecker）则认为：社会团体工作是一种工作方法，是社会机构或团体中的成员，接受工作人员的协助，根据其能力兴趣，在团体活动中与他人发生交互作用，获取团体经验的机会，以促进个人、团体与社区的发展。

---

① 参见 Cartwright and Zanderl，（1978）. *Group Dynamics*, *Research and Theory*. Harper and Row Publishers，Chap 3：45-48.

② 参见 Cartwright and Zanderl，（1978）. *Group Dynamics*, *Research and Theory*. Harper and Row Publishers，Chap 3：45-48.

综合上述不同学者的看法，我们认为，社会团体工作是社会工作基本方法之一，它通过社会工作者参与、组织团体活动及团体成员互助，使参与团体的个人获得行为的改变、社会功能的恢复与发展，并达到团体目标，促进社区发展与整个社会的繁荣。分析这个定义，可以进一步概括团体工作的要点，即：在本质上，团体工作是社会工作直接方法的一种；在对象上，团体工作是以20人以下的小团体及其组成的成员为服务对象；在过程上，团体工作是在工作者的协助下，成员面对面地互动；在功能上，团体工作旨在促进成员之间的良好互动；在目的上，团体工作是透过团体经验的提供，以协助个人增强社会生活功能。①

（二）团体工作的类型

团体工作中团体的分类标准，一般由团体的目标、服务对象的特点和需要、团体的组成方式及团体结构来划分。以形成方式分类，可分为组成团体和自然团体；以参与方式分类，可分为自愿团体和非自愿团体；以成员间联系分类，可分为基本团体和次层团体；以结构划分，可分为正式团体与非正式团体；以目标分类，可分为教育团体、成长团体、支持团体、任务团体等。而杰斯托（Zastow）在《社会工作实务》（*The Practice of Social Work*）中对团体的分类，较多地得到了学界的认同，以下简述之。杰斯托认为，社会工作适用的团体类型主要有以下几类②：

（1）娱乐性团体。这是团体工作中最早出现的一种团体，其主要目的是通过提供团体活动，让成员从活动中得到休闲的乐趣，如男青年会、社区活动中心等机构。在性质上，这种团体虽然是一种自发性的团体，但有时社会工作者也可以安排适当的领导者，以便带领团体成员进入目标导向的活动。

（2）学习休闲技术的团体。这是一种任务取向的团体，成员可以透过团体活动，学习各种休闲的技术，如桥牌、球类运动、舞蹈、烹调等。有时这类团体也带有社会化的作用。如新转入某班的学生或新迁入某社区的居民等，可以通过加入学校或社区的球类团体，在休闲中与其他成员建立良好的关系。

（3）教育性团体。这种团体类似学校里的班级团体，它主要是为人们提供接受各种教育与再教育的机会，而团体成员可以经由相互激励而引发更多的互动。比如父母效能训练团体、退休生涯规划团体及婚前研讨团体等。在这类团体中，社会工作者可以提供安全的环境，并引领成员做有目的的讨论及开发资源等，以满足成员社会化的需求。

---

① 参见李晓凤．社会团体工作［M］//向德平．社会工作概论．北京：中国广播电视出版社，2004：115.

② 参见 Zastow. *The practice of social work*（4th ed.）．Ca：Wadsworth，1992.

(4) 自助性团体。这是社会工作者经常接触的一种团体类型。这类团体一般具有志愿参加并能互相帮助的团体结构，而团体成员也带有特定的目标，如单亲家庭团体、员工戒酒团体等。其基本主张是透过成员的互助来达成团体及成员本身的目标，并反对专业领导者的介入。不过，当团体成员遭遇某种不易解决的问题时，可能需要社会工作者的介入，并且，社会工作者也要求成员通过助人自助的过程来感受助人的力量。

(5) 治疗性团体。又称为心理治疗团体，可分为支持性的治疗、人际关系成长的治疗、内心心灵成长的治疗。在这种治疗性团体中，领导者必须运用团体互助的过程，并客观地观察案主对情境的知觉与感受的表达，以便更清晰地诊断案主的人际需要与困扰的问题，然后经由团体过程给予适当的处理。同时，此类团体也有较高的安全感和信赖感，可以提供成员间相互学习的氛围，增进成员的自我尊重，改善自我认知，帮助成员提高解决问题的能力。

(三) 团体工作的功能

通过对团体工作的历史、定义及类型的介绍，我们认为，可以将团体工作的功能归为四个方面，包括：①提供归属感。即团体工作者在团体过程中会给成员提供一种被接纳、支持的感觉，而成员之间彼此相互认同与接纳目标达成之时，成员的归属感也随之形成。②提供成员互助合作所需的资源。在团体中，社会工作者是成员的合作者和同伴，而成员可以根据自己的需要来扮演各种角色，并通过角色资源、权力资源及实物资源等的充分利用，以此达到自己和团体的目标。③社会控制和治疗的功能。团体的社会控制和治疗功能可以通过以下途径来实现，包括增进成员的适应能力与高度的自我功能的实现，以及通过观察团体的活动过程来学习其他成员的行为，由此达到改变成员的偏差行和社会控制的目的。④作为赋权的工具。许多成员参加团体是基于自身面对挫折，解决问题的能力丧失，对所处环境有着无助感。因此，团体组织者应促使成员在个人、人际关系和政治等层面采取行动，以改善个人所处的社会环境，并运用团体的力量来解决个人和团体的问题。

二、团体工作的价值基础与实践原则

(一) 团体工作的价值基础

团体工作的价值基础有几个来源，包括社会、机构、专业、社会工作者与案主的价值观。因篇幅限制，以下择其重点，对这些价值观作一些简单介绍。①

---

① 参见李晓凤．社会团体工作［M］//向德平．社会工作概论．北京：中国广播电视出版社，2004：119-121.

（1）社会的价值观。社会工作专业起源于西方，以美国为例，按照伯内尔（Brill）提出的观点，美国社会有四个主流的价值观，即：犹太-基督教的教义（重点是人们对友邻的责任与人的尊重、价值）；民主的价值观（强调平等与参与）；清教徒的伦理价值观（重视人们对自己的责任与工作在道德精神生活中的重要性）；社会达尔文主义（强调强者生存与适者生存）。不过，我们照搬西方文化与价值体系在中国进行实践则是不现实的。

（2）机构的价值观。所有的社会工作机构都有能够影响其使命、目标、策略、程序与相关实践的传统价值观。这种传统价值观的例子包括，机构是否重视参与及民主，是否尊重成员的意见等。而团体工作者的立场受着社会工作专业价值观的影响。

（3）专业的价值观。国际社会工作者协会发展了一个伦理准则，这是社会工作专业重要的价值观的操作说明，它指导着团体工作者的行为。马克斯·斯布内恩（Max Siporin）在他关于道德实践原则一书中概括了这些专业性的价值观，包括：重视个人的价值与尊严；重视个人的自主与自我导向；鼓励在助人过程中的案主参与；采取不批判的原则；保证人人有同等的机会接触服务及社会支持；肯定个人与社会的相互依存。

（4）个人的价值观。每个人都是独特的，而每个人都有自己的价值取向。有很多因素导致不同的个人价值观，如民族、文化、种族、宗教、家庭及社会化等。所有这些因素对团体工作者与案主的价值观的发展都起着重要的作用。因此在团体工作实践中，工作者必须对这些因素给予关注，应意识到每一种因素对不同的人有不同的影响。

团体工作者除了受以上团体工作的价值基础的影响外，其实务工作还奠基在以下基本假设之上，包括：①人是社会性的动物，群体经历对人的成长与发展是有价值的，团体经验也是重要的。②借助团体动力的推动，希望转变团体成员的行为、态度与价值观。③团体成员能分享自己的经验，并以此丰富与扩大所有成员的经验与见识。④因经验是能够选择的，所以团体工作者能够有目的地选择团体的过程与方案，并让团体成员去亲身经历，从而产生所期望的转变。⑤团体工作能带来比其他社会工作方法更为持久的转变。

（二）团体工作的实践原则

从以上团体工作的价值基础与基本假设中，团体工作者引出了团体工作的实践原则。这些原则不是一种规章，但它们为工作者的实践提供了应遵循的指引。根据何洁云对科诺卡（Konopka）提出的社会团体工作的实践原则的总结，社会团体工作的实践原则可以归纳如下①：

① 参见何洁云，谢万恒．社会工作实践（小组工作）［M］．香港：香港理工大学，2002：30-33.

（1）认可每个人的独特性及相伴而来的行为的多样性。这是对团体成员个别化的原则。为此，社会工作者必须清楚地认识每个团体成员的独特性差异，以及他们的不同需要和不同问题。同时，对每个成员的不同需要应采用适合的介入方法，并制定有针对性的治疗计划和目标。

（2）认可团体是多种多样的以及随之而来的有关行动是多样化的。这也是对团体成员的个别化原则。因为每个人的差异，使得由人所组成的团体也有差异与有不同的需要及不同的互动模式。工作者应该针对不同的团体采取不同的治疗目标和介入计划。

（3）真诚地对待和接纳每一个人。社会工作者可以有自己看待他人的价值观念，但他不需要对他们的行为和品行表示赞同与否，而应该完整地接纳每一个人，包括他们的长处和不足。

（4）建立有目的的助人关系。在工作者和团体成员之间应该有目的的去建立专业关系，有利于促进团体成员发生行为和态度上的改变。

（5）鼓励及促使团体成员之间实现有益的合作关系。工作者应鼓励并促使团体成员之间建立并发展起有积极意义的关系，以促进团体成员发生改变。

（6）适当地修正团体过程。工作者必须对团体过程了如指掌，为实现团体目标而适当地、及时地予以修正，并创造具有促进转变的支持性环境。

（7）鼓励成员根据自身能力参与团体活动。工作者必须认可和接受每个团体成员之间的能力各有差异，帮助与鼓励每个团体成员按照自己的能力去参与团体活动，而不应使他们感到力所不及。

（8）促使团体成员投入参与解决问题的过程之中。工作者不是高高在上的救世主，而应把自己放在增强成员解决问题的能力及过程的位置上。

（9）鼓励团体成员通过冲突去体验不同的解决问题的方式。工作者应该帮助团体成员以积极的态度去面对他们遭遇的挫折和冲突，并使他们学习使用不同的技巧或策略去解决冲突和问题。

（10）为团体成员提供各种新机会。为团体成员提供各种新机会，旨在使他们通过新的不同的经历来考察自己的潜能，发展自己解决问题的能力，培养人际关系技巧以及体验在团体中的收获，从而能在满足其社会需求中获得成就，以维持成员良好的自信心。

（11）明智地运用制约。指帮助团体成员认识他们的问题，识别制约因素和检验受制约的程度，并利用机构受到的各种制约来帮助团体成员学习如何面对社会上的制约因素。

（12）有区别地运用工作方案。即根据团体成员的不同需要运用不同的方案。

（13）对个人和团体的进步不断进行评估。工作者应该在团体成员的参与中，定期地对团体的进步进行评价，以保持团体的目的和有效性。

（14）热诚、人道和严于律己。社会工作者要做一个真诚、热情和富于人道精神的人，而不是一个冷酷、不人道的人；要严于律己，不能利用团体来满足自己的私欲等。

三、团体工作的发展阶段及重要概念

（一）团体工作的发展阶段

团体是一个动态的过程，是社会工作者为方便实施管理与计划而预先设定的一套程序。许多学者曾对于团体发展的阶段理论提出了非常丰富的论述。其中，较多被人们采用的是葛兰·琼斯与科洛尼（Garland Jones &Kolodny）的理论。他们基于青春期团体的经验研究，以成员心理上的联结来区分团体各阶段，并指出团体的发展过程并非直线型的，而是螺旋型与矩阵式。按照这种模式，社会团体将经历以下五个发展阶段：

（1）建立亲近的前奏期。团体成员对团体有想接近又想远离的矛盾心理。对于是否参与团体活动、是否投入与投入多少，都有矛盾或迟疑不决的表现。同时，成员关系也不够密切，互相没有什么情感。因此，工作者需要运用一些辅助手段来增进其熟悉程度。

（2）权力控制期。当团体成员觉得团体有满足他的需要的能力时，他就会积极参与团体的活动。团体开始出现权力与资源的争夺。

（3）凝聚期。团体成员积极投入团体生活，与团体成员建立了亲密的关系。对团体有强烈的归属感。在这个时期，成员有能力自行设计与执行团体活动，也体会到团体生活的意义，并且强调共同进退。

（4）差异期。团体成员开始认识与接纳每一个人的特点，团体凝聚力较强，成员沟通良好，权力分配较为稳定，成员可以自由地与人接近或保持距离，团体功能良好。

（5）分离期。团体成员目标已接近完成，成员面临解散，于是开始向外寻求资源来满足自己的需要。在终结的过程中，可能出现的现象包括：过分恋栈，高估团体的成就；或者倒退到权力斗争期；或者否定整个经验。而最好的团体终结是，成员能够肯定以往团体的成就与经验，也能开放自己，展望未来。

了解社会团体的发展过程，可以帮助工作者考虑在不同的阶段设计不同的介入方法与活动程序。比如，早期强调介绍性及非竞争性活动；中期可多一点合作性的活动，强调整体成就，并鼓励成员间的反馈；晚期可通过建立新的目标，以处理成员分离带来的依恋等。此外，工作者还能据此妥善处理组员的互动，并澄清自己对团体的期望。比如，合作性、归属感及决策过程等，在早期、中期与晚期会有所差异。而工作者的角色、职责与技巧，也会因团体发展阶段的变化而变化。①

(二) 有关团体工作过程的几个关键概念

(1) 团体中的互动与沟通。当人们结合成一个团体时，互动就会产生，并且在团体中由于利益和感情的相互依赖会产生成员之间不同的互动模式。一般来说，在团体中可以发展出合作、交换、竞争、冲突等几种互动形式。其中，合作和交换是积极的团体活动形式，可以稳固团体结构；而竞争和冲突则会使团体结构发生改变，影响团体进程，甚至导致团体发生变迁。另外，由于团体成员间的直接和间接的联系，团体中的沟通模式主要有：无反应的沟通、无社交的沟通、控制的领导者、私下沟通、破碎的沟通、刻板的沟通、理想的沟通等②。

(2) 团体中的社会控制。社会控制是一个描述团体取得其成员的一致性和依从的过程，其主要包括团体规范、角色、地位等社会控制的手段③，以下简述之。通常人们在组成团体后，会很快建立自己协调和管理行为的准则，而这些准则经过成员的共同认定，就成为了团体规范。一般来说，团体规范可以分为程序规范、角色规范、文化规范三种形式；同时，按照规范的形成方式看，团体规范又分为由团体成员自身发展起来的规范、社会工作者发展的规范两种。此外，在团体中，团体内的角色可分为团体任务角色、团体建构与维系角色、个人角色三大类。而在不同的阶段，人们对角色也有不同的期望。因此，在团体工作中，工作者应合理控制和利用角色期望，以此促进团体成员之间的角色分工，进而实现团体的优化发展，更好地实现团体目标。

(3) 团体的凝聚力。一般来说，形成团体凝聚力的重要条件有：团体目标的一贯性；成员对目标的认同；团体成员对自己在团体中的定位、角色及相关责任义务有明确的认识等。而凝聚力的作用在于，可以增加成员的安全感、满足感和尊重，促使成员对团体活动更感兴趣及更愿意发挥主观能动性，从而更好地促进团体的发展。因此，工作者可以通过规定团体的规模，设计具有吸引力的活动，选择具有相似背景的成员，或者根据团体成员的需要来建立和调整团体的目标等，以此提升团体的凝聚力。

(4) 团体决策。团体决策是实现团体中社会控制、团体目标及维持正常活动的重要方面，也是一个领导与服从的过程。而对于团体工作者而言，团体

---

① 参见李晓凤．社会团体工作［M］//向德平．社会工作概论．北京：中国广播电视出版社，2004：123-124.

② 参见林万亿．团体工作［M］．台湾：三民书局，1995：127-131.

③ 参见王思斌．社会工作概论［M］．北京：高等教育出版社，1999：105.

决策的过程可以帮助工作者更好地了解成员的内心想法、性格特性、对团体的期待以及他们的成熟程度；同时，成员的需要也可以在决策过程中很好地反映出来。因此，团体决策对于积极引导团体的发展及团体成员个人的成长，都有很大帮助。

四、团体工作的模式

社会工作者曾总结了团体工作的不同模式，比如，帕波尔（Papell）与诺斯曼（Rothman）从团体工作的功能、理论基础及实施原则等方面，总结了团体工作的社会目标模式、治疗模式、互动模式。除了这三大主要模式外，学者们还论述了发展模式、行为修正模式、团体中心模式、任务中心模式、目标规模模式等，并且这些模式都可以灵活运用于实践的团体活动中。不过，其中的社会目标模式、治疗模式、互动模式，是团体工作中最基本和常用的模式，以下做些简要介绍。

（一）社会目标模式

社会目标模式的主要理论来源是系统论、教育理论和社会学的观点。社会目标模式认为，团体的目标是促成社会行动，实现社会的变迁。此种模式认为，人类是通过团体力量达成社会行动的，强调发展团体本身的功能，强调成员在团体活动中学习团体活动的规则、培养团体活动的能力，通过团体活动达成社会行动的能力。同时，模式强调通过处理团体内的社会秩序与团体文化以及集体行动等，来增进成员的社会意识、知识与技巧，以此影响社会的变迁。在这一模型中，工作者的角色是“使能者”。他凭着自己的社会意识与社会责任感，鼓励团体成员积极承担公民责任，以共同建设美好的社会。一般来说，这一模型的活动范围多在社区层面进行，并从探索社区需要中促成社会活动。其活动是多元化的，大致可分为预防性（如避免人际疏离或无助感）、社区整合性及社会改革性等，这些活动与社区组织工作非常接近。因此，这个模型的工作技巧在于：设计程序和策划行动；策动团体内的集体力量，认识团体为常态行为，以促成成员的参与、达成共识及完成任务，但不会评估个别成员的特征；重视工作者的自我了解。①

社会目标模式的主要长处是：利用团体过程发展团体成员的民主意识和参与社会变迁的责任心，增强成员的自尊心，并提高其适应社会的能力。因此，在社会目标模式中，团体成员有民主参与社会生活的动机和潜能，并且成员个人参与及帮助成员自助，也与社会工作的哲学基础是一致的。另外，由于此模

① 参见李晓凤．社会团体工作［M］//向德平．社会工作概论．北京：中国广播电视出版社，2004：125.

式的目标在于社会变迁，而不仅仅是个人的发展，它对社会的发展也做出了贡献。不过，这个模式的不足表现为：模式过分依赖意识形态；不强调个人动力，缺乏对个人需要的关注；模式趋向于将团体工作推向社区组织，混淆了团体工作与社区工作的界限。

（二）治疗模式

治疗模式，又可称为临床模式，是基于临床心理学的一种模型，主要通过团体互动来治疗成员的心理和行为问题，矫正个人行为或态度，治疗人际关系协调方面的问题。该模式认为，成员是受困扰而无法发挥应有社交生活功能的人，他们需要协助以求改变。因此，此模式中工作者的角色是治疗师或专家的角色。他凭借专业权威，对每个组员进行研究、诊断、治疗，而团体则被视为治疗工具，即通过改变团体的结构或过程，达到个人改变的目的。这一模型的工作技巧主要是：为每个成员订定治疗的目标；综合个人治疗目标以界定团体目标，并依照治疗目标来发展团体规范与价值系统，设计每次聚会的内容及进行方式；评估个别成员的需求与进步。

传统的治疗团体的主要长处在于它的系统性，以及指导团体成员在团体内进行的个人功能诊断与个别化的解决方案。但是其缺点是，漠视社会现实和日常生活事务，仅仅从病态心理学的角度对成员问题进行诊断治疗，具有严重的“问题化”诊断倾向，也忽视了团体成员运用人际关系及解决问题的能力，以及他们从团体中吸取的创造力和动力。不过，较新的治疗模式则融合了团体工作知识，重视人类行为与社会环境的相互作用，强调“人在环境中”的概念。

（三）互动模式

互动模式的理论基础主要是发展心理学、社会关系和社会结构理论、团体动力学理论等。互动模式强调人与人的交互影响，强调在成员互动的过程中，发挥人类互助的动机与能力，建立一个互助体系。互动模式具有预防、储备与恢复等功能。在这个工作模式中，工作的着眼点是团体而非个人，即它关注各个子系统（每个团体成员）和整个系统（社会环境和团体环境）之间的互动关系，并通过个人、团体和社会系统之间的开放和交互影响，来促进团体成员产生社会归属感及形成相互支持，最终达到增强个人和社会的功能，形成“互助”团体的理想状态。同时，社会工作者在互动的团体中充当着协调者。他以个人的热诚、真挚、宽容、投入及其知识技巧，来促进成员间深切的、互助的关系，并认识到自己和他人有共同需要。

这一模型的不足表现为：忽略人的自我中心的倾向；也没有团体发展理论，其看法过于简单。但“互助体系”的观念是重要的，这也是团体工作理论的一根支柱。因此，这一模型大多配合其他模型使用。①

以上团体工作的概念模式各有其长处与不足，实践者必须根据需要选择适用的模式，同时注意克服模式的不足，减少负面影响，以实现团体功能和个人功能的最大化。

第二节 团体工作的基本方法

在进行团体工作的过程中，工作者可以依据团体成员的不同需要，选取不同的工作模式与方法推进工作的展开。但是，无论工作者采用什么模式与方法进行团体工作，通常要经过计划、执行、结束三个阶段。

一、团体工作的基本过程

依照托斯兰德（Toseland）的观点，团体工作的过程可以分为计划或前属阶段、开始阶段、中期阶段、结束阶段、评估阶段②。虽然托斯兰德所描述的团体工作主要涉及两种类型的团体，即治疗团体与任务团体，但是他关于工作过程的描述，对所有类型的团体都是适用的。以下结合托斯兰德对团体工作过程的论述，介绍与讨论团体工作的基本程序。

（一）计划/前属阶段

好的计划是一个团体成功的先决条件。它能使团体工作者建立恰当的小目标，选择最佳团体成员组合、聚拢必要的资源，准备适当的程序，吸引有意加入团体的人，创造良好的环境，从而使团体获得发展并通向成功。而在计划或前属阶段，托斯兰德提出了以下七个工作步骤。③

（1）确立团体的目标与目的。团体工作的目标可以视为团体整体和个别成员参加团体的期望，它包含了团体工作人员、机构、团体成员及整个团体的期望和目的。一般来说，机构、成员及团体的目标会保持一致，若出现三者目标不一致的情况，就需要团体工作者充分发挥协调者的作用，并根据团体活动的现实需要做出调整。

（2）评估团体获得支持的程度及团体成员的能力。团体工作者要评估从

---

① 参见李晓凤．社会团体工作［M］//向德平．社会工作概论．北京：中国广播电视出版社，2004：127-132.

② 参见 Toseland R. W.，Rivas R. F.．*An introduction to Group Work Practice*［M］. New York：MacMillan Publishing Company，1984：111-137.

③ 参见李晓凤．社会团体工作［M］//向德平．社会工作概论．北京：中国广播电视出版社，2004：127.

赞助机构或社区获得各种支持的可能性及支持的力度，评估潜在的团体成员的兴趣、专长和能力。在选择成员时可根据团体的具体需要来选择，并考虑成员能否在团体中真正受益，他们参加团体活动的动机如何，他们是否认同团体的初步目标等，同时还要充分考虑成员之间的平衡性。

(3) 招募团体成员。招募团体成员有许多技巧，如直接谈话或间接了解对象的背景资料，发放宣传品或利用不同的大众传播媒介进行宣传，与机构联系而获得转介案主，给潜在的案主寄资料等，以此鼓励他们加入团体。

(4) 组成团体。在成立团体的初期，工作者除了明确团体成员组合的标准外，还应了解成员的特征，如年龄、性别、社会文化、行为等特征。与此同时，在组成团体时，工作者必须确定团体成员的组合成分、团体结构、对新成员的开放程度、自愿或非自愿团体成员与团体的规模等。

(5) 协助成员了解团体。这是团体建立后必须的步骤，其目的是澄清团体成员和社会工作者的彼此期望，向团体成员阐明团体目的和成员必须遵守的团体规则等，以使组员熟悉团体程序及机构的政策与目标，并较早地挑选组员。

(6) 订定契约。契约通常在团体工作开始阶段由工作者与案主在初步互动时订定的，并且，它包含了团体工作成员和机构的契约、团体工作和成员间的契约、成员与成员间的契约三个层面。

(7) 准备资源。包括准备物质上的资源，落实资金项目的支持，确定在必要时的特别安排，以及考虑团体活动所处的社区环境与其他机构可能对团体活动产生的影响等。在完成以上七个步骤的工作后，工作者还需要撰写详细的团体计划建议书。

(二) 开始阶段

在确定了团体存在的合法性，完成筹划工作之后，工作者就应贯彻与落实团体工作的计划。落实工作始于开始阶段，此时，工作者应给成员指明团体工作的方向，明确团体的目标和工作程序，并帮助他们建立工作关系。具体地说，在开始阶段，工作者的任务主要包括：

(1) 介绍组员相互认识，以使组员之间互相感到畅快与适应，并帮助他们建立对彼此的信任感。

(2) 阐明团体的目的与功能。

(3) 在团体发展过程中，引导工作任务与社会情绪两个方面得到均衡发展，以成功地完成团体的目标。

(4) 提供机会与建立气氛，以及收集成员对团体目的的反馈，以激发和推动成员在团体中迈向工作目标。

此外，在开始阶段也包括在计划阶段要做的三项任务，即：确定团体目的、界定团体结构、订定团体契约。因为此时团体内的权力关系尚未形成，可能会存在不合作的现象。

（三）中期阶段

当计划与开始阶段的任务已完成，团体初步建立了一套动力机制，包括已建立了沟通和互动模式、基本的人际关系、团体动力和团体凝聚力、暂时的社会调控与团体风气等，就可以进入团体进程的中期阶段。根据斯托兰德的观点，在所有治疗团体的中期阶段，工作者应该开展四个方面的活动。虽然这些活动是为治疗团体提出的，但它们实际上也适用于任务团体，其主要差别在于团体目标如何实现。因此，以下结合斯托兰德的观点，来介绍中期阶段所开展的活动。① 一般来说，中期阶段的活动包括：

（1）为团体聚会做准备。在团体前期，工作者已制定了团体计划建议书，其中准备了每个步骤的暂定计划。但随着对团体需求的评估和团体成员所显示的需求的变化，这些计划应予以修改。

（2）按照团体的性质和目标来建立团体。为了建立团体，社会工作者的主要任务有三个方面：一是确定聚会的时间和程序，如工作者必须确定聚会开始和结束的时间、每次聚会的场所、团体聚会的次数等。二是建立沟通与互动的模式，如互动过程的结构应允许全体成员有机会参与，但机会可能是不平等的，因为它是由每个组员的需求、特征及团体的性质而决定的。三是集中介入层面包括了团体成员个人、整个团体以及团体外部环境三个层面。因此，工作者应根据团体的需要来确定集中在哪个介入层面上，以及建立不同的目的与介入计划。

（3）帮助团体成员实现目标。团体中期阶段，工作者需依照成员需求的改变来修改契约，对成员目标有充足的意识。同时，在成员出现矛盾和冲突的条件下，社会工作者需要形成一种领导模式，对目标进行必要调整，以加强成员的投入感，实现团体及个人的目标。

（4）调控与检讨团体的进度。调控与检讨总是同步进行的。这是从成员执行计划而取得有关部门进度的反馈过程。反馈的内容可以集中在团体的任务或者社会情绪方面。调控与检讨也是一个动态过程，即收集反馈对形成、修改与改变介入计划是有用的，并使它能针对组员的需求。

（四）结束期

大多数团体都是有时间限制的。一般来说，对有时间限制的团体，在整个团体已达到预定的目标，团体成员基本实现了各自需要时，团体则进入了结束

① 参见李晓凤．社会团体工作［M］//向德平．社会工作概论．北京：中国广播电视出版社，2004：129-130.

时期。不过，由于团体无法达到一个足够整合的动力层次并适当完成任务时，或者团体的存在如果已对其成员或他人造成伤害，这时的团体对人不但没有帮助，已经成为破坏性时，也必须结束团体①。在结束阶段，为保证团体的成员不被破坏，社会工作者有许多基本的任务要完成，这些基本任务包括：

（1）维持变化与应用学习的技能。即工作者要使组员能够保持已经改变了的行为，并使其在日常生活里运用在团体中获得的技能。为此，工作者可以用很多方法来帮助组员达到这个目标。比如，进行模拟练习、形成信心、肯定正面的感受、安排跟进的聚会、取得他人的支持以及鼓励独立等。

（2）调整组员的心理。在团体的结束期，团体成员经常会出现正面与负面两种感受，会出现失落与分离的心理，比如拒绝结束、愤怒、寻求延长团体时间、接受现实等。因而，工作者应该帮助团体成员做好心理调适。比如，可以让成员在团体活动过程中说出他们对团体过程的感受及他们的收获和体会，并鼓励组员将他们在团体中所获得的技巧和经验应用到现实生活中。

（3）为将来作计划。在团体结束期，一些团体成员可能已经实现了他们的目标，而其他人可能还需要给予进一步的关注。在这种情况下，工作者应同他们讨论将来要遇到的问题和有需要时如何寻求服务，并帮助成员完成必要的文字总结工作。

（4）转介。转介指在适当的情况下，协助成员寻找并使用新的服务。为了能够转介，工作者需要和其他机构建立联系网络，了解转介的准则并使组员有所准备，同时，还要提供相当的支持及适当的服务支持，从而使成员能从新的服务中得到益处。

（5）检讨。检讨是社会工作者对所做工作和达成工作效果的评估，包括成员对团体的评价及成员对团体工作者的评价。因此，在团体进入结束阶段时，工作者应准备好各种测量工具，以监测团体工作的效度。不过，由于检讨是团体工作者的一个重要任务，我们将在下一个阶段做更深入的、更详细的讨论。

（五）评估期

结束期的一个重要任务是总结团体工作的过程和工作的效果，这一过程称为评估。评估可以分为主观评估和客观评估，或成员对团体的评估和成员对团体工作者的评估。在这里，“主观评估”往往侧重于团体经验和过程的回顾，包括团体有无达到预期的目标评估，团体成员行为的改变程度，团体成员间的关系，凝聚整合过程及团体工作计划的制定、修改和实施等。而“客观评估”则要借助各种测量方法，对人们的态度、信念、感觉等进行测量，这种评估一

① 参见范克新，肖萍．团体社会工作［M］．社会科学文献出版社，2001：316.

般会在团体过程开始之前就设计好不同的评价量表，以此作为评估工具。

此外，关于“成员对团体的评估”，工作者会从团体过程呈现的内容中，选择适当的内容加以讨论，而讨论的重点在于这些内容对个别成员的个人意义，以及决定自己的团体经验是成功或失败的原因。同时，在成员评价团体的过程中，另一个重要部分是让成员自由讨论自己的改变，包括分享自己喜欢的或不喜欢的团体内容。而这一部分的信息对团体工作者尤其重要，因为它并未被包含在评估量表中，同时，这些团体内容可能成为工作者组织下次团体活动的重要依据。

以上介绍与讨论的团体工作的五个阶段，是一种连续性的过程，而且过程本身有一部分重叠。所以，社会工作者在运用团体工作方法时，可以参照这些过程，设计一系列的团体活动方案或节目，以协助团体成员在团体互助的经验中，学习调适人际关系，发展社会功能。

二、团体工作的基本技巧

当我们已经熟悉了社会团体的不同发展阶段的特征，掌握了社会工作者在每个阶段需要开展的任务与活动后，就必须辨识与学习团体工作使用的各种技巧。一般来说，团体工作的技巧包括团体工作的一般技巧、团体工作的主要过程技巧、团体工作组织会议及讨论的技巧等，以下作一些简要介绍。①

（一）团体工作的一般技巧

社会工作理论中将团体工作的一般技巧概括为以下几个方面：

（1）建立关系的技巧。工作者要通过一定的方法和策略与成员建立良好的关系，同时也要促进各成员之间建立良好的关系。具体地说，建立关系的技巧包括：关注和尊重团体成员，并使团体成员之间相互尊重；建立新的知识结构并将其传递给团体成员；运用民主的领导方式；与团体成员同甘共苦等。

（2）观察的技巧。工作者要能够灵敏地、细致地观察与判断个人与团体所面临的环境及其所需要解决的问题等，以确定适合的团体目标与解决问题的方案。

（3）组织和介入团体的技巧。包括工作者建立团体，介入团体的问题、处理冲突，应对静默、阻止、保护、鼓励、支持及突发事件等，掌握和推进团体工作进程，维系团体，在团体目标实现后结束团体。

（4）领导团体的技巧。工作者有时是以团体领导者的角色出现，因此要适当地运用专业技能和权威，主导与催化团体向其目标不断地迈进。

---

① 参见李晓凤．社会团体工作［M］//向德平．社会工作概论．北京：中国广播电视出版社，2004：132-136.

（5）参与团体活动的技巧。团体成员要自己设计各种活动方案，并积极参与到团体过程中，而工作者也要使自己愉快地投入到设计及执行过程中。

（6）沟通的技巧。工作者要促进团体内部与外部的沟通，充当桥梁的角色，建立团体与其他团体、机构、社区等系统之间的沟通。比如，在态度与意见上，工作者自身要与成员沟通，也要促进成员之间的沟通，并且还与团体外部的环境（如机构、社区及人员等）进行良好的沟通。

（7）运用社会资源的技巧。为实现团体的目标，工作者要善于调动与运用各种资源，包括人力的、机构的、新闻媒体的以及社区的资源，由此为实现团体目标服务。

（8）专业判断的技巧。工作者要对团体成员和团体活动的选择进行专业判断，以激发和保护团体的活力和团体成员的积极性。

（9）记录的技巧。工作者要按照团体记录的原则对团体活动的过程、指导团体成员的活动进行记录，并善于运用团体记录资料对团体过程进行分析。

（10）评估的技巧。团体工作者要对团体活动、团体成员的行为进行评估，并具备从评估中获得数据和指标的技巧。

（二）制定与推行团体工作程序的主要过程技巧

在制定与推行团体工作程序时，有一些过程技巧供社会工作者参考。这些步骤如下：

（1）发现潜在团体成员的兴趣与需要。工作者可以观察组员并聆听他们说什么，甚至直接向他们提问以求有所发现，也可以尝试运用一些程序与方法去考察他们的需要与兴趣。

（2）确定程序中每一个维度的结构。工作者必须确定程序的指令、控制、身体活动、能力、互动与奖励，而且必须以团体的性质和目标及团体成员的特点为基础来确定。

（3）确定身体、社会和心理的投入水平。工作者必须确定成员参加程序所需要的身体、社会与心理投入的水平。为此，工作者必须确定以下各点，包括：要求参加者达到的注意力水平；参加者忍受挫折的水平；参加者的智力水平；参加者的情感水平。

（4）确定程序的目的及评估方法。工作者要确定程序的目的与评估方法，以及测量的指标。然后，他应尝试推行程序是否可行，或者对程序进行某些方面的调适。

（5）准备各种资源。工作者应界定必须的资源并做好准备，如工作人员、辅助工作人员、设备、物资、场地等。如果资源不足，则必须找到替代物。

（6）给团体成员分配任务。工作者要推进程序，可以给团体成员分配任务。分配任务时要讲清楚分工、工作细节与目的、分工的原因等。

(7) 推行程序。程序制定以后就可以实施。工作者必须帮助团体成员全力以赴。

(8) 评估程序。这是最后一个步骤。工作者以事先确定的评估方法与标准为基础，可以评估程序完成目标的程度。

(三) 组织会议的技巧及讨论的技巧

团体活动分为不同的阶段，而每一阶段要召开不同内容的会议。以下大致按照团体会议的开始阶段、中间阶段和结尾阶段，来介绍组织会议的技巧及讨论的技巧。

(1) 做好会议安排。在团体会议开始阶段，工作者应介绍成员相互认识，同时阐明并解释会议的目的和步骤，以使每个成员明确会议的安排。不过，会议开始时，工作者可以征求成员对会议议程的看法，并修订议程。

(2) 把握讨论的进程。在团体会议的中间阶段，工作者的主要任务是按照会议议程组织会议，以使会议契合主题，并努力使每个参加会议的成员感到自在，促使他们客观地表达意见，并能够聆听别人的意见。与此同时，工作者应该积极帮助成员更好地进入讨论，并制定讨论的规范和评价意见的规范，最后将意见进行归纳总结，并从讨论中引导出一致性认识。

(3) 做好总结工作。在一种和谐的讨论气氛下，工作者要对成员在讨论时提出的各种互不相关、杂乱甚至相互矛盾的观点或意见，进行及时地总结和归纳。其目的是促使成员将精力集中在讨论的主题上，以明确他人和自己的观点，使讨论过程更有效力。

(4) 会议结束的小结技巧。会议结束时，工作者要控制讨论过程的时间，促使每个议题都得到充足的讨论。在会议结束以前，工作者要对整个会议做出恰当的小结，以进一步明确会议的主题，形成对会议总体性认识，阐明结论和下一次会议的主要议题。

(四) 团体会议中工作者应掌握的技巧

团体工作者要为团体营造一个民主的讨论气氛，还要运用一些技巧来推动团体成员之间的讨论和互动。一般来说，在团体会议中，工作者要掌握与运用的技巧主要包括：

(1) 支持和阻碍的技巧。在团体讨论中，工作者要视情况对成员的发言给予鼓励或阻止，促使所有成员有机会发表意见。比如，对害羞的成员予以鼓励，对一直处于支配地位的成员予以适当阻止。

(2) 中立的技巧。团体工作者在会议中应避免与成员发生争论，不偏袒任何一方，以随时保持中立的态度。

(3) 集中焦点的技巧。在会议讨论过程中，工作者要建议团体每次讨论只处理一个议题或问题，以集中焦点讨论。如果团体成员脱离议题时，工作者可以做出提醒，要求成员只作与讨论主题相关的陈述，也可以制定一些规则来保证成员的讨论围绕主题展开。

(4) 关注的技巧。工作者要密切关注成员在讨论过程中的反应和表现，注意成员间的言语和非言语的沟通，以保证团体成员在讨论中的公平参与，促使每个人都能按照自身的能力和角色来参与及发挥作用。

(5) 导引与质询的技巧。在会议讨论中，工作者为了使成员有均等的发言机会或思考问题的解决方法，应有意制造发言机会，注意到害羞者，并鼓励他们发言。而质询是一种用来告诉一个成员“所说和所做”的不一致的技巧。这是一种特别的传递信息的方法，主要用来影响一个成员改变他的行为。

(6) 回应感觉的技巧。在讨论中，工作者对组员的讨论要给以回应，培养组员的信心，鼓励他们做更深的思考与探索。

(五) 团体会议中团体工作者的角色

在团体会议中，工作者要依据团体的性质来调整自己所扮演的角色。而在以讨论问题为主的团体会议中，社会工作者常常要扮演以下几种角色：

(1) 示范者。工作者需要以身作则，对成员表示尊重、关心、责任和诚信，以促使成员以工作者为榜样。

(2) 促进者。团体工作者不是团体的主人，不可以将自己的意愿强加在成员身上，而应鼓励成员参与，促进成员自己解决问题。

(3) 调停者。工作者应制定相应的规则来避免团体冲突的产生。不过，当争论或冲突发生时，工作者则应扮演调停者的角色，保持中立，以帮助成员澄清问题并给出建议，引导成员做出积极的决定。

(4) 奖励和支持者。在成员行为合乎实际时应给予奖励，同时，成员解决问题的建议得到大家的共识时应当给予支持，并促使成员有信心将建议付诸实施。

(5) 信息与意见的寻求者、提供者。成员在遇到困难时，社会工作者应提供建议及相关的信息，但要避免使工作者的意见成为唯一的意见。

(6) 评估者和记录者。工作者要对团体的各个阶段作出记录和评估，并及时调整计划和目标，以获得最好的团体活动效果。

第三节　团体工作在中国的运用

专业团体工作虽然起源于西方，但中国社会因其发展的需要也积累了不少具有浓厚中国特色的类似于专业团体工作的有益经验。在这些经验中蕴涵的许多价值观念与方法手段，与专业团体工作已经接近或较多相似。因此，我们在宽泛的意义上，将这些类似于团体工作的概念、措施等也称为中国社会的团体工作，它实际上是一种准团体工作。不过，自20世纪80年代起，我国的团体工作在吸收并运用西方专业化的社会工作中，团体工作知识正在不断发展与日趋完善。但是，如何将专业团体社会工作的理论与技巧成功地运用了中国的本土，我们仍然面临着许多困难与挑战。这也是我国团体工作者努力的方向与责任。

一、中国团体工作的特色

中国的团体工作实践是建立在中国文化的基础之上，具有浓厚的中国特色。但是，我国的团体工作还不是一种专业化的团体工作。①

(一) 工作体制

中国社会的团体工作主要包括工会的工人团体工作、共青团的青少年团体工作、妇联的妇女与儿童团体工作、民政的老人团体工作等。这类团体工作主要是在党委和政府的领导下，以工会、共青团、妇联和民政等组织或行政机构为主体来推行的。党委和政府对工、青、妇及老人等团体工作历来十分重视，主要体现在制定政策、提出总体要求、提供工作条件，以此作为工作推行的重要依据与基本保障，以及部分政府机构直接参与团体工作。不仅如此，我国社会的工、青、妇及民政等团体工作统筹力强，组织机构覆盖面广，活力较大。与西方的专业团体工作相比较，其不同之处主要在于：我国社会的团体工作注重中央统筹和工、青、妇及民政组织自身；西方专业团体工作则注重自由发展与专业服务，但两者都是根据社会的变迁及不断改革与完善的需要而产生的。

(二) 工作方式

中国团体工作的主要方式是充分利用工、青、妇及民政等团体力量，组织各种活动。一般来说，中国社会推行团体活动的工作方式主要有：政治教育、文化教育、法律服务、文体活动、经济活动、社团活动、义务工作（如青年志愿者活动）、沟通与政府联系的活动等。与西方专业团体工作模式相比较，两者的主要差异在于：

(1) 中国社会的团体工作在注重人的全面发展的同时，更注重爱国主义、集体主义教育，着力于教育、引导、指导；而西方社会的团体工作则较为注重不同人的自身需要，注意照顾不同团体类型的人的需要，“助人自助”。

(2) 中国社会的团体工作的手法特点在于充分发挥工、青、妇等团体组织的组织优势，比较注意大型、全国性、地区性的活动；而西方的团体工作的手法则更注意针对个人的潜能发展、特殊需要与人的能力建设的提升等，注重

① 参见李晓凤．社会团体工作［M］//向德平．社会工作概论．北京：中国广播电视出版社，2004：137-138.

团体、小型的活动。

二、中国团体工作的发展

自20世纪80年代以来，中国的团体工作开始加强与国外、境外的交流，学习、借鉴先进的理论与方法，并尝试运用专业团体工作来解决改革开放出现的新问题。比如，专业团体工作的一种重要方式——团体辅导在我国学校教育，特别是中学、大学教育中开始运用，并成为学校教育的有效方法。我国团体辅导在学校的应用领域可以归纳为一般教育活动、发展与适用、心理辅导与治疗。①

（一）团体辅导在一般教育活动中的应用

一般教育活动包括新生入学教育、各类形式的临时团体、各类课外社团活动及课堂教学等方式。而团体辅导可以应用在以上一般教育活动之中。比如，清华大学心理咨询中心曾将团体辅导引入新生入学教育及课堂教学中，就引起了学生的欢迎与社会上各新闻媒体的反响。又如，中国青年政治学院社会工作系开展了大学新生"成长小组"活动，通过团体辅导等专业手法，促使新生尽快适应大学生活，培养新生独立解决问题的能力和团队合作精神，增强其适应能力，从而促使了新生的全面健康发展。

（二）团体辅导在大学生适应与发展中的应用

大学生正处于青年中期，从心理发展角度看，他们正在从未成熟走向成熟。在这一阶段，由于从中学到大学，大学生面临的环境的重大改变，以及将面临人生的一系列选择，如学业、恋爱、人际关系、择业等，他们常常会出现一些心理适应问题，也有着青年期共同的发展课题。因此，通过团体辅导，便能不断地充实学生在校的生活内容，增进其学习兴趣及解决问题的经验，并能培养学生的社交能力，增进学生之间的友谊，树立团体意识，以及促进学生的全面发展等。比如，武汉大学心理咨询中心，曾通过团体辅导形式对17名人际交往困难的学生进行3周的人际交往训练，由此提高了大学生人际交往的技巧与能力，增强了学生对未来生活的信心。

（三）团体辅导在心理治疗中的应用

近二十多年来，我国社会关于青年学生心理健康状况的大量研究表明，青年学生中心理疾病发生率高达20%左右，并呈上升趋势，由此心理问题已成为妨碍青年学生健康成长的重要影响因素之一。而对大学生中存在着明显心理障碍的人，通过团体辅导形式进行集体治疗，则能取得较好的效果。比如，原

① 参见李晓凤．社会团体工作［M］//向德平．社会工作概论．北京：中国广播电视出版社，2004：138-139.

华东化工学院心理学教研室，曾对患有严重自卑心理障碍的大学生进行过团体心理治疗，从而使学生对自己的态度、对他人的态度、对事物的态度发生了明显的变化，并在不同程度上克服了自卑感

当然，团体辅导在学校教育中的应用并不局限于上述几个方面。而在学校社会工作辅导员的培训中就常常采用团体活动方式。同时，在大、中学校中还可以广泛地运用团体工作方式来培训高年级学生，称之为“朋辈团体”、“同济团体”，以此来缓解学校辅导员的人手与时间不足的矛盾。可见，从团体辅导在我国学校教育中应用的实例说明，团体辅导确实有独特之处，在学校辅导活动中也有着广泛的应用前景。特别值得一提的是，近几年来，随着我国社会工作专业化、职业化的发展，专业化的团体工作与团体辅导开始运用在妇女、老人、残疾人、义工、家庭、医疗、社区、矫正、社会救助、工业等领域(详见本书第三部分“社会工作实务”)，因此，团体工作方法的应用领域正在中国逐渐扩大。比如，郑州市一家民间教育机构的“成功父母训练营”，则让父母感受了如何运用团体工作方法，来解决父母在教育孩子方面的问题，以此提升父母在教育孩子方面的能力、观念和水平。又如，南京市儿童福利院针对弱智儿童家长举办了“同路人”家长小组，此类小组旨在帮助家长全面认识和接受弱智儿，介绍教育和训练弱智儿的技巧，加强家长的支持系统，使家长之间建立友谊，形成相互支持的网络，以此合理运用社会资源来为弱智儿提供更好的成长服务。

总之，虽然团体工作在中国的发展只有十几年的时间，其技巧、知识结构、活动经验都不太成熟，研究也非常有限，并面临着诸多发展障碍。但是，展望未来，我们认为，团体工作因其专业特色必将在我国有较大的发展。究其主要原因在于：其一，以接纳、尊重、互助为宗旨，以群体互动为动力的团体工作，在满足人类认同感、归宿感和安全感上，提供了最真实最有效的助人方法。其二，中国社会非正式支持系统的断裂和正式支持系统的缺失，使得中国社会需要有一定的社会团体来承担公民的需求和求助，以更好地实现社会保障工作，而团体工作的职业化将在这方面发挥重大作用。其三，团体工作能够充分发挥工作者的效能和资源的使用效率，这较为符合中国目前的国情。

思 考 题

1. 什么是团体工作？
2. 简述葛兰·琼斯与柯洛尼的团体发展阶段理论。
3. 简述团体工作的概念模式。
4. 试述团体工作的基本过程。

5. 团体工作在实践中应遵循的原则是什么?

主要参考文献

[1] 林胜义. 社会工作概论 [M]. 台北：五南图书出版公司，2001.

[2] 林万亿. 团体工作的理论与技巧 [M]. 台北：五南图书出版公司，2002.

[3] 王思斌. 社会工作概论 [M]. 北京：高等教育出版社，1999.

[4] 向德平. 社会工作概论 [M]. 北京：中国广播电视出版社，2004.

[5] 范克新，肖萍. 团体社会工作 [M]. 北京：社会科学文献出版社，2001.

[6] 吴梦珍等. 小组工作 [M]. 香港：香港社会工作人员协会，1992.

[7] 何洁云，谢万恒. 社会工作实践（小组工作）[M]. 香港：香港理工大学出版社，2002.

[8] Charles D. Garvin. 社会团体工作 [M]. 台北：洪业文化公司，2000.

[9] Toseland R. W., Rivas R. F.. *An introduction to Group Work Practice* [M]. New York: MacMillan Publishing Company, 1984.

第八章 社区工作

人不能离群索居，所以需要团体；人不能悬空而立，所以需要社区。个人、家庭、团体的很多问题，是由于社区环境、社区关系不良而引起的，许多社会问题必须从社区关系或社会结构层面予以解决。

本章主要介绍社区工作的定义、目标、特征及工作原则，阐述社区工作的思想与理论模式，介绍社区工作的基本过程与基本技巧，分析中国社区工作的发展特色与面临的挑战等。

第一节 社区工作的基础知识

社区工作是以整个社区及社区中的居民为服务对象，提供助人的、利他的和服务的一种社会工作专业方法；它与个案工作、团体工作并列，被称为社会工作直接服务的三大基本方法。

一、社区工作的定义、目标及特征

在西方社会工作发展史上，相对于个案和小组工作来说，社区工作是较迟才被确认为社会工作的一种介入方法的。慈善组织会社（COS）在社区中的各种机构曾提供了协调与评估服务，后来许多独立的社会工作机构总结了这种方法。这种方法经常被公益基金会用来对社区进行评估，以确定如何使用所提供的资金。20 世纪 60 年代，社会工作者试图运用既有的知识与理论帮助社区解决社区问题，他们自视为“社会工程师”，以专家的知识解决社会问题，以果断的策略影响社会政策。在很长一段时期里，社会工作着重于补救性的危机介入，重视改变或改善个人及家庭的生活条件①。在传统的社会工作中，仅将社区组织作为社会工作的一种方法，后来逐渐将社区发展包括进来，并用社区工作涵盖社区组织与社区发展。1962 年美国社会工作教育委员会正式认可社区

---

① 参见甘炳光、莫庆联．社区工作的定义与目标［M］//社区工作理论与实践．香港：香港中文大学出版社，1995：1.

工作成为社会工作的基本方法。这个确认，并不是要取代个案社会工作的位置，而是希望扩展社会工作的分析视角，弥补危机介入方法的不足，全面解决案主的问题。由于社区工作经常协助低下阶层争取权益，因此被看做一种社会运动。社区工作的目的是争取居民权益、倡导社会正义与公平①。此外，建立社会互助合作、互相关怀、凝聚力强的社区也是社区工作的目标。

目前，社区工作已在很多国家实施，但其所使用的名称不尽相同。在北美，通常用“社区组织”（community organization）；在英国和澳大利亚，常用“社区工作”（community work），1980 年以后英国有时也使用“社区社会工作”（community social work）；在我国香港与台湾地区，“社区发展”（community development）为正规用词；在我国内地，前几十年用“社区服务”（community service）为统一名词，之后又多用“社区建设”（community construction）。不同的用词，只是代表社区工作在不同地方的不同发展历史，并不代表含义上的分歧。此外，社区工作也与很多类型的工作名词有关，如社区健康、社区照顾、社区重建、社区行动、社区教育、社区策划等。通常不同的名词只代表了社区工作的不同领域及方法，整体来说，“社区工作”仍然可以包容上述的工作领域。②

（一）社区工作的定义

在概念上，社区工作没有清楚而被认同的定义、界限、思想、目标、工作手法、对象及领域，社区工作也不是社会工作及社会福利的专利，不同类型及性质的组织及其工作者，如政党、工会、社会团体、政府部门、教会、商业机构等都可以从事社区工作。因此，社区工作的概念有多方面的含义③，现介绍如下：

（1）社区工作是一种思想（ideology）：代表一套理想的意识形态及价值观，如居民参与、团结力量、社会改革及互助信念。

（2）社区工作是一种服务领域（programme）：包括不同类型的服务，如成人教育、工业社会工作、社区健康、居民组织、精神康复、城市策划、都市重建、社会运动、社区照顾、服务行政等。这些工作领域都可以有社区工作的成分或包含有社区工作的概念。

（3）社区工作是一种方法（method）：有一系列的实践理论、知识及技巧

① 参见 Smith J.. *Hard Lines and Soft Options: A Criticism of Some Left Attitudes to Community work. in Political Issue and Community Work*, edited by P. Curno. London : Routledge, 1978.

② 参见李晓凤．社区工作［M］//向德平．社会工作概论．北京：中国广播电视出版社，2004：152-153.

③ 参见周永新．社会工作学新论［M］. 香港：商务印书馆，1998：132-134.

以直接支持社区工作或辅助其他类型工作的方法。

（4）社区工作是一种介入观点（programme）：要求社会工作者对社区内的问题、文化及结构有深入的了解及分析。通过居民或群众的参与及支持，进一步确立及满足居民的需要。

（5）社区工作是一种行政架构（administrative structure）：鼓吹行政组织权力下放，促使服务提供者能敏捷地应居民的需要作出反应及增加行政效率。

（6）社区工作是一种行业或专业（profession）：有着共同的特点及身份的职业。

尽管社区工作的概念十分多样化和复杂，但通过这些定义可以总结出社区工作具有的共同点①：

- 是社会工作的一种介入手法；
- 是一项有计划的行动；
- 是一个过程；
- 是运用集体行动的方法；
- 倡导居民自助、互助及自决的精神；
- 能找出及满足社区的需要，解决社区问题，培养社区归属感和认同感，达到社区整合，以改善社区生活质量；
- 能发展居民能力，加强其自主性；
- 能促进社会转变。

除此之外，社区工作还包括：改变社会制度、改变权力分配、增强居民的自信及权力感（empowerment）、提升社会意识及实现社会公正等。不可否认，要给“社区工作”作出能获得所有人接受的定义是十分困难的。不同的定义其实反映了学者对社区工作的不同取向，而不断反思各个定义对认识社区工作是很有帮助的。

我们认为，社区工作是以社区为对象的社会工作介入手法。它透过组织区内居民参与集体行动，去界定社区需要，合力解决社区问题，改善生活环境及素质；在参与过程中，让居民建立对社区的归属感，培养自助、互助及自决的精神；加强社区居民的参与及影响决策的能力和意识，发挥居民的潜能，培养社区领袖才能，以达到更公平、公正、民主及和谐的社会。②由这个定义，我们可以得知社区工作所强调的重点：在本质上，社区工作是一种综合性的社会

① 参见甘炳光等．社区工作理论与实践［M］．香港：香港中文大学出版社，1995：12.

② 参见甘炳光等．社区工作理论与实践［M］．香港：香港中文大学出版社，1998：13.

工作方法；在对象上，社区工作是以整个社区为对象，包括社区内个人、团体和机构；在过程上，社区工作是一种有计划的集体行动；在功能上，社区工作致力于改变社区环境与条件；在目的上，社区工作旨在解决社区的共同问题，增加公民权利与社区凝聚力，促进社会发展。

（二）社区工作的目标

社区工作可以有众多的目标，一些国内外的学者将社区工作的各种目标分门别类，其中以美国学者罗斯曼（Rothman）提出的“任务目标”、“过程目标”和英国学者托马斯（D. N. Thomas）提出的“分配资源”、“发动居民”较为普及。

罗斯曼认为，“任务目标”是指完成一系列的具体任务，解决一些特定的社会问题，满足社区的需要，从而提高社区社会福利的水平，改善社区的环境。而“过程目标”则是在解决社区一系列具体任务的过程之中，提高社区居民的一般能力，包括建立不同群体的合作关系，发掘并培养社区领袖，加强居民对社区各种网络、环境和资源各方面的认识，从而增强解决问题的能力、信心和技巧等。

托马斯认为，社区目标可以分为两大类：“分配资源”和“发动居民”。“分配资源”主要是指组织社区居民，对他们日常关注的事情争取合理而平均的资源调配，使他们的权益得到保障。而“发动居民”包含两方面：一是培养基层居民的“政治责任感”，二是培养社区居民的社区凝聚力。前者主要是激发居民对政治的兴趣，让他们掌握更多的政治知识和技巧去参与政治事务，从而影响政党和政府，制定更为公平的政策，更为公正地进行资源的分配。后者主要是培养社区居民的归属感，促进居民间的交流，增强社区的凝聚力，从而促使他们对社区乃至整个社会发展作出贡献。

此外，国内学者也提出了各种社区工作的目标，概括地说，主要有以下几个方面：①引导居民参与解决社区的问题，提高他们的社会意识；②发掘社区资源，满足社区需求，改善社区环境，提升社区生活质量；③发挥居民的潜能，发掘并培养社区的领导人才；④调整、改善社区内外的各种关系，减少各种冲突；⑤提高社区居民的参与意识，争取权力和资源的公平分配；⑥培养相互关怀、互帮互助的美德，增强社区凝聚力。①

（三）社区工作的特征

要深入认识社区工作，就必须认识社区工作的特点。概括地说，社区工作

---

① 参见徐永祥．社区工作［M］．北京：高等教育出版社，2004：23-24.

主要具有以下六个特征：①

（1）以社区为对象。社区工作是以整个社区为服务对象。而社区可以概括为两大类：地域社区（geographical community）和功能社区（functional community）。前者主要是指有明显的地域界限，社区内的居民可以享用共同的社区设施；后者主要是指一群有共同背景、共同需要或面对共同问题的人，他们未必居住在同一地域社区内，但是他们有着共同的特点和利益。而社区工作就是在这样的一个层面上展开工作，以此发现并解决社区存在的问题或社区事务。

（2）从制度入手分析问题。社区工作对问题的分析采取较宏观的角度。它认为问题的产生不在于个人本身，而是与社区周围的环境、社会制度及整个社会环境有密切的关系。社区工作着重分析社区环境及制度如何影响人的社会功能，如何限制人的能力及如何压制人所应有的资源及权力。因而解决问题的方法不应纯粹要求个人改变、适应，而是要改善周围的环境，改变不合理的制度及政策。

（3）介入的层面较广阔。相对于个案工作及团体工作，社区工作涉及面广。因为社区工作对象虽然是整个社区，但是有时问题的产生可能涉及社会政策及制度，会牵涉政策分析和制度改变。因此，社区工作应协调个人、群体及社团与社会的关系，培养社区居民的社会意识，重视社会资源和权力的公平、合理的分配。

（4）强调居民的集体参与。社区工作的目标不是简单地为居民提供全盘服务，而是要鼓励居民参与，合力解决社区问题，为社区作出贡献。无论是在界定社区需要还是决定行动的方案上，社区工作都强调居民的参与。通过参与，让社区居民明白自己的责任，行使自己的权利。

（5）社区发展与人的发展并重。社区工作不仅要使社区获得发展，更要使社区中的人获得发展。一方面要求解决社区问题，改善社区环境，提高居民的生活质量；另一方面，也要注重在解决社区问题的过程中提升社区居民的能力，培养自助、互助及自决的精神，使居民能力和社区建设共同获益。

（6）运用社区资源。社区工作重视运用社区内的各种资源，重视调动居民的积极性和潜能。社区内的非专业支持网络（如邻居、朋友及亲属）可以在社区建设中发挥重要功能。社区工作强调善用及组织社区的资源，为社区作出贡献。

① 参见李晓凤．社区工作［M］//向德平．社会工作概论．北京：中国广播电视出版社，2004：155-156.

二、社区工作的价值观与工作原则

价值观是人们判断是非及采取行动的准则。社区工作者在进行介入工作时，必须有一套基本价值观念和实践原则，这些价值观和原则是社区工作的基础。然而，价值观和工作原则都是社会的产物，社会在变化，相应地，价值观和工作原则也会发生变化。

（一）社区工作的价值观

社区工作的价值观包括：人是一切事物的中心（或说尊重人的尊严和价值）；采取制度导向；人需要相互合作与相互依赖；人应该积极参与社会；政府与社区工作者应具有社会责任感；追求社会平等和正义等。社区工作价值观对于工作者来说尤其重要，因为它是社区工作实践的灵魂和方向，是发生争论时的判别准则，也是工作者工作的主要动力。①

（1）人是一切事物的中心。也就是说，人是重要的。评判一种社会现象，评价一个社会政策，关键看能否满足人的需要，是否有利于人的发展。社区工作者需要将这一价值观贯穿在介入政策、行政管理系统和组织运作等层面，以确保社区工作围绕人的需要、人的生存和发展展开。

（2）人需要互相合作与相互依赖。人是社会动物，人与人需要相互依靠、相互合作。通过与其他人的联系，创造一个相互支持的社会。社区工作要为人们的交往和相互交流提供机会，创造条件。

（3）人应该积极地参与社会。人是社会的一个细胞，个人应当融入社会。一个理想的社会应当为人们提供参与社会的机会和途径。而社区工作的过程就是动员社会成员积极参与社会生活的过程。

（4）追寻社会平等和正义。社会正义意味着保证人们的平等机会与权利，保证人的价值与尊严。而社会工作者的责任就是通过扩展机会与资源来实现社会正义的理想。

（二）社区工作的工作原则

社区工作的工作原则，是指社区工作者在推行工作时所需要遵守的规则。这些原则是根据社区工作价值观所制定出来的。②

（1）注重以人为中心的发展目标。社区工作包括两个方面的实践目标：任务目标和过程目标。前者通过人们参与集体行动，影响政府的决策，调动社

---

① 参见李晓凤．社区工作［M］//向德平．社会工作概论．北京：中国广播电视出版社，2004：158-159.

② 参见李晓凤．社区工作［M］//向德平．社会工作概论．北京：中国广播电视出版社，2004：159-160.

区资源，改善社区设施与服务，解决社区问题。后者则注重人的发展，通过共同工作，促进人与人之间的相互关心和合作，提高人们解决问题的能力。在社区工作中，工作者更注重人的发展。

（2）根据社区情况制定工作计划。每个社区都具有其自己的特点、需要和难题，同样，每个社区的居民也具有不同的处事方法和能力，社区工作者应该掌握社区的基本情况，根据社区的实际状况、社区发展所处的阶段，有针对性地制定工作计划和方案。

（3）社区自决是社区行动的先决条件。让人们自己选择和决定社区的改变方式和行动方式，是社区工作中十分重要的原则。因此，社区工作者要尊重社区居民的权利与意愿。

（4）强调居民的自助参与。居民自助是居民自决的必然结果。社区工作强调居民的互助参与，要让社区居民参与社区建设，必须由社区人士承担社区的管理事务①。从这个意义上来说，社区工作者的工作，就是要通过适当的介入与帮助，来增强和提高社区人士的处事能力与技巧，协助他们处理社区事务。

（5）民主和理性的原则。在社区工作中，坚持民主和理性的原则意味着社区行动应摆脱特权利益群体的控制，所有的社区成员都有权利参与社区发展目标的制定和社区行动过程。

（6）广泛的社区参与。广泛参与是指社区内不同阶层或类别的人士都有参与社区事务的机会。为了保证参与的广泛性，工作者需要给予一些特殊群体特别的帮助和鼓励，以支持不同群体（包括妇女、老人、儿童和青少年等）的积极参与。参与的机会应向社区中所有感兴趣的人们开放。

三、社区工作的思想和理论模式

（一）社区工作的思想

社区工作的发展，常常受到不同时期社会思想的冲击。不同的思想体系影响了社区工作对社会问题的界定、解决方法的采用以及对工作者角色的确定。社区工作深受各种思想体系的影响，可以说是一种思想主导的工作（ideology-led practice）。按照英国社区发展计划的分类②，社区工作的思想主要有以下

① 参见 Carry L.. *Community Development as Process* ［M］. Columbia：Univercity of Mission Press，1970：146-149.

② 参见 Community Development Project. *Inter-Project Report* ［M］. London：Home Office，1974.

几种：①

（1）共识思想（consensus model）。共识思想以社会学的功能主义为根据，假设社会制度基本合理，而社会发展的理想及目标为社会所接受，各阶层间没有基本利益的冲突。在共识思想的前提下，所有不同组织的人都有各自的角色和功能，以维持社会的稳定和平衡。社会问题例如失业、收入不平等及贫穷等，具有社会稳定的功能，而社会问题的出现主要是由个人的缺陷，包括个人的性格、智能、遗传及文化等因素造成的。同时，为了社会的稳定及平衡，社会变迁必须以渐进的方式进行。因为激进及急剧的改革和社会冲突都会威胁社会制度的稳定，导致社会的解组和崩溃。因此，在共识思想的影响下，社区工作的重点在于提高社会归属感，提倡团结、自助及互助精神，增强服务的协调，教育及帮助个人和家庭适应及接受社会制度。

（2）多元化思想（pluralist model）。多元化思想认为，社会由多个代表不同社会阶层利益的团体所组成，这些团体通过行动向社会争取利益。它们之间相互制衡，没有一个团体可以绝对控制一切社会资源的分配。在这个模式下，政府被视为中立的协调者，它平衡各种利益团体之间的冲突，制定一些为各团体共同遵守的规则，使团体合法地竞争社会资源。不过，由于不同利益团体的力量不均衡，导致某些利益团体边缘化，不能有效地影响权力中心，社会问题由此产生。因此，社区工作的重点在于组织一些缺乏权力及组织能力的人，通过行动去争取及提高他们的影响力，从而达到资源再分配的目的。

（3）制度结构冲突思想（structural-conflict model）。制度结构冲突思想以马克思的理论为依据。这种理论认为，一切社会制度、政治制度及经济制度均由特权阶级所控制，政府支持这些有权势的阶级剥削一般市民，尤其是工人阶级，导致社会不平等。因此，社会问题的出现，反映了整个社会的矛盾。这些矛盾在资本主义制度下是无法消除的。要批判现存政治及经济制度，进行革命以推翻这一制度。

（二）社区工作的理论模式

社区工作的理论可以分为两大类，一类是主体性理论（substantive or normative theory），属于中层理论，可以提供社区工作的方向及工作设计，也称为 know-why theory；另一类是基于总结工作经验而建立起来的实践理论（practice or know-how theory），其要旨是指导实际工作的执行。②

---

① 参见李晓凤．社区工作［M］//向德平．社会工作概论．北京：中国广播电视出版社，2004：157-158.

② 参见李晓凤．社区工作［M］//向德平．社会工作概论．北京：中国广播电视出版社，2004：160-163.

1. 社区工作的主体理论

从社区工作在英美的发展史来看，社区工作的主体理论可以分为三个主流，即社会运动、社区照顾和宏观工作。

第一种主体理论是社会运动理论。社会运动理论主要以阐释社会运动的根源和发展的原因为主，可以划分为两大角度：着重个体或群体心理状态的社会心理角度与着重社会状况和条件（包括种种社会矛盾）的结构角度。伍德（wood）和杰克逊（M. Jackson）将社会运动描述为非常规、有组织的集体行动，其目的是促进或防止某种社会变迁。吉登斯（A. Giddens）认为，在现代化的社会中，有四种不同类型的社会行动，包括民主运动、劳工运动、性别运动、生态运动。近几十年来在欧美出现了从另一些层面来探讨社会运动的理论，如“新理论运动”，包括20世纪60年代以来发生在西方的和平（反核）运动、环境生态（反污染）运动，妇女运动、消费者权益运动、消费合作社运动、绿色运动等。

第二种主体理论为社区照顾理论。在西方发达国家推行高福利政策的鼎盛时期，“院舍照顾”十分流行，孤儿、贫困儿童、老人、精神病人等在被安置在那些与他们生活社区分离的福利院中进行照顾，以促使其状况有所改善。但是20世纪50年代后，“院舍照顾”消极的后果，使得“反院舍化”开始占据主流。究其原因在于①：人口结构的改变，老年人口急剧增加；经济不景气，福利开支缩减，正规服务越来越昂贵；住院服务的局限；自助组织的流行；保守福利主义的兴起。之后，学者提出的“正常化”理论开始获得人们的认同。此理论认为，那些被认为过着“不正常”生活的群体，被剥夺了自主和选择的权利。因此，改善这一缺陷的首要步骤就是，提供正常的环境给服务对象，让他们有与正常人交往的机会和正常的社会生活条件，这才符合人性化的要求。于是，“社区照顾”模式诞生。从福利政策角度看，社区照顾其实反映了社会对福利国家思想的重新评估，尤其是对国家在福利上所应扮演的角色的反思。

第三种主体理论是宏观工作。20世纪80年代美国基层组织工作渐渐缺乏发展机会，取而代之的是宏观工作，包括政策分析、行政管理及服务程序设计。政策分析着重研究政策的形成、执行及反馈过程，行攻管理的主要内容包括信息及人事管理、机构信息管理系统的发展以及人力筹划、聘请、评估及培训等；服务程序设计包括评估服务的需要、服务项目的建立、市场推广、筹

① 参见 Philip Abrams, et al. . *Neighborhood Care and Social policy* [M]. London: Her Majesty. Stationery Office, 1989; Alan Walker (ed.) . *Community Care* [M]. Oxford: Blackwell and Roberston, 1982.

款、预算计划等。宏观工作理论源自公共行政及工商管理。

2. 社区工作的实践理论

美国学者罗斯曼（Rothman）1979年将美国社区工作的实践经验加以总结，提出了社区工作三大模式理论，即地区发展、社会策划（社会计划）和社会行动①。罗斯曼的模式理论在西方社区工作的实践理论中较具代表性，以下简述之。

（1）地区发展模式

这种模式鼓励居民通过自助及互助去解决社区内的问题。工作重点是提高居民的民主参与意识，挖掘或培养人才，以及通过社区工作者发动居民关心本社区问题、采取社区行动。因此，社区工作者的工作主要是提高居民的民主参与意识、解决问题的能力和居民之间的合作精神，加强居民对社区的归属感。这种工作模式适用于一些比较简单的社区，即在这些社区里，居民的背景比较单一，关系良好，冲突不明显。

（2）社会策划模式

社会策划模式是通过专家的调研、论证，制定社区工作计划和方案，然后予以落实与推行，以解决社区内的问题。这种模式是一种由上而下的改变模式，因此，社区工作者常扮演的是决策者、策划者或倡导者的角色。不过，要进行这种模式的社会策划，首先必须有充足的资料，然后考虑所提出的各种方案的优劣得失，再制定目标和方向。这样，这种模式就要求把不明朗的因素尽量减少。而在实际的社区工作中，目标及环境是难以把握的，因而，订定的计划也就未必能被完全执行。此外，这种模式属于机构层面工作，居民所处的地位比较被动，只限于对计划提出一些修改意见。总之，这种模式较为保守，忽视了居民意识及能力的培养。

（3）社会行动模式

这种模式在西方的社区工作中十分常见，它特别适用于那些社会情况比较复杂、社会矛盾比较多、政府部门官僚化、居民利益缺乏保障的社区。此工作针对社会不公平、不平等与剥削现象展开。为此，社区工作者需要动员、组织社区居民，采取集体行动，以从下而上的施压形式，求得公正地解决问题。在这个过程中，社区工作者发动、组织居民采取一致行动。其主要方法有讨论、公开辩论、通过大众传播媒介呼吁等，以引起社会各界和政府当局的关注与同情，也采取请愿、游说、游行示威、静坐等行动，以求得问题的公正解决。而

---

① 参见 Jack Rothman. *Three Models of Community Organization Practice*: *Their Mixing and Phasing* [J]. in Cox F., et al, (eds.) Strategies of Community Organization. Itasca Ⅲ, Peacock Publishers, 1979: 25-45.

对低收入及无权无势的人来说，社会行动是影响政策的有效途径。

除了以上三大模式外，自20世纪80年代以来，社区照顾模式在西方尤其是英国日益完善，并对社区工作产生了重要影响，以下简略介绍此种模式。社区照顾指非政府组织及商业机构所提供的帮助、保护及支持性服务。服务提供者包括家庭成员、亲属、朋友、邻居及义工，而服务对象是一些有特别需要的人士，如健康不良的老人、病人、残疾人、精神病人、弱智人士及有问题的儿童与家庭等。概括地说，社区照顾模式的特点有：服务理念的“正常化”；服务模式从政府单方主导，转向政府、营利机构、志愿组织、社区、家庭和个人多方主导；照顾途径从正规照顾拓展为非正式照顾和正式照顾相结合；提倡建立相互关怀的社区。同时，从社区照顾模式实施策略看，也可以分为五大类：在社区内对服务对象进行照顾、基于社区的康复计划、社区支持网络、为照顾者提供服务、社区权益的倡导。而社区照顾模式成为主流，充分体现出对服务对象的人性化关怀的理念逐渐成为主导，并且这也有利于充分、有效地调动和利用社区的各种资源，激发居民的自助和互助意识。但是，该模式也存在一些问题，比如资源和权力下放，引发了政府责任与角色问题、社区资源不足问题，以及非正规照顾的服务质量监督、保障与社区歧视问题等。①

第二节　社区工作的基本方法

社区工作过程通常包括开始、中间及结束等阶段，每一个阶段都有独特的目的、作用、工作方法及工作技巧。本节主要介绍社区工作的过程与基本技巧。

一、社区工作的过程

综合不同专家学者的意见，我们将社区工作的过程分为以下五个发展阶段。不过，在实际的社区工作过程中，并非一定要经过以上不同阶段，而且阶段的出现次序也可以倒转或几个阶段同时出现。②

（一）建立关系

建立关系也可以叫做进入社区，这是社区工作的第一步。社区工作者的工作对象，包括社区居民、社区机构（包括社区各种理事会、社区发展相关社团和社区资源单位）以及社区的领导人。通常，初步关系的建立多从拜访社区的重要人

① 参见王思斌．社会工作综合能力（初级）[M].北京：中国社会出版社，2007：148-151.

② 参见李晓凤．社区工作［M］//向德平．社会工作概论．北京：中国广播电视出版社，2004：163-166.

物与社区机构入手，有时也开展一些有利于社区居民的活动来吸引社区居民。这一阶段最主要的工作就是让社区居民了解工作者，同时工作者寻求未来工作的支持者。工作者与社区居民专业关系的建立，是社区工作的基础和前提。

（二）收集资料

社区工作者如不先对社区类型、所面对的问题、可运用的资源、提供居民服务的组织等情况加以了解，很容易受先入为主的想法、过去的经验与个人工作习惯、发表意见的少数人及偶发性事件所左右，走入误区，失去正确的工作方向。一般来说，收集资料的内容包括以下三个方面：

（1）社区生活。社区生活的了解可利用新旧地图的对照，追溯社区的发展特征，同时也可以了解社区在相当长一段时间内的社会变迁过程，类似的方法有查阅档案资料与地方志等。

（2）社区需求。社区需求通常用社区调查的方法来了解。社区调查可使用问卷法、访谈法、观察法、文献法、社会指标、会议、案主分析等技术。不过，工作者应特别考虑社区工作的特点来使用这些方法。

（3）社区资源。社区资源的掌握，可以从了解、分析社区入手，内容包括社区基本资料、社区资源、社区内问题、社区评估。以上只是分析社区的基本框架，它可以帮助我们在寻求社会资源时，事先辨明问题与需要的性质以及目前所拥有且可以运用的资源有哪些，由此使我们能挖掘社区资源，发挥最佳效用。

（三）制定计划

社区工作计划分为整体规划与具体规划。整体规划即对社区工作的现在与将来进行规划，规划涉及社区组织与发展的全局，可以分为近期规划和长期规划。而具体规划则是指对社区中亟待解决的问题而制定出来的工作方案，它只涉及一时之事，是整体规划的一部分。不过，一个有效的社区工作计划应具备以下条件：计划必须符合全体居民的愿望与需求；目标必须明确；必须具有适用性、可行性与可接受性；计划的产生必须集思广益、民主决策；计划必须有整体性（即与社区的整体规划是衔接的、配合的、一脉相承的）。此外，计划及与计划相关的文件资料，必须妥善保存，以备总结、评估之用。

（四）社区行动

社区行动指社区工作者组织社区居民实施工作计划，在这个过程中，工作者要激发社区居民的积极性，增强社区居民的自信心，决定行动的方案，利用各种资源，自力更生地解决自己的问题。具体方法有：

（1）会议。社区工作涉及社区内的各个方面，需要社区居民、社区内的机构、社团通力合作，因而需要召开各种会议，交流意见，求得共识。会议要获得成功，准备工作相当重要。一般来说，会议前要做好业务性准备与事务性准备工作。业务性准备，包括会议主题的拟定、会议材料的筛选、与会议参与者的事先沟通等；而事务性准备，则有会议时间与地点安排、议程的编定、通知的发送、会议资料的印刷、记录人员及工具的安排等。

（2）教育与宣传。社区成败的关键在于社区居民是否热心参与，但参与的动机要看居民对社区事务的兴趣，而兴趣的引发，则与其对社区的了解程度及态度有直接关系，为此，就必须开展教育与宣传。在这里，“教育”主要是指群众教育，以使群众了解社区工作的目的与意义，鼓励居民积极参与。“宣传”除了借鉴大众传播媒介外，还可采用海报、黑板报、宣传栏、公告、通知、会议记录、家访等，除了要争取外界的理解、同情与支持外，也是为了调动社区居民的积极性，使其积极参与社区工作。

（3）人事。社区工作者与社区居民及社区内各个机构、社会团体应建立起融洽的关系；组建开展社区工作的组织，如理事会、委员会、工作小组等，发掘与培养当地的领导人才。

（4）财务。包括筹措资金、编制预算、支付各种费用及管好财务等。其中，在解决资金资源上，社区工作者特别强调动员社区内一切资源来解决资金问题，并从多种渠道筹集资金。

（5）协调。社区工作要协调合作才能避免重复、浪费和冲突，社区工作者在这方面扮演“牵线搭桥者”的角色，即交换信息、沟通意见、协助明确分工与相互支持，使工作者在最少资源的投入之下获得最大的成效。

（五）评估成效

社区工作评估，是工作过程的最后一步。评估成效的目的在于，社区工作要合乎经济、高效的原则。评估有助于未来方案的设计，有助于方案的修正和调整；评估能获得社区居民更大的信任和支持，也可以使工作者更有成就感；评估还能测定社区的变化程度。在评估工作中，可以由社区工作者自己来做，也可以由社区各界代表来做或请专家咨询。评估的方法有定量评估和定性评估，评估种类包括社区工作的过程评估与社区工作的目的评估。

二、社区工作的技巧

从香港地区开设社区工作课程的六所大学的社区工作课程中的技巧训练部分的内容来看①，社区工作所需要的基本技巧有以下五种：

① 参见甘炳光等．社区工作技巧［M］．香港：香港中文大学出版社，2000：3-73；李晓凤．社区工作［M］//向德平．社会工作概论．北京：中国广播电视出版社，2004：166-171.

(一) 分析技巧

分析技巧包括：了解社区结构、过程、资源、问题、需要的技巧；分析社会政策及社会问题的技巧；社区观察的技巧；街头访问的技巧；家庭访问的技巧；文献分析的技巧；访问社区领袖的技巧以及社区调查的技巧等。以下集中介绍认识社区、了解社区动力、社会政策分析、社区研究、激发思考等重要技巧。

(1) 认识社区。认识社区是制定社区行动计划的基础，也是社区工作的一种组织策略和动员群众的手法。而要全面地认识社区，以下三项工作缺一不可：

一是探索社区背景，内容包括：社区的基本资料、社区居民与团体的关系及权力分布、社区问题、社区需要。

二是探索工作方向，为此需要作出多项的决定。比如，社区工作者首先要确定哪种社区需要、社区问题要优先处理？工作目标包括什么？采用何种工作手段去达到目标？

三是探索社区动力与建立社区关系。探索社区动力，可以了解社区内的权力分布及个人团体之间的交往模式。与社区建立关系或在社区树立正面形象等，对于拓展工作是非常重要的。认识社区的渠道很多，比如，家访、街头访问、拜访社区领导、居民大会、文体活动、特定的工作小组、社区调查、政府部门统计资料、地区图书馆的一切文献资料等，都是收集资料与认识社区的不同方法和渠道。

(2) 了解社区动力。研究社区动力，有利于实现服务目标，推动社区改变。为了成功地分析社区动力，工作者应了解社区动力的分析架构。社区动力的分析架构主要分为两方面：一方面是社区体系分析，其重要组成部分有目标、信念、拥有的资源、期望、资源的来源等；另一方面是社区互动分析，主要以社会交换论的观点去分析体系与体系之间、体系与环境之间的互动规律，从而辨别出体系之间不同的关系形态，为工作者提供一些工作上的参照。

(3) 社会政策分析。社会政策与社区工作者有不解之缘，与日常工作有着密切的关系，罗斯曼 (J. Rothman) 将社会政策介入看成社区工作的新增的主要介入方法之一。社会政策架构分析主要以内容分析为主，主要包括四个部分：问题的界定、政策的制定、政策的执行和政策的评估。社区工作者可以根据政策架构进行政策分析，发掘社区问题，提出政策建议。

(4) 社区研究。社区研究是社区工作的一种手法，通过运用定量方法，如问卷调查等，或者通过运用质性研究方法，如田野等方法，来开展社区研究。其对象是环境及资源、动力及关系、居民意见和行动计划及监督，而社区研究的范围可以是整个社区也可以是局部社区，可以是社区客观事实也可以是居民的主观感受。

(5) 激发思考。社会工作专业强调“非判断性”，但是这并不是指社工在工作中没有价值指引，否则就会沦为漫无目的的无意识行为。因此，要有效地达到社区工作的目标，社区工作者必须拥有缜密、逻辑和批判性的思考，才能准确界定问题，制定介入的策略及行动。

(二) 关系的建立与维系技巧

关系的建立与维系是进入社区开展工作的第一步，即探索期的工作。掌握一些开展工作的技巧将有助于有效的组织基层日后解决社区问题，为以后的社区工作打下坚实基础。关系建立与维系的技巧包括：与居民接触的技巧、访问的技巧（街头访谈、家访和电话访问)、社区关系联络与建立形象的技巧、处理与地区组织群体及政府部门的关系技巧等。这里主要介绍与居民接触和处理与地区组织及政府部门的关系技巧。

(1) 与居民接触。对于居民的高生活福利水平，即使有时是以改变他们所处的环境为目标，但是居民仍是社区工作者的核心对象。社区工作者通过不同的方法，如通过刊物、宣传单、电子媒介、各种会议、电话等来接触居民，了解居民的利益与需要，熟悉居民的心理。在与居民接触的过程中，工作者要遵循两个基本原则，即工作态度要热诚、认真、开放；能引导居民去思考、讨论、分析问题。

(2) 处理与地区组织及政府部门的关系。社区工作者在协助服务对象时，经常要与不同的组织建立关系，要采取组织分析、组织间关系分析、组织间协作研究及组织接触等技巧，来处理与政府部门、社会组织机构等关系。而工作者处理与地区组织及政府部门关系的技巧十分丰富，工作者应具体情况具体分析，因地制宜地灵活运用。

(三) 动员与组织技巧

动员与组织技巧包括动员群众的技巧、居民大会、公开演讲、运用传播媒介、请愿与游行、游说、谈判、宣传推广及教育、社区网络分析、培训社区领袖、发掘义工等。以下介绍动员群众与培训社区领袖的重要技巧。

(1) 动员群众。发动居民参与社区活动，是社区社会工作的重要内容，没有居民的积极参与，社区工作便失去了意义。动员居民参与的方法很多，但首要的还是要掌握居民参与的心理，然后运用有效的方法去开展工作，其中最有效的方式是采用面对面的直接接触的方法。如果事先知道居民的基本情况，则可以运用家访、电话访问等方式进行接触获取资料；如果事先没有掌握居民的基本资料，则可以运用社区宣传站、居民大会等方法动员居民参与。此外，除了直接接触方式外，非直接接触方式也是可选择的途径，如大众传媒、社区宣传栏、电视报道、电子邮件、信函等。

(2) 培训社区领袖。社区工作的一个重要目标之一就是培育社区的领袖，带领居民去发掘社区问题，运用社区资源，解决社区问题，推动社区内群众的参与，提升社区居民的参与意识，从而改善社区的环境和提高社区居民的能力，达到社区自助。一般来说，社区工作者培养社区领袖的常用技巧有：鼓励参与、给予鼓励和肯定、建立民主的领导气氛和精神、不断提供领袖学习机会和培养不断改进的习惯、建立居民领袖权责分工意识、培养理性讨论等。

(四) 活动程序设计技巧

活动程序的设计技巧包括：策划活动、制定目标、宣传策略的技巧，以及调动资源、评估的技巧。以下介绍服务策划、程序计划及设计的重要技巧。

(1) 服务策划。服务策划工作是基于工作对象的需求和服务目标，通过选择最有效的策略，动员社区资源，有系统、有次序地根据计划输入服务资源。社区工作者的工作就是倡导或者带领居民把这些输入的资源转变为居民的利益与服务。在整个过程中，策划者要督导服务的执行，评估结果。一般来说，服务策划的过程包括以下几个方面：了解机构的使命和目标；分析环境和机构内情况；评估需求；制定服务目标和策略；策划的执行和监督；评估和报告的撰写。

(2) 程序计划及设计。社区工作是依靠不同形式的活动来开展工作的，因此，设计和计划活动就成了重要环节。一般活动的过程大致包含以下几个方面：掌握活动的基本目标；衡量服务对象的特色、需要与兴趣；配合机构的宗旨、赞助团体的期望；评估本身所拥有的以及可动员的资源；制定初步计划；评估可行性；确立详细计划；预测预期困难与找到解决方法以及检讨与总结等①。

(五) 行政管理技巧

行政管理管理技巧主要包括：文件资料处理的技巧；财务处理（特别是经费募集）技巧；计划与评估的技巧等。以下主要介绍评估工作与经费募集技巧。

(1) 评估工作。评估是社区工作的一个重要环节。一般而言，评估可分为三类：过程评估、成果评估和效益评估。过程评估的目的在于评估活动的质与量；成果评估又称效能评估，主要是评价结果是否合乎预定的目标；效益评估主要是成本效益评估。

(2) 经费募集。经费募集是社区工作活动开展的前提条件，它直接影响到社区工作开展的成功与否，特别是对于一些非政府组织的团体组织，更是活动开展的关键性因素，因此，极具挑战性。经费募集策略一般分为两种：对内

---

① 参见甘炳光．社区工作技巧［M］．香港：香港中文大学出版社，2000：388.

与对外。前者是以募集委员会的人士、组织的职员为主；后者主要包括接触不同的拨款组织，如专业团体、社会服务团体、政府、私人公司和一般市民大众等。

第三节 社区工作在中国的发展

中国的社区工作大致可以分成两类：农村社区工作和城市社区工作。农村社区工作主要偏重于社区发展，后者则侧重于社区组织，两者都是以社区照顾为主，并有一定的社区设计。从发展来看，城市社区工作更完备，涉及面广，影响更深远。

中国农村社区工作以《中华人民共和国村民委员会组织法》（简称《村民委员会组织法》）为准绳，广泛开展了村民的自我管理、自我教育、自我服务。村委会作为主要的工作机构，办理公共机构，举办公益事业，调解民事纠纷，协助维护社会治安。农村普遍建立了福利院、互助储金会等机构，为社区居民，尤其是处境困难的居民提供救助。在贫困地区，则开展区域开发、贫困地区与富裕地区结对，以及社区居民教育与培训等工作，并利用社区内的潜力和外来的支持，改善社区居民的生活，使之尽快脱贫致富。总的来说，农村社区工作较为薄弱，基本维持在较低层面的社区照顾，无论是实施的方法，还是其深度与广度，都与现代意义的社区工作差距较大。

而我国城市社区工作发展较快，其原因是多方面的。城市人口迅速增长，城市化的进程加速；人口老龄化趋势加快；家庭逐步小型化；就业率提高；人们的生活节奏加快。以上这些因素导致我国社会结构、家庭结构、人口结构及人们的生活方式发生巨大变化，伴随着这些变化，出现老年人问题、残疾人问题、精神健康问题、妇女儿童问题、青少年问题、犯罪预防问题、紧急救助问题等。我国面临着世界各国在工业化发展进程中曾经出现的各类问题。进行城市综合体制改革，要求增强企业的活力，改变“政府抓生产，企业办社会”的不合理状况；转变城市政府职能，要求把管理社会工作的职能下放到区和街道。来自基层的需求与来自宏观层次的需求汇合在一起，促进了我国城市社区工作的开展。以下简单介绍我国社区服务的发展状况。

一、中国社区服务的发展

中国社区服务的最重要特征是融福利性、行政事业性和商业性服务为一体，我们可以将社区服务分成三个部分：①核心部分是福利性服务。这是社区服务的出发点和归宿，其对象是社区中有特殊困难的人和有特殊贡献的人，它的目的是满足这一部分人的基本生活需求，属于义务服务、无偿服务。②中间部分是行政事业性服务。这是社区服务的主要内容，其对象是全体社区成员。它的目的是帮助社区居民解决他们生活中碰到的难题，属于非营利性的低偿服务。③边缘部分是商业性服务。这是社区服务的扩展或辐射。其对象不限，它的目的是拾遗补阙、方便居民，属于营利性的有偿服务。

根据中国现行的政策法规，社区服务被视为“在改革开放中发展起来的新兴社会服务业”，“是社会保障体系和社会化服务体系中的一个重要行业”①。从1988年到1996年，我国的城市社区服务从无到有，已经遍及全国各地，形成了设施在10万个左右、志愿工作者队伍在300万人左右的一个新兴行业。城市社区服务的蓬勃发展，为解决各种社会问题开辟了一条有效的途径，并在满足社区居民的迫切需要与城市综合体制改革的需要方面发挥着重要作用，对城市社区组织和社区居民的社会生活产生了重大影响。这主要表现在：城市社区服务引发了行政管理性的街道组织向社会服务性的转变；促使了社区服务队伍的产生与迅速发展；形成了比较便利、健全的社区服务内容；提高了居民的社区满意度与社区归属感；增加了基层社区的凝聚力等。

中国社区服务在迅速发展的同时，也存在着以下问题：城市社区服务在发展方向上出现了“向钱看”的倾向；在地区之间与项目之间存在着城市社区服务发展的不平衡问题；城市社区服务难以囊括城市基层社区组织所要承担的职能；农村社区服务问题未提上议事日程等。针对以上问题，我们认为，应主要采取以下对策：其一，将社区服务的边缘部分从社区服务中剥离出来，与商业服务融合，核心部分与中间部分则向社区福利服务转化；其二，逐渐引导社区服务向社区建设的方向发展；其三，加强对社区服务的管理、调控。

二、中国社区工作的实践

中国的“社区建设”是在社区服务的基础上形成的。城市社区服务的发展趋势是融入“社区建设”中去，即进行包括社区服务、社区管理、社区文化、社区教育、社区卫生、社区治安等内容的系统建设。民政部于1991年5月首次提出“社区建设”这一概念。1998年国务院政府体制改革方案确定民政部在原基层政权建设司的基础之上设立基层政权和社区建设司，推动了社区建设在全国的发展，并将社区建设上升到了改革、发展与稳定的高度。②

由于政府的有力推动，近几年来，社区建设已在我国城市中轰轰烈烈地开

① 李晓凤．社区工作［M］//向德平．社会工作概论．北京：中国广播电视出版社，2004：172.

② 参见李晓凤．社区建设概念下的社区工作理论与实践分析［J］．武汉：科技进步与对策，2002（11）：164.

展起来。但是，就目前的实际情况来看，各地对社区建设内涵的理解有一些差异，实现策略也有所不同。我们认为，从社区建设的角度去激活人们的需要，采取“地区发展”模式开展社区工作，将成为中国社区建设的重要方法，这为专业社会工作者的介入提供了广阔的空间①。以下对我国社区工作的实践做一些简单分析。

(1) 从社区建设概念下地区发展模式的应用前景来分析社会工作者的介入领域。为了将“增进社区的社会团结”和“促进社区发展”的目标落实为具体的社区工作，我们可以在社区建设概念下，采用地区发展模式进一步拟定以下具体工作目标及工作范围。

工作目标之一：通过服务及资源的提供，加强居民个人成长与发展，以培养其公民意识和责任，其工作范围有小组工作、居民文体活动及教育性活动。

工作目标之二：加强居民对社区问题的关注，提升他们“守望相助”的邻里意识。其工作范围有居民组织与社区服务。

工作目标之三：培育居民领袖及热心的居民，善用社区资源去解决问题的技巧及能力。其工作范围有居民领袖训练计划与居民互助小组的辅导等。

工作目标之四：鼓励居民对影响他们社区的事务有知情权与反映意见的机会。其工作范围有辅助居民领袖参与分区区委工作、加入街道办事处或居委会辖下的工作小组，并把信息基层化，使社区事务或问题有充分反映的途径。

工作目标之五：建立居民网络。其工作范围包括睦邻的网络和居民组织的联系工作。

(2) 从社区干部队伍的培训与职业化趋势来分析社会工作者的介入层次。我国现有50多万社区居委会干部，如何加强他们的专业培训，也为专业社会工作者的介入提供了阵地。具体地说，可以从三个层次来分析专业社会工作者的作用：

一是组织编写社区工作的相关教材，用通俗简明的语言，介绍社区工作知识，为广大社区工作者培训与实践提供方便。同时，还可以与各地民政系统合办一些带有示范性质的骨干培训班。

二是从质与量上加大大专院校社会工作专业人才的培养，并主动向各地社区组织输送人才，同时，还可以将这些院校作为本地区社区干部的培训基地。

三是社会工作专家与实际工作者到各城区街道讲课、调查，以及对基层干部进行业务培训与专业指导等。

由此可见，正是基于社区干部队伍的培训与职业化趋势来分析，专业社会

① 参见李晓凤．社区建设概念下的社区工作理论与实践分析［J］．武汉：科技进步与对策，2002（11）：164-165.

工作者在中国的社区建设运动中必将大有可为。

思 考 题

1. 什么是社区工作？简要介绍其特征。
2. 简述社区工作的实践理论。
3. 简述社区工作的价值观及其工作原则。
4. 试述西方社区的过程。
5. 社区工作的工作技巧有哪些？举一具体案例进行分析及运用。
6. 试分析专业社会工作者在中国社区建设中的介入空间。

主要参考文献

[1] 周永新．社会工作学新论［M］．香港：商务印书馆，1998.

[2] 王思斌．社会工作概论［M］．北京：高等教育出版社，2006.

[3] 王思斌．社会工作综合能力（初级）［M］．北京：中国社会出版社，2007.

[4] 向德平．社会工作概论［M］．北京：中国广播电视出版社，2004.

[5] 甘炳光编．社区工作理论与实践［M］．香港：香港中文大学出版社，1995.

[6] 甘炳光等．社区工作技巧［M］．香港：香港中文大学出版社，2000.

[7] 徐永祥．社区工作［M］．北京：高等教育出版社，2004.

[8] 李晓凤．社区建设概念下的社区工作理论与实践分析［J］．武汉：科技进步与对策，2002（11）．

[9] Cary L. . *Community Development as Process* [M]. University of Missouri Press, Columbia. 1970.

[10] Jack Rothman. *Three Models of Community Organization Practice: Their Mixing & Phasing* [J], in Cox F. , et al, (eds.) Strategies of Community Organization [M]. Itasca Ⅲ, Peacock Publishers. 1979.

第九章　社会工作行政

在社会工作的方法体系中，社会工作行政作为一种间接的工作方法，自20世纪70年代在美国兴起至今，在世界各地的社会工作实务领域发挥着重要作用。那么，什么是社会工作行政？它有哪些特点和功能？它在实施过程中的程序和推行要件是什么？在“大政府”格局下中国本土化的行政模式是什么样的？关于未来又何去何从？这些都是本章试图澄清和回应的问题。

第一节　社会工作行政概述

一、社会工作行政的含义

（一）行政的含义

“行政”一词是从英文“administration”翻译过来的，它具有十分复杂的含义，概括地说，它是指在公共事务的组织、协调等方面促进相关工作人员共同努力，以更有效和更科学的方式达到目标的活动。历史上，人们对“administration”的概念有着很多理解，比如，伍德罗·威尔逊早在1887年的《行政学之研究》一书中分析了执行宪法（即行政）的重要性；接着，美国学者古德诺在1900年出版的《政治与行政》一书中，进一步阐释了行政的含义，认为“行政”是与政策执行相关的、国家意志的执行，从而将“行政”与“政治”区分开来；20世纪末，法国行政管理学家法约尔则从行政管理的角度指出了行政活动在工业组织和其他组织运行中的重要性。

学者们之所以将“administration”一词译作“行政”而非“管理”，是为了将它同“management”（管理）一词做出区分。从词源上说，行政的意义偏重于提供服务，然后治理，而管理的意思偏重于亲自控制。因此，管理基本上指的是对事物的具体管理、操作和处理，是通过个人自己的行为处理来控制事务，并实行监管的过程；而行政则强调对事物的计划、组织、推动和监督，是以服务为中心，从综合的角度对所有相关事物的协调和推进。因此，传统上认为，相比较管理而言，行政的职能更为狭窄。

（二）社会工作行政的不同定义

什么是社会工作行政？不同的学者因所在国家社会工作行政的范围不同而给出了很多不同的界定。

台湾学者白秀雄从内容的角度分析和区分了社会工作行政，他认为，社会工作行政既包括狭义的运用于社会服务机构的行政程序，也包括广义的与民众一起工作并维持协同努力的体系的过程。显然，狭义的社会工作行政是机构内的行政活动，而广义的社会工作行政则包含了社会福利政策的实施并取得效果的各个方面。

斯宾塞认为，社会工作行政是促成社区资源（人力资源和财力资源）转化为社区服务的过程，这一过程涉及委员会（或立法团）、行政官员、工作人员、志愿人员或赞助者不同程度的积极参与。因此，社会工作行政“是对机构内部关系和进取活动进行理性管理的过程，以实现立项目标，包括促成机构及其所在社区资源互相开放转化的进程”①。

邓纳姆认为，社会工作行政是“对提供直接服务的社会服务机构给予支持性和推进性活动的过程。社会行政的范围涵盖功能、政策、行政领导的决定和程序的运作，如事件记录、财务管理、服务维持等”②。

基德内把社会工作行政看成是将社会政策转化为社会服务的一个双向的过程：即“一是将社会政策转化为社会服务的过程；二是运用所得的经验调整社会政策的过程”③。这种分析更加符合实际，符合关于决策与执行关系的现代看法。

斯坦将社会工作行政看做是一个通过系统的协调与合作来确定和达到组织目标的过程，他认为，“社会工作行政的定义是多样的，但目前被广为接受的中心定义是：社会工作行政的概念是指通过系统协调与合作，界定和实现组织目标的持续过程”④。

崔克尔认为，社会工作行政是“一个持续工作的过程，在这个过程中，与人们进行合作，释放以及汇聚他们的潜能，从而使他们利用所有可能拥有的

① Sue W. Spencer. *The Administrative Process in a Social Welfare Agency* [M]. in Ella W, Teed, ed., *Social Welfare Administration*. New York: Columbia University Press, 1961: 32.

② Arthur Duham, *Community Welfare Organization: Principle and Practice* [M]. New York: Thomas Y. Crowell, 1962: 42.

③ John C. Kidneigh. *Social Work Administration — An Area of Social Work Practice?* [J]. *Social Work Journal* 31, April 1950: 58.

④ Herman Stein. Social Work Administration [M]. in Harry A. Schatz, ed., *Social Work Administration: A Resource Book*. New York: Council on Social Work Education, 1973: p. 7.

资源，满足有需求的社区，提供服务和计划”。① 同时，崔克尔综合了各家的说法，整理出了社会工作行政的五个共同要素，即：①社会工作行政是一种持续不断的动态过程；②这一过程的运作是为达成共同的目的；③发现并安置好人力物力资源，以达成共同的目标；④以协调与合作的方式去取得各种资源；⑤在定义内包括设计、组织及领导等要素。

（三）社会工作行政的涵义

综合各位学者对社会工作行政的界定，我们认为，要完整地定义社会工作行政的涵义，以下几点是必不可少的：其一，社会工作行政是一个以专门解决和防御各种社会问题为其设立目的、隶属于政府公共行政的一个部门；其二，社会工作行政是一种以实现社会福利为目标的、通过行政程序确保服务功效的间接的社会工作方法；其三，社会工作行政是每一个人都应该参与其中的动态的、持续不断的和全面的过程，其主体人员包括专业人士、非专业人员、董事会（或理事会）、民众及社区团体。基于以上对社会工作行政的概念的解析，我们认为，社会工作行政不是一个理论性的工作，更多的是属于实际工作的范畴，它既包括与政府的政策实施相关联的宏观部分，也包括与社会服务机构从事服务活动相关联的具体活动。因此，社会工作行政就是依照行政程序，妥善利用各种资源，实施社会政策，以向有需要者提供社会服务的活动。社会工作行政的核心内涵是执行、实施社会政策，即在宏观上和微观上将社会政策转变为社会服务的活动。②

二、社会工作行政的特点

社会工作行政与其他专业社会工作方法相比，具有以下特征③：

（一）方法的间接性

很多社会工作教育者和实务工作者都认为，社会工作主要有五种方法，即个案工作、团体工作、社区工作、社会工作研究和社会工作行政。长期以来，西方国家借助于个案工作和小组工作等直接的社会工作手法，为社会弱势群体排忧解难，解决了不少重大的社会问题。但随着资本主义工业化的进一步发展，社会问题的出现越来越多，问题的解决需要越来越复杂的行政程序，而直接工作方法的影响范围和提供帮助的能力都有限，因此，20 世纪 50 年代社会工作行政开始被纳入社会工作专业的范畴。不过，由于社会工作行政并不直接

① Harleigh Trecker. *Social Work Administration: Principles and Practices* [M]. New York: Association Press, 1971: 24-25.

② 参见王思斌. 社会工作概论 [M]. 北京：高等教育出版社，2006：152-153.

③ 参见张曙. 社会工作行政 [M]. 北京：社会科学文献出版社，2002：3-4.

提供服务，因此被称为间接的工作方法，“间接”的涵义有：其一，社会工作行政是一个过程，即是一个机构的目标、政策、人事、管理、服务和评估等方面的持续过程；其二，社会工作行政可以改善机构的功能、增进机构的运转并改进机构的实务方法，影响社会服务的输送，使其他各种方法更为迅速和直接地生效；其三，社会工作行政能与个案工作等社会工作的价值、方法紧密结合，形成有效地促进社会福利服务的新领域。

（二）职能的福利性

社会工作行政的内容很多都涉及社会福利方面，较之社会管理和公共行政，社会工作行政不管是在其目的上，还是具体的执行过程和方法上，都具有更为强烈的服务色彩，它的宗旨在于最大限度和最为合理地使国家的社会政策能在弱势群体的身上得到贯彻和落实。因此，社会工作行政具有职能福利性的特征，其服务行为不存在任何赢利的目的。但非营利性并不意味着社会工作行政的服务都是非经营性的，相反，社会福利服务应该是一种经营性的服务。因为社会工作行政的根本目的在于最大限度地帮助社会弱势群体，而社会福利机构的资金运作越成功，机构就拥有越强大的经济实力，在这种经济实力的支持下，机构服务的对象就越多，服务内容和质量就会更好。因此，职能福利性的关键是看机构对资金的运用状况。

（三）手段的专业性

社会工作行政是一种专业的服务手段，其责任的执行者是社会福利执行机关及其他社会工作机构，而机构管理层面的工作人员大多带有社会工作者的性质。因此，在具体的福利服务实施过程中，社会工作行政的服务手段更具有社会工作的专业化特点。比如，社会福利服务的实施对象是人，人的行为是动态的，相应地，社会工作行政的从业人员必须接受社会工作专业的教育与训练，才能有效地针对人们的问题与需要提供适当的服务。具体地说，社会工作专门化和职业化的特点包含了以下四个方面的内容：第一，有专门的社会工作团体及下属从事各类福利服务的机构；第二，有公认的职业守则和保证守则被执行的审核和证照制度；第三，有专门从事社会工作教育的院校和实用的系列训练课程；第四，有保障工作顺利进行的工作程序和必要的职业权利保障①。总之，现代社会中从事社会福利服务的社会工作行政人员，必须经过专业训练，以平等、接纳和不批评的态度对待服务对象，通过人际沟通等方法，帮助服务对象最大限度地发挥其潜能。

---

① 参见唐均．中国社会福利服务改革研究报告［D］//时正心，朱勇．中国社会福利于社会进步报告（1998）．北京：社会科学文献出版社，1999：29.

(四) 范围的有限性

社会工作行政的服务范围是有限的，这种有限性可以从两个方面来进行理解：一方面，社会工作行政服务的范围相对于社会管理、公共行政要狭窄一些，社会管理是针对整个社会系统的运行情况所进行的协调和管理，公共行政是以社会上的全体公民为服务对象，内容涉及社会生活的各种公共领域，如公共安全、交通、教育等方面，但社会工作行政的服务对象仅限于社会上遇到社会问题的弱势群体，其各项服务开展的范围仅仅覆盖了这些弱势群体的切身利益。另一方面，社会工作行政的范围与一个国家或地区的政治经济、社会需要和文化背景有着密切的关系。一般来说，在经济社会较发达的地区，其社会工作行政的范围比较广；反之，在经济社会较为落后的地区，社会工作行政的覆盖范围就要窄一些。

(五) 实施的层次性

概括地说，社会工作行政的实施过程就是一个将社会政策转变为社会服务的过程。社会政策具有宏观和微观的层次性，相应地，社会工作行政的实施也可以从宏观实施层次和微观实施层次来进行区分。宏观的社会工作行政是在将社会政策转变为具体服务的过程中，在宏观层次或较高层次从事与政策阐释、推行、筹划和设计相关的活动，是在政府的社会行政体系和大型非营利组织中，从事政策的执行设计、为其建立条件及规则并综合性地推动政策实施的活动，具有较强的政治性和广泛的协调性，对政策的实施负有主要责任，并运用全体系统推动政策的实施。而微观的社会工作行政指的是在政府部门或社会服务机构中比较接近于具体服务的基层从事的行政活动，是整个行政系统的末端，具有实务性，并仅限于组织内部的局部协调，对政策的贯彻实施仅负有部分责任，在方法上兼具科层权力性以及和其他专业方法并用。这样，从政府部门到具体实施福利服务的机构和单位，则构成了一个社会福利行政的层次序列。由此，从宏观到微观，社会工作行政的内容也可以逐渐地具体化。

三、社会工作行政的地位和功能

(一) 社会工作行政的地位

随着中国社会工作体系的不断完善，社会政策和社会福利体系的日趋进步，中国社会对社会工作行政的需求不断加大，在此基础上，社会工作行政的地位也处于不断的提升中。具体地说，社会工作行政的地位主要取决于社会政策和社会服务体系两方面的因素，以下简述之。①

1. 社会政策的重要意义决定了社会工作行政的地位

① 参见王思斌．社会工作概论［M］．北京：高等教育出版社，2006：155-157.

政策与行政有直接关系，作为决策结果的社会政策只有被执行和落实时才真正具有意义。由此，社会工作行政的地位就凸显出来了。换言之，没有社会工作行政过程，任何社会政策都只能是一纸空文。而社会工作行政是一个自上而下的推动、落实政策的过程，包含了各方面的参与。传统上，政策的实施基本上是执行的过程，这种执行包括了社会工作行政机构对政策的执行和社会工作行政机构中的下级行政人员对上级命令的执行两个方面，从而形成科层结构的格局。但是，现代社会对社会工作行政的理解则大大地扩展了，它不仅包括自上而下权力约束下的执行行为，也包括下级对政策进行诠释和理解以及对政策实施方式进行选择的过程。因此，社会工作人员依靠其对政策的理解、解释和推动，影响着社会政策的功能。正是从这个角度看，没有社会政策，就没有执行和实施政策的行动；反之，没有社会工作行政，社会政策就只能处于理论状态，其政策目标就不能实现。所以，社会工作行政是社会政策的必然延伸。

2. 社会工作行政在社会福利服务体系中起到了不可替代的作用

社会福利是指一个国家或地区的政府及社会组织通过帮助人们满足经济、社会、教育和健康需求，而使人们的生活得到改善、福祉得以增加的状况。社会工作行政的方法侧重于从宏观的、政策的角度考察社会福利服务，并借助于行政体系推行社会福利服务的落实，大大提高了社会工作的效能，从而在社会福利和社会工作体系中占有重要地位。不过，在中国社会工作专业体系并不发达的情况下，社会工作行政的重要地位则更加明显。因为社会财富从政府手中分送至需要人群的过程，既是社会福利的传输过程，又是政府部门或非营利机构组织与配置人力、物力、财力资源，并将其送至政策群体的过程，这是一个极其复杂的过程。在这一过程中，社会工作行政扮演着重要的角色，包括：服务提供者和受众之间是怎样组织安排的，整个过程是集中管理还是分权管理，提供的服务是综合的还是单一的，工作方式是聚集的还是分开运作的，服务人员之间是协调沟通还是各自独立的，依靠力量是专业人员还是非专业的雇用人员，权力是集中于“权威”还是服务使用者等。这些都与社会福利服务的实施效果密切相关，而这个过程的中心就是社会工作行政的过程。

（二）社会工作行政的功能

1. 制度层面的功能

社会工作行政在制度层面上的功能可以被视为其在实施和改进、完善政策方面所发挥的作用。一方面，社会工作行政可以具体确定政策对象的范围并逐步具体到人，可以明确各方面的责任，确立组织内部的分工与合作制度，以保证政策实施过程的准确性和有效性，这样，社会工作行政就可以执行社会政策、实现社会政策目标，将笼统的社会政策转变为现实。具体地说，社会工作行政在实施社会政策方面的功能有以下几个方面：解释社会政策，策划社会政策落实具体方案，推动方案的实施，提供优质的专业服务。另外，社会政策的实施离不开外部环境即社会系统的支持。比如，在越是复杂的社会系统中实施社会政策，就越是需要合理而完善的社会工作行政部门来进行协调和贯彻，而社会工作行政就是在社会环境、机构内部组织和服务对象的复杂联系之中设计和推动自己的工作的。

另一方面，社会工作行政还有改进和完善社会政策的功能。从动态的角度来看，社会工作行政对于改进和完善社会政策发挥着重要的作用。政策的制定与政策的实施是密不可分的，要顺利地实施社会政策，在制定政策时则必须充分考虑政策的执行过程，这样，社会工作行政就预先地影响了政策的制定，同时，对社会工作行政实施过程的透彻了解，也就成了社会政策制定成功与否的重要影响因素。此外，社会行政人员还会在执行政策的过程中对遇到的各种问题进行及时的反馈，并对修订政策提出合理有效的建议，由此形成了一个政策的制定—实施—反馈—修正—实施的动态循环过程。

2. 管理层面的功能

要将社会政策转化为具体的社会服务，就必须对社会工作机构的各项服务活动进行有效地管理，社会工作行政对直接社会服务的活动具有组织、管理、协调和控制的功能，其目的在于合理配置各种社会资源，督促社会服务进程，提高服务效率。另一方面，由于社会工作行政是实施社会政策的过程，而社会政策所要解决问题的范围广、问题的复杂，以及执行政策的严肃性等，都要求执行过程具有高度的组织化和计划性，这表现在福利资源传送过程中的有效配置，包括：对参与服务的人员进行分工和组织，形成责任链条和权力体系，协调项目各组成部分之间的关系，指导较低层的员工和服务人员等，以有效地达到既定目标。

3. 技术层面的功能

在政策实施的过程中，特别是在社会服务机构的运行过程中，都需要很多较细致的工作，这就涉及组织技术活动的执行问题。而社会服务机构要使其开展的服务活动更切合服务对象的实际需要、更有针对性，就必须在服务开展之前对服务对象进行全方位的调查，了解服务对象的需要、当地的社会结构、文化及其他社会特点，或向当地有关负责人和服务对象进行咨询，听取他们的意见，以制定具体的工作制度和标准并使之制度化。因此，这就显示了社会工作行政在服务实施技术层面的功能，即制定具体的工作规则和标准，检查、督促和评估机构人员的工作以及服务转介。而制定规则和标准对于大规模有组织的活动，特别是对于向广大的弱势群体提供帮助和支持的社会服务来说，是十分重要与必要的。因为只有这样，才有助于检查服务是否真正达到预期的效果，以全面负责地面对服务对象，提升其服务质量。

第二节　社会工作行政实施的程序与推行要件

一、社会工作行政实施的程序

社会工作行政的程序，从微观角度来说，是指机构的政策通过工作者对受助者各种方式的接触，为受助者提供服务的过程。综合不同学者的分析，我们认为，社会工作行政的实施程序有以下九点，现分类介绍如下。①

（一）战略性管理

战略性管理与战略性策划是相对应的概念，它们很早就被广泛地应用于大规模的商业机构。所谓战略性策划，是指机构分析现在的环境、识别环境的机会和威胁、分析机构所拥有的资源、评价本身的优势与不足、重新评估机构的使命和目标，以便能够确切地表述机构的战略，有效地解决社区问题和需要的过程。而所谓战略性管理，是根据一个战略以管理组织和体系。罗宾斯认为，一个完整的战略性管理过程主要包括以下七个步骤：①识别组织现在的使命、目标和战略；②分析组织外部的环境；③分析组织的资源；④重新评估组织的使命和目标；⑤确立战略；⑥实施战略；⑦评估结果（罗宾斯，1991 年）。由这七个步骤不难看出，战略性管理已经包含了战略性策划的内容，它不仅包括了战略的制作，而且包括战略的执行和控制。战略性管理是维持社会服务机构内部环境和外部环境动态平衡的重要技术。

（二）计划

计划是人们在客观可能性的基础上，对未来发展程序的有目的、有意识的预先编制，是一个预先制定目标或任务，然后确定一个方案去实现它的过程。这一过程包括以下四个方面的步骤：一是调查研究，即分析机构的优势和劣势以及其他因素，以此来决定外在因素给它带来的机遇和风险；二是构建目标，即解释清楚机构应达到的远景目标是什么；三是战略规划，即制定一个总体框架，简要说明应怎样达到最终目标；四是运作计划，即制定各职能部门为实施战略规划应遵循的程序步骤。而社会工作行政计划是指社会工作行政机构为达成行政决策目标而进行的筹划活动及所制定的实施步骤及方法，它是一个社会工作行政人员对社会工作机构将来的组织与业务加以深思熟虑的过程。伴随社会工作行政的不断发展，计划逐渐被认为是有效组织服务的一个重要因素，它包含了以下七个重要的步骤：选择目标；评估机构资源；列出所有可能方案；

① 参见王思斌．社会工作综合能力（中级）［M］．北京：中国社会出版社，2007：273-295.

预测每种可行方案的结果；确定最优计划；制定详细行动方案；弹性应对变化。同时，一个完整的社会工作行政计划应由以下几个方面构成：计划目标；计划主体；地理区域；详细程度；达成计划的手段；计划期限；权力与责任的分布；成本和收益。

（三）机构组织

组织是人类社会中普遍存在的一个文化现象，相同追求的人结合起来，以群体的力量去实现个体的力量无法达到的目标，这就形成了组织。组织主要由两方面的内容构成，一是静态的组织内容，二是动态的组织过程。而社会工作行政的机构组织也是从组织的涵义上发展而来的，主要是指国家为了推行社会工作事务，对工作人员在工作过程中职权分配所形成的管理体系，它泛指一切从事社会工作服务的组织，其中包括政府的社会工作服务组织和社会的社会工作服务组织（如社团协会、民间非营利组织等），其目的在于分工与合作，分层负责，以有效地发挥专业服务人员的实际功效，并尽可能完善地为民众提供所需的服务。和其他一切行政组织一样，社会工作行政机构组织的内容也可以从静态和动态两个层面去理解，即静态的组织结构和体制，以及动态的组织运行过程和机制。社会工作行政机构组织的类型包括以下两种：政府主管社会保障（福利）事务的行政机构；从事公共服务、公益服务的机构。也有学者进一步将非政府的非营利机构分为公益性、互益性和政治性三种类别的。

而大部分的社会工作教育者和实践者都主张需要有高素质的、训练有素的社会工作行政者来组织和指导社会服务机构的活动，要求他们负责建立和维持有效的机构组织，以帮助机构发挥功能。根据台湾学者江亮演等人的看法，社会工作行政机构的组织必须遵循以下十条原则进行，即：适当的工作单位；工作分配明确；责任职权明晰；有效沟通；责任分配；工作单位和工作人员的协调；控制幅度；标准化实务；容许例外规定；正确的记录。①

（四）人力资源管理

一个机构要达成其既定的目标和功能，专业和可靠的员工是必不可少的，社会工作行政机构也不例外。因此，人力资源的管理就成了社会工作行政机构的一项重要事务，它是管理者对于一定的物力相适应的人力所执行的招募、培训、挑选、任命、适应性训练、评估、报酬、解雇以及协调各种关系的职能或管理行为。而人力资源管理的功能和目标通过其所承担的各项职能来实现，这些职能的内容包括：规划与分析；招募与任命；适应性训练与培训；评估、提升与解雇。

① 参见江亮演．社会福利与行政［M］．台北：五南图书出版股份有限公司，2000：20.

而在社会工作行政的实施过程中，人力资源管理的重要性主要表现在以下两个方面：其一，机构的服务和发展依赖员工对服务的投入和服务的专业素养，人力资源管理的状况最终会明显地反映到机构的服务质量上来，因此，人力资源管理的成功与否直接关系到服务的实施和机构的维持与发展。其二，对于社会服务机构来说，志愿者是重要的人力资源，加强对志愿者队伍的能力培训与管理，也将对社会服务的开展产生积极的影响。而志愿者管理是一个连续的过程，其内容主要包括规划、组织、督导、评估建档四个方面。

(五) 领导

领导既可以被界定为一种对控制某种局面负责而处于支配与引导的地位，又可以被界定为一种影响与他人的关系、以使他人服从的能力和技巧。而社会工作行政领导，主要是指机构行政首长的职责，其中包括落实社会福利政策、决策与规划、沟通、组织建设、选用人才、协调与解决冲突、控制与监督以及保持机构对环境的适应等内容。社会工作行政领导包括领导者、被领导者、领导行为的内容、客观环境四个方面的要素，而一个领导者的成功与否，在很大程度上取决于这四个要素之间的关系。比如，领导者与被领导者之间的关系是否融洽，工作任务结构是否紧密，领导者的位置权力是否强势，客观环境是否被充分考虑和利用等，这些都直接决定着领导者的不同领导方式和领导风格。

由于社会工作的独特性和专业性，其行政机构的领导也有着自己的特点和领导方式。一般来说，社会工作行政机构领导的特征主要包括：①领导较少运用职位赋予的行政权力来领导下属；②领导较多运用指导、引导的方式来影响下属；③领导更注重使用理性分析、个人魅力等影响他人的能力和技巧；④领导较少使用薪酬或升迁等利益交换策略来影响员工工作。

此外，领导的方式主要包括：①获取员工认可与合作；②使用领导者权威进行督导；③加强对员工的引导与沟通；④注重维持纪律与督导训练；⑤强调发挥团队精神。

(六) 协调

协调就是使机构的各单位之间、工作人员之间能分工合作，协同一致地达成机构的目标与任务。社会福利制度的建立与实施牵涉国家社会工作机构的许多部门和社会各界人员之间的分工协作。因此，有效的机构协调，能够为机构的正常运转创造良好的内部环境，提高日常的行政效率，及时处理在服务过程中遇到的阻碍。而社会工作行政协调，是指社会工作行政管理过程中的协调，是社会工作行政主体为了有效地实现特定社会工作行政目标和完成社会服务而引导社会工作的各个部门和相关人员之间建立良好的协作与配合关系，以实现共同的目标。一般来说，社会工作行政协调分为机构内部的协调和机构外部的协调两个部分。而内部的协调包括上下级间的协调、同级单位和人员之间的协调，外部协调是指与其他单位的协调。通常，内部的协调需要对每一位工作人员的职责进行明确的规定，并树立权力及责任的限度；外部的协调则要避免机构之间的分立和冲突，集中力量发挥最高的行政效率。

此外，社会工作行政协调的主要原则有：①坚持社会福利制度的根本目的；②尽量将社会工作行政实施计划考虑周全；③授予参与协调的人员以适当的权限；④保持沟通渠道的畅通；⑤追求组织内外关系的动态平衡。同时，社会工作行政协调的主要方法有组织协调和公共关系协调两种，其具体的操作形式有会议协调、信息协调、谈话协调、网络协调等。

（七）公共关系与公信力

公共关系是指将社会工作机构所从事的工作向其董事会、会员、工作人员、政府相关部门以及一般大众予以说明的一种行政功能。社会工作机构根据有系统的记录、说明、统计和研究相关数据写出报告，并通过大众传媒向公众传播，其目的是使受众更清晰准确地了解机构存在及工作的价值所在。因此，报告是阐释机构工作及做好公共关系的最有效办法。而搞好机构的公共关系，可以让社会大众对社会工作行政机构的工作、服务和活动有正确深入的认识，树立机构的良好形象，争取社会各界对机构的使命、计划或观念的接受，改善机构的外部环境。

至于公信力，则是指社会工作行政机构获得政府、社会和公众信任的能力，机构只有在实现它的承诺、获取各方信任之后才能具有公信力，这样，公信力会直接影响到社会和公众对该机构的信任。一般来说，机构的公信力体现在其多元交代上，这些交代包括财政交代、政治交代、专业交代、服务交代、行政交代五个部分。而要完成这些公信力的多元交代，机构必须在以下几个方面做出评估，即资金的合理使用和运作、服务和活动与组织使命和宗旨保持一致、财务与信息的透明化以及规范的治理结构。

（八）预算

预算是各国、各级政府、各个组织机构在财务管理方面的关键性环节。简单来说，预算就是一定时期内收支平衡的计划，是机构为了实现其职能，通过法律或规定的形式确定筹集和利用资金的计划，其基本涵义就是如何在资源有限的情况下有效地、经济地运用资源。预算是社会工作行政计划中的重要项目，一方面，预算包括树立良好的会计制度、年度账目和稽核手续，以担保经费的用途不违反机构的目标和政策；另一方面，预算是对机构的各个分支部门在经费上作出一个合理的分配，以使各个单位能有效地拓展业务。可见，资金的运作有赖于机构的各个层级通过预算有计划地去控制和支配资金，从而优化福利资源配置，有效、公平地运用每一份经费和每一个人力，这样，社会福利的成本就可以得到控制，服务的品质可以得到提升，从而使社会成员的福利需求得到满足。一般来说，要提供有效的服务预算，必须遵循以下原则：①预算必须完好地表达，并由董事会批准；②预算必须以时间期限来分段，并附有不同时期的财务报告；③财务报表必须以年度时间为基准做准备，并和预算、财务报告做比较；④在和预算进行比较并表明有重大偏离时，董事会必须随时采取行动。①

目前，世界各国采用的预算方法主要有绩效预算、计划规划预算、功能预算、零基预算、单一预算等。预算的过程主要由以下几个步骤组成：①回顾机构的基本政策和程序，根据机构的需要制定相关的具体目标；②收集和分析有关机构过去和现在运行的基本信息，为制定将来的运作计划做准备工作；③充分考虑与机构运作有关的其他财务替代方案，力图以新的可能性开辟相关服务的新前景；④再一次根据政策和目标研究不同的替代方案，根据需求的重要程度，将替代方案的优先顺序排列出来；⑤在考虑机构整体和员工个体潜能的基础上做出实际的最终决策；⑥对预算审批者提供适当的解释和公共关系，以争取尽可能完整的预算经费。

（九）评估

随着社会工作服务的进一步发展，越来越多的社会工作行政者开始认识到评估的重要性。在人们提出关注社会工作服务成本及服务机构效益问题的同时，评估开始变成社会行政机构内在的专业责任，并直接影响着机构的目的和运作。拉普和波特纳指出："不去实际地监督服务案主的结果，并利用这些资料来提高服务运作水平将导致管理的缺失、能力不足和不合乎职业道德。"②正是有了评估，社会工作行政者才有可能在纷繁复杂的机构事务和服务中了解和测量到实际正发生什么，才有可能提高机构的服务水平，从而更好地帮助弱势群体。

而关于社会工作行政的评估分类，学者已提出了不同的分类标准及类别，以下作些简要介绍。①根据时间因素，评估可以分为事前评估、过程评估和事后评估三种。事前评估是指在服务计划形成后进行的评估；过程评估是在服务执行过程中进行的评估；事后评估是在服务完成后进行的评估。②根据评估者的身份，可以分为内部评估和外部评估两种。内部评估是由方案执行机构的成员所从事的评估工作；外部评估是由机构以外的专家对社会工作行政计划或方案进行的评估。③根据评估的性质，可以分为努力评估、成果评估、效率评

---

① 参见 Malvern J. Gross. *The Importance of Budgeting* [M] // in Simon Slavin, ed., *Social Administration*. New York: Haworth Press and Council on Social Work Education, 1978: 234.

② Charles A. Rapp and John Poertner. *Moving Clients Center Stage Through the Use of Client Outcomes* [M] //*Administration in Social Work 11*. Fall/Winter 1987: 35.

估、影响评估。努力评估是针对达成服务目标的质量所进行的评估；成果评估是对社会服务所产生的效果进行的评估；效率评估是对达成服务目标的资源成本进行的评估；影响评估是针对社会服务方案对整个社区所产生的影响而进行的评估。

二、社会工作行政的推行要件

尽管社会工作行政的范围因各国国情的不同而千差万别，其定义也有着很大的差异，但评价一个国家社会工作行政体制完善与否，还是有一些基本准则可以遵循的。比如，完善的社会政策与社会立法、健全的组织结构、充足的经费、称职的员工等。这些基本准则构成了社会工作行政的推行要件。①

（一）社会政策与社会立法

社会政策一词，最早是由德国人提出来的。1891 年德国学者瓦格纳（Wagener Adolph）在《社会政策、财政政策、租税政策》一文中指出，所谓的社会政策，是对分配过程范围内的各种弊害，采取立法与行政手段，以争取国家政策支持的目的。瓦格纳的意思可以分三点来理解：一是社会政策所指的各种弊害，是财产所得与劳动所得之间分配不均所发生的弊害；二是社会政策的目的在于如何缓和财产所得与劳动所得的；三是社会政策是国家政策，必然要采取立法的与行政的手段。瓦格纳对社会政策的理解，现在看来是狭窄一些了，今天所谓的社会政策不是政党和政府所独有的，社会组织也可以有自己的政策，而这些政策也不仅限于应对分配不均的现象，而是社会组织解决自身重大问题的行动规则，并已开始面向全体大众在更广泛的社会福利领域发挥作用了。不过，瓦格纳的定义毕竟确定了社会政策、社会立法、社会工作行政之间的基本关系。

社会政策的确立，是推进有效的社会工作行政的要件之一。社会政策是社会工作行政的指导方针、最高原则，社会工作行政是社会政策的执行与发展。没有社会政策指导的社会行政，将是缺少目标的行政，会使政府和社会的力量因没有方向而趋于分散，以至不能实现社会理想的改进；反之，没有社会行政推行的社会政策，将是一纸空文，同样不能实现社会理想的改进。因此，一方面，社会政策是社会工作行政得以实施的前提，相应地，各种政策的相互配合以及社会政策与国家财政、经济、教育政策的配合，才可以给社会工作行政一个明确的方向，以促进人民的福利；另一方面，社会工作行政是社会政策的实现的手段，因为它可以利用将社会政策转化成社会服务所获得的经验，来检验

① 参见白秀雄．社会福利行政［M］．台北：三民书局股份有限公司，1989：95-118　．

并修订社会政策，使之更符合社会实际的需要。这是一个双向互动的过程。

社会立法的制定也是有效推进社会工作行政的要件之一。从世界各国福利相对有效的行政管理模式来看，实行依法行政，做到“他律”（制度）与“自律”（伦理道德）的有机结合应是社会工作行政制度建设的发展方向。早在1601年的英国，政府就已经开始颁布了《伊丽莎白济贫法》，1802年又颁布了《学徒健康与道德法》，但真正“社会立法”这一概念出现是在1883年的普鲁士。普鲁士首相俾斯麦先后制定了各种保险立法，并规定了疾病、意外伤害、伤残以及老年等保险，真正使社会立法变为了现实。目前，社会立法的概念有两种理解，广义的理解是指国家权力机关制定有关行政管理法律规范性文件的行为，狭义的理解是指特定的行政机关依法制定行政法律法规的行为。因此，综合这两方面的理解，可以给社会立法的一个定义，即社会立法是指特定行政机关依照法律规定的权限和程序、制定和发布具有国家行政管理的法律规范性文件的活动。社会立法是社会工作的基础，也是社会政策的具体表现，社会立法是社会政策得以顺利实施的安全保障。事实上，从世界各国的经验来看，社会政策在确定之后，都需要通过社会立法以利于社会工作行政的推进。

（二）机构组织

建立完善有效的组织，也是推进社会工作行政的要件。

早在1959年，联合国在其专家工作小组报告书《各国社会福利服务计划的发展》中，就社会工作行政的机构组织提出了一些通用的重要原则，但从世界范围来看，各国的社会工作行政主管机构，不论其名称、组织结构、职责范围、计划或事务等各方面看，都是各有差异，几乎没有两个国家是完全一样的。不过，分析全世界有代表性的32个国家的社会工作行政主管机关，归纳起来主要有五种类型：①有完整独立的社会工作行政主管单位，如希腊、法国、澳大利亚的社会服务部，比利时、以色列的社会福利部，新加坡、丹麦、冰岛、瑞典的社会事务部。②社会工作与卫生行政合并的行政主管单位，如加拿大、韩国等的卫生福利部，英国的卫生与社会安全部以及日本的厚生与劳动省等。③社会工作与劳工行政合并的行政主管单位，如叙利亚、约旦、沙特阿拉伯的劳工及社会事务部，意大利、智利、墨西哥等的劳工及社会服务部。④社会工作与劳工行政及其他公共行政混合于内政部之中，如泰国的内政部等。⑤特殊的复合体制，如美国在1980年以前的卫生教育福利部等。①

然而，尽管各个国家社会工作行政机构的成立背景和组织制度上有很大的不同，但不可否认的是，由于当代社会服务的对象众多，服务活动复杂，相应地，如何才能更有效更有组织地提供服务，则成为了社会工作行政机构必须面

---

① 参见刘修如．社会福利行政［M］．台北：正中书局，1975：129-132.

对的问题。因此，政府部门之间、政府部门与服务机构之间、各服务机构之间以及组织和机构内部的合作、协调就成为了必然，而这正是社会工作行政所需完成的工作。具体而言，各部门的合作和协调包括以下几个层次：①分散在几个部门内的许多社会工作之间的协调；②社会工作与其他促成社会发展较广泛目标的行政之间的协调；③社会工作与经济活动的协调；④政府与民间社会工作机构之间的协调；⑤各级政府单位之间的协调；⑥社会工作机构内部的各部门之间的协调。①

（三）经费

无论是政府的还是民间的社会机构，必须有可靠的经费来源，以便能制定周详的计划，并有效地推动各项服务措施。因此，经费的配合是推进有效的社会工作行政的要件之一。

当前，各国政府为谋求有效推动社会工作行政，以实现社会福利的目标，对于筹集经费无不全力以赴。而社会工作行政机构也可以从各种资源渠道获得经费，既有公共的也有私人的。一方面，政府会定期拨专款给社会工作行政机构，比如按年度编列财政预算、为举办某种社会福利事业而开征的特别税、拨付特定税收的全部或部分作为福利基金等；另一方面，社会上的基金会、企业，以及对某个机构的服务特别感兴趣并愿意支持的个人等，都是私人渠道的经费来源，当然也有两方面相结合的，比如政府会制定有效的办法奖励国内民间机构团体及热心人士捐赠，并建立完整的志愿服务体系，将政府力量和民间力量有效地结合起来，以最大限度地推动社会服务的实施。

不过，对于社会工作行政机构来说，经费的募集和管理是重要的。一般来说，最大限度地获取经费通常取决于以下几个因素：①清楚地理解准则和特定的说明；②系统地阐述申请；③有效地向补助机构及其代表上交申请表。而在申请经费的过程中，对服务实施的准备越充分、计划制定得越详细、申请越有独创性，就越有可能被接受和批准。与此同时，经费的管理在机构的运作过程中也占据举足轻重的地位，同样多的经费，在一个好的社会工作行政管理人员手中将得到增值和更充分的使用。而经费的管理分为运用和运营两部分。运用是讨论如何将资金更为合理地分配到各项社会服务的实施过程中去，包括预算和财务报账；运营则是机构通过经营活动来增值原有的经费，比如兴建慈善项目设施作为固定资产形式的保值增值、进入资本市场、将资金存入银行收取利息等。

① 参见范志海，阎更法．社会工作行政［M］．上海：华东理工大学出版社，2004：27.

(四) 人员

随着现代社会的不断发展，人们对社会福利的需求日益迫切，社会福利的覆盖范围日益扩大，社会工作行政的工作范围也随之扩展，这样，社会工作行政的管理人员是否能够科学合理地制定服务计划、社会工作行政的服务人员是否能够安全顺利地提供高品质的服务，都关系到社会福利政策的实现程度。因此社会工作行政人员的适合与否也成为了推进社会工作行政有效开展的要件之一。

一般来说，社会工作行政人员包括董事会、高层行政人员、中层行政人员、基层员工四个部分，以下简述之。①在正式的组织中，董事会也就是委员会，它为工作者提供了一个为机构有效运作及做贡献的机会。董事会分为为机构常规事务而组建的永久性委员会，以及为处理特殊任务、问题或运作而临时成立的特别委员会。②高层行政人员是机构中的总干事及助理人员，主要负责机构中的日常事务安排和服务计划的拟定，这些人员担当着机构中的领导人角色。③中层服务人员是机构中的督导人员，他们在机构中扮演着督导、行政和使能的角色，其目的在于利用自己的实务经验，帮助全体员工利用自身知识和技能有效率、有效能地投入工作。能干的社会工作督导者知识渊博、传授技巧、满怀热情、提供咨询服务，并能承认自己的不足，会在适当的时候表示欣赏和支持。④基层员工是直接的社会服务施行者，也就是通常意义上的社会服务人员。他们是社会服务实施的最末环节，会直接将社会福利资源传送到政策对象的手中，其职责主要是解释政策、制定细则、组织资源及推动落实。

综上所述，社会工作行政能否顺利进行，与社会政策和立法、机构组织、经费和人员四个推行要件是分不开的，只有这四个方面相互配合、相互协调，才能够更好地推进机构的工作进程，更好地将社会政策转化为社会服务。

第三节　中国社会工作行政实施模式及改革

中国社会福利思想起源很早，中国古代的救济行政也堪称当时世界各国的典范。但是，作为现代意义上的社会工作行政，我国起步还比较晚，社会工作行政体制的成熟尚需时日。然而，作为“后发展国家”，我国也具有“后发优势”，而西方福利国家社会工作行政体制建设的经验教训，也可以为我国社会行政改革提供有益的借鉴。

一、中国社会工作行政的模式

(一) 社会福利政策与立法

中国推动社会政策，是根据宪法和政府确立的纲领来制定相关的福利法规和福利措施的。首先，宪法是中国的根本大法，它明确规定了社会保障为基本国策。而在我国的社会立法方面，1980 年通过《中华人民共和国婚姻法》，1984 年通过新的《中华人民共和国兵役法》，1986 年通过《中华人民共和国义务教育法》，1989 年通过《中华人民共和国城市居民委员会组织法》，1990 年通过《中华人民共和国残疾人保障法》，1991 年通过《中华人民共和国未成年人保护法》、《中华人民共和国收养法》，1992 年通过《中华人民共和国妇女权力保障法》、《中华人民共和国工会法》，1994 年通过《中华人民共和国劳动法》、《中华人民共和国母婴保健法》，1996 年通过《中华人民共和国老年人权益保障法》，1998 年通过《中华人民共和国村民委员会组织法》，并修订了《中华人民共和国收养法》，2001 年修订《中华人民共和国工会法》。上述这些社会立法，已经涉及社会福利领域的大部分重要方面，同时，为了进一步有效贯彻这些法律，国务院还通过了《农村五保供养工作条例》等一系列行政法规，以进行辅助，并取得了很好的效果。①

（二）社会工作行政组织

中国社会工作行政组织的主管部门是民政部，其功能主要有两个：一是参与政权建设，维护社会稳定；二是帮助社会弱势群体解决生活困难。而机构组织的中央层级主要包括民政部、劳动和社会保障部、人事部、卫生部、教育部等，社会工作行政体制的有效运作有赖于这些部门之间的协调配合。至于地方层级，过去采取不同层级政府依照上层分工“对口”设置相应机构的办法，建立了相应科室进行管理，但近几年的改革，倾向于对这种“对口设置”的原则进行修正。比如，省级政府机构的设置“原则上与中央政府对口”，而省级以下的机构设置原则上将不与上级对口。这样，社会行政机构层级越低，构成就越复杂。此外，一些群众团体，如工会、妇联、残联，以及一些非营利性的社会团体，如中国青少年发展基金会等，也积极参与到社会救助及社会福利服务活动中去，并发挥了积极的作用。

（三）社会福利经费

中国福利经费主要有五个方面的来源：国家年度财政预算和地方政府年度财政预算、地方各级部门自筹的预算外经费、社会资源捐助、社会福利机构通过生产经营所获得的收入与社会统筹保险收入。不过，自改革开放以来，中国民政开支有两个重要特征：一是从绝对数量上看，民政开支很少；二是从相对数量来看，民政开支仅占国家预算中的很小一部分。这种开支水平说明，民政事务在国家议事日程中的地位还比较低。

---

① 参见范志海，阎更法．社会工作行政［M］．上海：华东理工大学出版社，2004：170.

(四) 社会工作员制度

中国社会工作行政机构中的工作人员主要有：解放战争时期和20世纪50年代培养出来的一批“老民政”、军队转业人员、从其他方面调入的行政和业务骨干、地方大专院校的毕业生以及民政教育系统培养的中初级人员。而这些社会工作人员，普遍有着较高的政治素质，工作踏实勤恳、具有奉献精神，但其专业素质不够完善，文化程度不高，新生骨干力量较少。不过，随着我国社会行政体制改革的需要，专业化的社会服务机构开始出现，各种培养专业社会工作行政管理人员的专业也开始逐渐形成、发展起来。以上海市为例，2003年开始举办社会工作者资格考试，诞生了中国第一批专业社会工作者；同时，在上海市政法委的直接推动下，上海市还产生了中国首批司法社会工作者，分别主管青少年社工、矫正社工和禁毒社工三个部分。又如，2007年，在中国青少宫协会、武汉市政府及团市委的推动下，武汉市产生了首批青少年事务社工，他们分布在武汉市青少年空间、武汉市社区青少年学校、武汉市社区青少年事务综合服务中心工作。此外，2008年中国开始举办全国社会工作师职业水平考试，这些都为培养我国专业的社会工作行政人员打下了坚实的基础。

二、中国社会工作行政实施的改革

(一) 中国社会工作行政改革的背景

20世纪70年代以来，中国开始实行经济体制改革，中国社会随之发生了前所未有的转变。而旧的社会结构的松动和新的社会利益关系的重组，使得国家与社会的关系变得十分突出。同时，变革中的社会，也要求更为合理和符合实际需求的社会工作行政。因此，中国社会工作行政的改革，也是围绕着如何处理社会与市场、政府与社会的关系而展开的。

从制度背景方面来说，市场体制利用了供求关系和价格机制来调节社会经济活动和配置资源，但在市场调节的同时也存在着不公平竞争、社会分配不公等局限。而国家体制作为拥有垄断性公共权力的强制性社会工具，尽管可以在制定法律、维持市场经济秩序和合理利用资源、提供社会保障等方面促进社会公平，但仍难以避免其自身的缺陷而导致政府调节失控。这样，随着社会与经济发展水平的提高，原有的社会福利国家体制受到了严重挑战，国有企事业单位福利资源提供能力削弱，公民社会分化加速，政府在社会福利发展中的能力建构更显不足，既有的社会问题更加复杂化。因此，现阶段的社会福利体制呈现出了以下几个特点：①福利资源短缺化；②福利资源单位占有化；③福利资源行政配置化。而中国的社会工作体制的改革，正是在这种制度背景下逐步形成的。

从管理模式背景方面来说，长期以来，程度很低的中国社会结构的分化以及资源的国家绝对垄断，形成了“强国家、弱社会”的社会管理模式。然而，随着社会事务的日益复杂化，政府承担的社会管理职能日益繁重，传统的政府与社会高度合一的管理模式已经成为社会发展的严重障碍，并出现了以下弊端：①政府机构不断膨胀，人员逐渐增多，管理效率低下；②集权化的社会工作管理模式极易造成腐败，从而形成不合理的社会关系，阻碍了社会公平目标的实现；③传统的社会工作管理模式政社不分，政府职能界定不清，直接影响了社会福利资源的有效供给；④传统的社会工作管理模式使得社会自治和自组织能力受到剥夺和抑制；⑤传统的社会工作管理方法和手段亟待更新。而这些弊端都对社会工作行政的改革提出了迫切的需求。

（二）中国社会工作行政改革的内容

根据上述中国社会工作行政的制度背景和管理模式的现状分析，我们认为，中国社会工作行政改革的内容应包括以下几点：

第一，社会工作行政系统的功能更新。社会工作行政系统的功能更新涉及转变政府职能和引入市场机制两个方面。具体地说，首先要科学地界定政府职能，把握好政府职能配置的“度”；其次要将市场机制逐渐引入政府的社会工作管理部门，建立多元化的社会工作服务体系，提高政府社会工作机构的工作效率；最后要增加公众对政府社会工作行政管理的参与，改善政府对公众利益的关注，并及时做出反应的能力。

第二，社会工作行政体系的组织结构改革。这一改革包括四个相关部分的内容：组织重构、自上而下的分权、私有化改革和规模适度化的改革。其中，“组织重构”主要是指如何在各级政府和国家行政机关内部合理调整社会工作机构设置、划分职权和职能范围；而“自上而下的分权、调整权力结构”主要是把中央政府的职能转移到地方政府和非政府组织中去，以此提高政府的办事效率；至于“发展民间非政府组织”主要是将国家社会福利服务的职能交由非政府组织和私营组织去运作，从而增强竞争，促进社会完善。

第三，社会工作行政制度的创新。制度方面的变革本身涵括了行政系统的功能和结构方面的变革，以建立新制度的方式来保持和巩固改革成果。首先，政府社会工作决策体制的创新，提高了社会工作行政体系对当前复杂多变环境的应变能力；其次，完善政府公务员制度及提高政府公务员的专业水平，实现了社会工作行政的专业化和职业化，从而提高了社会工作行政的工作效率；最后，加强社会工作行政管理监督体系的建设，保证了政府行政权力的正确性和合法性，通过他律和自律两种机制健全了中国社会工作机构的监督机制。

（三）中国社会工作行政改革的制约因素和动力因素

中国社会工作行政改革是一个长期而艰难的过程，其中的阻力自然不小，主要的制约因素可以从外部社会环境和内部组织环境两个方面去分析。外部社会条件主要表现为市场经济发展不完善性、社会发展水平不平衡、改革配套程度的制约三点；而内部组织管理制度则主要来自于自己原有制度方面的阻力、政府既得利益集团与其成员的阻力、行政技术能力的制约三点。

虽然中国社会工作行政改革的阻力是存在的，但是，从长远来看，随着中国社会工作行政的不断深入，推动的力量也是不容忽视的。其中，外部的动力来源于社会工作行政系统与社会环境的互动，即在政治、经济、行政等因素的共同驱动下，社会公共福利服务需求不断膨胀，政府社会福利资源的不足及政府能力的不足都成为了推动社会工作行政改革的最初动力，而社会工作行政价值观念与社会工作行政体制的转变则是改革得以持续的动力；另一方面，内在的动力源自于社会工作行政体系本身的自主发展规律，包括：政府社会工作行政主管部门改革人士的推动、社会工作机构雇员的自我价值实现的需要、新的技术方法的推动等。

总之，只有当改革的动力超过其阻力时，改革才有可能顺利进行下去。而在推动社会工作行政改革的诸多动力中，经济发展的需求是最根本的动力。要解决这一问题，单靠社会工作行政改革自身是不够的，还必须依靠政治体制改革和党政机关的支持，从而使社会工作行政体制的改革进一步发展。

思 考 题

1. 什么是社会工作行政？它有什么特点？
2. 简述社会工作行政的地位和功能。
3. 社会工作行政的实施程序是怎样的？它又需要什么样的推行要件？
4. 简述中国社会工作行政机构的运作模式，并阐述其改革的动力与阻力。

主要参考文献

［1］白秀雄．社会福利行政［M］．台湾：三民书局，1989.

［2］江亮演等．社会福利与行政［M］．台湾：五南图书出版股份有限公司，2000.

［3］刘修如．社会福利行政［M］．台湾：正中书局，1975.

［4］林显宗、陈明男．社会福利与行政［M］．台湾：五南图书出版公司，1985.

［5］王思斌．社会行政［M］．北京：高等教育出版社，2006.

［6］范志海，阎更法．社会工作行政［M］．上海：华东理工大学出版社，2004.

[7] Rex A. Skidmore. 社会工作行政——动态管理与人际关系（第三版）[M]. 北京：中国人民大学出版社，2005.

[8] Sue W. Spencer. *The Administrative Process in a Social Welfare Agency* [M] // in Ella W, Teed, ed., *Social Welfare Administration*. New York: Columbia University Press, 1961.

[9] John C. Kidneigh. *Social Work Administration — An Area of Social Work Practice* [M] // *Social Work Journal* 31, April, 1950: 8.

[10] Herman Stein, . *Social Work Administration* [M] // in Harry A. Schatz, ed., *Social Work Administration: A Resource Book*. New York: Council on Social Work Education, 1973.

[11] Harleigh Trecker. *Social Work Administration: Principles and Practices* [M] //New York: Association Press, 1971.

第十章　社会工作教育

作为一个专业存在的首要条件是由掌握了专业理论与专业技能的社会工作者来从事社会福利服务，而专业的社会工作者必须经过教育或训练才能培养出来，因此社会工作教育在社会工作的发展历程中具有重要的意义。

第一节　社会工作教育的发展与性质

社会工作教育是社会工作专业制度体系的一个重要组成部分。20世纪初期，社会工作教育开始在大学里取得立足之地。这一方面标志着社会工作走向专业化的发展阶段；另一方面，社会工作教育又成为推动社会工作专业化的重要机制。社会工作专业与社会工作教育的发展是相辅相成的，这种相辅相成的关系又进一步决定了社会工作教育的性质。

一、社会工作教育的发展

（一）社会工作教育的发展根源

从根源上说，社会工作专业教育的发展与社会工作专业的发展一样，都是源于社会发展对社会服务要求的提高。因为随着社会的发展，社会问题也在不断地复杂化。而社会问题的复杂化，使原有的仅凭经验与热心的社会福利服务已无法满足社会的需要，无法解决社会中所存在的问题。这样，社会需要受过专门训练的、具有专业理论和技能的人员来从事社会福利服务工作，以解决社会所面临的新问题。因此，社会工作专业的发展对人才的需求是专业教育的发展的直接动力。相应地，社会工作教育发展的每一步都反映了社会对社会工作专业的需要，反映了社会工作专业对专业教育的需求。然而，直接影响社会工作专业教育发展的因素是多方面的，比如，社会的因素、政治的因素、学术制度的因素、社会工作专业本身的发展等，都对社会工作教育的发展具有决定性的影响。

（二）社会工作教育的发展过程

社会工作教育是在19世纪末发展起来的。随着经济的发展，有组织的慈善服务机构以及受薪社会工作者开始取代志愿服务和志愿者，以适应社会问题的复杂性与多变性。同时，社会服务机构开始关注对贫民服务的质量与连贯性。而为了获得高质量和连贯性的服务，就需要对社会工作者进行专业培训，因此，社会工作专业教育适应这种要求而产生并迅速发展起来。

从世界范围来看，社会工作专业教育开始于19世纪末期的慈善训练。1893年，在英格兰由济贫院和英国慈善组织会社协会建立了一个两年制的"慈善训练"学校，开启了社会工作教育之先河。1898年美国纽约慈善组织会社提出了一项6个星期的夏季训练计划，并在1904年被扩展为一年的教育计划，即纽约慈善学院（1962年这个学院成为哥伦比亚大学社会工作学院）。不过，早期的社会工作教育几乎都关注个案工作，教育计划主要集中于必须的课程内容、教育与实践的关系、教育标准的建立与应用等。第一次世界大战后，美国在1919年组织了17项社会工作教育计划，并成立了专业社会工作训练学院协会（AASSW）。1921年，J. H. 塔夫茨（J. H. Tufts）博士发表了《社会工作教育与培训》一文，他指出了社会工作学校教育和短期培训之间的区别，认为两者都很重要，并呼吁社会工作不应只关注于个人，更应研究社会结构并推进社会改革，进而强调社会工作者素质的提高。①

在20世纪30年代，一些重要的社会工作教育政策被制定出来，比如，全部社会工作专业教育都将是大学水平的，而且要求两年的学习时间。这样，20世纪30年代末期出现了两年制的硕士课程。到了40年代之后，为适应整个社会及社会工作实务发展的需要，社会工作教育内容发生了某些改变。当时，人们对社会工作教育原有的八个基本知识的架构进行了调整，并重新确定为社会福利行政、社会个案工作、社会团体工作、社区组织、社会研究、医疗知识、精神病学、公共福利。而接下来的十几年间，社会工作教育的内容逐渐被抽象为个案工作、小组工作和社区工作"三位一体"的课程。在这个时期，除了教育内容的变化之外，1951年霍利斯·泰勒（Hollis Taylor）发表的报告对社会工作教育发生了重大影响，因为该报告促使人们重新考虑了社会工作教育的目的与方向。在报告中，霍利斯·泰勒指出，社会工作教育应该是一个连续体，从大学教育开始直到研究生教育。与此同时，1952年，美国专业社会工作训练协会与国家社会行政学院协会（NASSA）共同提出了社会工作学院标准，从而使美国社会工作教育走上了规范发展的道路。也正是在这个时期，社会服务对专业社会工作者的需求日益增大，而公立大学为了弥补原有私立大学培养社会工作人才之不足，纷纷设立了社会工作科系或成立社会工作学院，开

① 参见王思斌. 社会工作概论［M］. 北京：高等教育出版社，1999：304.

始举办学士课程，并在研究生院还增设了博士班，授予博士学位。①此外，在20世纪60年代，由于美国社会需要更多的具有管理与计划能力的社会工作人才，社会工作教育在吸收更多的社会科学概念的同时，也对教学内容进行了深入的研究与定位，区分了微观社会工作（具体的服务）、中观社会工作（如团体发展）、宏观社会工作（如社会工作行政、计划、分析与评估），并更加重视社会工作如何应对地区差异、文化差异与少数民族问题。这样，在统一的社会工作价值观之下，不同的学校竞相建立各具特色的观点、价值、目标与追求，由此促进了社会工作教育在60年代的大发展。

进入20世纪七八十年代，为了应对社会对高质量社会工作服务的要求，社会工作教育界重新制定了新的教育政策和标准，教学内容也要求充分体现时代的发展变化。比如，充分体现反对种族歧视、尊重文化差异，关注妇女地位变化和性别歧视，以及如何处理本科教育与研究生教育的关系等。相应地，也制定了一系列提高社会工作质量的政策和标准。到了90年代，社会工作教育进一步明确了本科教育和研究生教育的目标及二者之间的联系，强调研究生阶段重视理论层面的提升，而不局限于基础课程的学习。而到了目前，世界各国社会工作教育的发展都很迅速，专业教育体系也日臻完善。同时，社会工作教育委员会每十年将对所有的社会工作院系进行一次大检查、大鉴定，这有助于保证和提高社会工作教育的质量，同样也有利于确保和提升社会工作的行业水平，以促使社会工作更好地服务不同的人群。

二、社会工作教育的性质

社会工作不是对社会现象进行诠释的理论与学科，而是一门直接作用于社会，使社会发生某种改变从而造福于人与社会发展的应用性学科。这样，从社会工作教育的内涵上看，它具有不同于其他专业和学科的特性。我们认为，社会工作教育是一系列过程的集合，它是将社会工作专业理论和专业价值观整合于学生成长之中，通过教育者和受教育者的共同活动，将不可直接操作的理论转化为能够作用于实践过程的专业方法和专业技能，并通过对学生的教育和训练，使之得以在社会工作专业实践中加以应用；同时，社会工作教育也训练学生接受社会工作专业价值观，将专业价值内化为其个人的价值观，并通过教育学生去帮助其他有需要的人进而获得个人成长。基于以上对社会工作性质的判定及其对社会工作教育的认识，我们认为，社会工作教育的学科的特性有以

---

① 参见孙立亚．社会工作概论［M］．北京：中国财政经济出版社，1999：237.

下几点。①

（一）基本任务是培养与塑造专业价值观

社会工作专业教育的基本任务是培养和塑造学生的专业价值观。由于社会工作处理的是与人相关的问题，所运用的知识与技巧往往具有相应的价值取向；同时，作为一个以助人为目标的专业，社会工作专业教育也具有鲜明的价值属性。因此，社会工作教育对从业人员在专业实践过程中的价值选择有着严格的要求。比如，要求专业人员要遵守社会工作专业的基本价值观与原则，并在个人价值观与专业价值冲突时要求服从专业价值，这就体现了专业教育的一个重要任务，即教育学生接受专业的价值观，以此避免在专业实践中引发个人的价值观与专业价值观的强烈冲突。正是从这个角度看，社会工作教育始终关注培养与塑造学生的专业价值观，这不仅要求社会工作专业教育要教授基本的价值需求与伦理规范，更应鼓励学生通过实际反思与运用，促使专业价值内化为自身的素质与修养。

（二）重要内涵是专业理论、实践经验及方法的整合

社会工作专业服务是一个实践的过程，社会工作专业教育是对这些专业实践经验和方法的总结。作为高等教育，社会工作专业教育不能忽视其理论研究的重要功能。这样，专业教育过程实际上是教育者与受教育者一同对实践中所产生的经验方法与原有的理论进行系统总结和整合的过程。在这个过程中，原有的理论可以指导社会工作的专业实践，并提供方法的指引，而专业教育可以从这些实践经验和方法中提炼出新的理论。因此社会工作专业教育的重要内涵就是不断地整合理论、实践经验以及方法，从而丰富社会工作专业教育的教学内容。

（三）基本特性是传递专业知识和技巧

社会工作教育是传授专业知识和技巧的重要渠道。专业知识和技巧是社会工作者在实践中积累和发展出来的概念，只有开展专业的教育与训练，学生才可以继承前人的知识与技巧，以避免经验的重复。同时，社会工作区别于其他志愿者工作的一大特征是其专业教育，即通过社会工作专业教育，学生可以获得专业知识和技巧，以促使其成为专业的助人职业。事实上，社会工作的发展史表明，仅仅凭借一腔热情与爱心，是不能解决案主的问题的，因为助人工作需要专业的技巧与知识。这样，传递专业知识和技巧则成为了社会工作专业教育的基本特性。

---

① 参见孙立亚．社会工作概论［M］．北京：中国财政经济出版社，1999：237-239；参见刘华丽．社会工作教育在中国的发展［J］//社会学与社会工作．2006（1）．

(四) 最终目标是以实践为取向并致力于应用

社会工作的最终目标不在于建构理论，而在于改善个人与其环境的互动，增进个体的社会适应能力。这样，专业理论的应用是更为根本的，社会工作的价值也是如此，能践行于实务工作中的价值才是社会工作所倡导的价值。由此，社会工作教育追求以实践为取向，并致力于在实际中应用。相应地，在社会工作教育课程的设计中，通常要求实务占有较大比重，即便是课程教育也注重案例讲解与实际应用。

(五) 专业功能是与社会工作的功能具有一致性

社会工作教育与社会工作专业在功能上是一致的，这种一致性体现于社会工作是一种助人专业，而社会工作教育也是从助人开始的。社会工作专业是帮助人脱离困境获得发展，社会工作教育是对受教育者的个人成长给予帮助，并进一步通过教育学生去帮助其他有需求的人。这就使专业教育目标最终与社会工作专业的目标实现了一致性。①

三、社会工作教育的地位

社会工作教育的地位可以从社会要求、专业入口、专业发展的角度来解析，以下简述之。

(一) 从社会要求社会工作者具备一定的专业素质及行为规范看

社会工作教育的地位是由社会对社会工作者要求具备的素质以及行为规范决定的。早期教会、寺庙的慈善救助和民间自发的救助危难的积善行为，具有随机性、零散性的特点，而向善之心与怜悯之心是助人者的最大特点，同时，此种助人行为也不需要复杂的组织活动及特别的技巧，专业教育则无从谈起。然而，随着近现代经济与社会的发展，贫富差距不断拉大，阶级或阶层矛盾的加深，促使社会需要一定的福利性服务。因此，在早期慈善救助的基础上，有组织的慈善服务机构以及受薪的社会工作者渐渐发展起来，其服务内容日趋复杂化，也更有连贯性，相应地，社会工作专业教育的重要性就更为突显。

之后，由于政府重视推行福利保障服务，西方国家的社会工作由民间进入官方体系，并涉足国家的福利政策和政府的组织协调活动。这样，社会工作的地位不断提升，而社会对社会工作的专业性要求也越来越迫切，渐渐地，没有综合素质和专门技能的工作者很难胜任福利保障与社会服务工作。可见，社会发展对社会服务要求的提高，必然需要大批的专业社会工作人才，这样，社会工作教育逐渐被社会所认可并成为入行的必要条件②。随之，社会发展要求社

① 参见王思斌. 社会工作概论［M］. 北京：高等教育出版社，1999：306.

② 参见万仁德. 社会工作导论［M］. 武汉：华中科技大学出版社，2006：302.

会工作者是由受过社会工作教育的专业人士组成，而不再以中上层的妇女、有爱心或热衷于慈善事业的政界人士等形象出现。

（二）从专业教育是进入专业与职业的入口看

专业教育是社会工作专业发展的一个重要前提条件。社会工作是一个专业，同时也是一种职业，要以这种职业为谋生手段，就必须掌握专业的理论和技能技巧，并经过长时间的专业训练。纵观西方社会工作发展的历史可以看出，教育在社会工作专业化与职业化的步伐中占据着十分重要的地位。正是基于专业教育，社会工作者才能获得专业知识和技巧、树立专业与职业形象、掌握职业的谋生手段，从而步入此类职业与行列。事实上，目前许多发达国家都把专业教育看做是接受从业人员的必要条件，正是从这个角度看，社会工作专业教育是迈入社会工作专业与职业的入口。

（三）从专业人才的培养途径与专业的发展看

社会工作专业教育之所以重要，是因为专业教育与专业之间存在着相互促进、相互制约的作用，以及专业教育为专业发展提供着源源不断的专业人才。一方面，专业教育的发展状况、教学内容，以及教学所基于的模式准则，都会影响到专业人才的培养，从而影响到社会工作专业的发展。另一方面，社会工作教育如同一个枢纽，以社会工作学生为载体，传输着社会工作的理念、价值与技巧，在促使社会工作专业获得发展的同时，社会工作教育也推动着社会工作职业化的步伐。因此，没有专业教育，社会工作者很难脱离早期的慈善及志愿者的形象，不能成为一种职业；没有专业教育，社会工作的理论和方法便不能被继承和传递，社会工作也难以实现制度化、职业化和专业化。

第二节 社会工作教育的目标与课程设计

一、社会工作教育目标

（一）社会工作的目标体系

目标是专业活动的灵魂和指针，而专业活动是实现目标的手段和过程。社会工作的目标体系包括专业目标、专业教育目标以及社会发展目标。社会工作专业教育目标有着自身独特的内涵，它与社会工作的专业目标、社会发展目标有着紧密的内在联系。①

1. 专业目标

社会工作的专业目标是通过助人的活动使人与社会摆脱困境获得发展。人

① 参见王思斌．社会工作概论［M］．北京：高等教育出版社，1999：308.

与社会的发展是多种因素共同作用的结果，社会工作专业作为一种社会调节机制，它并不能成为直接促进人与社会发展的条件。它的作用在于帮助个人或群体充分调动内在或外在资源以获得充分发展。因此，社会工作专业是通过调动人的潜能、促成各种社会资源合理配置来实现它的专业目标的。

2. 专业教育目标

社会工作专业教育的最终目标是培养知、觉、行统一的专业人才。具体来讲，专业教育目标可以分为两个层次，一方面是为社会输送合格的专业社会工作者，这是社会工作专业教育的直接目标。由于现代社会所面临问题的复杂性，仅凭经验与热情是难以解决这些问题的，这就需要经过长期专业训练的专业人员来解决，因此，社会工作专业存在的必要条件是培养掌握专业理论和技能的、能够回应社会问题的社会工作者队伍。从这个角度看，只有通过专业教育来培养合格的社会工作者，才能保证社会工作专业的发展。另一方面，社会工作专业教育还必须发挥其作为高等教育的应有职能，不断地总结经验，促进专业理论的发展。而社会工作专业作为应用性学科，其专业教育必须与实践紧密结合。这就更进一步要求专业教育要完成对专业理论和方法技能的不断总结，以推动专业理论和方法技能的发展。这是社会工作专业对专业教育的一个基本要求。

3. 专业目标、专业教育目标与社会发展目标的适应

当代社会一个最明显的特征是“变化”。而社会工作专业教育的目标必须与专业的发展目标保持一致，同时二者又必须与社会的发展相适应。面对不断变化的社会，无论是社会工作专业还是社会工作专业教育，都必须不断地进行调整，以适应社会不断变化的要求。相应地，这就必须建立起能随时根据社会的发展变化而进行调整的机制，以确保专业和专业教育社会功能的正常发挥。而这个能使社会工作专业适应社会的发展变化并随时调整的机制就是教育与继续教育的结合，以共同形成一个开放的社会工作专业体系，不断接纳新知识，不断开拓新的专业实践领域，实现社会工作专业的目标，进而推动人与社会的发展。

（二）社会工作专业教育目标的内容

社会工作专业教育的内容必须反映特定社会对社会工作专业的要求，这是一个专业在特定社会中立足的根本。一般来说，社会工作教育目标的内容应包括以下几个方面。①

1. 培养基本文化素质和专业价值观

社会工作专业的工作对象是人，这就要求社会工作人员具有较高的个人素

① 参见王思斌．社会工作概论［M］．北京：高等教育出版社，1999：308-309.

质和文化修养。因为在社会工作过程中，社会工作者作为主动的一方对服务对象的影响，不仅仅来源于专业知识和技巧，还来源于社会工作者的个人魅力即个人的素质和文化力量。比如，社会工作是一个用生命影响生命的过程，社会工作者个人的态度以及专业素质对案主就有极大的影响。同时，与其他专业相比，社会工作专业特别强调专业价值在专业活动中作用，并要求社会工作者在价值观上与专业保持一致。由此，社会工作专业教育目标的一个重要组成部分就是提高受教育者的文化素质，使专业价值观内化为每一个受教育者的价值观。换言之，社会工作首先是一个人的培养问题，然后才是专业知识与技能的培养与训练。不过，要培养学生的基本文化素质和专业价值观，却是一个非常复杂的艰难过程。比如，教育者一方面要培养学生在意识形态方面与所在社会具有一致性，使其具备特定社会所要求的基本文化素质，在价值观上要与特定社会的主流价值具有一致性；另一方面又要培养学生具有相对独立的专业价值观与进行价值判断的能力。但无论如何，基本文化素质和专业价值观的培养已经成为了专业教育目标的一个重要内容。

2. 传授基本知识和基本技能

传授基本知识与基本技能是社会工作专业教育目标的主体部分。专业目标的实现是以专业知识和专业技能为前提和手段的，没有专业知识和技能，就不可能实现专业目标。因此，专业教育的主要目标是传授基本知识与技能。约翰逊（L. C. Johnson）曾提出，社会工作者应掌握四个层面的知识，包括：①广泛的人文学科与社会科学基础；②有关个人、人际互动以及他们发挥社会功能的社会环境条件的知识基础；③关于助人互动的性质、助人过程以及针对不同情境与系统的介入方法；④针对特殊情境中特殊工作对象的专门知识（这一点特别重要，将在以下详细介绍）。简言之，社会工作专业面对的是一个完整文化系统下的个人，这就要求社会工作者必须掌握所在文化系统下从抽象的理论、价值体系、宏观的制度结构到微观社区环境、个人需求相关的知识。

3. 培育“做特定人群工作”的能力

一个熟练的社会工作者应具有“做特定人群工作”的能力。在社会中，由于不同的条件使不同的人的社会需求有所不同。比如，按年龄划分，可以将服务对象分成儿童、青年、中年、老年，还可以按种族、职业、社会生活环境等不同的标准将服务对象分成不同的群体。而不同的社会群体，其需求不同，同时他们又具有不同的特征。如果社会工作专业者没有掌握特别方法与技能，就无法介入，也就无法实施社会工作。因此，社会工作专业教育要使学生掌握不同社会群体的社会特性，掌握特殊的工作方法与技能技巧。

二、社会工作教育的课程设计

在课程设计上，泰勒（Tyler）提出的四个课程问题或法则，可以说是奠定了今日主导的课程设计者的观点，即技术性生产观点的基础。此类技术理性模式认为，课程是由目标、学习经验、组织、评鉴四个部分组成，其意图为预先制定目标，用以作为选择和组织学习活动、组织教学策略，并以学生的学习表现作为评鉴目标的效用①。事实上，不少技术模式都是按照泰勒原理来扩充和修改的，而模式的四部分关系可以是线性的、循环的或互动的，但它们大多以行为目标作为课程设计的基础②。我们认为，可以根据泰勒的线性程序模式，并加入批判启发性元素，用一个变得互动且具有弹性的泰勒技术模式，来设计社会工作专业的课程体系。以下以中国社会工作专业教育课程设计为例，予以具体地说明。

（一）课程目标定位

从教育哲学上看，社会工作专业教育，不仅应强调技术性、操作性、实务性传统，即培养学生知道“怎么做”，更重要的是应启发学生的人文精神，培育学生思考与理解行动背后的政治、社会、文化背景，以及“做”后面的反思、分析、批判的能力。同时，从学习理论看，我们不仅应重视把学生塑造为有效率的专业社会工作人员，重视学生能力的培养，即促使学生具有“专业产品”的能力，而且更要重视学生成为教学中的主体，注重学生的启发性、参与性、反思性的学习，使整个学习过程变为师生互为主体的协同式学习过程。正是参照以上教育哲学与学习理论的观点，我们可以从社会工作专业课程目标设计的宗旨、目的、目标，并主要侧重于课程目标的合理性，来分析中国社会工作专业课程的目标定位。③

从宗旨（哲学层面）看，我们认为，中国社会工作专业课程的社会科学基础应该特别广阔，旨在培养“通才”式的学生对社会问题及社会行动背后的政治、社会、文化背景有充分的理解、精确的分析能力及批判性理解，以使学生能对社会问题有敏感度、社会责任感及社会公益感，从而能够推动中国社会工作专业化的进程。

---

① 参见 Tyler. *Basic Principles of Curriculum and Instruction* [M]. Chicago, U. S. A.: University of Chicago Press, 1949.

② 参见李子健、黄显华．课程——范式、取向和设计［M］．香港：中文大学出版社，1998：104.

③ 参见李晓凤．社会工作教育的理论与实践的再反思［J］．社会工作．2007（3）：11.

从目的看，中国社会工作专业课程应培养具有反思性的社会工作管理人才与实务人才。具体地说，要求学生具有反思能力，懂得操作性的实务技巧与实在能力，有多元的、“弹性”的学习兴趣，有创造性，懂得学习与能力培养，以及理论与知识的整合等。

从目标看，中国社会工作专业课程应该培养能干、独立、仁爱及多才多艺的社会工作“通才”，即培养一大批具有人文精神与社会工作价值理念，能掌握社会工作理论知识与方法技能，具有反思性与开拓创新精神及调查决策能力，并对中国社会的转型问题有充分理解，由此培育出推动中国社会工作专业化进程的管理人才与实务人才。

（二）学习经验的选取

课程选择一直是课程设计的核心课题，但它也是一个很棘手的难题；自从科学化的课程制定的理论兴起后，不少学者着重课程的目标制定，他们认为只要目标得以确定，课程内容选择与目标加以配合，课程设计的工作便能得心应手。然而，课程内容的选择始终离不开“价值”的取舍，即究竟如何从浩如烟海的知识和深厚的文化传统做出“理性”的选择呢？抑或依据学习者需要、能力和兴趣做出选择，抑或按照设想的学科结构、或知识形式做出适当安排，抑或考虑社会需要和发展加以配合。不过，我们认为，在中国社会工作专业课程设计的选择中，应该把上述几种方式加以均衡处理而进行取舍，即将以上几个方面的均衡取舍与需要转化为几大板块的学生能力的要求，以此相应地选择课程内容，并制定课程选择的三个标准，包括：学科的重要性、有效性、反思性；学生的需要与兴趣；社会的现实需要。这样，社会工作专业课程设计就应包括以下几大块内容：一是价值观、哲学；二是人类社会与环境；三是人类成长；四是社会福利政策与社会服务；五是社会工作实务；六是研究；七是实习；八是选修课。①

（三）课程组织的原则

一般而言，课程组织指将构成教育系统或机构的课程要素加以安排、联系或排列次序的方式。按照泰勒的课程组织概念图，课程组织的原则或效标具有连续性、顺序性、整合性。但从中国社会工作专业课程的组织来看，主要采取了比较普遍的科目为本的传统模式，这样，应通过课程设计与学分制的选修课的调整等方式，来加入反思性、批判性的模式，以此体现课程组织的基本原则，具体分析如下：②

---

① 参见李晓凤．社会工作教育的理论与实践的再反思［J］．社会工作．2007（3）：11.

② 参见李晓凤．社会工作教育的理论与实践的再反思［J］．社会工作．2007（3）：11-12.

第一，从连续性看。连续性指课程层层相联的层次上的水平组织，或指课程中包含的因素在不同学习阶段予以“直线式”的重复叙述。这种原则旨在使学生一步一步地进入叠加的有逻辑的专业学习。具体地说，在社会工作专业科目的连续性上，我们应从新生的“进身社会工作专业”为主题的研讨学习与工作坊开始，再逐步从社会科学的专业基础进入到社会工作的专业课、社会政策及社会工作实务与实习课的学习，由浅到深，循序渐进。

第二，从顺序性看。顺序性指课程层层相联的层次上的垂直组织，即课程组织设计有先后次序，中间有知识链的联系脉络，不能随意改变。这样，在中国高校社会工作专业课程设计中，在第一年的基础年，首先应设计“进身社会工作专业”为主题的课程，第二年才进入基础理论，第三年再进入专业基础与操作性的实务学习，第四年是理论与实务相联系的整合课程的学习，即实习课。这种逻辑上的垂直前后次序，既体现了社会工作专业知识体系的自身结构的知识链的联系，也考虑到了如何使学生建立起对专业的感情、兴趣。比如，针对新生对专业的陌生与社会工作阅历的欠缺，应该在基础年设计“进身社会工作专业”为主题的课程，如“中国社会与社区研究”、“实习坊”等课程。这些课程设计的目的是，增加学生对社工学习的感性了解，从特殊性的问题学习开始，再进入到理论与研究学习，以此提升学生学习的专业热情。又如，在学生经历了基础理论、专业基础的学习及实习前的工作坊训练之后，才能进入“实习课”，而这样的课程设计就考虑了“顺序性”的组织原则。

第三，从整合性看。整合性指各门课程在连续性、顺序性上的连贯性及相互搭配。从中国高校社工专业课程的整合形式看，主要采用了学科的组织形式。但是，因中国多数高校社工师资力量的匮乏与专业督导制度尚未能建立等，致使社工专业课程的整合性组织较差。为此，我们提出了加强社工专业课程整合性的建议：一是将“阶段性整合”的方法引入课程设计中，同时引进具有“整合性”知识能力的人才作为导师，以引导学生在第二课堂学习、科目实习、专业实习及毕业论文写作阶段进行社工知识的整合，包括整合学生的调研、策划、评估、管理及创新能力等。二是与校外实习机构合作，聘请资深的前线社会工作者作为实习督导，以此更好地利用督导制度在阶段性实习中来整合学生的社工价值、理论知识及各种技能等。三是在学科组织形式的整合基础上，加入以学生兴趣与发展为本的组织形式的元素，并在一些课上尝试采用以学生为中心的个别教学法与创造式教学改革的实验。比如，在整合学生对专业感情培养的课程设计上，除了基础年的感性学习与研究学习外，可以在阶段性课程、实习课及第二课堂中，加入社工价值观的整合学习；同时在教学方法上尝试在实习课、研讨坊、中国社会问题分析等课程中，采用一边学一边摸索、案例学习、小组学习及以问题为本的启发性学习方法来探索经验式反思学习模式，以克服技术理性主义的教育方法的欠缺，以此不断培养学生对专业的热爱，从而增进学生在“专业自我”上的成长。

（四）课程评估的实施

课程评估是一个复杂的概念，涉及价值判断，它通常指教育客体的系统化描述及其价值或优点的评估。评估可以具有不同的目的，如改善课程、选择变通方案、提供决策资料、显示责任承担与权威等，具有十分重要的意义。不过，由于中国高校社会工作专业多数处于建立的发展初期，除了学校教务处组织的期中或期末教学评估外，缺乏对社工专业系统而完善的评估制度。而中国社会工作教育协会虽然也针对迅速发展的社会工作专业缺乏专业规范，正在起草社会工作专业评估制度，但尚没有在教学实践中实施。在这样的背景下，我们认为，为了使社工专业课程达到学生与社会需要的双重目的，有条件的高校应率先建立起社工专业课程的校内评估制度，并加以实施。在评估方法上，可以采取量化与质化取向。比如，在量化评估上，可以以课程目的为依据，实施四年的总结性评估；也可以分阶段进行过程评估。具体地说，可以从学生报考专业的人数、学生的合格率、流失率、就业率、学生对专业的满意度、社会对专业的支持程度以及资源的投入-产出比等，来进行指标化、操作化的评估。又如，在质化评估上，可以采取“实践取向的行动研究”范式来进行定性评估，具体做法可以有专家评估方法与民主评估方法。而在民主评估方法中，可以采用深度访谈、参与观察或开座谈会等方式，以让不同的主体能够参与到教学课程的评估中。不过，在课程评估中，核心的问题是评估的目的是什么。我们认为，在评估的目的上，除了注重课程评估的效率与管理问题外，我们还需要注重评估所涉及的道德问题，并探讨谁会在评估中获益。正是从这个角度看，我们认为，课程评估不仅仅是为了评估而评估，也不仅仅是为了过上一级的关卡、拨款而评估，而主要是为了改善课程与提升学生的专业化水平，当然也有向公众交代课程的效能等。此外，在课程评估中，我们也希望能产生最有效率的社工课程改革方案，并希望将评估的过程真正转化为教学改革的。①

第三节　中国社会工作教育的发展与展望

一、中国社会工作教育发展的历史与现状

中国社会工作教育开始于20世纪初，经历了漫长而曲折的发展历程。1903年章太炎翻译了日本岸木能武太的《社会学》，严复摘译并出版斯宾塞的

① 参见李晓凤．社会工作教育的理论与实践的再反思［J］．社会工作．2007（3）．

《群学肆言》，将西方的社会学理论引入中国。20世纪初，一些传教士在中国的大学开始讲授社会学、社会服务等课程，一些大学开始从事社会服务教学及服务实践活动。比如，1922年，北京燕京大学社会学系创建时分为理论社会学与应用社会学两个学科，注重培训社会服务专业人才；1925年燕京大学社会学系改为社会学与社会服务系，其办学目的侧重于实际应用方面，为社会各服务机关、团体培养社会福利工作者。又如，其他教会私立大专院校，如南京金陵大学、金陵女子文理学院、苏州教育行政学院等，或成立社会福利行政系、社会事业行政系，或开设社会工作方面的课程。另外，30~40年代，一些在西方受过正规教育同时受西方文化影响的知识分子，为了救国救民也在从事农村发展的“乡村建设运动”，其中以晏阳初倡导并极力推行的华北平民教育运动最为典型。这是中国知识界施行的、具有一定专业性质的社会工作实践活动。虽然因战争等原因，这些实践活动并没有取得预期的结果，但它在世界社会工作发展史上仍有重要的意义。1949年新中国成立以后，社会工作作为一种社会调节机制，以实践的形态有所发展，它分别由民政、公安、劳动、卫生、工会、青年、妇联等部门管理。1952年因为院系调整，社会工作教育与社会学一同被取消。①

党的十一届三中全会后，社会学得到了恢复和重建，北京大学等高校先后建立了社会学系，社会工作作为应用社会学的重要部分也逐渐恢复起来。1987年9月，民政部为了推动社会工作的发展，邀请了一批著名的社会学和社会工作专家以及国家教委等有关部门的负责人，在北京马甸举行了社会工作教育论证会，从而确认了社会工作的学科地位。1987年国家教委批准北京大学设立社会工作专业，这标志着社会工作专业教育在中国的出现②。1991年中国成立社会工作者协会，次年加入国际社会工作者联合会。1994年中国社会工作教育协会（CASWE）正式成立，当时它由34个社会工作院校和研究机构以及20多个个人会员组成。这些会员来自国家教委系统、民政系统、妇联系统、工会系统、青年团系统，是一个由跨系统、多层次学校组成的学术团体。之后，随着社会的发展，改革开放政策的深入，中国社会对社会工作专业需求不断加大，社会工作教育赢得了较好的发展时机。截至2003年12月底，中国设有社会工作专业的院校已经超过了100多所。近年来，随着中国社会工作职业建设受到社会各界的广泛关注，2006年7月20日，国家人事部和民政部联合发布了《社会工作者职业水平评价暂行规定》和《助理社会工作师、社会工

① 参见李晓凤．中国社会工作教育者在社会工作与社会工作教育发展中的责任［J］．求实．2005（5）．

② 参见王思斌．社会工作概论［M］．北京：高等教育出版社，1999：317-318．

作职业水平考试实施办法》，首次将社会工作纳入专业技术的范畴，由此中国社会工作专业教育迎来了科学的发展春天。

二、中国社会工作专业教育的特点

中国处于社会转折及致力于构建和谐社会的时期，而特定的时期赋予了社会工作教育的特殊使命，并促使了中国社会工作教育发展。同时，在中国社会处境中发展起来的社会工作教育，也呈现出了下列特点。①

（1）教育的优先发展。社会工作在中国的发展有着与西方不同的特点，西方是先有实践再有理论，即西方国家的社会工作教育是应对社会工作实务的专业化、规范化的需求而产生的；而中国则是先从西方引进理论开始，再带动实践的展开，然后才有本土化的思考。在某种意义上说，中国社会工作的“教育先行”，不一定是坏事。因为在预知未来发展方向的基础上，提前培养所需的人才，将对专业的发展起到积极的推动作用，这也是当今中国社会工作教育努力发展的方向。

（2）较快的发展速度。中国社会工作教育虽然开始于20世纪20、30年代、在50年代初被停滞、80年代后恢复等短短的十几年时间，但是，中国社会工作教育的发展速度是非常快速的。比如，80年代中国开设社会工作专业的院校不到10所，到现在已经发展为100多所，并成立了中国社会工作教育协会，开始了中国社会工作界与外界的合作与交流。仅仅从数量上看，中国社会工作教育已经接近了美国一百多年发展所达到的水平。而这种快速的发展，一方面有利于借鉴国外的发展经验，吸取社会工作教育发展历程中的教训，从而减少社会代价以促进中国社会工作教育的发展；但另一方面，过于快速的发展也会造成中国社会工作教育低质量，不能形成植根于本土的适合中国实际需要的社会工作理论、方法及技术，也不利于对中国社会工作专业发展的未来走向作出准确的判断。

（3）“拿来即用”的发展途径。对于中国来讲，社会工作专业属于“舶来品”，早期进行的社会工作教育，无论是从理论方法还是教材设施，借鉴的都是西方发达国家的发展模式。这就是说，中国社会工作教育在20世纪80年代中期仓促上马之后，对引入的理论和方法知识还没来得及细细消化，就要向学生传授专业知识；同时，在专业实践还没有被系统接纳和领悟的情况下，就要指导学生的实务实践。可见，“拿来即用”的发展途径是中国社会工作教育发展的一大特征。虽然这是早期发展不可避免的路径，但是，随着社会工作专业

① 参见史柏年．新世纪：中国社会工作教育面对的选择［J］北京科技大学学报，2004（1）．

在中国社会的不断发展，我们相信，探讨本土化的发展路径将是未来社会工作教育发展的重要取向。

三、中国社会工作教育面临的问题

21世纪以来，中国社会工作教育获得了长足的发展，特别是社会工作理论与方法的完善、提高与创新。但是，与西方发达国家相比，中国社会工作教育还有很大的完善空间，并存在着以下一系列的问题。

（一）专业化与本土化问题

中国社会工作教育的专业化与本土化问题一直受到众多学者的关注。在专业化方面，目前中国社会工作教育基本上是处于学院教育层次，而社会工作的实践功能并没有深入到大众生活，这样，社会大多数人还没有认识到这个专业的存在。这说明了社会工作教育的广度和深度尚未形成系统，应该加强专业学科的建设以及加快职业化的进程，以促使社会工作的专业地位获得社会的认可。同时，在本土化方面，中国社会工作教育面临着本土化问题，即关于如何构建一个具有中国特色的社会工作教育理论框架，而教育界也在努力建立一套适合中国本土的专业知识和理念。比如，基于中国实际以及文化传统，我们认为，现阶段中国社会工作的重心是保障人民的基本生活与基本权益，相应地，宏观社会工作应成为中国社会工作教育本土化的重要方面；同时，个别化、专业化的服务也会越来越成为中国社会的需要。因此，中国社会工作教育本土化的重任在于，怎样把专业化的服务应用到中国特色的服务机构中，如民政部门、工青妇团体及社区工作等。

（二）课程设置与教材、资料问题

课程设置与教材、资料问题也是当前中国社会工作教育面临的重要问题。首先，在课程设置上，目前多数高校社会工作专业课程大致包括公共基础课、专业基础课、专业理论课三个部分，但在社会工作实务、实习督导及职业化的社会工作精神培育方面的课程仍十分欠缺，而这样的课程设置过于专业化和职业化，显然与中国的实际情况相脱节。其次，在专业教材方面，由于社会工作在我国处于恢复和重建阶段，高校的图书馆里中国自编的社会工作方面的教材很少，港台地区、欧美的教材也不多，而结合中国实际的有关实务方面的教材则十分匮乏。无疑，这种状况不仅影响了教师的教学活动，也严重影响了社会工作专业学生的学习积极性。因此，为回应上述问题，一方面社会工作教育课程应适应社会需要，各个学校可以根据培养层次，合理调整专业课程，以避免课程设置与实际脱节；另一方面，社会工作教材的编制需要各界学者共同努力，内地与港台学者应多进行交流和沟通，以期为将来培养能结合中国实际的专业研究人才。

（三）师资队伍与教学方式问题

虽然经过十几年的专业社会工作教育，中国产生了一大批优秀的专业教师，教师的队伍在不断扩大，并且，他们通过与欧美国家和港台地区社会工作院校的合作与交流，初步获得了专业意识和专业理论。但是，从整体上看，中国社会工作专业的师资队伍仍存在许多方面的不足，主要表现为：其一，缺乏严谨的专业训练。师资队伍学历参差不齐，有的教师由于学校开设课程的需要而半路转行，他们并没有经过专业的训练。其二，缺乏丰富的实务工作经验。多数社工教师具有理论知识，但在实际操作方面严重缺乏实务经验，致使社会工作实习督导资源匮乏，从而不能保证社会工作实务学习的质量。其三，对实务方面的课堂教育不够重视。在教学方式方面，社会工作的实用性、操作特征，决定了其教学必须采取理论与实际相结合的教学方法，但是，在课程安排设计中，许多高校对实务方面的教育不够重视，也没有系统的实习安排计划。因此，要培养实际能参与社工实务的一线工作人才，就需要改变现在的教学方式，加强学生解决问题、基层组织管理能力及人际沟通能力等方面的培育。

四、中国社会工作教育的未来发展趋势

虽然当前中国社会工作教育面临着多方面的问题，但中国社会独特的国情也给中国社会工作的发展提供了许多新的发展领域。因此，中国未来社会工作教育的专业发展，在追寻专业化的同时，可以结合本土化的理念开辟新的发展路径和新的工作重点。

（一）新世纪中国社会工作教育的发展路径

1. 发展新取向：从边缘到中心的本土整合

当代中国社会工作的发展新取向呈现出从边缘到中心的本土整合。即社会工作被置于发展的中心地位一方面是回应新的社会发展的需要，另一方面归因于致力推动中国社会工作发展的学者和实践者的不懈努力。而从边缘到中心的本土整合，意味着当今社会工作的发展正在努力挣脱边缘化的发展地位而向中心化发展的迈进，相应地，这个发展过程同时也是本土化的整合过程。换言之，社会工作的发展不再是一个简单的借鉴和引用的过程，社会将更加关注这门强调实践应用技能的专业，如何才能适应中国社会发展的需要。因此，社会工作无论是在理论研究还是实践学习上，都将注重本土化的研究。

2. 发展道路上：“国际通则”与“本土化”的共融

早期中国社会工作教育在发展道路上遵循的是“国际通则”的原则。即在相当长的一段时间内，中国社会工作教育就是按照国际通则的指导来开展课程体系的设置、实习教学的安排、社会工作价值观的培养等教学活动。应该说早期发展道路的选择不可避免，并对中国社会工作教育的发展也是有利的。同

时，经过十几年的发展，中国社会工作教育基本上完成了对西方理论、方法、技巧以及价值观的学习、理解、吸收的初级阶段，有了一定的反思能力，加之社会工作教育在借鉴西方理论时遇到了本土文化的冲撞，西方的理论方法在适用中国情况时遇到了障碍，这就使得中国学者开始了积极反思中国社会工作教育的本土化问题①。不仅如此，当今中国社会工作界对“本土化”问题也做出了积极的探索，并发表了许多成果，但单一追求“本土化”的取向，即只重视从地方性本土经验中发展出来的本土性知识，又否定了社会工作教育国际上的共通性以及忽略了中国社会工作教育发展的早期基础。因此，在中国社会工作教育的发展道路上，我们应该遵循“国际通则”与“本土化”的共融，即在发展本土化教育的同时，也要注重与国际社会相连，因为中国社会工作教育本身也属于国际社工发展的一部分，同时，国际上的交流合作也有利于本土化的发展。

3. 人才培养上：“通识教育”与“专识教育”的结合

在人才培养方案上，实施“通识教育”还是“专识教育”，一直都是各国社会工作教育界讨论的话题。对于中国而言，这两种方式的选择，不仅是人才培养目标的直接反映，决定着专业课程的设置，也影响到了毕业生的就业出路。在这里，“专识教育”是把人才培养的目标放在一个很窄的范围内，以掌握社会工作某一种方法为目标，如专门学习小组工作、社区工作的；专门从事青少年、老年工作的。而“通识教育”则是提供广泛的知识和技巧，选用系统理论的解决问题方法，运用不同角度的分析，不同层次的介入，综合不同的工作手段，以达到多元化的处理效果②。可见，“通识教育”与“专识教育”没有优劣之分，它们对于中国社会而言，比如，在早期社会工作教育发展阶段，由于没有专业化的教育及适合毕业生的工作岗位等现实问题，我们主要遵循的是“通识教育”，追求的目标也是能够培养出适合多种工作的人才。但是，经过这十几年的发展，中国社会工作教育有了一定发展基础，中国政府也逐渐关注社会工作的职业发展，这就使得“专识教育”有了较大的发展空间。因此，对于未来中国社会工作教育的人才培养方式，我们应该努力的方向是“通识教育”与“专识教育”的结合，这一点可以结合社会工作教育的发展阶段以及学历层次来具体实施。比如，对于社工教育的初级发展阶段及刚入门的学者，比较适用的是“通识教育”，以便他们有一个比较完整的知识结构；而

① 参见史柏年．新世纪：中国社会工作教育面对的选择［J］．北京科技大学学报，2004（20）：1.

② 参见史柏年．新世纪：中国社会工作教育面对的选择［J］．北京科技大学学报，2004：（20）：1.

在进一步的发展阶段，则可以实施“专识教育”来培养各个专业领域的人才，以回应中国的不同领域对社工人才的需要。

4. 教学管理模式上：在“规范化”管理下鼓励“多样性”的发展

社会工作作为一门专业，有着自己的专业学科范围，如主要概念、范畴、理论及方法等，这样，社会工作教育应该有自身的规范化要求。但是，由于中国各地区、各种服务对象的差异性较大，而要求教学上的统一规划是不现实的。从这个角度看，“规范化”与“多样性”的讨论，是有关中国各地区之间的差别，各个不同服务对象群体服务需求之间的差别，以及各高校为回应这些差别而在教学管理模式上的差异性问题。因此，我们认为，未来中国社会工作教育将是“规范化”管理下鼓励“多样性”的发展。即提倡教学管理规范化要求的同时，不抹杀不同教育主体多样化的人才培养方向以及配合自身条件的不同办学特色，而鼓励社会工作教育教学的多样性发展将是中国社会工作教育发展的应有之意。

（二）中国社会工作教育未来发展趋势

1. 时代焦点：向公共服务与社会管理迈进

时代特色一直都嵌入中国社会工作的建构过程之中，社会工作专业教育作为新时期建构社会问题解决机制的不可或缺的途径之一深受社会工作发展取向上的导向作用。中共十六届六中全会的《中共中央关于构建社会主义和谐社会若干重大问题的决定》，提出了我国社会工作发展的制度框架，反映了我国社会工作的新取向，即发展以专业为基础、以公共服务和社会管理为取向的社会工作。正如上述《决定》所指出：要充实公共服务和社会管理部门，配备社会工作专门人员，完善社会工作岗位设置，通过多种渠道吸纳社会工作人才，提高专业化社会服务水平。而这种新的社会工作具有政府主导、重视提供社会服务、注重社会管理功能和以专业为基础等特点①。因此，在新的发展取向下，中国社会工作教育也应该积极关注时代发展的焦点，积极地向公共服务和社会管理领域迈进。而这一发展趋势体现在社会工作专业教育的内容上，就要紧随时代需要，促使设置的课程能够为新的实践所用；同时，在职业化培训上，开展社会工作教育的院校要及时关注政府的相关政策，重视社工学生的职业化培训，以此为公共服务和社会管理部门提供合适的人才。

2. 宏观政策：重视社会政策、社会行政的重要作用

西方曾认为宏观上解决问题不是社会工作的专长，社会工作一般专注于在个案、小组工作中的技巧，但是20世纪70年代联合国专家开始提倡发展宏观课程来适应社会需要，这一观点得到了发展中国家的响应。而我们认为，重视

① 参见王思斌．我国社会工作发展的新取向［J］．学习与实践，2007（3）．

社会政策、社会行政的重要作用也符合中国的国情，这是因为：其一，中国的社会问题具有相当广泛的影响范围，需要通过制定社会政策来保护弱者的利益；其二，在向市场经济体制转化的过程中，中国的社会政策不健全，制定相应的社会政策更为迫切，并且这对解决我国的社会问题有较好的社会效果；其三，社会政策、社会行政属于宏观层面的训练和工作，而中国的行政体制对于重视宏观层面的社会工作具有可能性。因为中国历来擅长行政管理，社会行政可以在行政管理体系中得以实施，并有助于政府从管理职能向服务职能的转化。简言之，无论从发展中国家的经验教训来看，还是从中国社会结构和社会问题的性质以及解决的现在途径来看，都应该把宏观层次的社会工作置于重要位置。

3. 区域发展：立足社区，以社区工作为重点

随着经济体制的改革，“单位人”向“社区人”的过渡，大量原先由企业承担的社会性功能下放到区与街道，企业与职工的关系由原来的终身制转变为雇佣与被雇佣的合同关系，人们的居住地区往往更稳定、更少变动。这样，社区建设在中国城乡普遍兴起，其内容涉及社区的政治、经济、文化、教育、科技等多方面内容，而社会中的人也逐渐被纳入某一社区中。在这样的背景下，社区逐渐成为人们生活的重要场所，居住地的社会服务与人际关系对个人的意义更为突出，发展社区、健全社区功能对个人的意义变得越来越大。由此，立足社区，以社区工作为重点，则成为了中国社会工作专业教育和专业发展所要关注的重点。

4. 微观层面：关注个人与家庭的实际需要

在当代中国社会，以人为本的价值取向无论是在学术层面，还是在政府政策制定层面都得到了广泛的认可。同时，关注人的发展、重视生活质量的提高也是当代中国社会发展的重要目标。而社会工作原本是一个与人打交道的专业，虽然当代中国社会十分提倡宏观层面上的社会工作教育，但并没有否定微观层面上社会工作教育的重要作用，其中的社会工作三大直接方法中，个案工作更是在解决个人及家庭的实际问题中发挥着重要的作用，也更易被社会所认可。因此，关注个人与家庭的实际需要，既是现代社会发展的需要，也是中国社会工作教育所应当关注的，相应地，在不同层次的社工教育体系中，个案工作课程都是最基本的一环。

5. 实务教育：建立实习基地，重视社会工作实习教育

社会工作实习教育是社会工作者培养过程中一个非常重要的部分。但长期以来，中国大陆社会工作专业实习一直是其专业教育和发展的薄弱环节。一方面，由于社会对社会工作专业的陌生，许多实习机构并不接受这方面的实习；而一旦联系到实习机构，学生虽然可以以不同方式和程度参加实习，但这些实

习远远不能达到实习目标，即获得与目标人群工作相关知识、方法、技巧及态度。因为大部分实习机构并不具备专业化性质，加之缺乏专业实习督导，学生的实习质量难以得到保障。因此，建立专业化的实习基地，开展社会工作实习教育及建立督导制度，对今后中国社会工作的发展具有十分重要的意义。

6. 本土领域：关注农村社会工作

农村社会工作是中国社会工作的重要组成部分。中国是一个农业大国，农村人口仍然占有人口的绝大多数，农村、农业、农民等三农问题直接影响着中国经济的增长和社会的稳定。而农村社会工作的作用在于，预防和解决农村社会问题，增进农村的社会福利，推动农村经济的持续协调发展，这样，重视农村社会工作教育也是中国国情的需要。不过，中国农村社会工作有其自身独特的内容，如农村社会福利服务、民政工作、计划生育、农村社会救助、农业科技推广、农村卫生保健等；同时，不同类型的农村社区，由于地理环境、经济发展水平及风俗习惯等不同，农村社会工作在内容和方法上也有所不同。因此，这就要求社会工作者能够结合当地实际，有的放矢的开展工作，而开展这些工作的前提条件是需要加强宣传教育，培养从事农村社会工作的人才，并在基层教育中树立专业意识，从而开展适合农村社会的社会工作。

思 考 题

1. 国外社会工作教育经历了哪些过程？
2. 怎样理解社会工作专业教育的性质？
3. 简述中国社会工作专业教育的特点。
4. 请你根据泰勒的技术模式，来设计一份社会工作专业的课程体系。
5. 试述中国社会工作教育在未来的发展趋势。

主要参考文献

［1］孙立亚．社会工作导论［M］．北京：中国财政经济出版社，1999.

［2］王思斌．社会工作概论［M］．北京：高等教育出版社，1999.

［3］王思斌．我国社会工作发展的新取向［J］．学习与实践．2007（3）.

［4］李晓凤．社会工作教育的理论与实践的再反思［J］．社会工作．2007（3）.

［5］李晓凤．中国社会工作教育者在社会工作与社会工作教育发展中的责任［J］．求实．2005（5）．

［6］熊跃根．21世纪中国社会工作教育面临的问题和挑战［J］．中国青年

政治学院学报 . 1999（12）.

［7］史柏年 . 新世纪：中国社会工作教育面对的选择［J］. 北京科技大学学报 . 2004（3）.

［8］刘华丽 . 社会工作教育在中国的发展［J］. 社会学与社会工作. 2006（1）.

［9］李子健，黄显华 . 课程——范式、取向和设计［M］. 香港：中文大学出版社，1998.

［10］Tyler. *Basic Principles of Curriculum and Instruction*［M］. Chicago，U. S. A.：University of Chicago Press，1949.

［11］Ernest Greenwood. *Attibutes of a Profession*［J］，Social Work，Vol. 2，No. 3，July，1957.

第十一章　社会工作实习与督导

社会工作实习与督导在社会工作专业教育与专业养成及提高专业素质方面占有十分重要的地位。社会工作实习与督导进行如何，将关系到专业教育的目标能否实现，也直接影响到专业训练与专业服务的质量。

第一节　社会工作实习的涵义及目标

一、社会工作实习的涵义

（一）什么是社会工作实习

社会工作专业是一个实践性、操作性非常强的学科，它十分强调把专业价值理念、原则、理论与方法运用于其服务群体上，这样，在学科宗旨上追求的不是纯粹理论和知识上的探讨和研究，而是追求这些理论与方法在专业实践层面上的影响力。因此，社会工作专业教育的一个重要环节就是要为学生提供亲自参加社会工作实践活动的机会。在专业教育中，实习与课堂教学一样，都是专业教学计划的重要组成部分，学生在课堂上学习的是专业的知识、价值、理论与方法，但要把这些课堂知识转化为为案主服务的能力，就必须通过有计划的、系统的、长期的实习。既然社会工作实习具有如此重要的作用，那么，我们首先必须了解社会工作实习的确切涵义。

美国社会工作教育家汉密尔顿（Hamilton）认为，社会工作实习是在意识上有计划的一组经验，在实务情境中，让学生从最基本的了解、技巧和态度，到有自主能力的社会工作实务表现。①

台湾东海大学曾华源教授则认为，与其他课程一样，社会工作实习是达成教育目标的一种手段，是一种较特殊的学习模式，它有别于学校课堂上的知识传授，而是让学生有机会接触未来可能服务的情况，从中学习运用知识和技

① 参见史柏年，侯欣．社会工作实习［M］．北京：社会科学文献出版社，2003：3.

巧。①

台湾学者廖荣利则更详尽地阐述了社会工作实习的内容，认为社会工作实习旨在提供学生发展实务技巧的机会，在专业性督导下，能整合课堂上的理论架构与实地工作经验，透过模塑技术的运用，以协助学生发展助人行为与独立能力。②

中国内地学者陈良谨主编的《中国社会工作百科全书》则把社会工作实习称为“野外实习”，认为社会工作实习是衡量社会工作教育是否正规化的一个标志，而野外实习为社会工作学生提供了把课堂上所学的理论知识运用于与整合进实践，发展社会工作的认同感与承诺的宝贵机会。③

综上所述，我们认为，社会工作实习是培养社会工作专业人才实践能力的主要途径，它有广义和狭义之分。广义的社会工作实习是指学生在课堂之外参与一切服务社会的专业实践活动；狭义的社会工作实习指一个特殊的学习过程，即学校有计划、有督导地组织学生到社会机构或社区中接受社会工作实务技能训练和价值观培养的过程。可见，狭义上的社会工作实习不仅凸显了社会工作的实务性，还体现了其专业性的特色，强调了实践活动对社会工作专业人才能力和价值观培养的作用，因此，在此意义上的社会工作实习才是我们主要讨论的范畴④。而这种社会工作实习既具有实务取向，即要从事实际的社会工作服务活动，也具有教育取向，即通过从事实际社会工作服务活动，学习运用社会工作的知识、技巧及适当的态度，将课堂上掌握的价值观念内化为指导行动的意识，以此成为知、觉、行合一的专业人才。

（二）社会工作实习的内涵与特性

社会工作实习是整个社会工作专业教育中的有机组成部分，在专业训练中占有十分重要的地位，是实现专业养成的重要途径与手段。它有其特定的内涵与特性，主要有以下几点⑤。

1. 持续性

社会工作实习的持续性特征首先体现在实践活动过程的持续性。一项具体的社会工作服务提供的过程一般要经过评估、计划、介入和总结四个阶段，社会工作实习的学生只有经过这样持续的过程，才能体验到社会工作知识、技能

---

① 参见王思斌．社会工作概论［M］．北京：高等教育出版社，1999：321.

② 参见王思斌．社会工作概论［M］．北京：高等教育出版社，1999：321.

③ 参见史柏年，侯欣．社会工作实习［M］．北京：社会科学文献出版社，2003：3.

④ 参见史柏年，侯欣．社会工作实习［M］．北京：社会科学文献出版社，2003：2-3.

⑤ 参见王思斌．社会工作概论［M］．北京：高等教育出版社，1999：321-323.

在不同阶段的运用，才能实践社会工作的价值。其次，社会工作实习的持续性体现在学习过程的持续性，这既是一个持续性的主动学习过程，也是持续性的深化学习过程。这里的“主动学习”，是指在社会工作实习之前，要求学生充分发挥个人潜能，积极主动地学习课堂教育中传授的专业价值理念、理论和方法；而“深化学习”指在主动学习的基础上，学生通过实习将课堂掌握的理论知识运用于实际工作，使之得到深化和巩固。

2. 临床实践性

由于在实际工作中，社会工作者往往要面对形形色色的案主及其多种多样的问题，而许多特殊情况往往是学生在书本中根本无法获得的真实体验，这就要求开展社会工作的临床实习。这里的“社会工作临床实习”，是指学生在真实的工作情境中去履行一个专业社会工作者应有的角色行为，以此在实际工作过程中学习并掌握各种助人工作的技术与能力。这样，社会工作实习具有与医学、教育等专业实习相同的性质，即通过不断重复的工作过程塑造专业的“诊断—评估”、“处方—计划”、“治疗—介入”以及总结的技术，从而成为一名具有独立工作能力的实务工作者。

3. 结构性

结构性指社会工作实习是一个有目的、有计划并配以督导的学习过程。虽然社会工作实习强调学生个人的主动性，但并不意味着实习是无组织、无目标的摸索与实验。这样，社会工作实习的内容一般具有详细的计划与教学方案，比如，计划包括实习的目标、实习前的准备、实习方式、实践安排、实习机构的选择、实习评估等；并且在此过程中，配有专业的实习督导为学生提供支持和指导。在这里，专业实习督导是社会工作实习教学中最重要的环节，也是其结构性特征的重要体现。一般来说，督导是保证实习有效进行的手段，督导不仅提供必要的指导以保证学生获得系统性的知识和技能，也承担着评估学生整个实习过程的责任。而随着专业化的发展，社会工作实习过程越来越规范化，其结构性特征也越来越明显，这种有目的、有步骤的学习过程有利于学生将理论、知识、技巧内化到具体的服务工作中，从而获得正确的态度与价值观。

4. 专业规范性

社会工作实习的专业规范性可以从专业实习与志愿服务的对比之中得到充分体现。专业实习不同于志愿服务。专业实习的规范性体现在整个实习的运作过程之中，即它在机构中为学生提供学习的机会，鼓励学生在实践中学习，而不以追求工作数量为目标。相应地，为了达到学习的目标，社会工作实习不是放任式的，而是在督导指导下进行的。比如，督导会根据学生的需要制定和调整实习计划，进行定期的督导会谈，以评估学生的学习进度。可见，整个实习过程是一个结构化的过程，是一个专业素质培养所必须的教育训练过程。因此，志愿服务工作不能覆盖实习的要求，虽然为增加对社会和社会服务的了解与认识，学校应该鼓励学生参加各种志愿服务，但志愿服务是以服务为导向、以任务为中心、服务内容单一、基本没有以学习为导向的训练和督导。正如美国社会工作教育协会对志愿服务与实习服务的区别时所指出的那样，志愿服务是教育训练功能上的附属物，其缺乏专业的规范性决定了它不能代替以获取知识、态度和技巧为主的实习教育。

二、社会工作实习的目标

社会工作的实习目标与社会工作者应具备的专业素质紧密相连，因为社会工作实习的一大功能就是培养知、觉、行合一的高质量的专业社会工作人才，这样，遵循所要求的素质来制定实习的目标则可以更好地实现这一功能。而社会工作者所要具备的专业素质主要包括专业意识培养、社会工作方法技能的习得、专业价值观以及应变能力的培养等几个方面，遵循这几个方面，我们可以将社会工作实习目标具体地概括如下。①

（一）有效整合理论与实务知识，在实习中培养专业知能

社会工作实习的一个重要目标就是将理论与实务整合起来，即将课堂所学的理论转换到实务情景中。而专业知能是专业理论知识和专业工作技能的统称，二者的结合强调了学生在理论知识和工作技能两者之间整合能力的要求。这样，社会工作专业教育的目标不仅仅是教会学生有关社会工作的理论知识，也不单单是训练学生进行服务的工作技能，而是培养知、觉、行合一的专业人才，而实习正为学生提供了将理论知识转化为工作技能的途径和机会。

（二）发展专业自主能力，建立个人实务风格

教导学生成为一位具有独立自主，而不盲目遵从专业的原则，一直是社会工作专业教育所追求的目标。而社会工作实习则为培养学生的专业自主能力提供了广阔的实践平台，从中学生可以学习应对各种真实对象的需求和问题的策略技巧，形成个人的实务风格。在这里，所谓的“专业自主”，就是要求在专业上独立自主的实务工作者，不仅可以有计划地安排工作和解决问题，而且能够以专业独特的视角去发现问题、认识问题和解决问题。而这种敏锐眼光与专业判断能力需要在实践中锤炼，这就要求社会工作专业教育一定要尽可能提供实习机会，以促使学生能验证理论、发展知识、积累经验，学会用科学的方法分析问题，从而有效应对动态的社会情境和多样化的服务需求。

---

① 参见史柏年，侯欣．社会工作实习［M］．北京：社会科学文献出版社，2003：19-27.

（三）增进自我觉知和专业自律

增进自我觉知和专业自律，其实就是发展专业自我的体现。这里的“专业自我”是指专业社会工作者在与案主工作时表现的自我态度、情绪和专业价值观。由于每个人都生活在一定的社会制度下，并受一定文化背景的影响，相应地，他们都会有自己的情绪、态度和价值观，而社会工作者也不例外。加之，社会工作是人与人互动的过程，增进专业自我对社会工作者来说尤为重要。因为工作者“较弱的专业自我概念”容易把自己的情绪强加给案主，这样，一位专业社会工作者在实务中不能只是盲目地去做，而必须明白自己的行为是不是体现着专业价值，是否会对案主产生什么影响。因此，在提供服务时，工作者必须有意识地使用“自我”，即以与专业角色相匹配的“自我”来和服务对象建立专业关系，以此控制不适当的感受、态度与偏见。比如，有多种途径来提高工作者的自我觉知，如通过自我反省、倾听别人的意见、亲身经历等途径，可以了解工作者自己的个性、价值观、情绪及行为反应。而社会工作实习提供了众多机会让学生与服务对象在互动中审视自己的价值观、态度和偏好，促使他们更清楚、更客观地了解自己，并提高“自我警觉”，有意识地运用“专业自我”，在服务实践中保持客观性。

（四）培养专业意识与专业价值观，增强专业认同感

社会工作是一个以价值为本的专业，专业意识和价值观是社会工作的灵魂，相应地，社会工作的全部实务活动都要反应出社会工作的价值取向，这些价值取向体现着社会工作的专业理想。而专业意识是指专业社会工作人员对社会工作价值取向的认同、对社会工作伦理守则的遵从以及对社会工作理想和责任的承诺。因此，培养专业意识和专业价值观是社会工作专业教育中重要的一环。在专业教育中，价值观教育常被置于首位，因为没有为社会、为弱势群体服务的精神，没有对社会工作价值理念的认同，再好的知识和技巧也是没有意义的。从这个角度看，只有首先拥有强烈的专业认同感，社会工作专业的学生才能有意识地培养符合专业理想和伦理守则的知识和技巧，才能更好地实践社会工作的专业价值观。同时，实务经验表明，课堂教育给予学生的是有关社会工作专业价值观及专业理想的概念知识，而社会工作实习则可以提供一个具体生动的机会，让学生通过具体案例感受社会工作价值观的实际意义，使学生将理论转化为实践，由被动接受价值观教育到主动探索、思考其意义。此外，这也提供了一个真实的工作情境帮助学生在提供服务的过程中，来反思和分析自己的价值观、社会的价值观与专业的价值观之间的差距，以逐步内化社会工作的价值观，增强其专业的认同感。

（五）倡导反思、批判精神，促进专业成长

社会工作的专业成长可以从两个方面来阐述：一是指社会工作整体随着社

会的发展，其理论和方法内涵不断地丰富和扩大，从而使整个专业获得成长；另一方面指的是社会工作者自我的发展和成长，即在课堂教育与实践教育的过程中不断超越和完善自我，不断提高专业知识和实务技能，从而成为知、觉、行合一的专业人才。而社会工作的发展历程表明，从前专业化的慈善助人活动到专业化的助人活动，社会工作一直都以回应社会发展的需要为出发点，以此不断更新和完善自己的理论、知识、技巧和价值观，这样，社会工作的专业成长体现了其生命活力。同时，应对社会变迁的社会工作教育的一个重要任务是，培养学生的反思、批判精神，使之成为一种思维方法、一种学习能力，以不断在实际环境中培养独立分析问题、解决问题的能力。而社会工作实习正是学生获得专业成长的重要途径。因为在实习的真实情境中，学生可以将接受的专业文化的影响融入其中，更深刻地体会到深厚的专业知识、熟练的专业技巧、正确的服务态度等是确保服务成效的重要因素。此外，这样的工作情境也能激发学生的求知欲望，学会反思自己的实务能力，从而在未来不断变化的工作环境中，获得促进专业知识的进步和专业成长的能力。

第二节　社会工作实习的模式与过程

社会工作实习模式与过程安排是社会工作实习具体操作的重要方面。本节将介绍几种主要的实习模式与过程安排。

一、社会工作实习模式

（一）社会工作实习模式之比较

社会工作实习模式是指有关影响社会工作实习教学的各种因素间的结构、组织和安排方式。由于各个国家、地区的发展状况不一样，社会工作实习模式也不同。总体来说，影响社会工作实习模式的因素主要有：社会福利服务的历史，社会工作教育资源的分配方式，社会工作课程、目标、内容与教育哲学，实习指导老师的情况，实习指导时间的安排方式等。不过，以实习机构和学院在实习组织中的不同地位和作用为标准，社会工作实习模式可以分为机构为本、学院为本以及学院与机构合作等三种基本模式，以下简述之。①

1. 机构为本的实习模式

“机构为本”是指机构在实习教学中负有主要责任，虽然学院有专门老师负责了解学生对实习的期望，并出面与实习机构联系，但接下来的实习教学任务则由机构的实习导师负责，整个实习教学也都在机构中进行。

---

① 参见王思斌．社会工作概论［M］．北京：高等教育出版社，1999：326.

这种实习模式以英国较为典型。英国社会工作的发展历史比较久远，历史上的许多重要事件，如伊丽莎白济贫法、社区睦邻运动等，都对英国乃至世界的社会工作专业产生过重要影响①。如今，英国的社会工作训练已被纳入高等教育体系，政府规定社会工作者必须持有二年制训练的社会工作文凭才能上岗工作。同时，社会工作实习课程与时间占全部课程的1/3以上，总时数超过1500小时，并且实习导师来源于社会工作机构，并必须具有社会工作文凭证书、社会工作督导资格证书。此外，社会工作训练学院与政府的社会服务部、社会工作机构会共同审核制定包括实习课程在内的全部课程。因此，机构就成为了社会工作教育训练的积极参与者，并为实习学生提供实习训练和实习导师，而不是一个被动接受社会工作毕业生及实习生的角色。

可见，机构为本的实习模式的显著优点是，实习导师来源于机构，他们具有丰富的实践经验，这样能根据机构的工作状况与实习学生的学习需要选取适当的工作，并给学生提供充分的学习机会及切实有效的督导，以帮助学生获得专业成长。但是，这种模式的缺点在于，实习机构的教学有可能与学校的教育理念和培养目标发生脱节，因为学院的教师不能参与督导，不能及时了解学生的实习情况和需要，因此无法根据学校的教育目标和培养理念来进行指导。

2. 学院为本的实习模式

“以学院为本”是指学院在实习中负主要责任，实习中，学院都有自己专门负责的督导老师。并且，这些督导老师都拥有一定的前线社会工作经验，受过督导训练。一般来说，实习督导老师要根据学院制定的实习计划，分别在不同的教学时段组织学生实习。

目前，世界许多国家和地区都采用了学院为本的实习模式，而我国香港特别行政区是这一模式的典范。概括地说，这种模式的优点在于，督导来自学院，能够贯彻学院的教育理念与目标，可以控制实习教学的水平，以促使学院训练和实习教学保持连贯性；同时，学校老师因对学生的学习基础较为了解，因此能根据学生的实习需要选取合适的实习工作给学生，以帮助学生整合知、觉、行于一体。然而，此模式的缺点是，有可能使实习教学脱离社会工作实务发展的实际状况。虽然学院督导过去有过前线社会工作实务经验，但毕竟离开实际的实务工作已有相当的一段时间，他们对机构的最新发展和创新性服务项目并不十分了解，加之，一个督导往往要肩负指导众多学生的重任，而督导老师由于自身经验和精力有限，较难给学生及时和完全正确的指导，从而会对学生的专业成长和机构的服务质量带来影响。

---

① 参见史柏年，侯欣．社会工作实习［M］．北京：社会科学文献出版社，2003：138.

3. 学院与机构合作的实习模式

一般来讲，任何社会工作实习模式都离不开机构与学院的合作关系，上述两种模式也一样，没有两者的合作，实习与教学是无法开展的。而这里的“学院与机构合作的实习模式”，是指机构和学院建立一种密切的伙伴关系，这种伙伴关系体现了社会工作实习教育理论与实践的结合。即机构为学院提供实习教学所需要的条件、岗位与机会；学院则为机构社会工作者提供训练，进行社会工作研究，支持、帮助与提高机构的服务水平，发展创新性服务。同时，学院的教学人员通过了解机构的需要和服务，可以更有针对性的进行实习课程训练，而机构的工作人员通过接受专业培训，学习社会工作教育的理念、目标以及教学规律等，可以更自觉有效地在实习督导中发挥作用。可见，这种两方合作的关系，可以使社会工作教育既能避免盲目性，也可以避免脱离实际，确保了社会工作教育的健康发展。这样，机构与学院的合作现在也越来越成为社会工作实习教学的发展趋势，而许多国家都制定政策来规定双方的合作，即不仅要求双方共同制定实习课程，提供实习督导和教学人员，还要求双方人员做一些深入的交流和渗透。比如，教师经常到机构去了解社会工作实务的发展状况，而机构资深工作人员也常常到学院去讲授机构实务社会工作。

总之，比较上述三种模式，我们可以看出学院与机构的合作在社会工作实习中非常重要，因为每一种模式都有机构和学院的合作关系。而在第三种实习模式中，学院与机构间的伙伴关系显得更为密切和规范，并强调了合作双方的协作与渗透性，这正是现代社会工作教育和实务双方不断发展的共同要求。为此，我们认为，中国社会工作实习模式，同样可以借鉴和追寻学院与机构的伙伴关系原则。由于在中国目前还没有专业社会工作制度、机构中没有受过专门训练的社会工作者及实习导师的特殊背景下，由学院导师和机构导师共同督导实习学生，可以发挥各自的优势，促进社会工作实习及教育的发展。从这个角度看，发展学院与机构共同合作督导的实习模式，是符合现阶段中国社会工作与教育发展的实际选择。

（二）中国本土化的实习教育模式

实习教育被视之为学生在教学者有计划的安排学习的机会下，一方面加深对理论知识的体会；另一方面在行为上做有目标和方向的改变，以便获得社会工作服务所需的原则和态度。这样，实习就是一种情境学习，而想要使实习过程成为有意义的经验积累，就必须拥有明确化的学习目标和学习内容。可见，实习教学的模式对实习教育有重要的意义。而在中国社会工作教育的发展历程中，实习教育一直都是薄弱环节，虽然对于社会工作实习教学的模式，不少国内外学者均提出了自己的看法，如实习教学的整合模式、师生参与教学模式等，但根据中国社会工作来发展的本土化方向，探讨本土化的实习教学模式则更有意义。因此，这里仅介绍中国内地正在积极探索的几种实习教学模式。

1. 资源概念引入模式①

（1）资源概念引入模式的内涵

资源概念引入模式认为，中国内地社会工作实习教育中存在的一些问题聚焦于资源稀缺上，而资源概念的引入是探讨社会工作实习教育的这一独特的视角和思考路径，即通过资源整合可以找到解决社会工作实习教育现存问题的途径。

（2）资源概念引入模式的实施途径

在开展专业性的社会工作实习教育的过程中，实习机构、实习督导、实习经费等方面的资源严重欠缺，极大地影响了中国社会工作实习教育的开展。而资源概念引入模式则结合本土化历程，认为积极整合现有资源、善于发现和利用新资源，是完善社会工作实习教育的良好途径。具体地说，其实施途径有以下三点：

①整合实习课程与机构实习资源。实习课程是指为帮助学生和实习督导在实习目标上达成共识，整合学生的专业知识，提高他们在实习中综合运用专业方法的技巧和能力而专门开设的社会工作实习课程。而社会工作实习作为一种教育性取向的过程，不能仅仅局限于在机构中的学习，把实习课程与机构实习结合起来才有利于有限资源的最佳运用。比如，实习学生可以首先根据自己的兴趣与爱好，选择不同的实务课程，进行相关服务的规划等，然后再到这一相关领域的机构中进行实地实习，这就减少了因为目标不明确、课程内容不符合实习需要等问题所花费的实习成本，同时，也促进了一个完整的社会工作教学和实习体系的形成与完善。

②整合机构需求、案主需求以及学生的需求。在社会工作实习中，机构、案主、学生是最为基本的成员关系，这三个群体都有各自的需求，并都需要对方群体资源的满足。这样，社会工作实习在机构中进行时，机构对学生群体有一定的需求并期望能获得满足，但社会工作实习教育的主要目的是让学生体验如何转化所学知识到实际中，学生并没有专业化的工作能力，因此不能以机构工作需求为主，而机构对专职人员的要求不能适用于实习学生之上。正是从这个角度看，在实习教育中，需求评估十分重要，具体包括：机构需要学生做什么；案主的潜在期待和需求是什么；学生能提供什么样的专业服务。而社会工作实习要达到一个良好的效果，则必须很好地整合这三方面的资源，并避免实习三方对实习成果认可不一致的情况，以此为将来与实习机构更好的开展合作储备资源。

① 参见肖萍．社会工作实习教育模式的本土化探讨［J］．社会学研究．2006（3）．

③整合政府、机构以及学校资源，建立实习基地。实习基地是目前比较受到社会认可的社会工作实习的物质载体，实习基地的建设体现的正是政府、机构、学校三方资源的整合。目前，中国内地所需要的社会工作服务机构、能够提供社会工作专业服务的机构、社会工作者可以在其中进行服务的机构等，都相对较为稀缺。这样，在机构资源稀缺的情况下，建立实习基地就需要政府的支持。因为中国大部分的福利机构属于政府部门，而获取进入社会福利部门的政府准入，将大大减轻建立实习机构的困境。此外，在实习基地的建立过程中，政府、机构提供的是场地设施、问题情境资源，而学校提供的是人才、项目资源，因此三者的有效结合才能确保实习基地建立和开展活动的效果。

2. 阶段模式①

(1) 阶段模式的涵义与特点

实习教育的阶段模式是指按课程进展和能力培养的循序渐进规律，在不同的学期设置不同的实习目的、任务和要求。比如，大一阶段安排学生参观、访问相关的实习机构，鼓励学生接触服务机构；大二阶段安排学生到基层部门，如居委会、养老院等机构进行实地实习；大三则鼓励学生进行专题调研，培养运用专业理论解决问题的能力；大四则主要负责的是毕业专题实习及完成毕业论文。目前，在中国内地实习教育资源严重不足的情况下，阶段模式设计，能最大限度地保证实习教学的系统性和稳定性。因为实习教育阶段模式的特点表现在：阶段性、系统性、可控制性、可操作性，其主张的“双督导模式”，可以保证每个阶段实习目标的实现。比如，学校督导负责实习教学大纲的制定、贯彻实施，而机构督导负责实习学生的日常安排活动。可见，“双督导制”保证了阶段模式实习的可控制性和可操作性。

(2) 阶段模式的操作程序

①准备阶段。阶段模式的准备阶段主要涉及学校、学生、家长、实习机构四个方面。从学校方面看，主要是安排好实习计划、实习地点、动员学生以及为学生提供实习资料等；从学生看，主要是做好开始实习的准备，如端正实习心态，提前了解实习单位等；从实习机构看，则要选择好合适的机构督导，取得机构的大力支持，从而为实习学生的到来做好接待准备；从家长方面看，主要是在开展长时间实习时，特别是学生独立实习时，应与家长做好沟通和说明，以让家长了解实习的进程和安排。

②实习实施阶段。实习实施阶段最为关键的是督导制的良好运作，即双方督导都要确保实习日常安排的流畅、合理性。这样，在实习过程中，督导必须

① 参见林霞. 社会工作专业实习教学的阶段模式［D］. 海淀走读大学学报，2005(1)：25-27.

注意学生的思想动态，并给予必要的理论、技巧、价值观方面的引导，同时也要对实习学生每天的表现进行必要的评估并做好记录。

③实习评估与反馈阶段。评估是保证实习活动符合实习目标，保证实习任务完成的质量评估手段。因为，实习之后的反馈意见同样重要，它是事后监督、发现问题、改进工作的最有力手段，反馈的形式可以是机构的评估意见、学生的实习报告、督导的过程记录等。

二、社会工作实习的形式与内容

（一）社会工作实习的形式

以不同的角度分类，社会工作实习组织形式可以有不同的类型和形式。

1. 以实习的时间安排来加以区分

实习时间的安排方式是实习形式的重要构成要素。按照实习时间安排进行区分是社会工作实习形式最常见的分类，可以分为集中式实习和同步式实习两类。

（1）集中式实习。也称间隔式实习，是指学生首先在课堂上学习理论知识，然后集中时间实习，即把实习时间与其他课程学习的时间分开，单独集中一段时间进行。这种实习方式的优点是，学生能全身心投入实习活动，实习的连续性使学生可以全过程了解和掌握机构运行状况及服务案主的程序；同时，集中式的实习方式可以打破地域选择的限制，学生可以选择到较远地点的机构进行，而不至于奔波于学校和机构之间以影响课堂学习和机构实习。这既有利于教师集中时间和精力进行督导，也有利于学校与实习机构在实习安排时进行协调。一般来讲，机构对集中一段时间进行持续性的实习学生也比较欢迎，因为这样可以不影响机构的正常工作。

（2）同步式实习。也称并行式实习，是指实习时间与课堂教育同时进行，在学习的同时穿插实习活动。比如一个星期之内，学生在机构中实习 2-3 天，然后在学校里学习 2-3 天。同步式实习的优点是，一方面能整合课堂和实习活动所学内容而促进知行统一，便于学生把课堂学得的理论知识及时运用到实习情境的服务中去，也可以把实习中遇到的问题拿回课堂，并通过教师的指点获得理论上的进步；另一方面，此种实习可以突显实习教育的中心取向。因为学生在实习单位呆的时间并不多，他们仍然是学生，而不是机构的工作人员，因此实习更侧重于教育取向而不是学徒取向或职员取向。

（3）综合实习形式。实习形式的选择应该视具体情况而定，一般来说，在社会工作实习教育中，上述两种形式的实习都应该让学生有所经历，而比较全面的做法是综合考虑学生的年级、课程进度、实习内容，为学生提供参观访问、志愿服务、并行式实习和间隔式实习等多种方式的实地教学方式。比如，可以安排学生在学习专业基础课之前进行参观访问，因为参观访问的主要功能是向学生提供对专业机构及其服务的一般性认识，并帮助学生增强对社会工作的了解和兴趣；而在寒暑假期间，学校可以鼓励学生参加志愿服务，因为志愿服务可以代替实习的部分功能，学校不应该忽视这一实习方式；再者，在学习实务性课程的同时可以安排并行式实习，而在基本课程学完以后可以安排一次间隔式实习。

2. 以实习的场所安排来区分①

按照实习的场所来区分，社会工作实习的形式可以分为专业机构实习、政府部门实习、社区实习等。

（1）专业机构实习。专业机构实习是指把学生安排到专业性的社会福利服务机构，如儿童福利院、精神病院、残疾人康复中心、老人福利院等，或者安排学生到专业性的社会福利服务的中介组织，如青少年发展基金会、残疾人联合会、慈善总会等机构进行实习。而专业机构实习是社会工作实习中最为重要和普遍的实习形式，其优点有：专业机构实习使学生有较多的机会从事与专业相关的实践活动，也有利于学生学习直接社会工作的理论和方法。因为专业性社会福利服务机构，大部分都是以开展直接社会工作为主，这样，学生在机构实习则可以将课堂知识与实务情境中的态度和行为进行整合，从而深化理论和方法技巧的学习。

（2）政府部门实习。政府部门实习是指把学生安排到与社会福利服务相关的政府部门，如民政、劳动与社会保障、卫生、教育、公安等系统的各级领导机关，或者一些管理职能的事业单位，如社会福利中心、社会保险中心等场所进行实习。另外，中国内地也存在一些准政府或半政府部门，如工会、共青团、妇联等，同样也可以安排学生在这些机关实习。而政府实习也是社会工作实习中常采用的一种形式，其优势在于：学生有较多的机会从事与社会福利服务宏观政策制定与执行管理的有关实践活动，也可以深化间接社会工作理论和方法的学习以及推进社会工作专业化进程。因为，学生在政府机构中实习，在构建和完善自己的专业知识结构的同时，也在用专业的精神、专业的价值观影响着政府工作人员及政府机关政策的制定和执行过程，从而间接推动了社会工作专业化进程。

（3）社区实习。社区实习是指把学生安排到市区或城乡基层的社区，如街道、乡镇、居民委员会、社区范围的社区互动中心、青少年活动站等地点进行实习。而社区实习的优势在于，学生更加贴近社会、贴近民众，更能真实全

① 参见史柏年，侯欣．社会工作实习［M］．北京：社会科学文献出版社，2003：104-112.

面感受社会工作专业的发展现状及存在的问题，同时也有利于拓展社会工作专业学生的就业途径。因为随着国家对社区服务和管理的重视，社区将成为吸纳社会工作人才的一个重要领域。

（二）社会工作实习的内容

实习内容是实习教学的重要构成要素，社会工作的实习内容要根据实习机构的服务宗旨和职能而定，但不同类型的实习形式也有不同的实习内容。

（1）专业机构中的实习内容。即学生从事与专业有关的直接福利服务的内容，比如，福利院、敬老院、老年公寓为老年人提供的社会服务；儿童福利院、孤儿院为儿童提供的社会服务；少管所、劳动教育所、戒毒中心、工读学校等犯罪矫治机构提供的福利服务；残疾人康复中心、聋哑学校、培智学校为残疾人提供的社会服务，以及保健院、精神病院、临终关怀医院为病人和家属提供的社会服务等。

（2）政府部门的实习内容。其主要包括：一是国家福利政策制定的调查论证工作、社会福利服务项目的推广工作，如国家扶贫攻坚计划、全国扫盲活动、希望小学工程等；二是社会福利事务的行政管理工作，如福利服务标准的制定及监督评估、福利服务设施的设计建设等。

（3）社区实习内容。其主要包括：在居委会、村委会从事的日常管理工作；进行社区服务的调查、评估工作、开展社区服务人员的培训工作；为社区特殊人群，如老年人、残疾人、少年儿童、问题少年、失业下岗人员等提供的直接服务；面向社区居民开展的社会服务等。

三、社会工作实习的过程与安排

社会工作实习的过程是一个系统的、由若干环节有机构成的整体，每一环节的实施都有一定的程序和规范，每一环节的安排都会影响到实习的成效，因此正确把握实习的过程具有重要意义。

（一）准备阶段

实习前需要做好的准备工作有：首先，需要确定的是实习的时间与形式。同步式学习和集中式实习的情况在前面已经讨论过，至于选择哪种实习方式，则要根据具体的教学计划和课程内容而定。其次，要联系好实习机构。对于集中式实习，既可以由学生根据自己的学习兴趣和未来职业取向选择实习机构，也可以由学校来联系机构；而对于同步式实习，则由指导教师根据课程内容联系相应的机构。再次，要做好相关准备工作。包括向学生并解实习的目的、实习的基本要求、实习评估的方法以及实习督导的安排等，还有实习前的会谈工作，并向学生讲解实习中应当注意的问题。最后，需要落实实习经费问题。虽然对于大多数学校来说，都有专项实习经费，但这些经费可能无法满足实习的需要，所以需要学校采取措施筹集一定的实习经费。

（二）实施阶段

实习的实施过程通常是机构与学校合作的过程，而学生进入实习机构主要是接受机构的领导和安排来展开工作。一般来说，在实习的实施阶段，实习机构需要做的工作有：一是对学生进行岗前培训，如介绍机构的历史、使命、工作规则等。二是分派实习任务以及为学生提供必要的实习条件，并帮助学生解决实习过程中出现的问题。三是评估学生的实习表现。与此同时，在实习的实施阶段，学校要做的是，及时了解学生实习的内容及实习进度，并与督导和实习机构保持良好的联系，以协助解决学生实习方面出现的问题。此外，学生要做的工作是，认真做好实习前的准备，并有意识地将把理论知识运用到实践中去。

（三）评估阶段

评估的目的是为学生指导学习的方向，使他们清楚自己实习的收获与不足，同时，也为学生寻找学习上的问题与分析教学上的得失，以便以后改进教学，以及根据学生的实习记录、实习报告与导师评语等，以作为学生学习成绩评判的依据。一般来说，社会工作实习评估可以依据诊断性评估、过程评估、结案性评估三类来展开。首先，在实习开始前可以进行诊断性评估，以了解学生学习的起点、特点及困难。其次，在实习过程中可以进行过程评估，即实习督导对于学生的表现与学习情况进行评估，以掌握学生实习进展的情况与不足之处，并提出改进的措施，而一次实习可以进行多次过程评估。最后，在实习结束时可以进行结案性评估，主要是评估实习教学方案、实习督导过程、实习成果与学生的实习成绩，并撰写实习书面报告。总之，社会工作的实习评估是一个连续的过程，从学生实习前的准备到最后的实习报告，评估的因素渗透到了其中的每一个环节。

四、中国社会工作实习现状分析

目前中国社会工作教育正处于迅速发展时期，并有100多所院校已开设了社会工作专业。但从整体而言，中国社会工作教育仍处于初级发展阶段，也有许多尚待解决的问题。其中，社会工作实习教育的问题是其中重要的一个方面，以下就对中国社会工作实习现状与对策做一些简要分析。

（一）专业机构难以寻找

由于中国内地社会工作本身处在发展之中，社会工作的专业制度也尚未成立，加之非盈利组织发展比较迟缓，因此，要把社会工作的实习建基于专业机构中，是有较大难度的。目前，中国内地具有社会工作性质的机构大致有五大类：一是行政性质的机构，如民政部门、妇联、共青团等；二是院舍照顾机构，如福利院等；三是社区服务中心，如街道、居民委员会等；四是发展性的服务机构，如青少年活动中心等；五是健康服务机构，如医务社会工作等①。但是，上述机构所属的关系复杂，并对社会工作的认可、接纳程度十分有限，因此，可供选择并作为社会工作学生实习的机构则较少。

（二）缺乏专业实习督导

实习督导是提高社会工作专业服务水平、培养具有实务工作能力的专业社会工作者的有效方法之一。督导者一般由社会工作专业教师或资深社会工作者担任，而在社会工作发展比较完善的国家，对于社会工作督导都有严格的督导实习时间与督导者的专业教育背景规定，以保证社会工作者的专业服务能力。但是，由于中国社会工作教育起步较晚，虽然已有十多年的发展历史，但社会工作专业教师中受过训练的人很少，大多数教师是从其他专业转行过来的，因此，专业督导的缺乏已成为中国社工界普遍认同并亟待解决的问题。基于这些事实，国内一些学者提出了加速中国社会工作的师资队伍培训，以及通过政府、机构、学校和资深社会工作专业人士多方合作的方法，推进中国督导制度的建设②，这些都有助于解决缺乏专业督导的问题。

（三）实习时间难以保证

社会工作的实践性本质使实习教育始终是社会工作教育中不可或缺的一部分，而对于实习成效的重视首先体现在实习时间保障上。因此，各国对实习时间都有明确规定。比如，国际社会工作者一般认为，一名具有专业资格的社会工作者，必须经过相当长时间的实习过程，其实习时间应该不少于 800 小时。但是，在中国内地，这样充足的实习时间很少得到保证，而教育主管部门以及高校甚至一些教师对社会工作的实践性也缺乏正确的认识，致使实习成了一种走过场的形式，并且，在实习中学校既没有对实习机构做出要求，也无督导老师进行督导，从而使实习的时间和效果都无法保障。而这一问题的解决，有待各高校对实习教育的重视以及社会机构对社会工作专业认可度的改善。

第三节　社会工作实习督导

社会工作督导是社会工作的一种间接方法，也是社会工作实习教学中最重要的一环，它与课堂教学一起共同构成了社会工作专业教育的完整结构。

---

①　参见方青等．社会工作概论［M］．合肥：合肥工业大学出版社，2005：258.

②　参见向荣．中国社会工作实习教育模式再探索——建立与完善实习基地及其督导制度［J］．云南高教研究，2000：69.

一、社会工作实习督导的涵义与对象

(一) 督导的涵义

关于社会工作督导的涵义，不同的学者，有不同的侧重点。比如，台湾学者廖荣利和美国社会工作协会在《社会工作百科全书》中对督导的定义，都强调了督导是专业训练手段的一种；而罗宾森（Robinson）则将督导定义为一个“具有相当的知识和技能特质的工作员负责训练特质较低的工作员的教育过程”①。显然，罗宾森强调的是督导的教育与行政功能。

综合前人的观点，我们认为，社会工作实习督导是指在实习的过程中，为保证实习的质量，由学校的教师或机构的工作者对学生实习进行监督和指导。这种督导是通过定期的会谈进行的，它既是一个管理过程，也是一个教育过程，其目的在于使被督导者能够将社会工作的理论知识、价值与技巧内化，并按照专业社会工作者的职责有效完成任务，提供有质量的社会服务。

(二) 督导的对象

督导的对象即被督导者，指在社会机构中接受督导训练的人员，在指定的督导者定期持续的指导下，提供初步的具有专业服务素质的服务或治疗。

1. 督导的主要对象

(1) 社会工作实习学生。实习学生是一个实际参与的工作者（practitioner），同时也是一个学习者（learner）。督导对于实习学生的基本态度应是支持性（Supportive）和教育性（Educative）②，而实习学生包括已接受过和正在接受专业教育的社会工作实习学生。

(2) 未接受过专业教育的社会工作从业人员。对于中国本土而言，这部分人群占有很大比重，如基层居委会工作人员；妇联、残联、共青团等部门的工作人员都属于未接受专业教育的社会工作从业人员。

(3) 非专业的志愿工作人员。志愿者服务在中国发展较为迅速，志愿者虽然有助人的激情和热情，但在专业教育、服务时间、工作能力、专业认同、参与动机、工作过程中的需求都不尽相同，为了让他们具有持续为机构服务的动机并确保工作品质，他们也成为了社会工作督导的主要对象之一。

2. 志愿者的督导

(1) 志愿者督导的含义。对志愿者督导的最终目标是为接受志愿者服务的服务对象，尽可能提供质量最佳的服务。志愿者督导是指对志愿者服务工作的监督和指导，即在遵循社会服务机构政策和行政规范的情况下，通过教育训

---

① *Encyclopedia of Social Work* [M]. NASW Press，1995：2373.

② 参见廖荣利，刘安屯．督导技术［M］．台北：张老师出版社，1983：86-92.

练和专业支持，协助志愿者服务达到最佳的效果，并使服务对象、志愿者督导和所属机构都能获得相当程度上的满足。

（2）志愿者督导的主要内容。概括地说，志愿者督导的主要内容有①：①协助志愿者应对在服务的过程中所遇到的挫折，保障相关人员不受到必要的伤害；②协助志愿者对自己有清楚的认识与肯定，并能与其他同伴和谐相处，以提高或维持服务的热忱及兴趣；③协助了解组织、机构的功能，并遵守机构的行政程序及规定；④提供、教导志愿者必要的工作知识及技巧，通过帮助他们的自我了解和成长来提供有品质的服务；⑤评估志愿者的工作效果、改进方向，以保证机构的服务质量；⑥确保机构与志愿者有良好的、有效的沟通，避免产生政策的误解。

二、社会工作实习督导的功能和内容

（一）督导的功能

督导是社会工作实习必不可少的一部分，它具有教育、行政和支持三个方面的重要功能②。

1. 教育功能

所谓的“教育功能”，指督导对被督导者完成任务时所需的知识和技能给予指导，以协助被督导者达成专业上的发展。而此种教育功能是社会工作实习督导的核心功能，因为社会工作实习本来就是以教育为取向的，即通过督导的过程来提高学生的专业水平和从事实际工作的能力，这本身就是一种教育。

2. 行政功能

所谓的“行政功能”，指督导者在被督导者的招募与选择、被督导者的引导与安置、工作计划与分配、工作授权与协调、回顾与评估等方面所担负的指导责任。由于社会工作实习是在机构中进行的，相应地，它就需要通过一定的行政程序将社会工作服务传递给服务对象。因此，对于被督导者来说，认识和了解实习机构的行政管理程序也是社会工作实习的主要内容之一，它有助于顺利开展今后的实习工作。

3. 支持功能

所谓的“支持功能”，指督导员提供给实习生的心理和情绪上的支持，即运用协调方式帮助实习学生提高自我功能，从而更好地应对实习中遇到的挫折

---

① 参见曾华源，曾腾光．志愿服务概论［M］．台湾：扬智文化事业股份有限公司，2003：56-72.

② 参见史柏年，侯欣．社会工作实习［M］．北京：社会科学文献出版社，2003：159-164.

和压力。由于被督导者缺乏工作经验，在实习过程中又面对各方面的压力，常常会出现自信心不足、情绪不稳定、强烈挫折感等问题。这样，社会工作督导可以为被督导者提供多方面的支持。一般来说，支持性督导以情感关系为基础，它与被督导者建立的良好互动关系既是实习顺利进行的重要条件，也是确保实习学生服务质量的重要条件。

（二）督导的内容

1. 教育性督导的内容

实习督导的教育性功能要求督导者不仅要提供被督导者完成工作所需的知识，并要协助被督导者由“知”转为“做”。曾华源教授曾详细介绍了督导的教育功能有五个方面内容：其一，协助被督导者学习社会工作专业伦理原则和精神；其二，协助被督导者充实专业知识，磨炼专业技巧；其三，促进被督导者的自我认识，提高其对专业身份的认同；其四，协助被督导者了解服务对象的特性和问题；其五，帮助被督导者认同机构，遵守机构的政策、组织、行政程序，并了解可以利用的资源，以此为案主提供更充实的服务①。

2. 行政性督导的内容

督导者在社会服务机构中是行政科层结构的联结点，因此，行政性督导的内容主要有：其一，向被督导者说明机构的政策、行政程序和有关的工作规定；其二，为被督导者进行工作分配；其三，安置和引导被督导者开展实习工作；其四，监督、总结和评估被督导者的实习情况以及向上级提出改进政策及工作程序的建议等。

3. 支持性督导的内容

支持性督导的主要功能在于帮助被督导者增强自我功能，平衡和安抚工作情绪，缓解焦虑，提高工作效率等。一般来说，支持性督导的内容主要包括：其一，帮助被督导者适应和处理服务工作中所遇到的挫折、不满、焦虑等情绪，增强被督导者的自我功能；其二，及时给予关怀和支持，促使被督导者有力量不断尝试新的工作；其三，鼓励被督导者看到自己的成绩和进步，帮助他们及时总结工作成就，从而使他们获得从事专业的满足感和价值感。

三、社会工作实习督导的基本素质与条件

由于督导员对实习学生有极大的影响作用，相应地，成为社会工作的实习督导则必须具备一定的素质和条件。不过，目前我国内地机构中具备社会工作专业背景的人十分少见，所以督导员的选择需要结合我国内地的特殊情况，而

---

① 参见曾华源．社会工作实习教学与督导训练——参与/整合模式之探讨［M］．台北：台湾力行书局，1987：138.

这里介绍的是理想的督导员应该具备的素质与条件。

（一）拥有成熟的人格、丰富的专业知识与实务工作经验

督导员要对实习学生进行指导，首先就要求自身必须受过严格的专业训练，并对社会工作专业的理论与方法有着深刻的理解。同时，督导员必须有足够的经验来应对实习中随时可能出现的情况。因为社会工作实习不是一个设计好的活动，而督导与学生均处在真实的工作环境中，对于出现的问题，督导员必须既要有能力处理实习学生所服务的案主问题，又要有能力帮助实习学生对所遇到的问题进行总结。事实上，中国内地的基层服务工作者，虽然没有专业社会工作训练背景，但他们有大量的工作经验与自己的工作理论和方法，在目前的情况下，他们是具有中国特色的实习督导的最好人选。

（二）有一定的教学能力

实习教学是一种教育性的工作，优秀的督导员除了具有丰富的工作经验与技巧外，还应该具有一定的教学能力，即把一定的知识、技巧与能力传授给学生。因此，拥有基本的教授他人的能力与态度是优秀督导员必备的素质之一。概括地说，一位好的实习督导员的必备素质有：能够善于启发学生的学习动机与兴趣；善于运用不同的教学方法帮助学生成长；需要与学生建立良好的教学关系，有能力对学生进行教育性的诊断。

（三）有指导学生的意愿和时间

指导实习并不是一件轻松的工作，除了实习之前的各项准备工作之外，还需要根据学生的学习需要制定学习计划，主持定期或不定期的督导会谈以及阅读实习学生所写的各种报告、记录并给予学生各方面的支持等。因此，假如一位实习督导员没有指导学生的意愿，则很容易与机构的期望发生冲突，要么放弃对学生的督导，要么采取敷衍了事的态度，因此严重影响了服务的质量；同时，督导员还必须有时间指导学生，有时间与机构、学校联系，而过分忙碌的实习督导，则无法给学生充分的指导和关照，因此，确保督导的时间也是一项重要的条件。

（四）自身拥有成长与学习的意愿

督导的过程本来就是获取新知识的过程。要能够督导学生的专业成长，督导员自身应该是一位愿意改变、愿意接受新知识的人；同时，督导员也需要不断地自我成长，需要经常自我探索、评估自己的价值观、实务技巧及教学方法。而督导员的自身成长与自我学习，可以引导学生学习，并成为学生学习的榜样。

四、社会工作实习督导的方法与过程

（一）实习督导的方法

（1）个别督导方法。个别督导是社会工作专业训练方法之一，它是由一

位督导者对一位被督导者以面对面的方式，定期、定时地（每周或每两周一次，每次半个小时至一个小时）举行各种讨论。会谈的内容主要是被督导者在为案主（个人、家庭、群体或社区）提供服务时遇到的各种专业程序和技术上的课题，同时也包括被督导者在业务学习、行政措施以及社会政策等方面遇到的难题。而个别督导的优点在于，督导有充分的时间与被督导者讨论和解决所遇到的个案，督导过程具有较高的隐密性；同时，个别督导可以向被督导者提供充分的和有效的服务示范。不过，个别督导的不足在于，一方面被督导者所接受的督导可能无助于其自身的工作需求；另一方面督导者与被督导者关系过于亲密，容易形成共同谋划的关系。

（2）集体督导方法。集体督导是社会工作专业训练的一种较新的方法。个别督导是一对一的督导，而集体督导是一位督导者对数位被督导者的督导。一般来说，集体督导由一位督导者与数位被督导者组成一个小组，定期举行小组讨论会，小组人员原则上不宜过多，通常由 2-8 人组成，并且会议讨论的主要内容是各工作人员在专业服务过程中遇到的难题。而在每次讨论中，小组中的 1-2 名被督导者提供书面或口头的工作记录和讨论要点，然后督导者主持小组讨论，以深入了解有关情况和寻找解决的有效途径。而集体督导的优点在于，被督导者可以接受大量信息的传递，避免了单一督导可能产生的偏见和盲点；同时，集体形式提供了充分的角色扮演，可以聆听不同被督导者处理案主服务的经验。然而，集体督导的不足是，一方面每位被督导者的督导时间不足，集体讨论中也容易出现不同观点的冲突，且集体督导过程的隐秘性较低。

（3）同辈互动督导方法。同辈互动督导指具有相同需求、观点或技术层次的个人与一群社会工作者，通过个别互惠方式或集体讨论方式进行的互动过程。而同辈互动督导的优点在于，在督导的过程中，专家的权威降到最低，没有权威现象；督导会议可以在参与者最方便的时间组织和安排；对于经验比较丰富的成员，同辈互动督导可以让他们更有收获。不过，同辈互动督导的不足在于，此类同辈团体中缺乏特定的规范，每位成员没有最终的权利和义务；参与成员的经验层次不同，致使有时彼此分享的内容无法达到一致；团体成员会形成同谋。

（二）实习督导的过程

从督导与被督导的相互影响过程的角度看，社会工作实习督导大致可以分为督导前期、督导工作实施期、督导终结期三个阶段。

1. 督导前期

此阶段最主要的目标在于建立关系。督导者一般通过面谈的方式来了解被督导者的家庭、专业教育、工作经验等，以寻找开展督导工作的起点；同时，督导者也要向被督导者说明自身的工作方法，从而有利于今后工作的开展。

2. 督导工作实施期

在督导的实施期，首先，要建立相互信任和双方同意的督导形式，并以口头或书面的形式予以确定；其次，督导者要与被督导者分享实践经验与感受、解释疑惑、指导工作，支持被督导者的服务工作。

3. 督导终结期

在督导历程的结束时期，督导者应总结督导过程各个阶段的工作成效，综述被督导者的学习过程和成长机遇，回顾被督导者的长处和弱点，以此帮助被督导者更加清醒地把握自我，加强自我改进。

五、中国社会工作实习督导的现状与对策

应对社会发展的需要，中国社会工作教育越来越受到各界人士的重视，许多院校都设置了社会工作专业，而社会工作教育的发展对实习与督导制度的建立提出了要求。但是，在目前国内社会工作教育发展的不完善过程中，社会工作教师队伍中真正受过社会工作督导训练的人很少，这在一定程度上影响了社会工作的教学质量。就目前国内各院校的社会工作实习督导的状况而言，存在以下几个问题。

（一）缺乏专业的督导队伍

虽然大部分的社会工作教师都不同程度地受过一些专业训练，但其中受过督导训练的人很少，专业的督导人员在国内很缺乏，这势必会影响社会工作实习的质量。因此，有目的有计划地对社会工作教师及机构督导员进行督导训练，是提高社会工作实习教学水平的一个重要方面，并为建立一支高质量的社会工作督导队伍打下了基础。

（二）缺乏来自实习机构方面必要的专业配合

由于社会工作专业在中国内地还没有被社会上大多数人认可，专业的实习机构就更加稀少，这样，实习生选择的大部分实习机构是行政性机构，而政府基层机构对社工的理念和方法缺乏了解，也很难按照社会二作专业要求来安排实习活动。因此，缺乏实习机构的支持是目前实习过程中经常遇到的问题。不过，这个问题的解决需要一个过程，因为社会认识社会工作需要一个过程，就目前而言，应该关注的是社会工作实习教学与督导的研究，应该加强各个院校之间的合作，逐步向社会介绍专业的社会工作。

（三）缺乏制度化的管理过程和经费保障

目前，中国内地的社会工作实习缺乏必要的规范制度，不仅各个院校的实习方式不一样，并且对实习过程的管理也是不同的，相应地，社会工作的实习质量也没有规范的评估标准，因此我国的社会工作实习督导严重缺乏制度化的管理过程。与此同时，经费上的投入不足也是实习面临的重要问题。虽然各个

学院都为社会工作实习设置了专项资金，但在数额上还是远远不够的，而经费不落实则不能保障社会工作教育的正常开展。从这个角度看，各个院校应重视挖掘社会工作实习经费投入的途径，如积极建立实习基地、提供实习岗前培训、开展督导研究研讨会，以宣传社会工作实习的重要性，从而有利于推动实习督导的制度化过程。

思考题

1. 社会工作实习的内涵与特性是什么？
2. 简述社会工作实习的目标。
3. 简述国外社会工作实习的主要模式。
4. 简述实习督导应具备的素质条件。
5. 试比较不同社会工作实习督导模式的优劣。
6. 谈谈你对中国社会实习督导现状的思考。

主要参考文献

[1] 王思斌. 社会工作概论 [M]. 北京：高等教育出版社，1999.

[2] 史柏年等. 社会工作实习 [M]. 北京：社会科学文献出版社，2003.

[3] 曾华源. 社会工作实习教学与督导训练——参与/整合模式之探讨 [M]. 台北：台湾力行书局，1987.

[4] 廖荣利等. 督导技术 [M]. 台北：张老师出版社，1983.

[5] 曾华源等. 志愿服务概论 [M]. 台北：扬智文化公司，2003.

[6] 向荣. 中国社会工作实习教育模式再探索——建立与完善实习基地及其督导制度 [J]. 云南高教研究，2000（69）.

[7] 肖萍. 社会工作实习教育模式的本土化探讨 [J]. 社会学研究，2006（3）.

[8] Brown, Allan Brourne, lain. *The Social work Supervisor* [M]. Open University press, Buckingham. Philadelphia, 1996.

[9] Westheimer, Ilse J. *The Practice of Supervision in Social Work* [J]. Word Lock Educational, London, 1977.

第十二章　社会工作研究

社会工作研究在以实务著称的社会工作专业中的地位是毋庸置疑的。因此，作为一个社会工作者，需要掌握社会工作研究的基础知识，并能够按照科学的步骤有效地开展社会工作研究。本章将对社会工作研究做出界定并进一步介绍其功能、类型、步骤、方法论与各种具体的研究方法，然后，就社会工作研究的伦理及相关议题进行讨论。

第一节　社会工作研究的基础知识

从社会工作的百年发展历程来看，最初，社会工作者不如其他专业人士那样强调研究在专业发展中的重要地位，甚至在社会工作领域中出现了实务与研究的对立局面。之后，不少专家逐渐意识到研究的重要性，并为消除实务与研究之间的紧张关系做出了自己的努力。渐渐地，实务与研究之间的隔阂消失了，两者紧密地联结了起来，并为推动社会工作专业的发展贡献各自的力量。而从社会工作研究重要地位凸显的这个过程看，我们认为，社会工作者必须进行研究，才能更好地发挥实务的效用。因此，社会工作者有必要对社会工作研究的各个方面进行了解，并学会运用社会工作研究方法。

一、社会工作研究的功能

社会工作研究是社会科学研究在社会工作领域的一个分支，对于社会工作研究的具体内涵有两种不同的理解，一是将它理解为关于社会工作的研究，二是将它理解为为了社会工作而进行的研究。①两种理解都将社会工作作为研究的对象，但研究视角有所不同。第一种理解的研究视角是多元的，可以涵盖各个学科；第二种理解只是从社会工作自身的视角做出研究。而遵循主流论述观点，我们认为，社会工作研究应该定义为为了发展社会工作专业而进行的社会科学研究。不仅如此，社会工作研究的内涵极为丰富，一切以获取科学知识、

① 参见王思斌．社会工作概论［M］．高等教育出版社，2001：340.

丰富社会工作理论、方法与实务作为出发点的社会科学研究，都应该成为社会工作研究的议题。简言之，社会工作研究是取之于实务，用之于实务的，这点可以从其功能中获得极大的支持与证明，以下就具体阐述社会工作研究的各个功能①。

（一）叙述

一个好的社会工作研究可以使社会工作者将事实真相、情境、现象、过程及结果做出客观、真实的叙述。具体地说，社会工作者可以对与社会工作相关的主题进行研究，或者从社会工作的视角来探讨其他领域的各种问题，以摸清研究对象的各个方面，而这个功能不仅是社会工作研究的基本任务，也是社会工作实务的基础。

（二）解释

叙述只是指出了现在的状况，是"知其然"，但在此基础上，应"知其所以然"，即进一步对所了解的内容进行合理的解释，指出是什么原因造成了现在的状况。而社会工作研究的这个功能极为重要，因为实务中的一个关键环节就是分析问题，解释可以帮助实务工作者更好地进行分析，找准原因，这是能否进行有效干预的关键。

（三）预测

解释虽然重要，但它只能对前因后果进行推测，而不能对未来的事态发展进行合理的判断。而预测刚好弥补了这点缺陷，它能够根据现在掌握的东西，在叙述和解释的基础上，准确地判断未来的发展趋势。而这个功能对于实务也有很大的益处，因为任何事物都不是一成不变的。这就需要在变化中不断地判断可能的改变方向，在干预之前，将可能的发展变化列入制定干预计划的考虑因素中；同时，在干预中，则要适时地调整实务策略，以谋求最有益的效果。

（四）干预与处置

社会工作是一门实务性很强的学科，这既是专业特色的体现，即体现了它与其他学科的区别所在；同时，这也决定了专业工作者要对问题进行准确的叙述、解释、预测，以及以此为基础，进一步提出解决方案，给予准确的干预、处置，以此减少问题的危害性，使问题得到解决。

（五）比较与评估

社会工作研究的比较与评估的功能尤为重要，因为它关系到社会工作专业的可持续发展及本土化的进程。具体地说，比较的功能可以帮助专业工作者比较干预、处置前后的差异，从中获得对实务介入效果的判断，比较不同理论实施模式的介入效果及使用情况，以及比较不同文化与社会中实务介入策略的不

---

① 参见简春安，邹平仪．社会工作研究法［M］．巨流图书公司，2004：14-16.

同，由此从中得到本土化的启示。此外，评估的功能则可以帮助专业工作者评估干预方案的效果及效率。因为评估来源于西方的理论、方法及技巧在本土运用的效用，具有文化的敏感性，这样，评估可以检验和发展社会工作的理论、方法、技巧及实务。

总之，社会工作研究的各个功能是环环相扣、层层递进的。如果每个功能都能得到最优的发挥，那么，社会工作研究对于推动社会工作实务乃至专业的发展，都将起到十分重要的作用。

二、社会工作研究的类型

社会工作研究的类型有很多，根据不同的分类标准，则有不同的风貌。以下介绍几种主要的分类标准与类型。

一是以研究目的为标准，社会工作研究可分为应用性研究和基础性研究。前者指为了解决现有的及实务中出现的问题，促进实务在领域上和效用上的发展而进行的研究；而后者指研究仅仅是为了获得知识，即促使研究结果最终被用来解决问题的研究。

二是以测量的重复次数和探索的总目的为标准，社会工作研究可分成横断设计和纵向设计两大类。横断设计是指截取某一时间的横断面，并同时测量所有变量，然后分析各变量之间的关系和模式；而纵向设计则要按照预定的时间间隔重复考察和测量同一个变量，进而考察变动的情况。

三是以在知识创建的连续体中所处位置的不同来看，社会工作研究可分为探索性研究、描述性研究、解释性研究。当研究者对研究问题或题目了解不多时，探索性研究往往充当一个研究先锋的角色，并为描述性研究及解释性研究的研究问题或题目提供可行性的依据。接着，在建立及发展干预方案时，则要进行描述性研究，其目的在于对问题进行描述、记录及报告，为方案提供重要的基本信息。之后，当有关某个问题的指示已经提升到一定的水平时，则可以运用解释性研究了。解释性研究的目的是，协助提供问题形成的合理解释及确认因果关系，这有助于采取有效的干预手段来预防、处理与解决问题。

虽然从不同的标准出发，社会工作研究可分为不同的类型，但这些分类标准并不是泾渭分明的，相反，不同的类型之间是有所交集的。

三、社会工作者在研究中的角色

社会工作者不仅能从事社会工作的实务，同时，也必须是一个研究者。具体而言，在社会工作研究的领域中，社会工作者至少要扮演以下四种角色①。

---

① 参见简春安，邹平仪．社会工作研究法［M］. 巨流图书公司，2004：22-23.

（一）研究的使用者

社会工作者是研究的使用者，这里所谓的“使用”有两个基本含义：其一，社会工作者必须有能力作研究，这就要求社会工作者必须知道研究的步骤与过程，清楚研究的方法与要诀，能够进行资料的收集与分析，也能够诠释与应用研究发现；其二，社会工作者知道应该如何应用研究，即有能力判断研究的优缺点，清楚抽样过程的好坏与代表性是否足够，对研究所使用的统计分析也一目了然，不会对统计方法浑然不知。

（二）知识的创造者与传播者

知识的创造有很多来源，而当社会工作者经由假设、调查、分析等研究的步骤与考验而得到发现时，发现则通过研究获得了合理的身份，变为知识；而换言之，社会工作者就成为了知识的创造者。同时，当社会工作者对各种已获证实、符合社会工作精神与原则的知识进行应用，进行研究领域的交流，并以最严谨的态度，从不同的角度与立场，进行相互之间的分享与反思之时，社会工作者则成为了知识的传递者。

（三）各学科知识的分享者

当今，科学发展的特征是整合，即各行各业都不能单独发展，必须与相关学科相互配合，这样，各个专业的立论根基才会更扎实，专业知识的使用性才会更高。而社会工作是一个海纳百川的学科，它吸纳了不少相关学科的理论与知识。相应地，社会工作的经验、研究、理论等也不能孤芳自赏，它必须与其他相关专业交流、分享，甚至征求其他专业的批判与意见，这样才能可持续发展。我们认为，可以预见，在不久的将来，社会工作专业及社会工作者将会在知识的领域里，扮演着更积极、更活跃的分享者角色。

（四）以知识来改造世界的行动者

社会工作实务性的专业特质是，将社会工作者的角色定位于行动者，相应地，社会工作研究就是一个求知的过程。这个过程不仅是针对各种个人或社会问题提出分析，也要提出干预与处置的计划、方案，将问题的伤害减轻到最低程度，进而解决问题。如果只是分析问题，或只求了解问题的真实情况，那么所作的研究仅仅只是“Be”的研究；同时，当研究的目标是解决问题、改善解决问题的技巧、增进辅导技巧，或者评估处置是否得当、是否合乎效益、是否真的对案主有所帮助等，这时，所做的研究则可称为“Do”的研究。而当我们对自己的作为负起责任，自行评估、反省，在研究上下功夫，并坚守行动者的角色与职责，把研究的成果回馈专业、回馈社会时，不但有助于社会工作专业的提升，也会对改善个人乃至社会的整体福利做出一定的贡献。

第二节　社会工作研究的步骤

社会科学研究及社会工作专业的科学性都决定了社会工作研究应该是一系列科学而循序渐进的活动。而在介绍了社会工作研究的基础知识以后，我们将继续讨论社会工作研究的基本步骤。一般来说，社会工作研究主要由以下几个步骤组成。

一、确定研究问题与研究题目

选定研究问题及研究题目是社会工作研究的首要问题，是社会工作研究的重中之重，因为它奠定了整个研究的基调，而后面的步骤都是由研究问题及题目派生出来的，并与之紧密相关。而如何确定研究问题及研究题目也要经历一些程序，以下简述之。

（一）选定研究问题

在这个步骤中，首先需要做的就是确立研究的问题，而研究问题的来源十分广泛，一般而言，这些来源不外乎以下几种①：①个人的兴趣引发：专业工作者虽然受过社会工作的专业训练，但会有自己的偏好，而专业工作者在进行研究时，往往会选择自己有浓厚兴趣的问题，并且当未来研究出现难题时，这种兴趣往往会成为工作者克服难关、继续研究的重要力量来源。②社会工作实践中常见问题的研究：当专业工作者在日常实践中经常面对一些问题时，一些具有敏锐心智的工作者往往会产生研究的冲动，试图探求问题背后的真相。③社会工作实践中困扰问题的研究：在日常实践中，专业工作者难免被一些问题困扰，而这常成为进行研究的好题材，也是对实务突破的好机会。④主要的社会工作实践经验的研究：不同的实践经验会使工作者产生不同的研究灵感，也会使工作者从不同的角度对社会工作实践中的方方面面进行研究，以提升实务的质素。⑤他人的研究资料及研究的启发：在对他人研究资料进行研读后，工作者常会有所感触，并寻找到自己的研究问题。比如，在正规的研究报告出炉之后，由于研究者往往会在其中阐明本研究的限制、不足及未来可能的发展方向，以做出清晰的说明，因此，工作者在阅读这些内容时，会得到一些启发，并将已有的研究深入到新的领域。

而面对如此丰富的来源，专业工作者初步选取一些研究问题应该是不成问题的，而这里的关键是应如何从众多问题中选定理想的研究问题，这就需要一个排序、自我拷问及求助于相关人士的过程。所谓的排序，就是将初步选取的

① 参见简春安，邹平仪．社会工作研究法［M］．巨流图书公司，2004：79-81.

问题按照重要程度及需要优先解决的急迫程度进行排序，将排在头一位的问题作为研究问题的首选，然后，针对这个问题的研究重要性进行自我拷问，追问如下一系列问题①：自己是否具备了该问题的充分的相关知识？其他学科是否能更加适合开展这个问题的研究？该研究所产生的研究结果和建议有什么潜在的利用价值？自己对该问题感兴趣吗？这个问题的范围是否太广，是否可以继续划分为小的研究问题？所需的衡量指标能否获得？所需的研究资料易于获得吗？自己是否具备研究该问题所需的技能和专业知识？而上述这些问题，可以作为实用的指导方针来帮助工作者从相关指标、现实的层面，对研究问题的可行性及意义进行检视，并做出最终的选择。此外，如果工作者对于问题是否值得研究还存在着迟疑，那么还可以求助于相关人士。一般来说，这个求助可以是非见面的，比如研读相关人士的书面资料；不过，更好的选择是与他们进行当面会谈，咨询他们的意见，这些都会对研究问题的选定产生实质性的帮助。

（二）确定研究题目

在选定研究问题之后，下一步的工作就是从问题中选取研究题目。在最初的选取中，工作者可从研究问题入手，思考研究问题的解决需要哪些方面的知识，而这些知识可以从怎样的研究题目中获得，进而选取一个或多个备选题目。不过，与研究问题不同，研究题目往往以疑问的句式出现。比如，如果研究问题是社工专业毕业生的就业存在着严重的问题，那么，由这个问题出发，就可衍生出以下几个研究题目：①社会工作毕业生对这个问题是怎样看待的？②他们认为就业难的主要障碍是什么？③就业难究竟难到什么程度？④社会工作教育者是怎样看待这个问题的？等等。

一般来说，在一个研究中，由于受时间、经费及研究者精力的限制，对问题的研究不可能涉及各个方面，不可能做出全景式的研究，因此，需要研究者从众多题目中挑选出可行的、有益的备选题目。而这个选择的过程还会运用许多标准来对各个题目进行筛选，这些标准具体有②：①哪些题目最能做出以下贡献：获得全新知识？更有效的实务介入知识？可传播的知识？举足轻重的知识？有益于其他研究者的知识？②哪些题目最有可能得到以下的答案：可获得的答案？为解决问题贡献最多的答案？③哪些研究题目需要：衡量那些被容易衡量的现象？获得哪些可获得的资料？运用符合伦理规范的研究方法？研究者

① 参见 Bonnie L. Yegidis，Robert W. Weinbach. 社会工作研究方法［M］. 黄晨熹，汤咏，译. 华东理工大学出版社，2004：62-66.

② 参见 Bonnie L. Yegidis，Robert W. Weinbach. 社会工作研究方法［M］. 黄晨熹，汤咏，译. 华东理工大学出版社，2004：70-71.

所具备的知识和专业？而上述的每个问题都反映了研究题目选择中的每一个重要的议题，它们可作为我们选取研究题目的指导方针。在此指引下，我们可以较为轻松的进行取舍，从而选取理想的备选研究题目。

（三）文献回顾

文献回顾有广义与狭义之分。就广义而言，指在学术界不断收集相关文献，以作为学术上求真求知的探讨过程。而狭义的文献回顾指的是两个方面，一是在研究过程中，针对所要探讨的问题将相关文献进行收集、整理、阅览，并从中获得研究的方向、理论依据等有益知识；二是在研究设计及研究报告的撰写中，对相关文献进行综述。在这个步骤中，所进行的文献回顾主要是狭义内涵中的第一个方面所涉及的工作。

其实，如果研究问题来源于他人的研究资料或研究，那么，研究者先前已经做过了一定的文献回顾，但就大多数情况而言，文献回顾仍然是一个极为重要的环节。而有效的文献回顾，在确定研究问题及研究题目阶段要达到以下目的：①确认以前的研究，产生研究题目及假设。文献回顾可以帮助研究者深入了解问题的历史渊源、范畴，了解相关研究题目中哪些已经被成功地研究过，避免重复的研究，而哪些题目的研究曾失败过，以促使研究者吸取经验教训，避免重蹈覆辙。在此基础上，文献回顾可以帮助研究者进一步明确研究题目，同时，如果在资料充足的情况下，文献回顾也可以为研究者提供可能的研究假设。②联结研究题目与理论。在查阅相关文献资料的过程中，研究者对已有的研究所依据的各种理论及本研究问题所涉及的各种理论，已有一个全面的认识，并从中获得了启示。由此，研究题目与理论的联结应该是水到渠成了。③提供研究计划的方向。文献回顾可以丰富研究者的思维，同时，这个过程也是研究者呈现研究逻辑与思路的主要过程。因为在文献回顾中，研究者可以辨识并界定研究题目的相关概念，理清它们之间的关系，并找到获取所需资料的最佳途径，明确应该选取何种研究方法，应该如何选取样本及统计分析方法等。如果在发展问题的初期，能够以这样的方式运用文献回顾，不仅可以节省之后研究进行的时间，而且还能够避免因为研究设计的不当而导致之后的研究无法进行的情况的发生。

此外，文献回顾的效果如何，在某种程度上取决于文献资料收集的丰富程度，这样，研究者需要明确文献资料的来源。一般来说，最常用的文献资料来源于以下几个部分：①百科全书；②报纸与新闻资料；③期刊或专门主题的杂志；④著作；⑤国际互联网；⑥对权威人士的专访；⑦学术会议及研讨会报告；⑧各种研究报告或专题研究资料；⑨社会工作机构资料；⑩对权威人士的专访资料。而研究者需要掌握从上述路径收集文献资料的技巧。

（四）聚焦研究题目和假设

在针对某一具体的研究问题进行文献回顾的过程中，研究者会对研究问题有一个深入、全面的了解，进而对备选研究题目进行进一步的筛选，直接从中选择一个题目，或者对某一备选题目进行修正，从而明确确切的研究题目，换言之，将研究题目聚焦于一点。

正如前面所分析的，研究题目是以疑问句的形式展现出来的，而假设可被看做这个疑问的暂定答案。这样，在上述工作都完成之后，假如文献资料中包含了足够的知识，并且可以为研究者提供聚焦的研究题目的可能答案时，那么研究者就可以以一个或多个假设的形式来预测研究题目的暂定答案，即形成相关概念的关系。但是，假如文献资料的条件并不充足，那么则不能冒然凭借推理，甚至猜想来建立假设。应该指出的是，并不是所有的研究类型都需要建立假设，比如在探索性研究及大部分描述性研究中，对于该研究问题乃至题目都缺乏足够的了解，就不能做出假设。因为研究的目的只是对研究对象进行初步的了解、描述，而不是对相关概念之间相互关系的存在性及关联程度的论证。

总之，从上述过程中可看出，研究问题及题目的确定是一个由面到点，范围逐渐缩小的过程。其中，文献回顾发挥了极大的功效，对研究设计的制定有相当大的帮助。

二、制定研究设计

在第一个步骤顺利完成的基础上，就要自然过渡到制定研究设计的程序中了。所谓研究设计，是指在开展实地调查研究之前对研究如何开展的一个规划。而一个全面的研究设计，应该包括以下几个方面。

（一）文献综述

在这个步骤中，所进行的对相关文献的综述主要是文献回顾狭义内涵中的第二个方面所涉及的工作。一篇好的文献综述是研究者在对现有知识的消化吸收的基础上，从中选择与研究题目相关的知识，并将其精心组织而成的产物，它反映了研究者在文献回顾的过程中所作的各种努力和获得的成果。比如研究者是如何利用现有的知识来考虑研究问题，进而衍生出研究题目的，是如何通过文献找到合适的研究方法的，等。

而成功的文献综述会将目前要进行的研究放入历史与理论的脉络之中，既描述了研究的背景，叙述了在同一个地区中的目前研究与以前研究之间的关系，同时，它也从当今所有的文献中找出了趋势与争论。一般来说，下列是构思文献综述时需要考虑的一些议题①，包括：①在引用目前研究有关的研究报

① 参见 Christine Marlow. 社会工作研究方法［M］. 石志伟，等译. 洪业文化事业有限公司，2001：70.

告中，要有选择性，以避免参考或提到与研究题目无关的文章；②思考与评论所选择的文献；③点出现存文献与自己研究之间的逻辑连贯性；④找出文献与自己研究的争议点与不同处；⑤如果有选择，多引用最近的文献，只有在需要其他观点辅助时，才引用较旧的文献；⑥英文报告以过去时态撰写文献回顾；⑦参考已出版的研究报告作为文献综述的范例。

（二）选定研究方法

如同确定研究问题和题目一样，选定研究方法也是一个循序渐进的过程。这是因为，方法是方法论、研究方式、具体方法及技术的总称。一般来说，方法论处于方法体系的最高层次，它规定着社会科学研究应遵循的基本原则，是研究方法和具体方法的理论与逻辑基础；而研究方式处于方法体系的中层，它必须以一定的方法论为基础；至于具体方法与技术则处于较低的层次，它的选择必须与一定的研究方法相适应。根据上述有关方法论、研究方式、具体方法及技术的关系论述，首先，我们必须对研究的方法论进行选择。而关于社会科学研究的方法论问题有很多方法论分类方法，其中较为流行的分类方法是，将方法论大体区分为实证主义、反实证主义、建构主义及马克思主义方法论。以下仅对这四种方法论作一简单的介绍。

（1）实证主义。目前，实证主义仍然是科学界使用得最广泛的方法论，它主张社会科学与自然科学在逻辑上是一致的，两者没有本质的区别，差别只在于主题及成熟度的不同，因此，自然科学的研究方法同样适用于社会科学。同时，实证主义对科学的解释是建立在概括性法则的基础上，即在此指引下，研究者常以演绎逻辑将因果法则与社会生活中所观察到的特定事实加以联结，以此寻求社会现象的内在关系，证明假设的正确性。一般来说，以实证主义作为方法论的研究方法，属于量化研究的范畴，通常采用实验、统计分析、假设验证等方式进行。

（2）反实证主义。反实证主义的出现与发展，使得方法论显得丰富多彩。反实证主义认为，实证主义抹杀了社会现象与自然现象的本质区别，反对实证主义从自然科学中寻找可运用于人文科学和社会科学的方法，并主张，受到历史、文化和意识形态的影响的行动者，会赋予行动以主观意义，以此建构社会现象。因此，应把握此主观意义，从个人的、主观的动机或体验的认识中寻找认识社会的方法，并以此为基础而建构知识。一般来说，以反实证主义作为方法论的研究方法，属于质性研究的范畴，通常采用理解、诠释、比较等方式进行。

（3）建构主义。建构主义认为“事实”是多元的，具有主观建构性，并因历史、文化、个人经验等因素的不同而有所不同。而研究者与被研究者之间是互为主体的关系，强调研究结果是由不同主体互动、对话、不断调整、修正而建构的一种生成性理解。① 由于建构主义的特性，以其作为方法论，则常常以质性研究方法在探索性、意义诠释及发掘总体或深层的社会文化结构等议题上进行研究。

（4）马克思主义方法论。在哲学层次上，马克思主义方法论摒弃了认识起源问题的先验论的假设，强调经验事实先于理论而存在，强调知识来源于实践，并以一种历史的、发展的观点取代了传统的静态分析；同时，在研究方法的层次上，强调研究过程的经验性与实践性，把社会作为一个整体来加以研究，侧重分析社会结构及各个分系统之间的相互关系，以便对社会发展变化的原因做出解释。

此外，在选择方法论的基础上，接下来的研究工作是，根据不同方法论的适用范围来选择合适的研究方法。而从收集的资料的性质、本质、方法论及假设来看，社会工作研究方法可分为量化研究与质性研究。量化研究常被错误的认为是科学方法的代名词，它强调通过所谓的逻辑实证主义来创建知识，侧重用演绎逻辑来得出客观的、不受研究者价值观影响的结论。同时，严谨规范的指标测量、精心控制的条件及复杂多样的统计分析等，通常是定量研究设计的内容。然而，与量化研究相反，质性研究是以研究者作为研究工具，在自然情景下采用多种资料收集方法对社会现象进行整体性探究，并且这是一种使用归纳法分析资料和形成理论，以及通过与研究对象互动对其行为和意义建构来获得解释性理解的一种活动。虽然量化研究与质性研究在各方面都存在着差异，但二者也相辅相成，共同揭示了研究现象的不同侧面，从而成为方法上相互补充的连续统一体。因此，研究者可以根据自己的研究目的、研究问题的性质等运用不同的方法，或者将二者结合起来使用②。进一步，根据研究方法的选择，研究者还需要选择相适应的具体方法及技术。而社会工作研究常采用的具体研究方法包括，问卷调查、实验研究、个案研究、评估性研究及行动研究等。

（三）抽取研究样本

在社会工作研究中，研究者对于如何抽样的掌握是十分重要的。具体而言，抽样具有以下特点：①抽样只是从母体中抽取一部分作为样本，而不是将整个母体都作为研究样本；②抽样的关键概念是样本的代表性、可推论性及资料的丰富性，否则所进行的抽样工作就是不合格的；③如果抽样是随机的，也

---

① 参见全国社会工作者职业水平考试教材编写组．社会工作综合能力（中级）[M]．北京：中国社会出版社，2007：340.

② 参见吕新萍．从知识、方法多元性看社会工作研究多元化［J］．安徽农业大学学报：社会科学版，2005（7），14（4）：67.

可不必担心样本中有太特殊的情况，因为是从大的母体中抽取的样本，这些样本在某种程度上说是可将彼此的特殊性相互中和的。

一般来说，抽样的方法有两大类：随机抽样与非随机抽样。随机抽样是指母体中的每个元素都有相同且已知的机会被选为样本，并只能被抽中一次。这种抽样方法可增加样本的代表性，适用于实证性研究，并且它可以分为四种抽象：①简单随机抽样。这是最简单的一种抽样方法，即将母体视为一个整体，每个元素都有相同的概率被选为样本；②系统随机抽样。这是从元素清单中抽取一个元素，一般来说，系统随机抽样与简单随机抽样的随机程度相当，但因为元素排列的问题常会造成抽样的系统偏差，所以要事先预防；③分层随机抽样。这是上述两种抽样方法的修正，即将母体先划分为几个具有显著互斥性的种类，然后在每一种类中随机抽样而产生样本。虽然分层随机抽样在某些情况下能够弥补简单随机抽样的不足，但其缺点是，使用时必须注意研究所关心的特质将确实影响研究结果，并且需要确认这种特质在母体中所占的比例。比如，当调查人数众多，并且母体的异质性非常高的情况下，集业抽样是最好的选择，即先从母体中抽取含有研究元素的较大单位（即集业），再从较大单位中抽取元素作为最后样本。

而相对于随机抽样，在非随机抽样（又称立意抽样）中，每个元素被抽到的机会是不完全相等的，它允许研究者故意选择某些含有丰富资料的元素作为研究样本，这种抽样方法适用于具有独特性的诠释性研究。非随机抽样的方法有很多种，我们仅选择其中的几种常用的方法进行介绍：①典型个案抽样，即选择研究现象中那些具有一定“代表性”的个案作为研究对象；②效标抽样，即事先为抽样设定一个标准或一些基本条件，然后选择所有符合这个标准或这些条件的对象进行研究；③滚雪球，即先从母体中选取某些成员作为样本，再请这些成员为我们介绍母体中其他适合的成员作为样本；④配额抽样，即将具有某种特质的元素按照一定的比例选入样本。

此外，如果抽样的过程为非随机抽样时，研究者可不必过分在意样本的大小，应以资料的饱和程度为界；反之，如果进行随机抽样的话，就必须考虑样本的大小，这主要取决于母体内元素之间的同质性及研究的方向。

（四）资料的收集、处理与分析方法

资料的收集、处理与分析方法涉及许多复杂的内容，以下我们将分类做一些简要介绍。

1. 收集资料

在决定了样本的选择之后，就要决定通过什么方式来收集样本资料。概括地说，收集资料的常用方法，有以下几种。

（1）访谈。根据访谈内容的随机程度，可分为结构式访谈、半结构式访

谈、非结构式访谈、焦点团体访谈。在结构式访谈中，访员已事先准备好问题，甚至有时只是单纯的口述问卷来获得资料；在半结构访谈中，访员可在事先制订好的访谈提纲的范围内，即兴发问；而非结构访谈就像一般的谈话，只是受访者向访员单向地提供资料；至于焦点团体访谈，意指研究者对所选定的个人及特定主体，进行非正式的讨论，希望获得各种不同的观点。一般来说，当研究者希望有高的回复率，希望收集的资料更具深度，同时又不担心时间与金钱的制约时，就可以选择访谈来收集资料。

（2）问卷。问卷有不同的形式，比如邮寄问卷、面谈问卷、团体问卷，相对于访谈而言，问卷有很多欠缺，比如效果不足、回复率不高等。但是，如果问卷的设计能够达到科学的标准，问卷较其他资料收集的方法来说是最为中立的。因此，当研究者不过分强调高回复率及匿名的重要性，并受预算、时间及人力的限制时，我们建议研究者最好优先选择以问卷的方式来收集资料。

（3）观察。并非所有的现象都可用访谈或问卷方式来收集资料，比如，对行为进行研究时，观察就是最好的选择。一般来说，观察可分为结构性观察、非结构性观察、参与式观察。当研究者事先已经对所要观察的行为有所了解，并将其进行细致的分类，建立分类系统，同时将各种类别进行量化，目的在于收集量化资料的时候，进行的就是结构性观察；而当研究者对所要观察的行为知之甚少，或采取诠释性研究，目的在于收集质性资料的时候，进行的就是非结构性观察；而当研究者完全融入，称为被观察群体的一员，并和被观察者有不同程度的互动的时候，进行的就是参与式观察。可见，观察的中立性是多变的，主要视观察的方式、观察员训练的程度及反应效应的控制而定。一般来说，当研究者用其他方法难以测量行为，并且有足够的经费来训练观察员时，则可采用观察法来收集资料。

（4）日记及日志。日记及日志可视为自我观察的一种方式。如同观察一样，它们也可分为结构性或非结构性。通常在诠释性研究中，这类资料是很有价值的。但它们的中立性受到很大程度的限制，尤其是属于非结构性的时候。不过，当研究者需要了解研究对象的详细的个人经验，并且研究对象有书写能力时，日记或日志仍不失为一种较好的选择。

（5）量表。许多项目的综合性测量工具称之为量表。量表既可以独立运用，又可以作为问卷、访谈及结构性观察的辅助工具，它对于收集量化资料是极其重要的。一般来说，量表有不同的类型，比如标准化量表、标的问题量表、目标达成量表及快速评估工具等。而当研究者需要在短时间内测量多面向的概念，收集量化资料时，量表常能发挥极大的功效。

（6）次级资料。次级资料指不是为了当前研究而收集的资料。这些资料可能是为了另一个研究而收集的，也可能是别人或机构收集的资料，而这些资料在进行评估时特别有用。比如，需求评估常常采用两种策略来使用次级资料，即处遇率和社会指标。不过，在使用次级资料时，我们需要注意次级资料在中立性方面的限制，并利用好这项资源。

2. 处理资料

在收集资料之后，获得的各种资料还要经过一定的检验，才能运用于研究中。比如，量化资料要受到各种类型的信度及效度的检视，而质性资料则要受到饱和度的考验。因此，在对资料的可靠性得到证实与确认之后，就要着手对资料进行处理。而对于量化及质性两种不同类型的资料，则有不同的处理策略。一般来说，处理量化资料包括资料的编码及准备资料分析时基本的电脑输入方式。而编码就是将资料转化为电脑可接受的格式，它有三个小程序：①在保证编码类属的互斥性与周延性的前提下，将每一个答案都赋予一个数字代码，进而将受访者的回答转化成数字代码；②赋予变项名称，即将各个问题转换成一定程度的名称；③建立编码手册，编码手册是记录如何编码受访者的答案与变项名称的记录本，它可以帮助研究者查阅代码的原始含义。而随后，处理量化资料的步骤就是选择一套统计软件，并将资料输入电脑。

另外，由于质性资料本身的特性，使得其处理工作会比量化资料更为繁杂。一般来说，对于质性资料的处理工作，首先是在所有资料上清楚记载日期、时间、地点，同时，将各个主题与资料建档。其次，研究者要选择一套合适的电脑软件以用于文字处理，并将质性资料之中没有形成文字的资料整理成文字；同时，在整理的过程中，必须保持资料的完整性，将资料中的语气、停顿等语言性及非语言性的内容都一字不漏地记录下来。最后，研究者要将所有质性资料进行编号，在此基础上建立一个编号系统，这个编号系统通常包括如下几方面的信息①：资料的类型（比如访谈、观察、实物）；资料提供者的姓名、性别、职业等；收集资料的时间、地点与情境；研究者的姓名、性别与职业等；资料的排列序号等。

3. 分析资料

在对资料进行不同的处理之后，就要进行资料的分析工作了。同样地，对于量化与质性两种不同类型的资料，也有不同的分析策略。比如，对于处理量化资料来说，统计学方法是一个重要媒介，一般会应用统计学原理将量化资料进行描述统计分析，以说明样本的特性及变量之间的关系，甚至进行推论统计分析。不过，由于统计学方法不可避免地存在着应用上的限制，这样，应用统计方法分析资料时，必须就变项之间的测量层次、变项之间的对称与不对称关系、统计量是否具有消减误差比例、以及研究目的与性质等原则加以注意。一

① 参见李晓凤，佘双好．质性研究方法［M］．武汉：武汉大学出版社，2006：184.

般而言，社会工作研究中量化资料处理较常用的统计方法包括下列几种①：①次数分配与百分比；②标准分数之Z分数；③各类关联系数；④各种平均数差异性检定；⑤因果关系的回归系数。而作为一位合格的研究者，必须知道这些统计分析方法适用于什么情况，以帮助我们得出研究结论，同时，还要选择、使用合适的统计软件来执行不同的统计分析与检定。

然而，由于性质研究的不同，质性研究资料的分析不会借助于统计学，而是自成一派。而许多质性研究者认为，质性资料分析的基本过程是，将收集到的原始资料打散、赋予概念及意义，并以新的方式重新将资料组合为概念类别，从原始资料中发展出译码与主题，继而找寻意义。大致来说，这个资料分析的过程可有以下几个具体步骤，包括②：①运用向资料自身及自身感受"投降"的态度，来阅读原始资料，并在资料中寻找意义；②进行开放性编码登录；③进行主轴性编码登录；④进行选择性编码登录；⑤按照编码系统将相同或相近的资料组合在一起，将相依的资料区别开来，找到资料之间的联系，即进行资料的归类；⑥将资料进一步浓缩，找到资料内容中的主体和故事线，在它们之间建立起必要的关系，为研究结果做出初步的结论，即进行深入的资料分析。其中，开放性编码登录、主轴性编码登录及选择性编码登录可合称为质性资料分析的编码登录。不过，质性资料的分析其实并没有单一特定的方法，就一般分析方法而言，它有五个面向，即描述性解释、建构类属或主题、进行逻辑分析、提出假设及证实资料。此外，还有一些比较特定的质性资料分析方法，比如连续逼近法、彰显法、分析性比较、主题分析及理想型分析。因此，研究者要根据研究题目及目的选择应用这些方法中的一个或多个方法。

（五）计划研究的进度

计划研究的进度就是对研究持续时间的一个界定及对研究各个环节时间分配的一个计划。虽然也有一些学者对于一个完整的研究所耗费的时间及研究各个环节的时间分配，给出了一些参考，但是，关于一个研究到底要花多少时间，各个步骤应该用多少时间来完成，其实并没有一个标准的答案。这样，研究者要充分考虑到研究的目的、方法、负责程度等影响因素，并根据这些情况，做出研究进度的一个合理规划，并将整个研究进度列成一个表格，而这个表格统称为甘特图（Gante Chart）。甘特图进度表的作用在于，一方面，有助于经费支持单位了解研究的时间规划，并按照规划对研究进行监督和评估；另一方面，研究者也可以对进度了如指掌，并在此基础上对照进度进行自我督促，以保障研究的如期开展。

---

① 参见简春安，邹平仪．社会工作研究法［M］．台北：巨流图书公司，2004：402.

② 参见李晓凤，佘双好．质性研究方法［M］．武汉：武汉大学出版社，2006：185.

（六）计算研究的预算

研究预算就是对研究所需经费的一个确定及对研究各个环节经费分配的一个计划。从学术的观点看，研究预算的编制最令研究者头痛，而从经费支持单位的角度看，研究预算的编制则最为重要。其中，争执最多的是何种花费应该充裕，何种花费能省就省①。不过，不管怎样，研究者都应该对研究的经费预算有一个大体的计划，知道研究的顺利完成需要经费的底限与上限，以及研究的各个环节需要多少经费，并列成表格。这样，在进行实地研究时，研究者就可参照研究预算，合理地支配研究经费，有效地避免因为经费的紧张而造成研究无法开展下去，或者引发中途而废的情况发生。

从以上介绍中可知，任何研究设计都不可能是完美无缺的，但是，在给定的不可避免的限制条件下，研究者必须尽自己最大的努力来提出最佳的研究设计。一般来说，一个好的研究设计应该具有以下几个特征②：①以文献评述为基础；②对现有知识水平来说是最适宜的；③所有内容都相互一致；④具有可行性。因此，研究者要以这些特征作为参考标准，制定出相对最优的研究设计，并按照这个设计来完成研究。

三、执行研究设计

如果说研究设计的制定只是一个纸上谈兵的过程，那么执行研究设计就是一个实战操作的过程。而在进行实地研究之前，研究者要做好充分的准备，这个准备应该包括三个方面的内容：①研究者自身的心理准备。首先，研究者要在头脑中对研究的目的、重点及各个程序的进行，有一个扫描式的回顾，以加深对研究的认识；其次，研究者应对研究的注意事项，以及对自己的方法与技术的要求，要有一个清醒的认知；再次，研究者要对研究中可能出现的问题进行预测，并一一找出解决的办法、方案，并对这些问题进行积极的心理回应。②物质上的准备。即对研究所需要的物力进行充分的准备，比如打印足够的问卷，购买录音笔等研究所需的器材等。③进入研究现场的准备。研究者在进行实地研究之前，一定要与调查研究的相关人员及单位建立联系，这是一个非常必要的准备，一般来说，这个准备由于调查范围的程度不同而有所区别。比如，如果研究是在微观层面进行，只涉及很小的范围，如个别家庭、少数个人，那么只要与这些人联络好就可以了；如果研究是在中观或者宏观的层面进行，涉及的范围较大，这时，研究者就必须和当地行政管理部门联系，以征得

① 参见简春安，邹平仪．社会工作研究法［M］．台北：巨流图书公司，2004：37.

② 参见 Bonnie L. Yegidis，Robert W. Weinbach. 社会工作研究方法［M］．黄晨熹，汤咏，译．华东理工大学出版社，2004：154-155.

他们的同意，并借助他们的力量来联络研究对象。

而当万事俱备的时候，研究者就可开展实地研究了。在研究的过程中，研究者要明确自己所应扮演的角色。对研究对象和地域而言，研究者是一个陌生者，这样，研究者要时刻注意以一个完全开放的心胸和非评价的态度，试着去了解、去接纳研究对象的情况。同时，研究者最好能够在短暂的时间之内，将自己陌生人的角色适时地转化为客人，甚至朋友、伙伴的角色，并运用社会工作专业建立专业关系的技巧，来与研究对象建立良好的关系，这有助于研究资料的收集及研究的顺利开展。

另外，在执行研究设计的过程中，研究者还需要具备各种能力。比如当研究庞大，则需要一支研究队伍来共同运作时，研究者如果作为其中的领导，就要拥有团队领导的能力，能够合理的调配人员，加强团队凝聚力，保证后勤的补给等，同时，也要担负起领导的责任与义务，要保障研究团队成员的人身安全等；而研究者如果只是其中的一员，则要和其他成员团结、合作，处理好人际关系。此外，当有突发事件或困难阻碍研究的顺利进行时，研究者还要有应急的能力。比如，在头脑冷静的情况下，准备应对方案、措施，并付诸于实践。同时，当研究进行中收集到很多宝贵资料时，研究者还要对资料进行妥善的保管。总之，研究者在执行研究设计时，要将自己的各项能力和实力进行有效的发挥，以确保研究设计在实践中的圆满完成。

四、撰写研究报告

当完成资料分析之后，研究者的当务之急就是撰写研究报告，将研究结果进行诠释。而撰写研究报告有一定的格式、规范。一般而言，研究报告应该包括以下内容。

(一) 导论或绪言

这部分的主要目的是阐明研究背景，阐述并证明问题的范畴、重要性及涉及的基本概念。不过，有的研究报告还需要对谁赞助和主持这个研究，以及研究报告的呈现形式等予以说明。

(二) 研究的题目及目的

即说明研究者对研究题目产生兴趣的缘由，挑明研究题目，并回答以下问题：研究者想了解什么？探究的焦点是什么？研究的目的是什么？报告中的每个部分是怎样关联到研究目的的？

(三) 文献综述

这里的文献综述，是指从理论和历史的脉络来综合和总结与研究题目相关的文献，其目的是利用收集到的文献，总结出在该研究题目的哪些方面已知，有哪些观点、模式、理论、学说、发现、成果与这个研究题目有关，并确定本研究是如何利用及拓展以往知识的；同时，要指出研究假设、明确的研究题目、研究的思路及研究的理论基础，进而介绍本研究与过去的研究相比，有什么相同或独特之处。不过，需要注意的是，文献综述并不仅仅是对相关文献的罗列，还需要对这些文献进行评述。

（四）研究方法

即对研究设计的详细阐述，具体包括研究方法论、方法、具体研究方法与技术的选择过程，样本的抽样过程，资料收集、处理与分析的方法，研究资料的检验，如何开展研究，研究目的是如何达成的，进入研究现场的策略与建立关系，等等。总之，研究方法要详细说明研究什么、研究的原则及怎样研究。

（五）研究结果或发现

这部分是研究报告的核心，也是焦点所在。而如何呈现所分析的资料，并把研究结果或发现叙述清楚，有很大的学问。因为这牵涉到资料的种类、分析的方法、呈现的方式以及是否要作附加的解释等问题。尽管如此，研究者必须遵循表述的清晰性、通俗易懂性、科学严谨性等原则，来进行语言的组织。

（六）结论、讨论、应用与建议

这部分将重复提出研究的重点、目的及研究目的是如何被达成的，并总结通过研究获得了哪些新知识，即研究的结论是什么。而其中的“讨论”，则是将本研究的结果或发现与先前文献进行比较，指出二者的相同点与相异处，进而说明研究的意义与贡献。不过，从社会工作角度看，社会工作研究有别于其他研究的最大不同在于，对研究应用的极度强调。因此，在这部分，本研究对社会工作实务的意义和贡献是一个重要的内容。基于此，研究者通常会提出对如何推行研究结果或发现，来改善社会工作实务的建议。与此同时，研究者还会在报告的最后，展开对本研究的反思，指出研究无法克服的问题、缺点及限制，甚至研究应用中的难题，并根据上述内容，对未来进一步研究的方向、推行及应用如何等，提出具体的有益的建议。

（七）参考书目及文献

对研究报告正文的撰写之后，研究者不能忽视对有关参考书目及文献的交代，并要按照规范的格式进行罗列。

第三节　社会工作研究的伦理及相关议题

社会工作是一个道德的实践，充满了强烈的伦理关怀，而这些伦理关怀通过伦理守则和专业原则，来指导社会工作者的行为。由此，在社会工作研究中，社会工作者也应该以伦理守则来规范自己的行为，保护研究对象的权益。但是，如同在社会工作实务中一样，社会工作者在社会工作研究领域不可避免地会遭遇伦理问题的困扰。本节将以社会工作研究中的伦理难题及伦理原则为中心，来展开讨论，以帮助社会工作者在社会工作研究中规避伦理问题的风险与伤害。

一、社会工作研究中常见的伦理难题

虽然社会工作者都是经过社会工作的专业训练，熟知社会工作的专业伦理守则，并在一定程度上也有所内化，但是，在现实环境中进行研究时，总有一些有关伦理方面的难题阻碍着研究的顺利进行，这些难题主要有以下几种。

（一）妨害研究对象权益的问题

研究的目的就是要挖掘真相，但是对某些研究对象而言，真相对他们来说却是难以令人接受的。也许这个研究很有价值，但为了研究者的目的，或者为了对专业的贡献，而一味的、执着的将研究进行下去，往往会有危及研究对象权益的事情发生。此时，我们应该如何取舍？应该如何实现预防危害的发生？又该如何将伤害减到最低？这些都是妨害研究对象权益的问题。

（二）研究对象是否自愿、知情与同意的问题

从专业伦理的角度看，要进行研究，一定要事先征求研究对象的同意，使其研究对象自愿参与研究，不过，前提是让研究对象知道研究的各个方面，包括研究对象参加研究可能受到的负面影响。但如果据实说明，研究对象不愿意参加研究，应该怎么办？反之，在隐瞒的情况下，争得研究对象的同意，违背伦理吗？并且，有的研究会给予研究对象一定的酬劳，如果研究对象是冲着酬劳而参与研究的，那么他是否属于自愿？是否应该接纳他？

（三）保密性的问题

与其他专业的工作者或其他领域的专家，能否就研究中收集的资料进行讨论？如果为了研究，需要这样的讨论，在这种情况下，应该怎么办？研究中获得的记录等资料，对于研究者而言，是一笔宝贵的财富，能否保留并珍藏，这是否会违背了保密的伦理原则？如果别人对研究资料的真实性有所怀疑时，能否以从谁那里得来的资料的事实来为自己辩护？

（四）研究发现的问题

研究发现是研究者辛苦的成果，难道必须公之于众吗？如果其他专业工作者对研究发现有异议，研究者的心血不就白费了吗？另外，研究发现的功劳是否应该自己独享？其实，从一定程度来说，这个方面的伦理难题更像是研究者的思想上的一些误区。

（五）研究者身份的问题

如果研究者向研究对象公布身份后，研究对象可能不说实话，或不提供正确、真实的资料，甚至不愿意接受研究者的询问。此时，研究者应该怎样办？

是放弃真实身份？还是另外寻找研究对象？如果这个研究对象极为关键，又该怎么办？

（六）研究者的价值观问题

在确定研究问题与题目时，研究者的兴趣、喜好、经验性知识是一个很重要的来源，同时，它们也是很重要的影响因素，但在研究的过程中怎样掌握这个度？另外，从研究者的视角来看，极个别的资料与自己对研究题目答案的预测或与文献中推导出的结论相去甚远，那么这些资料应该保留吗？能够忽视它对研究发现的影响吗？

二、社会工作研究的伦理原则

以上列出的社会工作研究中出现的伦理难题，常常令人防不胜防，也令我们陷入了矛盾之中。不过，社会工作者也从一些现成的伦理原则中获得了解决伦理难题的钥匙。以下我们将针对上述常见的伦理难题，并结合美国社会工作者协会制定的伦理守则，来归纳社会工作研究的伦理原则。

（一）防止非必要的伤害，保护研究对象的权益

几乎所有的研究都可能会给研究对象造成心理或生理的伤害，而如何防止这个问题呢？美国社会工作者协会的伦理守则指出，社会工作者在研究时需要谨慎考量可能的结果，并以原则来保护研究对象，且适度地向机构伦理委员会咨询，以保护研究对象免受身体上或精神上之不安、伤害、危险或损害；同时，社会工作者应该采取适当的步骤，以确保研究对象在参与研究时，能获得适当的支持性服务。简言之，为了避免对研究对象造成伤害，研究者在选择研究题目和制定研究设计时，就要将伦理问题纳入考虑范围，预防伤害的发生，而当已经对研究对象造成伤害的情况下，则要尽快做出补救措施。比如可在研究中或研究后对研究对象提供必要的服务，来将伤害尽量降低到最小。而这项伦理原则是所有伦理原则的核心。

（二）自愿与知情的同意

美国社会工作者协会的伦理守则指出，社会工作者在从事评估或研究时，研究对象必须是自愿的。这明确地指出了自愿的必须性，但并没有对自愿做出进一步清楚的界定。因此，我们主张，应该采用某种条件来判断自愿的真实性，而所谓的自愿，是指研究对象自己选择参加研究，而不是因为被强制或者报酬的引诱。

与此同时，知情往往是与同意联系在一起的。知情是同意的基础，而在不知情的情况下的同意，则不是真正意义上的同意。不过，就这两个概念所涉及的伦理原则，美国社会工作者协会的伦理守则曾指出，社会工作者应该先告知研究对象，他有权利在任何时候退出研究，而不会受到任何惩罚；而当无法对

研究对象事先取得同意时，社会工作者应对研究对象做出适当的解释，在可能的范围内得到研究对象的同意，并得到他们的书面同意。由此可见，知情是指研究对象对研究的一切内容及对自身的影响都有所了解，在此基础上，做出同意的决定，并将同意以书面形式表现出来。而这个书面同意书又可看做研究对象自愿参加研究的证据。无疑，这也对社会工作者应该如何做研究，做出了正确的指引。

(三) 匿名和保密

匿名和保密对于社会工作者来说并不陌生，我们在实务中就经常遇到相关的伦理难题，也经常贯彻伦理守则予以解决。不过，就社会工作研究而言，美国社会工作者协会的伦理守则指出，社会工作者在从事研究时应确保研究对象的匿名性，加以保密，对于所收集到的资料只能与直接相关的专业人员、在专业的目的下进行讨论，并应告知研究对象保密的限制性，以此在确定保密性的原则下实施，包括任何记录将在研究后被销毁。与此同时，除非得到研究对象的授权，社会工作者在报告研究结果时，必须删去足以识别研究对象身份的信息，以保护研究对象的隐私。可见，这些伦理守则从各个方面规范了社会工作者在研究中的行为。

(四) 研究发现的产生、公开和分享

美国社会工作者协会的伦理守则指出，社会工作者应该正确地报告研究发现，不能伪造或歪曲结果，且应对报告出版后发现的任何错误采取修正的行动。很明显，前几项伦理原则是针对研究对象而设立的，而这是关于研究本身的一项伦理原则，它着重于确保研究发现的真实性和准确性。但我们认为，对于研究发现的伦理原则并不仅限于此，还应该包括社会工作研究的研究发现不能成为私有财产，必须公开、与他人共享，接受检验，并且，研究者应该将获得研究发现的功劳，归于所有直接或间接贡献的人，包括研究对象。

(五) 研究者的身份

这个伦理原则是美国社会工作者协会的伦理守则中没有涉及的。但我们认为，它同样重要。因此，根据研究伦理的要求，研究者应该向研究对象如实介绍自己，不可以故意隐瞒身份或采用欺骗手段。不过，如果提供完全真实的身份，就可能无法获得客观真实的资料时，社会工作者则必须向相关部门进行申请，在获得批准的情况下，可以以研究人员的身份收集资料。

总之，在遭遇社会工作研究中的伦理难题的时候，我们首先应该对号入座，寻找相关的伦理原则，并以伦理原则为指引，做出符合专业身份的正确行为，以保障社会工作研究的积极意义。

思　考　题

1. 什么是社会工作研究？试述其功能。
2. 简述社会工作者在社会工作研究中的不同角色。
3. 简述社会工作研究的不同类型。
4. 试述社会工作研究的步骤。
5. 试述社会工作研究的伦理原则，并分析如何利用这些伦理原则来解决研究中遇到的伦理难题。

主要参考文献

[1] 简春安等. 社会工作研究法 [M]. 台北：巨流图书公司，2004.

[2] 李晓凤，佘双好. 质性研究方法 [M]. 武汉：武汉大学出版社，2006.

[3] 吕新萍. 从知识、方法多元性看社会工作研究多元化 [J]. 安徽农业大学学报. 2005 (7).

[4] 王思斌. 社会工作概论 [M]. 北京：高等教育出版社，2001.

[5] 王思斌. 社会工作综合能力（甲级）[M]. 北京：中国社会出版社，2007.

[6] Bonnie L. Yegidis, Robert W. Weinbach. 社会工作研究方法 [M]. 上海：华东理工大学出版社，2004.

[7] Christine Marlow. 社会工作研究方法 [M]. 台北：洪叶文化公司，2001.

[8] C. Hawkins, M. Sorgi (eds.). *Research* [M]. New York: Springer-Verlag, 1985.

[9] Leedy P. D.. *Practical Research: Planning and Design* [M]. New York: Macmillan, 1989.

第三编

社会工作实务

第十三章　社会工作实务通用过程模式

通过前几章的学习，读者已经掌握了什么是社会工作，并能认识到影响社会工作实践的一些重要因素。然而，如果把你放入一个真正的家庭服务中心工作，你可能会不知所措。因为在现阶段，你只掌握了社会工作的性质，还不知道助人的一般过程。为了能直接处理案主的需要与问题，你还必须了解如何“做”社会工作的通用过程模式（The General Process Model）。在这里，所谓的“通用过程模式”是对社会工作一般过程的总结概括，作为一个整合的工作取向，它适用于个人、家庭、群体、组织与社区，并为社会工作者提供了基本的助人知识、技巧与程序。从理论后设看，通用过程模式以一套理论为基础，包括多元因素决定论、“问题”的“心理-社会”视角及解决方法、“环境中的人”的实务视角、系统理论、优势视角，而这些理论既是社会工作实务过程的指导，也为工作过程提供了一套方法与技巧。比如，“人与环境”相互作用、彼此依赖的视角，构成了社会工作通用过程模式的重要概念与实务框架，由此演化了包括社会生态系统理论框架下社会情境中三个互相关联的方面：人所面对的生命任务以及能保证其完成生命任务的资源与条件；人与资源系统之间的互动、资源系统内部的互动与系统之间的互动；个人问题与社会问题之间的关系。与此同时，从系统与生态理论视角出发，通用过程模式也区分了社会工作实务过程所涉及的四个基本系统，即：改变媒介系统（change agent system）①、服务对象系统、目标系统、行动系统。而这四个基本系统为社会工作者的助人活动提供了工作的介入蓝图。因此，社会工作者要懂得：在社会工作的助人过程中这四个基本系统不断地互动，才能实现助人目标。作为改变媒介的社会工作者就是服务对象改变的重要人物，而对各系统的分析与运用则是实现助人目标的重要手段。

依据上述的通用过程模式的理论基础与工作过程所涉及的四个基本系统，以及社会工作者的长期实践，从通才社会工作实务观出发，社会工作者进一步总结了通用过程模式的具体实施与操作步骤、面对的问题与解决问题的技巧与

---

① 改变媒介系统既是服务对象改变的媒介，又是改变努力的主要行动者，是专业的助人者。

程序。而所谓的“通用过程模式”，在某种意义上就是指开展社会工作的基本步骤，它由五个阶段组成，即：订定阶段（The Engagement Phase），评估阶段（The Assessment Phase），计划与订定契约阶段（The Planning and Contracting Phase），介入阶段（The Intervention Phase），检讨与终结阶段（The Evaluation and Termination Phase），这些阶段将为社会工作者在助人过程中组织自己的想法与行动提供基本的指南。不过，需要指出的是，工作者在运用此模式时，需要考虑如下因素：“通用进程模式”的各个阶段的连接次序，可能会有所变化；助人过程可能是螺旋式的，而不是直线式的；模式仅仅提供了助人过程中十分关键的路标，但不是全部。换句话说，如果想成为一个能力卓越的社会工作者，必须学会在实际工作中运用自己的知识与技巧来弥补不足。以下我们就具体介绍与分析通用过程模式的基本程序及基本技巧。

第一节　订定阶段

“订定”作为通用过程模式的第一个阶段，将为实现服务目标奠定坚实的基础，其重要性毋庸置疑，因为良好的开端是成功的一半。具体地说，订定期的重要性有：“订定”可以澄清有关各方的期望与义务，激励案主为解决自己的问题而努力，为诱导案主改变提供良好的工具，促使案主参加后面阶段的订定关系，以及影响工作者与案主以后的互动。正是从这个角度看，在第一阶段订定良好的关系，会为后面的助人阶段铺平道路。此外，订定关系工作尽管大部分要在助人之初完成，但是，在真正结束与案主的关系之前，工作者可能在各个阶段都要同案主订定关系。由于订定期非常重要，以下我们就要多用些篇幅来讨论。

一、什么是订定关系

在日常用语中，当某人说自己订定了关系，意味着他或她参与了什么事。比如，当某人说两个情人订定了关系时，意味着他们已盟誓要结婚。从这个意义上看，“订定关系”一词有参与和承诺的意思。而在社会工作的助人过程中，订定关系也有这样的含义。

按照通用过程模式，订定关系是一个过程，在这一过程中某人成为了案主，相应地，他或她（又称为申请人或者求助者）会对案主角色的期望与义务有所承诺，并识别与案主系统相符合的行为表现。在许多著作中，论者均把订定期分为了接案与订定关系两个部分。而当一个人寻求服务但还不是案主时，他作为申请人或求助者便处于接案阶段。从这个角度看，接案是助人过程中订定期的附属阶段。在此阶段，申请人与社会工作者都在评估能提供的服务与想获得的服务是否相吻合。然而，只有在申请人与社会工作者对服务的含义有一致的看法时，订定关系才能开始。一般来说，在整个订定期，社会工作者需要完成七个方面的主要任务，它们是：了解求助者的求助意愿并进行适当的处理；促使求助者进入案主角色；澄清求助者的期望；初步评估问题与需要；与案主订定关系及识别案主的各个助人体系；开始专业关系；决定如何开展工作。需要指出的是，这七项任务并非按照固定的次序来完成，而且，重点选定在哪个特定的任务上也要取决于具体的服务处境。

二、案主现实性的心理反应

这里的“现实性的心理反应”，指案主进行求助时出现的一种正常的心理反应。正如我们与人交往常常是从对这个人的第一印象开始一样，求助者是否愿意接受机构所提供的服务，很可能也是从对机构或者对接待他（她）的工作者的第一印象开始的。从这个意义上说，对求助者的帮助和治疗，在没有进入正式的会谈之前就已经开始。因此，社会工作者在接待求助者时的态度及对求助者所带来的现实性心理的反应了解，就显得十分重要。而社会工作者对求助者的现实性心理了解得越多，心理准备越充分，就越有可能与求助者建立初步的专业关系。一般来说，求助者现实性的心理反应可能由下列因素造成：

（1）他（她）可能不需要立刻接受服务，仅仅是进行询问和试探；

（2）面对陌生人讲出自己的问题尤其是隐私问题，感觉非常难为情；

（3）求助者意识到要承认自己也是产生问题的一部分原因，是很痛苦的，并无法面对；

（4）求助者过去的一些成功与不成功的求助经验，对他（她）这次求助有影响；

（5）求助者的求助能力是不一样的，有些人很容易寻求帮助，而有些人则很难；

（6）求助者是被强迫来到机构，而不是主动寻求帮助的。

可见，社会工作者对求助者的现实性反应有所了解，才有助于与求助者建立初步的专业关系，并鼓励求助者变为助人过程中的案主。

三、工作任务

当社会工作者了解了求助者的现实性心理反应之后，就需要做相应的工作准备，或者说在订定期需要准备去完成以下任务，包括：

（1）了解求助者的求助意愿并进行适当的处理。如前所述，求助者到机构后的心态很复杂，工作者必须详细了解并加以区分，以对不同的求助者采取不同的处理方法。比如，对于不需要接受服务的求助者，应对其问题进行一个简单评估，看是否真的不需要立刻服务；对于询问信息的求助者，应尽可能地提供一些有帮助的信息；对于有求助意愿的求助者，则要鼓励他（她）成为案主。

(2) 促使求助者进入案主的角色。对那些有求助意愿的案主，工作者要给予鼓励，树立其解决问题的信心以及对机构和工作者的信心。在这里，工作者的态度、机构所具有的资源及建立初步的信任关系等，都是鼓励求助者成为案主的必要条件。

(3) 澄清求助者的期望。由于机构不可能为所有前来求助的人都提供需要的服务，这可能会导致求助者产生失望、沮丧等情绪。因此，社会工作者需要介绍机构的服务范围，清楚告诉求助者，问题的解决需要双方的共同努力等，以此澄清求助者的期望。

(4) 初步评估问题与需要。了解求助者的需要，对其问题进行简单评估，目的是决定机构是否需要对求助者提供服务。为此工作者需要了解以下这些问题，以便做出初步的评估：一是求助者的求助意愿如何？是主动还是被动的？二是求助者的主要问题是什么？是怎样产生的？求助者期望达到什么目标以及需要什么结果？三是求助者曾经为此寻求过什么帮助和自己做过什么努力？四是以服务机构所掌握的资源或工作者自己的能力来看，能否为其提供必要的服务？五是机构对求助者的要求与求助者对机构和工作者的期望是否可以互相协调？当工作者对上述问题进行初步探索之后，需要与求助者一起分享，以保证结论的准确性。

(5) 与案主订定关系及识别案主的各个助人体系。当工作者对求助者的问题进行初步评估，并且求助者愿意成为案主之后，工作者与求助者可以订定工作关系，从这个时候开始，求助者才真正成为了案主。不过，订定关系不只是要同案主订定关系，如果工作者忽视了案主以外的环境体系在助人过程中的重要作用，就不能有效地完成工作。为此，工作者必须识别出与案主的问题及需要相关的不同支持系统，以争取能影响案主的重要人物的合作和参与到助人工作中。

(6) 开始专业关系。一般来说，在开始建立专业关系时，需要寻求五个共同的因素，它们是：工作者力求与案主准确沟通彼此的想法与感受；工作者与案主彻底沟通有关他们之间的资料；工作者力求与案主的沟通充满亲切与关怀；工作者应使自己与案主的角色互补，以促进双方为实现互动的目标做出贡献；工作者要与案主建立信任关系，以使自己与案主都看重各种责任。此外，工作者也会受制于社会工作专业守则的约束。

(7) 决定如何开展工作。在开始接触与初步评估之后，工作者便要决定如何进行以后的工作。一般来说，工作者在决定什么行动步骤是最合适之时，有以下三种可能：一是终结。即案主不想进入助人关系，也没有义务接受服务时，工作者便要结案。二是转介。当工作者判定求助者的问题不属于本机构服务的范围；或者服务机构仅仅为某一些区域的人士提供服务，求助者不属于此区域时，工作者则需要将案主转介给其他服务系统。三是进入下一个助人阶段。即当工作者确定案主能从机构提供的服务中受益，并订定了工作关系之后，就可以进入下一个工作阶段，即通用进程模式的“评估阶段”。

四、接案的技巧

接案过程基本上是从收集求助者身份资料开始，然后协助其说出其困难与需要，最后双方一起决定是否接受机构的服务。而在接案的过程中，社会工作者也需要适当地采用一些接案技巧，现将这些技巧总结如下：

（1）避免将求助者定义为“有问题的人”。如工作者可以避免询问求助者“你有什么问题”，应尽量转化为“你有什么需要跟我谈”等这样的问句，以此让案主觉得舒服、有安全感。

（2）专注地聆听。工作者可以借助表达专注的姿态、表情及眼神，来传达对求助者的关怀，同时要对求助者的陈述与动作给予谨慎的注意，以关注求助者隐藏在话语后面的情绪与问题。

（3）简明扼要、具体化。此种方法可以帮助工作者使用清楚、简洁的语句，来准确描述求助者的生命处境，也可以帮助求助者准确地了解其问题及工作的目的，以此让求助者感受到工作者明白了其所陈述的问题，体会到一种被尊重的感觉。

（4）表达感同身受、同理心及无条件的接纳。在未正式与求助者接触之前，工作者需要先投入到求助者的感受与所关心的事情上，这也是一种产生同理心的准备。接着，才是工作者表达对求助者的同理心及无条件的接纳。

（5）激发求助者的希望与平衡其不舒服感，以此增强求助者成为案主的动机，包括将求助者的问题界定在一个能够解决的范围内等。

（6）工作者要以自己的能力来决定提供给求助者的服务，不能过早或过多地承诺，以避免求助者产生错误的期望。

第二节 评估阶段

当求助者成为案主之后，社会工作者就进入了通用过程模式的第二阶段，即评估阶段。这一阶段的主要目标是尽可能详细地收集与案主问题有关的资料，从中了解问题的成因，确定问题的性质，发现解决问题的入手处，形成初期性的评估报告。很多时候，评估又被称为“社会诊断”，但两者也有所不同。如评估没有“诊断”那样太多的补救性意味，它更多地被理解为工作者与案主一起探究有关情况，以便发现问题出在哪里，并强调案主参与问题的解决过程。以下就具体介绍评估的目的、原则及工作步骤。

一、评估的目的

在对评估有了粗浅的认识之后，我们还需要探索评估的目的，以下就是社会工作评估的一些共同目的。

(1) 识别案主问题的客观因素。由于救助者是带着问题来寻求社会工作者帮助的，因此，工作者的第一步工作就是收集案主问题或者与案主问题有关的客观因素，包括案主的背景资料，围绕案主运行的重要系统，问题存在了多久，案主处理问题的方法等。而作为助人的第一步，工作者需要先弄清楚这些情况，才能更好地了解案主问题的状况，以把工作的重点放在有关的问题上。

(2) 识别案主问题的主观因素。主观因素指案主对问题的实际感受。通常不同案主可能有类似的问题，但感受极为不同。如两个学生在学习上都很努力，但考试成绩都不理想。其中，一个学生可能感到很压抑，认为自己无可救药，另一个学生却想是不是考试方式与学校制度不适合自己。很明显，这两个学生对学习问题的感受及反应极为不同，相应地，工作者则需要区别对待与处理两个学生的学习问题。

(3) 识别造成与延续案主问题的因素。案主的问题不会凭空产生，必定有造成问题的深层原因及延续问题的因素。如果工作者不满足于解决案主的现有问题或表面问题，则必须发现问题的成因及延续的因素，由此可以由表及里地探究案主的问题，以深入挖掘案主问题的根源所在。

(4) 识别案主与其环境中积极的一面。通过显露案主的问题，工作者常常会将注意力放在案主的弱点上，但案主系统的内外长处也是解决其问题的重要资源，并可以用于之后的介入工作中。因此，在社会工作的评估中，识别案主与其环境中的重要系统资源、长处、动机、能力等，则显得十分重要。

(5) 决定合适的服务类型。从判断案主问题的不同视角与不同流派的介入方法看，有许多方法能帮助案主克服问题。因此，工作者的评估应该提出解决问题的建议，并明确指出选用什么方法来处理案主的问题更合适。

二、评估的原则

在研究了评估的目的与特点的基础上，诸多学者还进一步总结社会工作评估的一些重要原则，现简要介绍如下。

(1) 个别化的原则。有些时候，案主的问题似乎是一个很普遍的问题，如案主是一位失恋的大学生，面临种种情感压力。但是，每个大学生失恋的原因及对待失恋的态度或应对失恋的能力，是不一样的。因此，工作者判断失恋大学生的问题也要个别化，即要根据每位案主的长处、弱点、问题背景来描述案主的独特问题，而不能用一个普遍的方法来解决某个案主的问题。

（2）判断过程中注重双方的参与。尽管工作者对案主问题有自己的专业判断，但是对案主问题的判断一定要有案主的参与和认定。换句话说，应由案主参与决定要探索的领域与探索的方式，而不能由工作者单方面认定。当然，这并不是说案主的观点要主宰评估的过程，而是工作者应该考虑案主的观点。

（3）要警惕工作者的价值偏见。即工作者要警惕判断过程中是否有自己强烈的价值介入，由此影响对案主问题的准确评估。而警惕的重要方法有：一是尽可能用多种途径收集资料，以保证资料的准确性；二是在判断过程中尽量反省是否对案主问题的认定过于武断，或者对案主的问题过于积极与热情等。

（4）避免将问题简单归因。案主问题的成因十分复杂，通常是很多的问题交织在一起，并处在不断的变化中。这样，工作者不能将案主的问题归结为一个简单原因，而应看到问题间的相互关联对于问题解决的有利之处。

（5）评估的重点要兼顾案主的弱点与长处。由于弱点让工作者知道了案主的问题，长处让工作者知道了工作可以从何处着手。因此，工作者的评估应显露案主的弱点，也应发掘案主的长处。

（6）评估渗透了专业判断。由于工作者给予案主的定型及标签化会带来影响，同时，案主的问题可能会因时间的改变而改变，而我们的社会与文化也同样在发生变化。这样，工作者应时刻准备从这些转变中调整自己对案主问题的理解，并不断地练习专业判断。

三、工作步骤

社会工作的评估是一个过程，包括识别案主的问题，了解问题的成因，发现解决问题的入手点等。从性质上看，评估过程是不断向前推进的，尽管有时可能会有所反复。基本上，评估是线性的，共有以下四个工作步骤：

（一）第一步：收集资料

由于社会工作强调“人在环境中”，认为个人的行为是个人与环境互动的结果，社会工作的功能之一是恢复个人与环境的适应能力。因此，工作者需要探索与收集的案主资料主要有以下几个方面：

一是关于案主的个人资料，包括：（1）基本资料。如案主的籍贯、年龄、性别、教育程度、婚姻状况、职业、收入状况等。（2）生理方面的资料。如对案主病史的了解，有无残疾、遗传病或长期性疾病，以及目前的生理状况如何等。（3）心理方面的资料。即可以运用一些心理测量工具与会谈或观察，来监测与了解案主的智力水平、兴趣、人格特征、自我概念、自我防卫机制等。(4) 价值观。即应了解案主的行为与其价值观是否一致等。(5) 能力。主要指了解案主对问题的分析能力及面对冲突、困惑的处理能力。

二是关于案主的环境资料。这里的“环境”指案主生活中重要的社会系统，以及可以得到的各种资源系统。(1) 社会系统。如案主的家庭、亲属、邻居、学校、单位等。在了解这些不同的系统时，工作者对物理与人文环境都要关注，尤其要关注对案主有重要影响的人，因为这些重要人物对案主的希望、支持及协助等，对社会工作的开展具有积极的意义。(2) 资源系统。主要包括各种可以利用的资源，如邻里关怀、志愿者、各类社会保障政策、各类专业服务组织提供的服务等，而这些资源将成为工作者制定介入计划的重要依据。

三是关于案主与环境交互作用的资料。主要包括案主与周围环境尤其是与重要人物的关系；案主寻找帮助的主要方式；社会系统对个人求助的反应；其他系统的互动方式对案主问题的影响等。

此外，就工作者收集资料的方法来看，主要有四大方法，它们是：探究方法，指工作者运用陈述或询问，诱导案主说出与人、问题及情境有关的知识、想法与感受；观察法，指工作者用眼睛来“倾听”案主的诉说；家访，指工作者在案主家中会见案主，以了解案主试图隐瞒的资料；运用现有的资料，指运用工作者所知道的档案资料。

(二) 第二步：分析与解释资料

第一步收集的资料，常常是粗糙与支离破碎的，而要使它们具有任何意义，则需要对它们进行分析与解释。按照 Loewenberg①的看法，分析资料应有以下四个过程：(1) 排列次序。指按照优先、重要性对已收集的资料的不同组成部分，予以排序的过程，以把一些不相关的资料舍弃，并对一些较重要的资料予以足够的重视。(2) 发现。指识别资料之间的关系或形态，并由对问题的零散了解过渡到更完整的了解。(3) 探索。指将资料放入其产生的处境中去了解，即结合处境来理解特定的事件或行为。(4) 识别。指界定形成问题的或可能缓解问题的因素，由此工作者可以从表面问题步入到深藏的因素，以确定什么可能导致了特定的问题。此外，就解释资料看，解释资料的过程是与分析资料同步进行的，这就是说，当工作者分析资料时也就获得了资料赋予的解释含义，因此，工作者就能更好地了解案主的处境。不过，工作者在做解释时不会太准确，这就需要工作者与案主一起不断地澄清彼此的看法，从而真正促进对案主的理解。

---

① 参见 F. M. Loewenberg. *Fundamentals of Social Intervention* [M]. New York: Columbia University Press, 1977: 第十一章.

(三) 第三步：认定问题

收集了所需要的资料，给予了分析与解释，接下来的工作便是认定案主的问题。一般来说，工作者认定问题时，应针对下述三个基本问题：(1) 案主的问题是什么。案主的问题可能很多，并且多种问题是相互交织在一起的，这就需要工作者与案主讨论，对问题划分出主次，以先解决案主的主要矛盾。(2) 问题产生的原因是什么。导致案主问题的原因很多，工作者需要找到案主首要问题所产生的原因，以对症下药。(3) 面对问题时，案主曾经做过怎样的努力。包括案主是否有足够的解决问题的动力，用了什么方法，以及所用方法的原因与效果等，以此制定切实可行的服务计划。此外，在认定案主的问题时，工作者还必须注意以下三点：一是用行为用语来界定问题；二是把问题集中到一个领域；三是问题的判断必须是专业性的，并且要以事实为依据。

(四) 第四步：准备评估报告

评估的最后一步工作是准备评估报告，这是一项非常重要的工作。因为评估报告撰写者常常要与不同的读者（如督导、同行、精神病专家或法官等）沟通，而工作者的意思能否清楚地转达给读者，就取决于工作者呈交的评估报告。因此，工作者在撰写评估报告时要特别用心，并常常要遵循以下指导原则：一是确定报告的目的与读者；二是判定什么资料应包括在报告内与什么资料应排除在外；三是把资料组织成有意义的几个领域；四是尽可能将事实从解释、判断中分隔开来；五是用简单的句子与精确的词语来撰写报告；六是评估报告不需太长，但要达到评估的目的与切中要点。一个粗略的评估报告样式，第一部分是背景资料与事实，包括呈现的问题，日期与接触过的人物，背景资料（如家庭背景、教育背景、就业历史等）。第二部分是专业判断，包括工作者对上述资料的理解，对案主问题的评估，对形成问题的原因分析或理解，以及对可以改变什么或做什么的评估等。

此外，初期评估的方法也很多，包括了上面介绍的各种方法。而以下方法具有简明和直观的特点，是进行初期评估时经常使用的方法：(1) 社会历史报告方法。指通过对服务对象社会生活历史的梳理，将各种信息进行整理分析后的综合报告，其主要内容有服务对象社会生活历史的资料及社会工作者对这些资料的思考与预估。(2) 家庭结构图描述方法。家庭结构图又称家庭树或家庭图谱，是以图形来表示家庭中三代人之间关系的方法。家庭结构图可以直观地提供有关家庭历史、婚姻、伤病等重要家庭事件、家庭成员间的沟通与互动状况等重要信息。(3) 社会生态系统图方法。指根据生态系统理论发展的一种社会工作实务方法与工具，它可以展示服务对象的社会环境，清晰呈现出个人、家庭及社会系统之间的相互作用与影响，有效地将服务对象与外在环境系统的关系通过图形的形式呈现出来，说明了系统之间能量的流动与各系统间的关系本质，及其与服务对象需要与满足需要的资源系统、服务对象问题之间的关系。(4) 社会网络分析。即可以评估与测量服务对象社会支持网络的种类与规模，并从服务对象主观经验的角度将其获得的支持的性质与数量呈现出来。

第三节 计划与订定契约阶段

缺乏经验的社会工作者会理所当然地认为，评估的结果必然会带来成功的介入，并由此常常忽略通用过程模式的第三个阶段，即在评估与介入阶段之间，工作者还有制定计划与订定契约的重要工作要做。而这两项工作可能是同时进行，并有一致的目的，但我们以下会分别讨论，目的是便于读者更好地理解这两项工作。

一、计划的组成

制定的计划包含着社会工作者必须完成的特定的核心任务，也正是这一工作计划才形成了工作者的介入行动。然而，并不是所有的计划都能够带出成效的。所以，作为社会工作者，要使制定的计划卓有成效，就需要掌握计划的内容，清楚地说出介入的目标，选择合适的关注对象，并详细说明参与各方的角色与任务，以此指明工作者的介入策略。以下我们就详细地介绍计划的三大组成部分，即计划的目的与目标，关注对象及介入策略等。

(一) 目的与目标

目的是期望在介入的最终阶段获得的较为笼统的、长远的结果，而目标则是在中间阶段所要获得的较为具体的、近期的结果。要实现最终的目的，一般要先把目的分化，使之成为更贴近目前情况、更有条件实现的小目标，然后一步一步去实现最后的目的。根据帕特森与白妮（Patterson & Byrne）的分类，可以将目标分为三类：(1) 直接目标。即与案主问题直接相关，一般是案主急需解决的问题。(2) 中间目标。一般是指协助案主认识自己、接纳或欣赏自己，建立健康的自我形象与适当的生活方式等。(3) 终极目标。指促使案主能够自我认识、自我促进、自我实现，接纳自己也接纳别人，有良好的人际关系，开放的态度、诚实，有创造力、有责任感，达到现实的与理想的自我协调一致等①。此外，按照 Louise C. Johnson 的观点，设置得好的目标，通常具有如下特点：对案主来说明白易懂；用期望案主应有的行为来具体说明目标；

① 参见林孟平．辅导与心理治疗［M］．香港：商务印书馆，1986：28.

可以实现并具有现实性；有完成任务的时间表；与机构的功能保持一致等。①

（二）关注对象

关注对象指介入行动挑选出的要加以改变的系统，它在总体上决定了工作者要介入的焦点。根据“人在环境中”的概念，社会工作可以有五个不同的关注对象，包括：（1）个人。当案主的问题的起因主要归结于个人，或涉及问题的人或系统拒绝做出改变，或案主自己选择做出改变时，工作者则会选择个人作为关注的对象。（2）家庭。当案主的问题主要与家庭有关，如个人问题仅仅是家庭问题的征兆之时，工作者应将关注的焦点放到家庭系统的改变上。（3）群体。当事实清楚地表明群体对个人有极大的影响时，工作者可以选择群体作为关注的对象。（4）组织。组织的存在是为了满足人们的需要。然而，在组织的政策、结构与实际工作不能满足服务对象的需要时，组织则会成为介入的对象。（5）社区。当社区明显缺乏资源与服务，或者当社区多数人及家庭因社区功能未能发挥而受到不利影响之时，社区有可能成为工作者关注的对象。

（三）介入策略

从广义上看，策略包含了工作者与案主彼此的角色与任务，以及介入的方法与技巧。由于在介入阶段，我们会讨论介入的方法与技巧，这里仅仅简单介绍工作者与案主在介入中所担当的角色及完成的任务。一般来说，工作者在社会工作的介入中常常担当了七类角色，它们是：社会经纪人、使能者、教育者、倡导者、调解者、社会控制者、治疗者。而上述每类角色，都有一套相应的任务（详见第三章第三节），并要求工作者运用专业水平去完成。不过，在制定介入策略中，工作者不应假定自己是介入过程中唯一改变案主行为的人，案主也应是参与改变过程中的一方。因此，介入策略还要详细说明案主所要做的事。同时，在为案主挑选合适的任务时，工作者既要考虑案主的动机，如案主是否感到有希望摆脱目前的问题以及为此努力的程度如何等，也要考虑案主的能力。

二、计划的内容

制定工作计划是社会工作的一个重要步骤与内容，但服务计划不是随意制定的，这要考虑如何为案主提供最合适的服务，并需要参考机构提供的资源与帮助，以及工作者自身的能力及其对资源的了解与掌握程度等。一般来说，一份计划书应包括以下几个方面的内容：

---

①　参见 L. C. Johnson. *Social Work Practice：A Generalist Approach* [M]. Boston：Allyn & Bacon，1992：245-247.

(1) 案主的基本情况，包括案主的姓名、年龄、婚姻状况与职业等。

(2) 简要地、准确地描述并列出案主的主要问题与相关问题。

(3) 案主要达到的结果及工作者的工作目标。

(4) 基本阶段与方法，以及每个阶段需要采用的方法与需要动用的资源。

(5) 达到目标所用的期限，以使案主有信心在一定的时间内解决自己的问题。

(6) 案主留下安全与便捷的联络方式，以便于联络。

三、订定契约

工作者与案主通常有不同的生活背景、价值取向与动机，但他们必须共同参与同一个服务计划。为了保证服务计划的有效完成，工作者与案主签订服务计划的工作契约就十分必要。

(一) 工作契约的概述

在介绍社会工作的契约之前，我们需要先谈谈契约与计划的区别。正如上面所述，计划指工作者一方经过周密思考而拟定的解决案主问题的方向与方法。然而，案主对此可能会有不同的看法，并会根据其自己的看法订定计划。这样，工作者必须与案主协商，以产生一个双方都能接受的计划。正是从这个角度看，社会工作的契约就是工作者与案主的合作计划，它是协商的产物。像其他契约一样，社会工作的契约是一种约束机制，它可以将参与服务计划的各方紧密地联系在一起，直到实现特定的目标。不过，社会工作的契约与其他类型的契约也有所不同，表现为：(1) 从内容上看，社会工作的契约包括介入的目标，介入的策略以及采用的方法，双方应该享有的权利与义务，介入的时间、地点与次数，双方签字等。从总体上看，社会工作的契约代表了工作者与案主共同的工作观点，即他们如何一起工作，每一方需要采取什么具体行动来解决识别出来的问题。(2) 从形式上看，社会工作的契约通常是书面的，需要双方签字，以确保契约的有效性，但口头契约也可以起到约束的作用。一般来说，契约的形式由提供服务的双方来确定。(3) 从作用上看，契约的最主要作用是督导与约束。不过，对于社会工作的契约来说，它更强调执行契约所获得的奖励，而不强调违反契约所应有的处罚。因此，社会工作的契约本身不具有强制性，相应地，我们对这种契约作用的认识，也更强调其对于案主的约束与促进作用。(4) 从内容修改上看，由于社会工作的助人环境经常发生变化，以及案主的情况会不断地改变，那么，社会工作契约的内容也要顺应变化而灵活地加以修改。但是，社会工作契约的内容，必须经过工作者与案主双方同意才能修改。

（二）工作契约的基本原则

可操作性是工作契约的基本原则。具体地说，可操作性体现在以下几个方面：（1）明确性。可操作的工作契约应该是明确的，包括目标、内容、角色、责任、时间安排等都必须非常明确。并且，契约的文字也应该清楚、简练、具体、明确。（2）灵活性。一般来说法律契约具有固定不变与强制的约束力，一直要维持到实现契约中的条款为止。但社会工作的契约不是一成不变的，它可以根据工作处境与工作对象状况的不同而做出修正，具有一定的灵活性。（3）实用性。实用性体现在契约对于双方来说，应是可行而现实的。因此，契约的条款应基于案主有能力处理及把握计划的实施进展，也便于工作者及时地对案主的表现做出评估或提出建议。而不现实的契约则易使案主感到无所适从，从而增加了案主挫败感，并使案主丧失信心。

此外，社会工作的契约也没有固定的格式，有的工作契约比较简单，有的契约内容比较全面，也有的契约类似于工作合同。以下提供了一个简单的契约样本的范例。

契约样本 A①

同亲生父母的协议

我，陈大文在此保证做到以下几点，以获得我儿子陈少明的监护权：

1. 我不再沉溺于饮酒与赌博。
2. 我会在家中控制自己的脾气。
3. 我会改善自己做父母的技巧。
4. 我会稳定地从事工作。

我也同意时常来见香港家庭中心的社工，接受忠告与辅导。

陈大文签名　　　　　社工签名

日期：　　　　　　　日期：

① 秦炳杰，陈沃聪，钟剑华．社会工作实践基础理论［M］．香港：香港理工大学出版社，2002：313.

第四节　介入阶段

介入阶段是助人过程的一个重要阶段，因为在这个阶段，可以使工作见到成效。不过，由于人的问题复杂多样，介入活动的变化多端，工作者可以采取的介入措施也非常多，加之这一阶段的变数较大，因此，我们无法详细地描述具体的过程应该怎样。但是，无论变化如何，仍然有一些最基本的东西可以掌握。

一、介入的性质与特点

概括地说，社会工作介入的性质与特点如下：

(1) 介入是有计划有目的的活动。经过工作者认真周密的计划，社会工作介入的目的是，实现工作契约中各方赞同的介入目标。即使工作者有意指责案主屡屡未能完成答应之事，以表达自己的不满与失望，然而从某种意义上说，这也是有目的、有计划地想把案主拉回来，进而实现约定的目标，这当然也是社会工作的介入。所以，不是行动本身，而是行动与行动要想获得的整个介入计划的结果，决定了它是否为社会工作的介入。

(2) 介入可以是采取行动的，也可以是不采取行动的。一般来说，大多数工作者的介入都要采取一定的行动，但是，并不是所有的社会工作的介入都是如此。有时，工作者有意不采取任何行动，这也是一种介入。

(3) 介入可以是实质的，也可以是非实质的。根据马斯洛的需求层次理论，人有不同层次的需要，从生理上的需要到爱、自尊，直到自我实现的需要。而有些层次的需要应通过实质的服务，如提供经济援助等来满足；有些则需要非实质的服务，如支持与辅导来满足。因此，按照案主自身的状况，工作者应该选择适当的服务来满足案主的需要。

(4) 介入可能是细小的，但效果是明确的。单独地看，许多工作者的介入行动都是微不足道的，效果也不十分显著。然而，当这些介入行动汇集一起，累积起来就能看到效果。所以，工作者应不厌其烦地做一些琐事，如发短信提醒案主见面的时间，或用言语支持与鼓励案主，这些都是十分重要的介入行动。

二、介入的分类与基本内容

虽然工作者会面临不同的案主与种种问题，解决的方法也千差万别，但仍有一些基本的工作内容。比如支持与鼓励、情绪疏导、观念澄清、行为改变、环境改变、信息提供、直接干预，等等。进一步，Johnson、Morales 及 Sheafor

等将社会工作的介入分为了两大类，即直接实践与间接实践。以下就结合这两类实践，简略地介绍社会工作介入的基本内容。

（一）直接实践

直接实践指针对个人、家庭与小群体采取的行动，重点是改变家庭或小群体内的人际交往，或改变个人、家庭、小群体与周围环境中的个人和社会系统相处的方法①。直接实践有时也针对案主采取行动与提供直接的服务介入②。具体地说，直接实践包括了许多介入行动，最常见的有：（1）促使案主运用现有的资源。案主之所以会出现问题，一个重要的原因可能是，案主没有担任人生角色或完成人生任务所需要的资源。这样，促使案主能运用现有的资源就成为了适当的介入策略。相应地，工作者也要有这样的能力，包括广泛了解社会资源，具有转介的技巧，并能担当不同的角色，如社会经纪人、倡导者等。（2）帮助处于危机情境中的案主。按照 Johnson 的观点③，大约在危机状态的四至八周中，人们最脆弱，也最需要帮助与支持。因此，危机介入就成了一种特殊形式的介入，其目的在于去除案主的紧张情绪，恢复案主各方面的功能，协助使其渡过危机。（3）运用活动作为介入策略。传统上，社会工作主要是通过谈话来帮助案主的。但是，对那些口齿不清、不善于用语言表达的案主，如果工作者能够针对案主的需要设计出有意义的活动，并成功地开展活动，那么，这些活动便会成为影响案主改变的强有力的手段。（4）调停行动。调停工作的焦点是案主与系统之间的互动，目的是协助他们满足共同的需要，以求达到自我实践。一般来说，工作者做调停工作至少要完成三件重要的事，包括帮助案主与环境系统接触、协助环境系统回应案主、协助双方界定及达到共同目的。

（二）间接实践

间接实践指代表案主采取的行动，这些行动可以以个人、小组、组织与社区为关注对象。间接实践包括了许多介入策略，因为篇幅限制，以下仅介绍较重要的介入策略。（1）促使有影响力的人物参与，以共同实现服务的目标。这里的“有影响力的人物”，指社区或组织内有权力、有权威并能影响某些重大决定的人。根据 Pincus 与 Minahan 的观点，人们施加影响的资本有以下七点：知识与专业技能、物质资源与服务、合法的权威、地位与声望、领导人的

① 参见 L. C. Johnson. *Social Work Practice*［M］. Boston：Allyn and Bacon，1992：第十三章.

② 参见 A. Morales，B. W. Sheafor. *Social Work*：*Profession of Many Faces*［M］. Boston：Allyn and Bacon，1989.

③ 参见 L. C. Johnson. *Social Work Practice*. Boston：Allyn and Bacon，1992：第十三章.

魅力与个人的吸引力、对信息流动的控制、建立的各种关系等。① (2) 协调各种服务。由于帮助案主不只有一个服务提供者，加之每个服务都有自己的助人计划，因此，就需要协调这些服务计划，以取得最佳的效果。一般来说，服务的协调有两个层次，第一个层次是“微观层次的协调”，即协调以案主为焦点的活动，如协调个人或家庭的活动；第二个层次是“宏观层次的协调”，即协调特定类型的案主为焦点的活动，如精神病人等。(3) 程序设计与资源发展。假如工作者得不到所需要的资源时，就只能考虑策划发展新资源。而有些资源不会涉及很高的成本，只要有创造性，工作者就能发展出某些相对来说不太昂贵的有用资源。(4) 控制环境。指让案主的环境发生变化，以促成案主按照所期望的目标发生改变。在这里，“环境”指围绕案主的整个外部世界，包括物质环境与社会环境。(5) 从内部改变组织机构。社会服务机构有清楚的授权、政策、组织结构与工作程序来满足人们的需要。然而，人的需要可能会随着时间而改变。因此，工作者需要倡导机构做出改变，以跟上案主不断变化的需要。(6) 集体倡导。倡导要求工作者为了案主的某些需要，或为了改变社会中某些不公正的现象，提出一个服务依据或倡议。倡导有两个途径，一是个案倡导，即工作者倡导给予某案主的服务；二是集体倡导，即工作者代表某一群社会问题的受害者，倡导给予他们的服务。

三、介入的焦点与原则

人与环境的构成状态是社会工作者介入行动的焦点。如上所述，如果评估的结果显示，问题的根源主要在于案主自身，那么案主就应该成为介入的主要焦点，即应采用直接实践的方法。相反，如果案主问题的起因主要在于环境，那么，环境就应该成为改变的目标，即应采用间接实践的方法。当然，如果问题有多重原因，则应将直接实践与间接实践结合一起运用。以下我们举例说明社会工作介入的焦点与介入方法。

比如，陈太太是一位有三个孩子的单身母亲，三年前其丈夫因意外事故死亡，家里现靠社会福利署的公共援助生活。最近，陈太太抱怨 7 岁与 8 岁的儿子很难管教，并无法照顾 4 岁的孩子。此外，她还诉说家庭的开支很紧张，感到十分孤独。陈太太很想与人谈一谈，也愿意与社会工作者交流。根据陈太太的上述资料，社会工作者可以将“人与环境互动”作为介入的焦点，并拟定以下介入行动。一是直接实践。包括：帮助陈太太宣泄作为单亲的感受，并给予她支持；识别出家庭服务中心有类似问题的案主，为他们开办一个父母技巧

---

① 参见 A. Pincus，A. Minahan. *Social Work Practice*（第四版） [M]. Boston，Mass：Allyn and Bacon，1973：第十四章.

小组；提供辅导服务，帮助案主管理家庭开支；向母亲提供管教孩子行为的帮助与忠告；转介案主参与现有的单亲小组，并寻求儿童照顾及托儿服务。二是间接服务。包括：建立单亲母亲网络，培养邻舍之间的相互支持；发展儿童临时托管服务，促使有类似问题的人能使用此项服务；倡导政府给有需要的家庭提供公共援助津贴；鼓励制定协助单亲家庭的家庭政策等。①

此外，工作者的专业实践并不是非理性的工作，在做选择时，为了采取更合适的行动，工作者还应该考虑以下原则：经济效益原则、案主自决原则、个别化原则、案主系统的发展阶段原则、与案主相互依赖的原则、瞄准服务目的原则等。

第五节　检讨与终结阶段

在社会工作实践中，终结常常与检讨放在一起，并且，二者通常被看做是通用进程模式的最后一个阶段。不过，学者普遍认为，检讨又是终结阶段的重要任务之一，因此，我们将分别讨论终结与检讨。以下我们先讨论终结过程中的一些问题与工作任务，然后在下一部分再详细地介绍“检讨”工作。

一、终结的重要性与任务

任何社会工作的助人活动都有一个期限，终结阶段的任务是工作者与案主一起对整个服务过程进行一个回顾、总结与评估，并要制定出整个介入工作的跟进计划，目的是巩固已有的改变，增强案主自身解决问题的能力，以及通过社会交代直接影响社会或公众对机构的信任，获得公信力。不仅如此，终结也是一个事先计划好的活动。

（一）终结的概述

终结的意思是工作者与案主终止接触，它标志着整个介入工作的完结，提供了反思与检讨工作进程的机会，也标志着案主已经能靠自己的力量建设性地成长了。不过，在有些情况下，结案并不意味着案主的问题得到了彻底的解决。一般来讲，进入结案阶段有下列情况：

（1）工作者与案主都觉得目标已达到，在这种情况下双方提出结案的意愿。

（2）案主觉得自己离开工作者之后，有能力解决自己的问题。比如，在接受服务的过程中，案主很清楚问题所在，也找到了解决问题的方法，相信自

① 参见秦炳杰，陈沃聪，钟剑华．社会工作实践基础理论［M］．香港：香港理工大学出版社，2002：319-320.

已能够解决问题，因此决定提前结案。

(3) 工作者与案主都感觉专业关系不是很好，希望结案。比如，在服务过程中，由于种种原因，工作者与案主都觉得双方或一方对另一方不信任，双方或一方希望结案，在这种情况下，工作者就需要结案或根据需要进行转介。

(4) 工作者感觉案主出现了一些新问题，并需要其他机构或工作者为案主继续提供服务。比如，工作者已完成了自己机构范围内提供的服务，对案主的新的需要，则要求其他机构提供服务。

(5) 其他一些原因导致的结案。这种情况通常发生在工作者或案主一方，因种种原因需要离开原来生活与工作的地方，从而不能继续专业关系，因此其中一方提出结案。比如，工作者因调动工作而将离开，但案主的问题没有得到解决，案主又同意转案，这就涉及转案工作。

可见，出现上述5种情况都需要结案，但是，在第3、4、5种情况下，可能需要在结案之后进行转案或转介工作。

(二) 终结阶段的重要任务

在终结阶段，为了巩固案主已有的改变，增强案主解决问题的能力与信心，社会工作者需要完成各种各样的工作任务，以下将介绍其中的一些重要的工作任务。

(1) 检讨。检讨通常被认为是终结阶段最重要的工作。检讨之所以重要，是因为它是有目的地检查工作者介入成效的环节。由于这是一项极其重要的工作，在下一部分我们会更详细地专门讨论。

(2) 处理“与案主分离相关”的感受与情绪。由于终结标志着工作关系的终止，也意味着工作者与案主很快要分手，对此，工作者与案主可能都有特殊的情绪与感受。尽管这些感受的出现及其程度有很大的差异，但工作者对此应有充分的准备，并能妥善处理。经研究发现，终结时，案主出现的一些典型情绪反应有：否认、退化、依赖、抱怨、愤怒、讨价还价、忧郁、“高兴与难过”的矛盾心理等。而工作者了解了案主的上述心理及情绪反应后，应着手处理，并要注意做好以下工作：首先，工作者应回顾工作的过程，以确定终结的时机是否成熟。若有疑问，工作者应该向同事或督导咨询。其次，减少终结副作用的一个有效方法是，工作者应让案主在较早阶段就知道终结，并以理解的态度，鼓励案主公开讨论终结。最后，工作者需要安排一个正式的终结活动，以帮助案主用建设性的方式来明确表达自己的感受。

(3) 巩固案主已有的改变与所做出的努力。确保案主在助人过程中获得的经验能够保留，并能用于日常生活中，是实现社会工作“助人自助”目标的体现。具体地说，工作者应留意下面的工作任务，并把它们作为巩固“案主已有的改变”的方法：其一，回顾工作过程。即回顾问题及解决问题所采取的步骤，以协助案主形成“问题解决过程”的认知图，促使案主进一步学会如何解决问题。其二，强调案主已取得的成绩。即工作者应通过指明与强调案主已取得的成绩，来增进案主的自信及认识到其拥有的力量，以此巩固案主已有的改变。其三，展现支持性的积极态度。即工作者应鼓励案主单独解决问题，肯定他们有能力这样做。这也是工作者对于案主潜能所持的积极态度，并且这种自信传达给案主，会起到正强化的作用。其四，如果必要的话，工作者可以假设一些出现问题的情况，给予案主预备解决问题的指南。

（4）解除工作关系。解除工作关系时，工作者需要注意以下两个问题：一是转介。与案主解除工作关系，并不一定意味着工作者与案主完全没有接触。如果案主还需要其他服务，工作者应给予转介。不过，要成功转介案主，工作者需要与其他机构建立互联网络，了解转介条件，为转案做准备，这样，案主才能从新的服务中受益。二是工作者要处理好自己的情绪与感受。在终结的过程中，工作者对于结束工作关系，很可能也有一些情绪上的反应。有时，工作者会发现难以处理自己的感受，以下举例说明。

比如，某位社会工作专业的学生，在一家老人中心结束了实习。在实习期间，工作者与一对被社会孤立、缺乏社会支持的夫妇建立了亲密的工作关系。工作者对这一个案工作非常投入，并取得了重要进展。现在，工作者必须离开实习单位了。在终结个案的过程中，这对夫妇对工作者表示了感谢，说他们很想念工作者，还请求工作者以后来看他们。如果你是本案例中工作者，你也会想他们吗？你会怎么做？①

在结案时，工作者与案主有类似的感受是常有的。许多没有经验的工作者觉得难以抵御向案主提供进一步照顾的念头。而工作者是否应该把与案主的工作关系转变为个人关系呢？这类问题引起了社会工作在道德实践方面的热烈争论。不过，在思考上面的个案反应时，工作者必须考虑以下问题：首先，工作者应现实地估量一下对终结之后有关事情的承诺。比如，某些社会工作的学生做出了个人承诺，结果又发现难以兑现，这是应考虑的。其次，工作者应认识到终结的助人作用。即应该鼓励案主靠自己继续解决问题，学会学习与成长，并发展出自己的自然支持系统。最后，工作者必须认识到案主的长远利益最为重要。因为工作者个人的承诺可能会阻碍机构接下来的工作。基于上述几点考虑，我们认为，前面案例中要离开的实习生，不需要对案主做出任何个人的承诺，但可以对案主做出机构的服务承诺。

① 引自秦炳杰，陈沃聪，钟剑华．社会工作实践基础理论［M］．香港：香港理工大学出版社，2002：358.

二、检讨的原因、策略及方法

检讨是确定工作者介入工作的目的与目标是否实现的手段，衡量介入程序的成效的过程，因此，检讨在社会工作实践中十分重要。以下简要介绍社会工作检讨的原因、策略及方法：

（一）检讨的原因

检讨在社会工作实践中十分重要，究其原因有：（1）监督工作所带来的改变。检讨是一项有目的性的工作，意在提供介入改变的速率与进度方面的资料。事实上，检讨是不断地收集介入效果的过程，或者说，它是搜集证据来检讨介入或程序的绩效，同时，它也提醒了案主与工作者应注意的工作方向。（2）学习经验。检讨是工作者与案主逐渐了解怎样采取行动以及为什么要采取行动的过程。在这个过程中，工作者将从中获得的经验，用来改善或提升其工作能力；同时，案主也能从中学到解决问题的策略，以巩固其为改变所做出的努力。（3）交代。由于社会工作是得到社会认可与大量资助的专业和职业，它十分重视对案主、社会、专业的交代。比如，通过不同层面的交代，可以让案主知道已经取得的工作进展，或者向财政来源、服务机构与全社会表明社会工作的作用与社会功能，以及证明社会工作的专业信度等，由此能够确认社会工作者对案主、社会及专业所承担的不同责任。

（二）检讨的困难与应对策略

在当今，人们普遍认为检讨是社会工作实践中十分重要的、不可分割的一部分，然而，在社会工作服务中，系统的检讨仍处于初步的发展阶段。其原因在于，在社会工作的检讨中主要遇到了两大困难，包括：其一，缺乏支持。由于服务资源的有限及服务需求的庞大，在诸多服务机构中，仅仅鼓励用不正规的、武断的、原始的方式去检讨，加之社会工作者的次文化也不利于做系统的检讨等，致使检讨工作的进行十分困难。其二，技术性困难。不可否认，社会工作实践有其艺术性的一面，并且与其他一些以科学为基础的专业不同，社会工作常常难以做到客观地检讨，因为很难把一个复杂的过程简化为一个简单的说明、分类或统计的数字等。因此，一些社会工作的成果难以界定与衡量，并难以进行较精确地检讨。不过，针对以上检讨中出现的困难，社会工作者可以从以下几个方面来改善检讨工作：高度认识检讨的重要性，创造性地发展检讨的方法，储备检讨方法的基本知识，以及愿意与同事、督导分享检讨的资料等。

（三）检讨设计

要进行检讨设计，首先要了解检讨的类型。概括地说，检讨主要有两种类型，一是总结性检讨。指对社会工作介入目标的结果进行检讨，包括实现目标的测量，对案主影响的测量，督导与同事对工作进展的评估等，此种检讨反映了社会工作实践在实现目标方面的有效性。而在做这类检讨工作时，工作者需要清楚地界定案主的问题、目标以及识别出最初的工作状况。二是发展性检讨。指对社会工作实践中所运用的技术、方法及策略的检讨，此类检讨的中心是各种步骤怎样促成了最终的介入结果。因此，这种检讨将检查工作者扮演的角色、工作关系以及环境在其中发挥的作用等。

针对以上检讨的类型，常用的检讨方法有：（1）基线测量方法。运用此方法，必须找出介入要改变的目标行为，并在工作开始就进行测量，以提供一个比较的基准线。（2）任务完成的测量尺度。在实际工作中，案主的目标被分解成许多清楚的、具体的行动与任务，以便于开展工作。因此，通过探究案主与工作者完成了哪些既定的介入任务，就能确定介入的影响。典型的例子是用四个等级尺度来测量，比如，4 指全部实现；3 指大体上实现；2 指部分实现；1 指极少实现；0 指没有进展。将每项任务的最后得分加到一起，然后除以可能获得的最高分数，就能确定成功的百分比。（3）实现目标的测量。有两种测量方法，一是目标核对表，即运用工作者与案主选择的一些与机构相关的目标来指示介入的方向，然后就选择的介入目标，用等级尺度来衡量案主在接案及终结过程中的表现。二是实现目标的尺度，即工作者与案主有时会制定出个人化的介入目标，即按照案主的具体情况，分出轻重缓急，制定出几个目标，然后使用等级尺度，就能测量与计算出案主实现个人化目标的情况。（4）对案主的影响测量。指运用问卷的形式或口头表达的方式，让案主自我陈述对自己的影响，这种测量方法包括案主满意的程度影响、差别影响评分方法等。（5）督导与同事检讨工作进展。即将工作者的介入和一套原则或标准进行比较，然后检讨工作者的工作质量。通常，这种检讨方法由督导来执行，并不可避免会带入一些专业标准与判断。因此，为保证检讨的客观性，应让了解机构的案主、同事等一起来参与检讨过程，并且工作者本人也要持坦诚开放的心态。①

三、跟进的含义与意义

终结并不意味着完全终止了服务，一般来说，工作者还要根据需要与案主讨论结案后的跟进事宜，以让案主决定适合的跟进方式。同时，对工作者来说，跟进也是持续检讨与评估工作绩效的一部分。比如，案主离开工作者之后仍能保持服务的效果，在某种程度上就说明服务起到了良好的作用；反之，工

---

① 参见 B. W. Sheafor，C. R. Horejsi，G. A. Horejsi. *Techniques and Guidelines for Social Work Practice*（第二版）. Needham Heights，Mass：Allyn and Bacon，1991：第十三章.

作者则要检视自己的服务效果。所以，跟进也应是整个服务的一部分，只是跟进的程度应根据案主的需要与问题的解决情况而定。

(一) 什么是跟进

跟进指专业关系结束之后，工作者必须对案主进行一段时期的随访，并对随访期出现的情况做出一定程度的处理与回应。通常，根据专业关系结束的方式不同，跟进可以有不同的方式与内容，包括：(1) 服务项目的结案及跟进。指根据案主的某类需要或问题而建立的服务项目计划完成后，工作者需要对案主继续跟进，以此巩固与维持因服务项目实施而获得的效果，并根据案主的状况制定新的促进案主改变的服务方案。(2) 转介及跟进。指将案主从现有的机构转介到其他更适合的机构接受服务。同时，转介后，工作者还应对案主进行一定程度的跟进，以有助新的工作者有效地开展工作。(3) 工作关系的结束及跟进。指案主完成了整个介入计划及离开了服务机构之后，应接受1至2年的跟进及随访服务。①

(二) 跟进的意义

跟进是终结与检讨过程的必要环节，虽然不同形式的跟进会有不同的要求与内容，但跟进的必要性是一致的。具体地说，跟进对社会工作的重要功能有：维持与巩固社会工作项目的实施效果；帮助案主得到更合适与更有效的服务；帮助结案的案主更快地适应现实处境，并成为一个自我引导与自我实现的人；有利于社会工作各个部门与工作者之间的信息交流与合作。此外，通过对社会工作跟进的案例进行分析，我们发现，跟进工作可以在较广泛的层面开展。比如，有对服务效果巩固层面的跟进；有从促进工作完善的角度对服务内容、工作方法与工作制度的跟进评估；还有从整个社区或社会环境的支持等多方面，提出跟进的方向与具体的工作内容等。可见，跟进已成为社会工作过程的重要部分，这对于拓展社会工作在“会谈室”的狭窄视野，有效地发挥服务效果与促进社会工作的完善，都有着十分重要的作用。

思 考 题

1. 什么是通用过程模式？
2. 简述订定期的主要任务。
3. 简述社会工作的契约与其他契约的区别与联系。
4. 试述社会工作评估的工作步骤。

---

① 参见张昱，费梅苹．社区矫正实务过程分析［M］．上海：华东理工大学出版社，2005：288-289.

5. 试述社会工作的介入焦点。

6. 如何理解跟进对社会工作的意义？

主要参考文献

［1］黄惠惠．助人历程与技巧［M］．台北：张老师月刊社，1982.

［2］林孟平．辅导与心理治疗［M］．香港：商务印书馆，1986.

［3］秦炳杰，陈沃聪，钟剑华．社会工作实践基础理论［M］．香港：香港理工大学出版社，2002.

［4］张昱，费梅苹．社区矫正实务过程分析［M］．上海：华东理工大学出版社，2005.

［5］Charles D. Garvin，Brett A. Seabury，*Interpersonal Practice in Social Work：Processes and Procedures*［M］. NJ：Prentice-Hall，1984.

［6］L. C. Johnson. *Social Work Practice*［M］. Boston：Allyn and Bacon，1992.

［7］F. M. Loewenberg. *Fundamentals of Social Intervention*［M］. New York：Columbia University Press，1977.

［8］McMahon，Maria O' Neil. *The General Method of Social Work Practice：A Problem Solving Approach*［M］. NJ：Prentice-Hall，1990.

［9］A. Morales，B. W. Sheafor. *Social Work：Profession of Many Faces*［M］. Boston：Allyn and Bacon.，1989.

［10］A. Pincus，A. Minahan. *Social Work Practice*［M］. Boston Mass：Allyn & Bacon，1973.

［11］B. W. Sheafor，C. R. Horejsi，G. A. Horejsi. *Techniques and Guidelines for Social Work Practice*［M］. Needham Heights，Mass：Allyn and Bacon，1991.

第十四章　儿童社会工作

小飞今年12岁，初中一年级学生，4岁时他随父母从农村来到城市生活。小飞的父母开了一家小餐馆，整天忙于生意，因此，小飞一直自己照顾自己的生活和学习。同时，父母因无时间照顾小飞而觉得亏欠他，并对小飞的任何要求尤其是物质方面的需要尽量予以满足，以此补偿父母的责任和亲职角色的不足。然而，自小学四年级开始，小飞迷上了电子游戏机和网络，并在游戏机室和网吧里花去了大量的时间，有时甚至为了玩耍而逃课。对此，父母对小飞严加训斥，甚至使用了暴力，还减少了小飞零用钱的数额。不过，这种管教方法不仅没有使小飞戒掉游戏瘾，反而令他更加沉迷于网络中。之后，因为身上没有足够的金钱去玩游戏，小飞便与游戏机室结交的一群朋友，开始到学校门口及街角勒索学生的财物。学校发现小飞的情况后，及时地与其父母进行了沟通。小飞的父母很着急，但又不知道该做什么。

很显然，小飞因沉迷于游戏而遭遇了学习和行为方面的困难，可能还存在情绪问题，如果不及时介入，小飞的家庭也可能出现危机。于是，学校请来社会工作者对小飞进行辅导。经过接触，社会工作者认为，需要从家庭、学校和朋辈三个方面入手，来解决小飞目前出现的问题。

可见，在解决上述案例的过程中，包含了许多关于儿童成长过程中心理和社会需要的知识，关于儿童身心健康发展的条件的知识，以及用什么手法来帮助小飞的知识等。而这些都是儿童社会工作所涉及的内容。

第一节　儿童社会工作的定义与内涵

一、儿童的定义、需求与问题

（一）儿童的定义

社会工作者要投入到儿童社会工作实务中，首先需要对儿童社会工作的服务对象有一个清楚的界定和认识。“儿童”是个很宽泛和抽象的概念，它究竟指代哪一个年龄段的儿童，是个很难厘清的问题。

《联合国儿童权利公约》第一条即规定："儿童系指 18 岁以下的任何人，除非对其适用之法律规定成年年龄低于 18 岁。"①而我国宪法规定的成年年龄为 18 周岁，因此，我国"儿童"的年龄段应是 0—18 周岁。但从一般意义上说，大多数人都常识性地认为儿童是指年纪较幼小的未成年人，并将 0—18 周岁的未成年人细分为儿童、少年和青年三个阶段。而这一划分是按照一个人在学校的求学过程为标准的，即一般界定小学和小学以前的时期为儿童期，初中和高中阶段为少年期，大学阶段为青年期。相应地，学术界也认同这种划分，即将儿童的年龄界定为 0—12 周岁，并将儿童期划分四个阶段，即 0 至 1 岁为乳儿期，1 岁至 3 岁为婴儿期，3 岁至 6、7 岁为少儿期，6、7 岁至 11、12 岁为童年期。②

此外，国外不同学者对儿童的年龄界定也不尽相同。比如，瑞士心理学家皮亚杰从认知发展的角度将儿童的年龄界定为 0—15 岁；Western 认为儿童的发展截止到 18 岁。相应地，不同国家关于儿童福利服务政策也各有差异。如美国儿童社会工作服务政策规定其服务对象包括 17 岁以下的少年，日本则将儿童社会工作的服务对象扩展到 18 岁以下的所有未成年人。

（二）儿童的需求

在人的一生中，儿童时期是最重要的时期。它是个体社会化的初期与最基本的时期，无论在生理上还是心理上都是迅速发展的时期，同时也是可塑性最强的时期，因而它既是接受教育最有效的时期，也是最容易发生障碍的时期。与人生中其他年龄阶段相比，这一时期有其内在的独特性与特殊的需要。综合诸多学者的观点，我们认为，儿童期的需要可以概括为以下几点：（1）获得基本生活照顾的需要。即家庭与社会应满足儿童成长过程中基本生活照料与养育方面的需要，这是由儿童身心发展阶段所决定的，这些需要是儿童生存和发展的基础性需要。（2）获得健康照顾的需要。即儿童需要获得适当的身心医疗照顾、预防保健服务及健康照顾的需要，这些需要是儿童健康发展的基本条件。（3）获得良好家庭生活的需要。即家庭应提供良好的亲子关系与适当管教的环境，以保证儿童的身心健康。（4）满足学习的需要。学习、游戏、劳动在儿童心理发展及个性品质形成上起着特别重要的作用，学习活动是儿童的主导活动，教育尤其是系统的学校教育对满足儿童学习需要及全面发展起到了决定性的作用。（5）满足休闲与娱乐的需要。游戏是孩子的天性，文化娱乐也是儿童社会化、接受社会文化价值的重要手段，因此，满足儿童休闲与娱乐的需要，不仅可以满足儿童自身的要求，教导儿童养成良好的娱乐态度及习

① 陆士桢，任伟等．儿童社会工作［M］．北京：社会科学文献出版社，2003：2.

② 参见王思斌．社会工作概论［M］．北京：高等教育出版社．1999：151.

惯，也为孩子提供了缓解压力的途径。(6) 拥有社会生活能力的需要。即家庭与社会应培育儿童具有社会关系和人际交往技巧、生活技能、适应能力和学习正确价值观等各种能力。(7) 获得良好心理发展的需要。即家庭和社会应协助儿童建立自我认同，增进自我成长的能力，这是儿童期儿童心理与社会性发展的关键任务。(8) 免于被剥削伤害的需要。即全社会应保障儿童人身安全、个人利益及免于被伤害等需要与权利，这也是社会的责任。①

(三) 儿童的生存问题与发展障碍

儿童的发展不仅是其自身的问题，同样也是主要的社会问题。儿童社会工作者要更好地服务于儿童，则必须了解儿童在自身发展过程中遭遇的社会问题。由于儿童的基本权利包括了生存权、受保护权、发展权、参与权，依据这四项权利的实现情况，我们也可以把儿童社会问题主要划分为生存问题和发展障碍两部分内容。

1. 生存问题

儿童生存问题主要是由工业文明带来的全球生存危机在儿童群体中的突出表现。

首先是环境问题给儿童带来的威胁和伤害。据联合国环境卫生组织发布的数据表明，全球每天有 5 500 名儿童因饮用被污染的水和食用沾染有害物质的食物而致死；全球有约 1. 5 亿的儿童营养不良；由环境恶化而引起的腹泻和呼吸道疾病也成为引发儿童死亡的主要原因。可见，儿童阶段是人类最脆弱及最易受到疾病和恶劣环境侵袭的时期，因此，人类生存环境恶化最直接、最主要的受害群体就是儿童。

其次是贫穷问题。据相关数据显示，全球最贫穷的人口约有 12 亿，儿童数量占到了其中的一半；而世界上最贫穷的地区如中南亚、南非、东亚、拉美等，这些地区的贫困人口组成都以妇女和儿童为主，他们的生存状态几乎可以用被奴役来形容。不仅如此，因贫穷而带来的教育、健康、医疗、安全等问题，都严重地威胁着儿童的生命。

再次是儿童的营养问题。这一问题有两个走向，一是由于贫困导致的营养不良，二是由于不合理的营养结构导致的过度肥胖。营养不良主要表现为发育不良、体重不足和缺铁性贫血，而过度肥胖则会影响儿童的生长发育，导致成人病和其他一些疾病的早发，并影响其身心发展，带来一些社会性障碍。因此，无论是营养不良还是营养过剩都是儿童发展的问题。

最后是艾滋病和毒品对儿童的伤害。无论是从艾滋病的患病人数和死亡人

① 参见史柏年．社会工作实务（中级）［M］．北京：中国社会出版社，2007：107-109.

数，还是从新增感染人数的数据看，儿童都占有较大的比例。而艾滋病对于儿童主要是母婴传染，即绝大部分的儿童艾滋病患者都是在尚未出生或刚刚出生几天就染上了艾滋病。同时，毒品在儿童中的广泛传播也成为儿童艾滋病患者增多的原因之一。随着吸毒者低龄化趋势的发展，儿童的身心健康和发展状况愈来愈令人担忧。

此外，儿童的生存环境还受到其他几个方面的威胁，如战争、冲突等给儿童生存环境带来的侵害，全球经济一体化进程给发展中国家和贫困国家带来的童工问题等，这些方面都是不容忽视的。

2. 发展障碍

处于正常生活状态的儿童虽然占大多数，但发展和生存的困境仍然存在于这些儿童中，以下做一些简要的描述与总结。

一是学习压力。学习是儿童生活中的重要问题，相应地，学习压力则成了儿童成长中不可回避的问题和影响儿童身心健康发展的障碍之一。而教育体制、文化传统、教育观念等都是造成儿童背负巨大学习压力的根源；同时，儿童所面临的升学、考试压力，社会竞争的严峻态势，以及所处的文化背景和家庭结构因素等，也使得儿童的学习压力成为了一个复杂的问题。因此，针对儿童开展的压力疏导工作，引导儿童全面而健康地发展，就成了儿童社会工作长期的、重要的责任。

二是代际冲突带来的儿童发展障碍。现代社会的发展节奏越来越快，代际之间的思维方式和行为方式的差异性也在不断加剧，代际之间的年龄跨度也在缩小，“代际冲突”或者说“代沟”问题则日益突出，并成为了儿童发展中的一个障碍。而代际冲突不仅涉及社会的发展、变迁、儿童的教育，也涉及儿童的精神和心理的健康发展，因此，儿童社会工作必须高度关注儿童的代际冲突问题。

三是儿童在同伴交往中的困惑。随着儿童年龄的增长，儿童社会交往的欲望和行动慢慢成了其社会生活的重要内容。然而，在与同龄人或成年人的交往过程中或多或少出现的情绪和行为问题，则成了儿童成长过程中的突出障碍。而儿童时期的同伴交往对于儿童的社会性、人格与自我观的发展有着重要作用，并直接影响儿童未来的个性、行为的发展和身心健康。因此，人际交往的困惑，则成为了儿童发展的障碍之一。

四是儿童道德发展中的问题。儿童期是道德发展的最初阶段，也是最敏感的时期，如果此时的道德发展出现问题和引发矛盾，将对儿童的一生产生影响。因此，儿童成长发展过程中的道德困惑尤其是对社会公德的态度与行为，则成了儿童社会工作需要重点关注的领域。相应地，协助儿童在成长发展中顺利认识和内化各种社会规则，既是儿童社会工作者的重要任务，也是辅导儿童成长的重要内容。

五是未成年人犯罪。犯罪的低龄化已经日益成为严重的社会问题，并呈全球化蔓延之势。采取有效措施防止少年儿童涉足犯罪的深渊，已成为一个迫切的任务。

此外，处于特殊境况中的儿童问题，也应引起社会的关注。比如，有些儿童遭受了家庭成员的身体或性方面的暴力侵害；有些儿童因监护人疏于照顾与管教而在社会上流浪乞讨；还有些儿童生活在艾滋病患者及吸毒家庭的高度危险中。

二、儿童社会工作的界定、发展及特点

(一) 儿童社会工作的概念

儿童社会工作，指以儿童为服务对象的社会工作。然而，在不同的地区，因服务的侧重点不同而使这一概念的界定呈现出了差异性或歧义性，以下简述之。

中国台湾省将儿童社会工作划入儿童福利的范畴，并借用联合国 1959 年 12 月通过的《儿童权利公约》中关于儿童福利的概念认为，“凡促进儿童身心健全发展与正常生活为目标的各种努力及事业，称之为儿童福利”①。这种界定强调了以儿童为本位，将满足儿童生活需求作为工作重点，以期促进儿童全面健康发展。相反，美国学者则认为儿童福利是社会工作领域的一项重要专业，并指出协助儿童的最好办法是，以支持、增强等专业手段来强化家庭功能。显然，这种定义强调的服务对象是遭遇各种不利情景的儿童和家庭。

香港特别行政区的界定是将儿童社会工作视为“以少年儿童为本，制定清晰的发展目标，根据他们在不同阶段的发展需要，同时配合社会发展阶段，以综合的及团队的工作模式，提供个人及小组生活并重的服务”②。这种从服务目标、方法和技能的角度来界定儿童社会工作的论述是极具专业化特征的。

至于在中国内地，1993 年的《社会保障词典》中对“儿童社会工作”的定义是“以儿童为主的社会工作，不仅局限于对贫苦无依儿童的收容教养，而且扩展成为对全体儿童的福利服务”③。无疑，该定义是以儿童社会工作服务对象的群体特征和特殊性为侧重点的。

此外，从儿童社会工作历史和现实的角度看，儿童社会工作也有狭义和广

① 林胜义．儿童福利［M］．台北：五南图书出版公司，2002：4.
② 陆士桢，任伟等．儿童社会工作［M］．北京：社会科学文献出版社，2003：17.
③ 陆士桢，任伟等．儿童社会工作［M］．北京：社会科学文献出版社，2003：17.

义之分。狭义的儿童社会工作指面向特定的儿童和家庭，特别是其需求不能从家庭或其他社会机构中获得满足的儿童，这种儿童社会工作又称为事后补救性的工作。而广义的儿童社会工作则包括国家和地方政府为保护儿童权益、促进儿童全面健康成长所采取的一切措施。

综上所述，我们认为，儿童社会工作指以全体儿童为工作对象，在有关儿童发展理论的指引下，运用科学的专业服务方法与技术，以帮助解决儿童问题、满足儿童需要、促进儿童全面发展，进而促进社会和谐发展为目的的专业服务活动。这一定义规定了儿童社会工作的服务对象、工作方法和工作目的等内容，强调了儿童社会工作属于专业社会工作的范畴。

（二）儿童社会工作的发展

与社会工作的起源和发展一样，儿童社会工作是社会生活的产物，并经历了从非专业向专业逐步发展的历程，由此形成了一个不断成长和完善的专业发展史。比如，伴随现代化的发展，资本主义生产关系开始形成，家庭结构和功能发生变迁，以流浪儿童和失依儿童为代表的儿童问题作为重要的社会问题，开始显现并引起各方关注，因此，儿童社会工作逐步从儿童工作中分离出来，并步入了一条快速发展的专业化道路。具体地说，我们可以将儿童社会工作的发展划分为以下两个阶段。

1. 消极的儿童福利时期

尽管对失依或贫困儿童的救助一直存在于宗教和慈善组织中，但直到 17 世纪，社会救助制度的建立才真正确立了儿童社会工作的专业地位。从 1601 年伊丽莎白《济贫法》颁布到 19 世纪，被视为儿童社会工作发展的第一阶段，即以救济贫困失依儿童为主的阶段，又称为消极的儿童福利时期。

在儿童社会工作的发展史中，伊丽莎白《济贫法》的颁布，标志着现代儿童社会救助体系的确立。英国是最早进入工业革命的国家，也是遭遇众多社会问题的国家，《济贫法》即为解决当时的各种社会问题而产生。《济贫法》将失依儿童纳入三类贫民之列，并规定要设法领养或寄养包括孤儿、弃婴、被父母遗弃或因父母贫困无力抚养的儿童等在内的失依儿童。之后，美国人布拉斯于 1853 年创建的“纽约儿童救助协会”被认为是该阶段的一个重要事件，它标志着儿童救助方式的进一步完善。18、19 世纪失依贫困儿童的数量增多，原有的寄养及救助方式已不能满足社会需求，而专门收容孤贫儿童的孤儿院和养育院也不能解决儿童的主体需求及问题。因此，“儿童救助协会”采用家庭教养方式，用家庭住宅取代孤儿院的公共宿舍，开始在家庭中配备保育员来扮演家长的角色，这无疑对儿童的身心健康有着重要意义。1788 年德国在全市中心办事处综合治理下推行了分区助人自助式的救济制度，即“汉堡制”①。这一制度中也包含了将贫困无依的儿童送往工艺学校学习技能及语文等对儿童的救助计划。

可见，第一阶段标志着儿童救济和福利从家庭责任转向了政府和社会责任，各国政府也开始日益重视儿童福利和服务工作。

2. 积极的儿童福利时期

进入20世纪以来，伴随着儿童福利的新观念的产生与发展，儿童社会工作进入了一个新的阶段。人们不再视儿童为父母和家庭的私人财产，而是将儿童置放在社会这个更广阔的环境中，视其为社会中的一员，故而对儿童的教育和保护便成了整个国家的责任；同时对儿童的福利也不仅仅是对不幸儿童的救助，而是扩展到对全体儿童健康发展事业的推进。这样，儿童福利在这一时期得到了扩展和深入，新的儿童福利观念也深深影响了各国的福利政策。

比如，以1909年美国“白宫儿童福利会议”为起点，各国政府纷纷召开儿童工作会议，儿童工作被各国政府提上议事日程。到了1923年，联合国第一次发表《儿童权利宣言》，并将儿童福利和儿童工作带入一个新的阶段，也为儿童社会工作的发展提供了重要的思想基础。同时，不断修订完善的《儿童权利宣言》还提出了儿童工作的主要内容和儿童应享有的权利，包括儿童应受到关怀和爱护，应该享受医疗照顾和免费的教育，应该有全面的康乐和游戏的权利，遭遇灾难时应获得优先救济，应该有发展潜能成为社会有用之才的权利，所有的儿童应平等享有上述权利等。上述内容为“以儿童需求为出发点”的专业儿童社会工作提供了依据，也为儿童社会工作的服务对象和工作内容提供了框架。之后，1990年世界儿童首脑会议通过的《儿童生存、保护和发展世界宣言》等纲领性文件，则在全球范围内以统一的法律法规形式在立法层面给予了儿童社会工作发展以政策保障。

总之，随着社会工作专业和个案社会工作方法的专业化发展，儿童社会工作在20世纪逐渐步入了一个积极的、全面的、专业化的成熟阶段。

(三) 儿童社会工作的特点

概括地说，儿童社会工作的特点有以下几个方面：

(1) 儿童社会工作是一个科学的专业体系，可以从对象、目的、方法(专业手段) 三个方面来理解。儿童社会工作的对象是所有儿童及儿童所有方面的问题；儿童社会工作的根本目的是激发儿童自我发展、自我成长的潜能；儿童社会工作需要有一批掌握儿童成长规律与社会工作专业技能的社会工作

① 参见陆士桢，任伟等．儿童社会工作［M］．北京：社会科学文献出版社，2003：24.

者，以协助儿童实现自我引导、自我发展。

（2）儿童社会工作具有积极的社会功能。儿童社会工作作为一种专业化、制度化的为儿童服务的活动，对儿童本身与社会都有着积极的贡献，这种积极的贡献就是儿童社会工作的功能。比如，对困境儿童的解困与救难，通过专业手段为他们提供适当的救助、安置、保护、辅导等服务，协助其解决问题，以及对所有儿童的成长辅导与促进其全面发展，使他们顺利进入主流社会。另外，解决儿童问题也有利于家庭稳定及促进社会安全与发展等。

（3）儿童社会工作具备坚实的社会基础，应恪守专业的价值伦理。比如，儿童福利与福利政策是儿童社会工作的坚实社会基础；又如，由《儿童权利公约》所体现的科学进步的儿童观，则构成了儿童社会工作的伦理基础。此外，儿童社会工作也恪守自己的专业价值，并坚守尊重主体、接纳、自决、个别化、正面引导及一致性等工作原则。

（4）儿童社会工作依据科学的儿童发展理论。关于人的发展理论是儿童社会工作的理论依据与具体工作指导，主要包括生物学、心理学、社会学、文化学方面的理论，详见第二节社会工作的理论的相关介绍。

第二节　儿童社会工作的理论与方法

一、儿童社会工作的理论基础

儿童社会工作是启发儿童潜能，促进儿童健康、全面发展的实务工作，因此，了解和掌握儿童成长或发展的规律是社会工作者开展儿童社会工作的理论前提，只有具备了正确的理论指导，社会工作实践才更具有方向性和实效性。正是从这个角度看，儿童发展理论不仅是儿童社会工作的基础，也是儿童社会工作者必须学习的基础理论。儿童的本质是发展，一个人的发展主要受到生理、心理、社会、文化四个因素的影响，我们将简要介绍儿童社会工作的主要理论基础及框架。不过，因篇幅限制，本节将从生理学和心理学方面来重点介绍儿童发展的理论框架。

（一）生理学理论

生理的发展是儿童诸多发展方面中最为突出的、最显著的方面。生物学在诠释儿童发展规律方面主要包括进化论、遗传学等基本理论。这些理论重视生物学力量对儿童个体成长发展的影响，强调自然法则和内在的生理遗传对儿童心理和行为的作用，并较多地把儿童的成长与发展看做个体适应环境的现象。

（1）达尔文的生物进化论。心理学家霍尔将进化论和复演论运用到儿童心理发展的研究中，认为不同时期的人具有不同的成长焦点，个体的心理发展与人类进化过程相一致。比如，在婴幼儿时期，个体的发展主要为感官和动作的探索；在儿童期，个体则渴望游戏、喜欢幻想和冒险；在少年期（8—12岁），个体的技术学习和规则训练最为重要。因此，霍尔指出，在不同的发展阶段，儿童社会工作的侧重点各有不同，必须因人因时而异。

（2）生物学家丹纳的生长顺序和时间理论。丹纳通过对儿童和青少年的成长研究发现，儿童的生长发育是有顺序和时间规律的，虽然在具体时间上有快有慢，但发展的每一个阶段都必不可少，而儿童的成长则是一个循序渐进的过程；并且少年儿童的生物性发展具有较大的个别差异性，其发展并不是平衡的，即每个个体在每个过程和阶段中的具体发展状况都存在着显著差异。根据这一理论，儿童社会工作者需要了解和熟悉少年儿童各个时期生长发展的规律和特征，以帮助他们克服成长中的心理问题。

（3）美国生理学家格赛尔的发展螺旋论。格赛尔对儿童的生理和心理发展进行了长期的考察，形成了成熟势力说的核心思想。此理论认为，成熟与学习是支配儿童心理的发展因素，并且二者分别代表了内外环境。不仅如此，该理论也认为，儿童发展是儿童行为或心理在环境的影响下有顺序的过程，这个顺序与内环境有较多的关系，而外环境仅仅为发展提供了时机而已。此外，格赛尔还认为，个体发展的差异性是由遗传编码的差异造成的，同时成长也具有前进和后退的现象。可见，该理论提醒了儿童社会工作者应关注儿童的内环境，重视儿童成长过程中遭遇问题的生物性成因。

（二）心理学理论

心理的发展是儿童成长发展的重心，也是引发儿童成长发展问题的重要领域。从心理学的角度来看儿童的发展，主要是从儿童认知、情感、行为、人格等方面来揭示儿童的发展规律。心理学对儿童心理发展的影响因素主要从内外两个方面来分析，内在因素包含知觉、认知、情感、道德等，而外在因素涉及人的生理和遗传、自然和社会环境等。以下介绍几种有代表性的理论：

1. 心理分析理论

心理分析学派的创始人弗洛伊德认为，人类的本质是先天决定的，而决定行为的力量主要是内在的驱动力而非环境；同时，大部分行为的背后都隐藏着生物性的驱动力，如性与攻击，这种驱动力会依个体人格成熟度不同而以不同的方式呈现。具体地说，弗洛伊德的发展理论包含有五个发展阶段：①

口腔期：在婴幼儿时期，嘴巴是获取满足的主要器官，如婴儿由吸吮的动作获得满足，如果口腔期的需求未得到满足，就会发生冲突，同时在成人阶段

① 参见 Paula. Allen-Meares. 儿童青少年社会工作［M］. 关汉中，译．台北：洪叶文化事业有限公司，1999：41.

也可能会产生依赖和忧郁等。

肛门期：这一时期在发展层级上属于第二个层次。在此时期，肛门成为注意的焦点。比如，幼儿时期的惩罚性的排泄训练，则会造成日后成人时期许多的负面结果。此阶段大约要维持到4岁，同时，儿童也由控制排泄身体的积物而获得了快感。

性器期：在此阶段，儿童发现自己的外生殖器，或者进行性别的分化。而这个阶段的负面影响出现在成人期的特征是：强烈的占有欲、爱出风头和好胜。

潜伏期：儿童在小学阶段进入该时期，是较少情绪的发展阶段。在此时期，儿童学习新的技巧并发展出较好的自我价值感。

根据弗洛伊德的上述观点，儿童的发展可能受到不利情况与经验的限制，儿童的发展会变得停滞，并拒绝进入下一个阶段。同时，儿童可能在某一阶段中得到过多的满足或是太少的满足，继而影响其成年的特质。此外，弗洛伊德还将人格分为本我、自我和超我，并认为儿童天生具有本我，本我乃是驱动力的催化者；自我可以区别内在的心灵与外在的真实世界，且能够控制行为；超我使个体能够分辨对错。而这三种机能活动的平衡，则促使人格与外界相互作用，由此获得需求的满足。不过，需要指出的是，弗氏强调认同作用在少年儿童的发展过程中对其社会化产生的重大影响。而认同则意味着理解和接受，一旦缺少认同，往往会引起儿童的心理变态或行为偏差。

无疑，心理分析理论提醒儿童社会工作者要重视儿童的认同作用，要帮助儿童了解现实，积极参与实践，以树立正确的自我判断；同时，儿童社会工作者要关注儿童的心理冲突，协助儿童建立正确的发泄情绪的渠道，以引导儿童建设性地面对各种心理挫折。

2. 心理社会理论

埃里克森将“心理社会”与“危机”的概念与弗洛伊德的人格发展的性心理理论结合并指出，社会心理发展有八个阶段，而每一个阶段的任务则代表了正面或负面的解决能力，构成了他理论中所谓的“危机”。同时，某一阶段的任务要顺利完成，必须依赖前一阶段的顺利完成。这八个阶段是：信任对不信任；自主对羞愧；积极对罪恶感；勤勉对自卑；自我认同对角色混淆；亲密对孤立；创造力对停滞；自我整合对绝望。①

埃里克森认为儿童的内在驱动力必须靠父母来满足，他相信个体具有影响和控制环境的能力，人具有主观能动性，环境特别是父母的态度和社会的趋势

① 参见 Paula. Allen-Meares．儿童青少年社会工作［M］. 关汉中，译．台北：洪叶文化事业有限公司，1999：43.

会影响儿童回应的方式。比如，婴儿期的儿童学习信任，接受爱、温暖、食物与抚慰，但这些需求如果得不到满足，婴儿则可能无法习得信任。不过，儿童还有机会在另一个发展阶段来体验和学习信任。换言之，早期阶段发展的冲突或不足可被再造，并在生命中稍晚阶段获得满意的解决。正是从这个角度看，儿童在任何一阶段的适应不良，仍可以在后面的阶段被改变。因此，在任何一阶段的需求若未被满足，而稍后能获得满足，儿童就有可能继续成长而不会受到伤害。

可见，心理社会理论对于儿童社会工作的影响在于，在儿童工作中要把握儿童心理发展的各个阶段，考虑到各阶段之间的关联性，并重点关注儿童的需求是否获得了满足，以此及时地在以后的阶段中协助儿童获得满足和发展，避免问题的发生。

3. 学习理论

此理论的一个基本假设是，所有的人类行为都是通过自身学习而来的，人在成长时所获得的行为模式主要是他们自身与环境互相作用的结果。该理论关注的是成长与发展的行为指标，以及认知和人格的发展。简要地说，该理论认为，学习是儿童从其周围的环境中收集资料，并形成对环境回应的过程。环境的影响力很大，因其为儿童提供了某些行为模范，并对某些行为给予奖励或惩罚。通过长时间的观察，儿童以观看的方式学习，并因为特定的行为而受到奖励。可见，儿童从进入世界的那一刻起开始学习，但学习的概念也适用于习得全新的回应方式，以及改善或改变已学到的行为。

学习理论的代表人物班杜拉认为，人是环境的产物并且大于所处的自然的产物，人的生存环境与认知状态一样，决定着人的行为。同时，班杜拉还认为，人的学习不仅通过我们自身的体验，还要通过观察学习的过程，而这个过程包括注意、保持、再生和增强四个环节，被观察者是观察者行为的楷模①。此外，学习理论还提出了自我系统和自我效能的概念，并特别强调模仿，认为良好的模仿会促进儿童的健康成长。

显然，学习理论对于儿童社会工作具有重要的指导意义。比如，在改善儿童的学习过程、为儿童提供榜样和楷模、改造儿童发展的不良环境、通过楷模的效应对发生偏差的儿童进行治疗以及实现儿童不同程度的自我规划等工作中，学习理论都可以为社会工作者提供理论上的指导。

4. 认知理论

以瑞士儿童心理学家皮亚杰为代表的认知理论，处理的是认知及心智发展

---

① 参见陆士桢，任伟等．儿童社会工作［M］．北京：社会科学文献出版社，2003：153.

的问题，主要涉及儿童经历的一连串复杂的发展阶段。比如，皮亚杰将儿童视为具有主动性的个体，并在其发展过程中个体试图控制与学习自己周围的环境，以此不断尝试理解自己生活的世界。

皮亚杰的核心观念是运算或运思（operation）①。这是一种特别的心智活动，它能够根据特定的目的转换信息，并具有可逆性。比如，皮亚杰认为，儿童先是经验性地了解其所处的环境，然后创造观念与行为去理解其环境。而这一心理历程正是心智发展的核心。同时，皮亚杰认为，儿童能利用同化与调适来协调自身阶段的继续发展，其中同化是在已有观念中统合新的客体或想法，调适则是改变行为以适应新的环境的过程。

此外，皮亚杰将个体的认知发展历程分为了四个阶段，即：感觉运动期（出生至2岁）、运思前期（2岁至7岁）、具体运思期（7岁至11岁）和形式运思期（11岁以后）。每一个阶段都是下一个阶段的基础，每一项新习得的技能都能累加到下一阶段。比如，在感觉运动期，婴儿学习协调地运动手臂和手，形成最初的物质的概念，对周围的环境变得好奇，并学会专注于自己的想法，进入一种自我中心的阶段。而学龄前儿童属于运思前期，在这一阶段，大多数儿童能够组织客体、解释规则并了解如何进行游戏，相应地，其生活世界和心理范围得到了扩展，但其考虑问题的出发点仍是自我，故限制了其掌握逻辑概念的能力。大约从7岁到11岁是具体运思期，此时的儿童，变得能进行真正的、与客体直接相关的运思了，这意味着儿童能够感知和识别那些等待解决问题中的客体。同时儿童还展现出对某些相当有逻辑的规则的认知，他们不仅有解决包含客体的问题的准备，而且也有解决那些涉及假设和命题问题的准备。最后一个阶段则是形式运思期，它涵盖了善于评判变数与因果关系的能力，以及设想行动可能的后果的能力，此时思考的历程也包含了分析。在此阶段，儿童的思考是弹性的，且具有解决复杂问题的能力，他们也能够预测及推想某一假定情况或事件的后果。

总的来说，皮亚杰的理论建议是：在某一发展阶段，儿童具有特定的思考方式，除非他们已经发展就绪，否则无法教导他们某些事情；此外，如果口语的沟通内容超过其认知上的理解能力，儿童则可能无法明白。这在对儿童的培养和教育、心理过程的评定、教导方法的运用、学习目标与课程设置等儿童社会工作领域中，都具有重要的指导意义。同时，认知理论中对个人行为成因的分析、对环境信息收集的侧重，均对于现代儿童社会工作的实务具有特别的指导意义。

① 参见 Paula. Allen-Meares．儿童青少年社会工作［M］．关汉中，译．台北：洪叶文化事业有限公司，1999：46.

此外，因儿童生活在社会及社会文化中，因此，社会学与文化学的基本理论也是儿童社会工作最为重要的指导理论。社会学理论对儿童社会工作的贡献主要表现在社会化理论、结构功能学派的关于家庭、组织和社区的理论以及冲突理论中关于资源与社会问题的理论等。这些理论为儿童社会工作者在把握社会结构性因素对儿童的成长发展的影响，关注家庭、社区、组织等环境之时，提供了深入认识儿童发展与社会的关系的重要理论依据。又如，文化学关注于儿童成长发展的文化环境，着重从文化的角度解读儿童的发展，这些理论对于儿童社会工作的意义在于，提醒工作者在实务中关注儿童环境和儿童群体文化，以及儿童发展对社会文化的影响等。

二、儿童社会工作的方法

与其他社会工作实务一样，儿童社会工作同样采取了个案、团体和社区工作方法来开展儿童服务工作。

(一) 个案工作方法

儿童个案工作多以有问题的儿童为服务对象，服务的目标在于帮助儿童解决成长和发展中遭遇的困难和问题，并预防新问题和新困难的产生，增进儿童自我面对和解决问题的能力，并协助家长对儿童健康发展做正面的、积极的监督和指导，以达到治疗和发展的功能。个案工作在儿童社会工作中有着突出的优势，它以其艺术性和多样性来面对复杂的工作对象，以工作的科学性和技术性来面对复杂的问题，以助人自助，从深层次的生理和心理上来促进儿童发展，以重视系统和环境的思想来更有效地解决问题。具体地说，儿童个案工作一方面通过直接挖掘儿童发展的需求，激发其发展的潜能，调整其心理状态，来辅导他们健康成长；另一方面，通过协助儿童整合其周围的社会资源，改变其当前的社会境遇，来促进其改变和发展。同时，儿童个案工作通常运用了面向儿童的个别谈话和咨询服务的两种工作形式。前者是解决个别儿童特别是有偏差行为儿童问题的重要方式，后者主要针对儿童个别发展性的问题。此外，在儿童个案工作中需要遵循一系列的原则，包括个案工作的保密、沟通、个别化原则，以及儿童社会工作特别强调的环境分析、承认与接纳等原则。

(二) 团体工作方法

团体工作方法是以儿童团体为对象，运用团体动力程序与团体活动过程设计技术，促使团体中的儿童达到社会性的发展、行为的改变，实现儿童个人与社会的和谐发展①。团体在儿童的社会化过程中扮演着重要的角色。儿童正是在团体（尤其是非正式的儿童团体）中学会与人交往、接触到最初的道德、

① 参见史柏年．社会工作实务（中级）［M］．北京：中国社会出版社，2007：126.

开始树立正确的自我认知，并学会处理和把握各种社会关系的。正是从这个角度看，团体既是儿童发展的重要环境，也是矫治儿童不良行为和社会适应性问题的有效途径。比如，儿童团体工作要建立各种类型的团体，通过团体活动和成员互动来推动儿童社会性发展，如适应外部环境、个人能力提升、价值观和行为方式的转变、思想行为的矫治等。此外，儿童团体工作可以根据儿童群体不同的需求而采取不同的工作方法，但都应遵守基本的工作原则。比如，对团体成员的个别性原则，对团体的个别化原则，鼓励和调动团体成员的主动性与积极性的原则，调动团体成员参与冲突的原则，以及科学地、专业地实施团体辅导的原则等。

（三）社区工作方法

运用社区资源解决儿童的发展问题，是儿童社会工作的重要方法。儿童社区工作方法与一般意义上的社区工作方法有着一定的差异，因为儿童社区工作方法主要是通过调动包括儿童在内的全体社区居民的参与，为儿童在社区内的健康发展营造一个良好的环境，并协助引导儿童最大限度地与社会或社区进行互动，最终在服务儿童的基础上促进整个社区的全面发展。此外，儿童社区工作需要遵循下列原则：以儿童的发展为中心的工作目标，从社区实际出发确立工作计划，组织教育服务原则和儿童参与的原则等。同时，儿童社区工作也强调通过直接的物质性建设、非物质的教育性的服务、儿童突发事件的介入、动员与组织社区内综合服务力量以及发动社会资源等介入手段，来实现儿童和社区的共同发展。

最后，需要指出的是，在实际的儿童社会工作中，较多地采用了整合上述三种形式的工作方法，以使工作可以更加有效地展开。不仅如此，儿童社会工作还有几种特殊的整合方式，一是对儿童的家庭支持与收养、寄养。如家庭服务机构及儿童辅导机构就是儿童家庭服务的主要支持性机构；而家庭寄养的方式则有收容之家、免费寄养家庭、工作式寄养家庭、受津贴寄养家庭和团体之家之分；至于收养则有亲属收养和非亲属收养之分。二是对社会福利院儿童的管理与服务。如福利院对儿童安置的服务与管理包括了安置前的准备工作、安置期间工作、安置结束工作三个阶段。三是对儿童生理、心理、社会性发展的辅导。比如，除了学校与社区对有一般性行为偏差的儿童少年进行干预外，还有三个特殊的领域尤为重要，即少年法庭里的儿童社会工作、为有轻微犯罪行为的少年儿童提供帮助的教育机构中的儿童社会工作、社区服务中的儿童服务等。总之，儿童工作因有大量的面向社会的工作，尤其需要广泛动员和集思广益，需要多种工作技巧和能力。因此，在儿童社会工作中必须灵活地、创造性地使用工作方法，以提高工作效率。

第三节　中国儿童社会工作的回顾和前瞻

要将中国的儿童社会工作更好地开展下去，并推进到一个更高的层次，则需要对我国儿童社会工作的发展历史和现状有一个清晰的认识，以及对未来的发展走向做一个前瞻式的分析。

一、中国儿童社会工作的发展历史

中国历来重视对儿童的教育和培养，儿童福利思想也如中华民族的优秀文化一样源远流长，并成为其中的重要组成部分。

（一）中国古代儿童福利思想

中国古代的儿童福利思想在我国传统的社会福利和社会救助思想中得到了显著的体现。《周礼·地官·大司徒》中提出“以保息六养万民：一曰慈幼，二曰养老，三曰振穷，四曰恤贫，五曰宽疾，六曰安富①”和“周官以慈幼、养老、振穷、恤孤、宽疾之政佐天子保安万民”等。《礼记·王制》中提出“少而无父者谓之孤。老而无子者谓之独。老而无妻者谓之矜。老而无夫者谓之寡。此四者，天民之穷而无告者也”，并在之后的《大同篇》中提出了“老有所终，壮有所用，幼有所长，矜寡孤独废疾者皆有所养”的大同之世的设想。管子在《入国》中提出了“九惠之教”，即九种惠民政策“一曰老老、二曰慈幼、三曰恤孤、四曰养疾、五曰合独、六曰问病、七曰通穷、八曰振困、九曰接绝”②，并在其提出的治理国家所兴的“六德”中概括了扶危济贫的措施，包括“养长老、慈幼孤、恤孤寡、问疾病、吊祸丧；衣冻寒，食饥渴，匡贫窭，振罢露，资乏绝③”（《管子·五辅》）。《淮南子·修务训》中记载“布德施政，以振贫穷。吊死问疾，以养孤孀。百姓亲附，政令流行”。史书记载，周文王“则古公、公季之法，笃仁，敬老，慈少”（《史记·周本纪》），“老而无妻曰鳏，老而无夫曰寡，老而无子曰独，幼而无父曰孤。此四者，天之穷民而无告者，文王发政施仁，必先此四者”（《孟子·梁惠王下》）。这些论述都是古代儿童福利思想的主要体现。

（二）旧中国的儿童社会工作

在遭受内忧外患的旧中国，有大量儿童陷入生存危机和福利危机。由于战争和自然灾害，贫穷、饥饿和疾病严重侵蚀着儿童的生命健康，中国整体的儿

① 杨天宇．周礼译注［M］．上海：古籍出版社，2004：153.

② 李克和，刘柯．管子译注［M］．黑龙江：人民出版社，2003：356.

③ 李克和，刘柯．管子译注［M］．黑龙江：人民出版社，2003：58.

童发展状况不容乐观。当时中国的儿童福利服务很匮乏，不能满足儿童的需求。从18世纪末开始，一些西方国家在对中国进行军事侵略和经济剥削的同时，也将一些宗教慈善团体引入了中国，并相继在中国开办了一些专门的儿童福利和救助机构，如“孤儿院”、“育婴堂”等。但这些机构数目很少，且具有文化侵略的本质特征，因此并不能解决旧中国社会中的儿童贫困和疾病问题。之后，国民党政府时期也出台过一些儿童福利和救助政策，并对改善儿童生活状况起到了一定的作用。与此同时，一些热心公益事业的人士也开展了福利慈善工作，并对儿童生活的改变产生了较大的影响。比如，20世纪20—30年代的“乡村建设运动”中，旅居海外的华人华侨对儿童福利工作给予了资助和救济及进步人士创办了慈善机构等。此外，在共产党领导的解放区中也推行了大量的战时儿童福利政策。比如，在中共多次重要会议上通过了关于儿童福利的政策方案，为解放区的儿童工作提供了依据和动力；又如，共产党成立了各种儿童组织，收养和教育了大批的儿童，促进了儿童健康发展，并为国家建设输送了大量的人才。这些措施对儿童福利和儿童工作带来了较积极的影响。

（三）新中国的儿童社会工作

新中国成立后，政府各职能部门逐渐完善，福利救助体制也开始慢慢建立，儿童福利服务工作也得到了较大发展。首先，在社会立法方面，国家在各项政策和法规中明确规定了儿童的各项权利，并强调对儿童合法权益的维护。而与儿童福利相关的法律法规体系的完善，则为儿童工作和福利事业的有效开展奠定了基础。其次，在组织建设方面，少年先锋队作为第一个全国性的儿童组织成立并蓬勃发展起来。少先队组织开展了大量内容丰富且具有教育意义的活动，对少年儿童全面健康地成长具有重要的引导作用。同时，在各地纷纷建立起一大批少年宫等儿童活动中心，极大丰富了儿童的课外生活，而另一些涉及儿童问题的职能机构，也全力投身于儿童工作，竭诚为儿童提供服务。这些组织的基础建设极大推动了儿童事业的发展。最后，在特殊儿童的福利事业发展方面，从解放初期我国就开始从社会和儿童的需要出发，在各地建立了一批接收和教养失依儿童和残障儿童的社会福利事业单位，如儿童福利院。新中国成立之后，我国及时地开展了对残障儿童的特殊教育，开办了聋哑学校、盲童学校、培智学校等为特殊儿童提供专门教育的机构，为残障儿童步入社会和实现自身价值创造条件。此外，各地政府还建立了收容站，即将在城市流浪的儿童集中起来，保障其在城市的生活，并努力将有家庭的孩子送回流出地，促使他们重返校园。当然，中国的儿童福利和儿童工作虽然有了长足的发展和进步，并取得了巨大的成绩，但在整体服务政策和工作质量上，还存在欠缺和不足。

二、中国儿童社会工作的现状

（一）中国儿童社会工作的机构

在中国，有着一套完备的面向儿童的工作机构和组织，它们各司其职、互相协调，共同构建了中国儿童社会工作和福利服务的体系，以下简述之。

国务院儿童少年工作协调委员会：这是专门协调全社会儿童工作的机构，是统筹管理各部委的儿童工作部门。

全国人大内务司法委员会妇女儿童小组：此机构参与保障妇女儿童权益的立法，协助人大常委会监督儿童法律执行状况，进行相关调研活动并为立法和决策提供意见和建议。

共青团中央少年儿童部：进行少先队的组织建设和队伍培训，开展少年儿童教育和活动，保护少年儿童权益等。

中国少年先锋队全国工作委员会：简称全国少工委，主要负责对少先队工作的指导和监督，并负责组织发展工作。

全国妇联组织儿童部：负责以家庭教育为中心的对婴幼儿和儿童的教育和培养。

除了上述全国性的专职部门外，各地政府和团体还兴办了百余家儿童福利院，为失依儿童提供救助；设立了一千多家青少年宫和儿童活动中心，为儿童的学习和课余活动提供环境；建立了未成年人保护中心，为儿童提供法律的和社会的帮助。此外，大量的民间儿童组织、基金会和救助中心也纷纷建立，并推动着儿童社会工作和福利服务迈向社会化。

（二）儿童社会工作的内容

儿童社会工作是在政府福利政策基础上对全体儿童开展的服务活动，其工作领域涉及儿童日常生活的方方面面。概括地说，儿童社会工作的服务内容大致可以分为宏观工作和微观工作两个部分。

1. 宏观的儿童社会工作

宏观的社会工作主要是面向社会的、公共政策层面的工作，主要包含以下几个方面的内容。

（1）推动立法进程。儿童社会工作是面向全体儿童的福利政策，其工作对象广泛，工作面也很大，必然要求政府有大量的资金和人力投入。因此宏观儿童社会工作的首要任务则是积极推动政府在儿童福利、儿童权益保护方面的立法，督促政府增加在儿童营养和卫生保健方面的投入，提出更多的关于儿童福利方面的建议和意见，并为儿童提供包括法律服务在内的各种活动①。

---

① 引自陆士桢，任伟等．儿童社会工作［M］．北京：社会科学文献出版社，2003：30.

（2）促进对儿童的养育。儿童是幼苗，需要特别的养育，儿童社会工作则要动用各方资源，保证对儿童的营养，并努力为儿童提供一个良好的居住环境，包括家庭环境、社区环境、公共设施环境（如幼儿园、托儿所等）。

（3）推动儿童教育事业。儿童社会工作在教育事业方面的任务是通过宣传、政策建议等方式，为儿童建立一个高质量的、面向全体儿童的教育环境，通过普及现代的教育思想和方式，提高对儿童的教育质量及全社会的教育思想和教育意识。

（4）创造儿童快乐的成长环境。游戏和娱乐是儿童快乐生活中必不可少的部分，是儿童身心健康发展的必需，它甚至起到与教育同等重要的作用，因此为儿童提供娱乐和游戏的机会或条件也是儿童社会工作的工作内容。比如，鼓励政府投资或利用社会资助修建儿童休闲娱乐场所；宣传健康有趣的游戏娱乐形式，普及儿童娱乐知识，举办各种娱乐竞赛活动，以吸引更多的儿童和家庭参与到儿童游戏娱乐活动中，为家庭游戏提供指导，协助孩子在游戏中学习等，都是儿童社会工作的工作方式。

（5）加强儿童的营养与卫生保健。儿童是国家未来的主人与希望，儿童的健康状况是民族健康和发展的基础，因此儿童的营养与卫生保健是儿童社会工作的基本内容。在这方面，儿童社会工作的工作方向有两个，一是利用政策导向在社会和家庭中宣传普及儿童营养的知识，推广科学的儿童喂养知识。二是通过妇幼保健和学校的健康检查，提高儿童的身体素质，并在学校和家庭宣传健康保健和疾病预防的知识。

（6）保护儿童合法权益。这是在推动儿童立法工作基础上实施的工作内容。对儿童的保护主要表现在保护儿童合法权益不受损害和制止威胁儿童健康成长的行为等方面。同时，儿童社会工作还有必要帮助和引导儿童树立自我保护意识，提高儿童自我保护能力。

（7）开展儿童家庭服务。即在家庭层面开展的儿童社会工作，包括：对家庭中儿童权益的保护；针对亲子关系与儿童教育方面的服务；在社会上建立对个别“问题”儿童的服务机制。

（8）提供儿童的信息、资讯及宣传。即对儿童成长和发展中出现的问题进行调研，以尽快解决这些问题，为国家关于儿童的福利服务政策提供建议；对既往的儿童政策进行评估和考察，并为政策的调整和完善提出理论依据；对儿童权利和福利需求的宣传等。

2. 微观的儿童社会工作

帮助儿童解决实际生活中遭遇到的生理、心理、情绪等适应性问题的工作，则是微观儿童社会工作的工作内容，其具体内容如下。

（1）对生活境遇不良的儿童的救助。一般而言，这类儿童服务可以分为支持性、补充性、替代性、保护性四种类型。

支持性儿童服务。这是通过支持或增强家庭满足儿童各种需要的能力，由此促使家庭成为儿童最佳的成长场所的服务。该服务主要是针对在功能上存在维持和发展的压力，并有可能因这些压力而导致家庭结构上的分裂或残缺如离婚、分居等的那些家庭和儿童关系体系。对儿童提供的支持性服务主要包括：对儿童与家庭的辅导服务、对发展迟缓儿童的疗育服务、对未婚妈妈及其子女的服务等。这些服务强调的是运用家庭本身的力量来改善家庭关系和家庭结构的紧张状态。

补充性儿童服务。这是一种补充性的方案，目的在于弥补家庭对其子女教育功能的不足或不适当等情况，尤其是当儿童的家庭发生困难，或其双亲因能力的限制而无法为儿童提供充分的照顾时，往往需要从家庭体系之外给予补充性的服务。该服务是在保留儿童生活中的部分内容的基础上，对其他基本内容进行的必要改善，从其性质上看，它仍然是对家庭功能的恢复或补充。补充性服务主要措施包括托育服务、儿童家庭服务、家庭经济资助方案等。

替代性儿童服务。这是一种替代性方案，目的在于针对儿童个人的实际需求，提供一部分或全部的替代家庭照顾的功能。换言之，这是在家庭失去功能的情况下，将儿童安排到适当的居住场所，以替代父母执行儿童照顾的角色。此类服务可以说是最底线的保护措施，主要服务于那些子女陷入困难境地，需要暂时或永久地解除亲子关系的家庭。替代性服务的内容主要有寄养服务、收养服务、机构救助等方面。

保护性儿童服务。该服务是对遭受虐待的儿童加以保护的方案，原则上讲求最小程度地改变儿童的生存环境，维护其成长发展的稳定性。保护性服务是针对受到虐待、疏忽、剥削或拒绝的儿童提供服务，服务的性质以预防性和非惩罚性为主，通过对潜在因素的分析和介入，以达到康复的目标。保护性服务力求改善儿童的生存环境又不造成太大程度的颠覆，因此父母最大程度的参与是必要和必须的。保护性服务的服务内容主要是对遭受身体虐待、性虐待、心理虐待、疏忽等儿童提供的保护措施。

（2）针对特殊儿童的服务。包含三方面的内容。一是对孤儿和被遗弃儿童的救助，这一直是各国政府儿童工作中的重点工作内容。从儿童社会工作的角度看，救助的方式主要有家庭寄养、收养、儿童福利机构安置等。二是对残障儿童的康复和教育。因残障儿童工作首要是身体的康复，因此，应通过身体训练和医疗手段最大程度地矫正其残疾；同时，针对残障儿童的特殊性应开展特殊教育，并协助他们接触和回归社会，帮助其培养适应社会的生存能力，使之成为对社会有用的人①。三是对有偏差行为的儿童的矫治。儿童社会工作主要是通过社会化辅助、心理辅导、环境建设等手段，帮助因家庭、社会等原因在思想、情绪、行为等方面出问题的儿童走上健康的发展道路。

（3）对青春前期儿童的辅导。儿童末期一般进入青春发育的初期，此阶段由于生理、心理发展迅速，第二性征开始出现，儿童心理方面会出现许多青春期困扰，对此，应开展青春前期儿童的辅导。

三、中国儿童社会工作的前瞻分析

改革开放至今，我国的儿童工作在探索中不断发展。儿童社会福利政策经过修订和完善已经涉及儿童成长的方方面面，从生存权等最基本的权利，到教育和医疗卫生，再到儿童的保护和生活保障，国家列出了一系列儿童福利目标，并做出了相应的承诺。同时中国政府在儿童工作中投入了大量的资金和人力，从物质、精神、环境等多方面实现儿童福利工作的目标。此外，针对特殊儿童群体的服务也越来越深入，并得到了民间慈善力量的大力支援。可以说，中国的儿童社会工作是与中国基本国情相适应的。不仅如此，从国家现在的综合国力来看，中国儿童享受的福利服务状况整体上是比较充分和完备的。比如，有调查表明，中国儿童的身体素质、营养状况都因完备的福利服务而在不断提高。另一方面，随着国家经济实力的提高和社会的进步，儿童社会工作和福利服务不断趋于法制化和社会化，儿童福利政策也从分散走向集中和全面，儿童工作的职能部门则从分散走上整合和专业化。

但是，在中国儿童工作发展和繁荣的背后，我们也应该看到，随着社会的转型与发展，过去不存在的儿童问题相继出现，如失学儿童的救助问题，弃婴的处置和收养问题，单亲或失学家庭儿童的抚养和教育问题，因学习压力而造成的儿童心理和精神疾病问题，以及流动儿童与流浪儿童问题等。这些新问题给社会的发展规划和儿童工作的绩效带来了一定的压力和挑战。同时，我国儿童社会工作和福利服务的法制化和社会化的发展，同整个社会的发展状况相比还有很大的差距，儿童社会工作在中国还很不成熟，专业化和本土化还未展开。因此结合中国特有的国情和经验，借鉴西方儿童社会工作和福利服务的相关理论和方法，创新有中国特色的儿童社会工作，是儿童社会工作在发展中面临的艰巨任务。

---

① 引自陆士桢，任伟等．儿童社会工作［M］．北京：社会科学文献出版社，2003：36.

思 考 题

1. 什么是儿童社会工作？它的工作内容是什么？
2. 如何看待儿童的需求和问题？
3. 儿童社会工作的特点是什么？
4. 中国儿童社会工作的内容有哪些？应如何发展？

主要参考文献

[1] 李增录. 社会工作概论 [M]. 台北：巨流图书公司，2002.

[2] 林胜义. 儿童福利 [M]. 台北：五南图书出版公司，2002.

[3] 陆士桢，任伟等. 儿童社会工作 [M]. 北京：社会科学文献出版社，2003.

[4] 王思斌. 社会工作概论 [M]. 北京：高等教育出版社，1999.

[5] 史柏年. 社会工作实务（中级） [M]. 北京：中国社会出版社，2007.

[6] Paula. Allen-Meares. 儿童青少年社会工作 [M]. 关汉中，译. 台北：洪叶文化事业有限公司，1999.

第十五章　青少年社会工作

黎小姐，现年23岁，父母的独女。黎母原从事家政工作，黎父原为超市保安。2005年1月，黎母被发现患有癌症，此后即开始在家养病。黎父为全心照顾妻子，于同年5月辞职在家。2005年8月，黎母完成了病灶切除手术。由于黎小姐需要照顾家庭，工作经常出错，屡屡被老板炒鱿鱼，目前没有工作。三人都没有工作，全家以低保为生，加上黎母康复需要不少费用，家庭经济非常紧张，全家情绪也都比较压抑。

显然，在这个案例中，黎小姐同时面临着多项困境。物质层面的困境包括无业和经济短缺，精神层面的困境体现为本人及家庭的情绪比较负面，而物质层面的困境又导致了精神压力。在物质层面的困境中，黎母的癌症事件是初始原因，疾病康复需要使其无法工作，并导致了黎父辞工照顾妻子。而黎小姐因照顾家庭屡屡出现工作失误而失去工作。三人无业以及康复所需，家庭经济自然比较拮据。通过上述分析，社会工作者认为，在黎小姐的众多困难中，黎母的癌症事件不可改变，但家庭经济与情绪情况则有可能进行改变。于是，社会工作者首先针对黎小姐及其家庭的负面情绪，运用个案工作方法，提供了心理紧急援助行动，并教以舒缓情绪的技巧，同时也协助黎母参加了自助小组以获取抵抗疾病的信心与社会支持。之后，针对其经济困境，社会工作者还鼓励黎小姐及家庭开发可行的工作岗位，如协助其父母进行福利彩票与体育彩票销售等适合其身体情况与工作强度的岗位申请，并推动服务机构和政府部门出台针对这种特殊家庭的特殊政策，等等。

上述以青少年个人与家人为服务对象，采用“整合取向”的社会工作模式，帮助青少年及家人解决经济困难与负面情绪，协助青少年及家人恢复或提升社会功能，就是本章所要介绍的青少年社会工作。

第一节　青少年社会工作概述

青少年期是一个充满变化的时期。随着青少年在生理、心理的不断成长与自身在社会交往方面不断的变化，青少年对自己生理心理上的认识、对与社会和他人关系的建立与维系、对自身行为的选择等也处于不断的变化之中。同时，青少年的成长也深受个人、家庭、学校、社会环境的影响。因此，青少年社会工作者必须充分尊重青少年的特点，并从人与环境互动的视角多层面地开展工作。

一、青少年的界定与特点

（一）青少年的界定

关于青少年的界定，不同学科有不同的角度，判断的根据也有所不同。从生理学看，视青少年为生理各方面发育成熟，即将具有生育能力的时期；从心理学看，将青少年的标志定位于心智达到一定成熟的状态，如具有不同于儿童期的抽象与逻辑思考的能力，情绪也相对稳定；从社会学看，将青少年视为完成了基本的社会化，不过，关于青少年基本社会化的标准因文化的不同与社会的变迁而有所变化；从法律的角度看，各国对青少年年龄有着不同的规定，但一般将18岁以下视为未成年人。如欧洲的一些国家规定，18岁以上的公民才能获得一切法律所规定的权利，被认为对自己的一切行为负责。而中国的《中华人民共和国宪法》、《中华人民共和国未成年人保护法》与《中华人民共和国预防未成年人犯罪法》规定，未满18岁的男女为未成年人。同时，我国的《婚姻法》规定，男性年满22岁、女性年满20岁可以登记结婚。但共青团规定团员年龄为14—28周岁，少先队队员的年龄为7—14周岁。

从上述有关“青少年”的界定，我们可以将青少年视为从儿童期向青年期转变的一个过渡阶段。其起始年龄为进入儿童晚期的12—13岁，另外，将法律上规定需要承担相应法律和社会责任的年龄即18岁，以及与各地文化和环境的差异结合起来考虑，我们可以将22岁视为青少年的终止年龄。

（二）青少年的特点

青少年是人生发展的重要时期，青少年的特点有以下几点：（1）在生理特别发展期，青少年最明显的特征是生理的快速发展，又称为“青春期生长冲刺”，此种生理的发展既是量的增加又是质的飞跃，并具有生理上与功能上的意义。（2）处在从儿童向成人过渡的转折期，青少年意味着蜕变、转折、转型，其成长中的烦恼也最多。（3）处在人生的关键期，青少年期对人的影响则是全面的，不仅会影响个体的生理心理，也会影响其一生，如婚姻、家庭甚至下一代。（4）青少年作为一个特殊的代群，因生长发育的特殊性及在社会生活中的特殊位置，青少年现象逐渐成为了社会文化现象的一种，由此形成了独特的“青少年文化”概念，并有学者将青少年文化分成“循规蹈矩”的正直青年、“具有越轨行为”的问题青年、“喜欢标新立异”的文化叛逆青年、“采取激进行动”的政治偏激青年四类。“青少年文化”概念既有积极意义又包含不安因素，而其明显的“反叛性”常令成人社会产生烦恼与不安。

总之，青少年阶段是一个兼具过渡性、重要性与关键性的阶段，发展性是青少年群体的本质特征，而多变、创新、反叛是其最主要的特点。不过，任何对青少年特点的概括都不足以充分反映青少年的生命价值，惟有以开放的心态去接纳青少年的任何表现，从他们的需要与发展出发认真研究他们，才可以对他们的特点有真实地把握。

二、青少年的需要和问题

（一）青少年的需要

青少年的需求是一个复杂多元的概念，从发展的角度看，我们可以把青少年个体发展性需要作以下概括①：

（1）接纳自己的身体与容貌，符合社会所规范的性别角色期望。

（2）个体与同伴发展适当的人际关系。

（3）追求个体的情绪独立自主，少依附父母及其他人。

（4）自食其力，寻求经济独立。

（5）对未来的生涯作准备。

（6）发展符合社会期望的认知技能与概念。

（7）努力表现负责任的行为，追求理想与抱负。

（8）对未来的婚姻与家庭作准备。

（9）建立个体的价值体系，符合现实世界的需求。

（二）青少年的问题

随着我国人口城市化、经济市场化、社会生活信息化的迅速发展及社会转型进程的加快，青少年问题日益严重地呈现出来。2005 年《中国青年发展报告》指出，目前中国青少年面临着包括教育、就业、心理、生理、娱乐、全球化等方面的诸多挑战。而青少年的情绪与行为失常、网络成瘾、犯罪、药物滥用、家庭冲突、自杀等已成为社会各界共同关注的社会问题。② 具体而言，当前我国青少年的问题主要有以下几个方面：

1. 青少年犯罪问题

青少年犯罪在世界范围内已被列为吸毒贩毒、环境污染之后的第三大公害。当前青少年的违法犯罪活动主要集中在盗窃、抢劫、伤害、敲诈勒索等方面，其中盗窃犯罪数量最多，并且暴力犯罪与团伙犯罪都有所发展。总的来说，我国青少年犯罪人数呈现逐年增多，以及向低龄化、团伙化、恶性化、高

① 史柏年．社会工作实务（中级）［M］．北京：中国社会出版社，2007：137-138.

② 新华网 http：//news. xinhuanet. com. ［OL］．［2005-12-13］.

技术化发展的趋势。据2003年12月24日的《人民日报》报道，近年来，我国青少年犯罪总数已经占到了全国刑事犯罪总数的70%以上，其中15、16岁青少年犯罪案件又占到了青少年犯罪案件总数的70%以上。因此，预防和减少青少年犯罪，已经成为社会工作者的重要职责。

2. 青少年道德问题

中国是一个具有深厚文化底蕴的礼仪之邦，青少年理应具有良好的道德素质与修养。但是，随着我国社会转型的加速，一方面中西方文化的急剧碰撞，各种思想相互激荡，使得原有的传统道德已不再占据主导地位，更难以适应不断变化的社会形势。另一方面，新的、适应当今社会的、统一的道德观念和行为准则却迟迟没有建立，这使得青少年在多元文化的影响下无所适从。因此，青少年的道德危机问题逐渐浮出水面，并呈现出愈发严重的趋势。加强青少年道德培养的引导与教育，成为了社会工作者开展青少年服务的重要内容。

3. 青少年心理问题

青少年的心理问题主要包括焦虑、抑郁、紧张、恐惧、强迫、多动等问题。这些问题有其发生发展的规律，需要专业人士进行介入，以避免对青少年自身、家庭和社会产生负面影响。有学者指出，目前许多与青少年有关的自伤、自残、自杀与伤人事件均由于强烈的心理问题所致。此外，据有关调查表明，我国精神疾病发生数量已经超过了心血管疾病，跃居疾病发生率的首位；目前我国约有3000万青少年存在不同的心理问题。而儿童、青少年行为问题检出率为12.97%，其中，中小学生中有心理障碍者为21.6%—32%，并呈上升趋势①。因此，如何缓解青少年的心理压力，减轻心理非理性反应，解决心理问题，是社会工作者面临的一项十分重要的任务。

4. 青少年网络成瘾问题

2007年1月11日的《金羊报》指出：《“十五”期间中国青年发展状况与“十一五”期间中国青年发展趋势研究报告》显示，在我国的青少年网民中，有13.2%的人上网成瘾，另有13%的人存在网瘾倾向，其中13—17岁的青少年网民中网瘾比例最高，达到了17.10%。②而网络成瘾作为一种生理和心理方面的疾病，将对青少年的成长和发展造成许多负面影响。比如，青少年网络成瘾者不仅爱好上网、着迷上瘾与难以自拔，并且因网络上瘾而导致的青少年荒废学业、精神病、犯罪行为、自杀等问题，也成为了千万个家庭的痛苦之源。有效地预防和治疗青少年网络成瘾行为，是社会工作者的专业责任。

---

① 参见沈杰．我国社会急剧转型引发大量心理问题［N］．中国青年报，2007-2-25.

② 比特网 http：//net. chinabyte. com/38/3036038. shtml［OL］．［2007-1-11］.

5. 家庭矛盾冲突，亲子关系失衡

青少年问题很多是因为家庭矛盾冲突、亲子关系失衡而产生的。而不良的家庭关系表现为：边界不清，父母保护过度；家庭关系疏离，父母不闻不问；单亲之家，家庭结构不完整等。因此，社会工作者在面对青少年问题时，不仅要解决青少年本身的问题，也必须从其家庭入手开展深入细致地分析与有效地介入。

6. 失学失业问题

因学历低、缺少工作技能、自我认知偏差、就学就业动机低等原因，一些青少年常常遭受了失学失业的困扰。因此，青少年的失学失业也成为一个非常突出的社会现象。由此，社会工作者应为“双失”青少年提供自我认识及生涯发展辅导等专业服务。

此外，还有很多不同层面的青少年问题呈现出来，如青少年的生活方式问题、社会交往方面的问题、弱势青少年群体权益保障问题等。这些问题的凸显，究其原因是青少年个人、家庭、学校、社区、社会各层面的多因素交互作用的结果。因此，社会工作者需要从社会系统的角度、采取“整合取向”的社会工作模式来理解与解决青少年问题。

三、青少年社会工作的定义、历史及特点

（一）青少年社会工作的定义

学术界对青少年社会工作的定义不尽相同，具体而言，对青少年社会工作的定义主要有如下两种：

《中国青年工作大百科》中关于“青年工作”的定义是：“社会工作当中的一项，其工作对象是青年及其相关的事物……”

陆士桢在王思斌主编的《社会工作概论》一书中提出，从服务内容的角度来定义，青少年社会工作是指以青少年为案主的社会工作，其主要内容为：学业辅导、生活辅导、职业培训和职业介绍、心理咨询、婚前教育与婚姻介绍、休闲服务、矫治服务等。从过程角度去认识，则可以将青少年社会工作定义为：根据青少年的生理和心理状态、兴趣爱好、特长嗜好、家庭背景以及智力等实际情况，予以个别的或集体的辅导，使其获得正常的发展与进步，并启发其个别的才能与智趣，使其发展至最大限度，以贡献于社会和国家。

我们认为，所谓的青少年社会工作，是把青少年作为工作与服务对象，并根据青少年的身心特点、动机需求、兴趣爱好，运用关于青少年成长与发展的规律，以及社会工作专业的理念、理论、方法与技巧，尤其是辅导技巧，以最大限度地发掘青少年的潜能，促进其全面健康发展，使其更好地适应社会生活及贡献于社会和国家的专业服务活动。

在上述定义中包含了以下四个要素：（1）青少年社会工作的对象是面向青少年。这种划分是建立在“青少年”这一特殊群体之上的，即针对青少年时期常见的问题，包括从青少年自身角度出现的问题，如成长中的烦恼等；从社会角度出现的问题，如青少年吸毒与犯罪等；针对青少年发展的问题，如青少年学习与择业等。（2）青少年社会工作以青少年发展为根本目的。与其他人群相比，青少年时期的发展任务不但重要，而且十分艰巨。因此，启发个体的才能与潜质，使其在获得正常发展的前提下，发展到最大限度，最终实现青少年个体与社会发展的和谐与一致，是青少年社会工作的重要责任。（3）社会工作辅导是青少年社会工作的本质特征。由于青少年时期发展的特殊性，对他们的社会工作，在精神上的辅导重于物质上的服务，尤其需要通过适当的辅助与指导帮助他们渡过这一特别发展期，以协助他们达到自我决定和自我辅导的境地。而教训、管制、责罚或逼迫就范则只能引起青少年的反抗。（4）青少年社会工作具有特别强烈的社会功能。由于一个国家在未来世界范围内的竞争力，取决于人力资源的状况，而青少年是人力资源的预备队。因此，做好青少年社会工作，是国家社会人力资源的最重要的开发，也是实现国富民强的最强有力的措施。正是从这个角度看，青少年社会工作的社会功能格外突出。

此外，从青少年社会工作类型看，大致可以分为三类：一是发展性的青少年社会工作，即针对青少年的生理、心理与社会发展需要，提供社会工作服务；二是治疗性的青少年社会工作，即针对已经发生问题的青少年个人、家庭、社区环境的不良因素而提供的社会工作服务；三是预防性的青少年社会工作，即针对青少年个人及其家庭、学校、社区现况而开展的社会工作服务。

（二）青少年社会工作的历史

“青少年”作为一个富有时代特征的概念，是伴随着工业化大生产而在近代产生的。18世纪以前，现代意义上的青少年概念还没有出现，对于青少年的服务与引导大多是一种教育行为。我们可以将青少年社会工作的历史发展大致划分为三个时期：一是以教育为主的前青少年社会工作时期。在这一时期，对青少年的工作主要是传授知识与做人的道理的教育，并不是严格意义上的青少年社会工作。二是以救济为主的混合青少年工作时期。1601年英国《济贫法》颁布后，社会救济工作相继在西方有组织地兴起，而救济对象的主要部分是青少年，特别是进入“辅育院”与“园艺所”中的贫民大都是青少年。此时，虽有针对青少年的工作，但并没独立，因此也不能称为严格意义上为青少年社会工作。三是以全面服务为特征的独立青少年工作时期。随着产业革命的发展，儿童至成人期的过渡日益显著，青少年作为人生重要阶段日益被社会所重视。18世纪中叶至19世纪初，才逐渐有专门面对青少年的社会工作者出现，把青少年作为研究对象的青少年学科也相继出现。

（三）青少年社会工作的特点

从青少年社会工作的概念出发，我们认为青少年社会工作具有以下一些特点。

1. 社会工作价值观是青少年社会工作的核心基础

青少年是人生的一个特殊时期，处于这个年龄阶段的人群在生理、心理和行为上都表现出一些过渡性的特征。由于此时的青少年发展非常复杂，又充满矛盾，这一时期又被认为是“困难期”、“危机期”。因此，要做好青少年的社会工作，社会工作者更加需要秉持敬业、接纳、不批判、自决、个别化、保密及尊敬人等社会工作专业价值原则，以此面对纷繁复杂的青少年问题，并依据他们的心理和行为特点，有针对性地做好青少年社会工作。

2. 社会工作专业方法与技巧是开展青少年社会工作的主要手段

社会工作专业方法与技巧以社会工作理论为基础，融合了社会工作专业价值，是社会工作者的专业技术与工作手段。因此，社会工作者应该立足于青少年的年龄特点、思想观念与行为特征，通过有针对性的设计和安排，采用符合社会工作理念与理论的个别辅导、会谈、咨询、角色扮演、团体游戏、交往分析、技巧训练、行为治疗、集体活动、政策倡导等，启发、协助与促进青少年的发展。

3. “人与情境互动”的视角是青少年社会工作的基本介入焦点

青少年的成长不仅由其个人因素决定，更深受家庭、学校、同辈群体、大众传媒等社会环境的影响。因此，社会工作者除了要具备了解青少年需求的意识与技术，还要充分了解青少年成长的社会环境及其对青少年的影响，并在青少年群体本身、社会情境以及两者的互动过程中去多层面地开展社会工作服务。

4. 青少年社会功能的改善与提高是青少年社会工作的主要目标

青少年个人的社会功能水平要靠其应付人生需要和满足环境需要所具备的能力来决定，因此，社会工作者的主要目标是，帮助青少年个人、群体或社区增强他们发挥社会功能的能力，并创造适宜于实现目标的社会条件。

第二节　青少年社会工作的理论与方法

一、青少年社会工作的理论

（一）复演理论

青少年研究的鼻祖霍尔是复演理论的代表人物。此理论认为，个体发展包含四个阶段：婴儿期、儿童期、少年期、青少年期，这是人类祖先由原始社会进化到现代工业社会的轨迹复演，个体成长的历程则是在“复演”人种进化的历程。因此，青少年具有现代化社会的特征，充满了不安与冲突，是人生的“风暴期”和“狂飙期”，也是人生的“再生期”。在这一时期，青少年充满了活力、热情与冷漠、无聊；欢乐、笑声与忧郁、悲观；虚荣、自尊与谦卑、羞耻；理想的利他与自私；敏锐与冷漠；温柔与野蛮等。因此，青少年具有极大的正向发展的可能，也有很多负面的力量。复演论虽然在很多方面缺乏科学依据，但它可以帮助社会工作者充分认识到青少年期的过渡性，给予他们更多的支持和帮助。

(二) 精神分析理论

精神分析理论是心理治疗上的一大学派，对青少年社会工作具有重要的指导意义。

1. 性心理发展理论

代表人物是弗洛伊德。他认为人格发展以性心理发展为基础，并受早年经验的影响，而青少年期为性兴奋、焦虑及人格困扰的时期。弗氏的女儿安娜·弗洛伊德继承弗氏理论，提出“欲力再现”理论，即将青少年视为“欲力再现”阶段，认为他们由于生理的成熟而增加了性与攻击的能源，并因动态性冲突的结果而有两种负向作用的可能，本我支配自我和自我反应固执僵化，以致产生特有的防卫：禁欲主义与理想化。这对于社会工作者正确认识青少年出现的冲突、背叛、反抗或否定快乐追求、过分理想化等现象并理解其原因、寻找对策提供了理论上的指导。

2. 人际关系理论

代表人物是新弗洛伊德学派的沙利文。沙利文不同意“性”是青少年行为的动力，认为亲密关系才是青少年发展的重要推动力。他认为青少年有三个心理发展阶段：前青少年期、青少年期、后青少年期。他对青少年个案辅导的阶段性也有清晰地说明。这种理论从人际关系角度去解释青少年适应问题，对青少年社会工作具有启迪意义。

3. 心理社会理论

代表人物是艾里克森。他认为人生的发展可分为八个阶段，每个时刻的美德都是克服了心理社会危机后所产生的。婴儿期：信任对不信任；儿童初期：自主对羞愧和怀疑；学前期：创新对罪恶；就学期：勤勉对自卑；青春期：自我认同对角色混乱；成年期：亲密对孤独；中年期：活力对颓废；晚年期：完美对绝望。这中间，青少年则处于自我认同时期，他们需要辨别是非善恶，逐渐形成自己的价值体系。同时，艾里克森认为此时的青少年可能会发生两个危机：过早的认同与认同的混淆。因此，社会工作者应帮助青少年顺利渡过认同危机，建立自我信心。这为社会工作者了解青少年发展与适应提供了依据，在实际工作中是重要的指导。

(三) 学习理论

学习理论把青少年的行为与人格看成是学习的结果，青少年所处的环境影响与塑造了青少年的行为，青少年的成长是一个学习的过程。学习理论与青少年社会工作的关系最密切的有如下理论。

1. 操作学习理论

代表人物是新行为主义的斯金纳。他重视环境对行为的影响，曾提出 B（行为）= f（E）（环境）的公式，认为人们的一生都处在学习的环境之中，获得满足的行为会得到增强，而“社会控制”与“自我控制”是改变与塑造个人行为的两个重要力量。此外，他提出的“操作制约”、“强化学习”等社会控制的方法与“身体限制”等自我控制的技术在青少年社会工作中具有实际的应用价值。

2. 发展阶段与任务理论

发展阶段与任务理论很多，美国人哈维格斯特在20世纪50年代提出的青少年发展任务的理论最具影响。他在1953年提出的青少年十项发展任务对青少年的成长发展做出了科学的描述：与同龄男女形成更成熟的关系；充当男性或女性的社会角色；了解自己的体格并有度地使用之；从父母或其他人那里获得情感上的独立；获取经济独立的保障；选择与准备职业；准备结婚和家庭生活；发展公民能力所需要的智力、技能；进行对社会负责的行为；形成指导行为的价值观念体系。哈氏认为青少年时期是学习与实现发展任务的“敏感时期”，他的这些理论为青少年社会工作提供了做好工作的科学依据。

(四) 认知发展理论

1. 认知发展理论

认知发展理论的代表人物是皮亚杰。他将个体的发展分为四个主要发展时期：感觉运动期、运思前期、具体运思期、形式运思期，并认为青少年已进入形式运思期及形成了抽象认知。在这个阶段，青少年推理与解决问题的能力达到了更加整合的水平，青少年也因此可以形成较稳定的价值观、人生观及待人处事的方法。皮亚杰的理论对于社会工作者把握青少年认知特点，调动青少年认识发展的潜能具有一定的意义。

2. 道德发展理论

道德发展理论的代表人物是柯尔伯格。他把人的道德发展分为前习俗、习俗、后习俗三种水平，每种水平又分为两个阶段，共六个阶段。前习俗水平有他律道德行为和惩罚及服从导向，个别工具性目的交换导向；习俗水平有获得赞赏导向，权威导向；后习俗水平有民主契约导向，伦理导向。柯尔伯格认为道德判断能力的发展除了成熟因素外，还有赖于智力的发展和社会经验的获得。同时，他特别关注道德教育，认为好的道德教育应该刺激青少年向更高层次道德发展。而柯尔伯格提出的道德发展任务，也是青少年社会工作的重要发展项目。

3. 社会认知理论

塞尔曼的“社会认知理论”在上述理论基础上发展起来，他特别关注社会认知过程中的社会角色取代作用。他为研究青少年社会认知发展提供了人际了解五阶段论和友谊发展五阶段论，为青少年研究与社会工作提供了更大的范围。

(五) 社会文化与社会学理论

社会文化理论特别强调社会文化对青少年的影响，主要有三个流派：勒温的“场地理论”，米德的“人类学理论”(提出了青年亚文化与“代沟”的概念)，本尼迪克特的“社会文化理论” (提出了社会文化对青少年的影响及“文化继承”的概念)。这些理论可以帮助社会工作者更正确地对待青少年及“代沟”问题。此外，社会学理论中有关教育社会学理论、社会化理论、功能主义理论、社会生态系统理论、代际“轴心”理论、社会状态的概念描述等，也为社会工作者提供了理解与协助青少年“社会性发展”的概念与概念框架。

二、青少年社会工作的方法

(一) 青少年社会工作的一般形式

青少年社会工作必须符合青少年的身心特点，符合青少年需要，在形式上也有不同于其他人群的工作方式。比如，通过团体或组织实施的青少年社会工作，通过基地实施的社会工作，通过服务机构实施的社会工作，以及对青少年个体实施的社会工作等。不仅如此，青少年社会工作也将个案工作方法、团体工作方法和社区工作方法运用于解决青少年问题的工作实践中，并逐渐发展出了适合自己工作特点的一般工作方法，以下简述之。

1. 个案工作方法

个案工作方法以青少年个体为工作对象，采用个别辅导的方式开展工作。青少年社会工作者与工作对象建立关系，针对青少年的特殊性，强调依靠青少年自身的力量，来开展一对一的专业服务活动，由此促使青少年参与社会生活，协调社会关系，适应社会生活，获得新的发展条件和机会。

个案工作方法一般依照以下程序进行：第一步，申请接案，并与需要帮助的青少年建立正式的工作关系。第二步，收集资料，了解案主的基本情况及所处的环境状况。此阶段的主要工作是通过访问青少年周围的重要他人，如家长、教师、朋友、邻居等，以深入了解青少年个体的问题，争取更好的工作效果。第三步，对问题进行诊断，制定并实施工作计划。第四步。实施具体的服务与治疗。第五步，结案与评估，并对案主体提出今后应该注意的事项。

此外，社会工作者在运用个案工作方法时，还必须遵循以下原则：第一，尊重青少年的个人隐私权，为案主保密的原则。第二，个别化的原则。即应根据每一个青少年的不同特点予以区别对待。第三，双向沟通的原则。即社会工作者应与青少年建立双向沟通、平等对话的平台，彼此了解，相互沟通，共同合作，以掌握青少年问题的实质和关键。第四，价值中立的原则。即社会工作者要尊重和理解案主，同时也要保持中立的立场，防止因过分同情，迁就学生而放弃原则及放弃工作者承担的任务。第六，引导青少年参与解决问题的原则。即社会工作者应积极引导青少年参与到问题的解决中来，协助他们挖掘自身潜能，并以自己的力量去克服困难，解决问题。

从以上青少年的个案工作程序与工作原则分析看，青少年个案过程还呈现出了以下主要特点：一是在青少年服务中，建立关系阶段具有主动性、外展性与技巧性；二是青少年服务预估的焦点既包括青少年的需求评估，也包括开展专业服务所需要的资源评估；三是服务计划的制订必须充分尊重青少年的意愿；四是服务计划实施过程中，社会工作者着重在提升青少年能力、改善支持关系、优化同辈群体、整合社区资源、优化社会环境等方面开展各类介入和行动；五是评估应兼顾结果评估和过程评估。

2. 团体工作方法

社会工作实践把团体既当作过程也当作手段，它通过青少年组员的支持，来改善其态度、人际关系和他们应对实际生存环境的能力。同时，团体工作方法强调运用团体过程与团体动力去影响青少年的态度与行为。因此，组员解决问题的能力与潜力是通过成员间的相互分享、相互分担与相互支持而发挥出来的。当然，这需要社会工作者按照既定的目标进行与指导。一般来说，在运用团体工作方法时，青少年社会工作者应注意处理以下几个关系：第一，服务对象的需求评估与团体目标的关系。社会工作者必须开展深入细致的组员需求评估，了解其服务需求，评估其参加团体的动机程度，然后有针对性地形成团体目标。第二，社会工作理论与团体程序设计的关系。社会工作理论是团体程序设计的基础与逻辑指引，因此，工作者需要掌握社会工作理论与丰富的团体程序设计经验及能力，两者结合，才能使团体工作产生成效。第三，社会工作者与团体成员之间的关系。因社会工作者与组员的接纳状况及程度直接影响到团体工作的成效，社会工作者作为团体的引领者，应与组员相互接纳，注重促进组员的参与，共谋问题的解决。第四，团体工作方法与其他社会工作方法的结合。团体工作方法与个案、社区工作方法综合运用的有效性已在某些社会工作者的实践经验中得到证实。这也印证了社会工作方法是一个整合运用的系统。

3. 社区工作方法

青少年社区工作方法是指通过组织手段，调动社区资源，发挥社区各方面的力量，以实现青少年社会工作的目标。青少年社区工作方法主要是从外围因素入手来探讨问题产生的原因，致力于通过外部环境的改善来达到解决问题的目的。

青少年社区工作方法有一定的程序，大致可以分为以下几个步骤：第一，青少年社会工作者应与案主所在的社区居民建立联系，赢得居民的信任和合作，以利于工作者深入了解案主的详细情况。第二，收集社区资料，厘清青少年案主生活环境中对其成长的影响因素，采取有效措施进一步发挥促进案主成长的有利因素，同时切断不利因素对案主造成影响的途径。第三，社会工作者应该充分挖掘与调动社区资源，来解决青少年在学习和生活中遇到的问题，比如调动社区居民对家庭贫困的青少年予以资助等。第四，青少年社区服务活动需要策划，也需要通过评估不断得到改善。因此，社会工作者应对青少年社区服务进行不断地策划与评估。

（二）青少年特殊问题和社会工作介入方法

青少年处于人生发展的特殊时期，在这一时期，青少年面临着人生发展阶段的特殊任务和独特问题，解决这些特殊问题需要更有针对性的社会工作介入。

1. 青少年忧郁症

青少年忧郁症的表现主要有如下几点：一是饮食失调、睡眠困扰和无缘由的哭泣等；二是身体不适，比如头痛、下腹部疼痛及其他的困扰行为；三是酗酒与滥用其他会改变情绪的药物。而青少年忧郁症的社会工作介入通常有三种方法：其一，行为处遇。指以具体、可测量的忧郁青少年的问题行为的改变为目标。其二，认知处遇。指采用认知重组、角色模仿、问题解决、行为演练的技术，来促使青少年改变不当的思考模式、建立新的思考方式和探索替代性的问题解决方法，使得某些负面的自我观消除。其三，家庭服务。即家庭应为发展中的青少年提供所需的支持环境，对青少年行为实施治疗需要家庭的积极参与。

2. 饮食失调

青少年的饮食失调通常以下列两种形式显现：心因性厌食症与暴食症。其中厌食症的特征有挨饿、扭曲的身体形象、对肥胖的病态恐惧，并在青春期开始发病。而暴食症可以视为厌食症的一个特征或一个独立的病症，其主要表现为突发的暴饮暴食、饮食时觉得无法自我控制而情绪沮丧。对于青少年的饮食失调，社会工作者通常采用如下干预方式：一是住院治疗法，包括强制喂食，并结合行为修正与精神药物的使用。二是因厌食症会威胁生命，还可以采用认知治疗予以干预。

3. 青少年受虐及疏忽

青少年受虐是指任何一个青少年的父母或其他应该对该青少年福利有责之人，或与青少年居住于同一处的任何人，采取以下行为而使青少年遭受伤害甚至死亡。这些行为包括：（1）造成受伤，或允许非意外受伤，或导致产生一系列的身体伤害、残疾、外貌的损毁、身体或情绪健康的伤害、身体功能的失去或损害。（2）制造一个非意外的身体伤害的危险状态，可能使青少年致死或是身体功能严重损伤。（3）对青少年性侵犯或允许这样的事情发生。（4）拷打、折磨青少年或允许这样的事情发生。（5）受伤的结果已经超过只是单纯的体罚。而青少年疏忽是指任何一个青少年的父母或其他对该儿童福利有责任者，并未提供对其适当或必需的支持、法定教育、医疗或其他法律认定青少年的相关照顾，或者青少年遭受其父母或其他对该儿童福利有责任者的遗弃。

对于受虐青少年，社会工作的介入主要包括：一是对受虐青少年进行个人辅导；二是家庭层面的辅导，主要包括组建施虐父母的团体进行治疗，实施家庭维系服务与家庭重建服务；三是环境层面的干预与运用自然的协助者，如可以运用朋友、邻居或亲戚等自然的协助者；四是教育层面的干预，指对学校教职员工与青少年进行预防性虐待的教育；五是医疗、法律和心理层面的协助干预。

4. 青少年越轨行为

青少年越轨行为主要包括青少年物质滥用、青少年性越轨、青少年团伙越轨、青少年强行索要或敲诈财物的行为等。对于越轨青少年，社会工作的介入主要包括：（1）家庭层面的辅导。即强化家庭对青少年的辅导功能，增强父母责任感，培养青少年良好的习惯和健康的人格。（2）教育层面的干预。即从学校教育立场出发，针对越轨行为的学生，进行专业辅导，帮助他们疏导情绪、解决问题、挖掘潜能、增强其应付环境的能力。（3）社会环境层面的干预。主要是指通过整治社会环境，净化社会风气，来达到营造文明、健康、积极向上的社会氛围的目标，从而减少或消除青少年的越轨行为。（4）外展社会工作方法的运用。外展社会工作的对象多是爱流连街头的青少年，工作环境主要包括街角、新村空地、球场、电子游戏机中心、快餐店、桌球室等。这是社会工作者采取主动出击的方式，走到上述地点结识可能成为工作对象的青少年。外展社会工作者与案主建立关系的手法通常以频繁接触、闲聊和引导为主，在取得工作对象初步信任后，社会工作者才正式以个案或小组工作手法辅导服务对象。

第三节 社会转型期的中国青少年社会工作

中国青少年社会工作一直受到政府的重视,《中国青年工作大百科》中关于"青年工作"的定义是:"社会工作当中的一项,其工作对象是青年及其相关的事物……其功能主要表现在:一、教育功能,即帮助青年用马克思主义与现代科学文化知识武装自己。二、开发功能,即努力发掘青年的潜力,发挥青年的优势。三、服务功能,即全面地关心青年,帮助青年排忧解难。四、保护功能,即代表青年的正当利益,保护青年的合法权益。"这一概念清楚地阐述了中国青少年社会工作的宗旨与内涵,是认识与理解中国青少年社会工作的重要依据。

一、中国青少年社会工作的机构与职能分布

(一) 中国共产主义青年团

中国共产主义青年团是目前中国最大的青年组织，现有团员总数为 6 986 万。作为中国共产党直接领导、政府大力支持的青年团体，共青团影响着中国 2 亿 8000 多万名 14 至 28 周岁的青少年。在中国青年的生活发展中，共青团的作用是广泛而重要的。比如，共青团要参与青少年政策的制定与执行，帮助与教育青少年全面提高思想道德素质，带领青少年发挥人才作用，为青少年健康成长提供保障服务等。

(二) 中华全国青年联合会

中华全国青年联合会是一个各青年团体的联合组织，具有团结、代表、服务、协调、联络等多种社会职能。目前，中华全国青年联合会的会员团体有：中国共产主义青年团、中华全国学生联合会、中华基督教青年会全国协会、中华基督教女青年会全国协会、中国青年企业家协会、中国乡镇青年企业家协会，各省、市、自治区青年联合会和一部分特邀青年代表。

其中，中华全国学生联合会，简称全国学联，是中国高等和中等学校学生会的联合组织，是中国大学生的群众组织，全国学联通过多种活动帮助广大学生健康成长。此外，中国一些城市成立了青少年保护专门机构，也有一些城市专门成立青少年事务专业团体，一些地方共青团组织也在不断进行创新改革。可见，和其他国家相比，中国青少年服务组织较为集中统一，在职能分工上也较清晰。

二、社会转型期中国青少年社会工作的现状

(一) 青少年的发展愿望与青少年问题

中国社会转型及急剧的社会变迁给青少年带来了巨大影响。很多研究表

明，当代青少年遇到了一些迫切的发展问题，包括学习成才、娱乐休闲、参与社会等；同时，据香港中文大学和中国青年政治学院的一项研究表明，尽管中国青少年面临的问题很多，但占主要的有三项：就业、教育、保护。此外，随着互联网事业的不断发展，如何引导青少年善用网络资源、发展青少年网络教育、保护青少年不受网上不良信息的影响和毒害等问题也日益突出，并成为社会成员与青少年问题研究专家广泛关注的社会问题。

（二）中国青少年社会工作的发展

为了应对上述状况，适应当代青少年的发展要求，中国青少年社会工作出现了以下发展趋势：一是工作领域不断扩大。即从传统的局限在思想政治领域的思想政治教育向社会工作的心理辅导、团体互助等不断扩展，其工作内容涉及青少年成长的各个方面。二是服务性不断增强。原有的青少年工作强调教育，对服务青年重视不够。随着社会发展，青少年服务日益成为中国青少年工作的重要元素。三是社会化趋势日益突出。中国青少年工作原有的工作模式是以政府包办为主，共青团虽是群众组织，但行政式的管理方法限制了群众组织的功能。改革开放以后，不仅共青团自身的工作方法发生了很大变化，而且吸收了广泛的社会力量加入，民间个人的青少年服务机构如雨后春笋，显示出勃勃生机。

此外，据相关研究表明，近年来，中国的青少年社会工作事业得到了较快的发展，具体表现为：第一，对青少年社会工作的理论研究有所加强。近年来，国内不少高校相继成立了社会工作系或社会工作专业，加强了对包括青少年社会工作在内的社会工作理论的研究，为转型期青少年社会工作的开展提供了理论支持。第二，青少年社会工作从业人员正在壮大。各高校社会工作专业为社会输送了大量的专业人才，使得青少年社会工作人员构成有了新的变化。同时，在青少年社会工作的实践中，各种青少年组织逐渐认识到专业知识对于开展青少年社会工作的重要性，正在通过邀请专家、学者对社会工作人员进行专业培训等方式来提高从业人员的专业素质。第三，青少年社会工作事业的蓬勃发展。表现为：大量青少年社会工作组织相继成立，社会工作者加强了对青少年成长的帮助，加大了对未成年人的保护力度，这些工作丰富了目前青少年社会工作的内容。

（三）青少年社会工作的问题

由于我国社会工作专业成立时间较短，社会工作发展较为迟缓，当前我国青少年社会工作领域仍然存在着一些问题和不足：（1）理论准备不足。即适合国情的中国社会工作理论体系尚未形成，同时，对国外社会工作理论和经验进行介绍的出版物较少，使得一些热心于青少年社会工作的机构或个人难以寻找到充足的学习资料和完备的理论依据。（2）青少年社会工作队伍有待充实。

现有的专业青少年社会工作从业人员数量不能满足当今青少年的需求；同时，对现有的从事青少年社会工作行政人员和志愿人员的培训很少，致使一些青少年实务工作者用思想政治教育代替心理辅导、小组互助等专业化的社会工作方法。(3) 社会和高校工作机构对青少年社会工作的理解和支持有待加强。在现实生活中，仍有不少人将专业青少年社会工作等同于对青少年进行思想政治教育，认为工作模式应该以政府包办为主，对青少年社会工作的专业性质认识不够。这种片面认识导致了青少年社会工作质量不高，以及某些大专院校社工毕业生不愿到相关工作岗位工作，或找不到对口的工作岗位。

三、中国青少年社会工作的主要内容

青少年社会工作的内容既包括宏观的，也包括微观的。具体来说，中国青少年社会工作的内容主要有推进青少年立法、维护青少年权益、思想道德品格辅导、生理健康辅导、心理及认知辅导、生涯发展辅导、学业辅导、就业辅导、生活方式辅导、社会交往辅导、恋爱婚姻辅导、行为偏差及犯罪青少年矫正服务、弱势青少年保障服务等。

以下简要介绍各项青少年社会工作的具体内容。

(一) 推进青少年立法

推进青少年立法是青少年社会工作的重要工作内容之一，只有将青少年的福利需求和满足需求的途径通过法律的形式固定下来，青少年的努力才可能在现代社会得到真正意义上的实现。同时，关于青少年的法律也是社会工作者实施专业社会工作行为时的标准和依据。具体地说，青少年立法工作的目标主要包括：(1) 推进青少年政策法律内容体系的建设，如法律界定和司法保护、教育权、劳动就业、福利服务社会保障等。(2) 推进青少年政策法律类型体系的建设，这一体系既要有宏观的基本法，又要有具体的执行法；既要有全国性法律，又要有地方性的法规。(3) 推进青少年法律法规的执行，促进执行机制的建立。

(二) 维护青少年权益

青少年尚未成年，他们仍然处于成长和发展阶段及不利地位之中，他们对于自己的基本权益也没有足够的能力去维护。因此，青少年社会工作的重要内容之一就是，以一种较为有效的方式来保护青少年的权益不受侵犯。具体来说，主要有以下几种方式：(1) 推进保护青少年的立法，监督、推进青少年保护法令和法规的执行；(2) 对于社会上侵害青少年权益的人和事进行打击与监督；(3) 为青少年提供法律服务和法律援助；(4) 促进青少年自我保护能力的提高。

（三）思想道德品格辅导

青少年的思想道德品格辅导，主要基于青少年的道德发展规律及基本特点来展开。一般来说，青少年思想道德品格辅导的主要服务内容有：帮助青少年形成对社会政治制度的看法；引导青少年形成正确的世界观和对自然、社会的正确认识；引导青少年形成对各类事物和现象的正确评价标准与评价方式；引导青少年建立正确的观察、判断与推理的思维方法，掌握科学方法论；通过各种形式提高青少年对于道德理论与知识的了解或理解；协助青少年学会梳理道德情绪的发生规律，并形成良好的自我认知能力；协助青少年形成良好的道德习惯，并掌握面临诱惑而不迷失的自我控制能力。

（四）生理健康辅导

青少年处于身体快速发育的阶段，青少年身体的急剧变化会使他们产生迷惑及焦虑情绪。为了帮助青少年顺利地渡过青春期，青少年社会工作在生理健康辅导方面的主要工作内容包括：（1）促进青少年养成良好的生活习惯，如对青少年不良饮食观念和习惯进行矫治，帮助青少年养成良好的饮食习惯；（2）在青少年中宣传体育锻炼的作用，帮助他们懂得经常锻炼对于青少年发展的益处；（3）对青少年进行性科学和性知识方面的教育，让他们懂得生殖事实和生理知识，减少其因无知而导致的焦虑心情和盲目行动。同时还要帮助青少年树立正确的性道德观念，教育他们正确地对待性，并克制自己的欲望。

（五）心理及认知辅导

针对青少年心理与认知发展的主要特点分析，比如身心发展快速而不平衡，实现自我同一是主要的发展性任务，道德意识与价值观念得到发展，独立意识加强与伙伴关系密切，认知改变等，青少年心理及认知方面的辅导内容有：辅导青少年了解与认识生理、心理发展规律，掌握基本的心理发展知识；辅导青少年掌握平衡心理发展的基本技能，提高自我管理与控制能力；协助青少年开展良性的自我探索，实现自我同一性；协助青少年发展健康的认知能力，促进个体创造力、思考判断力的全面提高；创造有利于青少年发展的社会环境，促进青少年与环境的和谐互动。

（六）生涯发展辅导

针对青少年而做的生涯发展辅导，主要有以下内容：生涯规划及生涯决策能力的培养；自我状况的了解及个人价值观的澄清；做出合理选择；开发自身的潜能等。同时，青少年生涯规划的重点包括：自我认识、认识工作世界，确认自我的工作价值观，以及评估环境因素等。

（七）学业辅导

对青少年的学业辅导主要包括：（1）激发青少年的学习动机，强化青少年的学习目的。学习动机是青少年在学业上取得优异成绩的源泉和基本保证；

并且，这与青少年的人生观、价值观有着密切的关系，这两者都是青少年工作必须注意的问题。(2) 端正青少年学习态度，改良青少年的学习习惯。即应强调学习是一件光荣和正确的事情，并培养青少年严谨的治学态度、认真的行为模式、潜心实践与研究的品质。(3) 发展青少年的学习兴趣，扩展青少年的学习事业，以解决青少年的学习困惑，加大青少年的学习深度。(4) 重视培养青少年的学习能力，改进青少年的学习方法。应让青少年具备较强的学习能力，使其学习达到事半功倍的效果，这样既可以增强他们的学习兴趣，也可以增强其自信，对他们的成长具有重要意义。

(八) 就业辅导

就业辅导是现代社会生产力发展的客观要求，也是青少年自身发展的需要。在现代社会，就业辅导已成为专业咨询工作的一部分，也是青少年社会工作的重要领域。具体地说，青少年社会工作的主要内容包括：(1) 对青少年自我发展目标的理性了解与正确选择，对其职业素质进行科学测试。(2) 帮助青少年对当今各种职业的全面了解和正确认识，并为青少年参加多种职业实践体验提供机会，以让他们在知识和实践方面都能清楚认识其适合从事的职业。(3) 对青少年进行有针对性的职业培训，帮助其提高自我推荐和面试等求职技能。

(九) 生活方式辅导

青少年的生活方式具有开放性与多变性特点。为此可以提供以下服务：(1) 协助培养良好的生活习惯与生活态度。(2) 培养良好的生活情趣，提高青少年闲暇娱乐质量。(3) 及时纠正不良生活方式，协助青少年养成健康的生活方式。

(十) 人际交往辅导

青少年处于从家庭、自我中心走向社会的过程，他们由于自身社会交往技能的欠缺，常常会遇到人际交往问题，并无法顺利地与外界沟通。因此，青少年的人际交往辅导对于青少年成长和发展具有重要的现实意义。具体地说，对于青少年人际交往的辅导主要包括：(1) 指导青少年在保持独立个性的基础上与他人交往，发展平等的互相帮助、理解、接纳的交往关系。(2) 教育青少年学会设身处地为对方着想的品质，提高其将感受成功地向对方表达的能力。(3) 培养青少年与异性交往的能力，鼓励他们正常的群体交往。(4) 帮助青少年在团体中实现良好的人际交往关系。(5) 矫正和帮助有人际交往障碍与人际交往偏差的青少年，使其尽早养成良好的人际交往能力。

(十一) 恋爱婚姻辅导

任何人都希望拥有美好的爱情与幸福的婚姻，而青少年的恋爱与婚姻也是青少年群体的重要发展内容，同时也是青少年社会工作不能回避的重要工作内容。具体地说，对青少年的恋爱婚姻辅导主要包括：（1）帮助青少年建立高尚的恋爱婚姻观念，如恋爱中的严肃态度，对他人的尊重，对婚姻本质的理解及对社会的道德责任等；（2）培养青少年处理爱情问题的能力，如表达和接受爱情能力，拒绝他人求爱的能力，冷静面对失恋与正确处理失恋的能力；（3）教育青少年认识早婚现象的负面影响，引导青少年正确对待“早恋”现象。

（十二）行为偏差及犯罪青少年矫正服务

一般来说，行为偏差青少年矫正服务包括：进行社会技巧训练；加强补救性教育；加强家庭和学校的联结，并开展家庭层面的辅导服务；建立有效的青少年支持网络。同时，犯罪青少年矫正服务在世界各国多以教育辅导为主，主要包括青少年犯罪前的预防性教育服务、判决前后的教育服务、替代性教育服务、重返社会教育服务等。但我国的青少年司法矫正服务尚未建立起完整的服务体系。

（十三）弱势青少年保障服务

弱势群体指在社会资源分配上具有经济利益的贫困性、生活质量的低层次性、承受力的脆弱性的特殊社会群体，他们依靠自身无力维持个人及家人最基本的生活水准，需要国家与社会给予支持与帮助。概括地说，弱势青少年保障服务的内容有：基本权利保障服务；司法保护；教育权益保障服务；就业保障服务；社会保障服务等。

四、中国青少年社会工作的发展方向

针对转型期中国青少年社会工作的特征及社会工作的现状，我们认为，推进青少年社会工作的发展需要做好以下几个方面的工作。

（一）加快青少年社会工作的理论建设

社会工作在西方已经有一百多年的历史，其理论成果和实践经验都值得我们借鉴和参考。因此，一方面，我们要积极引进国外青少年社会工作理论，翻译一些国外优秀社会工作文献；另一方面，我们要通过“走出去、请进来”的方式广泛开展青少年社会工作的国际交流，在交流中学习国外青少年社会工作的先进经验和方法。此外，对于国内社会工作学者而言，还要加强对青少年社会工作理论的本土化研究，早日形成和完善适合中国国情的青少年社会工作理论体系。

（二）加强青少年社会工作队伍建设

实践证明，一支高素质的专业化的青少年社会工作队伍，对于改进与提高青少年工作的质量关系重大。现阶段，我们必须充分利用社会的政治资源和人力资源，建立青少年社会工作的专业队伍，发挥院校、科研机构的作用，加快职业化、专业化的建设步伐。具体地说，一方面要加强青少年社会工作教育，在各大专院校培训青少年社会工作专业人才；另一方面，要加强对现有青少年社会工作人员的培训，鼓励现有青少年社会工作人员将青少年社会工作理论与实践相结合，在充分实践的基础上把握和发展青少年社会工作的理论，用科学的理论指导青少年社会工作实践。同时，对专业人员严格选拔录用、培训与考核，严明工作纪律、严格执行行政奖罚，并给予较好的经济待遇保障，以充分调动青少年工作队伍的主动性、积极性和创造性。

(三) 提高青少年社会工作意识

首先，应加强社会工作专业教育，通过培养更多的青少年社会工作人才来为青少年提供更高质量的服务，以改善人们对青少年社会工作作用和意义的认识；其次，要加强对青少年社会工作的宣传，普及青少年社会工作概念和基本知识，让人们了解专业青少年社会工作的重要性与发展社会工作学科的迫切性；最后，各种青少年社会工作组织与机构应增强自身专业意识，努力将自身的力量整合起来，各取所长，进行协作与互补，共同促进青少年社会工作的发展。

思 考 题

1. 什么是青少年社会工作？
2. 浅议青少年社会工作的理论基础。
3. 试述青少年社会工作的方法。
4. 青少年社会工作的内容有哪些？
5. 试述转型期中国青少年社会工作的发展趋势。

主要参考文献

[1] 阿什福德等．人类行为与社会环境——生物学、心理学与社会学视角 [M]. 北京：中国人民大学出版社，2005.

[2] 贺光辉．新时期青少年越轨行为的特点、成因及对策研究 [J]. 理论月刊，2007 (2).

[3] 黄毅静．青少年越轨行为产生的原因及矫治方法 [J]. 青少年研究，2005 (2).

[4] 陆士桢，王玥．青少年社会工作 [M]. 北京：社会科学文献出版社，2005.

[5] 史柏年．社会工作实务（中级）[M]. 北京：中国社会出版社，2007.

［6］王思斌．社会工作概论［M］．北京：高等教育出版社，2006.

［7］郑杭生．社会学概论新修［M］．北京：中国人民大学出版社，2002.

［8］周丹红．对社会工作介入“网瘾”青少年矫正工作的初探［J］．怀化学院学报，2006（5）．

［9］周永新．社会工作学新论［M］．香港：商务印书馆，1998

［10］Paula Allen-Meares. 儿童青少年社会工作［M］．台北：洪叶文化有限公司，1999.

第十六章　老年社会工作

徐爷爷今年 72 岁，曾患有精神分裂症，退休后跟老伴张奶奶一起生活。张奶奶今年 70 岁，没有工作，靠徐爷爷的退休工资度日，并依靠拐杖行走。徐爷爷张奶奶膝下无儿女，也无亲戚可以提供日常照顾。因此，家中的购物与清洁等日常家务均由徐爷爷负责。最近徐爷爷精神分裂症复发，被邻居送进医院。徐爷爷入院后，张奶奶生活随即陷入困顿，便向居委会求助。居委会主任接待了张奶奶，并将张奶奶转介给了社区工作站的社会工作者，还鼓励张奶奶接受社会工作服务。社会工作者接案后，首先评估了这对老年夫妇的居住环境，以及张奶奶是否有亲属、朋友、邻居等社会支持网络。同时，社会工作者也联系张奶奶所在社区的医务社会工作者，进一步了解徐爷爷的康复情况、出院后的短期或长期的恢复状况及工作目标，并与张奶奶商议可以利用社区内的资源来度过目前的危机。比如，有私家车的邻居，愿意接送张奶奶去医院看望徐爷爷；又如，社会工作者通过书信、电话、会议等方式，可以将张奶奶与非常规资源相连接，社区志愿者可以定期帮助张奶奶料理日常生活事务与出门购物等，同时，社会工作者对张奶奶还可以提供关心与情绪疏导，以此协助张奶奶和徐爷爷渡过难关。最后，社会工作者制定了徐爷爷出院后的康复计划，并与徐爷爷和张奶奶商讨是否需要重新安排各种服务，同时也根据徐爷爷和张奶奶的生活状况进行评估检讨。

在上述个案中，徐奶奶的情况较为复杂，社会工作者的介入涉及了经济、身体健康、情绪、配偶关系、社会支持网络等多方面的问题。而本章所要介绍的就是处理类似徐爷爷和张奶奶问题的老年人社会工作。

第一节　老年社会工作概述

一、老年人的界定、需要与问题

（一）老年人的界定

生活中人们常常把国家规定的退休年龄作为老年期的开始，中国政府则多以 60 岁以上的人为老年人。而仅以出生日期为标准界定的年龄常被称为日历年龄，这也是生活中常用来判定一个人是否是老年人的标准。不过，为了区分生理上的差异，我们界定出了生理年龄；为了区分心理能力上的差异，我们界定出了心理年龄；为了区分社会角色作用上的差异，我们界定出了社会年龄。而这三种年龄提醒我们不能简单地凭一个人的日历年龄判定其功能状况，还应更全面地看待上年纪的人，这能帮助我们避免把头脑中的成见带到工作中。同时，按照国际标准，中国老年期还可以划分为：60—69 岁的人称为低龄老年人，70—79 岁的人称为中龄老年人，80 岁以上的人称为高龄老年人。而不同年龄层次的老年人在生理、心理、家庭环境、社会交往等方面都有很不一样的需求，对居住环境和服务的需求也不一样。

此外，老年人处于人生的最后一个阶段，老化是其最显著的特点，因此，老年人的特点也表现在以下三个方面：一是生理的老化。从生物学意义上讲，老年除了代表生理年龄的增加，也表示人体渐渐失去自我更新的能力。二是心理的老化。指老年人个人的感官能力的变化，包括知觉、智力、解决问题、理解过程、学习及再学习过程、内驱力及情绪等方面能力的降低与反应迟缓。三是社会的老化。指老年人满足了社会对老年人的期待与要求，如退出工作岗位的一个退休者，即被认为与老年的社会角色相符合。

（二）老年人的需要

概括地说，老年人的需要包括以下几点①：

（1）经济保障。每个老年人想要获得一个安定美好的晚年，经济收入的保障是最为基本的。这是因为，在“反哺式”供养的传统社会中，老人基本没有后顾之忧。然而，现代社会中，在延期支付的养老保险制度安排下，老年人关心的是能否按时足额地领取养老金，以维持其基本生活所需。不仅如此，只有在足够的物质所需的情况下，老年人才可以满足自身的其他需求，如医疗及休闲娱乐需求等。

（2）医疗保健。又称健康维护需要。老年期是疾病多发期，老年人最为关注的是自身的健康，因此，医疗保健是老年人非常渴望的需求。而对于已患疾病的老年人来说，日常护理的需求更是必需的。

（3）就业休闲。许多老年人达到退休年龄之后，仍有发挥余热的意愿与继续工作的需要；而有些老年人则希望退休后能够过悠闲安乐的晚年生活，旅游、养花、书法绘画、下棋等成为他们新的需求。

（4）社会交往。老年人常会渴望家庭的温暖和与家人的交流，需要与朋友进行沟通从而得到精神慰藉，这些都是老年人渴望的适合他们的社会交往活

① 参见史柏年．社会工作实务（中级）［M］．北京：中国社会出版社，2007：167.

动，因此，社会交往的需求是老年人重要的需求。

(5) 社会参与。老年人有老年人的意愿需要表达，有老年人的利益需要维护，有老年人的作用需要发挥。所以，社会参与是老年人的重要需求。

(6) 婚姻家庭。幸福美满的家庭生活是所有人追求的目标，老年人也有维持与向往美好婚姻家庭生活的权利。

(7) 居家安全。家居条件的改善、居住环境的安全，是老年人所关注的。

(8) 身后事宜安排。老年是人生最后一个历程与阶段，因此许多老人十分关心自己身后事宜的安排，包括子女的生活、财产的处置、墓地的购置、后事的操办等。

(三) 老年人的问题

根据维也纳老龄问题世界大会所制定的《老龄问题国际行动计划》的定义，老年人问题主要包括两方面的含义：一是老龄化问题，即因为老年人的特殊情况而产生的老年人自身的社会问题，称为老龄问题在人道主义方面的问题；二是由于随着经济发展，人民生活水平提高，老龄人口比例加大而引起人口结构的变化，从而对整个社会所产生的问题，国际上称之为老龄问题在社会发展方面的问题。

在传统社会中，前喻文化起着作用，老年人拥有充足的资源与权利。然而，在现代社会，因工业化与社会经济的发展等，一方面，老年人的生活条件、收入水平、健康状况、人均寿命等社会性指标呈现上升趋势；另一方面，老年人的社会经济地位则相对呈现下降趋势。具体地说，老年人面临的问题有以下几点：

(1) 国民寿命延长与老年慢性病增加。在现代社会中，社会经济的发展、人们生活水平的提高及医疗技术的先进等，使得国民的人均寿命在延长；同时，高龄老年人疾病发病率大大增加，如心脏病、癌症与高血压等导致的慢性疾病，长期折磨着患病的老年人，并严重影响了老年人的生活质量。

(2) 医疗发达与老年人医疗费用的负担沉重。现代社会的医疗水平已经大大提高，高疗效药品与医疗设备的研发使得许多疑难杂症得到了治疗，这给老年人带来福音，但高额的医药费又使老年人的负担十分沉重。

(3) 家庭结构改变与无人照顾的老人增加。老龄化、城市化、少子化、妇女职业化、家庭结构的残缺等，使得现代家庭的赡养功能严重受损，空巢老人、独居老人比例增加，许多老人得不到子女的赡养，又无养老金的支持，晚年生活景况凄凉。

(4) 工业化、都市化的迅速发展与老年人生活环境的恶化。老年人大多喜欢安静、自然的环境，喜欢与邻里亲友的密切交往，但工业化、都市化导致的城市生活的繁杂、喧闹、快节奏、多污染，以及城市居民的楼宇化、单元化和封闭性等，使得老年人的生活环境日益恶化。

（5）教育文化进步与严重的代际隔阂。在传统社会中，前喻文化的作用，使得老年人因拥有长期积累的文化知识与社会经验而受到他人的尊重。然而，在现代信息爆炸的社会中，后喻文化起到了作用，老年人的知识经验大多已经过时，加之老年人学习与再学习能力的下降等，使得老年人与年轻人的共同兴趣越来越少，沟通交流也越来越困难，代际隔阂问题日益严重。

（6）老年人闲暇的增多与社会交往的减少。老人退休后可自由支配的闲暇时间大大增加，但因职业生涯的结束，社会交往的圈子也在大大缩小，加之空巢老年人、独居老年人的比例大大增加，老年人的晚年生活往往与孤独、寂寞相伴。

二、老年社会工作的定义、目标与特点

（一）老年社会工作的定义

老年社会工作指在专业的价值理念指导下，以老年人及其相关人员和系统为工作对象，运用社会工作的专业知识与方法，帮助健康老年人与处境困难的脆弱老年人改善社会功能，提高生活质量，使老年人有更好的社会适应与福祉的专业服务活动。

在这个定义中，包含了以下几个元素：第一，老年社会工作是在社会工作的专业价值理念、理论、方法与技巧的指导下开展的老人专业服务活动。第二，老年社会工作的对象既包括那些处境困难的老人，如空巢独居、残疾、困难的高龄老人等，也包括一般的健康老人。很多时候老年人周围的人，如家庭成员、亲属、朋友、邻居、社区工作人员等也成为老年人社会工作的对象。不仅如此，更宏观的系统，如单位与服务组织也有可能成为老年社会工作的对象。第三，无论是直接以老年人为工作对象，还是以外围人群或组织机构为工作对象，老年社会工作的目标已从旨在改善老人生活待遇与服务水平，转向挖掘老年人潜力、提倡老人互助、为老人争取合法权益之上，以让老年人有更佳的生活质量。

（二）老年社会工作的目标

1981 年，蒙克（Monk）依据社会工作目标的架构，认为老年社会工作的目标如下：

（1）协助老年人扩大能力感，以增加老年人解决、应对问题的能力。针对老年人易被刻板化为迟钝的无能力的形象等，社会工作者应正确理解老年化的意义，检视自己对于老年化的看法，比如，用正确的态度探讨老年人的价值和意义；同时，应了解每个老年人的特性与能力，支持老年人的人格完整观，不能伤害老年人的自尊心等。

（2）协助老年人获得资源。老年人因身体状况的需要，如身患重病等，需要连续性的服务。因此，社会工作者应协调好服务、监督及重估老年人的需求。同时，在服务于老年人时，应更多地体现案主的自助自觉精神，以免造成老年人的过度依赖。

（3）促进老年人与他人在环境中的互动。即社会工作者应妥善处理老年人因亲友离去的哀伤，并通过再社会化帮助老年人渡过此阶段；应帮助老年人与下一代之间的沟通与互动，满足彼此的需求，以及帮助老年人适应空巢期，重新寻找家庭的意义。此外，对于无亲人照顾的老年人，在尊重老人意愿的基础上，社会工作者则可以将老人转介到正规的机构中集中照料。

（4）影响社会环境的政策与制度。社会工作者在帮助老年人时，不应局限于现金的支持，而应更多地倡导相关法律法规的制定与出台，以及提供服务的政策等。比如，社会工作者可以设计一些诱导性的方案，如赋税减免措施、现金给付等，以鼓励家庭和社区担负起照顾老年人的绝大多数责任。

总之，针对老年人的社会工作目标，虽然不能与传统的社会工作目标（如激发成长的潜能等）完全相同，但老年人并没有完全丧失创造力。因此，社会工作者应依据蒙克所提出的目标，结合本国的国情，服务于老年人，以此提高老年人的生活质量，使老年人渡过一个愉悦的晚年。

（三）老年社会工作的特点

从事老年社会工作，可能会因为时间、地点和案主的不同而采取不同的方法区别对待，老年社会工作也因其特殊的服务对象而有着自身的特点。然而，不同的学者对老年社会工作的特点有不同的概括，以下简述之。

中国台湾地区学者谢美娥认为，老年社会工作的特点有①：（1）老年社会工作应与老人建立信赖与了解，以此对老年人的心理、社会需求达到某种程度的掌握；同时，应通过不同途径澄清与满足老年人的需求，支持老人作出适合自身发展的、具有调适性的适应方案。（2）承认老年人与社会整合的重要性。即社会工作者在处理老人问题时，应考虑家庭的态度和资源，并保留老年人在家庭中的角色。（3）社会工作者在服务老年人及其家庭时，除了要协助其心理上的适应，更要提供具体的实质性资源。比如，有的老年人有身体健康问题，就需要提供医疗补助的资源；而有的老年人有经济来源的短缺或住宅问题，则需要给予经济补助或提供安置服务。（4）在协助老人发挥自身功能时，应让老年人对社工提供的服务有参与感，并使老人有权选择其处理问题的方式。

---

① 参见谢美娥．老年人长期照护的相关论题［M］．台北：桂冠图书股份有限公司，1993：191-192.

中国大陆学者隋玉杰则认为，老年社会工作的特点有以下几点①：(1)社会价值观可能影响社会工作者的态度与行为。老年社会工作者可能根据自己的经验对老人形成消极或刻板的看法，并纳入自己的价值系统中，认为做老人工作没有太大的价值，进而对老人表现出厌恶、歧视、不耐烦。因此，老年社会工作者应认真反思自己的价值观，学习有关老年学的知识，以便消除对老年人的错误理解与认识。(2)“反移情”是社会工作者的重要课题。做老年社会工作时，社会工作者可能会出现反移情，不仅会表现为对老年人特别不好，缺乏耐心与关怀，还会表现为对老人过度保护，想“拯救”老人等。对此，社会工作者应注意反移情问题，时常反思自己对老年人的反应。(3)社会工作者要善于“自我意识与自我督导”。做老年社会工作会让工作者看到由生到死的不可逆转，进而使工作者感到痛苦，甚至害怕个案辅导还没做完，老人就与世长辞。这会使工作者感到自责或力不从心。对此，社会工作者应审视自己对老年人、对垂死与死亡的感受，要善于梳理好自己的问题，并进行自我督导。(4)老年社会工作需要“多学科合作”。老人问题常常涉及许多方面的工作，做老人工作需要多学科的合作，从事老年社会工作需要培养团队工作的能力。懂得协调、配合不同的学科共同开展老年人服务工作，才能使工作取得更好的成效。

第二节 老年社会工作的基本理论

在老年社会工作发展史中，曾经产生了不少具有指导意义的理论。这些理论各有其优点与局限性，通过分析它们的利弊得失，有助于我们解决老年社会工作中所遇到的问题，提高老年社会工作的质量。以下简要介绍老年社会工作的基本理论。

一、社会撤离理论

社会撤离理论是从西方社会学的功能学派理论分离出来的，最早由美国的库明（Blaine Cumming）和亨利（William E. Hery）在1961年合著的《变老》一书中提出。社会撤离理论认为，老年人的能力会不可避免地随年龄的增长而下降，并且，老年人接受甚至渴望减少参与社会事务，也愿意扮演较次要的社会角色，自愿地脱离社会。同时，为了维持社会的功能和平衡，社会也期望老年人从职业岗位、政治及社会生活中撤离，以此让其他年龄的人士代替老人的

① 参见史柏年．社会工作实务（中级）［M］．北京：中国社会出版社，2007：170-171.

社会角色。因此，在社会撤离理论看来，老年人主动撤离社会，会使社会权力井然有序地实现交接，而社会也不会因老年人的突然死亡而功能受损。正是从这个角度看，社会撤离理论认为，老年人从社会主流生活中的撤离，无论此过程是因老年人自愿或由社会启动，都会对社会和个人产生积极的影响。

社会撤离理论最初的提出，是建立在社会调查基础之上的，观点也不乏其合理之处，但是，此理论的前提即假设所有老年人都愿意脱离社会，显然是不能成立的，也被大多数社会工作所反对，其理由如下：其一，近年来，随着物质生活水平的提高、医疗条件的普遍改善及老年人预期寿命的普遍延长，越来越多的老年人有重返社会主流生活的愿望。同时，各国老年社会工作者也在积极地寻求途径，以协助退休老人保持较高的活动水平。其二，社会撤离理论忽视了个性在个人适应衰老中所起的作用。事实上，许多老年人一生中都愿意保持一种活动水平，而不愿意主动选择退出社会舞台。其三，社会撤离理论可能为那些歧视老年人的观点提供了理论依据。比如，在许多国家，不少人把老年人视为社会的负担和累赘。

此外，社会撤离理论也有几个局限：第一，此理论未能解释一些老年人属于“不成功”撤离者，或是撤离后重新投入到社会生活中。第二，此理论至少有两个变量，即社会撤离与心理撤离，社会撤离包括撤离家庭、朋友、社会活动三种。因此，描述老年人撤离社会往往忽略了他们不同形态的撤离。第三，此理论忽略了老年人自身对于撤离社会的看法及他人的观点，而撤离的行为对于不同的老年人会有不同的意义。

二、活动理论

活动理论属于功能派观点，是角色理论的延续。与社会撤离理论的基本观点正好相反，活动理论认为，活动水平高的老年人比活动水平低的老年人更容易感到生活满意和更能适应社会。这样，成功适应老年生活的老人能够保持活力，尽量不从社会中退出来。同时，此理论认为，老人如果保持中年期的活动，就能适应晚年生活，并对晚年生活感到惬意。总的来说，活动理论对于老年社会工作的意义在于，无论从医学和生物学的角度，还是从日常生活观察表明，“用进废退”基本是生物界的一个规律，因此，社会工作者不仅应在态度和价值取向上鼓励老年人积极参与其力所能及的一切社会活动，而且更应为老人的社会参与提供更多的机会。此外，现实的情况是，许多老年人想有所作为而苦于没有机会；一些老年人因退出社会主流生活而导致了老年抑郁症；有些老年人因长期独自一人而加快了脑退化的进程。因此，鼓励老年人自我调适、积极投身社会生活而不是独处一隅，则显得十分必要。事实上，许多老人通过参与活动，结识了新朋友，建立了新的社交圈，获得了乐趣，进而减少了老人退休后失去工作的无奈。

不过，活动理论也存在着一些问题。其一，不是所有的老人都有健康的身体及足够的金钱去参与各种活动；同时，有些老人也没有足够的动机去结识陌生人，以此代替逝去的亲密关系，或是发展新的兴趣来代替旧的活动。其二，活动理论认为老人从中年期到老年期的心理与社会需要都是稳定的，并以此作为理论的假设是有问题的。事实上，社会环境和老人生理的变化，往往会改变老年人的心理需要和活动方式。

三、延续理论

延续理论认为老年不是一个独立的阶段，而是人生延续的一部分。老人若能延续一生所从事的活动水平就能在社会中生活得好。中年时社会生活活跃的人，进入老年若仍能保持活跃的社会生活，就会感到幸福。若中年时便不活跃，进入老年仍会如此。因此，每个人不用去适应共同的规范，而是应根据自己的个性来规定标准，这是老人对生活感到满意的基础。对个体而言，连续又分为内部连续（个性、爱好）和外部连续（年轻时爱踢足球，年老时踢不动了仍爱看足球）。可见，与前面提到的活动理论与撤离理论不同，连续理论重视老年人的体力活动与社会活动，同时也考虑到了个性与价值观的差异。比如，延续理论认为人们年老的时候，不是自然而然地退出工作与社会生活，相反，他们选择能让自己继续获得满足感的生活方式，终止那些没有带来满足感的生活方式。

尽管连续性理论看到了个性在人们适应衰老时所起的重要作用，但过分强调连续性又难免对老年人产生误导。比如，因老人健康不佳或财力受限而不能保持早年的生活方式时，一味对连续性的追求可能会减少老人在晚年时的自尊。此外，此理论的最大缺陷在于忽略了外部社会因素对人们个性改变的作用及衰老过程的影响。

四、社会交换理论

社会交换理论描述老年人的社群关系，属于互动派观点。社会交换理论认为，社会互动是一种双方交换的行为，在交换过程中双方都要考虑各自的利益，企图根据他们在某方面的利益来选择相互作用，当互动双方都达不到自我目的时，社会互动则会趋向停止。而社会交换理论对老年社会工作的意义在于，第一，可以建立起社会互动的老人社区支持网络，增强老人生活的适应力。比如，家人、朋友或是邻居定期为老年人提供日常起居生活的实物协助，如购物、做家务等，能使老年人在情绪、精神上得到支持；同时，老年人也曾支持或帮助过其家人或邻居。这种非常规的支持或社区支持网络是社会互动的交换途径，能增强老年人晚年生活的适应力。第二，在交换理论看来，人们是通过掌握物质财富、能力、成就、健康、美丽等社会认可的权力资源来确认自己的社会地位的。然而，与其他年纪的社群相比较，大多数老人掌握的权力资源比年轻人少，或缺乏可供交换的资源。因此，老人在社会中只能扮演屈从和依赖的角色。基于此，社会交换理论提出，发展与老人有关的政策与社会服务的原则就是力求最大限度地增加老人的权力资源，以保持老人在社会互动中的互惠性、活动性与独立性。也就是说，应让老人拥有可供交换的资源，让他们感到自己有用，仍能给下一代提供帮助和支持。而且，应帮助老人意识到他们曾被尊敬、被需要及对社会做出过巨大贡献。

五、现代化理论

此理论属于功能派观点，它描述了现代化与老年人地位变化的关系。许多传统的理论认为，人进入老年期应将享受作为生活目标而不再需要社会化。因为传统社会的老人具有天然的教化权威，并对别人实施教化，而且不需要再面对社会化的问题。然而，现代化的社会证明，老年人需要不断地社会化。比如，美国著名学者米德在《文化与承诺》一书中提出了三种不同的文化传递过程：前喻文化、并喻文化、后喻文化。根据此理论，社会日益现代化，后喻文化起到的作用越大，老人拥有的领导角色和权力会日益减少，由此增加了老人撤离社会生活的趋势及社会地位的逐渐下降，这主要表现在以下三个方面：其一，在注重年轻人和新兴行业的工业化社会，老人被迫退休，其社会地位由此下降。其二，在传统社会，前喻文化起着作用，老年人拥有充足的资源与权利，但在工业社会，老年人需要其他人的照顾而使自己的社会地位下降。其三，年轻人比老年人拥有更多地接受教育的机会，加之，社会资源多注入青年人的发展而不是老年福利，进而加剧了老人地位的下降。

可见，老人如果需要跟上时代变迁的步伐，则需要改变观念、再学习及掌握一些必要的新知识或新规范。相应地，社会工作者也应整合社会资源，举办一些培训课程或老年大学，以增强老年人应付现代生活任务的能力。

六、老年人格类型理论

老年人格类型理论将老年人分为五种类型：成熟型、摇椅型、防卫型、愤怒型、自怨自艾型，以下简述之。

（1）成熟型的老人在一生中事业顺利，他们进入老年生活时较为平稳，对人生状态及生理老化状态能较理智地接受。故此类老人不悲伤、不退缩、不固执、不强求，也不过于自我防卫，是较为理想的一种状态。（2）摇椅型的老人属于依赖型，不拘小节，也无大志，并将退休视作解除责任及好好休息的有利时机，故他们对于自己的年老没有恐惧。(3) 防卫型的老人具有很强的防卫心理，退休后不能接受停顿的生活状态，仍然希望寻找工作，并通过忙碌的工作来消除衰老的恐惧。(4) 愤怒型的老人通常在年轻时碌碌无为及遭遇了重大挫折，并将失败的原因归于客观因素和周遭环境或他人行为所致。因此，此类老人常常牢骚满腹，愤世嫉俗，或与他人发生冲突，并处于情绪失控之中。(5) 自怨自艾型的老人与愤怒型的老人一样，年轻时事业无成，或遭受挫折。但是，不同的是，自怨自艾型的老人只埋怨自己，认为失败是由于没有努力或没有才华所致。故此类老年人的态度是消极的、悲观的。

老年人人格类型理论对于开展老年社会工作的启示在于，社会工作者应该根据老人不同的人格类型和心理状态，有针对性地制定老人服务的内容和方式，并寻找合适的助人手法。不过，工作者也要避免将老人标签化及对老人造成伤害。

第三节　老年社会工作的主要方法

一、老年社会工作的一般方法

(一) 老年个案工作

老年个案工作指在专业价值观的指导下，运用专业知识和技巧为老年人及其家庭提供物质和情感方面的帮助或支持，为当事人减压，解决问题并达到良好的福利状态。具体地说，对老人实施个案工作，其主要目的是增进老人的适应能力与社会功能，促使老人能迅速处理压力情景；同时，促进老人能自我觉察和自我了解，使其了解到不可抗拒的身心变化因素，进而在老人自身无法应对各种问题时，使老人能坦然接受亲友的协助或社会解决的方法。一般来说，老年个案工作的介入内容有①：(1) 协助老人认识及接受老年；(2) 帮助老人重新整合过去生活的意义，由此使老人产生完美的、积极的、正面的人生感受；(3) 改善老人与家人的关系；(4) 支持老年人积极参与社区活动，使其晚年生活更加充实；(5) 组织老人争取权益，以寻找各种社会资源；(6) 协助老人建立科学健康的晚年生活方式及心理准备，以积极地应对人生晚年期的各种“生活事件”；(7) 引导老人正确认识死亡，以减少恐惧等消极情绪。

此外，老年个案工作的独特之处在于，一是在接案阶段应准备一些辅助工具，如老花镜、助听器、纸、笔等，并与老人进行良好的沟通；二是在预估阶段应根据老人的身体、心理、社会方面的功能状况，把预估分几次来做；三是

① 引自范明林，张钟汝．老年社会工作［M］．上海：上海大学出版社，2005：101.

在制订计划阶段要充分吸收老人（包括身体孱弱的老人）及其非正式社会支持系统的人参与，以形成老人的自我效能感，促使老人问题的解决；四是老人因身体或生活中其他变故而难以落实制订好的计划，因此，在介入阶段要定期追踪进展情况；五是在评估阶段要重视老人的主观评价。

（二）老年团体工作

老年团体工作指在社会工作者的协助和指导下，通过组织老年人参加各种团体活动，提高老年人活动水平，建立老年人之间的互助网络，并利用老年组员之间的互动和团体凝聚力，来帮助老年人正确面对困难，恢复自身的社会功能和促进自身成长，以协助老人摆脱孤独、寂寞，使其晚年生活更充满乐趣。具体地说，老年团体工作的目的包括：（1）建立起老年人的自信心、自主感和自尊感，促使老年人心情愉快；（2）扩展老人的社交网络，形成老人的归属感与满足感，以疏导老年人的不良情绪；（3）整合各种有用的资源和服务，识别与集中解决老人的问题。

不过，运用团体方法开展老年人工作虽然有其优势，但在此人群中运用团体方法仍有些独特之处，它们是：其一，老人因身体上的不便与知觉方面的限制，在开办团体的时候应有相应的调整；其二，因老人团体比年轻人团体被动一些，带领者可能自始至终都要扮演一个比较积极的角色；其三，因老年人的被动及头脑中满是个人问题等，老人团体工作的节奏要比年轻人的团体慢许多。此外，需要指出的是，在有些情形下社会工作者不宜采用团体工作方法。比如，老人身体状况不好，出行有实际困难；患有器质性疾病，头脑混乱；有精神疾病；有严重行为问题；正处于紧急的危机状况中等。

（三）老年社区工作

老年社区工作指在社会工作价值理念指导下，运用各种专业的工作方法，发展老年人的社区网络，提高老年人的自助与互助能力，促进老年人的社区参与，以及通过老年人的集体参与，改善老年人的生活质量，解决老年人社区生活中共同问题。从此定义中，我们可以发现老年社区工作主要有两个层面：一是针对具体的老年案去发展老人社区网络，照顾老年人的社区生活，即为一般的社区照顾。这里的社区照顾网络包括个人网络、志愿者网络、互助网络、邻里助人和社区增权网络①。二是针对社区的全体老年人，通过社区行动集体解决老人在社区生活中的共同问题。即视社区为行动集体，通过一连串行动的设计与执行，来解决老年人的社区问题。

此外，就老年社区工作的实施进程看，主要包括以下几点：（1）了解社

① 参见朱佩兰．安老与社会工作［M］．香港：香港中文大学出版社，2001：176-179.

区老人的需求，界定老人问题，并与社区的机构与人群建立良好的社会关系，由此评估社区的机会与限制。(2) 建立社会工作者与其他行动者的关系形态，比如，社会工作者与老年人的关系，社会工作者与专家的关系等。(3) 分析过去和现有的政策，并依据社区调查和评估的资料或结论，拟定老年社区工作方案，划分工作的方法和步骤。(4) 通过人员配置、时间阶段的规划，列出执行的事项，并付诸实施。(5) 监督，即活动结束后，进行评估与回忆，并观察是否有新问题的产生。

二、老年社会工作的特殊方法

老年社会工作除了个案工作、团体工作、社区工作等一般工作方法外，还有一些独特的或特殊的工作方法。比如，个案工作中的缅怀往事疗法、人生回顾疗法等，团体工作中的现实辨识团体、动机激发团体，以及老年机构照顾的实务模式等。因篇幅限制，以下仅简要介绍其中的重要方法。

(一) 个案工作中的特殊方法

(1) 缅怀往事疗法。老年人常回忆往事，心理学家认为这是老年的一种调节机制，随着年龄的变化，人们会对过去与未来的看法有所改变，许多老人感到要探索与找出自己一生的意义。因此，适当引导老年人回顾往事，寻找机会弥补老人的缺憾，完成未了的心愿，能与老人的局限与失败取得和解，完成老年期“自我完整”的心理学人生任务，避免老人陷入绝望。比如，社会工作者引导老人回顾过去痛苦的经历，或回顾一直未能解决的冲突，能使老人通过接受专业辅导，重整对这些事的看法，接纳过去，或采取行动，解决问题。临床工作表明，缅怀往事疗法对老年人的抑郁症治疗、保持自尊和社会化有积极的作用。不过，对患有重度痴呆症、行为错乱、有严重精神疾病的老年人及失禁的老年人，此方法不适用。

(2) 人生回顾疗法。与缅怀往事不同，人生回顾疗法的重点既有人生中的正面事件，也有负面事件，其目的是通过回顾获得领悟，即重构老人对人生历程的感悟，让老人现有的生活可以摆脱过去的阴影，生活得更加满意。一般来说，运用人生回顾疗法主要应注意以下几点：一是在实施人生回顾疗法时，应先作一下前测，了解老人对生活的感受，以此建立评估的基线，便于工作结束时能评估介入的成效；二是人生回顾疗法所用的时间，可以根据老人作人生回顾的目的、老人的健康状况、个人的偏好等决定；三是在回顾过程中，社会工作者应协助老人发现人生历程中的一些主题，让老人了解这些主题如何影响其过去与现今的生活，同时，要发现让老人失去与得到对生活的把握感的一些主题，以此让老人逐步识别自己拥有的力量；四是社会工作者可以和老人设计制作具体的成果来总结与结束人生回顾，如做一个相册或录像带等，但并非一定要这样做。必须做的是，对整个工作作后测和前测，评估介入的效果，由此得出明确的结论。

(3) 验证疗法。前面提及的疗法适用于认知功能健全的老年人，但对于认知功能丧失的老年人来说（如老年痴呆病人）则无能为力。到了20世纪60年代，老年社会工作者内奥米·费尔（Naomi Feil）发展出了开展老年痴呆症病人工作的方法。此方法的假设是，老年痴呆症病人所说的每句话都是试图与照顾人或其他人沟通。因此，此方法不是尝试引导痴呆症老人有时空概念，而是尊重头脑混乱的老人感知的世界，运用其所感知的现实，了解老人想表达什么，明白老人行为的意义，而不是让老人意识到现实是什么样。验证疗法在一些研究中显示，对改善患痴呆症老人的行为与情感状态有成效，但它还是一个尚在实践中验证的疗法，其广泛的成效尚待证实。

(二) 小组工作中的特殊方法

(1) 现实辨识小组。指对有轻度或中度认知混乱的老人，通过环境中一些提示，比如运用应季水果与蔬菜做菜、讨论时事新闻、听熟悉音乐、拍照、看喜欢的电影、节日游览等，以帮助老人确认时间、方位或人。此种小组常在护理院、医院或成人日间护理设施中开办。

(2) 动机激发小组。指通过愉悦活动，激发那些不再对眼前或将来感兴趣的老人，重建与他人的联系，摆脱满脑子麻烦的状况，从负面、麻烦或问题的感受中走出来。此种小组应聚焦在让人愉悦的活动上，如准备过节、做饭菜的小建议、演示计算机技术、担任志愿者等活动，并避免触及让老人感到烦恼的关系、健康问题，或个人感到无望的事。

(三) 老年机构照顾的实务模式

(1) 爱登选择模式。即针对老人在僵化的院舍管理中的孤独与无助，此模式倡导“家居型”的院舍环境与人性化的生活安排，不强调科层制权威等。

(2) 住房与服务模式。此模式涵盖了多个照顾领域，由环境、服务、消费者的选择三元素构成。具体地说，一是环境。与爱登选择模式一样，认为理想的居住环境与家类似，有私人空间，并对居民有吸引力，避免中规中矩。二是对空间的使用与照顾工作的安排。即应在家居环境限制下，最大限度给老人提供选择与自由。三是服务的性质与可获得性。此模式认为，越容易得到的服务，照顾就越好。特别是专门服务，如物理治疗与心理辅导服务。

(3) 以延续理论和选择、优化、补偿理论为基础建立的模式。此模式把院舍照顾作为一项文化工作，目的是积极延长晚年生活。同时，该模式强调要最大限度地增加老人的选择余地，并采取措施来弥补老人丧失的技能。因此，老年机构照顾才能发挥最佳效益。

第四节　中国老年社会工作实务

一、中国老年人口的现状

（一）老龄化

世界卫生组织将老年人的起始年龄定为60岁。国际社会通常衡量一个国家或地区进入老龄化的标准是60岁以上老年人口占总人口10%以上。2004年，中国65岁以上老年人口已达到9 857万人，占7.6%，老少比为35.3%，年龄中位数为34.6岁。2005年底，中国1%人口抽样显示，我国总人口数达到130 756万人，其中65岁以上人口达到10 055万人，占总人口数的7.7%。因此，依照人口年龄结构的标准，中国已成为人口老龄化国家。不仅如此，随着多年来中国生育水平的下降、低生育水平的稳定以及人们健康水平的提高，未来中国人口类型将急速从“轻度老龄化”转变成“重度老龄化”。预计到2010年，中国65岁以上的老年人口将达1.1亿，占总人口的8.3%；到2020年老年人口将增加到1.7亿，占总人口的11.9%；2020年以后老龄化程度继续提高，到21世纪中叶，老年人口比重将达到25%，那时，中国将进入“重度老龄化”阶段”①。

随着中国“银发浪潮”的汹涌而至，老龄化和高龄化的进程一方面预示着我国社会的文明和进步，另一方面也给中国社会带来了许多老龄问题，如老年人的经济、居住等生活保障，老年人的合法权益保障，老年人的社会参与等问题。

（二）中国老年人口的问题

目前，中国老年人均出生于20世纪40年代前后，由于受中国建国后政治经济条件的影响，此阶段的老年人普遍文化水平较低，且多数老年人居住在农村。比如，据2002年人口普查的结果表明，全国1.38亿60岁以上的老年人中，8 555.8万人居住在农村②。

老年人由于生理的自然衰老及社会变迁过程中利益关系和分配关系的重新调整等原因，他们已经成为了中国社会人口中的弱势群体。比如，与其他的社会群体相比较，老年人在面对市场风险时，容易遭受侵害。老年人口特别是其

① 参见武洁．中国的老年人口［J］．中国统计，2005（6）：60.

② 参见张艳玲．我国老年人口现状及养老对策分析［J］．技术与市场．2005（7）：61.

中的贫困老年人口，对自身的养老保障以及疾病保健的预期缺乏安全感。又如，在城市中，伴随着经济体制的变革，国有企业的离退休职工由于地区、行业、企业效益等因素的影响，他们的收入和福利均呈现不稳定性和差异性，并且，一部分老年人存在着待遇差及生活困难等问题。与此同时，在中国的农村地区，因人口结构的变化与家庭养老功能的弱化，传统的养老观念和养老方式受到了冲击，从而使农村老年人口自我养老的比重加大，其生活更加缺乏保障，生活也更为困苦。

可见，对老年社会工作的研究和探索不仅迫在眉睫，并且也成为中国社会工作不可或缺的重要组成部分。事实上，在中国社会工作的发展历程中，老年社会工作一直是我国社会工作中的一个重要内容，无论是最初的慈善服务还是现在的专业社会工作，始终在对老年人提供特殊的帮助和服务。

二、中国老年社会工作的内容

中国老年社会工作的内容，包括了身体健康方面的服务、认知与情绪问题的处理、精神问题的解决、社会支持网络的建立，以及老年特殊问题的处理等①，以下简述之。

（一）身体健康方面的服务

身体方面的问题是中国老年人遇到的比较普遍的问题，许多老年人，特别是高龄老年人都患有慢性疾病，需要长期的健康照顾。因此，解决老年人与健康有关的问题是中国社会工作者日常工作的重要内容。具体地说，身体健康方面的服务分为以下两大类：

第一类是健康服务，指为老人提供的与身心健康直接有关的治疗、康复、预防等方面的服务，其主要内容有健康风险评估、例行体检、营养咨询与教育、有关慢性病的健康教育推广活动、处理酗酒与滥用药物、协助进行压力管理、推行锻炼身体方案、采取防范措施以控制在家中受伤、提供精神健康服务、推广预防性服务、提供与年龄有关的疾病的信息、提供老年学咨询、提供有关社会服务与后续性健康服务的咨询等。

第二类是与健康照顾有关的服务，即为老人提供与身心健康间接相关的生活照料、家务助理、出行协助、事务管理等方面的服务，其主要内容有：（1）个人帮助，如送餐服务、家庭病床服务、家务服务、探访、电话慰问等；（2）辅助手段的提供，如手杖、轮椅与住所改造等；（3）技术支持，如紧急呼叫系统安装等；（4）专门服务项目的提供，如信息服务、转介服务、志愿服务、

① 参见史柏年．社会工作实务（初级）［M］．北京：中国社会出版社，2007：87-91.

代际互助服务、日托服务、营养配餐服务、法律服务、出行服务、房屋修缮维护服务、照顾者心理压力缓解服务、院舍服务等。

（二）认知与情绪问题的处理

抑郁症、痴呆症、谵妄、焦虑症是老年人最常见的四个认知与情绪问题。其中，抑郁症主要影响老年人的情绪与情感，痴呆症影响老年人的认知与智力功能。谵妄症类似痴呆症，但它发病突然，并有生理方面的原因，这些生理方面的问题往往都可以逆转。焦虑症的典型特点是过度忧虑，有非理性的恐惧，并抱怨躯体不适，但老年人可能只有焦虑行为而不是焦虑症。

老年社会工作会处理老年人的一些认知与情绪方面的问题。在有些个案中，社会工作者会帮助老年人消除产生情绪问题的因素；而在另一些情况下，社会工作者要致力于改变老人的认知，帮助老人适应其无法改变的情形。不过，做这方面的工作，应注意老年人对待介入的态度，如抵触工作者的工作或把情绪困扰躯体化等。

（三）精神问题的解决

要理解老年人的行为方式，重要的是理解老年人在精神上如何界定自己的现实世界。有关老年人的精神生活有五点非常重要，即：一是老年人拥抱此时此刻非常重要；二是从往事中寻找意义，以建构生命的意义；三是直面自己的局限，看到过去生活的缺憾；四是接受生活中的正面与负面的事件，弥补过去生活中的缺憾；五是拓展个人爱好与同情的圈子。把握上述五点，可以开展老年人精神问题的社会工作，在精神上关怀老人。

（四）社会支持网络的建立

有效动员老人的社会支持系统要求社会工作者有“家庭思维”。“家庭思维”指把老年人看成是复杂的多代关系系统的一部分，这一关系系统对老年人的生活有重大影响，是老年人与他人交往并获得支持的基本来源。一般来说，老人社会支持系统的工作主要包括：老年伴侣工作、家庭体系的工作、照顾人支持体系的工作、促进老年人与社会相融合方面的工作等。

（五）老年特殊问题的处理

老年特殊问题包括虐待与疏于照顾问题，以及丧亲问题。

由于老人的年龄越大，则越容易成为虐待或疏于照顾的受害者，因此，针对虐待与疏于照顾问题，老年社会工作主要的介入措施有：维护老人的合法权益，保护老人免受经济方面的剥夺；为不同境况中被虐待与被疏于照顾老人提供救助性服务，以及构建正式与非正式社会支持网络；开展政策方面的倡导与舆论方面的呼吁，以此改变与调整被虐待与被疏于照顾老人的家庭与社区环境。

此外，直接面对濒临死亡与丧亲的现实也是社会工作者做老人社会工作所不可逃避的，不管是对新手还是有经验的专业人员来说，这都是一个最大的挑战。而国外学者罗斯认为，个人在接受自己或他人的死亡时会经历由否认期、愤怒期、讨价还价期、抑郁期、接受期组成的心理历程。同时，行将死去的老人在身体、心理、社会与精神方面也有一些特定的需求。因此，社会工作者在老人濒临死亡时要做的重要工作有：提供情感支持；代表老人及其家人争取合理权益；提供相关信息；开展丧亲辅导等。

三 、中国老年社会工作的困境与探索

《中华人民共和国老年人权益保障法》规定，要实现老有所养、老有所医、老有所为、老有所学、老有所乐的五大目标，这也是中国老年社会工作的目标。不过，在达成这些目标的过程中，我国的老年社会工作面临诸多的困境与挑战。同时，中国社会工作者及社会各界也在进行不懈的探索，如中国民政部门实施了星光老年计划，并取得了一些成果。以下我们从中国实现“老有所养、老有所医、老有所为、老有所学、老有所乐”的工作目标中，来简要介绍目前中国老年社会工作的困境与探索。

（一）老有所养

中国传统的养老模式为家庭养老。这里的家庭养老，主要指由配偶、子女和其他亲属来完成对于老年人的经济供养、生活照顾及精神慰藉。然而，随着中国计划经济向市场经济的转变，人口结构的变化与家庭养老功能的弱化，我国老年人养老模式呈现出了社会化趋势，单靠家庭养老已无法承担老有所养的责任。首先，中国家庭的代际格局已经发生了巨大变化，形成了所谓“4∶2∶1”的养老格局，这无疑给子女在赡养问题上带来沉重的压力。其次，随着改革开放和市场经济的迅速发展，中国社会生活状态已由原来的相对稳定演化为激烈竞争。这样，生活节奏的加快，工作压力的增大，使得子女照料父母常常力不从心。由此，传统的家庭养老模式逐渐萎缩，并日趋社会化。

但是，中国的传统文化中十分推崇“孝道”，在中国古代，就有舜以“孝”治天下，孔子的“父母在、不远游”，《礼运·大同篇》的“大同世界”，孟子的“老吾老以及人之老”等观念。这样，子孙满堂，全家享受天伦之乐，正是中国老年人所希望的；同时，子女也害怕将父母送进养老院而背上不孝的名声。此种状况不仅妨碍了老年人养老模式的社会化进程，也制约了中国老年社会工作的顺利发展。可见，老年社会工作要想摆脱养老模式社会化与传统文化相冲突的困境，则需要做出“软件硬件”两方面的努力：一是“软件”的转变，即大力宣传社会养老的重要性，让人们能够正确地看待社会养老并接受社会养老的方式；二是“硬件”的转变，即倡导政府制定优惠政策，加大对养老院的资金投入、建设及运营管理等。

（二）老有所医

健康保障的需求是老年人最为渴望的需求，只有当老人有了健康的身体，他们才能享受愉快的晚年生活。然而，因老人人生阶段的特殊性，他们对求医看病的需求在不断增长。一方面，医疗技术的日新月异为老年人的健康带来了福音，但另一方面，高昂的医疗费用又使老年人无力承担。因此，实现老有所医则成为中国老年社会工作的一项重要目标。而要解决此困境，我们认为，首先，应呼吁政府完善老年人医疗保障制度，包括适当提高医保的金额标准及扩大医保的覆盖面，特别是农村老人医疗保障制度更值得重视，同时，还可以利用民间资金建立老年人特殊疾病医疗基金。其次，应设置医院的医疗社工，为老年患者提供记录病情、电话催诊及电话回访等服务。并且，还应加大社区医院的建设力度，以解决老年人看病时的诸多不便。再次，针对老年人的特殊需求，应建立专门服务于老年人的护理院、托老院、康复院、临终关怀院等。

（三）老有所为

许多老人在年轻时无法或没有时间去完成的事，到了老人阶段可以根据自己的意愿去完成。因此，老人阶段被认为是可以继续成长的。我们认为，只要老年人本身不觉得累，应鼓励老人更多地参加社交活动，同时，老人在参加自己渴望的活动中，也可以发挥他们的作用，以实现老有所为。

然而，老人的老有所为的愿望，一方面因目前中国巨大的就业压力而难以实现；另一方面，当社会演进到后喻文化时代，新知识新技术更新的周期越来越短，老龄权威也将失落，这意味着实现老有所为将更加艰难。因此，在这样的背景下，老有所为的形式则需要多样化。比如老人可以继续在工作岗位上任职，获取报酬，或做无报酬的公益事情，以实现老有所为。这里的关键是，让老人在人生的最后阶段能够继续满足其发展需求，体会到其自身的价值感，由此使老人的晚年生活充满活力与乐趣。

（四）老有所学

所谓活到老学到老，老年人同样有学习与发展的需求，尤其是在知识日新月异的时代，许多老年人有强烈的继续学习的渴望。因此，自改革开放以来，中国老年大学纷纷建立，有相当一部分老年人进入了老年大学学习，以实现老有所学。不过，这些老年大学的学员主要是大城市的知识型老年人，而其他的多数老人很少或没有进老年大学学习的欲望，甚至还有为数可观的老年人虽有求学的欲望，但无入学的机会和条件。而上述诸多状况，使得中国的老年社会工作在实现“老有所学”的目标中陷入了困惑。

为了解除此困惑，我们认为，首先，应加大“老有所学”意义的宣传力度。其次，应调动各方面积极性，充分利用现有的办学资源，在中小城市创办更多的老年大学，以使老年大学分布更广、覆盖更宽。再次，老年大学的办学层次应多样化，即应有适合知识型老年人的较高层次的老年大学，也应有适合文化水平较低老年人的低层次的老年大学。

(五) 老有所乐

当人们步入老年时，因身体衰老及社会地位的变化等，引发了老人心理上的变化。如衰老感、失落感、孤独感等，使得老人的心情郁郁寡欢，并难以实现老有所乐的目标。而要摆脱这些心理困扰，实现老有所乐，我们认为，首先，社会工作者应设法帮助老年人平稳渡过“从工作到退休回家”的过渡期。比如，可以把刚退休老年人组织起来，举办一些学习班，并从心理学的角度帮助老人学会自我情绪疏导，或者通过退休老人之间的互相交流，来解决困惑、寻找归属感，以此减轻老人的焦虑与失落。其次，可以以社区为主体，组织形式多样、内容丰富的文化娱乐活动，如中国民政部门实施的“星光老年之家”就是一个比较成功的例子。而老人通过参与这些文化娱乐活动，可以排遣心中的衰老感、孤独感、失落感，获得愉悦欢乐的好心情。再次，应通过各种宣传工具和教育方式，引导老年人主动寻求欢乐，以激发老年人的潜能，实现助人自助。

思 考 题

1. 什么是老年社会工作？
2. 简述老年社会工作的特点。
3. 试述老年社会工作的理论基础。
4. 试述老年社会工作的方法。
5. 你认为中国老年社会工作面临哪些挑战？

主要参考文献

[1] 范明林，张钟汝．老年社会工作［M］．上海：上海大学出版社，2005.

[2] 李增录．社会工作概论［M］．台北：巨流图书公司，2002.

[3] 刘向阳．当前我国老年社会工作的困惑与选择［J］．首都师范大学学报，2004（3）．

[4] 史柏年．社会工作实务（初级）［M］.北京：中国社会出版社，2007.

[5] 史柏年．社会工作实务（中级）［M］．北京：中国社会出版社，2007.

［6］王思斌．社会工作概论［M］．北京：高等教育出版社，2006.

［7］徐立忠．高龄化社会与老年人福利［M］．台北：商务印书馆，1983.

［8］谢美娥．老年人长期照护的相关论题［M］．台北：桂冠图书股份有限公司，1993.

［9］朱佩兰．安老与社会工作［M］．香港：香港中文大学出版社，2001.

［10］A. Froggatt. *Family work with elderly people*［M］. Hampskire，England：Macmillan Education LTD. 1990.

［11］L. Lowy. *Social work with the aging*：*The challenge and promise of the later years*（2nd ed.）［M］. New York：Longman. 1985.

［12］A. Monk. Social Work With Aged：Principles of practice［J］. Journal of Social Work，. 1981，26（1）：61-68.

［13］A. Minahan. Introduction to Special Issues：Purpose and Objectives of Social Work Revisited［J］. Journal of Social Work，1981，26（1）：5-6.

第十七章 妇女社会工作

王姐今年44岁，23岁参加工作，几年前因单位结构调整，她与丈夫均从洗衣机厂下岗，家中还有两个孩子正在读高中，全家靠低保金生活。眼看丈夫无法养家，王姐决定找一些兼职工作。但由于丈夫是一个爱面子的大男人，王姐未获“批准”外出工作。于是，她只好每天趁丈夫外出游玩的时间偷偷拿些“外发工”回家做，但有一次不慎被丈夫发现，她那赖以为生的衣车也被丈夫扔掉。这时，街道妇联通过居委会妇代会主任找到王姐，并在劝说了王姐的丈夫之后，王姐获得了可贵的“参与工作”的自主权。与此同时，居委会妇代会主任还说，区妇联正在开展一系列的“合作社——妇女经济赋权工作计划”，问王姐是否愿意参加。王姐听后十分兴奋，并主动报名参加了第一期的“梅园妇女创业合作社”计划。在社会工作者支持下，王姐与其他四位妇女承包了梅园中学后勤部的经营工作，开始为学校的师生提供餐饮、代购面包等服务。不仅如此，梅园妇女创业合作社还提供了相关的培训以提升王姐等成员的合作创业能力。此外，合作社也定期举行会议，商讨业务发展、成员劳动回报及发展的持续运作机制等。总之，通过参加合作社的“以女性为本的经济赋权理念”的社会行动与合作性实践，王姐不仅有了固定的经济收入，学会了策划、扣展业务及检讨，其解决生活困难的能力也大大提升，并且，实际的经济回报也明显有助于王姐提升个人自信及自决的空间。因此，王姐在家中享有了较大的决策权，而王姐个人的能力感与家人的回应之间不断产生互动，最终促使王姐家庭中的权力关系发生了正面的变化。

上述以妇女个人与群体为服务对象，帮助妇女解决困难，如获得发展机会的工作，协助妇女迈向经济自主的远景，促进她们经济及生活自主的工作，就是本章所要介绍的妇女社会工作。

第一节 妇女社会工作概述

一、妇女的需要与问题

约占世界总人口一半的妇女，在社会发展中起着十分重要的作用。但是，由于历史的原因，妇女相对于男性还处于弱势的社会地位，并有着一些特殊的需要与问题。比如，妇女的主要需要有与男子获得同等的社会发展环境与条件以及特殊方面的保护等。相应地，妇女也面临着健康、教育、职业、参与社会等方面的问题。而这些需要与问题则急需国家与社会给予特殊的关怀、帮助，以下我们就将具体介绍妇女的需要与问题。

（一）*妇女的需要*

一些学者在妇女的需要或需求满足的性别差异研究上，已做出了探索性的考察，现择其重要观点介绍如下。

（1）妇女的非生存需求与生存需求。莫雷纽（Maxine Molyneux）曾把性别需求分为两大类别：一类是非生存需求。主要指由于性别的依附关系所产生的一系列性别问题。这类需求可能涉及的范围大致有性别的劳动分工、政治权力、对资源的控制、均等的工资等。而满足这类需求有助于使性别达到社会均等，也就是说非生存需求的满足有助于性别的政治、社会问题得以解决。二类是生存需求。主要涉及生存环境、卫生、保健等一系列生计问题。就妇女来讲，一般都有着上述各种需求，并且这两种需求来自于两大类不同的问题，即妇女的宏观环境与微观结构问题。①

（2）妇女战略性与实用性社会性别需要。摩塞（Caroline O. N. Moser）在1993年出版的《社会性别计划与发展：理论、实践与培训》一书中，沿用了马克新·莫雷纽的“妇女利益”与“社会性别利益”区分的提法，提出了满足妇女的战略性与实用性社会性别需要。莫雷纽认为，在人的印象中，“妇女利益”或“女性利益”这种利益是建立在妇女生理基础之上的，忽略了女性在社会上的地位。事实上，除了性别之外，妇女利益还取决于阶级、种族、民族等其他因素。因此，莫雷纽主张用“社会性别利益”来指那些妇女（或男子）的“由于其在社会上所处的地位而可能产生的利益，这种地位是与其社会性别属性相关的”。并且，这种利益又可以划分为战略性社会性别利益与实用性社会性别利益。②进一步，在摩塞的计划模式中，这种利益区分则被转化成妇女的战略性与实用性社会性别需要。所谓的“战略性社会性别需要”是指长远地为妇女争取平等及解放而产生的需要。它是在分析妇女为什么受制于男子、在分析男女两性之间关系的结构与性质的基础上产生的。而“实用性社会性别需要”指妇女在完成自己社会角色的过程中产生的需要。它不对两

① 参见金一虹、刘伯红．世纪之交的中国妇女与发展［M］．南京：南京大学出版社，1998：209-210.

② Maxine Molyneux. Mobilization Without Emancipation? women's Interests, the State, and Revolution in Nicaragua . Feminist Studies, 1985 11 (2): 227-254.

性分工或妇女受压迫的地位提出质疑，尽管它们也可以被用作推动更为根本的变革的切入点。它们只是妇女在具体情况下，基于自身的切身体会而认识到的需要。①

此外，我们认为，摩塞的妇女战略性与实用性社会性别需要，能促使我们思索，确认妇女的利益与需要到底是什么。比如，妇女实用性社会性别利益反映了妇女面临的当务之急，与妇女承担的社会性别角色息息相关，在中国为解决下岗女工再就业问题而举办的培训班就是一例。这些班大都是训练妇女在传统女性职业中谋生的技能。而考虑到目前我国男女性别劳动分工的状态，这是情有可原的。但是，如果同时还要说这是充分发挥女性的就业优势，因为女性适合做这类工作的话，就损害了妇女的战略性社会性别利益。

（二）妇女的问题

参考莫雷纽、摩塞对妇女需求的研究，我们认为，妇女的问题可以分为两大类，即妇女的宏观环境问题与妇女的微观结构问题。

一类是妇女的宏观环境问题。这类问题主要是满足妇女的“非生存需要”或“战略性社会性别需要”，它更多地涉及政治、社会的属性，主要包括：（1）性别劳动分工中的公私领域的分隔。这种公私领域的分隔，一方面使得妇女的生育价值隐性化与妇女在家务劳动中的价值严重贬值，另一方面，这也使得妇女在劳动力市场中处于底层的位置，致使劳动力市场的性别隔离演化为“男性工作”与“女性工作”的分化，而女性工作则是典型的低收入、少升迁机会、协助男子的工作。（2）政治权力中的妇女参政严重不足。传统西方政治思想把政治定性为公共范畴的活动，而女性则定性为私人领域，因此，妇女不能涉足政治。直到20世纪初西方第一波妇女运动，妇女才大规模地要求与男性同享投票权与被选举权。时至今日，在一些国家，妇女参政的人数与比例虽然有所增加，但代表女性参与立法的合法性在许多国家仍受到相当的限制，只有斯堪的纳维亚地区、西欧地区与中国，女性在政治上有重要的参与地位。不仅如此，世界上大多数的国家政权仍被操纵在男性的手里，而妇女长久的贡献也没有换来她们在政治上更多的声音。（3）对资源的控制上的匮乏。由于多数妇女还没有完全平等地参与经济社会发展，没有平等地获得经济社会资源与有效服务，因此，妇女缺乏对经济、政治及社会资源的控制，致使她们在公私领域的自主权常常被削弱或被剥夺。（4）不均等的工资。由于两性在职业上有垂直分隔的现象，即男性较多占据高端位置，而多数妇女从事低层工作，因此，广大妇女遭遇了工资不均等的困扰。

---

① 参见金一虹，刘伯红．世纪之交的中国妇女与发展［M］．南京：南京大学出版社，1998：59.

另一类是妇女的微观结构问题。这类问题主要是满足妇女的“生存需要”或“实用性社会性别需要”，它更多指向性别自身的问题，主要包括妇女的贫困、健康、教育、遭受暴力虐待、就业等一系列生存问题，以下简述之。(1) 贫困与健康。Seager 与 Olson 曾指出，女性就生理上而言优于男性，但女性与女性的健康没有受到应有的重视，尤其在贫困国家的乡村，因妇女极度贫困及持续性的生育、缺乏基层的健康照顾，以及对婴儿的性别选择等，妇女健康处于易受病菌感染的高危险条件下。同时，Sen 认为，女性与男性的人口比例提供了女性健康相对剥夺的指标，他指出当男性与女性拥有相同的健康照顾权利与资源时，女性较男性有高的生存率（1.05 :1），但是女性必须面对文化与经济的不平等时，女性的生存率是会下降的，而较高的女性与男性比例大都出现在第一与第二世界。(2) 教育。一项研究指出，在近二十年来，国际间对接受教育的公平性与普及性有了相当的改善，然而在部分低收入的国家，特别是在信奉伊斯兰教的国家，性别差异仍明显存在。以也门为例，女孩接受高中教育的人数只有男性的 11%。此外，Seager 与 Olson 指出，在贫穷国家，妇女的读写能力并没有太大的改变，即使妇女有了读写能力，但在能力上也远不及男性。(3) 遭受暴力虐待。国际间有关遭受强暴妇女的比较资料发现，富裕国家（比如美国）拥有最高的暴力发生率。因此，妇女遭受暴力虐待已成为涉及妇女权利、影响妇女发展的社会问题，并急需社会做出积极的回应。(4) 就业。Seager 与 Olson 的研究指出，几乎全球妇女都必须面对家庭与工作的双重负担，同时，几乎是所有国家的妇女工作时数都较长，但是，只有在贫穷的国家中女性工作的范围才较男性更宽广。而在有些发展中国家，由于改革而引起的经济结构与社会结构的急剧变化，又造成了农村失地失业妇女及下岗失业的女职工的激增，从而危及着妇女的生存问题。(5) 妇女在程序与物质先决条件所受到的不平等。这个不平等是反映女性基本需求较男性来得多的指标之一，比如对于财产、自由及对姓氏的自主等。①

需要指出的是，上述两类妇女的问题是有联系的，之所以作了宏观与微观结构层次的区分，主要是因为不同类型的妇女问题，需要不同的策略及不同的妇女社会工作介入计划框架。

二、什么是妇女社会工作

根据上述对妇女的需要与问题的分析，我们认为，简要地说，所谓妇女社会工作，是指针对妇女个人与群体的需要，帮助妇女解决其问题而提供的各种

① 参见 Len Doyal & Lan Gough. 人类需求——多面向分析［M］. 王庆中，等译. 台北：洪叶文化公司，2000：178-180.

社会福利服务，其目的是为妇女的全面发展创造有利的社会条件与社会环境。显然，“妇女社会工作”与“妇女服务”、“妇女发展服务”、“妇女工作”、“女性主义社会工作”等概念十分相近，并常常交叉使用。在我国至今尚未有关于妇女社会工作的统一的定义，以下稍作一些分析。

（一）与“妇女社会工作”相关的概念

在我国，为了协助社会在法律、政策与实践等层面实现男女平等，解决妇女问题，帮助妇女克服自身的某些弱点以更好地发展，为妇女的发展创造良好的社会条件与社会环境，妇女社会工作便随之产生。不仅如此，在我国妇女社会工作的发展过程中，也产生了与“妇女社会工作”相关或相似的概念，比如“妇女服务”、“妇女发展服务”、“妇女工作”及“女性主义社会工作”等，而这几个概念既有联系又有区别。

所谓“妇女服务”，是以妇女为服务主体，针对她们的经验与需要，旨在提高妇女对自己的潜能及需求的认识，发展起独立自由、自决及自信的人格，并提高及扩展她们在生活上选择的服务。

所谓“妇女发展服务”，指针对妇女在自身发展及社会地位提高上的障碍，以妇女利益为目的而提供的福利服务。此外，也有人把“妇女发展服务”当作“妇女与发展服务”的简称，与其交替使用。不过，我们认为，这两个概念虽然只有一字之差，但关注的问题与讨论的基点则可能不同。并且，我们也建议，应把重视宏观问题与结构性因素的妇女服务，吸收到“妇女与发展服务”之中，而不是让过分偏重妇女自身素质、个人体验倾向的服务同时弥漫到这两个领域之中。

在我国，“妇女工作”也被广泛使用，它常常被用来称呼妇联或有关机构为妇女提供的服务和为妇女利益而开展的各项有关工作。

在西方社会，20世纪80年代以来，是女性主义在社会工作中运用的成长期。1988年，旨在发展女性学观点的教学与实务方法的“女性主义社会工作委员会”在美国创立。1995年美国社会工作协会（NASW）的“女性议题委员会”组成了特别小组。经过20多年的发展，女性主义观点得到了社会工作专业的认同，并形成了“女性主义社会工作”（feminist social work）的概念。这里所谓的“女性主义社会工作”，指以女性主义思想指导开展的社会工作。它将女性的经验与女性的福利当作分析的起点，考虑女性生活的社会情境，反思欠缺性别视角的价值观，其工作焦点在于联结女性在社会的位置与个人困境、回应女性处境化的特殊需求、创造服务对象与社会工作者之间的平等关系及处理结构的不平等，以实现平等的社会关系。

（二）妇女社会工作的定义

妇女社会工作又称妇女服务，它是社会工作的重要组成部分，但至今尚未形成妇女社会工作的统一界定。有的学者认为妇女社会工作是以妇女为服务对象的社会工作。有的学者把以妇联为主的妇女组织针对妇女开展的社会工作称为妇女社会工作。也有学者认为，凡以女性主义为指导思想开展的社会工作或受性别观点影响开展的社会工作，均可称为妇女社会工作。还有学者认为，妇女社会工作有狭义和广义之分。所谓狭义的妇女社会工作是指运用社会力量，对因生理、心理、天灾、人祸等因素造成的肢体残疾、功能缺损、患病无靠、流离失所的妇女提供的人道主义援助，使她们医治创伤，减少损失，安居乐业，像正常人那样（或接近正常人那样）的生活；所谓广义的妇女社会工作，是动员与协调社会力量，创造有利条件，消除性别歧视，吸引妇女参与政治、经济、文化和家庭等各方面生活，在社会实践中提高自身素质、增长才干，逐步实现自身的彻底解放，达到真正的男女平等的工作。

综上所述，结合中国的社会脉络，我们较认同朱东武对妇女社会工作的定义。即所谓的妇女社会工作，指主要以妇女为服务对象的社会工作，也就是针对妇女在自我成长的过程中，在参与政治、经济、社会、文化和家庭生活中遇到的群体或个体问题而展开的社会服务性工作。妇女社会工作的目的是为妇女的全面发展创造有利的社会条件与社会环境，它又可以细分为四个具体目标，包括：(1) 帮助妇女解决遇到的现实问题；(2) 帮助妇女预防出现新的问题；(3) 积极推进将社会性别平等观念纳入主流的工作，进一步推进建立健全有利于妇女发展、保障男女平等的法律、法规和政策的制定；(4) 帮助全体社会成员树立男女平等、社会性别意识，建立有利于促进妇女发展、推进男女平等的社会环境。①

三、妇女社会工作的特点与类型

从妇女社会工作研究妇女社会现象与运用社会工作的理论、方法解决妇女问题的工作内容来看，妇女社会工作具有如下特征②：

第一，综合性。指妇女社会工作涉及的内容非常广泛与复杂，它要求妇女社会工作者能够运用多种学科的知识、多种工作方法与技能去解决妇女的社会问题。比如，对妇女权益的保障，涉及经济学、法学的知识；对妇女生理疾病的防治，涉及生理学、医学的知识；对妇女人际关系的辅导，涉及社会学、心理学的知识；对妇女婚恋家庭的指导，涉及女性学、家政学、社会学、心理学的知识；对妇女社会工作的组织与领导，涉及行政管理学、公共行政及领导学

① 参见朱东武．妇女社会工作［M］//史柏年．社会工作实务．北京：中国社会出版社，2007：201-202.

② 参见向德平．社会工作概论［M］．北京：中国广播电视出版社，2004：291-292.

的知识。

第二，科学性。无论是妇女社会工作的知识基础、专业理论，还是具体的工作方法、技能，都具有科学性。具体地说，妇女社会工作的基础知识有医学、社会学、心理学、法学、行为科学等，这些学科都有专门的系统理论与科学的知识。此外，妇女社会工作还有自己的专业理论与工作方法，这些理论与方法经过长期的工作实践证明是行之有效的，因而也具有科学性。

第三，服务性。妇女社会工作在本质上具有服务性，其基本任务或职能是对有困难与有需求的妇女提供有效的服务，帮助她们走出困境与误区，促使她们能够保持独立与尊严，健全并全面地发展自信、自决、独立的人格。这些服务性工作可以是有偿的，比如社会上为妇女服务的营利机构，也可以是无偿的，比如政府及第三部门为妇女提供的服务。

与此同时，从妇女社会工作的对象、目标及内容上看，妇女社会工作又具有以下三大特点：其一，妇女社会工作是服务对象规模最庞大的实务领域。由于女性人数一般都占到总人口的一半，因此，妇女社会工作的服务对象十分庞大，这一特征是其他社会工作实务领域所无法比拟的。其二，妇女社会工作的核心目标是创造男女平等的社会环境。虽然许多法律赋予了女性同男子一样平等的法律地位，但现实生活中存在许多歧视、轻视与不公平对待女性的现象。因此，改善妇女生存与发展的社会环境，维护妇女的合法权益，促使妇女获得与男子同等的良好的社会环境和条件，在法律与现实等层面真正实现男女性别平等，就是妇女社会工作的核心目标。其三，妇女社会工作的服务内容往往与婚姻、家庭问题相关联。许多国家与地区的实践表明，在现代社会，婚姻与家庭发生变故的几率大大增加，而女性往往是这些变故的利益受损者。这样，为在婚姻与家庭生活中权益受损的女性提供辅导服务与权益保护，则成为妇女社会工作中最主要的工作内容。①

此外，根据不同的标准，还可以将妇女社会工作划分为不同的类型。比如，从工作任务上看，可以将妇女社会工作划分为提供帮助型、科学研究型和行政管理型的妇女社会工作；从工作方法上看，可以将妇女社会工作划分为个案、团体、社区三大妇女社会工作；从工作领域上看，可以将妇女社会工作划分为宏观社会政治层面的工作（包括推进妇女的参政与男女平等、动员妇女投身于社会发展、加强不同族群妇女的团结及维护世界和平等）与微观社会服务层面的工作（即主要围绕妇女在自我成长、就业、婚姻家庭、子女抚育、赡养照顾老人等方面出现的困惑与危机，向求助妇女提供具体帮助，以发挥她

① 参见朱东武．妇女社会工作［M］//史柏年．社会工作实务．北京：中国社会出版社，2007：202-203.

们的潜能，促进妇女的发展）。

第二节　妇女社会工作的理论基础

妇女社会工作的理论基础是妇女社会工作的宏观指导理论，它是关于妇女及妇女问题的基本看法的理论，它指导人们从世界观的角度去看待妇女与妇女问题，是实践妇女社会工作的基础。总结有关著作与学者的看法，我们将妇女社会工作的理论基础概括为三类：一是马克思主义妇女观，这主要是我国大陆妇女社会工作的宏观指导理论。二是女性主义，这是西方国家与我国港澳台地区开展妇女社会工作的理论基础。不过，自20世纪90年代以来，女性主义理论对我国大陆实际的妇女社会工作也产生了极大影响。三是社会性别，这是近一年来对我国妇女社会工作产生较大影响的理论基础。

一、马克思主义妇女观

在我国大陆，长期以来指导妇女社会工作的宏观理论是马克思主义中有关妇女问题的基本理论。1990年在庆祝“三八”国际劳动妇女节大会上，时任中共中央总书记的江泽民在题为“全党全社会都要树立马克思主义妇女观”的讲话中首次将这一基础理论概括为马克思主义妇女观。

马克思主义妇女观，是运用辩证唯物主义和历史唯物主义的世界观、方法论，对妇女社会地位的历史演变、妇女的社会作用、妇女的社会权利和妇女争取解放的途径等基本问题做出的科学分析和概括。马克思主义妇女观的主要内容包括：

（1）妇女被压迫是人类历史发展到一定阶段的社会现象。按照马克思的说法，妇女受压迫不是从来就有的，而是社会发展到一定历史阶段，即人类社会产生了私有制和阶级对立的时候，妇女才被剥夺了财产所有权，被排斥于社会劳动之外，从而导致了妇女在经济上、政治上、人格上等一切方面的从属地位和被压迫地位，致使妇女丧失了一切权利，并逐渐沦为家庭与社会的奴隶以及男子的附属物。可见，妇女被压迫的现象是一定历史条件下的产物，它必将被新的历史条件下的男女平等所代替。

（2）妇女解放的程度是衡量普遍解放的天然尺度。马克思关于私有制既是阶级压迫的根源又是妇女受压迫的根源的经典论断说明，在私有制为基础的社会中，妇女处于被压迫的从属地位，其实质是阶级压迫的一种特殊表现形式。因此，妇女解放就与阶级解放及全人类解放紧密联系在一起，它必须伴随全体被剥削被压迫人民的社会解放而得到实现。

（3）参与社会劳动是妇女解放的先决条件。人们在社会和家庭中的地位，归根到底是由人们在社会生产中的地位决定的。因此，恩格斯提出，妇女解放的第一个先决条件是一切女性重新回到公共的劳动中去，以使妇女在经济上不再依赖于男子；妇女解放的第二个先决条件是必须依靠现代大工业，只有在高度民主发达的工业社会中，才可以想象妇女能够真正得到解放；妇女解放的第三个先决条件是家务劳动的社会化，即“把私人的家务劳动逐渐融化在公共的事业中”①。由此可见，妇女解放只有在社会主义制度下才能充分实现。

（4）妇女解放是一个长期的历史过程。妇女的地位不仅为生产关系所制约，也为生产力所制约；不仅受物质生产水平的影响，也受精神文明程度的影响。而社会主义制度的建立已经为实现妇女解放提供了根本的保证，但是，从法律上的男女平等达到事实上的男女平等，由此促使妇女获得与男子同等的社会发展环境与条件，任务还十分艰巨。

（5）妇女在创造人类文明、推动社会发展中具有伟大的作用。妇女与男子同是人类历史前进的推动者，同是社会物质文明和精神文明的创造者，应具有同等的人格和尊严、同等的权利和地位，在人类自身生产中，妇女更具有特殊的价值，做出了特殊的贡献。因此，尊重妇女、保护妇女，是社会进步的一个重要标志，是文明社会应有的法律规范和道德风尚。

（6）男女平等是促进我国社会发展的一项基本国策。我国政府一贯倡导男女平等，认为男女平等是衡量社会文明的重要尺度；重视妇女在社会发展中的重要作用，因而将男女平等作为促进社会发展的国策，并运用法律、政策、文化观念、行政方法等手段推进男女平等，提高妇女地位，促进社会发展。

（7）将性别观点（性别平等意识和观点）纳入决策主流。在法律、政策、方案与项目做出决定前进行性别分析，避免出台对男女产生不平等影响的决定；在法律、政策、方案和项目出台后定期审查执行情况，评价其对男女产生的不同影响，以保证妇女是直接的受益者。

二、女性主义

女性主义是西方女性主义社会工作的理论基础。一般认为女性主义既是一种社会运动，也是一种社会思潮。严格地说，女性主义是一种随着西方女权主义运动兴起而逐渐形成的妇女争取自己的权利、要求男女平等的社会思潮。自20世纪60年代以来，在西方国家兴起民权运动、嬉皮士运动、反越战运动之时，也掀起了争取男女两性同等就业机会和平等权利的女性主义社会运动。之后，女性主义以猛烈的势头冲击着西方国家的政治、经济、社会等各个层面。不过，就这种女性主义的起点看，它针对的应是社会中的父权结构。

---

① 马克思恩格斯选集（第4卷）[M]. 北京：人民出版社，1995：162.

20世纪70年代之后，女性主义已发展出了众多流派，但这些流派基本上承认如下观点：(1) 两性生理结构上的差异是天生的，但不同的性别角色和社会地位是社会造成的；(2) 以往的社会是“男权制度”占统治地位的社会，其实质是男性对女性的压迫；(3)“男权制度”致使两性性别定型化，即促使男女两性不仅具有不同的行为外表，也具有“男尊女卑”的含义，比如女性“照顾者”的性别角色和性别身份就是男性为自己的利益而强加给女性的；(4) 传统的“男主外女主内”的婚姻与家庭形式是为了男性的利益而建构的；(5) 要争取妇女的权利和男女平等，就需要改变以往男权为主的社会结构和社会关系体系。不过，需要指出的是，尽管女性主义理论普遍接受了女性受压迫的观念，但是，在女性主义对男权制度的成因及争取男女平等的方法或道路的看法上，存在着众多分歧，因此，就形成了女性主义的不同理论流派。比如自由主义女性主义、社会主义女性主义、后现代女性主义、文化女性主义、第三世界女性主义、黑人女性主义、激进女性主义等。因篇幅限制，以下就简要介绍自由主义女性主义、社会主义女性主义、激进女性主义对西方社会工作的影响。

(一) 自由主义女性主义

自由主义女性主义认为女性因其性别在受教育、就业、参政等各方面遭受了不平等的对待，而这种不平等的根源在于，社会化中的文化制约及社会结构剥夺了女性的发展机会。因此，自由主义女性主义主张，通过谋求文化上的渐变来改变两性的不平等，并且，其介入焦点则是倡导两性的机会均等而使女性获得自由。比如通过政策或服务的提供，以促进女性在个人层面上获得机会平等、分享资源的权力以及提升女性的技能水平等。而社会工作专业的起源正好符合自由主义女性主义的框架。因为自由主义女性主义强调的个别化处理问题的方式符合社会工作的专业价值理念，同时，两者均强调提升女性作为母亲的技能，注重女性在承担母职与劳动者的双重角色的调适能力。此外，为改变工作关系而主张“同工同酬”及试图打破“玻璃天花板”与努力追求更多管理层级的职位，也是自由主义女性主义应用于女性主义社会工作实践的典型范例。不过，因自由主义女性主义的立场建基在男性观点的世界中，其最大缺点是未能批判社会的整体结构，也没有预料到其成果会如昙花一现①，尽管如此，也不能抹杀自由主义女性主义坚持改变两性间的社会关系所做出的努力。

(二) 社会主义女性主义

社会主义女性主义认为，资本主义生产是一切问题的核心，男权制度也从

① 参见R. Tong. *Feminist Thought: A Comprehensive Introduction* [M]. San Francisco: Westview Press，1989：56.

属于资本家的利益，因为在男性凭借经济权力控制女性之时，家庭中的生产、生殖、性和儿童教化等四种结构相互结合而构建了女性受压迫的物质基础。比如，妇女在家庭的无偿劳动，促进了劳动力的再生产并降低了其成本。又如，家庭主妇是剩余劳动力，也致使资本家能压低劳工阶层的薪金水平。因此，社会主义女性主义主张，只有推翻资本主义制度、建立社会主义，才能解放“受压迫”的女性。此外，从社会主义女性主义对社会工作的影响看，社会主义女性主义在思考两性的主流关系时，重视其中的社会建构及互动的本质，而不是强调性别差异的生理基础。这种观点已被社会工作者运用在实践之中。比如，社会工作者运用社会主义女性主义对男性气质的观察，已发展出了与男性一起工作的策略，如男性暴力犯罪者的更生策略；又如，一些主流社会工作者也将社会主义女性主义纳入了家庭分析与治疗的框架中，如米兰学派的家庭治疗等。①

（三）激进女性主义

激进女性主义认为，男权制是一种有利于男性的社会组织形式，也是女性受到压迫和被控制的根本原因，而国家也是男权制度压迫的工具。这样，在男权制结构内部来提高女性地位，只会复制国家与男性的统治制度及强化性别的不平等，由此激进女性主义主张“个人的即是政治的”，并认为女性主义运动的主要目标就是要消灭男权制度。相应地，在社会工作领域中，激进女性主义为妇女运动所设定的目标是，摧毁男性对女性的统治机制，代之以赋权机制，而其在女性主义社会工作中最活跃的方面则体现在和平、生态、生育权利、反对淫秽色情以及支持同性恋权利运动等。与此同时，激进女性主义也注重通过示威等激烈的手段来建立女性的空间和女性文化，这样，许多女性社会工作的服务机构与女性自助团体便纷纷产生，比如被强奸女性的救助中心、受暴女性的庇护所、乱伦幸存者团体等②。不仅如此，激进女性主义社会工作实务表明，在这些女性服务机构与女性自助团体中，女性独享的资源对于改善女性的处境及改变女性的社会地位也是非常有益的。③

而以上述女性主义的基本观点指导社会工作实务，就形成了“女性主义社会工作”，或称女性主义妇女社会工作。概括地说，女性主义社会工作价值观的核心内容有：以女性为中心，尊重和重视女性的情谊及经验；反对一切对

---

① 参见 S. Minushin. *Families and Family Therapy* [M]. Harvard University Press，1974.

② 参见 A. Mullender. *Rethinking Domestic Violence：The Social Work and Probation Responses* [M]. London：Routledge，1997.

③ 参见 A. Donnelly. *Feminist Social Work with a Women' s Group*，*University of East Anglia Monographs* [M]. Norwich：University of East Anglia，1986.

女性的压迫与歧视，促进女性的意识觉醒提升；促进组织结构的变迁及挑战现有的社会建制等。与此同时，女性主义社会工作基本原则也被精要归纳为三个方面，包括：其一，承认女性是独立的个体，她们有独特的生活经验；其二，承认社会上的权力分配不均及资源不足的现象，这些现象常常使妇女处于不利的境况；其三，将妇女的困境提到社会改革层面，视妇女问题为个人与社会运作失调的结果，而不应将问题个人化。①

三、社会性别

自20世纪80年代以来，社会性别成为联合国和世界上许多国家的分析视角，1995年在北京召开的联合国第四次世界妇女大会通过的《北京宣言》和《行动纲领》提出，在所有相关领域中都贯穿着鲜明的社会性别视角和立场，并提出将社会性别纳入主流。近一年来，社会性别意识对我国妇女社会工作产生了较大影响。

（一）基本概念

社会性别理论提出了“生理性别”与“社会性别”两个重要概念，以凸显社会性别对人的影响。所谓的“生理性别”（sex），属于生理范畴，指解剖学意义上的男女，即男性和女性在生理上的差异，比如在染色体、性腺、性激素、解剖构造、生理机能、身体形态、运动机能等方面的差异。这种差异一般是不易改变的，往往是与生俱来的、先天的、不可变的。

而“社会性别”（gender）属于社会范畴，通常指作为一个男人或女人的社会含义，泛指社会对男女两性及两性关系的期待、要求和评价。即由特定文化环境规定的被认为是适合其性别身份的性别特征及行为举止，比如“男主外女主内、男主女从”的性别角色分工，“男刚女柔、男才女貌”的性别角色期待，“男尊女卑、男优女劣”的性别角色评价，“男高女低、男强女弱”的性别角色定型等。这些性别特征及行为举止是社会文化塑造的，是后天的、可变的。

社会性别理论提出的“生理性别”与“社会性别”概念，意义重大，也曾被女权主义视为是妇女理论中的一次“哥白尼式革命”。因为，此理论推翻了女性性别是妇女受压迫的根源的观点，提出了男权主流文化塑造的男女两性社会性别才是妇女受压迫的根源的观点，即妇女受压迫不是先天生理性别的结果，而是后天的。因此，妇女的解放必须改变男权主流文化积淀的物质文化与精神文化，而这正是其革命意义所在。

① 参见梁丽清．妇女运动与社会工作［M］//周永新．社会工作学新论．香港：商务印书馆，1998：364.

（二）社会性别社会化

“社会性别社会化”指人们接受并内化社会规定的性别角色的要求，以此支配自己的行为、发展性别角色意识的过程，是贯穿人的一生的性别认同过程。因此，社会性别在社会制度和个人社会化过程中得到了传递和巩固，以下简述之。

第一，社会性别是在个人的社会化过程中建构和传递的。由于社会性别社会化贯穿在生命周期的各个阶段，从出生、儿童期、青春期、成人期、老年期直到死亡，这样，社会在每个阶段都对个人有不同的性别角色期望和性别规范，由此社会性别差异则被不断地生产与再生产，并对每个人产生了塑造与影响的作用。而影响人的性别社会化的最重要因素是人生存于其间的整个社会文化环境，包括家庭、学校、同辈群体、大众传媒、公共政策等。比如，家长对待不同性别子女的性别期望和教养方式，学校的教学内容和老师对待不同性别的学生的态度和期望，同辈群体对社会认可的性别角色标准的评价及其产生的无形压力，大众传媒中对男女形象的呈现，以及公共政策中对男女权利和义务的规范等，都在人的社会化过程中影响和塑造了其社会性别；而各种社会性别社会化的途径又互相影响，共同起作用。

第二，社会性别是在社会制度中得到传递和巩固的。首先在社会制度中，社会性别观念影响了男女不同的角色责任的分配与要求，相应地，用于完成男女角色责任的社会资源分配也必然不同（如将有限的最好的资源分配给男性，以为其未来承担主导的“养家糊口”的角色做准备），由此使得男女发展出了不同的传统社会性别所期望的能力、特长及不同角色标准的评价体系。这种男女不同的能力、特长和社会评价，又直接影响和决定了他们在家庭和社会中的地位和拥有的权利。不仅如此，这种权力分配模式又强化了社会性别中男性与女性的身份权力及支配与服从的关系，并被成文与不成文的法律予以规范化、体制化。可见，要改变男女两性不平等的关系，就必须打破与改造上述生产社会性别关系的社会结构与制度的循环过程。

（三）社会性别意识主流化

社会性别意识主流化又称社会性别主流化，全称是“把社会性别平等意识纳入社会发展和决策的主流”。1997 年 7 月，联合国经济和社会理事会对社会性别意识主流化作了如下定义：第一，社会性别意识主流化是一个评估过程。即应对各个领域、各个层面上的任何一个计划行动，包括立法、政策或项目对男女产生的影响进行评估。第二，社会性别意识主流化是一个战略。即应将对妇女的关注和经历同男子一样，作为设计、执行、监督和评价所有政治、经济和社会领域中不可分离的一部分来考虑，以使男女平等受益，使得不平等不再延续。第三，社会性别意识主流化的最终目标是实现社会性别平等。

之后，在2000年，联合国再次确认了“社会性别意识主流化”为促进性别平等的全球战略，并呼吁各国将社会性别纳入国家的公共政策之中。而我们认为，将社会性别意识运用于妇女社会工作，应注意以下几点：一是重视倾听妇女的声音，并从妇女的经验中发现妇女的需求；二是使用有效的方法对各种数据进行性别的统计，以此分析妇女问题的社会性别根源等；三是将妇女问题放在两性关系的格局中分析，不是盲目追求与男性没有差别的“无性人”的平等，而是强调两性权利、责任、机会和选择的平等；四是追求两性的平等，强调妇女的解放也是男性的解放，妇女的利益真正实现对男性也是福祉。①

第三节 妇女社会工作的方法

社会工作专业在其百多年的发展中，形成了一系列的工作方法，其中个案工作、团体工作、社区工作等被认为是经典的或基本的社会工作方法。这些专业的工作方法均可以运用于妇女社会工作，并能产生有效的成果。此外，赋权工作方法在妇女社会工作实践中也产生了较大的影响。本节的重点在于总结这些综合性的工作方法。

一、妇女社会工作的基本方法

在女性主义的理论、价值观及工作原则指导下，妇女社会工作形成了个案工作、团体工作和社区工作三大基本方法，现简略介绍如下。

（一）个案工作

个案工作是指妇女社会工作者运用个案社会工作的方法与技巧，针对每个妇女及家庭的不同特征，为其提供的个别化服务。不过，由于妇女在寻求帮助时，她们已被困扰了很长时间，往往身心疲惫。因此，社会工作者在提供个案服务时，应相信妇女求助者的叙述，接纳她们，同时也要尽可能帮助这些妇女理清自己的思路。比如，协助求助妇女理清面临的问题或困惑是什么？如何将问题进行排序？优先解决的问题是什么？问题的成因是什么？解决问题的方法是什么？为解决问题，个人可以怎么努力，需要什么人或什么组织给予什么帮助？此外，社会工作者还应从优势视角出发，帮助妇女求助者发掘与运用自身的优点与环境中的资源，来协助她们解决问题，以使其过上正常生活，从而达到个人和社会的良好福利状态。

---

① 参见朱东武．妇女社会工作［M］//史柏年．社会工作实务．北京：中国社会出版社，2007：205-206.

（二）团体工作

团体工作是指妇女社会工作者秉持妇女社会工作的理念，利用团体工作方法与技术，为妇女提供的团体服务。团体工作的目的是通过妇女在团体中娱乐、交往、学习、意识觉醒的提升及治疗等，增加妇女的生活情趣，扩展其参与社会活动的机会，治疗其人际关系失调，以此促使妇女承担其公民的责任及形成妇女的互助体系。一般来说，妇女团体工作可以分为发展性、支持性、预防性三大类型。

此外，需要指出的是，妇女社会工作因重视团体的力量及促进女性个人和团体的环境改善，因此，团体工作成为妇女社会工作的最常用方法。从工作策略上看，团体工作在提升女性的能力及改善女性的处境中具有如下三个优势：第一，组织女性成长团体，有助于成员较快地找出彼此之间的共通点与相异点、克服女性困于家庭的孤立感，以及在经历了团体的平等经验中形成了成员间的互助与团体的凝聚力量。第二，建立女性团体，有助于建立女性的社会支持网络，比如形成团体内部以及与其他团体或组织的联合，从而有利于巩固女性主义信念与集结力量，并能从政策与社会结构层面来解决女性的问题；第三，通过妇女社会工作网络来集合力量，可以针对特定问题而采取一连串的社会行动，甚至可以开展女性主义行动，以此促使政府重新分配资源与作出政策改变的回应。进一步，基于团体工作在提升女性能力及改善女性的处境中的优势分析，我们认为，社会工作者运用小组工作方法协助妇女时，应重视以下四点：社会工作者应着重帮助组员形成一个互助体系；要了解小组成员，善于利用小组过程；要努力增强个别成员的能力，以使组员能自动自发地发挥功能而成为独立的个人或小组；必须协助成员在小组工作结束时，再回顾整个小组的过程。

（三）社区工作

社区工作是指妇女社会工作者以地理社区或功能社区为单元，充分利用社区内外的资源，构建妇女社区社会支持网络，以合理解决社区内的妇女问题，让妇女在社区参与中培养自助、互助、自决的精神和民主参与的能力，以及增加妇女对决策的影响力量，进而推进妇女能力建设的提升，消除对女性的一切形式的歧视和不公正的对待，以建构两性平等与和谐的社会关系。① 一般来说，构建妇女社区社会支持网络的类型包括：（1）以妇女志愿者为本的支持网络。指围绕服务对象的需要，组织若干名志愿者与服务对象建立联系，以便提供及时的帮助。如在社区中为独居的老年妇女建立的邻里支持网络等。（2）

---

① 参见李晓凤．女性主义社会工作［M］//祝平燕．性别社会学．武汉：华中师范大学出版社，2007：212-213.

以妇女自助互助为本的支持网络。指帮助有类似问题或有需要的服务对象建立互助小组，使她们能以自助助人的方式互相支持。如下岗女工支持小组、单亲母亲支持小组、受虐妇女支持小组等。（3）社区紧急支持网络。指以协助个人或家庭预防突发事件或危机为主的支持网络。在社区中建立包括派出所、法庭、街道妇联、司法所、社区医院、居委会、社区志愿者和邻居等在内的，既各司其职又能相互联动的紧急支持网络，为有需要的妇女与居民提供帮助，如反家暴社区紧急支持网络。

二、赋权模式在妇女社会工作中的运用

妇女社会工作的重点旨在增进女性的自我认同，重新评定女性的自我价值，鼓励女性为自我发展而争取与男性平等的机会和资源。因此，意识觉醒的提升（conscious raising）和充权使能（empowerment）成为了妇女社会工作的两大工作目标，也促使赋权模式成为了妇女社会工作的独特方法，以下简略介绍赋权模式在妇女社会工作中的运用。

（一）赋权的概念

赋权（empowerment）也可译作充权、增权，这个概念最早出现在20世纪六七十年代美国黑人争取平等权运动之中。Gutierrez（1990年）认为，在现实生活中，由于社会利益的分化和制度安排等原因，处于社会底层或社会边缘的弱势群体总是缺乏维权和实现自我利益主张的权力和能力，如要改变这种状况，就必须对权力进行再分配，走增权的途径。① 从这个角度看，赋权指赋予或充实个人或群体的权力与能力。总结不同学者对赋权的定义，我们认为，社会工作的赋权指从案主本身出发，通过分析案主的处境重新定义案主的问题，赋予案主实践权力的机会，改变案主的无能和无权感，提升案主意识，挖掘案主自身的潜力，从而倡导案主改变及行使权力的“使能”过程。就社会工作赋权的原则看，主要包括：对等地合作；不断地参与；理解对象面临的处境；强调集体力量与倡导社会行动；意识觉醒的提升和技巧训练并重；确信权力关系可以改变；社会工作者与案主一起倡导改变。

（二）妇女社会工作的赋权模式

女性主义赋权的过程，就是帮助女性获得权利的感觉以及给其生活带来结果的能力的过程。具体而言，女性主义赋权模式的工作途径有：第一，接纳案主对问题的看法，肯定案主行为的意图及新的认知、情绪、意愿及行为的发生，以让案主感到被尊重、平等对待及可以自我决定等。在此基础上，妇女社

① 参见 L. M. Guiterrez. *Working with Women of Color*：*An Empowerment Perspective*［M］. Social Work，1990：35.

会工作者才可以帮助案主界定自己的需要，帮助其明确自己的目标。第二，从案主的优点（而不是弱点）开始，评估案主现有的优势，以恢复案主的自信，降低其自责感。第三，帮助案主整合与动员资源，并提供案主获取资源的机会。第四，帮助案主分析权力关系，促使案主意识到两性权力的不平等导致了其问题的产生，从而达到案主意识觉醒的提升。第五，社会工作者要帮助案主相信改变的能力在于自己，由此协助案主产生自我概念、自尊、尊严感、福祉感、重要感及能力感。

从以上分析可以看出，由于赋权模式十分符合妇女社会工作的基本理念与原则，能够在现行建制下最大限度地满足妇女的需要，为妇女的发展创造条件，因此，赋权模式在西方已成为妇女社会工作中一个非常流行的工作模式与方法，并对我国妇女社会工作产生了较大的影响。不过，需要指出的是，赋权模式也存在一定的不足。比如，社会工作者与案主之间（特别是受到权利侵害的女案主之间）原本存在的各种差异，在赋权模式中并没有得到应有的重视。又如，赋权模式对社会环境与家庭环境等因素在实现个人赋权过程中的重要作用的忽视，无疑在一定程度上影响了妇女社会工作赋权模式的有效性。①

第四节　中国妇女社会工作的实践

在中国，妇女社会工作是一种行政型半专业的社会工作。与西方女性主义社会工作相比较，我国妇女社会工作在注重妇女的全面发展之时，更注重爱国主义、集体主义教育，着力于教育、引导、指导，而西方女性主义社会工作则较为注重不同妇女的自身需要，注意照顾不同妇女团体类型成员的需要，“助人自助”。与此同时，我国妇女社会工作手法的特点在于充分发挥妇联、工会、民政等机构的组织优势，比较注意大型、全国性、地区性活动，而西方女性主义社会工作的手法则更注意针对个人的潜能发展与特殊需要，注重团体、小型的活动。

一、中国妇女社会工作的现状

中华人民共和国成立以来，中国妇女在争取与男子享有平等的权利及地位上已取得了很大成就，并形成了以马克思主义妇女观为指导、依托行政体制的妇女社会工作。

① 参见李晓凤．女性主义社会工作［M］//祝平燕．性别社会学．武汉：华中师范大学出版社，2007：214.

（一）妇女社会工作机构

中国妇女社会工作与国外女性主义社会工作相比，其最大特点是妇女工作多由专门的妇女工作机构来承担。这些专门的妇女工作机构主要有：各级妇女联合会（简称妇联）系统、各级工会女工委员会、各种妇女工作委员会以及民间妇女组织等。其中，各级妇女联合会系统是开展中国妇女社会工作的中坚力量，也是国内最大的妇女组织。具体地说，这一系统由全国妇联，各省、市、自治区妇联，各市、区、县妇联，街道、乡妇联和居委会、村委会的妇代会组成，形成了覆盖面最广泛的妇女工作组织网络和强大的行政资源动员能力，从而在保证中国妇女工作实施的同时，也有力推动了中国妇女工作的发展。一般来说，妇联系统的妇女社会工作主要包括：

（1）维护妇女权益，提高妇女的参政水平，帮助失业妇女再就业，以及为在婚姻家庭方面遇到困难的妇女排忧解难；

（2）提高妇女的整体素质，向妇女宣传党的方针政策，培养妇女“自尊、自信、自立、自强”的“四自”精神，组织全国性活动，比如五好家庭评选等；

（3）组织社区服务，比如托儿与托老服务，家庭教育服务，以及通过妇女、老人、儿童活动中心而提供的社区服务等。

（二）妇女社会工作的主要内容

长期以来，中国妇女社会工作者根据不同时期国家的不同任务与妇女的不同问题等，开展了大量生动活泼、卓有成效的工作，由此对完善妇女的社会保障、促进妇女整体发展、推动国家和社会的全面进步发挥了重要的作用。然而，由于妇女社会工作以全体女性人口为服务对象，涉及的领域十分宽泛，因此，不同的学者对我国妇女社会工作的内容有不同的分类介绍。我们认为，中国妇女社会工作的内容可以分为两大类：一是针对特殊困难女性人口的救助和预防性的妇女社会工作，包括为失业女工、单亲母亲、家庭暴力中被虐妇女及进城打工妹等提供的多元化的专业服务；二是针对全体女性人口的发展性妇女社会工作，包括“四自”（即自尊、自信、自立、自强）的精神教育，开展扫盲活动的文化教育，学习实用技术与提高文化科学的素质教育，健康保健与优生优育服务，婚姻家庭咨询服务，维护妇女合法权益等。不过，因篇幅的限制，以下仅介绍中国妇联妇女社会工作的主要内容。

（1）发动妇女群体参加社会生产。由于一个人的社会、政治、家庭地位归根到底是由其经济地位决定的，因此，妇女参加社会生产，取得独立的经济地位，摆脱长期以来经济上完全依赖男子的状况，对于争取男女平等、妇女解放具有重要意义；同时只有参加社会生产，妇女才能服务、贡献于社会，充分体现和发挥妇女的才华，实现妇女自身的价值。因此，发动和帮助妇女群众参加社会生产成为了妇女社会工作的重要内容。近年来这方面的具体工作主要有：在城市女职工中开展“巾帼建功”活动以及为失业女工开展的再就业服务；在农村广大妇女中开展“学文化、学技术、比成绩、比贡献”的“双学双比”活动。

（2）宣传妇女工作，强化对女性的教育。由于大多数妇女生活在农村，文化教育状况受到一定限制，并深受男尊女卑的影响，因此，对广大妇女群众进行宣传、教育，历来是中国妇女社会工作的重要内容，这有助于从根本上改善妇女的社会生活状况与提高妇女的地位。具体地说，这一工作包括：对广大妇女进行“自尊、自信、自立、自强”的“四自”教育；进行文化教育，开展扫盲活动；学习实用技术，提高妇女的文化科技素质等。

（3）维护妇女合法权益。中华人民共和国成立以来，中国国家立法机关相继制定、颁布了一系列保障妇女权益的法律法规，这些法律法规主要包括：《中国人民政治协商会议共同纲领》、《中华人民共和国宪法》、《中华人民共和国婚姻法》、《中华人民共和国继承法》、《中华人民共和国刑法》、《中华人民共和国民法通则》、《中华人民共和国妇女权益保障法》、《女职工劳动保护条例》、《中华人民共和国母婴保健法》以及《中国人民代表大会常务委员会关于严惩拐卖、绑架妇女、儿童的犯罪分子》等。此外，1995年5月中国政府还颁布了我国第一部关于女性发展的政府规划，即《中国妇女发展纲要（1995—2000）》，在此基础上，于2001年又颁布实施了《中国妇女发展纲要（2001—2010）》。上述法律法规从立法和制度层面确立了妇女合法权益的地位，也为妇女社会工作的实施提供了法律依据。与此同时，为了在现实生活中确实保障妇女的合法权利、真正实现男女平等，妇女社会工作在这方面做出的主要工作有：提高妇女的法律意识；维护妇女的合法权益，如为家庭暴力中被虐妇女及进城的打工妹的合法权益提供了维权服务等。

（4）开展家庭文化建设。家庭是社会成员主要的生活环境，是社会的细胞。家庭的和睦、进步对社会成员的健康成长、社会的安定和发展有着重要的作用。因此，中国妇女社会工作长期以来十分重视家庭文化建设工作，包括：开展“五好家庭”活动；推动“家庭知识教育、家庭文化活动、家庭角色评选”等三个系列活动构成的家庭文化建设。

（5）实施“巾帼系列行动”。为了更好地实现中国政府正式颁布的《中国妇女发展纲要（1995—2000）》提出的目标，在总结以往妇女社会工作的基础上，针对不同地区妇女的不同问题，中国妇联在“九五”期间的妇女社会工作的主要内容是实施“巾帼系列行动”，包括：巾帼扶贫行动，巾帼创业行动，巾帼扫盲行动，巾帼成才行动，巾帼文明行动，等等。之后，为了进一步贯彻十五大精神，落实《中国妇女发展纲要》和回应中国妇女第八次代表大会提出的“巾帼创新业”号召，以及解决女性发展中出现的新问题，全国妇联决定在广大妇女中实施女性素质工程、巾帼科技致富工程、巾帼社区服务工程、家庭文明工程等四大女性发展工程，由此推动中国妇女社会工作的全面发展及妇女解放运动迈向新时期。

二、中国妇女社会工作的发展

（一）妇女社会工作的现存问题

尽管妇女社会工作在中国已存在了近半个世纪，并且中国妇联在推动本土妇女社会工作的快速发展中，已经做出了卓有成效的贡献。但是，在中国具体国情中孕育出的行政型半专业的妇女社会工作仍存在着一些问题，而这些问题或多或少会影响中国妇女社会工作的开展。具体地说，这些问题主要是：

（1）工作缺乏系统的理论总结和指导。目前我国从事妇女社会工作人员的文化水平普遍有了很大提高，并在长期的工作中，在妇女社会工作的特点、方法和技巧等方面积累了一定的实践经验，但至今对此缺乏理论总结和系统的研究；加之我国妇女社会工作的指导理论是马克思主义妇女观，由于种种因素，接受诞生于西方的女性主义理论对我国妇女工作者具有一定的难度。因此，我国妇女社会工作具有非规范性特点，并难以进一步提高。

（2）工作方法较单调。我国妇女社会工作比较注重物质帮助和一般的思想政治教育，其工作手法显现了充分发挥妇联等组织优势的特点，比较注意大型、全国性、地区性活动，而对西方女性主义社会工作的方法重视不够；加之政府或准政府部门几乎垄断了妇女社会工作，造成女性主义的专业工作方法无用武之地，从而致使我国妇女社会工作中的工作方法比较单调。

（3）工作人员缺乏妇女社会工作的专业训练，整体专业化水平较低。一般而言，我国现有从事妇女社会工作的工作人员都有一颗爱心与满腔热情，不辞辛劳、不畏艰难、不计报酬地为妇女服务。但是，由于我国长期以来妇女社会工作由妇联系统的职能工作所代替的状况，使得从事此工作的人员绝大多数没有受过妇女社会工作的专业训练，缺乏对妇女社会工作的基本价值观、理论、知识、方法和技巧的掌握；加之具有妇女社会工作专业素养的师资严重匮乏，专业教育工作特别是实务训练的不足，因此，就形成了我国妇女社会工作专业化水平较低的状况。

（4）妇女组织官方色彩浓厚，民间非政府组织发育不完善。从当前中国妇女组织的现状来看，妇联、各级女工委员会和妇女工作委员会都存在着官方色彩浓厚及行政化的倾向。由于妇女组织领导团体与工作团体的行政长官化，必然带来妇女组织活动的行政化，致使许多妇女组织未能发挥作为民间组织连接政府与个人、个人与市场的桥梁作用，进而也造成了民间非政府组织发育的不完善。

(5) 现有的妇女社会工作缺乏性别批判视角。由于我国妇女社会工作长期处于专业化水平低、官方色彩浓厚的状态，因此，妇女社会工作者缺乏对现存的两性权力结构进行反思及批判，其主要表现有：一是妇女社会工作者长期浸淫在重视家庭的男权统治的传统文化中，致使女性案主的声音和需要往往被忽略，并且工作者也不注意培养求助妇女的自助能力；二是妇女社会工作者对于需要帮助的女性，较多采取补救性的措施及扶持，缺乏对问题背后的结构性因素进行解构与批判；三是因公共政策和法律法规的制定与执行之中缺乏女性主义社会工作的倡导，因此在抑制性别不平等上缺乏性别敏感性，同时也造成了公共领域中存在着大量的性别歧视现象，比如妇女劳动权益保护问题、女工下岗与再就业问题、女性失业问题、女大学生就业难问题以及妇女参政议政积极性低等。①

(二) *妇女社会工作的发展展望*

为了使妇女社会工作更好地适应市场经济的发展、满足社会转型中的妇女需要，以及促使中国妇女社会工作与国际女性主义社会工作接轨，以推动两性的和谐发展，需要加强以下几个方面的工作：

(1) 整合化。妇女社会工作整合化是我国经济体制改革与政治体制改革的迫切需要，也是女性主义社会工作自身发展的必然规律。

(2) 法制化。妇女社会工作法制化是女性主义社会工作整合的前提，也是我国女性主义社会工作完善和发展的重要标志。

(3) 产业化。产业化是市场经济条件下发展女性社会工作的必由之路，因此，妇女社会工作应该从纯福利型、纯服务型向产业型转化，有偿服务与无偿服务相结合，注重工作绩效的评估及服务机构的公信力等。

(4) 专业化。妇女社会工作专业化是提高工作质量与效果的需要，也是我国社会发展的必然要求。因此，应尽快建立起具有女性主义社会工作的专业价值观、理论素养及掌握专业方法和技巧的工作者队伍，以此提高妇女社会工作的专业化水平。

(5) 本土化。在引进国外女性主义社会工作之时，需要针对我国的具体国情、妇女的独特处境及经验，对于西方女性主义进行解构，根据我国妇女的切实需要而对女性主义社会工作进行本土化的创新。

总之，展望我国妇女社会工作的发展未来，笔者认为，我们主要应在以下三个方面取得突破：一是在妇女社会生活的不同领域发展出多样化专业化的妇

---

① 参见李晓凤．女性主义社会工作［M］//祝平燕．性别社会学．武汉：华中师范大学出版社，2007：216-217.

女社会工作；二是在推进女性主义社会工作本土化的研究工作中，急需建立具有中国特色的、并与国际接轨的妇女社会工作的理论与方法；三是针对我国妇女出现的新问题，在创新性的实践活动中提供专业的妇女社会工作服务。毫无疑问，专业的妇女社会工作在推动我国城乡和谐社区的建设、支持家庭体系、扶助妇女中的弱势群体、关注全体妇女的成长与发展、回应传统家庭功能的弱化、增强家庭情感功能及家庭赡养或抚养功能等方面，是可以发挥重要作用的。①

思　考　题

1. 妇女的主要需要是什么？
2. 什么是妇女社会工作？
3. 简述妇女社会工作的目标。
4. 简述女性主义社会工作的理论基础。
5. 谈谈你对社会性别意识运用于妇女社会工作的看法。

主要参考文献

[1] 金一虹，刘伯红．世纪之交的中国妇女与发展［M］．南京：南京大学出版社，1998.

[2] 李银河．女性主义［M］．济南：山东人民出版社，2005.

[3] 史柏年．社会工作实务［M］．北京：中国社会出版社，2007.

[4] 佟新．社会性别研究导论［M］．北京：北京大学出版社，2005.

[5] 王金玲．女性社会学［M］．北京：高等教育出版社，2005.

[6] 王思斌．社会工作概论［M］．北京：高等教育出版社，2006.

[7] 周永新．社会工作学新论［M］．香港：商务印书馆，1998.

[8] 祝平燕．性别社会学［M］．武汉：华中师范大学出版社，2007.

[9] L. Dominelli. *More than a Method*: *Feminist Social Work* [M] // In K. Campbell, ed. Critical Feminisms. Milton Keynes: Open University, 1992.

[10] A. Donnelly, *Feminist Social Work with a Women's Group*, *University of East Anglia Monographs* [M]. Norwich: University of East Anglia, 1986.

[11] Len Doyal, Lan Gough. 人类需求——多面向分析［M］．王庆中，等

① 参见李晓凤．女性主义社会工作［M］//祝平燕．性别社会学．武汉：华中师范大学出版社，2007：218.

译. 台北：洪叶文化公司，2000.

[12] Maxine Molyneux. *Mobilization without Emancipation? Women's Interests, the State, and Revolution in Nicaragua* [M]. Feminist Studies，1085：11.

[13] S. Minushin. *Families and Family Therapy* [M]. Harvard University Press，1974.

[14] A. Mullender. *Rethinking Domestic Violence：The Social Work and Probation Responses* [M]. London：Routledge，1997.

[15] R. Tong. *Feminist Thought：A Comprehensive Introduction* [M]. San Francisco：Westview Press，1989.

[16] E. Wilson. *Women and the Welfare State* [M]. London：Tavistock，1977.

第十八章　残疾人社会工作

小康今年39岁，在一家外企上班，工作辛苦但是收入颇丰，家庭生活也很美满。由于工作需要，他经常出差到各地拓展业务。一场意外的车祸改变了他的人生轨迹。他住进了医院，因脊髓受伤导致下肢瘫痪。面对这一场飞来横祸，他万念俱灰，无法接受后半辈子都得在轮椅上度过的现实，他觉得一切都没有意义了，人生也失去了价值，他不知道如何面对自己的妻子和儿子，觉得自己成为了一个包袱。此时，医院的社会工作者对他进行了辅导，同他一起探讨了伤残带来的问题和挑战，让他觉得还有能力，鼓励他积极配合医生进行身体康复，并与妻子、儿子坦诚地沟通彼此的想法。此外，社会工作者还帮他联系安排家庭中的环境改造，使他在出院后能够最大限度地独立完成日常生活事宜，并向他介绍社区康复资源和国家有关残疾人就业方面的政策，还一起探讨将来的职业定位。渐渐地，在社会工作者的不懈努力下，小康终于走出了因下肢瘫痪引发的危机。

残疾人社会工作就是要帮助像小康这样的残疾人跨越人生障碍，使残疾人的潜能得到最大程度的发挥。残疾人社会工作者不仅做个人调适性的工作，而且也通过社会环境方面的介入使残疾人能更好地回归社会，贡献社会。本章的焦点就是介绍残疾人社会工作。

第一节　残疾人社会工作概述

一、残疾人的定义与观念

在中国古代，“残”特指因残致伤，多指由人为的灾害而发生；“疾”则指生理或心理方面的病态。一般说来，残疾人在日常生活、学习、工作和社会交往中存在着某些方面的障碍。但是，许多障碍并非只存在残疾人身上。与残疾密切相关的“障碍”一词，其含义比“残疾”更为广泛。① 比如，行动不

① 参见张乐天．社会工作概论［M］．上海：华东理工大学出版社，1997：299.

便的高龄老人、离群索居的麻风病人、严重学习障碍者以及因疾病切除体内某种器官或组织者等，他们都不能归于“残疾人”，但是他们在日常学习生活中都存在明显的障碍。

（一）残疾人的定义

由于各国、各民族、各地区的文化背景不同，社会经济的发展程度不同，它们对于残疾的定义也有较大的差异。在此我们着重介绍世界卫生组织与我国对残疾的界定。

1980年，世界卫生组织首次编写了一本关于残疾的国际分类手册，精细地区分了疾病引起的不同后果。根据不同的残疾对人的生理功能与社会功能的影响不同，世界卫生组织把残疾分为了三类：第一类是伤残，指因意外伤害与疾病的后遗症使人体结构或功能发生缺陷或异常的状况；第二类是能力缺失，指人体的结构缺陷与功能障碍使人体丧失应具备的能力。第三类是残障，指因人体的形态与功能的缺陷或异常，影响了残疾人参加正常社会活动的情况。前两个分类比较强调个体性的特征，后一个分类更注重个人与环境的互动及强调社会对残疾人的责任。

在我国，根据1990年颁布的《中华人民共和国残疾人保障法》的界定，残疾人是指在心理、生理、人体结构上，某种组织、功能丧失或者不正常，全部或者部分丧失以正常方式从事某种活动能力的人。当上述造成个人生活、活动能力的缺陷的状况达到一定程度即为残疾。我国把残疾分为视力残疾、听力残疾、言语残疾、肢体残疾、智力残疾、精神残疾和多重残疾。

中国残疾人联合会在其颁布的《残疾人实用评定标准（试用）》中，界定了视力残疾、听力残疾、言语残疾、肢体残疾、智力残疾、精神残疾六类残疾的分级与评定标准，作为制发《中华人民共和国残疾人证》的依据。在残疾分级中一级是最重的，三级或四级是最轻的。

（二）残疾人的观念

随着社会的发展变化，人类对残疾人的观念也在不断变化。结合其他国家和我国残疾人事业的实践，通过历史地、全面地回顾30年来我国残疾人事业的发展历程，可以总结出新时代中国残疾人的观念。而这些重要观念是我国解决残疾人问题的行动指南及开展残疾人社会工作的指导思想，现简述如下。

（1）残疾是人类社会固有的现象。① 由于遗传、疾病、自然灾害、意外事故、战争和环境污染等自然和社会的原因，残疾的出现是不可避免的。自有人类，就有残疾人。

（2）残疾人具有人的尊严和权利，有参与社会生活的愿望和能力，同样

① 参见马洪路．残障社会工作［M］．北京：高等教育出版社，2007：6.

是社会财富的创造者。具体地说，残疾人应享有的权利主要包括政治权利、人身权利、财产权利、受教育权利、劳动权利、医疗康复权利、文化权利、婚姻家庭权利以及获得特别扶助的权利等。不仅如此，残疾人的权利意识和社会对残疾人的保障意识都在逐步加强，相应地，残疾人权利的实现程度和水平也在不断提高，而广大残疾人参与社会的愿望及能力则在日益加强。

（3）外部障碍是造成残疾人问题的主要原因。由于残疾本身带来的障碍和外界环境的影响，残疾人难以平等地参与社会生活。① 因此，政府应制定对残疾人的保障政策，发展残疾人事业，同时，每个社会成员与全社会都应倡导助人为乐的传统美德，推动助残活动，以此消除残疾人问题的外界障碍，给予残疾人的特别扶助。

（4）人道主义是处理人与人之间关系的基本道德规范；人权保障是国家的责任。因此，全社会都要尊重残疾人的人格尊严和公民权利，并在法律上保障残疾人的平等权利，在现实生活中切实保证残疾人合法权利。同时，政府和社会应从各个方面着手，为残疾人权利的实现创造良好的条件。

（5）残疾人只有依靠自身的努力奋斗、自强不息，才能真正地、平等地参与社会生活。尽管社会各界的帮助十分重要，但残疾人自身的乐观进取，积极参与社会实践，才有助于克服其自卑感和依赖心理，并真正认识自我，适应及融入社会，由此创造社会财富，实现人生价值。

（6）发展残疾人事业，实现残疾人的“平等、参与、共享”，是人类文明和社会进步的一个重要标志。由于残疾人的问题与一定的经济条件和社会发展水平密切相关，因此，残疾人事业的发展水平取决于社会发展的水平，相应地，残疾人事业的发展也促进了社会的发展和文明的进步。

二、残疾人的需要及问题

（一）残障人的需要

1. 治疗康复的需要

无论是先天残疾还是后天残疾，许多残疾人都表现为生理、心理和身体组织构造功能方面的缺损和丧失，因此需要生理、心理或精神方面的治疗和康复。治疗康复的需要是残疾人最基本的需要。

2. 基本生存的需要

许多残疾人或残疾人家庭，面对高额的治疗和康复费用，以及残疾所导致的就业困难与贫困，需要社会保障体系予以救助保障，以维持其生存所需。

3. 接受教育的需要

① 参见马洪路．残障社会工作［M］．北京：高等教育出版社，2007：3.

教育是每个公民的基本权利。对于残疾人来说，教育是实现其社会参与的前提条件，又是减轻因残疾而带来的社会障碍影响的重要途径。但是在现实生活中，残疾人受教育的机会远远低于非残疾人士。因此，需要关注并着力解决残疾人的教育问题，尤其是残疾儿童的教育问题。

4. 职业发展的需要

现代社会中，职业发展已成为人的生涯发展中最核心的内容，关系到经济收入、社会地位、家庭生活及人的价值实现。而在现实生活中，残疾人的就业机会、工作条件、职务升迁、收入水平等方面都存在着问题，需要予以关注和改善。

5. 家庭生活的需要

有些残疾儿童从小遭到父母的遗弃，成为社会孤儿；有些残疾青年，因为残障而无法恋爱结婚；有些双残夫妇，家庭生活存在各种各样的困难。这些人对家庭生活的渴望往往超出一般人的想象，因此，残疾人婚姻的缔结与家庭的维系应该引起社会的关注，并予以帮助。

6. 社会交往的需要

作为社会成员，残疾人有着社会交往的需要。然而，由于生理、心理或精神方面的功能缺损，残疾人存在与人沟通交流的困难，也致使他们更渴望与他人交往，更渴望参与社会活动，更渴望被社会接纳。

7. 价值实现的需要

绝大多数残疾人只是身体、智力或者精神某一部分功能的缺损，并不妨碍其他部分功能作用的发挥。许多事实表明，残疾人没有残疾的部位因为长期行使着替代功能，所以其能力往往超过一般常人。比如，我国残疾人艺术团、残疾运动员在国际上取得成就，说明了残疾人潜在能力是巨大的，残疾人工作者应帮助残疾人实现其人生价值。①

(二) 残疾人的问题

同健全人一样，残疾人也要经历生命历程，除了生命周期理论中阐述的一般性的人生发展任务外，残疾人在不同的生命阶段还会面临一些独特的问题和挑战。发生在生命不同阶段的残疾所蕴涵的意义是不同的。因此，掌握这方面的背景知识有利于残疾人社会工作者更好地理解残疾对于不同年龄群体的人的意义，有针对性地开展工作。下面简要介绍不同生命阶段残疾面临的发展性任务，以及残疾人可能遇到的主要问题（见表 18-1）。②

---

① 参见史柏年．社会工作实务（中级）［M］．北京：中国社会出版社，2007：224-225.

② 参见史柏年．社会工作实务（中级）［M］．北京：中国社会出版社，2007：226-227.

表 18-1

人生阶段	发展任务	可能遇到的主要问题	社会工作者的任务
0—3 岁	建立信任感	1. 父母不接受残疾孩子 2. 父母不知道怎样对待和帮助残疾孩子 3. 父母过度保护残疾孩子	1. 提供情绪支持 2. 帮父母得到一些实用的服务资讯、协助和资源 3. 协助家庭处理与医疗体系和其他相关体系打交道时遇到的障碍和问题 4. 帮父母理解残疾孩子的需要，给孩子提供环境刺激和学习机会 5. 处理残疾孩子受到遗弃和虐待的问题
3—6 岁	形成沟通技能和主动性	1. 沟通障碍 2. 缺乏社会接触 3. 意外伤害	1. 帮助掌握沟通技能，包括语言技能和孩子一出生就接触和理解的表情、手势、语调等非口语的沟通方式 2. 协助进行物理环境调整，提供残疾人辅助用品用具方面的咨询 3. 创造社会接触机会，包括接触同样情况的孩子和健全孩子 4. 协助接受早期康复
6—12 岁	建立勤奋感，克服自卑感	1. 受教育障碍 2. 学校适应困难 3. 难以接纳身体形象 4. 意外伤害	1. 创造受教育的社会环境条件 2. 协助建立支持性的学校环境 3. 帮助处理同伴关系、师生关系，组织同伴支持小组 4. 帮助克服身份认同上的困难 5. 向这一阶段残疾的学生提供危机介入
12—18 岁	建立个人身份、独立	1. 脱离父母，建立个人身份 2. 无法接受残疾身份，特别是这一阶段致残的孩子 3. 缺乏角色榜样 4. 性别角色上的困惑 5. 意外伤残	1. 协助残疾青少年增强独立生活能力 2. 进行父母角色转变教育 3. 帮助残疾青少年接触残疾文化和残疾角色榜样 4. 提供社区参与机会 5. 进行残疾人性别角色教育 6. 危机介入

续表

人生阶段	发展任务	可能遇到的主要问题	社会工作者的任务
年轻成人期	成家立业	1. 继续教育障碍 2. 恋爱、婚姻障碍 3. 生儿育女困惑 4. 就业压力 5. 意外伤残	1. 鼓励协助发展残疾文化 2. 协助克服继续接受职业教育和高等教育的障碍 3. 提供恋爱婚姻辅导 4. 提供生殖健康辅导 5. 提供亲子技巧辅导 6. 提供就业辅导 7. 鼓励参与社区事务 8. 进行危机介入与生活调适
中年期	抚育子女、贡献社会	1. 婚姻冲突 2. 亲子冲突 3. 工作压力 4. 自我实现 5. 意外伤残	1. 提供婚姻辅导 2. 提供亲子技巧辅导 3. 提供减压技巧辅导 4. 鼓励充当年轻残疾人的角色榜样 5. 鼓励倡导残疾文化 6. 进行危机介入与生活调适
老年期	自我完整	1. 多重残疾 2. 社会隔离 3. 各种丧失	1. 从事个案管理 2. 提供社区照顾 3. 发展社会支持网络 4. 协助做环境改造 5. 提供家庭康复和社区康复

三、残疾人社会工作的定义、意义及特点

（一）残疾人社会工作的定义

残疾人社会工作不同于一般的残疾人服务，它是社会工作者运用专业社会工作理论与方法，围绕残疾人个人、家庭、群体以及相关的社会组织与社区开展的专业性助人活动，其根本目的是增强残疾人的社会功能。上述定义中有三点需要稍作解释或补充。

第一，残疾人社会工作的特殊性。这种特殊性来自于残疾人的特殊性，即残疾人一般是由于生物器官的缺陷、损伤而使他们难以像正常人那样生活，更不用说公平地参与竞争。因此，如果说其他社会工作对象陷于痛苦和不幸的话，残疾人则是双重痛苦与不幸。

第二，残疾人社会工作的专业性。“专业性”意味着提供服务的人具备了从事服务的专业资格，并获得了社会的授权。同时，残疾人社会工作者通常也

在专门的组织机构开展工作，如社会服务部门、医院、入住设施、有关的非政府机构等。

第三，残疾人社会工作的目的性。即增强残疾人的社会功能。具体而言，残疾人社会工作就是要通过处理残疾人心理社会方面的问题，帮助残疾人克服在康复、教育、就业、婚姻家庭生活、社会权益、文化生活与环境方面遇到的障碍，让残疾人把损伤带来的能力丧失的影响降到最低程度，更好地发挥潜能，有机会充分参与社会生活，共享社会物质文化成果。

（二）残疾人社会工作的意义

根据中国第二次全国残疾人抽样调查数据报告，中国各类残疾人的总数为8296万人。全国有残疾人的家庭共7050万户，占全国家庭总户数的17.80%；其中有2个以上残疾人的家庭876万户，占残疾人家庭的12.43%。有残疾人的家庭的总人口占全国总人口的19.98%。有残疾人的家庭户规模为3.51人。①

残疾人不仅是一个庞大的群体，而且还是一个特殊的、困难的群体。搞好残疾人社会工作有着特殊的意义。这不仅关系到残疾人群体的福祉，更与国家的经济与社会的发展密切相关。它还是我国人权保障事业的重要组成部分，关系到精神文明建设。残疾人工作状况如何，是判断国家政治、经济、文化与社会进步的重要标志，也是一个国家文明程度的体现。

（三）残疾人社会工作的特点

残疾人社会工作是一种特殊的社会工作，其表现如下：

（1）工作对象的特殊性。残疾人社会工作的服务对象主要是残疾人。残疾人的特点是在生理、心理和社会交往方式上都有特殊性。比如，有的残疾人由于智力或精神方面的缺损或异常，不具有常人一样的思维能力和方式；有的残疾人由于生理器官（组织）的缺陷、损伤而难以像一般人那样生活；更为严重的是，残疾人因为生理、心理方面的缺陷，还要遭受社会歧视及排斥，其遭遇的是双重的痛苦和不幸。

（2）服务需求的多样性。我国残疾人群体数量非常庞大，有服务需求的残疾人数量也十分庞大。② 而且残疾人遇到的困难和问题非常多，其需要帮助的范围也非常广，涉及预防、医疗、康复、教育、劳动就业、文化、体育、社会环境、家庭、婚姻、生育、社会保障等方方面面。

（3）工作过程的艰难性。由于残疾人与社会工作者在生理构造、心智水

① 摘自第二次全国残疾人抽样调查办公室．第二次全国残疾人抽样调查主要数据手册［M］．北京：华夏出版社，2007：16.

② 参见史柏年．社会工作实务（中级）［M］．北京：中国社会出版社，2007：223.

平及精神状况等方面有着较大的差异，社会工作者一般不具有与工作对象相同的生活经历，致使工作者与残疾人在沟通与相互理解方面存在一定程度的障碍，从而增加了残疾人社会工作的难度。

第二节　残疾人社会工作的理论

残疾人社会工作的理论是关于残疾人现象的看法和如何解决残疾人所遇到问题的理论。残疾人社会工作需要理论的指导，需要将实际工作经验、技术知识和理论结合起来。以下就简略介绍残疾人社会工作的主要理论。

一、关于残疾现象产生原因的理论

（一）个人责任论

残疾的个人责任论是将残疾现象的出现归因于个人（或家庭）原因的理论。这一理论在看待残疾现象时，将它同广泛存在的非残疾现象相比较，而认为残疾是一种个别的、特殊的现象，是由个人（或其家庭）原因造成的。在先天性残疾和非因公后天致残现象中这种理论最为普遍。这种观点认为，在同样的生活条件下，其他大量的人是正常的，而少数人致残，其责任应该在个人或其家庭。这种理论对于先天性、遗传性残疾现象有一定解释力，但它常常忽视了社会因素对致残过程的复杂影响。比如，某些新生儿的先天残疾可能是其父母因缺乏科学知识而误吃某些药物而造成的。个人责任论认为天生残疾并未受到其他社会因素的影响，因此致残的责任在于个人或其家庭。按照这种理论，一个人患有残疾只能是个人或家庭的悲剧或不幸。①

（二）社会责任论

残疾的社会责任论认为，一个人患有残疾主要是由社会因素造成的。不论是先天性残疾，比如残疾人的父母缺乏某些知识（误食药物）或者遇到不可抗拒的事件（新生儿难产的处置不同）而造成的先天残疾，还是后天的社会条件不具备而造成的残疾，比如因公致残或者因贫困地区自然条件恶劣而造成的大量残疾等，都是社会因素造成的。显然，残疾的社会责任论是人们对致残的多种原因有了较多了解、对个人权利与社会责任有较深刻认识后的产物。虽然把残疾的责任完全归结于社会因素并不一定适当，但此理论把人当做社会的人，认为社会负有改善人的生存条件的观点有益人的健康发展，这无疑是一种进步。

---

① 参见自王思斌．社会工作概论［M］．北京：高等教育出版社，2006：285.

二、关于如何看待残疾现象的理论

如何看待残疾现象或者把残疾人看成是哪种类型的人，这是如何对待残疾人的前提条件。在这方面，社会工作者要有力地对付社会上某些人的偏见，并坚持正确观念去从事社会工作。

（一）标签理论

标签理论是解释某些偏差行为如何产生的理论，也是反对那些不正确地制造偏差行为的理论。这一理论认为，某些人的行为被认为是偏差行为，是社会上有权势的人给弱势者加标签的结果。本来，这些弱势群体的行为站在自己的立场上看是无可指责的，但是在那些有权势的人来说这些行为则不合规范，从而给这些行为加上“偏差”、“不正常”的标签。又由于这些人具有权势，经过宣传或某些社会程序，这些加在弱势群体身上的“偏差”、“不正常”的标签逐渐被社会所接受。而此理论应用到残疾现象上就是，因社会存在大量的偏见，残疾者往往被贴上标签——社会对他们的默认就是：或没有了较强的劳动能力，或没有灵敏的思路，或没有矫健的身体，导致很多残疾人游离于主流社会之外。此外，在残疾的发生理论中，此种标签理论不仅影响了人们的观念，甚至影响了政府对残疾人制定的政策。比如，当一个人受到意外伤害而导致截瘫后，便认为“完全丧失劳动能力”了，从而被剥夺了重新工作的权利与机会，这也给残疾人带来了更大伤害。总之，用于残疾现象的标签理论反对轻率、不负责任地给某些人加上“残疾人”的标签，这种妄加给这些人带来了不利影响。

（二）正常化理论

正常化理论是用来分析如何看待诸如伤残人士及精神病患者等某些特殊的社会群体的理论。在社会工作领域中，正常化理论一般有以下两种含义：（1）以服务对象为本的内涵。认为以往把残疾人等一些工作对象的行为视为异常，并采用主流社会通行的所谓“正常”的方法去治疗他们，这实质上是助人者把自己看问题的眼光强加于受助者身上的“贴标签”，此种正常化的论述显然是有失偏颇的。（2）提供适宜的生活环境的内涵。所谓正常化，其根本目的就是为受助者提供与平常人相似的生活环境，包括让他们回到自己熟悉的平常社会，积极参与平常人的生活。而英国倡导与推行的社区照顾就含有这种意义。可见，上述正常化理论引出了一个对残疾人社会工作共同的启示，即残疾人社会工作尤其需要从服务对象的角度去看待事物而不可妄加臆断与随意标定。

三、残疾人社会工作方法的理论讨论

关于残疾人社会工作方法的理论探讨涉及了诸多方面，以下的介绍并不是全面的，但它们反映了残疾人社会工作发展变化的基本取向。

(一) 供养理论

在各种社会中，对于残疾人，特别是失去劳动能力的残疾人，最初的甚至认为是最好的办法是把他们养起来，比如残疾人的家人或社会通过对残疾人经济上的供养而表示对残疾人的责任和爱。在经济不发达的社会，这种供养几乎只限于完全丧失劳动能力的残疾人，但在发达社会，对残疾人供养的范围正在扩大。不过，一般说来，此种供养大多限于经济或者物质方面，并对残疾人精神需求与能力估计不足。因此，对于残疾人特别是严重丧失劳动能力的残疾人来说，虽然经济上的供养是完全必要的，但这并不是对残疾人进行关照全部内容。

(二) 回归社会理论

回归社会理论是针对将残疾人封闭起来供养和照顾所产生的弊病而提出的。将残疾人（如精神病患者）收养于各种社会福利机构进行照顾，因残疾人始终处于不良的同伴关系（指精神病患者长期生活在一起而形成的具有强烈刺激性的互动关系）以及"关护"关系（指管理人员、医护人员对精神病患者消极的冷漠的态度和严格管制所导致的医患之间的隔阂、紧张甚至敌视的关系）中，会使残疾人处于消极的社会关系之中，并可能会加重患者的病情。同时，也有社会人士关注到老人与残疾人因长期住院而产生的种种不良后果。因此，改变院舍照顾这种既昂贵、效果又不好的福利模式的呼声逐渐被人们所接受，"非住院化"运动则开始兴起。在这样的背景下，让残疾人回到他们熟悉的社区中去接受照顾，并让他们在一般的社会中过正常的生活，成为了残疾人照顾模式的普遍选择，而回归社会的理论也由此产生。

(三) 社会网络理论

社会网络与社会支持常常联系在一起，网络大多数情况下都扮演支持性的角色。社会支持网络是一种非正式的社会支持，通常被视为解决个人及社区问题的"第一线"，因为当个人遇到问题时，第一个反应通常是寻求相熟或亲密的人的协助。因此，社会支持网络无疑是补足正规服务的一种有效支持模式。而在开展残疾人社会工作的实务过程中，通常也采用了一些社会网络介入策略，比如个人网络、自愿联结、互助网络、邻里援助网络、社区授权网络等，以此帮助残疾人个人及群体解决所面对的问题。

(四) 增能理论

许多关于残障人、老人的供养及照顾理论在把服务对象看做是脆弱的一群时，忽视了人是有潜能的、是可以改变的这一社会工作的基本价值观念。增能理论则站在人的发展的立场上，认为通过一定的方法，残疾人可以在一定程度上恢复他失去的机体的、社会的功能，并有助于他们进入一般的、正常的社会生活。按照增能理论的理解，增能的方式也是多种多样的。比如康复可以使残疾人已丧失的功能得以恢复，教育和培训可以挖掘他们的潜能，外界生活、活动条件的改善可以减少他们表现自己能力的障碍等。

第三节　残疾人社会工作的主要方法

一、残疾人社会工作的原则与程序

（一）残疾人社会工作的原则

美国学者提出，做残疾人工作有六个基本指导原则，现简述如下①。

（1）人是有能力或者有潜力的，但不应站在健全人的角度看待残疾人的能力，而应从残疾人本身的视角来看待其能力与潜能。

（2）残疾人的问题不是其自身的问题，由此不能让残疾人“修理”自己。只有如此，才能让残疾人“嵌入”社会，充分发挥其能动作用。同时，也反对将把“残疾”解释为“病态”或者“无能”。

（3）残疾人工作模式应该把残疾视为一种社会建构，介入的重点要考虑社会因素。因此，残疾人问题的解决主要取决于社会。比如，全社会改善残疾人参与社会生活的环境、态度及政策障碍等。

（4）残疾有其历史与文化，任何做残疾人工作的人都应了解残疾人群体的社会经历。此外，社会工作者还应了解残疾文化的倡导者与传播者及其领袖，了解这些人对于残疾人赢得尊重与权利所发挥的作用。同时，社会工作者自己也应该愿意做倡导工作。

（5）尽管残疾人会遭受歧视与不公平对待，但是残疾人也能在生活中发现乐趣并体会到幸福，残疾人社会工作者应该坚信这一点。

（6）相信残疾人有权掌控自己的生活。这意味着残疾人有权决定自己的事宜，即使是专业人员也不能包办代替。

（二）残疾人社会工作的程序

残疾人社会工作的程序，主要包括以下几个重要的步骤：

（1）建立信任关系。包括建立服务对象对社会工作者的信任、树立社会工作者与服务对象对其改变能力的信念、传达出对残疾人服务对象的价值的信念、处理好同情心与同感、避免掉入先入为主的陷阱、建立耐心与理解、减少恐惧与不适。

（2）参与残疾评定。残疾人社会工作者应该熟悉残疾的实用评定标准，

---

① 参见史柏年．社会工作实务（中级）［M］．北京：中国社会出版社，2007：234.

知道不同的残疾等级意味着什么，并能参与基本的残疾评定工作。

(3) 对残疾服务对象的个人与社区状况进行评估。包括：第一，生态框架的评估。即将残疾服务对象的问题放到其生活的场景（个人、家庭、学校、就业单位、社区等）中去认识，进而能引导残疾服务对象从更广阔的角度看待自己的问题，走出认识上的一些误区。第二，优势视角的评估。优势视角对于协助那些无价值感、无力感、无助感的残疾人会特别有帮助。而在此理论视角中，问题被界定为个人需要、环境要求及资源间的不平衡。具体地说，运用优势视角作评估会看四个方面，即环境的优势、个人的优势、环境的缺失、个人的缺失。第三，生理心理社会视角的评估。此层面的评估框架包括生理状况、心理状况、社会生活、文化、精神等，它不仅评估生理方面的功能，也探讨心理与社会方面的功能状况，以找到稳定、改善或解决服务对象的问题的途径。第四，社区需求评估。即通过分析人口统计数据、做社会调查、召开社区公众会议、代表会议、开办焦点小组等，了解社区残疾人群体及个人的需求。

(4) 介入模式。在通用的社会工作介入模式中，危机介入、增能模式、倡导模式、自助小组、社区工作与个案管理对于开展残疾人社会工作有着特别重要的意义。比如，危机介入模式对于处理新确诊或刚刚残疾的服务对象的问题很适用；增能模式对于处在“社会排斥与边缘化”处境中的残疾人特别有帮助；倡导模式可以使社会工作者代表残疾服务对象表达需求，并维护残疾人的权益；自助小组也常常能让残疾人接触残疾文化，找到角色榜样，对其生活有积极的作用；而个案管理模式则广泛运用于处理有综合性需求的残疾人群体的问题。此外，在大多数情况下，仅仅利用社会服务机构提供资源是不能满足残疾人的需要的，因此，社会工作者需要运用社区工作模式，如调动资源、创造新资源、社区联络、社区倡导与教育等，来满足残疾人的需要。

二、残疾人社会工作的主要方法

(一) 个案工作方法

从生命历程与残疾人社会工作中可以看出，许多残疾人个人与家庭会面临一些独特的问题，需要社会工作者协助他们一起应对。而个案工作方法会深入探究个人与家庭整体上的需求，量体裁衣，拟订工作方案，并与残疾人及其家庭一道实施方案，在实施过程中社会工作者提供持续的支持与帮助，以使残疾人及其家庭能克服障碍，增强能力，发挥潜能。同时，对于一些长期受歧视、受忽视的残疾人来说，个案工作方法所提供的接纳、尊重、温暖、关怀、积极肯定的人际关系尤其具有良好的作用。

(二) 小组工作方法

小组工作也是普遍运用的开展残疾人社会工作的方法。小组不仅提供了人际交往的机会，也给组员带来了信息的分享、情绪的疏导、技能的学习、心理上的支持与实际的帮助等。对于那些长期与社会相对疏远的残疾人及其家庭来说，小组工作有助于他们建立起重要的社会支持网络，化解与社会的隔阂。小组的方法对于残疾人建立自己的身份认同与文化，参与社会、奉献社会也能起到重要的作用。

（三）社区工作方法

20 世纪 50 年代美国学者对精神病庇护机构的研究与英国的一些学者对老人、残疾人（精神病患者）的调查指出，应改变院舍照顾这种既昂贵、效果又不好的福利模式，相应地，让残疾人、老人回到其熟悉的社区中接受照顾的模式理应成为普遍的选择，并且，此种呼声在世界范围内也得到广泛的回应。在这样的背景下，把社区工作方法应用于残疾人社会工作以及注重为残疾人营造富于支持性的社会环境，得到了高度重视，而社区康复也正在成为重要的协助残疾人康复的方法。

第四节　中国的残疾人社会工作实践

一、中国残疾人社会工作的历史

在中国古代，就有“宽疾”、“废疾者皆有所养”等善待残疾人的思想。但是，综观历史，由于经济与社会发展的落后，各个朝代多把残疾视为残废，并且，残疾人供养的责任差不多由家庭承担。因此，残疾人实际上处于被怜悯、被漠视乃至被歧视的状况。到了 20 世纪 40 年代，我国出现了中国盲民福利会、中华聋哑协会等组织，但得不到政府的支持，不久即夭折。新中国成立后，残疾人获得了政治权利与基本生活权利。为开展残疾人工作，1953 年成立了中国盲人福利会，1960 年成立中国盲聋哑协会。大部分省、自治区、直辖市也建立了地方协会和基层组织。

改革开放以来残疾人事业进入较快发展时期。在组织建设方面，1988 年全国各类残疾人的统一组织——中国残疾人联合会成立。随即，全国各省、市、区、地、县、乡也成立了地方分会和基层组织。至 1989 年，全国 90%的省、市已完成此组织建设。这种“半官半民”的组织，发挥着“发表、服务、维权”的作用，并极大地促进了中国残疾人事业的发展。

1990 年《中华人民共和国残疾人保障法》的颁布和实施，尤其是《中国残疾人事业“九五”计划纲要（1996—2000）》实施以来，中国残疾人状况得到了明显改善，形成了更有利于残疾人事业发展的社会环境，其主要表现有：430 多万残疾人得到不同程度的康复；残疾儿童义务教育入学率进一步提高；

残疾人就业率由70%提高到80%；829万农村贫困残疾人解决了温饱问题，269万城乡特困残疾人基本生活得到保障；残疾人文化体育生活日趋活跃，特殊艺术和残疾人体育在国内外引起强烈反响；残疾预防取得进展，多项预防措施逐步得到落实，由此减少了残疾的发生。此外，广大残疾人自强不息，其素质在不断提高，他们参与社会生活的能力在增强，范围在扩大。到了2000年，随着我国残疾人事业"九五"计划纲要的全面完成，我国残疾人事业在康复、教育、就业与社会保障、扶贫、文化体育、社会环境、维权等领域已达到一个新水平，并为新世纪残疾人事业的持续健康发展奠定了良好的基础。

在国际残疾人事业中我国也作出了突出的贡献。比如，我国积极响应联合国《关于残疾人的世界行动纲领》和"联合国残疾人十年（1983—1992）"，倡导发起"亚太残疾人十年（1993—2002）"活动。不仅如此，我国残疾人事业的发展和经验也受到了国际社会的高度赞扬，联合国与有关国际组织先后授予我国残疾人组织"联合国和平使者奖"和"联合国残疾人十年特别奖"等十几项嘉奖。

二、中国残疾人社会工作的组织体系

由于社会经济制度不同、社会组织和动员的方式不同，中国残疾人社会工作与西方国家的表现或提供的方式也不相同。比如，中国曾长期实行计划经济体制和以单位制为基础的社会动员模式，相应地，便形成了以单位制为主的社会福利提供模式。因此，我国残疾人的服务模式长期以来也以政府推动和单位提供为主，其主要表现为：残疾人的福利服务大多是在政府的政策推动下进行的，无论是残疾人享受的福利范围还是其水平都受到政府政策的直接影响，同时，我国的民间组织，包括民间社会福利服务机构则十分缺乏。不过，自改革开放以来，我国的单位体制有所变化，同时，我国成立了半官半民的中国残疾人联合会，实现了残疾人事业的组织创新。此后又成立了国务院残疾人工作协调委员会。以下简略介绍中国残疾人社会工作的组织体系。

（一）国务院残疾人工作委员会（原国务院残疾人工作协调委员会）

国务院残疾人工作委员会的主要职责是，综合协调有关残疾人事业方针、政策、法规、规划、计划的制定与实施工作；协调解决残疾人工作中的重大问题；组织协调联合国有关残疾人事务在中国的重要活动。国务院残疾人工作协调委员会具体工作由中国残联承担，秘书处设在中国残联。委员会成员由教育部、民政部、劳动与社会保障部、卫生部、中国残联等三十多个中央部委办局等组成，并由国务委员任主任委员，教育部、民政部、劳动部、卫生部、中国残联的负责人任副主任。这样，就形成了由政府领导的残疾人工作体系。与此相适应，我国在省、县及乡镇也仿照中央政府成立了地方性的残疾人工作协调委员会，并在各层次之间形成了纵向、专业联系。由此，我国就形成了从中央到基层、各部门互相配合的支持残疾人事业的组织体系，这也是我国的组织优势。

（二）中国残疾人联合会

中国残疾人联合会是残疾人工作的最高组织，其直属事业单位包括中国康复研究中心、中国聋儿康复研究中心、中国残疾人奥林匹克运动管理中心、中国残疾人就业指导中心、中国残疾人用品开发总站、中国残联信息中心等。概括地说，中国残联的职能是代表残疾人利益，为残疾人服务和对残疾人实行自我管理，它的具体工作包括：（1）宣传普及预防残疾的知识，预防残疾发生，减轻残疾程度，控制残疾的发展；（2）采取各种康复措施，对残疾人进行治疗、训练，以增强其参与社会生活的能力；（3）保障残疾人受教育的权利，积极推动各类残疾人教育的发展；（4）保障残疾人劳动的权利，通过职业康复等方法为残疾人就业创造条件；（5）鼓励、帮助残疾人参加各种文体活动，满足其精神文化需要；（6）采取扶助、救济、供养等方式，保障与改善残疾人的生活；（7）创造良好的社会环境，改善残疾人参与社会生活的条件。

（三）中国残疾人康复工作行政架构

中国残疾人康复工作的行政架构包括：（1）省（自治区、直辖市）级是残疾人康复服务指导中心；（2）市（含县级市）是残疾人康复服务指导部；（3）县级是残疾人康复服务指导站。上述三级残疾人康复服务指导机构，协助同级残疾人康复工作办公室与残联开展工作，包括对社区康复的指导。

三、中国残疾人社会工作的主要内容

（一）残疾预防

残疾给人们带来了痛苦，给家庭造成了不幸，在某种程度上也成为了社会的负担。如此，了解致残原因，对残疾采取积极的预防措施，是降低致残率、减少残疾带来的不良影响的关键。以下从致残的风险因素及主要预防措施来简略介绍残疾预防的工作内容。

从致残的风险因素看，在发展中国家，致残的原因主要有：（1）传染性疾病。如肺结核、脊髓灰质炎、乙型脑炎等。（2）营养不良。如儿童严重缺乏维生素A会致盲，蛋白质严重缺乏所引起智力发育迟缓等，会导致发生残疾的可能性增加。（3）先天性发育缺陷。如父母遗传、环境污染、不良生活方式等，会导致先天性大脑发育不全、智力发育迟缓、先天畸形等。（4）意外事故。如交通事故、工农业生产过程中的事故、体育运动中的意外损伤而导致的残疾。（5）慢性病与老年病。如心肺疾病、肿瘤、脊柱与关节疾病、脑血管病等。随着我国人口的老龄化、高龄化，这部分原因导致的残疾会大大上升。（6）其他因素。如药物中毒、酒精中毒及某些社会、心理因素等。

不过，有关资料表明，在上述致残的原因中，一半以上是可以预防的。而从主要的预防措施看，我国目前采用的是三级预防方式，包括：(1) 一级预防。即预防致残性伤害与残疾的发生，如进行免疫接种、预防交通意外等。做好一级预防，可以减少残疾发生率70%。(2) 二级预防。即防止伤害后出现残疾，如定期体检，控制危险因素、预防合并症等。做二级预防，可使残疾发生率比现在水平减少10%~20%。(3) 三级预防。即采取相应措施，预防残疾后产生障碍。如通过运动治疗、作业治疗、心理治疗等康复功能训练，来改善功能，预防或减轻残疾。

(二) 康复

概括地说，我国目前采用的康复模式与机制主要有以下四种：一是世界组织模式，由卫生部门负责，以社区与家庭为基础来建立社区康复网络；二是社区服务模式，由民政部门负责，将社区康复纳入社区服务系列，为残疾人提供职业康复与社会康复；三是家庭病床模式，由社区卫生部门与医疗康复机构负责，并向社区康复对象提供在家庭的医疗、保健、护理、康复服务；四是特殊类型残疾人的社区康复模式，主要由民政部门、社区卫生部门、社区康复组织负责，并专门为特殊类型残疾人提供社区康复服务。

此外，从所要解决的具体问题的角度看，残疾人康复的类型可以分为医疗康复、教育康复、职业康复、社会康复，以下简述之。

(1) 医疗康复。目前我国常用的康复治疗法有物理与运动疗法、作业疗法、语言疗法、心理治疗、文体治疗、中医治疗等。在医疗康复方面，社会工作者通常会与医生、护士及其他专业的人员组成小组，协同工作，同时也会运用个案工作的方法开展康复辅导。

(2) 教育康复。指运用文化教育及技能教育等对残疾人进行康复的工作，目的是帮助残疾人获得接受教育与技能培训的机会。一般来说，教育康复主要在各地各级的盲校、聋哑学校、启智学校、儿童福利院、社区康复站开展，而在特殊教育师资缺乏的情况下，康复护理人员会承担一部分教育康复工作。

(3) 职业康复。职业康复是一项科学性与应用性很强的活动，可以分为四个工作步骤，即：职业评定、职业咨询、职业培训、就业指导。而社会工作者根据职业康复内容与工作程序，对有一定劳动能力的残疾人给予辅导，其目的是帮助残疾人获得就业机会，并稳定地从事力所能及的工作。

(4) 社会康复。指采取各种措施，为残疾人创造一种适合其生存、创造、发展、实现自身价值的环境，并使残疾人享受与健全人同等的权利，以达到其回归社会及全面参与社会生活的目的。具体地说，残疾人社会康复的内容包括：法律政策保护、保障生存权利、创造无障碍环境、消除歧视与偏见、提供发展服务，以及协助残疾人获得经济自立和参与社会政治生活等。

四、当前中国开展残疾人社会工作的途径

从以上中国残疾人社会工作实践的介绍与分析中可以看出，我国在解决残疾人问题时已有了自己一套独特的做法，并促使我国残疾人事业有了较快的发展。但是，我国残疾人社会工作却具有明显的行政化色彩，其专业理念不清晰，专业化水平较低，专业人员也相当缺乏，至于残疾人社会工作的理论运用也处在摸索阶段。针对上述问题，我们认为，当前我国开展残疾人社会工作的途径有以下几个方面。

（一）确立新的残疾人观

用什么样的观点看待残疾人，是制定残疾人政策、开展残疾人社会工作的基础，也是决定对残疾人态度的最根本因素。我们认为，只有用新的残疾人观来指导与解决残疾人问题，才有可能实现残疾人真正地、全面地回归社会生活。概括地说，新的残疾人观包括以下几点：(1）残疾人是人类发展进程中不可避免地要付出的一种社会代价；（2）残疾人有人的尊严和权利，有参与社会生活的愿望和能力，也是社会财富的创造者；（3）全社会应当理解、尊重、关心、帮助残疾人，并保护残疾人的合法权益；（4）要解决残疾人问题，做好残疾人工作，推进残疾人事业发展，必须大力发扬社会主义人道主义精神；(5）残疾人工作者必须全心全意为人民服务，恪守“人道、廉洁”的职业道德；(6）如同民族解放、妇女解放一样，残疾人的解放已成为国际社会面临的紧迫而艰巨的任务；（7）残疾人参与社会生活，有赖于社会的帮助，也取决于自身的素质与奋斗。

（二）健全保障残疾人权益的法规体系

中国于 1990 年通过了《残疾人保障法》，这部法的颁布、施行，初步奠定了残疾人保障事业的法律基础。但是，社会上仍存在着一些侵害残疾人权益的行为，致使残疾人的一些特殊问题得不到正常、稳定的解决。因此，制定和完善保护残疾人权益的法律法规体系，建立一套适合国情的专门的残疾人法制体系，是规范处理残疾人问题、推进残疾人事业发展不可或缺的任务。

（三）建立和完善符合我国国情的残疾人社会工作组织系统

我国残疾人工作组织体系还较落后，其主要表现为，长期以来，我国残疾人服务模式以政府推动和单位提供为主，民间组织十分缺乏。而残疾人问题仅仅靠国家机构的力量是不够的，必须大力发展与培育社会及民间力量，其中最重要的是要大力发展社区康复力量。

（四）建立健全残疾人社会保障体系

从具体内容上看，残疾人社会保障可以分为：（1）残疾人生活保障。即国家和社会应负担起更多的责任，以供养并保障残疾人的基本生活。（2）残

疾人就业保障。包括为残疾人提供职业培训与就业机会，这是保障残疾人生活最为根本、最为有效的途径。(3) 残疾人医疗保障。包括医疗保健和康复两个方面，以治疗、恢复与发展残疾人的社会功能。(4) 残疾人教育保障。包括发展普通教育、特殊教育、职业教育、成人教育等，让更多的残疾儿童和青少年享受到受教育的权利。(5) 残疾人服务保障。包括创造无障碍社会环境及提供各种服务等。(6) 加强残疾预防工作。即应本着以预防为主的原则，预防各种致残因素，把劳动事故和意外事故造成的残疾降到最低限度。(7) 加紧培养和培训残疾人社会工作人才。残疾人社会工作在我国刚刚兴起，专业人才十分缺乏，专业素质也较低，远远不能适应我国康复事业的发展需要。因此，应在各医学院校、民政院校、高校社会工作系（专业）普遍开设一些康复社会工作、康复医学、康复心理学等课程，以培养康复教学、科研人才及实际工作者。

思 考 题

1. 什么是残疾人社会工作？
2. 残疾人的需要是什么？
3. 什么是增能理论？它对残疾人社会工作有何意义？
4. 残疾人社会工作的主要方法有哪些？
5. 残疾人社会工作有哪些主要内容？

主要参考文献

[1] 马洪路．残障社会工作［M］．北京：高等教育出版社，2007.

[2] 马洪路．社会康复学［M］．北京：华夏出版社，2003.

[3] 迈克尔·奥利弗．残疾人社会工作［M］．北京：华夏出版社，1990.

[4] 史柏年．社会工作实务（初级）［M］．北京：中国社会出版社，2007.

[5] 史柏年．社会工作实务（中级）［M］．北京：中国社会出版社，2007.

[6] 汤小泉．加强国际功能、残疾和健康分类研究与应用，促进医疗卫生事业和残疾人事业发展［J］．中国康复理论与实践，2003 (1).

[7] 王思斌．社会工作概论［M］．北京：高等教育出版社，2006.

[8] 奚从清、沈赓芳．残疾人社会工作概论［M］．杭州：杭州大学出版社，1990.

第十九章　家庭社会工作

小胡，17岁，辍学在家，其父下岗后依靠打零工养家，其母是一位家庭主妇。虽然家境不好，但因为小胡是独生子，父母会尽可能地满足小胡提出的各种要求。小胡的问题是，他常年封闭在家中，经常感到很忧郁，晚上兴奋得睡不着，白天又没精神，很想睡觉。如此反复，恶性循环。最近，小胡的妈妈向社区青少年社会工作者求助，并诉说了小胡在家中和父亲争吵后，会有自残的行为。社会工作者了解到，小胡和妈妈的感情不错，并较依赖妈妈，即使妈妈在做饭，他也会缠住妈妈陪伴自己。有时，小胡会找妈妈聊天，并拉着妈妈一起看自己感兴趣的科幻、恐怖题材的书籍或碟片。虽然小胡的妈妈不能接受这种“不良”的兴趣，但又不能拒绝给小胡买书买碟的要求，为此，她很苦恼。同时，小胡的妈妈也非常希望儿子能回到课堂，像其他同龄孩子一样正常学习，如期参加高考。此外，社会工作者也了解到，小胡的爸爸每天下班回来时，看到小胡沉迷于科幻、恐怖的书刊和碟片时，会很气愤。父子之间说不了几句话就会发生争执，有时父亲会打小胡。然而，在遭受到父亲的打骂后，小胡会通过自残的方式恐吓和威胁母亲，并常常利用母亲的软弱来达到他宣泄某种情绪的目的。不仅如此，小胡也认为自己懂得很多物理、科幻知识，但没有人了解和认同他的志向。因此，他常年封闭在家中，恣意放纵自己的兴趣和行为，生活起居均由妈妈照料，并抗拒父亲的管教。之后，社会工作者通过与小胡进一步地交谈，还了解到，小胡自认为自己的知识面广，并致力于科幻、恐怖小说的写作，还向有关杂志投过几次稿。小胡说，他需要创作上的成功，也希望把此种兴趣转化为自己一生的职业和一辈子的奋斗目标。

在上述案例中，社会工作者如何让小胡走出家门，学会与人交往，适应学校生活；如何帮助小胡的父母改善同小胡之间的关系；如何增进小胡的健康状况，改善其家庭经济状况等，这些都是家庭社会工作者所要解决的问题，也是本章试图要探讨和澄清的问题。

第一节　家庭社会工作概述

一、什么是家庭社会工作

（一）家庭社会工作的含义

家庭社会工作是一个外来词汇，与此相关的概念还有家庭服务、家庭处遇、家庭为中心的社会工作实务等。我们认为，简单地说，家庭社会工作是指以家庭为本的社会工作介入，即动员社会及家庭资源，促进家庭正常运转及发展的社会福利与服务。不过，有关家庭社会工作的定义，学术界有不同的论述，学者们也各有各的见解。

根据《美国社会工作百科全书》及台湾现状，台湾学者对家庭社会工作进行了如下界定：凡以社会工作方法或理论，并以家庭为中心及维护家庭的完整，视家庭为一个整体及顾及到家庭中每一个成员的需求，提供各项家庭服务，以寻求各项社会问题之解决。问题解决的过程，包括对整体家庭及各家庭成员的需要从事评价、介入及评估等，即为家庭社会工作。① 从该定义可以看出，社会工作理论与方法为家庭社会工作的开展提供了支持。家庭社会工作以整体家庭为取向，其案主、介入点是家庭整体；同时，家庭社会工作针对家庭成员的个人与整个家庭两者的具体需求，来提供专业的家庭服务，以此解决家庭中出现的社会问题等。

另外，谢秀芬认为，家庭社会工作是社会工作专业的核心，“凡采用社会工作方法或理论，以家庭整体为核心所提供的各项家庭协助工作，即为社会工作。”② 在该定义中，也强调了社会工作对家庭社会工作的重要支持作用，即以家庭整体为案主，不仅协助家庭本身及家庭成员，同时也重视家庭成员与外在环境系统间的连接。而“各项家庭协助工作”则包括协调家人关系、解决家庭成员缺损所产生的家庭问题、帮助家庭成员克服社会适应困难、重视家庭制度本身功能的发挥胜于家中个人。

而中国正处于家庭变革时期，根据已在城市及部分农村形成的各种家庭服务的现实，尊重并总结现有家庭服务的经验，深入探讨发展趋向并从专业家庭社会工作的角度给予科学建议，我们认为，所谓的家庭社会工作，指以家庭为

---

① 参见周月清．家庭社会工作——理论与方法［M］．台北：五南图书出版有限公司，2001：42.

② 谢秀芬．家庭社会工作——理论与实务［M］．台北：双叶书廊有限公司，2004：10.

本的社会工作介入，即社会工作者运用社会工作的基本理论、原则与专业方法，结合中国家庭工作现状，以家庭及其成员为对象，动员社会及家庭资源，为增进家庭生活、稳定家庭结构、协调家庭关系、补充家庭功能、解决家庭问题而对家庭提供的各种社会服务和治疗的总称。从这个定义中，我们可以看出家庭服务与家庭社会工作的区别。家庭服务是指对家庭所提供的各项服务，包括家庭治疗、婚姻治疗、家庭生活教育、强化健康、家庭发展之社区活动等，而家庭社会工作则是一种介入方法与问题解决的着眼点。

综上所述，多样的定义显示了不同国家和地区的不同学者对家庭社会工作的理解是多样的：案主可以是正在遭遇困扰的单个家庭成员，也可以是应受福利制度保障的整个家庭；服务内容可以是心理辅导、家政服务，也可以是家庭协助或家庭治疗。而港台地区与中国内地对家庭社会工作的定义都强调实务工作者要以家庭整体为介入点，需求评估、服务目的等都要放在家庭整体中去考察，并重视家庭之外社区资源的联结及运用。家庭社会工作应综合家族治疗和环境系统因素，将实务经验知识应用到社会工作其他更为广泛的领域之中。无论如何，我们认为，中国对家庭社会工作的定义一定要结合本土特色，利用好现有的家庭服务经验和成果。

（二）家庭社会工作的要素

家庭社会工作包含了三个要素，即家庭社会工作者、家庭以及家庭社会工作的价值观，以下简述之。①

1. 家庭社会工作人员是服务的提供者

在国外，家庭社会工作者必须经过专业培训。而我国的社会工作还未形成完整的认证制度，从事家庭社会工作的人员分散在民政、社区、教育、法律、妇联等组织机构内，依据所在机构的要求，以本行业的知识、经验与价值观向家庭提供各类服务。不过，从社会工作专业发展的角度看，对我国从事家庭社会工作的人员需要进行专门的培训，使之具备如下专业能力，即对婚姻家庭问题进行分析的能力，应用家庭社会工作的基本理论、工作方法与技巧的能力，整合社会资源、协助家庭共同面对困境的能力等。

2. 以家庭为服务对象

家庭因为有爱与血缘关系而具有相对的稳定性，家庭对家庭成员具有一定的保护作用。然而，由于以下种种原因，家庭对成员的向心力及其保护功能正在衰减。其一，随着社会变革的加剧，非传统家庭结构的形式越来越多地出现，如单亲、无子女、同居及独身等家庭；其二，成员个性发展与权利意识增强，使得家庭内部调节矛盾能力下降；其三，家庭生活发展历程中的突发变

① 参见史柏年．社会工作实务（中级）［M］．北京：中国社会出版社，2007：327.

故，如离婚、丧偶等，使得家庭陷于困境而无力应对；其四，全球化、市场化、都市化进程加快，需要家庭扩展知识，更新观念，以应对社会发展的要求；其五，家庭成员对家庭的高期待，以及家庭模式的多样性与丰富性等挑战，也期望家庭可以提供实效的帮助。基于此，家庭社会工作要有能力回应有需要的家庭，更能够在家庭的变迁中有所作为，从而为专业家庭社会工作的发展开辟广阔的介入空间。

3. 家庭社会工作的价值观

目前，我国从事家庭服务的机构呈现多样化的特征，它们既具有自上而下的行政性特点，也有以家庭需要为出发点的服务性质，还有以市场为导向的商业化特征，而专业的家庭社会工作能够为家庭提供有效的服务，促使家庭应对变化、整合功能、促进成长，是因为有社会工作价值观作指导。由于家庭社会工作的目标在于协助家庭发掘自身及社会资源，增强家庭功能，改善家庭关系，解决家庭困难。相应地，家庭社会工作者就应与家庭建立平等、尊重的专业关系，并充分相信家庭在调整自身系统的过程中解决问题的能力，或者适时地对家庭给予社会性支持；同时，社会工作者还要注重倡导社会公平、整合社会资源，为家庭营造良好的外在环境。这些正是家庭社会工作所要遵循的价值观。

二、家庭社会工作的发展历史

在 1917 年玛丽·里奇曼（Mary Richmond）出版的《社会诊断》一书中，曾强调了家庭对个人影响的重要性。随着 20 世纪 50 年代家族治疗专业的发展，以及 20 世纪 60 年代“去机构”教养化与正常化服务模式的倡导，以家庭为中心或以整个家庭为案主的家庭实务工作开始受到重视。之后，受到重视的还有“家庭维系服务为基础的服务”。① 虽然家庭实务工作历来是社会工作的工作重点和基础，但是专有的“家庭社会工作”一词却鲜见于国外社会工作界。比较常见的相关名词则有家庭处置、家庭处遇、家庭实务、家庭服务、家庭中心社会工作实务、社会工作实务与家庭，等等。可以看出，不同的名词表明了社会工作在家庭实务工作中不同的工作重心，这也是社会工作发展的前身。而台湾等地区所称的“家庭社会工作”也被翻译为“social work with family”，也就是与家庭共事的社会工作。

可见，社会工作在发展前期是很重视家庭这一工作重点的，但这对家庭社会工作的发展而言是远远不够的，因为家庭社会工作最终需要的是专门化的理

① 参见周月清．家庭社会——工作理论与方法［M］．台北：五南图书出版有限公司，2001：39.

论和实务的发展。因此，到了20世纪60至70年代，以家庭为单位的学者们，慢慢开始发展了一支独特的专业——家庭治疗，并形成了自己专门的团体。概括地说，家庭治疗强调对家庭进行“治疗”，而家庭社会工作更重视针对家庭的需求及社会资源来提供福利服务。随后，系统及生态学的观点受到了社会工作方法的重视，更强调环境因素。在这样的背景下，家庭有时被视为个案系统来处理，有时又被视为个案的社会环境。无论如何，了解与解决案主的问题必须先探究其家庭环境的发展脉络，则影响了家庭实务的工作方法。比如，“家庭治疗”逐渐被改称为“家庭实务”或“家庭处置”，这意味着专业工作的开展要把家庭看做一个整体，探讨案主与其他家庭成员之间的互动关系，以此完成有效的家庭服务。不过，到了20世纪80年代，社会工作者又开始运用各种家庭治疗理论来解决家庭问题。

在我国，20世纪20年代，一些大学设立了家政课程，但是，到了50年代则被全面取消，直到改革开放以后才慢慢得到恢复和发展。近年来，家庭治疗也被引介到国内，并在家庭心理学领域流行起来。同时，婚前教育、婚姻咨询、心理咨询和辅导、亲子教育、家庭养老等家政教育内容，也蓬勃发展起来。相比较而言，我国的家庭社会工作还没有形成完整的体系，实务方面的经验也远远赶不上其他发达国家和地区。因此，在中国内地发展专业家庭社会工作还有很长一段路要走。

三、家庭社会工作的特点

家庭社会工作主要面对有困难的家庭，其工作模式具有以下特点①：

（一）发现和得到信息往往是先从个人开始

很多情况下，家庭的困难是从家庭成员个人的问题中引发的。如家庭主要劳动力的伤残、失业，或其他成员突然重病，以及人际关系紧张等带来的心理压力等，会引发整个家庭陷入危机，致使家庭成员无助、沮丧，甚至丧失了生活勇气。因此，专业的家庭社会工作者会从个人困难、个人问题入手，引领其个人与家庭共同面对困扰，增强个人的应对能力。

（二）从家庭的整体角度去理解个人的问题

每个家庭的不同的结构、功能、规则及信念，会影响家庭成员的观念与行为特质的形成，也影响了他们之间的互动模式。因此，单纯强调个人而不注重家庭系统的调整与改变，是徒劳无效的。相应地，社会工作者应了解案主的家庭经济、家庭氛围、家庭文化、家庭教育等方面的内容，把整个家庭作为家庭

① 参见史柏年．社会工作实务（中级）［M］．北京：中国社会出版社，2007：328-329.

成员问题的评估重点，并以家庭成员个体为介入点，由此解决家庭整体的问题。当然，解决了家庭成员的个人问题，也会使家庭功能更健全，家庭秩序更和谐、更稳定。

（三）家庭为本（或家庭中心）的理念

基于家庭为本的理念，在家庭社会工作实施的过程当中，个体被当作家庭的一个组成部分来看待，而家庭则作为一个整体被当作工作的直接案主。因此，家庭社会工作者会视家庭中有问题的成员是整个家庭的问题的反射。相应地，社会工作者会调整家庭互动关系，引领家庭从积极角度善意地、正面地解释问题，以此共同面对并合作地解决家庭问题。与此同时，家庭社会工作者也会充实家庭资源，检视家庭外系统中的社会政策、服务项目及实践方面是否协调，或者是否存在矛盾，以及其服务于家庭的效果如何等，由此促进家庭因素外部环境的变化而获得整体的功能改变。

（四）建立平等的及信任的专业工作关系

社会工作者不是拯救家庭逃出苦海的救世主，而是协助家庭成员发展良好的人际关系，促进家庭成长与成熟的启发者、协调者、推动者。所以家庭社会工作者不能越俎代庖地解决家庭的所有问题，而应在与家庭建立的平等工作关系中，互相尊重、相互接纳及互相信任。由此，社会工作者的介入，才会促使家庭获得来自家庭及家庭以外的各种环境资源，获得战胜危机及化解困扰的支持性力量，以此增强家庭的社会功能。

（五）家庭社会工作以支持及强化家庭功能为目的

家庭为本的工作准则注重：（1）政策及服务应以鼓励并增进家庭、亲子关系及婚姻的稳定性为目标。（2）服务应以强化家庭内部的互助为目标，并非取而代之。（3）要认定家庭内部联系的力量与延续性，即使有问题的家庭也不例外。（4）视家庭为推动服务的伙伴，并帮助家庭满足社会对它的各种期望，认同家庭生活的多样性。（5）优先照顾脆弱及易崩溃的家庭。

第二节　家庭社会工作的理论基础

从不同的视角和侧重点出发，家庭社会学理论对家庭问题的解释和解决及专业的家庭社会工作介入方向，提供了不同的甚至是互相矛盾的方法和途径。也就是说，多种基础理论对灵活开展家庭社会工作实务提供了多种选择。但是，家庭社会工作仅仅借用社会学的理论观点来解释家庭是缺乏专业性和针对性的。因此，自20世纪60年代中期开始，很多学者才强调对家庭理论系统研究进行整合①。本节就将介绍几种家庭社会工作实务中较常用的理论，以适应实际工作的需要。

一、系统理论

一般认为，系统理论运用于家庭社会工作实务，需要把握好“边界”、“沟通方式”、“家庭结构”等重要概念。

（一）家庭系统构成要素

家庭这一有机体作为社会细胞有其特有的组织形态和运作方式，因此，我们常常把家庭看作是一个系统。在家庭系统中，家庭结构、家庭成员之间的沟通方式、互动模式是组成家庭系统的重要元素；而夫妻系统、父母系统、亲子系统、手足系统等是家庭系统的子系统，并且每个子系统的构成部分都必须有边界和保护自身存在的机制，同时，各个子系统相互依靠、相互影响、相互作用，共同构成并维系着家庭系统的有序运行，以实现家庭的功能。正是从这个角度看，在家庭系统中，理清家庭结构和成员互动模式，把个人问题看成是家庭整体问题的真实反映，可以更好地找到个人的问题产生的根源，并在各子系统的人际互动中，更有效地解决其问题。

（二）家庭系统机制

家庭作为一个系统，自身有两种运行机制。一是改变机制。即当家庭内外环境发生改变，或遭遇突发事件时，家庭为适应变化必须加强系统的生存能力，这就是所谓的“改变机制”。其作用是可以增强家庭功能，把家庭成员凝聚在一起，促进家庭的成长。二是平衡机制。由于每个家庭权力结构、家庭规则、成员间沟通方式以及每位成员的性格、行为方式等都有很大的不同，相应地，不同的家庭系统，其运作秩序也不相同。而家庭的有序成长和有序作息可以营造稳定的家庭氛围，并且，家庭成员的各项需求，尤其是安全需求也可以得到保障。可见，家庭在极力维持这种平衡的过程中，增强了调动资源的能力和不断进步的动力。

（三）家庭系统类型

家庭系统与外界的联系因其“渗透性”不同，可以分为两大类②：第一类是可以高度容许信息自由进出的开放系统；第二类是与外界没有交换关系，不允许信息进出的封闭系统。开放的系统强调改变自己以适应外界环境，并从系统界限之外吸取新的知识与资源，以此提高自身的能力与水平，在适应外界

① 参见周月清．家庭社会工作——理论与方法［M］．台北：五南图书出版有限公司，2001：52.

② 参见彭怀真．婚姻与家庭［M］．台北：巨流出版社，1996.

的同时发展自己。反之，封闭的系统固步自封，局限于自己有限的资源，过度依赖系统内自决，这将会限制成员能力的拓展空间。

将系统理论运用到家庭工作中，就是要把家庭看成是由个人组成的社会系统，并且，家庭成员间的互动关系把家庭整体联结为一个有机系统。因此，用系统理论分析家庭，一定要注意分析家庭的构成要素和动力系统。比如，家庭整体是一个大系统，其中的子系统之间的和谐关系是大系统的动力来源。相应地，在家庭实务工作中，就要具体评估家庭成员的角色、人际关系、代际关系、核心家庭的情绪过程及社会情绪的处理等。

二、家庭生态理论

布朗芬布伦纳（Bronfenbrenner）于 1979 年提出了人类发展生态学理论。他指出，人的行为的发展是自身与一个庞大的生态体系相互作用的结果，这个体系以具有主观能动性的自然成长的人为中心，人与周围环境的不同方面构成了不同的系统，这些系统之间通过有规律的联系，构成了一个动态的复杂的生态大系统。同时，布朗芬布伦纳把影响人的行为的生态系统划分为微观系统、中观系统、外层系统和宏观系统四个系统，并强调个体对生态环境感知的重要性，以此关心人类和环境的互动和互存关系。而在这个生态大系统中，与人具有直接交互作用关系的环境是微观系统，它指在具有特别物质和材料特征的指定环境中，发展中的个体所经历的活动、角色和人际关系模式，包括个体的生存空间、日常用具、家庭、邻里等。① 可见，家庭是影响个人行为的微观生态系统的核心。而作为核心资源系统的家庭，将直接为家庭成员提供重要的支持，并且家庭系统中各种情境的互动，都将对个人产生综合的影响。

将生态学方法运用在家庭工作实务上，主要体现为运用生态学方法进行家庭评估，探讨家庭需求与其环境资源的相互适应。其评估的内容包括：家庭及其环境的支持资源如何？家庭及其个别成员与其环境的关系，是否可以促进个别成员的成长和生活品质需求的满足？家庭是如何与其环境交互反应或适应的？此外，运用生态学方法对家庭进行评估时，我们会常常运用“家庭生态图”。所谓的“家庭生态图”，指根据生态学方法发展的、借以快速地评估家庭及其环境的互动关系的图示。而在结构式家庭治疗中，家庭结构的诊断蓝图（简称“家庭图”）是评估家庭子系统及其界限的功能的有效诊断工具，以下我们将以阿雄家庭的生态图来予以具体说明。

---

① 参见王赪．单亲家庭幼儿的社会支持系统分析［D］．兰州：西北师范大学教育科学院，2004（5）．

家庭生态图——以阿雄家庭为例

阿雄（匿名）为某障碍教养院的个案，因一岁多时发烧造成重度智障。阿雄家三代同堂，祖父已逝，阿雄五岁时父母离婚，父亲会殴打阿雄及母亲，而母亲有轻度智障并患有精神疾病。阿雄的父亲任职某钢铁厂，有酗酒问题；而比阿雄小两岁的弟弟则就读高三。原本阿雄由祖母照顾，但祖母因年老无力照顾，之后经某市政府社会局转介送到此住宿教养院。阿雄曾从教养院逃回家中，还曾因偷窃被警察抓获。目前，阿雄除了偶尔与家人互动外，仅与教养院的工作人员和院生互动；而阿雄家人的互动系统也很少。

家庭图示例①：

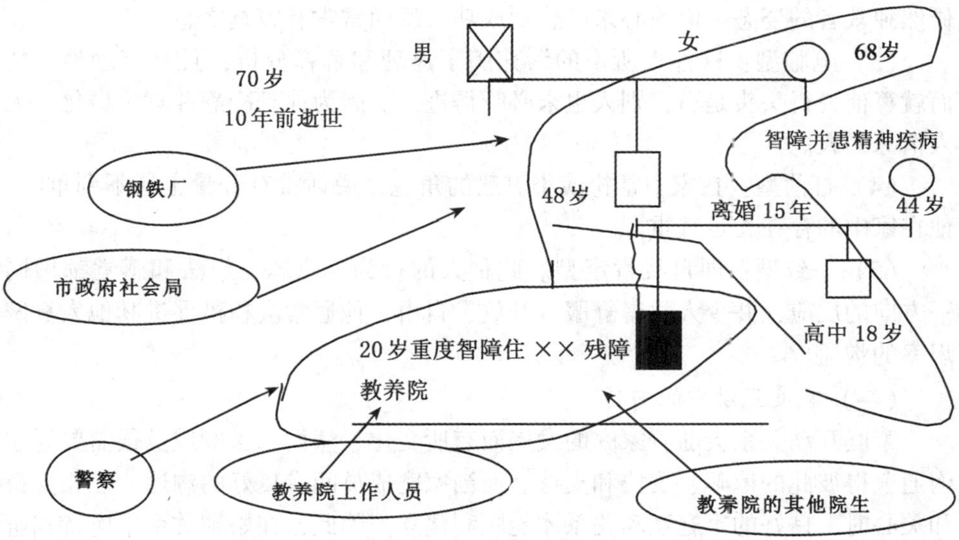

三、家庭沟通理论

家庭系统的稳定是要靠每一位家庭成员的努力实现的，每个人都要准确扮

① 周月清．家庭社会工作——理论与方法［M］．台北：五南图书出版有限公司，2001：84.

演自己的角色，恪守角色规范。其中，交流在家庭关系中起着主要作用。① 而每个家庭都有自己独特的沟通方式，包括语言沟通和非语言沟通。如果一个家庭界限比较开放的话，那么成员彼此间的谈论就显得比较自由，不受拘束。因此，了解某个家庭的沟通方式，往往有助于家庭社会工作对家庭问题的评估和诊断。

（一）家庭沟通类型

交流沟通是民主协商家庭事务的一种重要形式。家庭的沟通形态和决策方式要由家庭成员共同形成并遵守。下面介绍 Virginia Satir（1972）划分的五种沟通类型：

（1）讨好型：凡事均表示同意，怕得罪人，自己本身并无价值之感，也绝不会感到真正的快乐。

（2）责备型：善于攻击别人或否定别人，处处吹毛求疵，凡事归咎于人，俨然独裁者的姿态，但内心未必感到成功，反而常常有寂寞之感。

（3）电脑型：这种人所说的话充满了道理和解释分析，且具有理性。然而就算他说得头头是道，别人也未必听得进去。因为他是冷静并具机械化、无人情味的人。

（4）打岔型：在家中常扮演小丑般的角色，说话没有分量也谈不到重心。他在家中的存在无足轻重。

（5）一致型：即自我肯定型。此种人的行为、意志、想法和感觉都做同一方向的反应，并令人觉得舒服、开放、自由，他通常会积极促进其他人真诚坦率的沟通。

（二）家庭互动中的沟通

家庭互动关系会随着家庭的发展而有所变化。然而，家庭成员很需要通过沟通获得彼此的谅解、妥协和支持。而当家庭成员间有良好的沟通，互相支持和关心时，良好的家庭互动关系才能顺利建立。因此，在婚姻关系中应特别避开责难、心不在焉、理智化、翻旧账的不良沟通形式，同时，在亲子关系则需要避开专断、指责、高期望、限制、不尊重等负面沟通形式。

此外，原生家庭父母亲的沟通方式对于孩子与他人沟通方式影响甚大。如此，沟通方式或形式出现了问题不在个人，而是反映了家庭整体的问题。因此，要改变个人不良的沟通类型，就需要从根本上调整家庭整体的人际沟通方式。再进一步，为了改善家庭的沟通，帮助家庭发展新型的沟通方式，家庭工

---

① 参见乔斯 . B. 阿什福德，克雷格 . 温斯顿 . 雷克劳尔，凯西 . L. 洛蒂 . 人类行为与社会环境——生物学、心理学与社会学视角［M］. 王宏亮，李艳红，林虹，等译 . 北京：中国人民大学出版社，2005：183.

作者就应保证每个成员的观点能被其他人听到、理解及反应。不仅如此，在家庭成员说出其问题和需求后，工作者还要表现正面的情感和态度，并重新规范家庭的沟通过程，以此促进家庭关系的良性互动，进而解决家庭整体及成员个人的问题。

（三）家庭沟通在实务工作中的运用

当家庭成员间的互动方式改变了，每个成员的行为也会随之改变。例如，美国精神科社会工作者萨提亚作为家庭治疗法的创始者之一，她十分重视家庭沟通研究，而以她命名的萨提亚家庭治疗法的中心概念就是“沟通过程”。而当家庭寻求治疗时，家庭工作者首先关心的是家庭处理事情的方式及其形成过程；其次是要了解和评估此家庭的动力及影响家庭成员互动的因素，这些因素包括家庭成员的自尊、家庭沟通模式、家庭规则等。而家庭成员的互动大多由沟通进行，家庭沟通方式对家庭关系有极大影响。比如，良性的沟通方式是“表里一致”的方式，是一种同时顾及自己、他人和所处情境的沟通方式。

此外，在长期的治疗实践中，萨提亚还发展出了多种极具特色的治疗模式，如沟通游戏：治疗者（家庭工作者）通过运用一些幽默夸张的游戏方式，把每个人在家中惯常使用的沟通方式表现出来，以此帮助家庭成员明白家庭中的不良沟通方式，给他们提供一个机会，并让他们在没有觉得受到批评的情况下，认识和学习其表达自己的感觉。

四、结构功能论

结构往往是要素的构成，而要素间的构成方式所导致的结果即是功能的实现。结构功能理论主要是探讨系统与系统之间的关系，或是所谓系统的社会结构是如何相互依赖和互动的。而结构功能论在家庭社会工作中则强调有关社会系统、家庭系统和个人系统三者之间的三个方面的内容，即：家庭和整个社会大系统的关系；家庭大系统和家庭子系统的关系；家庭和人格关系。按照帕森斯的观点，家庭的中心特点是均衡，家庭结构的稳定性功能在于重新确立被外界打乱了的和谐均衡状态。比如生理性别特征规范着社会性别分工，两性分工的不平等就是某种均衡状态。

结构功能论强调家庭作为社会系统的组成部分，就应该实现满足家庭成员各种需求的功能。家庭除了担负各种社会功能外，还维护着社会存在的结构。其中，家庭有两个不能忽略的基本功能，一是家庭人口再生产和初级社会化，实现种族的繁衍，并有利于公认价值观和规范的传递。二是对成年人的继续社会化，并不断使个人适应社会变化着的需要。然而，随着工业化进程加速，家庭传统功能逐渐社会化，教育和情感的功能成为了现代家庭的主要功能。与此同时，家庭也不再完全是社会功能的缩影。因为家庭结构和功能并不是一成不变的，它们可能向好的或者向坏的方面发展。因此，为防止家庭结构和功能的恶化，就要提倡家庭工作实务的开展。相应地，家庭社会工作的核心目标就是，帮助功能受到损害的家庭恢复其功能，增强其抗压能力。不过，需要指出的是，结构功能主义因过于强调家庭的稳定或均衡，以至于当家庭面临各种压力和冲突时则无法灵活回应，而这正是家庭社会工作实务需要考虑的难题。

五、性别敏感的家庭社会工作

针对在家庭社会工作、家庭治疗领域以男性价值评判为中心的局面，20世纪七八十年代先后出现了女性主义、性别敏感的家庭社会工作与家庭治疗流派。以下简略介绍性别敏感的家庭社会工作。

性别敏感指社会工作者能够觉察到在人的成长过程中，男女在行为、态度等方面差别并非天生的，而是社会化过程的产物，它常与男性、女性在家庭社会中的资源、机会、权力、地位有着直接的联系。从理论基础看，性别敏感的家庭社会工作源于女性主义理论的基本概念，并受到社会性别理念的影响。从特点看，性别敏感的家庭社会工作注重与会谈家庭中的男性与女性成员建立平等、合作性的工作关系，并鼓励他们或她们突破传统性别角色的束缚，以此发挥个人的潜能。从应用与评价看，性别敏感的家庭社会工作的特点在于其批判性与挑战性。近年来，社会工作教育领域的学者介入婚姻咨询、单亲母亲援助、家庭治疗及社区反家暴项目中“受害妇女支持小组”与“施暴者教育与治疗小组”，都注重将社会性别分析、性别敏感纳入辅导与介入行动中，由此促进了弱势妇女群体自我意识的觉醒与能力增长，促进了有暴力倾向的男性的反思与改变。不过、从总体上看，性别敏感的家庭社会工作还是一种意识，一种视角，需要在学习、思考和不断实践中探索和总结，使之具有可操作性。①

第三节　家庭社会工作的方法

在家庭社会工作实践中，工作者使用了多种方法，以下简要介绍各社会工作方法在家庭工作中的运用。

一、家庭社会工作的基本方法

（一）个案工作法

个案社会工作是指社会个案工作者运用专业知识和技巧为个人和家庭提供物质或情感方面支持与服务的过程，目的在于帮助个人和家庭减轻压力、解决

---

① 参见王思斌．社会工作概论［M］．北京：高等教育出版社，2006：257.

问题，达到个人和社会的良好福利状态。① 可见，个案工作的直接对象就是个人和家庭。与此同时，家庭社会工作方法也强调对家庭及其问题成员的重视。就这一点而言，个案工作方法就顺理成章地成为家庭社会工作实务中经常运用到的方法之一。比如，个案工作求助对象的问题比例相当高的是涉及恋爱、婚姻、家庭（夫妻、亲子、婆媳等）关系及家庭其他问题，因此，社会工作者可以用个案工作方法向他们提供服务。

此外，就工作方式而言，服务于家庭的个案工作方法在强调家庭整体情境的前提下，遵循个案工作一般的运作程序，即：案主提出申请或其他社会工作者提出转介申请、社会工作者接案、调查与研究、评量与诊断、治疗与服务、评估与结案。

（二）小组工作法

小组工作是运用团体动力与团体内部面对面的互动，来帮助小组成员发生改变、得到治疗，以此恢复或增强组员的社会功能。目前，小组工作在家庭社会工作中运用较广泛，它是连接家庭需求和社区资源的重要中介性环节，可以自然有效地将社会资源用于解决家庭中存在的各种问题。而家庭中不同类别的家庭成员，如夫妻、妇女、儿童、青少年、老人等不同人群，均可以组成的不同小组。比如，在社区中开设的“单亲母亲支持小组”、“婚姻成长小组”、“亲子互动小组”及“老年康乐小组”等；团队训练公司举办“家庭夏令营”、“家庭拓展训练”等；反家暴项目中“受害妇女支持小组”、“施暴者教育与治疗小组”等；医院中“病人互助小组”、“白血病儿家长小组”等。上述不同人群的小组都可以得到各自小组中有针对性的支持，以此恢复其自身的社会功能，增强各类群体与家庭其他成员之间的互动，共同解决家庭中的问题，从而促进个人与家庭的共同进步。

（三）社区工作法

与个案工作法和小组工作法相比，社区工作方法的工作对象更广泛，它主要以整个社区中的居民为案主，通过助人的、利他的、服务的方法，以及培养居民自助、互助及自决的精神，来加强社区的凝聚力与认同感，并营造文明先进的社区文化，由此促进家庭生活质量的提升，促进社区的进步。

无论政府还是非政府组织，都非常注重社区的资源与力量。因为通过社区宣传，社区动员，可以凝聚人心，并提供解决婚姻家庭问题的服务。比如，中国法学会反家庭暴力网络城市社区介入项目试点——北京市右安门街道通过由公检法司、妇联、医院等联合组成的多机构合作网及数百名志愿者队伍，尤其是“白丝带男性志愿者”的参与，有效地制止了该地区家庭暴力的发生，促

① 参见王思斌．社会工作概论［M］．北京：高等教育出版社，2002：79.

进了妇女权益的保护与家庭的和谐发展。

二、家庭治疗法

家庭治疗作为一种治疗模式出现在第二次世界大战后的美国精神医学界。半个世纪以来，在不同心理治疗理论基础之上形成了风格各异的家庭治疗流派，如结构学派、行为学派、精神动力学派、策略学派、系统学派、经验学派等。这些学派深受系统理论和社会功能理论的影响，相信家庭生活具有客观规律，因此，治疗师的职责是协助求助家庭从这些僵化的规律中解放出来。20世纪末，家庭治疗各流派间的界限逐渐消失，在后现代主义与社会建构主义影响下，米兰学派、叙事治疗、寻解导向治疗、新女性主义学派等不同取向的家庭治疗出现。这些学派强调对求助家庭的肯定、支持，以及对主流价值观的反思和批判，进而从治疗理念和治疗方法上开辟了新的发展方向①。由于篇幅限制，以下简要介绍最常用的结构式家庭治疗模式、德国系统式家庭治疗模式。

（一）结构式家庭治疗法

结构式家庭治疗法是美国家庭治疗大师曼纽琴（Minuchin）在20世纪60年代创立的。结构派的家庭治疗致力于使失调功能的家庭达到结构性改变，通过改变家庭的动力和组织去改变个人及家庭②。在结构式家庭治疗中，其核心概念有家庭结构、子系统、界限的渗透性、权力和联盟。家庭结构指家庭中成员间的互动方式，通过这种互动可以改善家庭关系；子系统可以理解为家庭成员按照性别、角色、作用、代际不同等标准进行的二次分类而形成的各种小群体，如配偶、父母、手足等次系统；界限的渗透性指家庭系统与外界环境系统、家庭子系统之间及家庭成员之间边界的渗透性，它既具有归属感与分离性，又具有弹性与界限；权力和联盟指家庭应该有清楚的世代界限，双亲应该是同盟关系，并有权力与权威的规则。

曼纽琴认为，为了达到结构式家庭治疗的目标及完善家庭的系统结构，治疗者必须把握好治疗过程中的三个环节，包括：（1）加入。即治疗师通过自我调适加入家庭中，加入家庭实际上是为重构家庭结构而进行专业介入过程。（2）诊断。即发掘并评估家庭的基本结构，通过收集足够的资料去了解整个家庭功能失调的地方和原因。（3）介入。即创造出能够让这个结构改变的情

① 参见马庄丽．家庭治疗在西方和香港的发展——回顾与前瞻［J］．香港心理卫生会会刊．1998（1）．

② 参见梁吕少欣．结构式家庭治疗法［M］//朱亮基．个人工作与家庭治疗理论与案例．香港：香港中文大学出版社，1997．

境，促使家庭系统的转化。①在整个治疗过程中，介入的对象是整个家庭，介入的策略主要是重构。

（二）德国系统式家庭治疗

德国系统式家庭治疗是在20世纪70年代由美国传入德国的一种以家庭为单位的心理治疗技术，后经由德国家庭治疗师的发展而形成独自的流派，并于1988年介绍到中国。概括地说，系统式家庭治疗流派从系统论的观点出发，将家庭看做是一个可调节的自稳定状态的系统，并且，其治疗环节主要包括两个方面，一是治疗性会谈；二是两次会谈的间歇期所要安排的家庭作业，以此帮助家庭有效地重塑家庭互动的模式。②

进一步，系统式家庭治疗流派认为，家庭治疗的要义在于以整个家庭系统为对象，通过引入新观点和做法，以谈话和行为作业所传达信息，来改变与病态行为相互关联的反馈环，由此改善人际关系。同时，系统式家庭治疗也是一种资源取向的治疗法。因为它强调症状的功能意义和病人的健康资源，着重促进病人自立，由此开发其主动影响症状的责任能力，从而将个人和家庭导向积极健康的新生活模式。③

最后，需要指出的是，家庭治疗还有许多种具体的治疗模式，如注重家庭沟通的萨提亚家庭治疗法。此外，根据治疗理论和技巧的不同侧重，还出现了现代家庭治疗中的许多治疗模式，比如鲍恩（Bowen）的家庭系统理论、行为主义家庭治疗法、心理动力性家庭治疗法、功能性家庭治疗法、策略性家庭治疗法等，而后现代学派也对家庭治疗模式产生了重大影响。从总体上看，我们认为，家庭治疗的模式的异彩纷呈，可以促使家庭社会工作者找到适合各种工作对象的家庭治疗模式。只要灵活掌握和运用，这些模式无一不会对处理家庭矛盾和各类群体的问题提供有效的帮助。

三、家庭维系服务

简单地说，家庭维系服务是以案主家庭与社区作为服务提供的主要场所，介入焦点是以家庭为主或以家庭为中心，以此在一定时间范围内提供一个比较乐观的服务模式，目的是增强与维系案主的家庭完整，避免儿童离开亲身家庭

① 参见张文霞，朱冬亮．家庭社会工作［M］．北京：社会科学文献出版社，2005：130-142.

② 参见张文霞，朱冬亮．家庭社会工作［M］．北京：社会科学文献出版社，2005：130-142.

③ 参见赵旭东，宣煦．“资源取向”家庭治疗的操作技术［J］．中国临床心理学杂志，1999（2）．

或安置在家庭以外的地方而导致家庭结构的瓦解（Rooney，1990；Johnson，1990）。

从历史源头看，家庭维系服务是针对儿童的服务发展出来的，它强调维护原生家庭的完整对于儿童成长的重要性，提倡以家为基础的服务模式。进一步，Rooney（1990）认为，家庭维系服务与家庭治疗有以下三点区别。其一，家庭治疗师的案主自己已认识到需要专业人员的协助，常常是自愿到相关机构求助的；相反，家庭维系服务则是专业人员到家庭里提供服务的，受助的案主多半是非自愿性的。其二，家庭治疗是全家人一起来面对问题的解决；而家庭维系服务对案主问题的探讨并非着重于家庭互动关系上，而是在于家庭问题成员的权益保护上。其三，从内容上看，家庭治疗的目标是案主与专业人员一起订定的；而家庭维系服务的介入目标是如何与案主共同合作来完成解决问题的职责，如此，此目标是事前订定的。总之，概括地说，家庭维系服务与家庭治疗两种工作方法，无论在案主的确定、家庭成员的参与、目标的订定，还是在服务的提供与接受方式、工作者与案主关系的建立等方面，都存在着主动性与被动性的区别。

此外，Cole 和 Duva（1990）将家庭维系服务流程叙述如下：（1）问题的确立；（2）分析问题和介入结果让家庭的了解；（3）和各相关系统沟通；（4）协助相关的家人对改变抱有乐观的期待；（5）应对可能发生的冲突和挫折；（6）和案主家庭一起改善处遇的目标；（7）协助家庭中成员形成相互支持和互相帮助的关系；（8）发展和成长的管理；（9）评估；（10）创新；（11）自我评量与检讨。

第四节　中国家庭社会工作的实践

一、中国家庭社会工作的历史与现状

（一）中国家庭社会工作的历史

中国自古以来就形成了占据主要地位的“以家族为中心的文化”，所谓“齐家治国平天下”，最基本和最核心的就是“齐家”。这在一定程度上也说明了家庭在中国人的心目中的地位。家国天下，特别是在中国持续了上千年的封建社会中，整个国家就是由一个家族来维系和主持的，如此，户系的稳定与发展影响着整个国家的命运和前途。而以小农经济为支撑的自给自足的社会，也使家庭生活方式更趋向于封闭式管理，即家庭主要依托于家族内部的管理和道德修行来对家庭成员进行管理，此种管理与社会没有直接的关系，也不依赖于国家的扶持。

可见，在以农业为基础的社会中，稳定与和谐成为了中国传统社会的主流价值观，再加上儒家传统思想的濡染，邻里亲朋之间互帮互助、守望相助的人情世故等，则成为了家庭与家庭之间交往的核心。因此，除了家庭内部的潜规则以外，中国传统家庭的和谐、持续运作及发展，还依赖于邻里之间在情感和物质上的支持。

(二) 中国家庭社会工作的现状

中华人民共和国成立以来，随着我国各项行政体系不断趋于完善，家庭社会工作也随之建立和发展起来。近年来，社会工作体系的建立和完善也对家庭社会工作的专业化提出了更高的要求和挑战。在此种形势下，家庭社会工作在正式的政府机构和非政府组织中开始迅速发展起来。此外，邻里互助作为一种中国文化中的传统美德被传承下来，并成为了我国家庭社会工作开展的原生资源。因此，从总体来看，中国目前的家庭社会工作主要是由正式的家庭工作机构和非正式的邻里互助组成，以下简述之。

1. 正式的家庭工作机构

正式的家庭工作机构主要是由两部分构成，第一部分是政府主导的工作机构，这些机构包括妇联、工会、社区居委会和村委会。其中，妇联主要负责妇女和儿童方面工作，并在家庭暴力和儿童监管等方面成为政府主导家庭社会工作主力军；工会是隶属于单位的组织，主要是在企事业单位的职工调解家庭纠纷、化解家庭危机等方面处理相关工作；社区居委会和村委会分别是城市社区和农村社区的管理机构，直接面对案主，并肩负着最主要的家庭关系调解、邻里关系处理、家庭教育知识普及、家庭能力建设提升及和谐家庭建设等方面的工作。

第二部分是非政府主导的工作机构，即专业的社会工作机构或非政府组织。相比较政府主导的工作机构而言，这部分机构的优势在于其专业功底，即这些组织内部的工作人员大多经过专门的社会工作者培训，他们对于家庭社会工作的理论、理念、价值观、方法和技巧等掌握较为充分，能够快速而有效地应对家庭危机。但是，这些工作人员大多数没有长期直接接触案主，如此，他们对案主的了解不够深入细致，在实际经验方面也没有政府主导机构的工作人员充足，其工作还需要进一步地完善。

2. 非正式的家庭社会工作资源

中国是一个有着深厚传统文化底蕴的国家，因此，良好的邻里关系成为了中国家庭社会工作中最优质的原生资源。比如，由地缘关系形成的家庭联合体在提供家庭生活、情感和沟通等方面的支持上，就发挥了十分重要的作用。邻里关系的支持是一种自发性的行为，并具有非功利性的特点。不过，从另一个方面看，相比较正式的家庭工作机构而言，这些原生资源更容易、更方便为案主所接受和利用，也对家庭的和谐发展有着积极的不容忽视的作用。

二、中国家庭社会工作的内容

同欧美和港台地区的家庭社会工作相比，中国本土的家庭社会工作大部分是由政府或半行政性的组织来开展的，主要是在家庭生活各方面进行援助性帮助。就其主导机构来看，主要可以分为体制内政府主导的家庭社会工作和体制外非政府机构开展的家庭社会工作两种。

(一) 由政府体制内的家庭社会工作

政府体制内的家庭社会工作主要是在家庭生活服务、家庭救助、婚姻调解、家庭生活教育、有关家庭的主题活动等方面开展的社会性支持服务，以下会做一些简要介绍。但是，从严格意义上看，这些服务都不是家庭社会工作。这是因为，只有当社会工作者运用社会工作的理论、方法及价值理念从事上述工作时，才能称为家庭社会工作。

1. 家庭生活服务

在中国，与城市居民生活息息相关的家庭生活服务起步较早，并随着人民生活水平的提高得到了进一步发展。目前，城市中的家庭生活服务主要有如下类型：保姆入户服务、家政钟点工、社区居民委员会服务网点、小饭桌、家庭病卡（医院为行动不便的病人提供上门的服务）、一对一和户帮户互助活动、便民热线服务等。上述家庭生活服务的项目多为有偿服务，此外，社区还拥有自己的志愿者队伍无偿为家庭特别是经济上与行动上有困难的家庭提供义务服务。

2. 家庭救助

这是较常见的家庭社会工作方式，主要是对遭遇特殊困难和天灾人祸的家庭提供直接的实物或现金补助，以帮助其渡过困难期。这些救助内容包括：专项政策性救助；发放救济金；特定时间的救助，如冬季各级政府的“送温暖活动”等。上述方法深受案主的欢迎，但它治标不治本。因为家庭社会工作最终的目的在于，帮助家庭成员通过自身的努力来使家庭整体摆脱困境。

3. 婚姻调解

婚姻调解是在夫妻婚姻生活出现矛盾和纠纷时，由有关单位出面调解，使双方互相谅解、解除因婚姻危机而造成的紧张，从而改善夫妻关系，维持家庭正常运转。一般来说，此种家庭社会工作主要由夫妻双方工作单位、居住地的居委会或社区来开展，争取达成夫妻和解。如果双方情感恶化，要求办理法律方面的离婚手续时，法院要首先进行调解，以维护家庭的稳定。

4. 家庭生活教育

这是一种具有预防和发展功能的社会工作。它通过讲座、宣传、娱乐性活动、知识竞赛等方式，来提高家庭和家庭成员应付和解决家庭危机的能力，以此促进家庭成员间沟通，强化家庭功能。概括地说，家庭生活教育内容涉及了婚姻关系调适、家庭生活管理与资源利用、家庭发展规划等，其主要目的在于提高家庭生活质量，预防可能出现的危机和紧张关系。目前我国从事这种社会工作的机构主要是社区、妇联、工会和教育机构。不过，随着工作的不断深入和发展，电台也开始举办相应的家庭互动节目来促进家庭生活教育。

5. 有关家庭的主题活动

中国家庭社会工作开展了丰富多彩的家庭主题活动，其中最具特色的家庭的主题活动有两项：一是“五好家庭”评比。五好家庭的标准是爱国守法，热心公益好；学习进取，爱岗敬业好；男女平等，尊老爱幼好；移风易俗，少生优育好；勤俭持家，保护环境好。五好家庭的评选活动经历了半个世纪之久，随着时代变化，其概念也在不断更新与发展。二是平安和谐家庭建设。这是妇联牵头开展的一项社会系统工程。它依托已经形成的司法保护、咨询投诉、普法宣传、社会救助、维权监督五大社会化维权网络，来拓展社会支持与社会协调工作体系，以此提高创建活动的社会影响力。

（二）非政府组织开展的家庭社会工作

非政府组织开展的家庭社会工作多具有社会工作的专业特点，其具体内容包括以下三个方面。

1. 城市贫困家庭的救济与扶助

非政府组织开展的家庭救助，通常具有应急性和目标性，注重效率及工作的理念。因此，与政府主导的家庭救助相比，非政府组织对贫困家庭的救助与扶助，可以直接面向案主，并促使资金和人员迅速到位，从而为需要救助的家庭提供切实而有效的帮助。

2. 家庭心理辅导

随着家庭社会工作的不断专业化，各类婚姻家庭咨询服务开始萌芽并迅速发展。一般来说，家庭心理咨询服务在理念上强调平等关系和助人自助，其服务的形式有热线电话、个案辅导、团体治疗等，其主导人员为心理学、社会工作、教育及医学界的专业人士。相应地，主办单位多为教育、医院、妇联、民间社团及相关机构。

3. 家庭能力建设

为了应对社会转型中出现的家庭危机和问题，非政府组织及民间社区也展开了各种家庭能力建设提升的活动，这些活动主要包括在婚姻学校、家长学校、家政学校以及在就业培训中心开展的各种家庭能力建设项目。比如，为促进婚姻家庭和谐，提高婚姻家庭建设能力而开办的系列知识讲座；为掌握家庭生活管理的知识而进行的娱乐性活动与知识竞赛；为提高家庭的团结与凝聚力，为家庭成员强身健体而举办的拓展训练等。而这些提升家庭能力建设的活动，目的是促使家庭及家庭成员能够增强面对社会变革挑战的能力。

三、中国家庭社会工作面临的挑战及发展方向

家庭社会工作作为专业社会工作领域的一个分支已经在国外发展得非常成熟。与此同时，基于新近的社会发展和进步，我国的家庭社会工作的专业发展在各个大专院校的努力下刚刚取得一些成果，而职业发展仍处在尝试和探索阶段。与国外相比，中国家庭社会工作仍有很大一段差距。如此，我国家庭社会工作在专业领域的发展上，要想早日达到世界水平，就必须要考虑本土化的问题，即切实结合我国的特殊国情，充分利用后发优势，快速而有效地实现中国家庭社会工作体系的发展和完善。

(一) 中国家庭社会工作面临的挑战

中国社会的转型，导致了我国家庭结构、婚姻方式及家庭生活方式正在发生变化，从而使中国的家庭社会工作面临着诸多挑战，现简述如下。

1. 家庭结构的转变

随着计划生育政策的实施和工作竞争压力的增大，我国传统的以家族为主体的大家庭逐渐被核心家庭所取代。同时，为了适应人口流动性不断增强和活动区域不断扩大的新形势，家庭规模则日趋小型化和简单化。此外，丁克家庭、重组家庭的出现，也使得家庭结构日趋多元化。在此种背景下，社会转型中的家庭结构遭遇到怎样的危机，家庭中的亲子关系如何处理，养老问题如何解决等问题，在扩展了家庭社会工作介入空间的同时，也给我国家庭社会工作带来了相当大的挑战。

2. 家庭功能的转变

传统的家庭功能主要体现在繁殖后代和从事生产这两个方面，但是随着社会的转型、经济的发展以及计划生育政策的推行，传统的繁衍功能逐渐弱化。而机器大工业时代的来临和学校教育的普及，使得家庭的生产和教育这两项功能也在不断弱化。如此，人们的需求可以在社会的不同机构中得到满足，传统的家庭功能开始转变，同时，家庭关系的维系则成为家庭社会工作中极具挑战性的工作。因此，如何增强家庭对于个体成长和发展的功能，如何增强家庭成员的归属感，这些都是当今家庭社会工作所必须面对的问题。

3. 成员关系的转变

中国传统家庭有着等级森严的辈分伦理体系，在这个体系中，夫权和父权有着不容挑战的地位。但是，随着社会的发展与进步，人权和女权意识的普及，家庭成员间的关系开始变得平等起来。相应地，如何解决这一转型过程中产生的两性冲突、长幼矛盾，如何在平等中寻求和谐与发展，如何增进家庭成

员间的感情，就成为了当今家庭社会工作所必须重视的新课题。

4. 支持网络的转变

中国传统的家庭支持网络很狭小，仅限于地缘关系上的邻里互助和血缘关系上的亲戚支持。但在现代社会中，个体从属于不同的单位和机构，并且，政府和社会都可以在不同层次上为家庭提供支持网络。这就是说，行政机构、单位、社区、同事、法律法规和专业的社会工作机构等，都是家庭可以利用的资源。因此，如何合理利用这个扩大化的家庭支持网络，充分挖掘家庭周围的潜在资源，也成为当今家庭社会工作面临的挑战之一。

5. 婚姻问题的复杂化

职业的多样化使传统的“男主外、女主内”格局被打破，核心家庭和重组家庭的出现给老人和孩子的生存和发展带来了危机，此外，新的留守家庭现象的出现则给亲子关系带来危机。由此可见，当今婚姻问题越来越复杂化和多样化，其主要表现为以下几点，即：不良婚姻问题逐渐暴露；婚姻冲突、家庭暴力依然存在；亲子代际的隔阂与冲突更加明显；家庭养老问题日趋严峻。毫无疑问，上述问题也给家庭社会工作带来了严峻的挑战。

（二）中国家庭社会工作的发展方向

基于对中国家庭社会工作的历史与现实的分析，以及针对中国家庭社会工作面临的上述问题与挑战，我们认为，中国家庭社会工作的发展方向如下。

1. 全面学习西方和港台成熟的专业理论

处于起步阶段的中国社会工作，学习西方的成熟理论与思潮是很有必要的。在实际工作中我们可以参照西方的理论来指导实践活动。而港台的家庭社会工作也为我们探索西方家庭社会工作的本土化提供了很好的蓝本。不过，从港台的经验出发，我们不应只着眼于理论知识、治疗方法模式的学习，还应了解中国家庭在新的现实条件下所发生的功能和责任的改变、清楚家庭问题的表现形式及其产生的背景和原因。

2. 综合应用专业的各种实务方法

在当今，西方社会工作实务领域开始出现了专业方法整合性的新趋势，而家庭社会工作领域也是如此，即强调社会工作各种专业方法的整合运用。考虑到目前中国家庭功能、家庭制度、家庭观念和家庭关系的改善，涉及了家庭需要的各个层次，相应地，我们就需要理清家庭系统的需求与供给关系，解决由社会系统、家庭系统和个人引起的各种复杂的家庭问题。如此，这也就要求家庭社会工作者综合运用个案、小组、社区方法，以此恢复或强化家庭及家庭成员的社会功能。

3. 提高从业人员素质

在家庭社会工作从业人员中，既有行政性非专业的实际社会工作者，又有准社会工作者，还有热心于此工作的志愿者。因此，为提高从业人员的专业素质，并不断充实家庭社会工作者的专业队伍，应从以下几个方面努力，包括：其一，必须对现有的实际家庭社会工作者进行培训，使其由完全处于经验型的助人工作走向更高水平的专业化服务工作。其二，必须逐步推行任职资格制度，使服务工作更具规范性和权威性。其三，要重视吸收录用社会工作专业毕业的大学生（准社会工作者），以使他们发挥专业特长，学有所用。

思 考 题

1. 什么是家庭社会工作？
2. 家庭系统构成的重要要素有哪些？
3. 如何理解家庭生态理论？请就本章案例画出家庭生态图。
4. 简述性别敏感的家庭社会工作的概念、特点及应用前景。
5. 家庭社会工作有哪些主要方法？
6. 中国家庭社会工作的主要内容是什么？未来的发展方向是什么？

主要参考文献

[1] 马庄丽．家庭治疗在西方和香港的发展——回顾与前瞻［J］．香港心理卫生会会刊．1998（1）．

[2] 彭怀真．婚姻与家庭［M］．台北：巨流出版社，1996.

[3] 史柏年．社会工作实务（中级）［M］．北京：中国社会出版社，2007.

[4] 王思斌．社会工作概论［M］．北京：高等教育出版社，2006.

[5] 谢秀芬．家庭社会工作理论与实务［M］．台北：双叶书廊有限公司，2004.

[6] 余英时．从价值系统看中国文化的现代意义［M］．台北：时报出版印行，1997.

[7] 张文霞等．家庭社会工作［M］．北京：社会科学文献出版社，2005.

[8] 周月清．家庭社会工作理论与方法［M］．台北：五南图书出版公司，2001.

[9] N. Hook，B. Paolucci. The family as an ecosystem［J］. Journal of Home Economics，62，1970：315-318.

[10] H. W. Johnson，*The social services*：*An introduction*（3rd ed.）［M］. Ch5 & 6：83-149. Illinois：F. E. Peacock，1990.

[11] R. H. Rooney. *Family centered*, *Home-based Services* (Social Work 8450) Course handouts & additional readings [M]. School of Social Work, University of Minnesota. 1990.

[12] C. Zastrow. *The practice of social work* (4th ed.) [M]. California: Wadsworth, 1992.

第二十章　学校社会工作

小伟是一所重点高中高二的学生，今年17岁。一年多前，小伟的爸爸妈妈离婚了，妈妈获得了他的抚养权。为了生存，也为了给小伟创造更好的生活和学习条件，小伟的妈妈拼命工作，以致对他疏于照顾。虽然，不管小伟有什么物质要求，妈妈都会尽力地满足他，但工作繁忙的她，顾不上给孩子做顿可口的饭菜，更不用说陪儿子说说话了。而现在的小伟被妈妈安排在外公外婆家住，可是这半年多来，小伟的妈妈总是会听到外公外婆的抱怨：说小伟现在一回家什么都不做，就躲进自己的房间玩电脑游戏，外公外婆多说两句，他就和外公外婆吵起来，争吵严重时小伟会在家里摔东西，最近他甚至不愿意去上学，整天呆在家里玩游戏。同时，学校的班主任也抱怨说，小伟刚入学时学习成绩特别好，可是近一年来，每次考试都大幅度地倒退，甚至开始逃学、和同学打架。最近科任老师还发现小伟在上课时在下面偷看黄色书籍。听到这一切，小伟的妈妈非常的难过，也非常的自责，但她又不知所措，不知道怎么样才能改变孩子的状况。最后，在学校老师的帮助下，小伟的妈妈带小伟见了一位学校社会工作者。经过社会工作者的努力，几个月下来，小伟的妈妈明显地发现孩子改变了。比如，学习变得主动了，在家对外公外婆也孝顺了许多。不仅如此，小伟的妈妈自己也收获了很多，不仅在对孩子教育方式上有了改进，也在自己的生活上有了变化。如今，小伟一家生活得非常地和睦，小伟也顺利地走过了人生的“雨季”。

在上述案例中，学校社会工作是什么？学校社会工作者究竟是一群什么人？他们究竟用什么方法促使小伟发生了改变？这些就是本章要讨论的问题。

第一节　学校社会工作概述

学校社会工作（school social work）在发达国家和地区已成为一项专业化的社会事业，一门教育学与社会工作学之间的交叉学科。从起源来看，学校社会工作是社会工作发展中很早的一支。早在20世纪初，英国、美国和德国几乎同时开始发展“结合教育与福利两种制度”的学校社会工作，由此创建了家庭、学校、社区相互结合的学校社会工作体系。在我国，专业化的学校社会工作尚未起步，相关研究也很少。仅有一些发达城市，如上海正在积极地进行这方面的实验。因此，在我国社会工作事业飞速发展的今天，学校社会工作的发展则显得尤为重要。

一、学校社会工作的含义

(一) 什么是学校社会工作

学校社会工作是属于社会工作领域的一种专业服务。一般而言，社会工作服务的领域包括医疗卫生领域、司法领域、教育领域、企业领域、社会福利领域等，而其中在教育领域，特别是在学校领域中实施的专业的社会工作服务，就是学校社会工作。但是对于学校社会工作的定义，学者的解释观点不一，并没有一个普遍的定义，下面列举几个有代表性的观点。

美国社会工作百科全书的解释：美国社会工作协会（NASW）出版的《社会工作百科全书》对学校社会工作的解释是："学校社会工作是运用社会工作的理论与方法去实现学校的主要目的。学校的主要目的是为学生提供教与学的场所，是学生能为现在所居住的世界与未来可能面对的世界准备他们自己。"① 这个定义阐释了学校社会工作的本质是一种专业的社会工作，目的是帮助学生面对现在和未来的生活。

美国学校社会工作学者的解释：美国学校社会工作学者罗斯（G. Rose.）与马夏尔（ F. Marshall Tony）认为："学校社会工作一词的出现，其所涵盖的工作类似个人的咨询，但此类工作有赖训练有素的社会工作者去完成，有时此类工作人员并无充分的社会工作训练；他们不一定是合格的教师。学校社会工作者已被视为专家之一，随同过去已经组合而且现在仍然组合在一起的查勤人员、护士、心理学家和职业咨询人员，共同提供咨询和协助服务，此种服务乃众所周知的学生人事服务。"（Costin，1969）根据这个定义我们可以发现，在美国，学校社会工作是一种主要针对学生的专业服务。

台湾学校社会工作学者的解释：台湾学校社会工作学者林胜义认为："学校社会工作是学校辅导工作的一环，经由专业工作者运用社会工作的理论与方法，协助学生与学校、家庭及社区之间建立良好的关系，以准备现在以及未来的生活，从而达成学校教育之目的。"（林胜义，1998）根据林胜义的定义，我们可以了解到，在台湾学校社会工作的实施中，家庭、学校和社区都是工作对象。

我国内地社会工作学者的解释：周星在上海市社会工作者职业资格考试参

① 转引自林胜义．学校社会工作［M］．台北：巨流图书公司：27.

考用书《社会工作实务（下）》中，对于学校社会工作给出了如下的定义："学校社会工作就是以困难学生为研究及工作对象，致力于改善学习环境和条件，帮助在学校生活适应方面有困难的学生，提高其适应能力，克服学习障碍，推动学校教育功能实现的一种专业活动。"① 这个定义主要从困难学生这一工作对象的角度阐释了学校社会工作的功能、目标及其专业性。

综上所述，我们认为，学校社会工作就是将专业社会工作价值观、理论、方法与技术应用在学校领域，对正规或非正规教育体系中全体学生，特别是处境困难学生提供的专业服务。其目的在于帮助学生或学校解决所遇到的某些问题，调整学校、家庭及社区之间的关系，发挥学生的潜能和学校、家庭及社区的教育功能，以实现教育目的乃至若干社会目标。

（二）学校社会工作的要素

综合学校社会工作的各种定义，我们认为学校社会工作概念涉及五个方面的要素：

其一，就本质而言，学校社会工作即属于学校中的社会服务，是运用社会工作的理论与方法，在学校领域实施的一种专业服务。

其二，就对象而言，学校社会工作是以全体学生，尤其是学习和"社会-情绪-文化"适应困难的学生为服务对象。不过，为了更好地协助学生发展，学校社会工作者有时也将学生的家长、学校教师和管理人员及社区人士纳入工作范围，与他们进行协调或是对他们提供咨询服务。

其三，就社会工作者而言，学校社会工作者首先是一个有着社会工作专业训练的人，他们应该具有相关专业的知识背景、人文关怀的职业态度及以人为本的职业道德。并且，学校社会工作者在提供服务时，一般需要与其他学校服务团队一起合作。在美国，学校社会工作者属于学生事务服务人员，通常与学校心理学家、学校咨询人员、学校护士及查勤人员共同为学生提供咨询和协助服务。在台湾地区，学校社会工作者属于学校辅导人员，他们与心理辅导及教育咨商人员共同协助学生。在中国内地，非专业的学校社会工作一直存在，目前正在向着专业化方向发展。

其四，就功能而言，学校社会工作的主要功能是协助学生与"家庭-学校-社区"之间建立良好的关系，以解决学生在社会与情绪方面的困扰、问题，调适其偏差行为，使学生更好地成长。

其五，就目的而言，学校社会工作的目的与学校教育目的是一致的，主要是协助学生为未来可能面对的社会生活作准备，使学生获得良好与幸福的人生。

---

① 张宇莲等．社会工作实务（下）[M]．上海社会科学院出版社，2005：209-210.

二、学校社会工作的发展历史

（一）学校社会工作在西方社会的发展历史

学校社会工作起源于19世纪末20世纪初美国的纽约、波士顿等地区。在当时的社会改良趋势的影响下，最初是由校外的私立福利机构或市政单位工作人员担任“访问教师”。作为学校、家庭、社区的联络者，访问教师旨在促进彼此合作，改善学生出席情况，促使学校能够尽到照顾学生整体福利的责任，这就是学校社会工作发展最初的时期——访问教师时期。由于这项工作取得了很好的成效，各学校纷纷建立了访问教师制度，学校社会工作的作用与地位也在不断的提升。

到了第二次世界大战之后，学校社会工作者开始盛行传统的临床模式，并为学生和家长提供个案社会工作服务。在这一时期，学校社会工作已成为了学校制度中的重要环节，其主要关注的是在学校内为学生提供的服务，并将家庭和社区的问题交由其他的社会工作者处理。

20世纪60年代，学校社会工作有了较快的发展，其关注的内容也从学生的“出席”和预防青少年犯罪，拓展到了更为广泛的层面。包括：关注与学生成长有关的“社会—情绪—文化”因素的改善，维护学生权益，对特殊学生施以特殊关照等。因此，此时期的学校社会工作者被要求参与教育政策和学校活动的设计工作，并且需要从事一些社区工作，以争取社区对学校政策的支持，以此进一步促进青少年的福利。可见，这一时期的工作模式已经从早期的传统的临床模式转变为其他的工作模式，其中最有代表性的是“学校变迁模式”。

之后，自20世纪70年代开始，随着社会的不断变迁，美国学校社会工作者开始进一步调整学校社会工作的工作模式与工作者的角色。如今，学校社会工作已经成为美、英、德、加拿大等发达国家的一项专业化的社会事业。而西方国家已经形成的比较完善的学校社会工作理论与实务，将为我国开展学校社会工作提供诸多有益参考和借鉴。

（二）学校社会工作在华人社会的发展历史

学校社会工作作为一种专业在香港和台湾地区的出现，应该是20世纪70年代。而学校社会工作的出现，与当时社会出现的种种问题密切相联，其发展也经历了动荡与磨合的过程。

在台湾，自1968年实施九年义务教育以来，各级学校普遍设有辅导老师，并为学生提供有关生活、教育与职业的辅导工作。这些辅导教师的教育背景不一，主修心理或辅导者有之，专攻教育或社会工作者已不乏其人。在这一时期，台湾相继举办了四次与社会工作有关的学术研讨会，而研讨会的结果是，建议台湾当局在学校体系中设置学校社会工作人员，并将学校社会工作作为社会工作系学生的选修课程，以训练专业人才。到了1976年，台湾的民间团体即“中华”儿童福利基金会，正式将学校社会工作列为其服务的重要方案，开始了学校社会工作在台湾的民间团体试办时期。目前，台湾除了少数特殊学校外，一般学校尚未正式设置学校社会工作者，但学校辅导人员，特别是受过社会工作专业教育的辅导人员，在其实施辅导工作的过程中，已采用了社会工作理论与方法为学生提供服务，其实质是学校社会工作。近年来，台湾开始积极推行“全体教师参与辅导工作”政策，台湾有些地方也在试办“机动性追踪辅导”，台北市还推行了“春晖密集辅导计划”，由此促使了学校辅导工作迈向一个新的里程碑，其主要表现为：在工作人员方面，由少数专业人员扩展为全体教师；在工作领域方面，由学校校园延伸至家庭及社区。此种外延性的辅导工作，颇适合于采用学校社会工作的理论与方法，并可以将心理、咨询及社会工作等不同背景的专业人员组成团队，彼此协力合作，互相支持，以此增强学校辅导工作的效果。

而香港的学校社会工作服务首先由社会服务机构开始推行。1971年，非政府福利机构以试验的形式开始推行学校社会工作，起初被视为一种依附形式而未引起社会的足够重视。在1971年，香港明爱、圣雅各福群会、基督教儿童基金会等机构，开始在中小学推行学校社会工作。1974年，香港政府在部分学校开展了另一项实验计划，即由社会福利署辖下的家庭服务中心将个案工作服务延伸至学校。1977年，政府进行评估时，肯定了学校社会工作有利于青少年的成长。同年，政府制定了“青少年个人辅导社会工作程序计划”，并对学校社会工作给予政策和经费上的承担，确立了学校社会工作制度。1982年，全港中学都获得了学校社会工作的服务。1979年香港政府发表的《香港社会福利白皮书——进入80年代的社会福利》和1991年发表的《跨越90年代香港社会福利白皮书》，均充分肯定了学校社会工作服务的持续需要，并制定了提供学校社会工作服务的政策，表明了应由政府和非政府机构的专业社会工作者为所有的学校提供服务。之后，香港政府在1991年的白皮书中承诺，在1995—1996年要达到为每2000个学生提供1名学校社会工作服务者的目标，并且已提前一年达到。到了2000年，全港已完全实现了“一校一社工”的目标。可见，经过30年左右的发展，香港的学校社会工作已经非常完备，专业化程度也很高。与此同时，香港关于社会工作的理论和实证研究也取得了一系列丰硕成果。①

在中国内地，社会工作作为正式的专业，起步较晚、发展较慢，因而学校

① 管向梅．香港学校社会工作制度与启示［J］//社会．2004（4）：47.

社会工作还处于萌芽与起步的过渡状态。实际上，大陆的学校社会工作的雏形可以追溯到在20世纪早期由基督教青年会（YMCA）在一些中学建立的青年会组织所提供的各种服务，以协助青少年更好地处理个人生活与社会适应等问题的发生。但是，由于长期以来在我国的学校都致力于通过思想教育来解决学生问题，学校社会工作没有得到实质性发展，时至今日也没有得到全面、系统的认识。2004年，“社会工作者”首次被收入中国职业标准目录，社会工作正式成为一门新职业，走上了制度化、专业化、职业化与规范化建设的道路，从而推动了学校社会工作的发展。而山东工商学院以“分担伤痛，分享喜乐”为宗旨，成立了我国首家高校“学校社会工作服务中心”，标志着我国高校系统引入学校社会工作的正式开始。

三、学校社会工作的特点与功能

（一）学校社会工作的特点

与学校其他相关工作，比如学校德育工作、管理工作、教学工作、心理健康教育等相比较，学校社会工作有几个明显的特点①，以下简述之。

1. 专业性

学校社会工作以各种社会科学知识为基础，这些知识包括教育学、社会学、心理学的基本理论、研究范式、学术标准、研究方法等探究学生个体的社会与心理需要、心理特征、心理困惑，及化解冲突与协调人际关系的策略等。因此，学校社会工作必须遵从本专业的专业要求，在机构设置、人员安排、工作组织、活动推进等方面，坚持专业标准，遵循专业规范、专业伦理及专业价值等，以保证学校社会工作形成一种健康的发展态势。

2. 科学性

在学校社会工作实务中，常常会运用个案工作、小组工作、社区工作三大直接的工作方法与社会工作行政、社会政策、社会工作研究三大间接的工作方法，以及科学的通用进程模式来开展工作。而所有的工作程序与步骤是在科学理念的指导下设计的，具体方法的运用与实施也要遵循学科特点，并要认真掌握方法步骤背后的科学理论，学会用科学眼光思考问题、分析问题及解决问题。

3. 艺术性

强调学校社会工作的科学性，不等于说学校社会工作是唯科学主义。这是因为，学校社会工作还具有艺术性的特点。概括地说，学校社会工作的艺术性

① 参见史柏年．社会工作实务（中级）［M］．北京：中国社会出版社，2007：355-356.

主要表现为：坚持接纳、尊重、真诚、同感、具体化等以人为本的价值追求与职业伦理，讲究方法的灵活处理与因人而异来设计方案与活动，以及为了保护青少年的心理与维护其尊严，讲究工作的艺术性，等等。

4. 实践性

学校社会工作是深入了解学生的需要，深刻感受学生的内心，全面体验教师的需求，来搭建学校社会工作的组织架构、人员结构与工作关系，以此形成紧密、灵活、系统、反应敏锐的社会工作网络。由此，可以联结学生-家长-教师-社区资源，协调各方关系，来构建服务青年人成长的社会工作平台，以切实解决学生的现实问题。

（二）学校社会工作的功能

学校社会工作是为学生提供一种有利于学习的环境与条件，使学生获得适当的心智与行为发展，以适应现在及未来的生活。具体而言，学校社会工作的功能有以下几个方面①。

1. 协助处于不利地位的学生实现教育机会均等

部分学生由于家庭贫困、社会经济地位低下、不能充分享用教育机会，从而影响了其学习成绩。学校社会工作要回应此种需要，应采用社会工作的理论与方法，对处于不利地位学生的背景作深入而客观的了解，接纳、支持与鼓励他们，并提供专业的服务方案，以此协助他们获得适用教育，增进其教育机会均等的实现。

2. 促进学校、家庭、社区建立良好关系，形成教育的合力

学校在帮助与教育学生的过程中，常常会遭遇许多困难与阻力。比如，家庭教育失职，社区环境复杂，社会影响不稳定等。如果得不到家庭与社区的配合，家庭、学校与社会会相互拆台，彼此阻碍。因此，学校社会工作通过改善学校、家庭、社区之间的关系，形成教育的合力，就可以促进学生的发展。

3. 协助学生获得实用的知识和能力，以适应现代生活的需要

学校社会工作者要积极协助学校提供最有利于学生学习的环境与条件，满足全体学生在知识、能力、情绪等方面的需要。同时，也要协助学生获得实用的知识和能力，以适应其社会生活及发展的需要。

4. 协助学生获得适应变化的能力，使他们保持终身学习

由于教育是一个社会化的、持续的过程，学校教育的目的不仅要培养学生具备现代社会生活的知识与能力，更应培养学生适应社会变化的知识与能力。如此，学校社会工作需要配合社会发展，随时了解与回应社会对人才的要求，

---

① 参见史柏年. 社会工作实务（中级）[M]. 北京：中国社会出版社，2007：353-355.

以协助学生获得适应社会变化的能力，并使他们保持长久的终身学习，获得人生成就。

5. 协助学生人格发展与整合，完成社会化任务

人格培育是一个社会化的过程，除了家庭之外，大部分是在学校教育中完成的。而学生生命成长中的“重要他人”，如校长、老师、家长等，会影响学生的发展与社会功能的实现。因此，学校社会工作应在学校教育中，协助学生人格发展与整合，完成社会化任务。

第二节　学校社会工作的基本理论

学校社会工作作为一种专业的助人活动，最重要的是在专业理论指导下进行实践。与社会学、心理学、教育学的相关理论有关的学校社会工作的理论基础包括：与学校社会工作相关的社会学理论有越轨行为理论、符号互动理论；心理学理论有心理分析理论、心理社会理论、社会学习理论；而在教育学方面则有教育目的论和教育结构论。这些理论分别为学校社会工作的目的、原则、工作手法等提供了基础。由于篇幅的限制，我们只选取了部分有代表性的理论来做一些简要介绍。

一、社会学的相关理论

如前文所述，学校社会工作主要的实施对象是学生，无论是帮助适应欠佳的学生恢复社会功能，还是协助全体学生发展健全人格的适应，学校社会工作在实施过程中都要采纳一些社会学理论作为基础，下面将列举一些对学校社会工作影响比较大的社会学理论。

（一）越轨行为理论

近一百多年以来，社会学家较为系统地提出了有关越轨行为的理论，其中颇有代表性并有较大影响的有以下几种：（1）社会失范论。该理论始于法国社会学家迪尔凯姆。他认为，产生越轨行为的原因在于社会结构。美国社会学家默顿则进一步阐述了迪尔凯姆的社会结构失范与越轨理论。默顿着眼于“目标–手段”角度对越轨行为进行了分析。在默顿看来，社会文化产生目标，社会结构决定达到这种目标的手段，取得成就目标的合法机会并不能同等地分配给每个人。如果接受了社会所创造的目标，但又缺乏合法手段，则会发生各种越轨行为及失范。（2）社会冲突论。这也是从社会结构角度来分析越轨行为的原因。美国学者T·舍林认为，社会冲突是人类本性中固有的，是复杂社会中不可避免的过程。一个社会愈复杂，则愈具有异质性，其经历的冲突就越多，相应地，越会产生各种越轨行为。因而应当把越轨行为放在道德冲突

和文化冲突中去分析。(3) 文化传递理论。此理论认为，失范并不一定导致越轨，要想变成越轨者，人们必须有机会学习越轨。越轨就像遵守一样，是一个人从其社会环境里学来的。(4) 亚文化群体论。这个理论认为，亚文化群体是相对于主体文化群体而存在的。亚文化群体作为与主体社会有显著差异的集团，它规定了自己特有的行为规范，当亚文化群体成员按这些规范行事时，便会被主体社会的其他成员视为越轨者。① 上述四种越轨行为理论，有助于学校社会工作者洞察学生产生越轨行为或偏差行为的可能因素，从而制定协助的方案。

此外，在越轨行为理论中，对于学校社会工作影响最大的是标签理论。“标签”的概念于1951年由勒姆尔特（Lemert, Edwin）首先提出，1963年贝克（Becher, Howard S.）在《局外人》一书中加以引申阐述。标签理论从主观层面探讨个人偏差行为的形成，认为偏差行为不完全是个人品质所决定的，而是他人应用规范制裁于违反者的结果。如此，偏差者是那些武断的被标定为偏差的人，而偏差行为是被加上“偏差”这顶帽子的行为。根据此观点，在学校社会工作中，如果学校老师或者家长随意对偶尔犯错的学生加上坏的标签（如笨蛋、问题学生、不良学生等），这往往会成为日后促成这些学生陷入更加严重的偏差行为的因素。而当这些学生被贴上坏的标签以后，可能会不知不觉地开始修正其自我形象，并将自己归属于这些被标签的角色，导致一种“自我应验预言”的恶果。然后进一步用偏差行为来防卫、攻击及适应周围环境对他们初次过失行为反映所引起的问题。

(二) 符号互动理论

符号互动论是布鲁默提出的名词。在米德去世后的50年中，布鲁默坚持对米德思想的独特解释，形成了芝加哥学派。随之兴起的是以库恩为代表的依阿华学派。因为此处主要是阐明符号互动论的共同之处，至于其相异点，暂不作详述。符号互动论者极力强调人类制造和使用符号的能力。凭着此种能力，人们能用一个个符号来象征客观事物、思想以及事实上他们所经历的任何阶段，并进行交流。人类凭借在发音和身体姿态上获得一致意义的能力来使用符号及彼此沟通。人们在符号性交往中，不仅使用词汇和语言符号，还使用具有一般含义和相同理解的面部表情、语音语调、辅助体态及其他象征性姿态。如此，人类在交往中能够互相读懂对方，预期对方的反应，并彼此调适。而通过对他人姿态的解读和解释，人们进行交往和互动。米德称这种基本的能力为

① 王赪．“贴标签”现象与越轨行为的发生——标签理论对个体社会化解释的述评[J]．政法学刊．2003（6）：50-51.

"感受并理解他人角色"，或角色领会。而当代互动论领袖之一，已故的罗斯认为，角色领会意味着个体交往者在其内心深处想象接收者是如何理解交往的。斯特赖克强调指出，角色领会是"对某种社会行为中他人的反应进行揣度。"而林德史密斯和斯特劳斯则强调，角色领会是"对他人思想的立场和观点进行想象性假设"。如果人们没有解读他人姿态，并以这种姿态为基础设身处地地理解他人的能力，互动就不可能发生。而没有互动，社会组织也就不会存在。总之，人类制造和使用符号，进行交往，通过角色领会，包含对他所显露的符号进行解读、进行互动；而心智和自我的能力，则使人类成为独一无二的物种，完全是由于互动的缘故，反过来这些能力的产生，也使得互动能够成为构建社会的基础。而上述符号互动论运用于学校社会的助人过程中，可以使我们从符号互动的概念去分析受助者的互动状况，并给予适当的处置。

此外，角色理论研究者较为普遍接受的一般观点认为：在社会现实中生活的个人，也与出现在戏剧舞台上的演员一样，具有一定的社会地位或社会身份。在结构上，社会正是由这些相互联系、相辅相成的地位与身份构成的。而个人在各自社会位置上履行自己角色的过程，也正是整体社会结构发挥其社会职能的过程。用戏剧来比拟现实生活，则人们所处的客观环境就像"场景"，由社会要求、规范和期望构成的社会环境则是"剧本"。同时，现实生活的"导演"是社会的管理者，如领导者、教师、家长、教练等；"同伴演员"，是其他对应角色的占有者，如军官对士兵、丈夫对妻子、父亲对儿子等；生活中的"观众"，则是由于行为者存在相互影响的真实的或想象的其他人构成的。而实际生活中的客观环境与社会制约，也可以像一场戏中的场景和剧本一样，对行为者具有一定的强迫性规范作用。不过，与戏剧剧本相比，社会剧本对角色的限定较小，因而实际生活中个人有更大的角色创造的余地。进一步，实际生活中人们的"表演"（行为），也如同演员在一场戏中的表演一样，一方面要受到环境、社会规范、领导者及其他人的制约，另一方面也可以在个人对角色理解和个人自身经验的基础上独特地履行一个角色。正是从这个角度看，角色理论家认为，个人行为表现的总的倾向，在许多方面都决定于社会对于特定社会位置的限定。同时，在同一种社会位置上，个体表现的差异通常都不超出社会限定的框架。而上述角色理论，一方面有助于学校社会工作者诊断学生困扰问题的根源，一方面也是学校社会工作者在助人过程中可以善加应用的一种专业技术，尤以角色扮演或社会剧的实施如此。

二、心理学的相关理论

除了社会学相关理论以外，学校社会工作也与心理学的相关理论息息相关，这不仅因为社会工作在迈向专业化的过程中，曾于20世纪30年代深受弗洛伊德学派心理学的影响，开始采用"心理-社会诊断"及"心理-社会治疗"的观点，并且，学校社会工作本身的目的就是协助心理与社会适应欠佳的学生发展安全的社会化人格。①

（一）心理分析理论

心理分析理论的创始人是弗洛伊德。根据此理论，案主的问题起源于儿童时期未解决的心理冲突。这种冲突的起因可以是儿童期的不满足或一种创伤性的经历，同时，当事人常常用自我防卫的手法去处理冲突而非正视和解决真正的问题。

具体而言，按照弗洛伊德的观点，一个人的人格发展需要经历五个阶段，即：口腔期，肛门期，性器期，潜伏期，性爱期。在这五个阶段中，每个阶段都有自己的发展任务，并且在阶段之间的转换中会经常产生某种焦虑，而克服焦虑才能向另一个阶段发展，否则便可能被压抑在潜意识之中。与此同时，该理论认为，个人的人格结构在6岁以前便已大致发展完成，往后的成长，大部分是在加强此项基本结构的完善。如此，对于案主人格适应的问题，往往可以归因于早期的儿童生活经验。而这种观点正是学校社会社会者采用学校个案工作时，注意追溯案主生长史的一项有力的理论依据。

此外，针对人格发展阶段转化过程中的焦虑，当事人将怎样面对之时，心理分析理论认为，自我防卫是大多数人应对的方法，也是正常人格的一部分，而正常人格可以根据不同的情况采用不同的措施以排遣焦虑。具体地说，自我防卫的方法包括压抑、投射、反向、固着、退行、否认、认同、升华、转移、代替、幻想等。然而，按照精神分析理论的观点，自我防卫的次数太频繁或是防卫的强度太激烈，则会形成个人的适应不良。而此种看法以及个人自我防卫机制的存在方式等，都给学校社会工作，尤其是个案诊断方面带来了相当大的影响力及分析的参考框架，是学校社会工作不可忽视的理论根据。②

（二）心理社会理论

心理学家艾里克森（Erickson）把"心理社会"与"危机"的概念结合起来，提出了人的整个生命历程的八个发展阶段的思想，他认为，每个阶段都表示了一个社会心理危机，其中包括生物、心理、社会、文化等变项的互动，详见下表。

---

① 林胜义．学校社会工作［M］．台北：巨流图书公司，1988：60.

② 范明林，张洁．学校社会工作［M］．上海：上海大学出版社，2005：38-39；39-41.

艾里克森的发展阶段理论

阶段	社会心理任务	成功解决的方法
婴儿期	信任感的建立对不信任感的威胁	期望
儿童早期	自信心对羞愧感	意愿
儿童中期	积极对罪恶感	目的
儿童晚期	勤勉对自卑	能力
青少年期	自我认同对角色混乱	忠诚
青年前期	亲密对孤立	爱
成熟期	创造力对停滞	照顾
老年期	自我完善对绝望	智慧

按照心理社会学的观点，第一，在儿童早期，如果父母允许儿童去做他们力所能及的事情，则儿童会逐渐感觉到自己的能力及树立自信心，并可以养成自主的性格；反之，如果父母过分的溺爱、保护、事事包办，则儿童容易形成缺乏自信的人格，久而久之，就会使依赖性长期得以保持，并促使儿童变得羞怯和待人处事没有信心。第二，在儿童中期，如果父母或老师对儿童的问题耐心听取并给予回答，对儿童的思考和建议做出积极的肯定及适当的鼓励，那么，儿童的积极性、主动创造性则会被激发出来并可得到加强；反之，如果父母或是老师对儿童的问题感到厌烦，或者常常以禁止或讥讽的方式处理儿童的建议与思考，那么，儿童就容易发展出拘谨、被动或内疚的人格。如此，此阶段个体发展的任务就是克服内疚感、罪恶感，发展起积极、主动的创造性。第三，在儿童晚期，如果父母、老师给予大力的帮助和指导，积极鼓励儿童勤奋学习和参与学习上的各种竞争，并对儿童的各种努力予以充分的肯定，就会为儿童今后的勤奋工作奠定基础并促进儿童形成积极向上及奋发进取的人格；反之，如果父母、老师对儿童教育不当，或者儿童在生活中屡遭挫折，或者儿童经过努力获得的成绩经常受到父母、老师及其他成年人的漠视，或者儿童的行为受到成年人过多的责难等，这些情况则不可避免会使儿童自视矮人一等，进而逐渐形成其自卑的人格。第四，在青少年期，个体开始发展对周围世界的新的观察和思考方式，对自我概念和自我形象的关注和意识在不断增强，但个体同时又缺乏对世界的实际了解，缺乏独立的自主、自立能力，其思想、情感经常处于一种冲突和混乱的状态之中。如此，如何形成统同一的自我，克服自我角色的混乱是这一时期所面临的任务。心理社会理论对于学校社会工作的意义

是，它指出了儿童和青少年在不同的年龄阶段有不同的人生任务和危机，相应地，学校社会工作需要帮助服务对象顺利地处理这些可能面临的人生危机，从而不断地获得成长。

（三）社会学习理论

社会学习理论是运用心理学的概念解释人格形成和改变的一种理论。此种理论由两个层次来解释个人行为的变化：第一个层次是运用操作制约学习行为塑造原理，来解释人格结构中较简单的行为，比如以增强学习说明攻击和依赖的行为；第二个层次则采用认知论的原理，解释个人经由对别人的行为的模仿、认同、内化，进而形成了个人独特的人格特征的过程，而此处的模仿学习与认同学习也具有社会增强的作用。① 简言之，社会学习理论强调的是环境因素对个人社会行为的影响，而个人则通过增强、模仿或认同的方式形成或是改变其社会行为。目前，此种学习理论已被广泛地应用于自我训练、行为治疗与行为改变技术方面。社会学习理论在学校社会工作中的应用表现为，学校社会工作者在为学生提供专业协助的过程中，在强调案主自决的原则时，有时也运用行为改变技术，以增强或协助案主自我调适与自我强度的能力，从而改善其社会适应的不良情况等。

三、教育学的相关理论

学校社会工作作为在教育体系或学校领域实施的一种社会工作，其目的与学校教育的目的是一致的，甚至可以说是实现学校教育目的的一个部分。如此，一些教育学的理论也与学校社会工作理论相关。其中，与学校社会工作关系最为紧密地就是教育目的论与教育结构论。

（一）教育目的论

教育有无目的？教育目的为何？这是教育哲学所探讨的主要课题。美国哲学家杜威（Dewey John）曾在其名著《民本主义与教育》一书中说过，教育自身并没有什么目的，只有人、父母、教师才有目的②。探究杜威的原意，意思是教育是一种继续不断的过程，自身并没有固定的目的，教育目的是社会所规定的，父母对于子女、教师对于学生，当然各有其目的。正因为教育目的是由社会所规定，相应地，教育目的常因时代或社会不同而各异。不过，概括地说，在教育学中探讨的教育目的包括：其一，人文主义教育目的。即偏重文化陶冶来论述学校教育目的，忽视了学生职业的准备；其二，自然主义教育目

① 庄秀贞．班杜拉的社会学习理论［M］//郭为藩．人格心理学理论大纲．台湾：正中书局，1985：283-285.

② 林胜义．学校社会工作［M］．台北：巨流图书公司，1988：66.

的。认为教育的目的在顺应自然，以充分发挥学生的能力，但此种观点有忽视社会价值与不重视文化遗产的弊端；其三，实用主义教育目的。认为教育的目的是在预备将来完美的生活，但此种过分重视未来的社会需要，而忽略了学生现在的成长；其四，国家主义教育目的。即将教育视为效忠国家的国民，此种教育目的论虽然可以培育国民的爱国意识，但偶一误用则可能导致扩张主义或侵略野心；其五，民主主义教育目的。主张国民受教育的机会均等，是前述各种教育目的调和。从教育目的论与学校社会工作的关系看，教育目的论关系着学校社会工作目的的决定，其中，人文主义教育目的、自然主义教育目的、实用主义教育目的、国家主义教育目的及民主主义教育目的等，均对学校社会工作的目的产生了重要影响。

（二）教育结构论

凡是教育活动的进行，必然透过某些社会组织，表现为某些形式。同时学校体系以外的许多社会体系也具有教育的功能。这些教育活动的组织与形式，以及具有教育功能的社会体系，都必须从整体的观念来分析，才能窥其全貌，这就是教育结构论的范围。教育结构论在教育学中，尚属新开辟的一个领域，一般来说，可以从宏观与微观两种观点加以探讨。而有关“教育结构论的分析”对于学校社会工作的启示在于，学校社会工作的工作园地虽然在学校，但在其提供专业服务的过程中，并不能局限于学校体系之内，而应将工作层面扩展至相关的其他社会体系，尤其是学生的家庭与社区。同时，也不能只注重正式的教育结构，应该兼顾非正式教育结构对学生从事学习与社会适应的影响力。

第三节　学校社会工作实施的模式与方法

上一节我们谈到了学校社会工作的理论基础，但是作为一门实务的学科，社会工作不仅是理论的铺陈，更是对于这些理论的运用以运到学科的目的。所以，在本节中我们将探讨学校社会工作实施的模式和具体的方法。

一、学校社会工作实施的模式

美国学校社会工作学者凯雷（Jerry L. Kelley）提出的学校社会工作模式在学界最常被引用，他认为学校社会工作者在工作过程中要扮演通才、直接服务、团队领袖、被咨询者、社区组织者等角色。为了说明学校社会工作者提供此等服务的途径，凯雷提出了四种运作模式，一是传统治疗模式（traditional-clinical model），二是学校变迁模式（school-change model），三是社区学校模式

(community school model)，四是社会互动模式（social interaction model）。① 接下来，我们将一一进行分析。

(一) 传统治疗模式

传统治疗模式可能是最常见且运用最广的一种学校社会工作模式，也是起源最早的学校社会工作模式。此种模式的焦点放在被认定有社会适应困难和情绪困扰的个别学生身上，这些困扰被视为阻碍学生在学校发挥应有潜能的主要因素。在此模式下，学校社会工作主要是通过个案工作的协助，以实现帮助有困扰问题的学生适应学校生活的目的。在传统临床模式中，学校社会工作者的职责主要是以下几点：一是对学校里有困扰的学生直接提供个案服务；二是与教师及其他学校人员建立一种专业之间的关系；三是对学生家长提供个案工作；四是与社区中的社会机构一起工作，共同为学生提供必要的协助；五是向社区解释学校社会工作实务方案。② 同时，在传统治疗模式中，学校社会工作者通常要扮演使能者、支持者、协力合作者、被咨询者等角色。

(二) 学校变迁模式

20 世纪 60 年代，许多学者认为，为了适应社会的急速变化，为学生提供更好的服务，应该采取另外的学校社会工作模式。因此，学校变迁模式应运而生。正如学者们所指出的那样，当学校体系或者教育体系不能随着社会变迁的要求作出相应改变，以至于导致学生困扰之时，学校变迁模式会得到很好的运用。简单地说，学校变迁模式的注意力集中在学校的规范和设施条件能否发挥应有的效能之上。此种模式认为，功能欠佳的规范和设施往往会妨碍学生成长，并导致学生问题的增加及恶化。正是从这个角度看，学校社会工作的目的旨在顺应社会不断变迁的需要，改变那些功能欠佳的学校规范和设施，以维护学生的利益。具体地说，在学校变迁模式中，学校社会工作者的职责主要有：一是工作者应充分了解学校的各种情况，开放自己，并与学生打成一片；二是协助学生认清并判断他们认为学校规定过分严格及其深感不满的问题；三是提供一种类似权利维护者的服务，以倾听学生的诉苦与抱怨；四是成立一种由学生、教师及行政人员组成的非正式团体，以让他们互诉衷曲并解决冲突；五是由学生、教师及行政人员组成“问题解决小组”，促使学校为一种体系，并由学校社会工作者充当变迁推动者，共同评估学生的困扰问题，以此从事学校体系的改革行动。③ 可见，在此种模式中，学校社会工作者的角色更多的是一个变迁的推动者及催化者。不过，此种模式的问题是，容易造成社会工作人员与

---

① 林胜义．学校社会工作［M］．台北：巨流图书公司，1988：73-74.

② 林胜义．学校社会工作［M］．台北：巨流图书公司，1988：77.

③ 林胜义．学校社会工作［M］．台北：巨流图书公司，1988：81.

学校的对立，工作也不易实施。

（三）社区学校模式

社区学校模式关心的是在“学校-社区”这一对关系当中的困扰问题，尤其是市区学校中有关青少年犯罪等问题的解决。如此，自 20 世纪 60 年代开始，美国开始采纳此类观点。简单地说，社区学校模式聚焦在社区组织的目的和规范阻挡或不利于学校发展，以及与学校发展不一致的情况。因此，为了让社区更加了解学校，社区学校模式将协助学校体系中不能充分发挥功能的群体，尤其是适应不良的学生，并调节和整合社区与学校的关系。在此模式下，学校社会工作的目的旨在促使社区居民特别是家长们了解学校的政策，支持学校的做法，以发展学校的教育方案去协助有困难的学生。相应地，学校社会工作者的职责有：一是设法获得并深刻认识学生及其家长；二是同时成为学校人员和动态社区的一分子，并从中观察与记录可能造成学生困扰问题的社区因素；三是把自己投入社区的各项活动之中；四是鼓励社区组成分子探讨疑难，发掘新问题，并改变那些不能适应社区青少年环境的社区情景；五是教导社区认识应重视学校所提供的计划，以协助他们去了解学校的教育方案及参加有关活动。① 可见，在此模式下，工作者更多地扮演的是使能者、媒介者、组织者等角色。

（四）社会互动模式

社会互动模式是 20 世纪 70 年代以后在美国教育界迅速发展的新的学校社会工作模式，其目的是为了更有效地处理学生、学校和社区的问题。正是从这个角度看，社会互动模式是前三种模式的整合，以下简述之。第一，传统治疗模式强调的是“学校-家庭”的关系，学校变迁模式强调的是“学校-学生”的关系，社区学校模式强调的则是“学校-社区”的关系，而社会互动模式在整合上述三种模式的基础上，从全面的观点重视“学生-学校-家庭-社区”的关系。第二，社会互动模式的焦点在个人与环境的交互影响，重视学生身边，比如学校、家庭、社区等体系，注重改善学生个人与身边环境的交互关系。因此，在此种模式中，学校社会工作者的职责有：一是找出互动关系的范围；二是探获并设法对付互动的障碍；三是提供案主未曾利用的资源；四是投身于案主与重要社会体系或机构的互动中；五是发掘工作情景的需要和限制。② 可见，在此模式中，学校社会工作者更多扮演的是协调者的角色。

此外，需要指出的是，在实际的学校社会工作过程中，上述四种模式通常会联合使用，并依照情况、特殊需要及资源而定。目前，华人社会的学校社会

① 林胜义．学校社会工作［M］．台北：巨流图书公司，1988：86.
② 林胜义．学校社会工作［M］．台北：巨流图书公司，1988：90.

工作主要采用了第一种模式，不过，目前采用第四种模式的学校社会工作者正在增多，希望在不远的将来此模式能成为学校社会工作的主导。

二、学校社会工作的方法

就具体的工作方法而言，推行学校社会工作的主要形式包括个案工作方法、小组工作方法、社区工作方法。除此之外，学校社会工作者也可以运用一些社会工作的间接方法，通过社会工作行政、社会工作研究及社会工作督导等，来增加服务的效果。换言之，学校社会工作的开展可以以学校社会工作内容为重点和突破口，综合运用各种工作形式，以服务学生为目的，努力促进学生健康成长，由此增强学校教育之绩效。在早期，学校社会工作强调采用个案和小组的方法为案主提供直接服务，而目前的趋势是，主张运用社区资源，适当采用间接服务的方式协助案主。因篇幅限制，以下仅介绍学校社会工作的个案工作方法、小组工作方法、社区工作方法。

（一）个案工作

学校个案工作主要是针对适应不良、遭遇重大挫折，从而出现情绪和行为问题的学生，并且视学生问题是发展中的正常议题，而不是予以问题化或标签化。因此，学校社会工作解决问题的视角是发展辅导，遵循的工作原则有自愿、保密、以人为本、平等沟通等；同时，学校社会工作要避免学校个案工作的“德育化”与“心理化”。此外，在个案工作中，社会工作者会约见学生，有时会进行家访或约见家长，也会与校方人员或其他有关人士联络，有需要时召开个案会议及转介至其他机构，比如复康服务、心理治疗服务等。不过，学生也可自行找社会工作者，或者由家长、校长、教师或其他校方人员转介，或者社会工作者在提供其他服务时察觉到有需要的学生，也可提供个人辅导。

（二）小组工作

小组工作是对需要求助的学生，运用社会工作的小组方法，如治疗小组、发展小组、学生技巧小组及社交小组等，让学生通过小组活动，达到预防及改变其行为偏差的效果。近年来，也发展出教师团体和家长团体。而学校社会工作者在实施小组工作时，要提前确定小组的目标与确定潜在的人员，并个别了解每个成员的意愿。同时，在小组工作开展的过程中，学校社会工作者应遵循自愿、按需要开展、同质性与异质性平衡等原则，并努力制造一种保护和包容的氛围，避免采用竞争性和比较性的活动，以免造成压力。此外，在开展小组工作中，从小组工作本身来看，学校社会工作应注意以下事项：其一，开放性，即学校小组工作中要适当运用开放的态度和方法，不仅对小组目标的确定甚至小组活动内容的制定，也应鼓励学生的参与；其二，灵活性，即小组工作计划要注意灵活应变，小组工作相比较其他工作方法，具有更大的不稳定性和情境性，如此，学校社会工作者要视实际情况，制订灵活变动计划；其三，符合学生的特点，即小组的活动设计一定要充分考虑学生的特点，既要适合学生的年龄、兴趣、爱好等，又要适合小组的性质、目标等。

(三) 社区工作

社区工作要求学校社会工作者经常参加社区活动，了解社区人士，尤其是学生家长对学校设施的批评和建议；同时向社区人士说明学校的政策与措施，以争取社区的支持与合作，共同为学生提供必要的帮助。概括地说，就学校社区工作活动的种类、方式、对象及目的看，学校社区工作开展活动的种类很多，其活动形式包括展览、聚会、研讨会、演讲、旅行等，其工作对象常常涉及学生、家长或教师，其目的主要是以教育性和预防性为主。此外，学校社区工作开展的基本过程有建立关系、情境估量、发展计划、社区活动、成效评估等。

第四节 中国的学校社会工作

前面几节介绍了学校社会工作的概念、理论、模式和方法，这一节我们将探讨学校社会工作在中国内地的发展历史以及如何在现有状况下去发展中国学校社会工作等。

一、中国学校社会工作的发展历史

(一) 中国学校社会工作的发展历史

就中国内地的学校社会工作发展而言，1949 年前就有学校社会工作的存在。1922 年，当时的燕京大学社会工作系便派出学生在当地学校实习，并且协助学校教师从事与学生的课业辅导、行为指导等多项工作，这可以说是学校社会工作的雏形。1934 年，北平成立家庭福利会，支援当地各个学校开展社会个案工作，为其提供理论支持和实务帮助，协助学校进行儿童行为的指导。1944 年，金陵女子文理学院与华西大学医院合作成立儿童行为指导所，提供成都地区五所基督教大学（金陵大学、华西大学、燕京大学、齐鲁大学及金陵女子文理学院）的社会学系学生实习，并协助学校运用个案工作方法从事儿童行为指导。1946 年，成都地区五所基督教大学联合设立儿童福利人员训练委员会，训练专业人员协助学校从事个案工作。除了行为辅导之外，当时的学校社会工作还包括对学生的职业辅导。1915 年，上海、南京、济南和武昌等地就开始推行职业辅导运动，职业辅导与教育辅导密不可分，因此，这也是教育辅导的萌芽阶段。

1949 年后，中国内地的学校社会工作被“思想政治教育”和“学生管理”这样的名词所代替，即着重运用思想政治教育方法来解决学生问题。这套学生工作模式产生于20世纪50年代，并在计划经济条件下随着教育制度的发展而初步得到完善。而此种学生工作模式的特点主要体现在以下两个方面，即：一是思想政治教育与管理相结合，以班级为单位，在教育上注重灌输；二是在管理上强调规范，以班主任、辅导员为主，强化班级建设，采取“抓两头促中间”的措施，来解决学生的问题。毫无疑问，此种做法作为我国学生工作经验的长期使用，已在几十年教育体系中发挥了政治教育和管理的功能，并在我国人才培养目标的实现上提供了有力保障。但是，在我国从计划经济向市场经济转变的过程中，由于社会对学校教育的目标提出了新的要求，学生权利意识和自立意识的增强，新的问题不断涌现等，致使我国传统的学生工作开始显得力不从心。尽管此种学生工作也在经济体制转轨过程中采取了一些修补性的措施，其内容也在不断拓展，方法也有所更新，然而，从总体上说，由于缺乏系统性、全面性和科学性，它很难从根本上扭转目前所面临的困境。因此，有必要运用专业的理论和知识来对之加以修正。

（二）中国传统的学校社会工作

概括地说，可以指导思想与政策支持、工作机构和服务内容，来简要介绍中国传统的学校社会工作。

1. 指导思想与政策支持

中国并没有严格意义上的学校社会工作，但相似的工作系统一直存在，包括学校的德育工作、共青团和少先队工作、心理咨询工作。这些准学校社会工作的目标、任务，与中国的社会经济发展目标与学校教育目标是一致的。同时，其所要解决的问题以及解决问题的方法、途径，也是在中国社会主义政治、经济体制、教育管理体制的范围内进行的。因此，这些准学校社会工作也获得了中国社会主义体制在政策上的有力支持。比如，我国坚持“育人为本、德育为先”的理念，帮助学生树立正确的理想信念。相应地，中小学以爱国主义、集体主义和社会主义教育为主旋律，普遍开展了“活的国情”教育、美德和革命传统教育等，以营造青少年学生爱国成才的良好氛围；又如，各高校加强思想政治理论课建设、做好党员发展工作，运用校园电子屏，开展活动，强化形势政策教育等。不仅如此，中国政府历来很重视国民教育，强调学校要培养德、智、体全面发展的“四有”新人。正是基于此种中国教育体系，才能凸显我国学校的德育工作，而这些都为学校社会工作的发展提供了强有力的政策支持。

2. 工作机构和服务内容

目前在中国，学校社会工作体制还没有建立起来，也没有专门的机构和工作人员。但是，在全国的学校中几乎都在进行着学校社会工作实践，而学校团委、心理咨询室、政教部或学生工作处等，则主要承担着学校社会工作实践的任务，以下简述之。

团委：中国共产主义青年团在学校中吸收优秀的青年加入团组织，开展形式多样、内容丰富的活动，而这些活动既陶冶了青年学生的情操，又坚定了青年学生的政治信仰，帮助青年学生上进，为党组织输送了新鲜血液。

心理咨询室：中学、大专院校都设立有心理咨询机构，专业的心理咨询老师协助青少年应对面临的各种问题，而此种心理咨询与个案社会工作则十分相似。

政教部或学生工作处：青少年的思想工作是德育教育的重点，而如何使青少年树立正确的世界观、人生观、价值观是政教老师的重要任务。同时，各级各类学校中都设有专门的学生思想工作的部门，有的学校是学生工作处(科)，有的是政教部。并且，每个班级都有1-2名辅导员（办主任）来负责青少年的思想教育工作的实施。①

二、学校社会工作在中国发展的实务环境及领域

（一）学校社会工作在中国发展的实务环境

关于学校社会工作在中国的实务环境，张宇莲等在其编著的《社会工作实务（下）》中作了这样的分类：

1. 学校社会工作者与学校校长的互动关系

因校长是学校的最高领导者，学校社会工作者进入学校后要听从校长的领导。而学校社会工作者在与校长进行互动、沟通中，应注意以下几点：其一，进校后，学校社会工作者要会见校长，并明确自己的角色、职责、任务，了解校长的愿望；其二，针对校长的期望，学校社会工作者要提出自己的工作计划，以此让校长了解自己的工作，同时争取校长的支持；其三，在具体工作中，学校社会工作者要分阶段地向校长报告工作的进展情况，而遇到重大问题时，则要先请示，等待批准后再执行。

2. 学校社会工作者与学校教师之间互动

学校社会工作者与教师接触最多，教师也是学校社会工作者共同解决学生问题的同事。如此，学校社会工作者与学校教师之间存在着以下几个方面的互动关系：其一，教师是学校社会工作者的工作对象。相应地，学校社会工作者要从解决学生问题出发，与教师共同探讨教育教学中的问题。其二，在解决学生学习生活适应困难的问题上，学校社会工作者是被咨询者，即应向教师提供解决这方面问题的专业知识和技巧，而教师在这样的互动中是咨询者。其三，

① 张宇莲等．社会工作实务（下）[M]．上海社会科学院出版社，2005：225-226.

学校社会工作者与教师应达成互相支持、紧密配合的伙伴关系。

3. 学校社会工作者与学校行政人员的互动关系

学生学习生活适应困难问题的产生与解决，与学校行政工作有着直接或间接的关系。因此，学校社会工作者在学校中开展工作，也需要经常与学校行政人员打交道。相应地，学校社会工作者在实际工作中，应注意通过多种途径与学校行政人员进行沟通，以建立良好的互动关系，获得他们的支持。

（二）学校社会工作可实施的重要实务领域

学校社会工作拥有广泛的工作领域与服务内容，我们认为，学校社会工作在中国实施的重要实务领域，主要有五个方面，以下简述之。

1. 协助有“特殊需要”的学生

学校社会工作协助有“特殊需要”的学生，包括两大方面的实务介入领域。一是对厌学、逃学、校园暴力等偏差行为的处理，其介入方法有：深入细致的个案工作，即运用个案辅导，探究问题行为的真正原因，制订介入计划与实施辅导；建立团队，即运用小组工作方法，形成正向影响，以此帮助学生获得支持、自信及成长的力量；关注家庭与聚集力量，即运用家访或家长会，宣传亲子教育，以协助家长来改变孩子的问题行为；开发社会资源，争取社会支持，以此优化学生的社区成长环境。二是特殊学生群体的处遇。这里的特殊学生群体，指继父母家庭的学生、单亲家庭的学生、残疾人家庭的学生、服刑人员家庭的学生、转学学生、特长学生、资优学生等。而对于特殊学生群体的社会工作介入，包括了情感支持、发展支持系统、挖掘社会资源、开发学生的潜能等。

2. 全体学生的生活、学业与职业辅导

对于学校中全体学生，学校社会工作的实务介入领域包括：一是生活辅导，即培养学生健康生活和安全生活所必需的习惯和态度，提高学生独立生活的技能和技巧，以及养成其顺利适应社会生活所必须的生活态度、生活方式和生活习惯；二是学业辅导，即学校社会工作通过发挥指导与引导的作用，比如激发学习动机、树立正确的学习态度、发展学习兴趣、提高学习能力及考试辅导等，协助学生更自觉顺利地完成学业；三是职业辅导，即通过就业意识的正确引导、培养正确的劳动态度、提供择业的直接服务及就业训练等，协助学生做好就业的职业生涯规划及准备。

3. 协调学校、家庭、社区、社会之间关系

在协调学校、家庭、社区、社会之间关系中，学校社会工作的实务介入领域有：一是与教师与家长进行沟通，解释学生问题的内含，一起为学生提供服务；二是为学生的家长，比如虐待儿童的家长、学习障碍学生的家长、人际交往障碍学生的家长、要求改善亲子沟通的家长等，提供小组工作，与家长一起

探讨与解决学生或家长的问题；三是为学校人员提供咨询服务，以达到学校教育的目的。

4. 参与社区发展工作

学校社会工作可以通过协助社区管理机构召开会议，拟定计划，运用资源，及开展各项社区活动等，来协助学生良好适应与发挥学校的功能，增进学校与社区的相互了解和良好互动，以参与社区发展工作。不过，在参与社区发展工作中，学校社会工作者与社区的关系是一种专业关系。

5. 开发运用社区资源

早期的学校社会工作，强调采用个案和小组的方法为案主提供直接服务，目前的趋势则主张运用社区资源，适当采用间接服务的方式协助案主。因此，学校社会工作的重要服务项目之一就是为服务对象寻求社区资源并善加运用。具体地说，社区资源种类及整合运用包括：其一，人力资源的整合运用，即在协助案主过程中，可以向社区机构专业人员（如心理医生）咨询或转介；其二，物力资源的整合运用，即可利用社区的宣传平台、活动场所、公共设施等物力资源开展工作；其三，财力资源的整合运用，比如，可鼓励社区大众捐助贫困学生，并为取得好成绩的学生提供奖学金、奖励和特别表彰；其四，文献资源的整合运用，即可参考社区支持机构有关案主的资源，如病历、各类竞赛成绩等开展工作；其五，组织资源的整合运用，即可发动社区内的团体举办相关的团体活动等。

三、学校社会工作在中国未来的发展

相比其他一些领域的社会工作而言，学校社会工作尚处于探索和发展之中，但在国外和我国的一些发达地区的实际工作中，它已经展现了重要作用。因此，学校社会工作应受到社会各方的普遍重视，并培养和吸纳大批社会工作者关注和解决学校教育中的青少年问题，以此成为学校教育过程中必不可少的保障因素。我们进一步认为，展望未来，学校社会工作在中国的发展，需要从以下几个方面去努力。

（1）进一步提升专业化。学校社会工作在中国的发展已具备基本雏形，它体现了时代特征，并十分重视实践中的积累与反思。但是，其问题是，积累与反思的积淀不深，并需要得到更多政府部门的支持及社会认可，以及在该学科的专业建设上应加大专业化的力度。

（2）本土化势在必行。学校社会工作作为一门专业源于西方，其助人精神多来源于宗教教义，不可避免要受到相关价值观念的影响。而要在中国伦理传统社会中获得成功移植，就要正确处理学校社会工作中的价值冲突问题，找到中西价值体系的契合点，以此把源于西方的学校社会工作的专业价值与中国传统助人特征相结合。

(3) 结合教育新理念，应对教育改革中的新问题。学校社会工作是以学校教育中的人与事为工作对象的，其工作方向应与教育的理念和价值取向相一致，并要研究和应对教育改革中出现的新问题新情况。同时，在工作实际中，学校社会工作要注意结合当代学生的新特点、理解学生文化的新面貌，以此更有针对性地开展各种帮助和引导活动。

思　考　题

1. 什么是学校社会工作？
2. 学校社会工作的功能有哪些？
3. 简述学校社会工作的基础理论。
4. 简述学校社会工作的主要模式。
5. 简述学校社会工作的主要方法。
6. 谈谈你对学校社会工作在我国本土化的看法。

主要参考文献

[1] 王思斌．社会工作综合能力［M］．北京：中国社会出版社，2007.

[2] 史柏年．社会工作实务（中级）［M］．北京：中国社会出版社，2007.

[3] 张宇莲等．社会工作实务（下）［M］．上海：上海社会科学院出版社，2005.

[4] 林胜义．学校社会工作［M］．台湾：巨流图书公司，1998.

[5] 宣兆凯．学校社会工作［M］．北京：北京师范大学出版社，2000.

[6] 范明林、张洁．学校社会工作［M］．上海：上海大学出版社，2005.

[7] 翁惠圆等．学校社会工作-理论、比较、实务［J］．社区发展季刊（台北）．1986（36）．

[8] 朱眉华、文军．社会工作实务手册［M］．北京：社会科学文献出版社，2006.

[9] Lela B. Costin. An Analysis of the Tasks in School Social Work［J］. Social Service Review, 43, 3, September.

第二十一章　矫正社会工作

谢某，男，现年35岁，高中文化程度，入狱之前已经结婚，但服刑期间妻子与其协议离婚。从谢某的家庭系统看，其父母的祖籍在安徽，随后迁至上海，谢某在上海并没有其他亲戚，并且其父亲已经去世。此外，从谢某的个人资料看，谢某头脑简单、性情憨厚，江湖义气浓厚。高中毕业后，谢某曾在一家客运公司工作，工作稳定但收入不高。之后因为讲哥们儿义气，谢某协助朋友入室盗窃，被判处有期徒刑6年，剥夺政治权利1年，并押至陕西某监狱服刑。年初，谢某服刑期满回沪，因为没有经济来源，他只能靠母亲的退休金生活。年仅30多岁的谢某自然不甘心，但找工作又存在自卑心理。就这样，谢某陷入了既想融入社会、又害怕因前科而遭遇社会排斥的窘境。不久，谢某所在社区的社会工作者了解了情况后，主动找上门，和谢某讨论生活现状，帮助他分析自身的优势，并逐渐解除了其心理困惑。与此同时，针对谢某有开车技术的特长，社会工作者还帮他联系了一家职业介绍中心。最后，谢某终于在一家私营出租车公司当上了司机，其生活自信心正在逐步增强，生活情况也慢慢地好转了起来。

在上述案例中，社会工作者为谢某提供的服务，就是本章所要介绍的矫正社会工作。

第一节　矫正社会工作概述

一、矫正社会工作的概念及其功能

（一）矫正社会工作的概念

在一些国家与地区，矫正社会工作也称为感化工作（如我国香港地区），它是矫正制度中非常重要的组成部分，也是社会工作实务的一个重要领域。

综合各种定义，我们认为，矫正社会工作是由专业人员或志愿人士在社会工作专业价值观的指引下，运用社会工作的理论、知识、方法、技术，为罪犯或具有犯罪倾向的违法人员及其家人，在审判、监禁、社区矫正或刑释期间，所提供的思想教育、心理辅导、行为纠正、信息咨询、就业培训、生活照顾及社会环境改善等方面的服务，是促使罪犯消除犯罪心理结构，修正其行为模式，适应社会生活的一种福利服务活动。在上述定义中，包含以下几个方面的内涵：

第一，矫正社会工作的主体是专业社会工作人员或志愿者。专业矫治社会工作者在不同的国家或地区有不同的称谓，如“感化主任”、“观护人”等，对其资格的选择也有非常严格的条件，并且，他们是在运用专业的理论和方法为罪犯提供服务。不过，由于矫正社会工作是一项长期的、复杂的、系统的工程，需要由社会各方面的专业人士共同合作才能达到目的。因此，对罪犯的矫正工作需要更多的乐于奉献的志愿人员。一般来说，志愿者是在专业矫正社会工作者的指导下，完成一些较容易的工作任务，如对罪犯作心理、行为、就业、生活方面的辅导等。

第二，矫正社会工作的工作对象是罪犯或具有犯罪倾向的违法人员。由于罪犯的行为造成了对社会安全和公众利益的危害，表面上看起来罪犯是社会的强者，而实际上，他们的违法犯罪是因为其无法通过社会公众所认可的途径和方法来解决问题，尤其当他们的行为受到法律的惩罚和制裁时，其社会地位更处于与社会主流背离的不利情况。正是从这个角度看，矫正对象又是社会中特殊的弱势群体。

第三，矫正社会工作的目的是帮助犯人，而不是报复或惩罚他们。这就是说，矫治社会工作者运用专业知识和技巧来帮助犯人，其目的是调动犯人的积极性，充分发挥他们的潜能，帮助其改过自新，回归社会，以重新适应正常的社会生活。

第四，矫正社会工作的本质是一种社会福利服务。矫正社会工作作为实务社会工作中的一种，它与其他类型的社会工作一样，是在社会福利制度内的一种专业化服务，同时它也是社会福利的发送渠道和实现环节。即它是通过组织动员社会资源，改变违法犯罪人员的心理结构、行为方式及生活方式，并使之适应社会的一种福利性质的社会服务。

第五，矫正社会工作与司法矫正体系有密切的关系。其主要表现为：矫治社会工作是在法律规范的基础上施行服务的；并且，矫正社会工作贯穿于对罪犯进行司法矫正的各个方面和整个过程，包括审判、服刑、社区矫正和刑释期间。此外，矫正社会工作与司法工作的最终目的也是一致的，即都是预防犯罪及维护社会的安定。

（二）矫正社会工作的功能与作用

根据个人与社会二因素的犯罪原因理论，矫正社会工作的功能与作用也应从个人与社会两个角度入手进行分析，以下简述之。

(1) 针对罪犯的功能与作用。矫正社会工作针对罪犯的功能与作用有三点：一是监管功能。即矫正社会工作者已被法律授予了依法对非监禁罪犯实施监管的职责，如定期汇报等，目的是预防其再犯罪。二是矫正功能。即矫正社会工作者是运用专业理论与方法对矫正对象的身心、思想、行为进行的矫正治疗，以使其再融入社会。三是服务功能。即矫正社会工作服务贯穿于整个刑事司法的全过程，包括生活照料、经济支持、疾病医治、心理辅导、就学就业指导、家庭关系调适等。

(2) 针对社会环境的功能与作用。矫正社会工作针对社会环境的功能与作用有两个方面：一是营造有利于罪犯更新的家庭与社区环境。即矫正社会工作的重心，除了针对个人的监管、矫正、服务外，还应着眼于家庭与社区环境的改善，以营造有利于罪犯更新及预防犯罪的健康和睦的家庭及守望相助的社区环境。二是促进刑罚制度朝人性化、科学化方向发展。即矫正社会工作本着人道主义精神，运用科学的理论与方法，从事更新改造罪犯与改造社会环境的活动，并运用有力的事实向世人表明，人性化、科学化的刑罚制度比威慑至上的严刑峻法更有利于罪犯的改造与社会的安全。

二、矫正社会工作的起源和发展

(一) 刑法观念的发展与矫治观念的产生

矫治社会工作是人类刑法观念和刑罚制度发展到一定阶段的产物。如此，要了解矫正社会工作的起源和发展，必须首先探究人类刑法观念及其刑罚制度的历史变迁。

起源于古代的刑罚权认为是神授予的，国家意志即神意的体现，侵犯它就是冒犯了神的意志，这样，神委托世俗则代表了国家的管理者对加害者予以惩处。比如，中国古代奴隶制国家夏商等都有代天行命的记载。同时，人类刑罚实施的目的则是以牙还牙的报复，即以对侵害者造成同等的损害的形式进行的。比如，亚里士多德认为，刑罚的目的是一种恶报，以恶报恶，而康德与黑格尔都是报复论的支持者。于是，在报应刑罚观念的支配下，长期以来，人类对待犯罪的方式就是同态复仇，严刑峻法，打击毁灭，甚至一人犯罪株连九族，并制定了各种各样的酷刑对付犯罪，而这种非人道地对待犯罪人员的形式在古代社会长期流行着。

然而，随着社会的发展，人们对社会认识的加深，刑罚的报复观念也随之发生改变。比如，早在 16 世纪，文艺复兴运动对人的尊严和价值的重新认识和尊重，则产生了人道主义思潮。正是在此种背景下，1764 年，贝卡利亚出版了《论犯罪与刑罚》一书，由此吹响了刑法由血腥野蛮走向人道文明的号角。之后，刑事古典学派针对封建主义制度下罪刑擅断、滥施酷刑、监狱黑暗等种种反人道现象，提出了罪刑法定、罪刑均衡和刑罚人道三大原则，从而极大地推进了罪犯处遇的人道化进程。与此同时，刑罚人道主义反对通过监禁等形式对罪犯采取报复行为，要求人道地对待受刑人，比如主张通过非监禁化的社区矫正方式，来促使罪犯消除主观恶念，以达到预防其再犯罪的目的。

到了19世纪末期，实证主义犯罪学以一种全新的视角推动了刑法思想的发展，其代表人物是龙勃罗梭。此派认为，刑罚的目的在于教育改造犯人，使其不再犯罪，以达到保卫社会安定为目的。实证主义犯罪学者提倡缓刑、不定期刑、罚金、假释等制度，以帮助犯罪人员早日回归社会，这就形成了现代意义上的矫正观念。

(二) 矫正社会工作的起源和发展

矫正社会工作起源于19世纪上半叶的美国，其创始人是美国波士顿的约翰·奥古斯特斯（John Augustus）鞋匠。奥古斯特斯在参加“华盛顿全民禁酒协会”之时，便常常到监狱探望囚犯，并恳请法官对那些犯事者暂缓处分并由他保释出狱进行感化。之后，在奥古斯特斯的感化教育下，许多囚犯大都痛改前非，重新做人。奥古斯特斯也获得了“感化工作之父”、“世界上第一位伟大的观护人”的称誉。美国各州相继制定了有关感化的法案，到了1925年，美国国会通过了《联邦观护法案》，由此美国在全国范围内建立了矫正社会工作制度。

英国早在1887年就制定了《初犯法》，该法确立了对初犯者实施缓刑处罚的感化精神，但其适用范围则十分狭小。而1907年制定的《感化犯人法》，则致力于扩大感化范围，第一次在全国范围内认可感化犯人制度并制定了具体措施。到了1925年，英国又制定了《刑事裁判法》，并设立“感化委员会”，专门负责辖区内矫正社会工作者的任命、薪金支付和其他一切行政事务，由此为矫正社会工作的开展提供了体制上的保证。

至于日本的矫正社会工作，则是在借鉴英美两国经验的基础上发展起来的，并且，日本矫正社会工作的开展也是当代资本主义国家中最成功和最有效的。简单地说，日本进入预防和感化矫正犯罪的法律建设新时期时，于1947年和1949年分别制定了《恩赦法》和《犯罪者预防更生法》之后。目前，日本的法律已形成了一个多层次的法规网络体系，并由政府和民间共同组织与实施矫正社会工作。其中，政府机构主要有更生保护委员会、保护观察所、司法矫正机构和儿童福利机构；而民间团体主要包括更生保护会、兄姐会等。简言之，无论从组织架构与机关设置上，还是在矫正措施与人员配置上，日本都形成了一整套犯罪矫正的服务网络。

中国香港地区的矫正社会工作主要是在20世纪30年代借鉴英国经验的基础上开展的，其对罪犯判刑的感化制度除了考虑罪刑的性质及轻重外，还加进了对其背景的考量。而从矫正社会工作的发展史看，1938 年，香港首先在监狱署设立了感化部，1948 年则由刚成立的社会局承担感化工作，1950 年则开始设立“首席感化主任”职务。与此同时，香港的矫正服务则通过政府和非政府机构来组织实施。其中，政府机构主要通过社会福利署与惩教署两大部门为罪犯提供康复和惩教服务；而非政府机构，如香港扶幼会、香港友爱会、善导会等，则为受感化者和被假释者提供住宿照顾、个案、康乐、就业等服务。自此，香港的矫正社会工作服务便在更广泛的范围展开。

三、矫正对象的需要及问题

矫正社会工作是社会工作专业中一个较为特殊的领域，其特殊性表现在它的服务对象具有其他领域服务对象所不具有的需要与问题。

（一）矫正对象的需要

1. 基本生存条件的保障需要

矫正对象重返社会后，会遇到很多生活压力，如家人的不理解、就业的压力、住房、医疗保障等问题，如果社会不给予足够的重视，他们的生存需要得不到满足，这些释放的罪犯就会重新走向犯罪的道路。因此，为矫正对象提供基本生存的条件，既是基本人权的体现，也是对其实施矫正计划措施的前提。简要地说，矫正对象的基本生存条件包括：维持基本生活所需的经济收入或最低生活保障救助；维持基本生活所需的住房条件；维持身体健康的卫生医疗待遇，等等。

2. 教育、就业权益的保障需要

矫正社会工作的目标是帮助矫正对象能够通过自身能力来维持其基本生存条件。因此，教育、就业权益的保障显得尤为重要。相应地，矫正社会工作者则要协助矫正对象接受较好教育，以及实现有效就业，由此提升矫正对象的能力建设，帮助矫正对象实现自新、自强、自立的目标。

3. 再社会化的服务需要

矫正社会工作的另一个目标是通过矫正计划措施的实施，促进矫正对象恢复与重建其严重缺失的社会功能，成为社会正常的成员。因此，社会工作者要在专业价值观指引下，运用社会工作的理论、知识、方法、技术，为罪犯或具有犯罪倾向的违法人员及其家人，在审判、监禁、社区矫正或刑释期间，提供思想教育、心理辅导、行为纠正、信息咨询、就业培训、生活照顾及社会环境改善等方面的服务，以促使罪犯消除犯罪心理结构，修正其行为模式，适应社会生活。①

① 参见史柏年. 社会工作实务（中级）［M］. 北京：中国社会出版社，2007：254-255.

(二) 矫正对象的问题

1. 加害社会与加害他人的行为使其较难取得社会民众的同情

虽然矫正社会工作的服务对象是社会的弱势群体，但由于他们是罪犯，社会大众一般不能容忍罪犯曾经给社会和他人造成的伤害。所以，在司法实践中开展社区矫正时，社会大众往往会鄙视与厌恶矫正对象，也不会像对待社会工作其他领域的服务对象（如儿童、老人、残疾人等）一样给予同情与帮助，甚至对他们普遍存在防范心理，这样不利于矫正工作的开展。

2. 社会功能缺失的严重程度增强了矫正对象功能恢复与重建的难度

作为“助人自助”的专业活动，社会工作十分关注服务对象社会功能的恢复与重建。而矫正社会工作的服务对象的特点之一，就是其社会功能的严重缺失。这样，社会工作者需要从生理、心理、思想、行为、生活方式、社会交往等方面提供矫正服务，以此达到恢复与重建矫正对象社会功能的目的。

3. 建立良好的矫正关系是罪犯矫正活动的难题

在矫正社会工作中，由于罪犯在监狱服刑期间，情绪一般会很低落，尤其是我国监狱系统中的罪犯矫正工作人员，绝大部分是原来从事管教工作的民警。因此，矫正关系难以摆脱传统警犯关系的烙印，致使矫正者和罪犯之间互相不信任。加之罪犯对矫正工作持比较复杂的态度，部分罪犯愿意或者希望接受矫正，但由于对管教民警的新角色难以认同，缺乏信任而失去求治动机，部分罪犯则可能采取不合作甚至是抗拒的态度，从而无法建立良好的矫正关系，并给矫正活动造成了很大困难。

4. 受刑者的身份使矫正对象处于社会资源网络的边缘地位

无论是在监狱还是在社区接受矫正服务，矫正对象的身份是刑罚被执行者。而此种受刑者的身份，会使矫正对象处于社会资源网络的边缘地位，致使他们无法得到或很少得到一般社会民众可以得到的经济、物质、社会保障资源，从而在生活、教育、就业、卫生、住房、家庭婚姻、社会交往等方面，都将面临比一般社会民众更大的压力。①

四、矫正社会工作的价值理念与特点

(一) 矫正社会工作的价值理念

1. 接纳

社会工作最基本的信念就是相信每一个人都有与生俱来的价值与尊严，而不论其年龄、性别、身份及生活环境如何，这种价值与尊严带给了每个人不可剥夺的社会权利。因此，社会工作者对受助者的基本态度是接纳而非批判，而

① 参见史柏年．社会工作实务（中级）［M］．北京：中国社会出版社，2007：256.

此种价值理念在矫正社会工作领域显得尤为重要。因为矫正社会工作的受助对象是一些曾对社会与他人造成过伤害的人，其行为在法律与道德的范围内是应当受到惩罚与谴责的。但是进入社会工作领域，他们同样是受助者。相应地，社会工作者应将矫正对象本身连同其过去的犯罪事实接受下来，而以宽容、客观、体谅的心态了解其独特性，以此建立良好的专业关系；同时在平等、安全的气氛中与矫正对象深入讨论问题，选择解决问题的办法。

2. 可塑性

社会工作对人的一个基本看法是，相信每个人在一定条件下都是可以改变的，也即相信每个人具有潜在的能力和可塑性，并且，这种能力必须给予机会才能使其改变和充分发挥。而此种价值理念在矫正社会工作领域是十分重要的。因为矫正社会工作的对象是一些曾对社会与他人造成过伤害的犯罪者或惯犯，相应地，社会上有许多人是用“江山易改，本性难移”、“三岁看到老”等观念来看待犯罪者的。但是在矫正社会工作者看来，犯罪者首先是一个人，具有一般人所共有的“可塑性”。因此，不管矫正对象过去的行为是多么严重地伤害了他人和社会，矫正社会工作者也绝不会轻视或唾弃他们，反之，应该相信其可以改变以及保障他们的个人权利，给予机会使之改过自新，以恢复其社会功能。

3. 个别化

社会工作者确信，任何人都是一个独特的个体，都有其独特的生理、心理特质及社会生活经验。因此，社会工作者把每个受助者当作拥有不同特质与需求的“个人”，而不是一种“类别”来对待。此种“个别化”原则在矫正社会工作领域十分重要。因为每个接受矫正的犯罪人，由于其家庭背景、所处环境、个性特质及实施犯罪行为的原因各不相同，接受矫正的生理、心理等基础条件也各不相同。因此，矫正社会工作者不能用先入为主的观点来判断其所面对的问题，也不能用一成不变的方法来实施矫正，而是真正进入矫正对象的内心世界，了解其心理路程、问题的成因、处境及改变的方法，以满足其需要，重建与提升其社会适应能力。

（二）矫正社会工作的特点

1. 福利性：矫正社会工作是一种社会福利服务

矫正社会工作是社会福利制度内的一种专业化的服务，具有社会工作“社会福利”的基本属性。即它是通过组织与动员社会资源，来改善处境困难的矫正对象的生活状况，使之适应社会生活的一种带有福利性的社会服务与保障。

2. 特殊性：矫正社会工作是为特殊社会弱势群体——罪犯或违法者提供的福利服务

罪犯或具有犯罪危险性的违法者，之所以违法犯罪，很重要的原因是其社会化过程的阻断或弱化造成社会适应力降低甚至消失。因此，他们无法通过社会公众所认可的途径与方法来维持其在社会中的正常生活。正是从这个角度看，矫正对象是社会的弱者。尤其当他们的行为被社会判定为违法或犯罪，受到社会的制裁与惩处时，其社会地位更是处于与社会主流背离的不利层面。因此，矫正对象应该是社会中的一个特殊的弱势群体。

3. 系统性：矫正社会工作是贯穿司法矫正全过程的社会福利服务

矫正社会工作之所以是贯穿司法矫正全过程的社会福利服务，是因为：其一，矫正社会工作者所从事的福利服务具有法律上的依据，即矫正社会社会工作服务是依法提供的社会福利服务；其二，矫正社会工作贯穿于司法矫正的审判、监禁、社区矫正及刑释等全过程；其三，矫正社会工作与司法工作的目的是一致的，即具有预防犯罪、维护社会安全的作用。

4. 专业性：矫正社会工作是一种专业化的社会福利服务

在矫正团队中，矫正社会工作者是提供福利服务的专业人员。这就是说，矫正社会工作者是在社会工作专业价值观指引下，运用专业理论、知识、方法、技术，为罪犯及家人提供的专业化的社会福利服务，并且，矫正社会工作者所提供的福利服务，也在矫正过程中发挥着不可替代的作用。

第二节　矫正社会工作的理论基础

人的犯罪是多元而错综复杂的社会现象，相应地，解释犯罪成因的理论，有从个人、生物、生理、心理、精神等观点为出发点，也有从社会文化观点来探讨犯罪的行为。而这些理论各执一说，也都各有所长，均能针对犯罪原因做出不同的主张，由此也为矫正社会工作的介入提供了理论基础。此外，矫正社会工作的出现也体现了刑罚思想由过去报应主义、客观主义的应报刑思想，演变为目的主义、主观主义的教育刑思想，刑罚的目的则由过去的消极惩罚转变为积极预防的全过程，而此种思潮的转变，也是矫正社会工作的理论基础。因篇幅限制，以下仅介绍矫正社会工作的几个主要理论。①

一、社会解组理论

社会解组理论盛行于 20 世纪 20、30 年代，由芝加哥学派创立。社会解组理论侧重从社会结构角度解释个人越轨或犯罪的原因，其代表人物有库利、奥

---

① 参见赵维生．社会变迁下的少年偏差与犯罪［M］．台北：桂冠图书股份有限公司，1997：211-222.

格本、托马斯和赞尼克等。这里所谓的社会解组，是指社会中的各种规则对约束个人的行为失去效力，社会既不能提供给人们预期的奖赏和回报，也不能对违规的行为予以惩罚。因此，社会问题即是由此造成的人们违背社会期望的一系列行为。概括地说，社会解组有三种形式：一是无序状态，即社会生活中没有一套统一的、合适的社会规范来指导人们的行动；二是文化冲突，即社会生活中至少存在两种相互对立的价值规范和规则，致使人们无所适从；三是价值崩溃，即社会的价值体系和规范体系完全混乱。

社会解组理论进一步认为，社会解组源于社会变迁。即伴随社会发生急剧的社会变迁，比如，快速发展的城市化、日益增加的人口流动、社区异质性不断增加等，社会的某些组成部分会跟不上变迁的速度，并与其他部分不相协调，由此造成了社会脱节及导致社会解组。正是从这个角度看，完整的社会结构、良好的社会秩序、稳定的社会环境，和谐而交融的人际关系，有利于人们遵纪守法；反之，动乱的社会环境、充满矛盾的人际关系，会使人的行为失范或犯罪。因此，此理论认为，社会问题最有效的解决方法是尽快建立社会规范和秩序，重建社会的均衡体系。可见，社会解组理论为矫正社会工作的介入提供了“社会解组及变迁”的宏观社会结构的视角与路径。

二、偏差行为理论

偏差行为理论的基本观点有，个人偏差行为的出现并非源于社会解组或社会缺乏制约性的规则，而是由于社会成员的行为偏离了某个社会位置所规定的角色行为，违反了社会所期望的规范。具体地说，对偏差行为产生的原因以及解决偏差行为的方法，在偏差行为理论中有两种观点：

第一种观点认为，偏差行为的产生不一定是社会解组所造成的，而是社会提供给人们的机会不均等，进而使得一部分人通过合法的途径可以轻而易举地达到目标；同时，另一部分人却没有合法的通道，只好铤而走险，通过非法途径和非法手段来达成目标。因此，这种观点认为，要解决偏差行为，一条良策就是重新分配生活机遇。而此种观点的形成，深受美国社会结构学派的代表人物罗伯特·默顿（Rober Merton）所提出的反常理论的影响。

第二种观点认为，偏差行为的产生虽然受社会解组的影响，但是，从根本上看则是不恰当的社会化的结果。比如，个人在所属的初级团体中学习行为规范，如果这个初级团体的行为模式偏离了社会规范和社会期望，那么，个人在社会化过程中就会不知不觉地学会偏差行为。如此，解决偏差行为的方法是重新社会化，鼓励人们增进与合法行为模式的联系，同时劝阻人们减少与非法行为模式的接触，以此避免不良因素的影响。而此种观点是在美国社会过程学派的代表人物桑斯兰（Eduin H. Sutherland）所创立的差别结合理论的基础上提出的。

三、社会连接理论

社会连接理论由美国犯罪学家赫胥（Hirschi）于1969年提出。赫胥认为，人性本恶，犯罪乃自然发生，犯罪是不需解释的，而不犯罪或守法的行为才需要解释。因此，赫胥提出，人需要借助社会控制的力量才不会犯罪，而法律与社会规范则为社会控制的手段。

赫胥进一步认为，每一个人都有犯罪的本能或倾向，而人和社会如果建立起了强烈的“社会连接”，则可以减少或避免犯罪。同时，赫胥指出，这些社会连接包括以下四个方面：（1）依附。比如一个青少年依附于父母、学校、同辈团体则不易犯罪。（2）献身。若一个人对某种较高的教育与事业有较高的献身意愿时，当他要从事偏差行为时，他会考虑此种举动对其身份地位的影响，从而不敢轻举妄动。（3）参与。忙于参加各种活动及学业事业者，则无暇从事犯罪偏差行为，因为邪恶产生于懒人的手。（4）信仰。一个信仰社会控制手段的人，会尊重法律、道德规范，则不易犯罪，而藐视法律规范者则容易犯罪。简言之，赫胥认为，当一个人感受到社会道德与社会秩序对他的重要性，一个人能了解到社会上多数人对他的期望，这个人与社会就有了连接，也就比较不容易犯罪。反之，如果一个人反对社会的价值观与信仰，任由人的本能从事，完全不在意别人对他的看法，这样的人就缺少了社会连接，他就比较容易犯罪。

四、新社会防卫论

19世纪末，德国刑罚学家李斯特（Liszt）等人倡导社会防卫理论，强调应以预防犯罪与保护社会为目标，来改革刑事政策。继承这一理论，法国犯罪学家安赛尔（Anseer）于1950年提出了新社会防卫理论。安赛尔曾将社会防卫运动的基本观点归结为三点：（1）社会防卫论首先对现有的与犯罪做斗争的制度进行批判性研究，甚至提出质疑。（2）社会防卫论始终主张联合所有人文科学对犯罪现象进行多学科研究，反对单纯强调刑法对犯罪现象、法学家对犯罪现象的研究及其所谓解决办法的专有权这一传统观念。（3）利用对现行制度的科学批判与人文科学的合作，并遵照以下两个互为补充的指导思想，建立一个崭新的以人道主义为基础的刑事政策体系：一方面，坚决反对传统的报复性惩罚制度，另一方面，立志坚决保护权利，保护人类，提高人类价值。

之后，在许多学者的努力下，新社会防卫论的基本观点日趋成熟，并为20世纪50年代以后的矫正社会工作迅速发展奠定了坚实的理论基础。概括地说，新社会防卫理的基本思想主要有以下几点：（1）同罪犯作斗争不是为了对个人的惩罚，而其根本的目的在于保护社会和社会成员。(2) 通过使个人与社会分离与隔绝的方法，或者通过采用对罪犯合适的矫正与教育措施，可以把犯罪者转变成守法的公民。(3) 刑法的“人道化”应该成为一种发展趋势，其内容要以恢复犯罪者的自信心和责任感为前提。(4) 刑事政策的着眼点是对犯罪的个人预防，而不是犯罪的一般预防。(5) 主张刑事司法体系应该是一个注重罪犯品格研究的人道化的过程。

第三节　矫正社会工作的介入途径与方法

依据矫正社会工作进行的场所、矫正社会工作进行的阶段，我们一般认为矫正社会工作贯穿于对罪犯进行司法矫正的各个方面及整个过程，包括司法判决前、监禁场所中、社区矫正、刑满释放后为罪犯提供的专业矫正服务，其目的是调动矫正对象的积极性，改变其与社会不相适应的价值观念、心理结构和行为方式，促使其重新适应社会生活，回归社会。可见，矫正社会工作的介入途径包括了从司法判决、服刑期间/监禁场所，到社区矫正、刑满释放及回归社会的全过程，而每个环节都可以运用不同的或整合的社会工作方法，由此为矫正对象提供全面的、专业化的福利服务。

一、司法判决前提供的服务

司法判决前社会工作的服务对象主要包括犯罪嫌疑人与犯罪嫌疑人的亲友，以下简述之。

(一) 针对犯罪嫌疑人的社会工作介入

社会工作者介入司法过程，自司法判决前的案件审理阶段已开始。此时的主要工作对象是已被拘押或保释的、尚未被判定有罪的犯罪嫌疑人。矫正社会工作者在案件审理过程中的主要工作职责是，通过与受助者（犯罪嫌疑人）及其家属和周围社区的接触了解，写出一份有关犯罪嫌疑人背景的调查报告，用来提交法院审判作参考或作证据。此外，从司法判决前犯罪嫌疑人调查报告撰写的方法，比如目的、原则、内容及调查报告本身的地位看，也有一些独特之处。(1) 从目的看，矫正社会工作者在司法审判前提交的调查报告，其目的不是像律师一样为被告做无罪或轻罪辩护，而是在承认犯罪事实的基础上为法庭判决提出建议参考。(2) 从原则看，矫治社会工作者必须坚守客观、中立的原则，对所观察到的现象与访谈对象的陈述应忠实地记录下来，以避免个人主观的观察或判断。如果可能地话，此评估报告应该让当事人阅读并签名，以确保双方的权益。(3) 从内容看，一般来说，调查报告的内容有犯罪嫌疑人本人的基本情况｛如年龄、性格、学历、职业等，犯罪嫌疑人的社会背景

(如家庭、经历等)}, 以及犯罪行为的成因和性质等资料。(4)从地位看, 在一些国家与地区, 法庭对矫正社会工作者的调查报告是很受重视与尊重的。这是因为, 法庭调查一般注重于犯罪事实本身, 以此做出是否有罪与罪行严重程度的判断; 而矫正社会工作者的调查报告所提供的有关罪犯社会背景与性格特征等资料, 有助于法庭做出适用何种刑罚处置的判定, 有利于罪犯的改过自新。比如许多免于处罚、缓刑、社会服务等判决, 都是法庭在充分考虑矫正社会工作者建议的基础上做出的, 而这正是矫正社会工作者在司法判决前为罪犯提供的服务。

(二)针对犯罪嫌疑人亲友的社会工作介入

犯罪嫌疑人被拘押等待审判期间, 其家人及亲友会因此受到冲击与拖累, 尤其是犯罪嫌疑人家中年迈的父母与年幼的子女, 其生活会因事件的发生而陷入困境。因此, 矫正社会工作者此时的工作介入, 主要是针对这些陷入困境的犯罪嫌疑人的家人提供帮助, 包括: 其一, 为因事件发生而陷入经济困难的犯罪嫌疑人的家人寻找社会资源以维持生计。如帮助申请社会救济、帮助寻找暂时性工作等; 其二, 为因事件发生而失去依靠的儿童少年的安排住所及生活照料。如寻找替代家庭或收养机构; 与学校老师联系以关注学业等; 其三, 为因事件发生而产生心理困扰的家庭成员提供辅导服务。

二、监禁场所中提供的服务

监狱是对罪犯判处自由刑或生命刑以后的执行场所, 是司法矫正体系的重要组成部分。由于监狱环境兼有惩罚、隔绝与威慑的功能, 所以会在服刑犯人心理上产生震慑作用, 而这种震慑可能造成两种相反的引导: 要么抗拒, 要么改过。因此, 社会工作者为在监服刑人员提供的服务, 主要是调动罪犯自身的潜能及社会资源, 引导罪犯向积极的方向转化, 以达到改过自新、回归社会的目的。与此同时, 因监狱环境造成罪犯与社会和他人的隔离状况, 以及各种罪犯极易交叉感染, 所以在监狱服刑人员中开展社会工作, 应以消除或减弱罪犯思想与行为上的负面因素, 加强其与社会的联系沟通, 以恢复重建其社会功能为主要目标。此外, 从方法上看, 在监禁场所中为犯人开展的矫正社会工作, 一般采用个案辅导、团体治疗、联系社会、职业辅导、评估报告等方法。因篇幅限制, 以下仅介绍其中的个案辅导、联系社会两种重要方法。

个案辅导的方式进行。个案社会工作有着一套详细、缜密和科学的工作程序, 包括与矫正对象建立关系、收集相关资料、问题预估、评定障碍、矫正介入、矫正评估、矫正跟进、结案及矫正对象的转介, 以下将矫正个案工作的步骤稍作一些解释。(1)社会工作者通过与矫正对象的当面会谈, 首先需建立一种良好的关系, 才能促使下一步工作的顺利进行。当然, 在与矫正对象面谈之前需要社会工作者认真阅读矫正对象基本情况的资料。(2) 在面谈时，社会工作者应从人、问题和环境三方面，了解和把握受助者的情况、问题成因和发展轨迹，同时也让受助者有一个宣泄情绪的机会，以使其认识到自身的问题并发掘他们的潜能，从而使其接受事实，促进其更加冷静地面对现实。(3) 在充分收集资料的基础上，帮助矫正对象分析犯罪的成因，并制定矫正方案。(4) 社会工作者应根据矫正方案并运用有关社会工作辅导模式，帮助服务对象纠正偏差的价值观念，矫正错误的行为方式，扩大罪犯与外部社会的联系沟通，以避免因监禁状态而造成社会化过程的阻断现象，缓解他们的不良情绪，帮助他们处理好与家人、狱警和其他犯人的关系，使其适应监狱生活，引导犯罪者向积极的方向转变，鼓励他们态度和行为上的积极表现，并向监狱当局提出报告，促使罪犯能够减刑或获得假释。(5) 如果对一些不适合接案的或中途发生变化的矫正对象，需要转介给其他矫正社会工作者。(6) 在结束矫正工作以后，社会工作者要进一步跟进矫正对象，从而保证矫正工作的有效性。

此外，社会工作者帮助在监服刑罪犯建立与社会的联系时，也常常采用以下方法，包括：(1) 邀请知名社会人士，如学者、官员、文艺体育工作者等到监狱开讲座、作报告、开展文艺演出与体育比赛等，以使在监服刑者了解外面世界的信息。(2) 通过开通电话、组织家属探访、走访罪犯家庭、倡导放假制度等方式，尽可能扩大罪犯与外部社会的联系沟通，避免因监狱封闭环境而造成罪犯社会化过程阻断现象的发生。(3) 动员社会志愿者，与在监服刑人员建立结队帮教关系，用真情感化在监服刑罪犯，同时也为其日后重返社会构建良好的社会网络。

三、社区矫正中提供的服务

社区矫正是矫正社会工作者最主要的工作领域。这里所谓的“社区矫正”，是指以社区为基础的矫正、治疗罪犯的措施，包括缓刑、假释、社会服务、中途宿舍等各种在社区执行的、非监禁性的刑罚制度。具体地说，社区矫正的实施领域有以下三个方面。(1) 对缓刑、假释、监外执行人员的观护。缓刑、假释、监外执行三种刑罚措施，是在非监禁所内实施的处置，都附有观察保护的规定，并要求缓刑、假释、监外执行人员在观护期内遵守规定，不得违反。同时，司法当局一般会聘用专职社会工作者或志愿者，来执行对缓刑、假释与监外执行人员的观护。(2) 院舍训练的组织管理。在矫正社会工作领域中的院舍训练，通常是为违法犯罪人员尤其是违法犯罪青少年而设置的，并且，在不同国家与地区又有不同的名称。比如，西方国家的感化院、教养院、中途之家，中国内地的劳教所、工读学校，中国香港地区的男童院和女童院等。不过，上述不同的院舍机构均可以概括为中途家庭、寄养家庭、教养院、感化院四种类型。(3) 社会服务计划的执行。社会服务又称社区公益服务或社区劳役，是近年来西方国家较为盛行的一种替代短期自由刑的非监禁化的社会处遇措施，是通过判定罪犯在社区中的社会福利机构从事规定时间的无偿劳动或服务，以此赎罪悔过的刑罚措施。其益处是，通过公益劳动与服务，可以培养罪犯的劳动习惯与社会责任感，增强其就业能力及社会适应力，并最大限度地避免监禁刑所造成的隔绝与恶习交叉感染。

此外，在社区矫正的上述三大领域中，矫治社会工作者常常采用了个案工作、小组工作等直接方法，以及社区工作、社会行政、社会工作研究等间接方法，以下作一些解释。(1) 个案工作方法。对于社区矫正工作者而言，其大量的工作内容是与单个的矫正对象打交道，这样，个案工作方法则成为了最常用的方法。一般来说，因工作对象的特殊性，运用个案工作方法时应注意以下问题：重视和善于与矫正对象建立良好的专业关系；有重点分步骤地制订矫正工作计划；着眼于矫正对象的潜能发掘和自己解决问题，切忌包办代替；妥善处理为案主保密的原则与维护社会安全的关系。(2) 小组工作方法。因矫正对象会面临一些共同问题，其矫正过程的阶段性心理特征与行为反应也有一定的规律性，因此，强调小组过程与小组动力去影响矫正对象态度与行为的小组工作方法，也是社区矫正中经常运用的直接介入手段。比如，针对矫正对象带有共性的问题与困惑，可以设计以下小组活动，包括："重建自信"小组，"处理时间冲突"小组，"交真朋友、走自新路"小组，"家庭成员沟通"小组，"创业志、走自强、拥抱婚姻生活"小组，"我是社会有用人"小组等。(3) 社区工作方法。在社区矫正中，运用社区工作方法，应注重以下三个方面的工作。一是进行综合治理，以改善矫正对象的生活环境；二是开展社区教育，培育社区居民接纳、尊重矫正对象的意识与习惯，以促使矫正对象回归主流社会；三是挖掘社区志愿力量，共同参与社区矫正工作。(4) 社会行政。在社区矫正领域中，可以从宏观、微观两个角度去分析社会行政的作用。从宏观上看，可以将社区矫正政策与法规转变为具体针对矫正对象的服务，以及将服务经验上升到理论层面以影响政策与法规的修订；而从微观看，可以通过加强对社区矫正服务机构内部管理，来提高社区矫正实施效果。(5) 社会工作研究。由于社区矫正是一个注重理论与实际紧密结合的、涉及面广、政策性强、讲求操作的社会工作实务领域，综合了众多专业学科的理论、知识与方法，因此，其健康发展，需要加强这些理论、知识与方法的研究。

四、为刑满释放人员提供的服务

由于现代社会发展变化的速度越来越快，犯罪经过较长时间的监禁和隔离，他们刑满释放后，从监狱回归到社会，会面临很多不适应的问题。比如社会的歧视、家庭的拒绝、同伴的疏远、就业的困难、学习的中断等多重压力。而刑满释放人员在监狱已经为自己的罪行接受了改造，付出了代价，如果得不到社会的重新接纳和认同，刑满释放人员就会仇视社会，敌视他人，重新走向犯罪道路，并为社会稳定埋下隐患。因此，关爱与帮助刑满释放人员就成为矫正社会工作很重要的内容之一。

在现代社会，矫正社会工作者对刑释人员提供的服务也称为更生保护。这是一项起源于美国费城、面向刑满释放等人员的社会福利措施，其内容主要有：（1）提供住宿场所。即为暂时不被家庭接纳或无家可归的刑释人员解决安身问题，同时在宿舍中提供监管与辅导服务，以帮助刑释人员顺利完成由监禁环境向开放社会的过渡。（2）提供就业、就学辅导。寻找工作或继续求学是刑释人员回归社会的重要途径与手段，社会工作机构与人员在这方面的服务包括对刑释人员进行工作技能培训，帮助联系介绍职业与联系就学学校等，同时还要通过辅导帮助其养成工作与学习的意识与习惯。（3）提供生活辅导和医疗保健转介服务。刑释人员中有相当部分人员具有不良的生活习惯，社会工作者的职责则包括为其提供生活辅导和医疗保健转介服务，以帮助其养成良好的生活习惯。（4）提供物质援助。刑释人员往往缺乏生活工作的物质条件，为帮助其尽快建立起正常的生活、工作秩序，社会工作者应挖掘与利用社会资源对其进行物质援助。①

第四节 中国矫正社会工作的实践

矫正社会工作在中国的起步较晚，到了20世纪90年代初开始有了较快的发展，主要表现在社区矫正中的社会工作领域，即社区矫正制度的建立与发展，同时，我国的矫正体系和与矫正制度已日趋完善。不过，目前我国的矫正社会工作还未形成一个独立的专业或职业。

一、中国矫正社会工作的基础

（一）中国的司法矫正体系与制度

中国的矫正体系与制度大致可以分为司法矫正体系与制度、非司法矫正体系与制度。司法矫正体系与制度主要是通过监狱制度和体系来实施的，根据《监狱法》的规定，我国的监狱主要有监狱（关押和监禁成年犯）和未成年犯监狱（未成年犯管教所或少年犯管教所）两种类型。监狱是国家的刑罚执行机关，而刑罚执行主要是指监狱对有期徒刑、无期徒刑和死刑缓期执行等刑罚

① 参见王思斌．社会工作概论［M］．北京：高等教育出版社，2006：306.

的执行，这是狭义上的定义。① 而我国的非司法矫正体系与制度是建立在行政处分和纪律处分基础上的矫正体系与制度，如劳动教养制度和工读制度。

(二) 司法矫正中的实践

由国家专门机关（如监狱或劳教所）所开展的对罪犯劳动改造任务，其实就是我们现在所说的矫正工作。从这个角度看，中国的矫正社会工作主要是对犯罪者的改造、教养和生活服务，以及对犯罪行为的控制和预防。而从事这项工作的工作人员是公安与司法人员，他们依照政府的劳动改造、劳动教养工作的方针和政策，实行惩罚管制与思想改造相结合，劳动生产与政治教育相结合，并对劳动教养人员采取了“三个像”（即像父母对待儿女、像老师对待学生、像医生对待病人）与“六个字”（即教育、感化、挽救）的方法，以协助他们重建正确的价值观念和行为规范，重新做人。可见，此种对罪犯的矫正工作，主要是通过狱政管理、劳动改造和教育改造开展的。在这里，“狱政管理”是指监狱对服刑犯人执行刑法过程中所作的各项具体的行政管理活动，包括对罪犯的监督管理、吃、穿、住，并给予医疗、卫生服务、考核奖惩等监狱日常生活管理。通过此种日常生活管理，其目的是促使犯人改变过去的恶习，逐渐接受监狱的规范和习惯，而这也是矫正工作的重要内容。同时，与其他国家不同，如美国的监狱管理和矫正工作分别由不同的人承担，但我国则由管教干警独自完成。此外，我国的“劳动改造”是指，组织罪犯从事合理的劳动，矫正其好逸恶劳、贪图享受的恶习，使他们养成劳动习惯，并掌握生产技能，以此为其刑释后创造良好的就业条件。同时，在对罪犯进行劳动教育时，我国还对他们进行了“教育改造”，即进行思想、文化、技术方面的教育，以提高他们的素质，重塑其思想、观念、价值和人格，从而为他们重返社会创造条件。

需要指出的是，随着我国法律制度的日趋完善以及监狱改造管理水平的日益提高，我国在监狱、劳教所中开展的矫正社会工作方式也日益多样化。概括地说，这些方式主要有：罪犯心理辅导、沟通社会联系、推行放假制度、释前职业指导、刑满释放后的服务等。同时，在国家专门机关主要承担矫正任务时，我国也十分重视依靠人民群众的力量来开展矫正工作，并创造了许多好方法、好形式、好经验。比如，社会帮教服务就是在特定范围内对特定对象开展的教育活动。而此项工作一般由派出所民警、街道干部、高校教师、学生、退休干部或家人亲友组成的帮教小组。事实证明，他们的感化教育对于预防犯罪、维护社会的安定起到了非常重要的作用。从上述内容可见，中国矫正社会工作在实践中已形成了一套独具特色且连接有序的工作体系，也在几十年的罪

① 参见李迎生．社会工作概论［M］．北京：中国人民大学出版社，2004：394.

犯矫正和犯罪预防中作出了重要的贡献。

二、社区矫正在中国的形成和发展

（一）社区矫正制度在中国的试点推行

社区矫正的英文是 Community correction，它是一种非监禁刑罚替代处置的办法，在欧美国家已发展成熟。相对于欧美国家，社区矫正在中国起步较晚。虽然我国的刑法、刑事诉讼法与其他相关法律法规都有明确的规定，即对被处管制、缓刑、假释、剥夺政治权利与暂予监外执行等五种罪犯适用社区刑罚，但作为一种刑法理念与刑罚制度的“社区矫正”始终没有在我国发育成熟。这是因为，一方面，立法与司法界在根深蒂固的刑法万能理念与重刑主义思想的束缚下，刑法与刑事诉讼法规定的以上五种非监禁性的社区刑罚的适用范围十分狭小；另一方面，由于公安、司法机关的分工模糊、职责不清，加之人员、资金的投入不足，社区刑罚的执行往往流于形式，社区矫正措施没有发挥其应有的作用。

21 世纪初，在世界范围的刑事司法制度改革潮流的影响下，在“以人为本”的科学发展观指导下，“社区矫正”作为一种理念与制度被提上了我国刑事司法观念与制度改革的议事日程。2002 年 8 月，上海市正式在普陀区曹杨街道、徐汇区斜土街道、闸北区宝山街道启动了社区矫正试点工作，2003 年 6 月，北京市决定在东城区、房山区与密云县的 47 个街道、乡镇大范围开展罪犯社区矫正试点工作。2003 年 7 月，最高人民法院、最高人民检察院、公安部联合印发了《关于开展社区矫正试点工作的通知》，并确定在北京、天津、上海、江苏、山东、浙江六个省市先行试点。① 经过一年的努力，第一批试点省、市已有 35 个区（市）、310 个街道开展了社区矫正试点工。② 2004 年 8 月，河北、内蒙古、黑龙江、安徽、湖北、湖南、广东、广西、海南、四川、贵州、重庆等 12 个省（区、市）被列为第二批试点省份开展社区矫正工作。社区矫正工作的试点规模与范围已经扩大到全国辖区的一半以上。

（二）中国社区矫正工作的内容与发展

在《关于开展社区矫正试点工作的通知》中，我国以司法解释的形式明确了社区矫正的定义、适用对象、适用范围、社区矫正的任务等重要问题，阐明了开展社区矫正试点工作的重要意义，论述了社区矫正工作的基本内容，对在一些地区开展社区矫正试点工作进行了具体的部署，并推动了我国社区矫正

---

① 参见最高人民法院/最高人民检察院/公安部/司法部联合发文：司法［2005］3号。

② 参见浙江省社会矫正工作委员会办公室．社会矫正实务［M］．2006：5.

工作的发展。

(1) 关于社区矫正的定义。社区矫正是与监禁矫正相对的行刑方式，是指将符合社区矫正条件的罪犯置于社区内，由专门的国家机关在相关社会团体和民间组织以及社会志愿者的协助下，在判决、裁定或决定确定的期限内，矫正其犯罪心理和行为恶习，并促进其顺利回归社会的非监禁刑罚执行活动。社区矫正是积极利用各种社会资源、整合社会各方面力量，对罪行较轻、主观恶性较小、社会危害性不大的罪犯，或者经过监管改造、确有悔改表现、不致再危害社会的罪犯，在社区中进行的有针对性管理、教育和改造的工作，是当今世界各国刑罚制度发展的趋势。

(2) 关于社区矫正适用范围的规定。根据我国现行法律的规定，社区矫正的适用范围主要包括下列 5 种罪犯：被判处管制的罪犯；被宣告缓刑的罪犯；被暂予监外执行的罪犯；被裁定假释的罪犯；被剥夺政治权利并在社会上服刑的罪犯。在符合上述条件的情况下，对于罪行轻微、主观恶性不大的未成年犯、老病残犯，以及罪行较轻的初犯、过失犯等，应当作为重点对象，适用上述非监禁措施，实施社区矫正。

(3) 关于社区矫正任务的规定。《关于开展社区矫正试点工作的通知》指出，社区矫正的主要任务有：其一，按照我国刑法、刑事诉讼法等有关法律、法规和规章的规定，加强对社区服刑人员的管理和监督，确保刑罚的顺利实施。其二，通过多种形式，加强对社区服刑人员的思想教育、法制教育、社会公德教育，矫正其不良心理和行为，使他们悔过自新，弃恶从善，成为守法公民。其三，帮助社区服刑人员解决在就业、生活、法律、心理等方面遇到的困难和问题，以利于他们顺利适应社会生活。

(4) 关于社区矫正组织机构的规定。《关于开展社区矫正试点工作的通知》指出，开展社区矫正试点是一项综合性很强的工作，有关部门要依法履行各自的职责，相互配合、相互支持，保证试点工作的顺利开展。并且，国家各机关与部门在社区矫正中的职责分工如下：其一，人民法院要严格准确地适用刑事法律和刑事司法解释，依法充分使用非监禁刑刑罚措施和减刑、假释等鼓励罪犯改造、自新的刑罚执行措施。在判处非监禁刑、减刑、假释工作中，可以征求有关社区矫正组织的意见，并在宣判、宣告后，将判决书、裁定书抄送有关社区矫正组织。其二，人民检察院要加强法律监督，完善刑罚执行监督程序，保证社区矫正工作依法、公正地进行。其三，司法行政机关要牵头组织有关单位和社区基层组织开展社区矫正试点工作，会同公安机关搞好对社区服刑人员的监督考察，组织协调对社区服刑人员的教育改造和帮助工作。街道、乡镇司法所要具体承担社区矫正的日常管理工作。监狱管理机关要依法准确适用暂予监外执行措施，对符合假释条件的人员要及时报请人民法院裁定假释，并积极协助社区矫正组织的工作。其四，公安机关要配合司法行政机关依法加强对社区服刑人员的监督考察，依法履行有关法律程序。对违反监督、考察规定的社区服刑人员，根据具体情况依法采取必要的措施；对重新犯罪的社区服刑人员，及时依法处理。其五，民政部门要保障矫正对象的基本生活，并把社区矫正工作纳入社区建设与管理工作中，指导居委会积极参与。其六，劳动与社会保障部门要积极为矫正对象提供职业培训机会，并帮助推荐就业。

此外，根据北京等一些试点城市的探索，社区矫正的主要工作制度包括：接受制度；管理制度；教育制度；考核及奖罚制度；社会保障制度；解除制度；档案管理制度；监护制度；矫正组织的例会制度；矫正工作人员的培训制度。

总之，随着我国社区矫正试点工作在各地展开，社区矫正工作的基本内容日趋完善，我国许多城区与乡镇在现有政治体制与法律框架下，大胆创新、勇敢尝试、积极探索社区矫正新方法，并大大加快了我国本土社区矫正工作的快速发展。不过，我国矫正社会工作起步较晚，尚处于试点摸索阶段，也没有形成固定的工作模式和成熟的工作经验。因此，与世界一些国家或地区相比，我国的社区矫正工作还存在以下问题：缺乏社区矫正相关的法律保障；适用的对象少，范围狭窄；矫正社会工作领域机构设置和人员配备不齐全；矫正社会工作的专业水平较低；矫正社会工作理论研究相对落后；社区参与度较低等。因此，不断地完善和发展矫正社会工作，还需要社会工作者以及关心与有志于为犯罪预防和罪犯改造的工作人士一起共同努力。

思　考　题

1. 什么是矫正社会工作？
2. 简述矫正社会工作的起源与发展。
3. 矫正社会工作服务对象有哪些特殊的需要与问题？
4. 矫正社会工作的主要内容是什么？
5. 我国矫正社会工作体系包括哪些方面？
6. 结合实际，谈谈我国社区矫正工作的发展。

主要参考文献

[1] 陈慧女．法律社会工作 [M]．台北：心理出版社，2004.

[2] 李伟梁．社会工作介入社区矫正的过程分析 [J]．社会工作，2007 (8)．

[3] 李迎生．社会工作概论．北京：中国人民大学出版社，2004.
[4] 鹿广静、寇浩宁．矫治社会工作介入我国社区矫正的初探．社会工作．2007（1）．
[5] 史柏年．社会工作实务（中级）．北京：中国社会出版社，2007.
[6] 王思斌．社会工作概论．北京：高等教育出版社，2006.
[7] 张乐天．社会工作概论．上海：华东理工出版社，2005.
[8] 张炜．论社区矫正在我国的建构和发展［D］．兰州：兰州大学．2006（10）．
[9] 赵维生．社会变迁下的少年偏差与犯罪．台北：桂冠图书股份有限公司，1997.

第二十二章　医务社会工作

肖先生，49岁，因骨折入院治疗。入院后，他一直情绪低落，对治疗和护理都消极配合，与医护人员交谈时言语不多，治疗效果不佳。医疗社会工作者了解到这一情况后，主动与肖先生交谈，表达了想帮他的愿望。最初，肖先生婉言谢绝，之后经过几次接触，肖先生渐渐向社会工作者谈及自己的情况。原来肖先生家庭经济情况不好，他和妻子都是下岗职工，并且还有一个儿子在读高中，家中仅靠微薄的低保金维持生活。而这次住院，是因为他在家中修屋顶时不慎跌倒导致骨折，急需住院治疗。因此，肖先生内心非常愧疚，他觉得自己不仅没有找到工作为家中分忧，反而住进医院给家里添了更多的麻烦。为此，肖先生的心情非常不好，也不配合治疗，甚至对治疗很厌倦，其治疗效果不佳。而社会工作者了解肖先生的情况后，前后与肖先生谈了五次，并开始积极为他寻找解决家庭经济困难的办法，如与居委会联系申请到一些补助；同时，与肖先生交换对治疗的看法，鼓励他积极参与治疗，还谈及肖先生其他关心的事项。随着交谈的深入，肖先生越来越有信心面对经济的困境，也很乐意参与治疗。最后，肖先生出院时情绪乐观，康复状况良好。此外，社会工作者还发现，医院里类似肖先生这样经济困难的病人有很多，他便倡导在医院设立帮困基金，多渠道筹资，以此设法联合政府和社会大众的力量去帮助这类患者。

在上述案例中，社会工作者已经与继续要做的，就是本章要介绍的医务社会工作。医务社会工作是社会福利体系中的重要组成部分，随着快节奏的现代生活对人类健康的影响与医学发展使人们对健康理解的深化，医务社会工作日益得到重视。

第一节　医务社会工作概述

医务社会工作是医疗体制的重要组成部分，发展至今已有一百多年的历史。如今，医务社会工作在欧美国家已是社会需要最强烈，使用卫生资源和社会资源最多，服务对象最广泛，从业人员最多和最有发展前途的领域。随着中国社会的不断发展，人们生活方式的日益多样化以及医疗卫生体制改革的进一步深化，发展医务社会工作愈来愈显得重要并开始引起人们的关注。

一、医务社会工作概念

（一）医务社会工作的定义

从社会工作实务看，医务社会工作是社会工作专业服务的基本领域之一。由于生活方式的转变和人类需要结构层次的提高，健康照顾服务和医务社会工作逐渐成为社会服务和社会工作专业服务中最重要的领域，医务社会工作概念日益普及。①与此同时，医务社会工作的百年实践也导致其概念发生巨大变化，内涵不断丰富，外延不断扩大。医务社会工作概念内涵外延的发展变化来源于两个方面：一方面社会工作专业逐步发展，人们对社会工作专业的理解逐步深化；另一方面，医疗技术和健康照顾服务体系不断发展，人们对健康照顾服务体系的理解不断深化。因此，不同时代、不同国家和不同学者从不同的角度理解医务社会工作概念，众说纷纭且充满争议。不过，人们通常从社会工作专业和健康照顾服务体系之间关系的角度来界定医务社会工作，即将社会工作专业和健康照顾服务结合起来，创造了跨越和整合两个专业的新领域。从这个意义上说，医务社会工作泛指医药卫生和健康照顾服务领域中的社会工作专业服务。②

进一步，在不同的国家与地区，学者们对医务社会工作的定义也有广义狭义之分。比如，在欧美等发达国家或地区，由于医学模式已从传统的生物医学模式转向现代的生物—心理—社会医学模式，其以社区为本的健康照顾系统也覆盖广阔的时空，如此，他们的医务社会工作的定义也是广义的。即认为医务社会工作是指将社会工作的知识、技术、态度与价值应用于健康照顾工作，并侧重于疾病与人们社会功能间的关系，以及疾病对人的社会关系的影响方面。然而，在我国港台地区，医务社会工作实践更多集中在医院与诊所这类医疗机构内，其定义就侧重于描述医院内的社会工作服务，是狭义的。即认为医务社会工作是社会工作者运用社会工作知识与技术于医疗卫生机构，从社会及心理层面来评估与处理案主的问题，以医疗团队之一分子，共同协助患者及家属排除医疗过程中的障碍，不但使患者早日痊愈，达到身心平衡，并使因疾病而产生的各种社会问题得以解决，同时促进社区民众的健康。

综上所述，我们认为，医务社会工作就是社会工作者本着专业的精神和理念，运用社会工作的专业知识与方法，协助医护人员帮助患者及其家属处理因

---

① 参见向德平．社会工作概论［M］．北京：中国广播电视出版社，2003：343.

② 参见王思斌．社会工作概论［M］．北京：高等教育出版社，2006：262.

疾病而带来的在家庭、情绪、经济、职业、康复等社会与心理调适以及社会功能等方面的问题，以促使病人早日恢复健康，重返社会，并恢复与提升其社会功能。不过，考虑到中国医务社会工作还处于起步阶段，结合中国社会的脉络，我们认为，医务社会工作是在健康照顾工作中实施的社会工作实务，目的是协助那些受到实际的或潜在的疾病、失能或伤害影响的服务对象、家庭与群体，增强、促进、维持与恢复尽可能好的社会功能。由于机构宗旨、服务场所与对象需要的不同，医务社会工作服务可能是预防性的、发展性的或补救性的。①

（二）医务社会工作的相关概念

长期以来，特别是近代临床医学诞生以后，医护人员通常从解剖学和病理学角度看病人，如从解剖学视角只看到人的病变部位或者是人的病变症状，而将整体、全面的人，人为地割裂开来，并且，此种观念直接影响了健康照顾服务的发展。因此，从全人的角度看待病人的医务社会工作开始逐渐显现。

自20世纪以来，医务社会工作先后以多种不同名称和面貌出现，反映了医务社会工作的发展和演变。1905年美国马萨诸塞州总医院卡伯特（R. C. Cabot）医生率先雇请一位社会工作者，还在医院中创立名为“医院社会服务部”（Department of Social Service）的专门机构。因为当时主要以个人和家庭为服务对象，因此又称“医务社会个案工作”（medical social casework），凸显出医务社会工作的个案工作传统。而通常以社会和心理服务功能为主的个案工作传统以“临床社会工作”（clinical social work）的面貌出现。这种美国模式也传播到其他国家。20世纪中期美国已有以“医务社会工作”（medical social work）为名的专业训练课程。因为医务社会工作的内容普遍超出医院医生的工作范围，“医疗处境中的社会工作”（social work in a medical setting）应运而生。伴随“医疗处境”转变为“健康照顾处境”，医务社会工作名称也随之发生变化。“健康照顾中的社会工作”（social work in health care）、“健康照顾中的社会工作干预”（social work intervention in health care）、“健康照顾社会工作”（health care social work）等名称涌现，“医务社会工作”转为“健康社会工作”的趋势明显。②

二、医务社会工作的历史

医疗救助起源于英国和欧洲大陆国家，但是制度化的医务社会工作和临床社会工作起源于美国，并在美国社会得到了迅猛发展。医疗救助活动历史悠

① 参见史柏年．社会工作实务（中级）［M］．北京：中国社会出版社，2007：416.

② 参见王思斌．社会工作概论［M］．北京：高等教育出版社，2006：262-263.

久，它曾在英国和欧洲大陆国家的社会救助制度发展中扮演过重要角色。1880年前后，英国慈善医院、济贫院、地方医院和诊疗所开始聘请社会工作者（最初称为“收账员”），以保证所有病人能竭其所能支付住院治疗费用。自此，英国式医务社会工作雏形诞生。① 1900 年以来，工业化、城市化、社会现代化的进程加快，世界经济贸易中心逐渐转移到美国，贫困、环境污染、职业病防治、疾病健康与生物医学模式的转变，同样引发了医务社会工作议题。而医疗救助活动首次促使身心健康、医疗服务、社会工作专业服务和个人福利之间建立起了专业联系，并为医务社会工作奠定了基础。不过，医疗救助并不等于医疗社会工作。追溯历史，医务社会工作起源于美国。② 1905 年，卡伯特（Cabot）医生超前、敏锐地意识到整体医疗理念和社会、心理因素对健康的影响，认识到社会工作者在解决社会问题中的卓越贡献。因此，卡伯特首先将社会工作者看做是临床医生的“专业伙伴”，并在马萨诸塞州总医院聘请了首位社会工作者，这标志着美国医务社会工作制度的正式诞生。从此以后，美国成为了欧美医务社会工作制度的发展中心，相应地，美国式医务社会工作制度也“重新传入”英国、法国、德国、日本及其他国家。概括地说，以美国历史经验为中心，西方医务社会工作的专业发展历史，可以划分为以下三大基本阶段。

第一阶段，从 1905 年到 1945 年第二次世界大战结束，是医务社会工作的发展初期。此阶段的基本特征是医务社会工作主要受心理学学科和生物医学模式影响，对服务对象的社会工作介入，主要采用了侧重于微观治疗取向的个人治疗。同时，医务社会工作的专业教育、专业组织、专业研究、医务社会工作分支领域以及医院社会服务部等体系，已经初步建立。

第二阶段，从 1946 年世界卫生组织提出新的健康概念到 20 世纪 70 年代，是医务社会工作迅猛发展时期。此时的医务社会工作主要受社会学和社会医学学科影响，社会医学和医学社会学诞生，而对服务对象的社会工作介入，则主要采用了侧重于社会工作中观干预取向的社会群体和社会组织。同时，医务社会工作的专业教育、专业组织、专业研究、专业杂志、工作场所和专业服务体系的框架已经稳定确立，并且，医务社会工作专业服务在“福利国家”体制和社会政策框架中得到了充分发展，其专业地位和专业权威已经确立。

第三阶段，从 20 世纪 70 年代福利国家改革和医学模式转变到目前，是

---

① 参见刘继同．医务社会工作及其使命［J］．医院管理论坛．2005（10）：14.

② 参见张一奇．医务社会工作任重道远［J］．社区．2002（23）：57.

医务社会工作转型和健康社会工作时期。① 在这个时期，医务社会工作受到心理学、社会学、经济学等多学科影响，对服务对象的社会工作介入，则主要采用了由微观个人、中观社区和组织，扩大到社会环境与制度。同时，医务社会工作专业教育、专业组织、专业研究、专业杂志和专业服务体系日趋开放且多样化，并成为了社会福利制度与生活方式的重要组成部分。

三、医务社会工作的价值观与功能

（一）医务社会工作的价值观

医务社会工作价值观是医护专业价值观与社会工作专业价值观的结合体。医疗和社会工作都是专业价值观和专业伦理主导的专业服务活动，专业价值观至关重要。医学之父希波克拉底认为，医学的专业价值观和最高的职业道德是为病人和服务对象谋求福利，做自己有能力做的事情，绝不利用工作之便做缺乏道德乃至违法的事，要严格保守秘密，尊重个人隐私等。②美国社会工作者联合会的专业价值观承认，个人在社会中拥有至高无上的重要性，尊重服务对象与自己的工作关系并保守秘密，尊重个人和群体的差异，维护社会正义和所有人的最大福利等。可见，医学和社会工作专业价值观是趋同一致的。③

进一步，秦燕在《医务社会工作》一书中认为，医务社会工作的价值分为基本价值（primary value）、特殊价值（special value）、对案主个人价值的重视三大部分，以下稍作一些解释。（1）医务社会工作的基本价值。包括个人的尊严与价值；潜能的发展；案主的自我决定；资源的充分运用；社会正义。（2）医务社会工作的特殊价值。包括：整体医疗（total care）的权利；使用现有的医疗资源；生活品质的要求，而非只是延长寿命；照顾（care）与适应（coping）的研究；强调社会健康（social health）。（3）医务社会工作对案主个人价值的重视。包括：案主意愿的表达；案主的需要与目标；对其他人的保护与考虑。

（二）医务社会工作的功能

人类健康与许多因素有关，促进人们健康、远离疾病的医务社会工作也涉及很多实务主题，包括健康促进与疾病预防，推广健康生活方式，预防暴力，青少年健康教育，参与初级健康照顾，参与急诊性短期健康照顾，参与康复与

---

① 参见王卫平．医疗体制改革呼唤医院社会工作［J］．医院与社会．2004（2）：2-3.

② 参见张乐天．社会工作概论［M］．上海：华东理工大学出版社，1997：288.

③ 参见史柏年．社会工作实务（中级）［M］．北京：中国社会出版社，2007：267-268.

长期照顾，照顾者的服务等。而上述医务社会工作的各种服务，其职责都是为病人提供更多更好的健康照顾服务，以此让病人尽快恢复身心健康。这使得医务社会工作具有如下独特的功能，以下简述之。

第一，诊断与评估。包括对病人及其家庭的问题与需要进行初期性预估（即涉及初期性的诊断与评估），提出相应的解决问题的计划建议，并对高危险群体进行筛选，以及评估疾病对病人职业、日常生活、情绪的影响等。

第二，咨询与辅导。即协助病人及其家庭在行为、态度、情绪与环境方面的改变，包括社会适应方面的咨询、危机干预、心理辅导、社会资源方面的咨询等。

第三，寻找与整合资源。即寻求与安排社会资源的活动，包括寻找病人需要的资金、实物、服务资源，完成申请的程序，利用媒体帮助病人获得资源等。

第四，倡导工作。即促使医院内部在对病人服务的政策、措施、服务程序方面做改善，也推动医院之外相关组织的改善，包括组织架构、工作流程的修正，以符合病人与家属的最佳利益。

第五，咨询与协调。即与医院内的或社区机构的人员联系，讨论病人及其家属如何获得预防疾病、照顾病人等服务，以及讨论病人的社会心理功能，包括个案研讨会等。

四、医务社会工作的特点

顾名思义，医务社会工作是在健康照顾领域提供的各种社会工作服务活动，涉及社会工作专业与健康照顾服务两个领域，实质是两个学科之间的相互渗透和相互影响。这意味着疾病预防、治疗、康复和健康照顾服务成为了社会工作实践的干预领域和具体的社会处境，而社会工作专业作为一种理论视角、工作方法和助人技巧，通过医务社会工作将两者有机联系起来。因此，医务社会工作要深受医疗服务的影响，并且其服务环境中的医疗服务是强势服务体系，医务社会工作则处于从属地位。由此，这使得医务社会工作与那些独立发挥作用的社会工作实务领域不同，并呈现了医务社会工作自身的如下特点。

（一）需要了解医疗服务体系，具有相关医疗知识

不同的国家和地区有不同的医疗服务体系，通常以综合性医院为核心形成照顾系统。此系统包括：疾病预防和健康促进机构、长期照顾机构、急性照顾机构（各类医院）和非住院照顾机构。并且，在上述系统中有自上而下的卫生行政组织发挥管理职能，也有中央与地方制定并颁布的各类医疗保障政策。可见，这是一个庞大的系统，医务社会工作者对此要有透彻了解，才能在医疗系统内为案主提供社会工作的服务。

此外，目前各国医疗体系都普遍存在如下矛盾：其一，现代化医疗服务的主要目标更强调企业管理，讲求成本效益，因此这常常与病人的需求有冲突，造成医患矛盾；其二，医院的行政体系与医生的专业体制之间也是矛盾重重，行政体系追求的管理目标常常与医生追求的专业自主相冲突。社会工作者在矛盾频发的医务系统中，当遵循社会工作理念时，也会遇到与行政系统、医生系统相冲突的情况。因此，协商与妥协成为了医务社会工作者基本的工作态度。

（二）团队工作

在医务社会工作这一特定的服务领域中，社会工作者不但要从专业框架的角度看待自己，而且要习惯和善于同医护人员组成学科间的专业团队，形成多学科工作团队。这意味着医务社会工作者必须确定、形成和展示他们既不同于健康专业服务，又与健康专业服务密切相关的社会工作专业贡献，以反映医务社会工作“不可替代”的独特价值和专业地位。因此，医务社会工作服务在健康照顾体系中不是独立的，而是整个医疗团队服务中的组成部分，与医生、护士、物理治疗师、营养师等一起为同一病人提供服务。

在医务社会工作这个团队中，社会工作者的主要工作是提供社会及心理诊断的资料、进行情绪辅导、参与治疗计划的制订，帮助病人适应治疗过程等。①而团队工作中很容易出现的问题是其他成员对社会工作者的角色期待与社会工作者自己的定位有差异，这样，医务社会工作者进行自我反省与沟通是非常重要的。与此同时，在服务过程中，医务社会工作者和医疗人员也应以病人需求为出发点，并通过团队成员的不断沟通来澄清各自的功能，互相提供知识与技术，以最终实现团队的目标。

（三）兼具综合性与福利性

医务社会工作服务范围广泛，服务内容多样，覆盖每个人的生命历程与健康需要，如从疾病预防、医疗治疗、健康照顾、社区康复、公共卫生到生理、心理、社会全面性健康；从安全分娩、妇幼保健、营养食品、免疫接种、学校卫生、工厂卫生、环境卫生到健康城市；从儿童身心健康、青少年身心健康、成年人身心健康、中年人身心健康到老年人身心健康。可见，医务社会工作领域宽广，涉及人发展的生理、心理和社会各方面，其服务的综合性色彩浓厚。更为重要的是，医务社会工作的服务领域和人类健康需要满足的社会要求决定，此种服务是“社会福利”性质的，即医务社会工作的服务对象是身心健康的普通公民，因为身心健康是人类社会所有成员普遍的基本需要，而健康则是最大的福利。

① 参见王思斌．社会工作综合能力中级［M］．北京：中国社会出版社，2007：419.

第二节 医务社会工作的理论基础

医务社会工作的理论基础内容众多，不仅包括疾病治疗的理论，也包括社会学、心理学、文化人类学等社会科学理论。对疾病预防与健康促进的日益强调，也使得越来越多的社会科学知识透过医务社会工作，在健康照顾领域发挥更加重要的作用。

一、医务社会工作的理论传统与发展

（一）医务社会工作的理论渊源

医务社会工作的理论渊源深厚多样，贫困救助理论、心理学理论、医学理论（健康照顾理论）、社会福利理论、社会学理论等是主要渊源，以下简述之。

（1）贫困救助理论。医务社会工作最古老的理论渊源是关于贫困与健康关系的理论，主要包括医疗救助与生育救助等内容。

（2）心理学理论。心理学理论侧重于解释人类内心世界的变化规律与健全人格的形成，分析异常行为与社会偏差行为。尤其是精神疾病的干预措施与知识体系，为医务社会工作介入心理健康领域指明了方向。

（3）医学理论。医学理论特别是生理学、解剖学、病理学、免疫学、诊断学、传染病学与预防医学等理论，为医务社会工作提供了最直接有用的理论知识，为健康领域中及时有效地干预提供了理论指导。

（4）社会福利理论。社会福利理论以人类幸福美好的生活状况与制度安排为研究对象，身心健康的状况是个人福利与社会福利状况的重要组成部分。

（5）社会学理论。社会学理论特别是医学社会学理论为医务社会工作提供了众多基础概念。比如，身份认同、病人角色、医疗功能、社会治疗、社会康复、社会过程、社会资本等，有助于理解社会因素对疾病的影响。

（二）医务社会工作的理论传统与发展

医务社会工作理论传统注重临床诊断治疗与医疗救助，注重病人的身心健康与家庭生活状况。长期以来，医学致力于致病原因、发病机理、临床诊断、医疗技术与治病救人等目标，这种专业传统也充分反映在医务社会工作的理论体系建设上。医务社会工作理论传统侧重于临床诊断治疗与社会病理学思维，侧重于心理健康与精神疾病治疗，侧重于医疗救助服务等。但是不同理论体系从不同角度出发，通常只关注身心健康状况的某个层面，缺乏整体系统感。20世纪80年代以来，英美出现了“新型”医务社会工作模式，医务社会工作理论发生结构性变化，各种有关疾病预防、群体健康、社区卫生与公共卫生、环

境卫生与社会结构的理论大量涌现，微观取向的临床治疗与宏观取向的疾病预防、贫困群体的医疗救助与普通公民的健康服务并存共生，医务社会工作的理论体系、理论观点、理论框架越来越多，并从不同角度理解健康。①

二、医务社会工作的主要理论

概括地说，医务社会工作的主要理论有三大部分，第一部分是“有关健康”的理论，内容涉及生理-心理-社会健康观与医学模式的转变；健康危机干预与压力管理的理论；健康照顾或卫生保健的观点。第二部分是“社会性别与人文取向”的理论，内容涉及女性主义与社会性别观点；人文关怀与社会工作专业视角；消费主义、增权与生活质量的观点。第三部分是“系统取向”的理论，内容涉及生态学观点和人与环境适应理论；系统理论与人口学观点；结构功能主义与多视角系统整合。因篇幅限制，以下仅介绍医务社会工作“有关健康”的重要理论。

（一）生理-心理-社会健康观与医学模式的转变

疾病与健康观念是医务社会工作实践的理论基础，疾病与健康观念的变化直接影响医务社会工作实践。疾病与健康观念主要以临床医学为基础，其关注点是确定病因、疾病分类与临床诊断治疗，以探寻影响健康的因素，发现对改善健康状况最有贡献的因素，确定疾病与健康测量标准等。这种传统理论的局限性在于，主要从单纯的生理学/医学的角度去界定健康或疾病，并没有考虑人的心理及社会状况。比如，除了传染病、遗传病以外，人们的大多数疾病都受到生活方式、就业环境等社会因素的影响。有些疾病受职业分工的影响，如矿工、交通警察容易得肺部疾病，教学科研人员容易得心血管疾病。有些疾病与现代“文明”的物质生活有关。因为物质上的“文明”生活，会从衣、食、住、行、医等方面导致对健康的损害。如现代交通工具越来越发达，出门普遍以车代步，人们走路的机会逐渐减少，容易引发“运动缺乏症”；同时，以肉食为主的饮食结构和嗜好烟酒的不良习惯的群体，容易得肝病、肺病、肥胖症、心血管病、高血压病。还有，有些疾病如贫血、营养不良、体弱，往往和经济生活贫困联系在一起。

总之，由于疾病要受到生理、心理、社会因素的影响，同时，健康状况不仅是指身体没有疾病，也指心理健康与社会角色功能正常发挥的状态。因此，学者们努力去改变过去医学模式下的疾病及健康观，开始建构“生理—心理—社会”三维立体的疾病与健康观，由此引发了生物医学模式的革命性转变。如今，“生理—心理—社会的综合模式”的广义健康观，可以适用于各种

① 参见王思斌．社会工作概论［M］．北京：高等教育出版社，2006：270.

不同的健康处境，也是开展医务社会工作的理论基础。

（二）健康危机干预与压力管理的理论

健康危机干预与压力管理是医务社会工作常用的理论框架，它主要从心理-社会因素角度看待疾病与健康问题，基本是以社会工作学科为基础的观点。这种理论的主要关注点是缩小医生与病人之间的距离，在健康处境中提供心理-社会型干预，以适应“生理-心理-社会”健康观与医学模式的转变，提高医疗技术与健康照顾服务的质量与效果。

进一步，根据“生理-心理-社会的综合模式”的广义健康观，导致健康风险的因素众多，而健康危机干预又是医务社会工作的基本职能，并且，其干预行为的核心是应对。相应地，应对健康风险的基本方式就是压力管理、生活技能培训、认知能力康复、增权与病人自助等。目前，此种理论适用于多种健康处境，特别适合于慢性病人、亚健康状况与生活压力较大的群体。

（三）健康照顾或卫生保健的观点

健康照顾观点主要以医学学科为基础，中国社会习惯称之为“卫生保健”。而健康照顾视角的主要理论是，身心健康状况是个人福利与幸福美满的家庭生活的物质基础，安全分娩、营养食品、预防接种、妇幼保健与环境保护等活动，都有助于保持良好的健康状况。预防医学、公共卫生、良好的生活方式、和谐的人际关系、优美的自然环境等，则是健康的最大贡献因素。此外，健康照顾理论也普遍适用于各种健康处境，并主张将各类群体的健康照顾问题放在特定健康处境下去考虑。

三、医务社会工作实务的理论模式

目前，在医务社会工作中，最直接影响实务工作的理论模式有生活适应模式、危机调适模式、家庭模式，以下做一些简要介绍。

（一）生活适应模式

医务社会工作的主要理论基础应以生活适应模式为主，也即以往强调的“生理-心理-社会的综合模式”。生活适应模式认为，疾病使得病人的身体及家庭状况产生变化，要求病人及家庭作出调整，以发挥正常的功能。如果病人与家庭的调整带来和谐与均衡，此种调整可称为适应，否则就是适应不良。不仅如此，适应也是一种持续性的过程，因为环境在不断改变，人的需求与目标也在伴随改变。相应地，适应也是处在一个开放系统中的。因为个人与他周围的环境在不断地交互作用时，为了应付这种变动的环境，人必须去适应。正是从这个角度看，医务社会工作服务对病患者而言，其目的在于：协助病患者处理因疾病或治疗引起的各种问题或障碍；促使病患者无论生理、心理或社会各方面都能达到最佳的适应，以维持全人的统整性；以期病患者在治疗后或出院后回归家庭及社会，仍能继续对那些不断改变的环境做良好的适应。

（二）危机调适模式

危机调适理论指出，疾病尤其是严重疾病，对病患者及家属是一个危机事件。而危机调适，是指通过提供及时与急需的帮助，以处理处在危急情况下的个人或家庭，使其重获身心平衡。一般来说，病人可能面临的危机有三类：其一，因疾病与伤害引起的危机，比如，获知被诊断的结果，会使病情恶化；其二，住院引起的危机，比如，家务调整、子女照顾、金钱的压力等，常使人情绪低落；其三，医疗过程所引起的危机，比如，手术、器官切除、医疗失败等。而危机调适的关键在于，在医务社会工作者提供的快速而直接的服务中，以及在家人、朋友、医疗专业人员、其他病人、社区其他机构所提供的具有支持效果的资源之下，促使危机中的病人从负向感受（如焦虑、忧虑、绝望及危机感等），转化为正向感受（如热切的、积极主动的、成长的等）。此外，医务社会工作者在病人的危机调适中还应考虑以下三个原则，包括：服务期限短，通常是2-4周；主动与直接地提供服务；目标有限，设定具体的、短期的、可完成的目标。

（三）家庭模式

家庭对患者的治疗与康复有关键性的作用，家庭的生活方式、经济社会地位、文化价值观、医疗照顾水平都是重要的影响因素；同时，家人生病也会影响家庭的平衡。因此，医务社会工作者一贯重视对患者家庭的协助，比如，协助家庭成员获得疾病与治疗的知识、减轻负面感受、增强其照顾能力、建立良好家庭互动系统与协助资源的运用等。

第三节　医务社会工作的方法

医务社会工作实务方法可分为个人、家庭、群体、社区等治疗取向的直接服务方法，以及社区组织、社会政策、社会行政与管理等间接服务方法。不过，在欧美等国家，直接服务长期以来是社会工作的主导服务模式，并以个案与小组的方法运用最为广泛。但是，在发展中国家，医务社会工作面临的主要问题是资源有限，相应地，开拓经济资源与人力资源的社区方法可能更为需要。因篇幅限制，以下仅仅介绍直接服务中的个案、小组与部分社区方法。需要指出的是，除了个案、小组、社区三大方法外，医务社会工作的介入还有其他方法。比如，出院安置计划就是医务社会工作的重要方法之一。对于部分患者尤其是那些慢性病患者来说，经济上的限制和生理上的需求都决定了不太可能长期在医院进行治疗。因此，社会工作者通过对医院、家庭、社区等资源的协调与整合，有计划地使患者能够顺利地出院，并继续提供系统的照顾服务，如治疗追踪及康复计划等。

一、个案工作方法

在医务社会工作领域中，个案工作是最早与最主要的服务方式。如同其领域的个案工作一样，通常都包括四个过程：申请与接案、预估、计划与介入、结案与评估。医务个案工作的要旨是运用社会个案工作的专业知识和技巧，了解患者与家属和疾病相关联的各种社会、经济、家庭、情绪等问题，通过会谈方式，收集资料，予以综合分析，找出问题之症结，建立社会心理诊断，再针对问题予以处置。①其中，社会心理诊断是基础，是社会工作者的重要责任。究其原因在于，社会工作者是医疗机构中处理社会问题的专家，理应提供有关病人的社会及心理诊断，以便于医护人员为病人提供最佳的服务。一般来说，社会心理诊断的内容分为以下几项：病人目前所呈现的问题及其形成因素的分析；病人家庭生活情况、家庭心理动力关系及其社会支持系统的评估；病人个人的生长史及其行为动力的分析，包括其常用的心理防卫机制；对病人接受帮助的意愿、使用帮助能力与可以运用资源状况的评估，以及对该病人服务或治疗计划的拟定。不过，我们认为，在收集资料的过程中，运用医务社会个案工作方法，必须先阅读病历，并与医护人员商谈有关病人的病情，然而才能收集有关病人的社会及心理资料，做好社会诊断及服务计划，提供社会工作服务，然后记录并评价。

进一步，就医务个案工作需要处理的问题来看，是多种多样的。概括地说，医务个案工作常见的问题及社会工作服务方式有以下几种：（1）针对“医疗适应”问题，协助了解病情与治疗，鼓励接受病情与治疗；（2）针对“出院”问题，共同制定出院计划，联结社区资源；（3）针对“伤残康复”问题，提供伤残咨询，协助其利用有关设备与资源；（4）针对“住院适应”问题，协调关系，促进沟通；（5）针对“家庭”问题，提供家庭辅导与治疗；（6）针对“费用”问题，澄清收费问题、协助申请求助、费用减免、组织募捐等；（7）针对“情绪及行为”问题，提供情绪支持及行为矫正。不过，需要强调的是，医务个案工作者不是直接帮助病人解决问题的，而是在协助病人认识及解决问题时发挥着引导作用。② 如此，个案工作的帮助目标是在医务个案工作者与病人互动的基础上产生的，需要双方的共同努力才能达到。

此外，从医务个案治疗的方法看，支持性个案治疗法是最常用的方法。这

① 参见康文萍，张一奇．个案辅导在住院病人中的实践与探讨［J］．护理管理．2003（10）：33.

② 参见李增禄．社会工作概论［M］．台北：巨流图书公司，2002：423-424.

里所谓的支持性个案治疗法，指通过给病人提供心理的支持，以消除患者的焦虑，保持患者的士气，其目标在于协助患者处理外在的困难，预防其精神崩溃，而不是追求改变患者的人格。具体地说，此种方法主要从三个方面对病人提供支持：一是环境关系的支持。即充分运用环境资源，调整环境关系，营造良好的环境氛围，以此给予病人外在的帮助。二是理解能力的支持。即应用专业知识，向病人提出适当的劝告，与病人讨论相关问题，以此增进病人对疾病及其影响的理解。三是行动决心的支持。即充分肯定病人应付疾病的能力、医疗的效果，以增强其战胜疾病的信心。

二、小组工作方法

自第二次世界大战以来，小组工作方法开始广泛地被运用在医疗机构。在这里，所谓的“小组工作方法”，是将患者与家属组成团体，在社会工作者的策划与引导下，通过小组成员之间的分享经验、情绪支持与相互讨论的过程，协助病人及家属对疾病的反应与治疗有深入了解，改善并解决他们所遭遇的问题，发挥其潜能，以帮助其恢复生活的信心与恢复正常的生活动能。

近一二十年来，小组工作方法的治疗模式在华人社会的许多医院中逐渐受到重视。而小组的创造性不但满足了病人及专业人员双方的需求与期待，更充实了专业范围。概括地说，以华人社会的医院而言，小组工作的类型可以区分为以下几种方式：（1）从疾病种类来区分，可以有糖尿病支持小组、乳腺癌妇女支持小组、艾滋病同伴小组、临终亲属小组等；（2）按成员身份来区分，可以分为病人小组、病人家属小组；（3）按成员出入控制来区分，可以分为封闭式小组、开放式小组；（4）按性质来可分，可以分为社会支持小组、教育小组；（5）还有一类不是由专业社会工作者带领，而是由病人或家属自己组织的小组，称为自助小组。

从医务小组工作的目标来看，较多的小组工作目标涉及：让成员了解疾病及治疗过程；分享经验及情绪；协助病人生活的适应；协助病人及家属解决因疾病产生的情绪困扰；增加病人间交往的机会，建立社会支持网络；促进与医护人员有良好的沟通。与此同时，医务小组方法的常见主题有：招募罹患同类疾病的患者组成小组；讨论疾病的影响；表达相关的情绪；学习应对技巧；建立互助网络；寻找生命意义。

此外，医务小组工作虽然要遵循一般的小组工作原则，但也有一些特殊性的问题需要注意，包括：其一，在发展小组目标、成员选择及成员人数方面，应充分考虑机构与患者的特殊性。比如，在医院中开展小组工作时，其目标的制定应充分考虑医院、小组自身、成员与社会工作者的目标；在组员选择上，要注意处在疾病不同治疗阶段的小组成员，其关注的问题会有所不同；在成员人数上，将小组设定为封闭小组会比开放式小组更能体现小组的功能。其二，医务小组工作的内容，应由社会工作者依据病人的需求和实际情况，来拟定小组发展方向，比如治疗性团体、自助性团体、教育性团体等。其三，运用医务小组工作的工作方式，应针对不同疾病的社会心理因素作深入的探讨和了解，广泛收集资料，以了解团体成员的需要；同时，应邀请有关人员包括医生与护士等共同参与，以组成一个工作团队。其四，在征得医院方面的最大支持下，小组活动通常一周一次，时间与地点尽量少改变。因为稳定的时间与地点，能给组员带来心理上的信赖，并增进组员的参与。

三、社区工作方法

医务社区工作涉及众多层面，远比个案与小组工作复杂，也远不如个案与小组方法普及。但社区作为病人生活的外在环境常常既是资源又是压力源。因此，医务社区工作不容忽视，并且，当医院定期开展医务社区工作活动时，常常能收到很好的效果。

一般来说，医务社区工作主要包括以下三个方面的内容：

（1）在社区开展大型的公共健康教育活动。即通过帮助社区居民获得公共卫生的信息，加强公共关系，提高社会工作者的影响力。比如，医务社会工作者发现居民对常见病、多发病的自我保健方法有较大需求，但仔细调查分析后发现，居民并不是缺乏相关的医学知识，而是不知如何在日常生活中运用。如此，医务社会工作者建立了病友宣讲团来宣讲，但没有安排医护人员做宣讲者，而其效果远比请医生讲要好得多。

（2）提供志愿者服务。即发动志愿者，组织社区志愿服务活动，以分担社会工作者的压力，倡导社会公众力量，给予患者及其家属物理、心理、精神的支持。目前，医务社区工作的志愿者服务分为门诊护送、病房探访、病友小组顾问三种，其志愿者的来源主要有两个部分，其一是康复病人，其二是大学里医学专业或社会工作专业的学生。不过，稳定的志愿者队伍建设需要有一套完善的管理制度，如有志愿者聘用期、最低服务时数、志愿者福利及激励制度等。

（3）利用不同方法来募集与开发资源。即运用社区组织的不同方法，来募集与开发资源尤其是社区资源，以此给予病人经济与精神、子女的教育等多种社会支持。而在当今的中国，因医疗保障与医疗救助很不完善，病人及家属一旦无法承担医疗费用，则会陷入经济困境，并往往需要外界资助，否则他们的生活便无法继续。因此，医务社会工作者则要运用不同的社区组织方法，来发动社会力量，努力寻找社区资源。具体地说，医务社会工作者可以利用两类资源，来帮助病人及家属募集资金或获得支持性资源。其一是制度性的资源，即通过一套制度化的规章、程序或方法来获取，如国家医疗保障制度；其二是非制度性的资源，即开发偶发性的资源，如利用大众传媒来募集资金，或通过慈善捐款来募集资源，并为病人做倡导。

当然，无论是开展何种主题或何种内容的医务社区工作，社会工作者都需要按照通用进程模式的社区工作环节，来开展工作，以确保活动的顺利进行。而这些工作环节包括认识社区、建立关系、组织、活动策划、介入模式、评估等步骤。

第四节　中国医务社会工作的实践

一、中国医务社会工作发展的历史

（一）中国医务社会工作服务的形成

中国医务社会工作是伴随着基督教会医院和西医进入中国社会开始的。1906年英国伦敦会、美国公理会和长老会等教会团体在中国创办了协和医学堂。1915年协和医学堂由美国人洛克菲勒通过中华医学基金会接办，并重新建立了首个新型的协和医学院和附属医院，定名“北京协和医学院”。1921年浦爱德（Ida Pruitt）女士在北京协和医学院创建“医院社会服务部”，这成为了中国医学史和社会工作史上的标志性事件。之后，北京协和医院社会服务部不仅培养了中国首批医务社会工作者，并将医务社会工作模式传播到山东齐鲁医学院、上海仁济医院、中山医院及其他医院。自此，社会工作部发挥着医生和病人之间桥梁的作用。在当时，社会工作部开展的服务项目较多，包括：（1）社会工作人员同病人谈话，写出病人的社会历史记录，供医生诊断作参考；（2）对病人作家庭访问，以了解病人的家庭经济情况与社会关系，并为其寻求可利用的社会资源；（3）通过对病人、病人家属的辅导，使其配合医生的医疗方案，以保证治疗的效果；（4）通过信访或家访的形式对病人进行定期随访，以此为医生的科研和提高医院的医疗质量，提供可靠的资料等。

（二）中国医务社会工作专业的恢复和重建

1952年院校调整和专业合并之后，我国社会工作专业和医院社会服务部均被取消，社会工作和医务社会工作随之在中国内地销声匿迹，并长期无人知晓。20世纪80年代，伴随着改革开放及社会转型的发展，作为社会工作理论基础的社会学课程及相应的机构得以恢复和重建，一些院校也先后建立了社会学系，开设社会工作课程。1988年，北京大学开办了第一个非民政系统的社会工作专业。① 90年代，我国社会学与社会工作专业迅速在高等院校恢复及发展起来。到目前为止，已有200多所大学建立了社会工作专业，同时开始招收社会工作专业的本科学生。2003年山西医科大学开始招收医务社会工作专业本科生。

（三）中国医务社会工作的探索与发展

伴随着社会学和社会工作教育的迅速发展，2005年5月，上海同济大学附属东方医院成立了中国第一个医务社会工作部，这标志着医务社会工作重新出现在中国医疗服务中。不久，医院社会工作部在上海儿童医院正式挂牌成立。据有关资料表明，上海东方医院与儿童医院开展了很多活动，包括：（1）小组工作。如糖尿病、直肠癌、青光眼、乳腺癌、心脏病术后小组等。（2）社区工作。如与医院所在社区合作开展疾病常识、自我保健与康复知识普及活动。（3）志愿者服务。如以康复病人、退休长者、大学生为主体，开展节日送温暖、流动爱心书站、病房探访、门诊引导、志愿者之星评选等项目。（4）个案工作。如对因疾病而产生心理、情绪困扰的住院患者进行辅导，以减缓压力。（5）实习督导。对大学的社会工作专业学生进行实习指导。（6）贫困救助。如设立爱心基金、接受社会捐助、实施救助等。

此外，首都医科大学附属朝阳医院和康复中心（博爱医院）都在积极地探索医务社会工作，并积累了一定的经验。② 2007年1月，北京协和医院社会工作部重新恢复建立。与此同时，医务社会工作的研究探索也在学术界起步，网上讨论信息正在逐渐增多。2006年，国家人事部、民政部制定的《社会工作者职业水平评价暂行规定》出台，9月1日开始实行。而在《社会工作者职业水平评价暂行规定》总则第二条明确指出："本规定适用于在社会福利、社会救助、社会慈善、残障康复、优抚安置、卫生服务、青少年服务、司法矫治等社会服务机构中，从事专门性社会服务工作的专业技术人员"。第三条规定："国家建立社会工作者职业水平评价制度，纳入全国专业技术人员职业资格证书制度统一规划。"我们相信，随着中国社会工作专业化与职业化的发展，医务社会工作一定会迎来科学发展的春天。

二、中国医务社会工作发展的内容

医务社会工作的内容，随着人们对于疾病产生的原因、治疗效果的认识的

① 参见王卫平．试论我国医务社会工作的若干问题［J］．福建论坛人文社会科学版．2004（5）：119.

② 参见吴任慰．现阶段我国发展医务社会工作的探讨［J］．福建医科大学学报：社会科学版．2003（4），2：38-39.

深化而日趋丰富。目前，中国医务社会工作的内容纷繁复杂，有多种分类方式。这里主要从医院照顾工作、社区照顾工作、疾病预防工作三个方面，来介绍我国医务社会工作的内容。

（一）医院照顾工作

医院照顾是医务社会工作的传统内容，也是现代我国医务社会工作的重要内容。社会工作在医院可以从两个方面介入医疗工作。

1. 对病人提供各类服务

医务社会工作为病人提供完整的治疗，辅导病人出院、转院，协助其家庭解决困难，这些是医疗卫生工作的必要环节。具体地说，医务社会工作对病人提供的各类服务包括：①经济方面的协助。即根据一定的标准，对低收入家庭的病人予以经济上的协助，并视其经济状况帮助他们申请贫病医疗救济，或转介给慈善事业机构。② 理性情绪的疏导。即结合现代医学知识，对病人与家属因疾病而产生的恐惧、焦虑、愤怒等情感，予以情绪疏导，并劝导其听从医生意见，积极参与医疗计划，以增进医疗的效果。③医疗知识的灌输。视病情的需要，分别向病人提供各种疾病的医疗背景与医药知识，以减少病人和家属对疾病的误解，增加其治疗的信心。④法律服务的转介。病人及其家属如果受到法律问题的困扰，社会工作者应将其转介到法律服务机构或志愿法律服务机构，以便及时获得法律方面的咨询或协助，减轻法律问题对疾病的压力。⑤就业方面的安排。病人如果由于疾病、伤残而导致失业，社会工作者应在其出院前，将其转介到就业辅导机构，使其得到申请就业或参加某种职业训练的机会，以有利于今后的谋生。⑥其他方面的协助。病人如果在家庭生活、定期健康检查、执行康复计划等方面需要协助时，社会工作者应及时予以指导协助。①

2. 参与医疗行政工作

由于患者和医院双方并非处于平等的地位，医患关系也并非建立在“自愿”的基础上，如此，在一定程度上处于被迫、被动、被支配地位的患者，需要第三方的介入与支持。而医务社会工作者作为患者的代言人和医患关系的协调人，可以全面介入到医院的各项工作中，其主要的工作内容包括：①参与医疗小组的治疗计划。即基于医疗小组提供的有关病情的社会-经济-情绪因素的分析，参与治疗小组的治疗与康复计划，并提供建议。②沟通病人与医护人员的关系。病人与医疗单位因处于不对等的地位，会影响双方的沟通。这样，社会工作者以其专业技术，可以协助双方保持良好的沟通，以充当医护人员与病人及家属的沟通桥梁。③协助医院开展社区医疗服务工作。即社会工作

① 参见刘继同．医务社会工作及其使命［J］．医院管理论坛．2005（10）：14-15.

者致力于协调社区资源机构，将医疗卫生服务工作由医院辐射到社区，以使居民获得医药卫生与疾病预防的基本知识，从而扩大医院的工作成效，促进卫生工作与福利工作的结合。

（二）社区照顾工作

社区照顾工作是当前我国医务社会工作的重点之一，目前社区照顾工作主要集中于以下两个方面。

1. 建立社会支持系统

对于病人而言，疾病的治疗、身体的康复，都离不开社会各个方面的支持。“久病床前无孝子”，如果连子女等直系亲属都无法提供病人所需要的照顾与慰藉，那么，社会其他相关人员就更难做到了。而医务社会工作者可以致力于改变这种不利于疾病治疗的社会氛围，为病人建立起社会支持系统。具体地说，此种社会支持包括社会舆论的支持、经济方面的援助、团体的照顾、邻居的帮助、亲人的探望、医护人员的关心等。而社会工作者通过“病人与家庭”、“病人及家庭与社会”、“病人及家庭与医院”之间的沟通、联系，可以改善病人的社会环境，建立起病人良好的社会支持系统，以协助其治疗。

2. 建立家庭病床

家庭病床主要以年老体衰的病人为对象。随着老龄化社会的到来，老年病人的日益增多已经对家庭、医院、社会形成了明显的压力。因此，设置家庭病床是应对这种局面的一项便民利民的措施，并且，这对于减少医疗费用、改善病人生活、方便家属对病人的照顾、缓和医院的压力等，均有重要的意义。为此，医务社会工作部门可以征募照顾工作人员，经过甄选，予以训练与辅导，为病人提供各种家庭照顾服务，包括护理、管家、个人照顾、社会服务、健康服务等，以此解决家庭病床的病人照顾问题。一般而言，家庭照顾的工作人员的报酬由病人支付，但是，他们大多属于人道主义者，具有助人的愿望，常常是免费工作。

3. 疾病预防工作

促进健康与疾病预防工作是我国医务社会工作新的发展方向。这项工作一般分为三级，第一级预防为健康教育，即鼓励免疫以营造卫生的心理环境；第二级预防为健康检查，目的是及早发现症状，进行早期治疗；第三级预防为治疗后的康复与预防疾病的再发或恶化。而社会工作者在疾病预防方面提供的服务日益广泛，主要有下列四项。

（1）从事社区卫生教育

医务社会工作者负有社区卫生教育的责任，他们可以采用社区座谈的方式，或者通过各种传播媒介，将卫生保健知识，特别是与特定的时间、空间有关的流行病知识，告知社区民众，并常常可以收到良好的社区卫生教育的效果。

（2）协调社区资源机构

医务社会工作者应与各地区的医疗卫生、教育及福利团体进行协商与探讨，通力合作，以发展本地区的公共卫生工作，达到预防疾病的目的。

（3）组织训练志愿工作人员

医务社会工作者应组织社区内有时间、有能力参与服务工作的志愿人员，经过医疗卫生机构的专业训练后，促使其从事社区内病人照顾及疾病的预防工作。

（4）从事社区疾病调查

医务社会工作者应协助医疗机构、社会机构、学术机构从事地区性疾病的调查研究工作，以期了解社区的疾病发生状况，特别是流行病的流行倾向，达到疾病预防的目的。20 世纪 50 年代，我国的疾病预防工作取得了举世瞩目的成就，此项工作主要由“爱国卫生运动委员会”承担。爱国卫生运动委员会通过下列工作来达到预防疾病的目的，包括：①组织、协调各地区、各部门的工作，把爱国卫生运动纳入各自规划。②组织、动员各行各业的广大干部群众，深入持久地开展社会卫生管理工作。③制定、修改各地区的卫生制度、卫生法规。④进行爱国卫生运动的预测和决策，落实卫生法规，促使爱国卫生运动经常化、制度化、科学化。⑤加强城乡卫生设施的基本建设，开展卫生宣传和卫生监督管理。此外，需要指出的是，我国目前正在积极发展社区卫生服务，而建立功能合理、方便群众的卫生服务网络，应是我国卫生事业发展的必然趋势。

三、中国医务社会工作未来的发展方向

医务社会工作与健康照顾体系关系密切。我国健康照顾体系的现状与特点决定着医务社会工作的发展。其中，我国的健康问题的状况，比如城市居民的健康问题严重、医疗费用负担沉重、城市医疗服务输送体系不完善，农村三级卫生网与市场经济体制相冲突，医患纠纷频繁发生，以及我国医疗费用的政策与医疗服务输送系统的架构之确立，存在着很多变数等，这些都是我国医务社会工作发展的重要制约因素。不过，我们认为，因我国医疗体制正在经历变革，有关医疗保险、医疗服务输送体系等政策正在制定过程中，其颁布施行后将极大影响医务社会工作的制度化进程。加之，医疗模式从传统的生物医学模式向生理-心理-社会医学模式的转变是发展的方向，这就注定了关注社会心理因素的医务社会工作在医疗服务中占有不可或缺的地位，制度化的医务社会工作是迟早会出现的。此外，展望中国医务社会工作的未来发展，我们也认为，应有两个重要的实务介入领域，一是处理医患纠纷，这应该是医务社会工

作最佳的介入领域，因为其核心的起因是医患间缺乏沟通；二是协助病人寻找与获得经济补助，比如，医务社会工作者长期开展募捐活动必将带来积极的成果，并将极大地推动相关政策的发展。

思考题

1. 什么是医务社会工作？其特点有哪些？
2. 健康概念与生物医学模式转变的主要社会影响是什么？
3. 简述医务社会工作的主要方法。
4. 简述中国医务社会工作的主要内容。
5. 结合实际，请你谈谈中国将如何开展医务社会工作。

主要参考文献

[1] 黎帼华．美国社会服务［M］．合肥：中国科技大学出版社，2002.
[2] 李增禄．社会工作概论［M］．台北：巨流图书公司，2002.
[3] 刘继同．医务社会工作及其使命［J］．医院管理论坛，2005（6）．
[4] 秦 燕．医务社会工作［M］．台北：巨流图书公司，1996.
[5] 史柏年．社会工作实务（中级）［M］．北京：中国社会出版社，2007.
[6] 谭晓东．社会医学与健康促进学［M］．北京：科学出版社，2000.
[7] 王思斌．社会工作概论［M］．北京：高等教育出版社，2006.
[8] 张乐天．社会工作概论［M］．上海：华东理工大学出版社，1997.

第二十三章　工业社会工作

深圳当代社会观察研究所是一家民间劳工问题研究与公民权益促进机构，成立于2001年，以研究中国社会转型期出现的重大现实问题为目标，关注经济全球化背景下的劳工生存与发展状况和企业社会责任。它的服务领域包括三个方面：

（1）劳工服务。服务内容包括：提供法律援助的劳工热线；培训工人处理危机的能力，创建面向移民民工的社会支持网络；通过专业人士的咨询和辅导，传播法律意识，维护社会稳定。2001年以来，该研究所已经向3 000多名工人提供了法律援助，并且以不同方式为50多件劳动争议个案进行了辅导。

（2）监督、评估企业社会责任。与外国公司、非政府组织、劳工组织、学者以及本地机构合作，围绕共同利益与目标建立合作伙伴关系。该研究所的工厂检查与评估团队由学者、律师和劳工服务专家组成，这些专业人士运用法律知识、服务经验和研究分析能力，监督、评估公司的社会责任，并在保护劳工权益的前提下，促使企业建立一个不断完善的发展模式。

（3）为公司员工和管理人员提供教育培训。开展工人发展能力培训、供应商的管理培训、健康与安全培训，引导企业管理人员和工人开创新的前景，学习并建设适应社会发展需要的企业文化，建立劳工、公司和供应商共赢的新秩序。（资料来源：高钟等．企业社会工作概论［M］．上海：社会科学文献出版社，2007：211）

在上述案例中，深圳当代社会观察研究所为劳工提供的服务，就是本章所要介绍的工业社会工作。

第一节　工业社会工作概述

一、工业社会工作的含义

工业社会工作一词由英文“Industrial Social Work”翻译而来，有“工业社会工作”、“职业社会工作”、“劳工社会工作”、“工厂社会工作”、“工业社会服务”、“工业辅导”、“工厂辅导” 等多种名称，它与其他领域的社会工作并没有太大的差异，所不同的只是服务对象、实施场所的不同。工业社会工作的主要对象是工业界（或企业界）的员工，实施场所则大多在与工作有关的组织之中，如工厂、公司、工会等。

社会工作在工业界的实施有不同的解释与定义，以下简述之。

1978 年全美工业社会工作研讨会给工业社会工作所下的定义为：工业社会工作是指运用社会工作的专门知识与技术，去满足工人或工会会员的需求，并达到企业组织的目标①。

B. Googins&J. Godfrey 认为，工业社会工作是一项实务工作，在此中社会工作者注意到工作环境中员工的人性与社会需求，并透过适当方案的设计与执行，以维护员工的健康与工作环境的良好②。

林联章认为，工业社会工作的发展，是以其专业知识和技术，发掘工厂员工生活上、工作上的需求和困难，并运用厂方既有资源和社会资源，来解决员工的各种调适问题，使之能安于工作而无牵挂，以稳定生活、平衡其身心、发展其潜能，促进人力资源高度之发挥。③

李宗派认为，工业社会工作是将解决人的问题的方法运用至工业界，专门协助企业解决其劳资纠纷、劳工之心理情绪卫生及家庭福利服务。④

徐震、林万亿认为，工业社会工作是将社会工作的专业方法实施于工业体系或工业机构（设施）中，透过社会工作人员与其他相关专家的协助，增进员工解决问题的能力，促进良好的工作关系，充实员工的职业生涯，提升合理而有效率的生产环境。⑤

关锐暄认为，工业社会工作是一种系统地去帮助个人或团体更有效地适应

---

① 参见 Sheilia H. Akabas, Paul A. Kuzman, and Nacy S, Kollen, eds. . *Labor and Industrial Settings* [M]. New York: Columbia University School of Social Work, Hunter College School of Social Work, Council on Social Work Education, National Associaltion of Social Workers, 1979: 5.

② Bradley Googins, Joline Godfrey. *The Evolution of Occupational Social Work* [M]. Social Work. sep-oct. 1985: 396-402.

③ 参见林联章 . 工厂员工适应问题服务措施之研究 [M]. 东海大学社会学研究所, 1982: 44.

④ 参见李宗派 . 工厂社会工作研习会实录 [M]. 台湾: 高雄市政府社会局编印, 1983: 17.

⑤ 参见徐震, 林万亿 . 当代社会工作 [M]. 台北: 五南图书出版公司, 1983: 481.

其工作环境的方法。①

综上所述，我们认为，工业社会工作是指社会工作者将社会工作的专业知识运用到工业界，帮助员工解决个人的、家庭的和工作上的种种困扰，提高员工解决问题的能力，促进其身心健康、生活稳定，创建合理而有效率的生产（工作）环境，使员工最大地发挥自身潜能，最大限度地取得良好的工作绩效，更快更好地实现企业目标。

工业社会工作是社会工作实施的重要方面，也是企业管理的重要方面。它一方面提供人性的服务给工作者，协助其处理社会功能和人际关系的问题，提升工作者自我解决问题的能力；另一方面将社会工作专业方法应用于工业组织管理领域，改善生产环境，同时也间接协助企业组织达成生产目标。对社会工作者而言，工业社会工作是对影响个体的复杂环境进行干预，从多元的环境系统中去影响劳工个人。其所提供的服务包括咨询、团体服务、实质性服务方案、为员工辩护、社区与个人的连接服务、协助员工与管理部门人才培训、工业社群和工会的决策顾问等。同时，其服务的方式包括方案发展、自我肯定、宣导公司社会之责任或提供法令分析等。除此之外，社会工作者在工业领域也关切雇佣组织与其外在环境的关系，以间接创造组织的良好形象。

二、工业社会工作的发展历程

（一）萌芽时期

工业社会工作的起源与工业革命进程和工人运动的发展有着密切的联系，特别是同社会福利制度的建立与完善直接相关。工业革命使西方国家的经济结构发生变化，也使阶级矛盾和贫富悬殊现象更加严重。19 世纪中期以后，工人阶级作为巨大的政治力量登上历史舞台，迫使资产阶级实行一些社会改良措施，建立起包括退休、伤残、医疗和困难救济等项目的社会保障制度，以缓和阶级矛盾。工业社会工作由此而兴起。

18 世纪后期福利运动在美国、英国与德国兴起，工商企业界为能解决劳工问题，雇用专人来处理员工衣、食、住、医疗、灾难救助与休闲活动等问题。这些福利秘书或干事大都是高中教育程度，大部分为教师、护士或牧师，绝大部分曾接受过慈善事业组织的社会工作员工训练。他们经常将团体工作方法应用于员工教育、休闲与社会化活动，用个案工作方法处理员工个别问题。当时的福利秘书可以说是员工的指导者与朋友，但他们可以发挥的功能仍然有限，主要功能在调查员工的抱怨与监督宿舍、餐厅、衣帽间等。到 1930 年时，

① 参见关锐暄．社会工作的新领域——工业社会工作［J］．社会福利季刊，1978（4）：3.

工厂制度渐渐发达，社会工作进入专业化，同时劳工本身物质欲望增强。在此阶段，工业社会工作者注重劳工个人的适应与行为问题，比如酗酒与药瘾、工作适应与家庭婚姻生活适应问题。

（二）发展时期

工业咨询服务从1930年兴起，到1940年开始衰退，这一期间的主要任务是利用社会资源协助员工解决个人与家庭问题。直到1963年，美国颁布社区心理卫生法案，员工咨询才再度被广泛使用。尤其在1972年全美心理卫生处提供训练基金给需要心理卫生服务的劳工们，从六次到八次的训练课程让学员知悉心理疾病的性质、治疗与咨询服务的方法，解决酗酒与财务困难等特殊问题。

1958年美国人造偏光板公司设立咨询部门，针对焦虑、沮丧与缺乏信心的员工给予协助。这个部门的主要功能是个别咨询、压力缓解、团体讨论、特殊方案与研究。员工对咨询的需求是来自于本身问题（沮丧、焦虑、情绪困扰、酗酒药瘾、赌博）、家庭问题（婚姻、亲子关系、年老父母、婚前怀孕）与工作问题（工作不满意、与上级争吵、工作表现差、同事关系不佳、缺勤）。

从1960年以后，美国有许多工商企业组织采用员工咨询服务，包括美国钢铁公司南方厂、标准公司、石油公司、美国人造偏光板公司、芝加哥CAN保险公司、爱荷华电话公司、美国国际商业机器公司、美国肯尼寇铜矿公司与美国欧林公司等，他们除了聘请律师与心理专家外，还聘用社会工作人员从事了解有问题的员工与谋求相应对策的工作。可见，在此阶段，工业社会工作者的工作重点是运用社会工作的方法整体规划工厂社会服务措施，并主要针对劳工问题提供咨询、危机处置、知识性教育训练、转介、员工协助方案及工余时间方案与管理的咨询工作。

（三）成熟时期

从1970年以后，工业社会工作成为整合性服务，美国钢铁公司南方厂咨询中心即提供这种服务，包括以任务为中心的个案工作、社区资源转介与联结服务，其咨询服务以社会环境、法律、财务、心理卫生与健康等问题为主。

1971年，美国国家邵麻银行（National Shawmut Bank）实施工作改进服务方案，由专业心理卫生组织代为甄选与督导专业咨询员协助二百名员工处理健康、怀孕、婚姻与爱情、与上司相处、不了解员工福利、工作活动迷惑、酗酒与财务问题。1971年，美国联邦工会在纽约市推行健康与安全计划，提供牙科、药物、视力、残疾、医疗服务与津贴咨询。此计划的执行主管认为服务有不适当之处，特别邀请美国哥伦比亚大学工业社会福利中心加入这个健康与安全计划，并成立个别服务单位。个别的咨询员以一半的时间进行面对面或电话访谈，另外，还拜访工会干部、社区机构、法院、日托中心、交友中心等。

可见，这一时期是社区与社会价值及企业管理价值的整合，视工厂为一个社区。经由工业社会工作促使劳资合作，采取“管理与参与管理”制度，共同计划个案与共同分配利润，共同促进社区的繁荣和国家的强盛，达到工商企业组织的民主社会化的最终目的。因此，工业社会工作者一方面在工业区内进行联合性服务，由工业社会服务中心采取社区组织方式，对工业区内所有工厂提供服务；另一方面在工厂内推展人力发展、工作设计、组织设计、组织发展的功能，并对工厂的管理功能采取咨询服务。

三、工业社会工作的服务内容

概括地说，工业社会工作的服务内容可以归纳为以下几类：

（一）咨商性的方案

咨商性的方案指协助有困扰的员工去面对问题、认清问题，寻找解决问题的办法，并采取行动。

（二）教育性发展性的方案

教育性发展性的方案即协助员工进修与学习，如语文、摄影等各种技术研习班，以及通过演讲座谈来增进员工的知识；此外，也包括成立学习团体、成长团体等，运用团体动力促使员工增进人际关系，加强自我了解，进而达到成熟的人格。

（三）康乐休闲性的方案

康乐休闲性的方案包括组织工厂内的社团，举办各种团体活动、旅游活动、运动竞赛等。

（四）咨询性的方案

咨询性的方案指为劳工提供相关的信息与资料，如社会资源介绍、劳工法规说明等。此外，还包括向管理者提供沟通、领导等人际关系方面的知识。

（五）企业社会责任方案

企业组织与社会是相互依赖的。因此，企业有责任解决社会问题与改善社会福利及经济。一般来说，企业组织常雇用双硕士学位者（社会工作与企业管理），来主持企业社会责任方案。而企业组织常制订的企业社会责任政策有：有关员工安全卫生、心理卫生、教育训练、退休福利、工余时间安排、员工工作外福利、职业妇女等。目前较普遍的企业责任方案有消费者关系、社区关系、自然环境保护、企业基金与国际性公司对当地社会的责任等。

此外，从社会工作者在工业机构中应负有的职责，可以将工业社会工作的服务内容分为两大类：一是直接服务，包括通过个案咨询与举办各项活动，协助员工解决个人的问题，以维持生产力；使用社区服务方式，来满足员工的需求，并建立与社会资源联结的服务方案；协助一线人事部门明了如何转介与维持转介功能；发展与监督管理资料、信息体系、记录服务资料，以此用作独立的活动方案的参考。二是间接服务，包括发展未来方案与人事计划；给管理部门提供有关决策与人力资源政策的咨询；协助社区开展卫生、福利、休闲活动，并执行教育方案；赞助医疗照顾与支付劳保费用，协助提出新的劳工福利方案；为制订与执行劳工立法提供建议。

四、工业社会工作的功能

工业社会工作是运用专业化、职业化、制度化和创新化的方式来汲取和发送社会福利资源的社会服务体系，无论是针对员工个体、组织内结构、工作环境、抑或是为了社区与社会的福祉而运用工商业界的资源，它都能发挥作用。具体地说，工业社会工作的功能主要有以下几个方面。

（一）协助困难员工摆脱困境

扶弱、济贫、帮困是现代社会工作的重要职责，也是工业社会工作的重要功能。作为社会福利资源的筹集和发送体系，工业社会工作不仅可以利用直接工作方法来帮助员工摆脱困境，而且还能利用间接工作方法来维持社会的稳定。社会工作者可以联系某些社会资源，帮助员工在合法条件下获得某种物质上的支持，在某种程度上解决其生活方面的困难。比如通过政策方面的服务促使劳工获得制度规定范围内的经济和物质支持，通过与非营利组织、社会服务机构的连接促使他们得到优惠的甚至免费的服务等。

（二）重建企业员工信心

工业社会工作的微观基础是利用心理机制来恢复员工的生活信心。在西方工业化国家，工业社会工作起步较早，并形成了员工协助方案（EAP）、任务中心咨询方案（TCP）、合理情绪治疗（RET）、社区资源训练中心（CRT）等工作模式，这些工作模式对解决西方国家员工的心理适应问题起到了积极的作用。而社会工作者通过心理辅导等方法来帮助员工认识、应对及缓解压力，促使其积极地对待逆境和挑战，并通过建立广泛的社会支持网络来重建生活的信心。因此，通过建立专业关系，社会工作者可以全面了解企业员工产生的冲突、挫折、疏离、无能、不适等心理问题的原因，特别注意掌握具体心理问题的相关细节，设法找到失去生活信心的症结，通过认真评估、分析和研究，设计出详细的治疗方案，为工作对象提供直接服务，从而使其重新振作起来，增加克服困难的勇气、决心和毅力，激发其积极性、主动性和创新热情。

（三）增强企业凝聚力

作为具体解决企业内外各种问题的专业活动，工业社会工作不仅可以有效解决企业组织的外部关系失衡问题，也可以促进内部关系协调，增强组织的凝聚力，其突出功能就是促进企业搞好内部沟通，加强对外传播，塑造企业形象，促进从业人员的全面发展。具体地说，工业社会工作能够有效解决人际关系、群体关系层面上的问题，帮助从业人员建构一种可以正常生活的社会环境；工业社会工作能够有效通畅员工之间的信息沟通渠道，创建群体内的民主气氛，使从业人员产生集体感、归属感、荣誉感和价值感，愿意为企业发展承担责任和义务；社会工作者懂得用心沟通，并通过卓有成效的专业介入，帮助企业创办宣传刊物，及时了解外界动态，并将合理化建议制度化、规范化，充分利用传播媒介来搞好内外沟通，通过对员工信念的培养、理想的建立、个性的塑造、心灵的满足和精神的训练，建立起个人对企业的认同感和企业凝聚力，形成强烈的团队精神。

（四）维护员工合法权益

维护企业员工合法权益是一个社会公平程度的表现，也是社会工作机构的重要职责。社会工作为追求社会公正，始终把维护弱势群体的合法权益置于重要位置，通过社区服务、宣传鼓动、影响社会政策等途径来帮助工作对象。同时，社会工作者伸张社会正义，透过理解、关怀、救助等活动来满足专业团体对道德的要求。

（五）预防问题产生

工业社会工作能够以积极主动的态度对待组织内外产生的各种问题，及早预测、发现、控制和消除那些可能妨碍社会稳定的因素和条件，实现人与环境协调发展。因此，工业社会工作的功能与其干预的焦点密切相关，也与预防社会问题和保障企业和谐不可分割。而社会工作的预防性干预对于维持社会和谐均衡与相对稳定的贡献是十分明显的。比如，工业社会工作减少了因矛盾激化而造成的对社会秩序的冲击，建构出一种可以使从业人员正常生活的社会环境，促进社会和谐稳定。同时，工业社会工作还可以通过制度建设来发挥作用，在制度层面弥补政策缺陷，提出社会政策的修订建议，促进合理的社会政策出台，以有效预防企业问题产生。

第二节　工业社会工作的理论基础与服务模式

一、工业社会工作的理论基础

（一）企业社会责任理论

企业社会责任是指公司不能仅仅以最大限度地为股东们赢利或赚钱，作为自己的唯一存在目的，而应当最大限度地增进股东利益之外的其他所有社会利益，此种社会利益包括雇员（职业）利益、消费者利益、债权人利益、中小竞争者利益、当地社区利益、环境利益、社会弱者利益及整个社会公共利益等内容。而企业社会责任则是企业对社会的一种承诺，包括符合伦理道德的行为，为整体经济发展所作的贡献，以及提高本企业员工及家属的生活质量、在当地社区服务乃至整个社会生活水平的提高等方面所做出贡献等。

具体地说，企业社会责任包括四个层次：第一层次是经济责任。即企业要确保股东的利益与追求利润最大化，要为员工提供好的工作，生产出让顾客满意的产品。第二层次是法律责任。即企业的生产经营活动要符合法律规定和市场规则，在追求利润最大化的同时要遵纪守法。第三层次是伦理道德责任。即企业要遵守商业道德，公平、公正的竞争，避免恶性竞争。第四层次是慈善责任。即企业要为社会、教育、娱乐和文化活动等做一些慈善性工作，为慈善事业捐财捐物，用企业的财富造福社会，做一个好的企业公民。可见，一个具有社会责任感的企业，应该从第一层次到第四层次依次努力，获得利润、遵守法律、遵守伦理道德、做一个好的企业公民。

(二) 相关人利益说

早期狭义的企业相关利益人包括出资人、雇员、顾客、供货商等。不过，随着社会的发展，出现了广义的企业相关利益人。广义的企业相关利益人指在狭义的企业相关利益人中加入社区、政府及提升公司形象的组织，这些组织包括维护人类赖以生存的生态环境的组织、劳动者权力组织、工会组织、人权组织等。企业的表现不仅仅要重视它的财务业绩表现，也要重视它的社会表现，但并不是所有的企业都重视企业的社会表现。实际上，多年以来，企业对其相关利益人的定位仍停留在早期的狭义定义上，即出资人、雇员、顾客、供货商等，只是随着世界经济的发展，越来越多的企业开始重视广义层次的相关利益人。

英国经济学家查尔斯·汉迪曾以企业像是在一个六棱形的圈里运营来比拟公司承受的各种利益相关者的压力。六棱圈指出资人、雇员、顾客、供货商、环境、社会。同时，查尔斯·汉迪指出，公司不是一种在股市上卖来卖去的财产，不是一种工具，不是某种产权，利润只是公司存在的必要而非充分条件，营利只是某种目标的手段，而不是根本目的。如此，公司应该具有自己的使命，并且公司是一个拥有自己财产的共同体，这个共同体应当是活着并且不断成长着的。进一步，为了朝着具有独立使命的自我完善方向发展，公司必须平衡各方的利益，对六棱圈的每一方都有某种承诺，但又不为任何一方所有。因此，公司仅仅建立事业部并与环境关联，以及为企业利益的商业前途做长远规划是不够的。因为，此种行事原则只是为股东利益，而不是为了所有利益相关者的利益，即这不是对所有相关利益人公平的游戏规则。

二、工业社会工作的服务模式

工业社会工作的服务模式可概括为三种：员工服务模式、顾客服务模式以及社团社会责任模式，以下简述之。

（一）员工服务模式

员工服务模式主要集中在系统的微观层面上。在这种模式中，社会工作者是企业的正式雇员，在人事部门任职，并为企业员工提供如下服务，包括：对员工及其家庭进行咨询辅导；开展员工教育发展计划；开展与实施娱乐活动；同与员工个人问题有关的管理部门进行咨商；训练督导人员，以便及时辨认和处理员工的问题。而员工服务模式是社会工作在人力管理方面的应用，只是在运用这一模式中，社会工作者必须小心避免角色上的迷惑。因为愈来愈多的服务或福利政策及方案，会使社会工作者在本身专业与人事管理两者之间形成角色冲突。

（二）顾客服务模式

顾客服务模式是在一个更广泛的层面上对个人进行的干预。在这种模式中，社会工作者不再是某一组织的雇员，而是对所有有需要的员工进行服务。在运用这一模式中，社会工作者受雇于某一个社会服务机构，并通过开展项目来为有需求的人士提供服务。一般来说，社会工作者的工作有：与顾客一起评估他们的需求以及寻求实现这些需求的最佳途径；帮助顾客寻找社区资源；联系有关的社会服务机构及开展一些外展服务计划。

（三）社团社会责任模式

社团社会责任模式主要集中在系统的中观和宏观方面。在这一模式中，社会工作者与工作组织、社区、社会一起，发展和加强一些支持个人及家庭的计划。而社会工作者的工作任务有：对工作组织的人力发展策略、政策以及免税的捐赠活动等进行咨询；与社区组织进行咨商，分析相关的法令并提供合理的建议；进行相关的研究以发现需求及评估现有的计划或政策；加强社区、社会服务机构和社区利益之间的联系。可见，在此模式中，社会工作者主要扮演一个咨询顾问的角色，并对现有的工作计划和方案进行评估，以影响社会政策的制定和实施。

第三节　工业社会工作的方法与服务方案

一、工业社会工作的方法

所有社会工作方法皆可运用于工业界，包括个人服务、团体工作服务、社区服务、社会工作研究、社会行政等。

（一）个人服务

个人服务是运用辅导、咨询、社会个案工作、心理卫生与精神医学等专业知识和特殊技能，以系统的工作计划、协调、转介、咨询等为员工提供持续的服务，促使员工自我了解、发挥潜能以适应工作与生活的环境。在个人服务中，社会工作者通常直接面对员工或者家属，针对个人及家庭提供服务，以协助其解决酗酒、滥用药物、焦虑、自卑感、婚姻问题等，或将个案转介到适当的机构。一般来说，个人服务比较常用的方法有以下几种。

1. 咨询

咨询是指受过专业训练的咨询人员运用专业的方法、技术，对在适应能力上有问题的人给予心理上的影响，帮助其解决问题的过程。在咨询中，咨询员运用积极倾听的技巧与案主沟通，为案主充分表达思想感受提供良好的环境，协助案主自我认识、自我了解，缓解其紧张情绪。具体地说，为了使案主的问题能切实获得解决与改善，咨询员需要做好以下工作：咨询员与案主订定契约，为帮助案主实现某种期望（或改变某种感受）提供制度保障；安排示范与角色扮演，使案主在无压力情形下学习；配合行为增强制度，给案主提供支持，并完成期望的行为；咨询者为促成案主目标的达成，需要协助案主制定决策与做出决定。

2. 社会个案工作

社会个案工作是一种由个人入手的专门工作或方法，其实施对象为个人或家庭，主要目的在于协助发生问题或遭遇困难的个人或家庭。一般来说，工业社会工作针对个人及家庭提供服务，其问题包括酗酒、滥用药物、焦虑、自卑感、婚姻问题等。而社会工作者通常直接面对员工或其家属，协助其解决问题，或是将个案转介到适当的机构。社会个案工作最普遍的方法有问题解决法、行为矫正法、危机处置法、任务中心个案法与发展性协助模式等。

3. 转介

转介是社会工作者通过面谈了解案主问题，然后运用社区资源协助案主，帮助案主获取其最需要与最合适的服务的一种方法和过程。转介工作中最主要的是寻找社区资源并将案主转介给这些资源，其基本步骤有：确认案主的问题（帮助案主认定其问题）、寻找合适的资源、描述合适的资源与获取的方法、视案主是否有兴趣去利用这个资源、案主是否想获取资源、咨询者确定其在转介工作中所扮演的角色及应承担的责任、咨询者进行转介工作。

（二）团体工作服务

团体工作是处理社会关系困扰和团体发展的一种方法，它视团体为治疗的工具。在工业社会工作中，常常通过社会工作者的参与、组织团体活动及团体成员的互动，来促使参与团体的个人获得行为的改变、社会功能的恢复与发展。同时，在工作场所中，团体也可以在工业社会工作者的辅导下聚会。一般来说，团体通常有 8 至 12 位具有共同问题的人，他们每周或每两周聚会一次，每次 1–2 小时，在此中去思考问题、分享感受与经验，形成良好互动，并共同计划，相互协助，最终达到团队建设、相互支持以及赋权的目的。

（三）社区服务

工业社会工作者充分了解社区资源，与这些资源机构保持联络，善用这些资源，必要时转介特殊的个案。因此，工业社会工作者可以视企业组织为一个功能社区，以咨询者的角色协助企业组织去计划、协调、整合所有相关的员工服务方案。同时，社会工作者也可协助企业主管去了解社区的社会问题，为社区提供有关的服务。

（四）社会工作研究

社会工作研究是探求事实真相的过程。工业社会工作者可以协助企业组织去了解劳资关系的实际情况、劳资之间的问题，以及应采取的行动等，以充当企业与劳工的桥梁与纽带，反映劳工声音，传递企业信息。

（五）社会行政

社会行政是将政策转化为服务的过程。工业社会工作注重将企业的劳工福利政策转变为实际的服务。因此，工业社会工作者可以协助企业组织及员工了解国家的劳工政策，并监督相关部门切实执行这些政策。

二、工业社会工作的著名方案

在工业化国家，工业社会工作起步比较早，在其发展过程中，工业社会工作者致力于将社会工作一般原则和方法应用到解决员工问题的工作中，形成了一系列工业社会工作的职业方案和计划，以下是几个比较著名的工业社会工作的方案。

（一）工业酗酒方案（Industrial Alcoholism Program）

20 世纪美国工业界的酗酒风气严重，酗酒容易发生意外、旷工，并使企业的医疗费用增高，造成企业的负担及浪费。这样，一些二业机构中实施了工业酗酒方案，协助工作场所中的员工解决酗酒问题，以减少不良工作表现及经常旷职所导致的损失。

工业酗酒方案即训练企业组织内的基层干部去监督有酗酒倾向的员工，他们将员工工作的表现记录下来，然后运用对质技术使员工承认问题的存在。基层干部再将这些酗酒员工转介给工业酗酒方案的咨询员。工业酗酒方案的咨询员接到转介个案后，与该员工会谈，以确定此员工真的有酗酒问题。若有酗酒问题，则该员工可以就在公司内的咨询部接受治疗，也可以再转介到社区的机构接受治疗。

此外，工业酗酒方案的成功，需具备如下要素：（1）明文的政策，标示出公司关怀酗酒员工，并说明方案的运作程序；（2）长期推行方案；（3）尽早发现酗酒员工；（4）有赖基层干部的配合；（5）基层干部尽力说服酗酒员工接受治疗；（6）当酗酒员工同意接受治疗时，治疗要尽快进行。

（二）员工协助方案（Employee Assistance Program）

企业员工在生产生活中常常要受到各种问题的困扰，如婚姻问题、家务问题、财务问题、法律问题、健康问题等，影响了工作效率的提高。为了有效地确认与治疗工作中效率低下的员工可能存在的心理、行为上的反常问题，工业社会工作部门推出了员工协助方案，该方案主要目标在于恢复员工正常的工作行为，以促进生产力发展，从而对公司和员工双方均有益处。一般来说，员工协助方案以下列假设为开展工作的理论依据，包括：其一，假如对工作不产生影响，员工个人的私生活、发生的生活问题就不便干涉；其二，发生于员工身上的大多数问题，不论其性质如何，不可避免地将在员工的工作中表现出来，从而影响其工作热情和工作效率；其三，监工的角色与任务之一就在于衡量、评估员工的工作成就。

从上述假设出发，员工协助方案的实施分为四个过程：（1）政策与程序。主要有三个要点：每家公司必须制定明确的政策，以确定支持治疗与复健计划；必须确保作为案主的员工在企业中的工作职位、安全与地位不受威胁；必须清晰地规定政策执行的方法、途径与程序，确认管理人员、治疗者与治疗对象的角色任务。（2）训练。即各级监督人员组成实施员工协助方案的基本队伍，以训练各级监督人员。让督导人员了解该方案的哲理及其功能、政策、程序、角色，是该方案取得成功的基本保证。（3）服务。即员工协助方案向员工提供全方位的服务，服务范围涉及情绪问题、婚姻问题、财务问题、法律问题等，同时通过维持转介渠道的畅通，及时提供转介服务等，来协助员工寻求解决该问题的方法与途径。（4）追踪服务。即员工协助方案的工作人员必须向员工提供追踪服务，包括：一是追踪接受转介服务的个案，以确定员工接受服务的情形、评估服务的质量与效果；二是追踪接受服务的案主，了解其现状，以评估其服务的成效。

（三）任务中心的咨询方案

任务中心的咨询方案是以解决问题为导向，以咨询、转介为主要形式的工业社会工作方案。20世纪70年代初，美国芝加哥的一些企业成立咨询中心，为员工及其家属提供范围广泛的服务，包括社区资源的转介、任务中心的咨询、监工与管理人员有关员工问题的咨询、紧急服务、追踪服务等。

一般来说，任务中心主要处理以下问题，包括：一是处理员工与家人在行为方式、人际冲突和社会适应困难等方面的问题，如婚姻冲突、儿童行为问题、教育机会、工作训练、子女照顾、酗酒等。二是协助员工与家人处理涉及法律与财务方面的相关问题，如离婚、被捕、出庭、负债、欺诈、失业补偿等。而该方案的主要工作形式是咨询，咨询过程一般为5至10分钟，社会工作者要求案主尽可能简要地陈述所遇到的问题、说明整个情景，在此基础上分析问题的关键因素，着重于分析何人、何事、何地、何时，以及案主陈述事件的情绪。咨询工作中最重要的是及早界定案主所认定的问题，以构成咨询辅导工作的基础。如果案主对问题认识或表达模糊不清，社会工作者则要通过关键因素界定所要解决的问题。此外，转介服务也是该方案的另一种工作形式，用以补充、配合咨询服务。而提供转介服务的基础条件在于开拓有效资源，不断补充、随时更新可应用的资源，以形成配套的资源网络。

(四) 社区资源与训练中心

社区资源与训练中心是美国明尼苏达州北动力机械公司所设立的社会工作机构。该中心通过开发社区资源，为公司所属员工及退休人员提供服务。该方案主要涉及两个方面的内容，一是提供直接服务，二是提供咨询与训练员工，其具体的服务项目如下：(1) 个案咨询。即为员工提供关于个人、家庭、财务、吸毒、老年、职业复健和健康等方面问题的咨询。(2) 危机调适。即当员工出现情绪、心理问题，或在生产过程中遭遇意外事件时，及时予以情绪疏导，辅导其正确处理问题。(3) 自主方案。即本着助人自助的原则，主动协助、支持酗酒者家属团体开展反酗酒活动。(4) 休闲活动。即积极开发社区资源，组织或提供各类正当的休闲娱乐活动，以丰富员工的业余生活。(5) 转介服务。即联结其他社会服务机构，维持转介渠道畅通，积极提供各类转介服务。(6) 向管理部门提供咨询。即就员工人事上的问题，包括组织问题与个人问题，向管理部门提供咨询服务。

最后，需要指出的是，除了上面介绍的四个工业社会工作方案以外，工业社会工作界实施的比较有影响的还有肯尼寇顿悟方案（Kennecotts Insight)、波士顿大学EAP方案（The Boston College Employee Assist and Program)、社区机构合作方案、个人服务方案等。

第四节 中国的工业社会工作

中国工业社会工作始于1927—1937年第二次国内革命战争时期。当时，江西革命根据地的公营工厂已把对职工的思想政治教育和职工的福利作为工厂管理工作的重要内容。中华人民共和国建立后，工业社会工作进入了一个新的发展阶段，随着社会主义建设事业的发展，工业社会工作已在逐步扩大实施范围及工作内容。但是，中国的工业社会工作并未以独立专业的面貌出现，它在社会主义的企业中，既是有领导、有步骤地进行的社会工作，又是企业实行民主管理的重要方面。简言之，中国的工业社会工作是在中国共产党基层组织的领导和厂长或经理的负责下，由工会运用群众自我管理、自我教育等方法，预防并解决职工在物质和精神方面的问题，激发职工的社会主义劳动积极性和创造性，以提高劳动生产率和产品质量，增强企业的活力。

一、中国工业社会工作的服务内容

工业社会工作与企业管理部门、工会组织及有关机构密切合作，向职工提供了广泛的服务。其内容十分丰富，涉及举办职工福利、发展职工教育、协调人际关系，以及解决职工或家庭的实际问题和思想问题等方面。目前我国还没有建立专业的工业社会工作者队伍，而劳动、人事部门和工会组织实际上提供了相应的服务。

（一）举办职工福利事业

职工福利是由企业、事业和国家机关单位通过建立各种补贴制度和举办集体福利事业，以方便和改善职工生活，解决职工个人难以解决的生活困难，来保证职工正常生活，提高职工生活水平的一种社会福利事业。一般来说，职工福利服务的内容是多方面的，主要包括：（1）在劳动条件方面，有工作环境设施、劳动保护设施、工资、工时与休假、调职与升迁等；（2）在医疗卫生方面，有工业灾害预防、职业病防治、意外伤害赔偿、疾病防治卫生防疫等；（3）在社区服务方面，有职工子女教育服务、残疾人康复中心、老年人活动中心及职工食堂、职工宿舍、哺乳室、托儿所、幼儿园以及理发室、浴室等各种便民利民的服务项目；（4）在休闲娱乐方面，有组织节假日活动、安排周末娱乐活动、组织旅游、组织体育活动、安排疗养，组织各种文化活动和配备职工文化馆、图书馆、阅览室、俱乐部、球场、职工业余学校等设施；（5）其他还有冬季取暖补贴、探亲假补贴、上下班交通费补贴、职工生活困难补助、兴建与分配职工住宅等福利性补贴。

（二）协调人际关系

人际关系是职业生涯中一个非常重要的课题。工业化进程促使越来越多的人进入生产企业或其他职业劳动场所，人们接受并发展了以职业劳动为基础的交往关系。然而，有一些因素在影响着职业交往关系的正常发展，如利益分配、角色差异、职业变动等。而工业社会工作的一个重要职责就是要协调企业内部的人际关系。一般来说，协调企业内部的人际关系主要从以下三个方面入手：

其一，要化解职工与职工之间的矛盾。改革开放促进了生产力的发展，提高了职工生活水平，但相伴随的竞争也使得部分职工由于健康、年龄、技术等方面的原因而处于弱势地位，出于竞争压力和对失业的担心，他们与处于竞争强势地位的群体和个体可能产生矛盾，需要社会工作者加以化解。

其二，要消除职工和管理干部之间的矛盾。部分职工迟到早退、出勤不出力、违反企业的规章纪律，或由于工作能力等原因造成工作效率低下、难以胜任现有的工作等，都会遭到管理干部的批评、处罚，而这些批评和处罚会引发职工和管理干部之间的矛盾。因此，工业社会工作者需分析并消除引起矛盾的原因，协调双方的关系。

其三，要缓和或排除职工与企业之间发生的纠纷。由于资源拥有、利益关系等方面的不同，职工和企业之间必然是一对矛盾。精神需求不能得到企业经营者的重视和满足，企业经营者的管理举措也不能得到职工很好的理解，甚至在少数企业，二者之间还缺乏沟通的诚意，以致造成劳资双方的冲突，产生很大的负面影响。这样，工业社会工作的介入，就可以从保护职工的权益和维护企业利益的角度出发，运用多种手法和技术，来促使职工和企业经营者建立一种信任和伙伴关系，提高企业工作效率的目的。

（三）发展职工教育

随着科学技术的突飞猛进，知识呈现爆炸性增长的发展趋势，人类社会进入知识经济时代，劳动者在新的时代会面临着新的挑战。比如，随着劳动生产率的提高，与制造业联系在一起的传统就业机会减少，同时高新技术产业所创造出新的就业机会，只有掌握新技术的劳动者才能在激烈的就业竞争中谋得自己的一席之地。因此，发展职工业余终身教育，则成为了解决这一问题的有效方法。而工业社会工作者与工会组织、劳动人事管理部门合作，通过各种途径举办多种形式的职工业余教育，举办各种技术培训班，开展技术竞赛，发动与组织职工参加各类成人教育等，提高职工的文化程度和技术水平，以适应科学技术进步的要求。这既能提高职工的职业竞争能力，还能使企业提高市场竞争能力。

（四）解决职工或家庭的实际问题

工业社会工作的重要职责是解决职工实际问题。职业活动是人类最主要的活动，每个人几乎花费一生中的大部分时间于工作上面，当然也从工作中获得生存、发展的机会，以及必要的社会地位、满足感与情绪的安全等社会生活中的一切。而人们在职业生涯中所遇到的社会问题、心理问题、福利待遇、教育机会、人际关系协调等，也是工业社会工作重要的服务内容。一般来说，工业社会工作者运用社会工作的知识、技术及价值，提供服务、方案计划和政策方向给工作者及工作组织。这些活动包括：员工咨询方案、健康提升及管理、自我肯定行动、婴儿与老人照顾、人力资源发展、组织发展、生涯发展和训练、公司社会责任、员工利益、职业健康与安全、工作发展、退休前后的计划，以及失去工作和再安置的协助等。显然，工业社会工作是社会工作实务的特殊领域，经由不同的干预方法，专注于工业界的人性及社会需要，其目标是促进个人和其环境的调适能力。

（五）解决职工的思想问题

解决职工的思想问题，也是工业社会工作不容忽视的重要内容。当前，一个重要的工作就是消除企业职工的相对剥夺感。在我国，工人阶级是领导阶级已经从法律角度明确给予了确定。但是，十一届三中全会以前，仅仅从无产阶级专政的角度宣传工人阶级是领导阶级，而没有从法律的角度阐明作为领导阶级所具有的权利与应承担的义务之间的关系。同时没有阐明作为劳动者和干部的知识分子是工人阶级的一部分，没有承认个体经营者作为劳动者应有的地位。十一届三中全会以来，知识分子是工人阶级的一部分得到了肯定，个体经营者的合法地位得到了承认。在新的历史条件下，有些工人继续以原来观念判断目前的事物，进行各方面的比较，感到自己的社会角色地位在社会角色结构中的地位降低了，政治地位不如知识分子，经济地位不如个体经营者，由此产生相对的剥夺感。如此，工业社会工作应该指导职工群众采用新的思维角度思考新问题。

二、中国发展工业社会工作的必要性

（一）劳工问题

当前劳工问题主要集中体现在：（1）医疗问题，包括有关劳工本人及家属的健康问题；（2）教育问题，包括有关劳工本人的教育进修与子女教育问题；（3）妇女问题，包括有关未婚妈妈、怀孕、职业妇女与婚前常识教育问题；（4）家庭问题，包括有关婚姻与爱情、亲子关系、居家生活、年老父母安置以及家庭经济与子女异常行为问题；（5）法律问题，包括工伤事故认定与赔付、工资拖欠与克扣、劳动保护与保险等问题；（6）劳工本身问题，包括有关酗酒、药瘾、赌博、情绪困扰、沮丧、焦虑、心理卫生、残障与生活适应问题等；（7）工作问题，包括有关工作性质、工作环境、工作表现不良、缺勤、工作不满意感、生产力提高与工作适应问题等；（8）工余时间问题，包括有关休闲、娱乐与生活适应问题；（9）就业问题；（10）人际关系问题等。

（二）劳工需求

在社会经济发展与个体价值实现的双重背景下，劳工对企业的服务需求也日益增加，不仅仅限于传统的发放柴米油盐和年节的慰问，更要求能够切实解决劳工在工作中的权益保障、职业训练与教育、家庭冲突以及心理健康等方面的问题。根据组织心理专家的调查，当前劳工的需求包括：（1）要求人性的对待，反对被当作机器；（2）要求合理的交换，希望获得合理的报酬；（3）要求公平的原则，反对剥削压迫；（4）注重个人的成长，要求学习与发展的机会；（5）要求被认同良好的人际关系；（6）接受精神激励与教育，抗拒惩罚与非人道的对待；（7）保持劳工的期望，需要生涯发展的规划与辅导；（8）有不同的需要层次，需要得到满足；（9）希望有正面的福利待遇和激励措施；（10）要求理想的工作环境与工作安全卫生保障；（11）要求工余时间适当的休闲与社交安排；（12）对其所进行的工作要求有立即的回报。

（三）中国需要工业社会工作

随着改革开放的不断深化、市场经济的不断发展，我国企业在经济成分、组织形式、就业方式、利益关系和分配方式等方面均发生了深刻的变化，企业内外部的各种关系与问题日趋复杂化，企业职工也面临着许多问题，而解决这些问题需要工业社会工作者的介入，以下简述之。

（1）就业稳定性差，职工基本福利不能保障。市场机制的引入，使得各种类型的企业都面临着巨大的市场风险，失业、下岗的可能性与现实性同时存在，特别是在一些个体或私营企业，职工与企业之间缺乏必要的劳动合同关系，职工的工作权利和工作条件不能保证，职工失业之后的补救措施也往往得不到应有的实现，并处于明显的弱势地位。

（2）收入低下与生活贫困。目前，大部分企业职工的工资性收入水准不高，在一些个体或私营企业，职工的工资待遇往往凭企业主单方面来决定，职工没有任何要求增长工资与提升福利的实际权利。失业职工与在职职工生活贫困现象是社区中比较突出的问题，他们面临着较为沉重的生活和就业压力，需要工业社会工作的专业性疏导。

（3）职工的基本权益得不到保证。出于利益机制的驱动，一些企业往往把职工简单地看做是劳动力，很少用自家人的意识来保障他们的基本权益。职工的基本福利如健康、工伤、失业等劳动保障以及工资待遇的稳定与提高，及时发放工资等问题不能得到有效及时的解决。如此，当前企业职工最迫切的要求是希望工会维护其切身利益，维护他们的政治、经济和精神文化权利。

（4）职工心理问题缺乏疏导渠道。企业职工面对着工作与生活的压力以及其他方面的压力，心理上的不适必然会通过多种形式表现出来，比如焦虑、郁闷、烦躁、不安、易怒，甚至有厌世轻生或暴力对抗的极端行为反应。从某种意义上说，一般企业的生产经营性活动对诸如此类的心理不适表现，并不会过分关注和重视。因此，这些心理不适的表现不仅不能得到有效的控制、缓解和解决，而且还会在问题没有得到解决的情况下变得越来越严重。而心理问题的存在和严重化趋势，必然影响到职工的身心健康，即不仅会影响到职工本人情绪与工作及生活，还会直接影响到企业的工作效率和企业的形象。

与此同时，社会转型也给工业社会工作提出了新的挑战，给工业社会工作在我国的发展提供了更广阔的空间，包括：（1）随着劳动分工体系发生了巨大而深刻的变化，推动着原有职业结构的不断变化，即产品生产者向服务行业转移，增加了一批劳动强度较低而技术含量较高的新兴职业，非体力劳动者的比例不断上升。如此，社会工作可以在再就业和工作适应方面发挥自己的特长，这就为中国工业社会工作的发展提供了一个契机。同时，随着我国城市化进程的加快，农民工来到城市后的心理和生活适应、权益保障、社会排斥、子女照顾及教育等问题，都需要专门的社会工作者的介入。（2）职业体系日趋开放，社会自由流动空间加大。到2003年，我国的流动人口达到了1.4亿，占我国总人口的10%。而且在今后一段相当长的时期内，流动人口的规模将进一步加大。而职业的快速流动对我国的劳动就业制度产生了很大的影响，这也是工业社会工作所干预的一个方面。（3）我国市场化的改革，使个人面临很大的工作压力。这成为影响职工工作表现的主要因素之一，社会工作者可以在这方面进行咨询和辅导。（4）子女和老人照顾问题。由于夫妻双方都工作，使得子女在很多情况下无暇照顾；另外，随着我国老龄化社会的加速，老人照顾成为一个很重要的问题。如此，利用专业的社会服务，则成为工作者急切的要求。（5）我国“社会福利社会化”改革，使得社区、企业承担一部分社会福利职责。在这样的情况下，社会工作者可以和企业，社区一道设计实施一些员工协助方案，并对国家的宏观的就业制度进行咨询和干预。

三、关于中国工业社会工作发展的几点思考

随着我国“大社会小政府”及公民社会的构建，社会福利、社会保障的资源越来越依赖于社会和体制外。人们遇到问题也不再像计划经济体制下的找单位、找领导了，更多的是求助社会及体制外的机构。这样，社会、家庭所产生的种种问题都需要新的专业方法，特别是需探索适合中国国情的、具有企业特色的行之有效的工业社会工作方法，为国家、社会、企业、职工服务。以下简要描述未来中国工业社会工作的建构方向。

（一）以企业为基础

工业社会工作的服务对象是企业员工、企业员工家属、企业管理部门、社区、工业社会群体，这就决定工业社会工作的服务应以企业为基础。

（二）以工会为依托

工会是企业职工的利益代表和代言人，是调和与解决企业职工与企业经营者矛盾的法定组织。因此，工业社会工作的开展要主动赢得企业工会组织的理解和支持，并以工会组织为依托，与工会形成合力，以充分发挥工业社会工作

在企业运行中的整合作用。

（三）以非政府组织为辅助

由于目前国内专业社会工作者的不足以及专项资金的稀缺，工业社会工作的开展与推进必然会遇到专业人才和资金的困难。除利用现有的社会工作教育阵地的力量和鼓动企业经营者的高度重视之外，推动非政府组织的介入可以起到辅助性作用。尽管目前我国非政府组织为数不多且不为人所熟知，但是，把它们引入工业社会工作过程之中以加大该项工作的力度，则是十分必要。

（四）以职工为本

社会工作的基本理念是助人自助，工业社会工作也自然地要以职工为本，以职工为主要的服务对象，为他们解决工作和生活、物质和精神等方面的问题。

思　考　题

1. 什么是工业社会工作？
2. 试述工业社会工作的服务内容和功能。
3. 试述工业社会工作的服务模式。
4. 试述工业社会工作的著名方案。
5. 浅议工业社会工作在中国的发展趋势。

主要参考文献

[1] 顾东辉．社会工作概论［M］．上海：复旦大学出版社．2008.

[2] 李迎生．社会工作概论［M］．北京：人民大学出版社．2004.

[3] 李宗派．工厂社会工作研习会实录［M］．高雄市政府社会局编印．1983.

[4] 宋林飞．企业社会工作概论［M］．北京：社会科学文献出版社．2007.

[5] 徐震、林万亿．当代社会工作［M］．台北：五南图书出版公司．1983.

后　记

本书在参考国内外权威著作的框架上，融合了当今国际社会工作界最前沿的理论与方法，并以中国 2007 年出版的《全国社会工作师职业水平考试大纲》为导向，形成了本书的三大部分内容，上编是社会工作原理，内容涉及社会工作的定义、历史、目标、功能、价值、理论等；中编是社会工作方法，内容涉及社会工作的个案工作、团体工作、社区工作三大直接方法，以及社会行政、社会工作实习与督导、社会工作研究等间接方法；下编是社会工作实务，内容涉及儿童、青少年、老人、妇女、残疾人、矫正、家庭、学校、医务、工业等领域的实务工作。本书实现了社会工作的原理、方法与实务的紧密结合，尝试实现了社会工作的学院派的教学内容与全国社会工作师职业水平考试的结合，并期望能够尽量符合中国社会的实际。

全书由李晓凤提供编写的提纲与要求，作者分工如下：第一、二、三、四、六、十三、十七、十八章，李晓凤；第五章，李弈琼；第七章，何小丹、李晓凤；第八章，孙健、李晓凤；第九章，李晓夏；第十章，李晓凤、李细香；第十一章，李细香；第十二章，杜一飞；第十四章，蔡瑾；第十五章，李光勇、李晓凤；第十六章，杜妍智；第十九章，王曼、李晓夏；第二十章，王姝娟；第二十一章，赵荣枝、李晓凤；第二十二章，汪芸；第二十三章，程玲。在作者们提供初稿的基础上，由主编修改、统编、定稿，李弈琼、李晓夏协助主编做了较多的辅助性工作，佘双好教授对本书进行了审读。

由于本书编写的难度大，本着对读者、学生、考生及实务人员负责的态度，我们专门抽出时间，夜以继日，不辞辛劳，在一年多的时间编写了这本融专业性、基础性、实用性、前瞻性、本土性为一体的著作。而这本书的出版凝聚了本书主编的心血，是集体智慧与汗水结出的硕果。同时，在编写本书的过程中，我们也参阅了大量的国内外相关文献，听取了诸多同仁的意见与建议，在此一并表示诚挚的感谢！另外，武汉大学出版社陶洪蕴、卢伟、詹蜜等编辑细心编校、严格把关，对于他们付出的辛勤劳动，我们表示深深的谢意！因能力及时间的局限，本书的不足之处在所难免，恳请各位同仁及广大读者批评指正。

李晓凤

2008年7月于武汉大学珞珈山